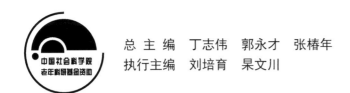

中国社会科学院
老年科研基金资助

总 主 编　丁志伟　郭永才　张椿年
执行主编　刘培育　杲文川

中国哲学社会科学发展历程回忆

国际卷

主　编　刘国平

副主编　徐世澄

中国社会科学出版社

图书在版编目（CIP）数据

中国哲学社会科学发展历程回忆·国际卷 / 刘国平主编，张森、徐世澄副主编 . —北京：中国社会科学出版社，2014.4
　ISBN 978－7－5161－2992－0

　Ⅰ. ①中…　Ⅱ. ①刘…②张…③徐…　Ⅲ. ①哲学社会科学—发展—概况—中国　Ⅳ. ①C12

中国版本图书馆 CIP 数据核字（2013）第 162756 号

出 版 人	赵剑英
选题策划	黄燕生
责任编辑	刘　艳
责任校对	石春梅
责任印制	戴　宽

出　　版	中国社会科学出版社
社　　址	北京鼓楼西大街甲 158 号（邮编 100720）
网　　址	http://www.csspw.cn
	中文域名:中国社科网　　010－64070619
发 行 部	010－84083685
门 市 部	010－84029450
经　　销	新华书店及其他书店

印刷装订	北京君升印刷有限公司
版　　次	2014 年 4 月第 1 版
印　　次	2014 年 4 月第 1 次印刷

开　　本	710×1000　1/16
印　　张	34.75
插　　页	2
字　　数	616 千字
定　　价	88.00 元

中国哲学社会科学发展历程回忆

编委会

本卷编委会

中国哲学社会科学发展历程回忆

前　　言

　　本书是由中国社会科学院老专家协会组织的回忆录式的文集，本书的宗旨是通过专家学者的回忆，记录中国哲学社会科学的发展历程，旨在留存，为有志于梳理和研究中国哲学社会科学历史的学者提供第一手的资料。

　　在中国共产党的领导下，新中国的哲学社会科学已走过了 61 个春秋。在这段极不平凡的岁月中，广大哲学社会科学工作者创作的大批科研成果为我国社会主义经济建设、政治建设、文化建设、社会建设和生态文明制度建设提供了扎实的理论根据，在我国的社会主义建设中发挥了重要作用，成绩辉煌。同时也不要忘记，中国哲学社会科学在发展过程中，受极"左"思潮的影响和"四人帮"的干扰，也付出了沉痛的代价。

　　今天，我国已成为世界第二大经济体，正处在大调整、大发展的时期，为在错综复杂的国际环境下建设我们伟大的祖国，为在国际上发挥更大的作用，必须有强大的"软实力"，也就是要有强大的思想理论和文化武器，须臾离不开科学发展观。创新和发展以马克思主义为指导的中国哲学社会科学是一件极其艰巨和复杂的伟大工程，它需要借鉴历史经验。

　　我国有一大批至今仍健在的，当年曾在哲学社会科学的百花园中，默默耕耘，辛勤播种的老领导、老专家、老学者。他们参与了有关哲学社会科学的重要决策，哲学社会科学各个学科的创建、研究体制的变革、干部的培养、刊物出版的筹划、重要理论问题的争论，等等。他们的亲身经历，不仅使我们看到中国哲学社会科学各学科建设的具体图景，发展轨迹，也为中国哲学社会科学今后的发展，提供了宝贵的经验教训。他们的回忆录极具史料的价值，值得永久保存。现在这些老领导、老专家、老学者大都已进入暮年，若不把他们在哲学社会科学战线上奋斗的，又鲜为人知的故事记录下来，将造成无可挽回的损失。

这些回忆录的价值远不止上述这些，它们还是前辈们留给我们的一笔宝贵的精神财富。从回忆录中，我们看到这些前辈为推进中国哲学社会科学的繁荣发展所表现出的无私无畏，披荆斩棘、求真务实、开拓创新、忠于党、忠于人民的高尚品德，永远是我们汲取精神力量的源泉。

本书的编辑方针是，不苛求体例的一致，不拘文章的长短，以亲身经历，再现当年事实为重，在编辑过程中，除个别文字和语句外，不随意更改文章，如遇编者看不准的地方，也一定要征求作者的意见，获得作者的同意后再作处理。

本书组稿范围限在中国社会科学院之内，由编委会每位成员分别组审，共汇集文章数百篇，约500万字，分马克思主义、文学、史学、哲学宗教学、经济学、政法社会、国际问题和综合八卷。本书自始至终得到中国社会科学院老干部局和许多学者的支持，并承蒙中国社会科学出版社出版，在此深致谢意！

《中国哲学社会科学发展历程回忆》编委会　谨识

卷 首 语

　　《中国哲学社会科学发展历程回忆》，是中国社会科学院"老专家协会"承担和组织的一个重要课题。《中国哲学社会科学发展历程回忆·国际卷》，是研究国际问题的资深专家，通过回忆，描绘出的新中国国际问题研究发展历程的真实画卷。书中以大量历史事实，既描绘了新中国成立后，国际问题研究发展中的成就和辉煌，也描绘了这一发展过程中的艰难和曲折。

　　要弄清学科发展历程，自然要依靠那些老专家和那些学科发展过程中的当事人，特别是那些学术大家。然而，令人遗憾的是，一些贡献卓著、国际问题研究的奠基者和开创者，已然仙逝。他们的那些鲜为人知的经历和故事、他们的那些真知灼见，对我国国际问题研究的发展，无疑都有着重要意义。可这些故事都没能留下来，这是无法弥补的损失。现在还在世的老专家，一般也都年过古稀，有的已成耄耋老人。时不我待，把他们宝贵的经历和故事、宝贵的思想挖掘出来，这委实带有抢救的性质。这一点，也正是本书的价值所在。

　　新中国成立后，中国国际问题研究尽管遭到"十年浩劫"的破坏，但总的趋势是向前发展的。特别是我国实行改革开放以来，为适应国际形势的发展变化和我国发展的需要，我国国际问题研究出现了蓬勃发展的局面，取得了辉煌的成就。至今，我国国际问题研究的领域，已经扩展到经济、政治、军事、科技、社会、文化、民族、宗教、人口、资源、环境、可持续发展和全球治理等所有领域。一个以世界经济学、世界政治学、国际政治经济学、国际关系学、比较经济学、发展经济学、国际文化思潮和文化战略研究、地区关系和地区合作研究、世界经济形势分析和预测等为主的国际问题研究体系已经形成。我们在回忆这种发展，回忆在这种发展中所取得的成就时，不能忘记那些开拓者和奠基者，不能忘记他们所作出的贡献，尤其是他们的那种爱国治学的精神。

　　勇于开拓、善于创新，是国际问题研究前辈们留给我们的法宝。如何在利用人类已有成果基础上，结合当今的实践，在各学科都构建中国自己的或具有中国特色的理论体系，关键就在于勇于开拓、善于创新。资本主义世界金融危机和债务危机还在深入发展，并波及、影响几乎世界所有国家；资本主义国家劳动者，为改变劳资之间的贫富差距，为提高劳动报酬而进行的罢工游行，也一浪高过一浪；为了共同应对这种危机，社会主义国家和资本主义国家的关系，正在发生着微妙的变化。所有这一切，都为国际问题研究提出许多新的课题，都呼唤着国际问题研究在反思中创新，在创新中发展。编辑出版这本书，旨在通过回忆历史，从历史的经验教训中，寻找出创新研究的目标和途径，以不断推进我国国际问题研究，使我国国际问题研究走向更加辉煌的明天。

　　由于为本书撰文的基本上都是中国社会科学院的老专家，所以只能采取立足中国社会科学院，面向全中国的原则。书中所反映的，主要是中国社会科学院国际问题研究发展的历程。尤其在学科建设和取得的成就方面，对全国来说，可能是挂一漏万。不过，由于中国社会科学院的特殊地位，从这个局部的发展里程，也能大致看出全国的概貌来。

　　此书的撰写和编辑工作，都是在中国社会科学院老专家协会《中国哲学社会科学发展历程回忆》编辑委员会具体指导下进行的。在编辑出版过程中，得到了中国社会科学院老干部局和中国社会科学出版社的大力支持和帮助，在此表示衷心感谢！由于是回忆历史，又是老专家回忆过去数十年的历史，加上编者知识和水平所限，记忆上的差错、编辑上的差错，都在所难免，我们竭诚欢迎读者批评指正！

本卷编委会

目　录

发展·成就篇

回忆·感想篇

发展・成就篇

五个不同的十年

——我国国际问题研究发展历程回眸

刘国平

2003 年 1 月 18 日，中共中央政治局进行第二次集体学习，余永定和江小涓就世界经济形势、世界经济发展中的若干新趋势和特点以及我国经济的发展作了讲解，并提出了有关建议。图为会前胡锦涛总书记与中国社会科学院院长陈奎元、副院长王洛林以及余永定和江小涓同志交谈。

新中国成立后，中国的国际问题研究，在中央领导的重视、关怀下，进入了一个崭新的时代。新中国成立之前，我国已经有了一批著名学者，从事国际问题研究，如张闻天、陈翰笙、李一氓、宦乡、刘思慕、钱俊瑞、陈忠经等，他们是新中国国际问题研究的开拓者和奠基者。新中国的国际问题研究，虽然经历了风风雨雨，遇到过种种困难和挫折，特别是遭到1957年"反右斗争"的干扰和"文化大革命"十年动乱的严重破坏，但它的基本趋势是不断向前发展的，不断有新的较高水平的、优秀的研究成果出现。尤其是改革开放以来，我国国际问题研究蓬勃发展，研究队伍不断扩大，研究成果日益辉煌。回眸我国国际问题研究发展历程，大致经历了五个不同的十年。

艰难起步和大论战的年代（1956—1966）

新中国刚成立时，百业待举，开创国际问题研究事业，更是困难重重。以美国为首的帝国主义国家，企图以军事包围、政治孤立、经济封锁等手段，把社会主义的新中国扼杀在摇篮里。在这样的环境中，新中国的国际问题研究，经历了非常困难的时期。由于当时恶劣的国际环境，新中国在军事、政治、经济和外交上，都只能寻求和依靠苏联的支持和帮助，这是不二的选择。学习、研究苏联社会主义革命与建设理论和经验，自然是那初期国际问题研究的主题，因此研究的领域和范围都很狭窄。

1956年，是我国国际问题研究重要转折的一年。1956年至1966年这十年，是我国国际问题研究艰难起步和获得可喜发展的十年。1956年，赫鲁晓夫作秘密报告，全盘否定斯大林，攻击中国的合作化道路，并提出了以"三和一少"为核心的关于国际共产主义运动总路线，这遭到了中国共产党的反对，中苏关系破裂。1963年，《人民日报》公开发表了中共中央致苏共中央的公开信《关于国际共产主义运动总路线的建议》，震动整个世界的中苏之间关于国际共产主义运动总路线问题的大论战，就此展开了。在这种论战中，我国国际问题研究的重心或压倒性的任务，自然是关于共产主义运动的路线问题。针对苏共的反华宣传，中国的《人民日报》和《红旗》杂志，连续发表了九篇评论性文章，系统批判苏共的修正主义路线。这种论战当然也波及学校，一时间，以学习《建议》和"九评"为中心，批判苏联修正主义，成为国家的大事，也成为学校的大事。世界两个社会主义大国，在意识形态上发生严重分歧，并进行激烈论战。两国关系严重恶化，这对整个世界的震撼，非同小可。

国际形势的突然变化，促使中国不得不改变一边倒战略，提出向世界所有国家学习先进东西的方针。中国国际问题研究，开始面向世界。也就是在 1956 年，毛泽东主席提出："我们的方针是，一切民族、一切国家的长处都要学习，政治、经济、科学、技术、文学、艺术的一切真正好的东西都要学。"这一方针的提出，无疑使研究国际问题学者思想得到了一次解放。同年，周恩来总理接受张闻天同志的建议，批准建立了隶属外交部的、我国第一个研究国际问题的研究所——国际问题研究所。开始对资本主义世界的经济和政治进行研究。同年国家计委设立了世界经济研究局。中国科学院哲学社会科学部经济研究所，也设立了一个国际经济组。有的高等院校也抽调人员，从事有关国际问题的研究。

虽然在当时环境中，国家还没有能力和条件，组织大量人力和物力对国际问题进行全面的研究。但由于对外关系的开展和外交斗争的需要，党中央、中央军委和国务院的涉外部门，都尽其所能，开始组织专门的人员对苏、美、日和欧洲主要国家进行重点研究。

20 世纪 60 年代初，基于我国外交工作的需要和随着亚非拉民族解放运动的蓬勃发展，毛泽东、周恩来多次指出，要加强对国际问题研究，特别是要加强对亚、非、拉国家问题的研究。1961 年 4 月 27 日，毛泽东在同非洲外宾谈话时指出："我们对于非洲的情况，就我来说，不太清楚。应该搞个非洲研究所，研究非洲的历史、地理、社会、经济情况。"并要求写一本简单明了的书，"内容要有帝国主义怎样压迫人民，怎样遇到人民的抵抗，抵抗如何失败了，现在又怎么起来了"。从这时起，一些正式的国际研究机构开始建立，研究队伍和研究的范围迅速扩大，中国的国际问题研究出现可喜的发展势头。

1963 年，根据毛泽东的指示，周恩来亲自主持召集有关部门负责同志专门讨论了对外国问题的研究工作，并由中央外事小组专门向中央写了《关于加强研究外国工作的报告》。报告在研究经费、图书资料、研究机构和组织领导等诸多方面，都提出了一系列加强国际问题研究的重大措施。报告提出，除加强已有的研究所之外，还要新建一系列研究所。根据毛泽东和周恩来的指示，我国建立了一批新的国际研究机构。诸如：中联部建立了苏联东欧研究所、西亚非洲研究所、东南亚研究所，在 1961 年建立了原属中科院的拉美研究所，这年也划归中联部；外交部建立了印度研究所等；中国科学院哲学社会科学部建立了世界经济研究所等，这些都标志着我国的国际问题研究和教学工作开始走上更加有组织、有系统的轨道。

与这种形势相适应，国家的一些重点大学，开始研究西方经济理论，开设有关资产阶级经济理论课程。北京大学、中国人民大学、复旦大学、南开大学、武汉大学等，还开设了世界经济专业，开始招收本科生和研究生。复旦大学还设立了世界经济研究室。在全国出现了一个学习、研究国际问题的小高潮。当然，开设这些课程的目的，主要是为了对其进行批判，这是与当时对资本主义研究的总的指导思想相一致的。然而，这对研究西方经济理论的发展，研究现代资本主义的经济理论和社会现实，毕竟是基础性的工作，意味着我国国际问题研究的良好开端。

此时期，我国国际问题研究的内容和范围也开始拓展。突出的是对资本主义发展、资产阶级经济学、资本主义经济危机、无产阶级贫困化等问题的研究。特别值得指出的是，还开展了对世界经济发展史的研究，而且取得了突出成就。此时期在对苏联和社会主义的研究中，不再是介绍其社会主义建设的经验，而主要是批判其霸权主义和所谓修正主义的言行。特别是对苏联霸权主义形成的根源和修正主义的表现、对应当如何评价苏联革命和建设的历史经验、应当如何评价斯大林的功与过、应当如何处理社会主义国家之间的国家关系以及帝国主义国家如何对社会主义国家进行和平演变等，进行了研究。在对马列主义关于资本主义和帝国主义理论的研究中，也开始注意理论联系实际，在研究内容和观点上都有所发展、有所前进。诸如开始强调垄断资本主义的发展，并不排除资本主义生产力的发展；帝国主义是垂死的资本主义，并不意味着帝国主义在世界上马上就要灭亡；还提出了国家垄断资本主义的理论观点，在学术上进行了争论。值得特别一提的是，在学科建设方面，此时期有的学者还提出了建立世界经济学的问题，并在此问题上展开了争论。但此时的学术研究和讨论，都难免受"左"的思想影响和教条主义的束缚，不能充分开展。

这一时期的研究成果，除正面宣传马列主义和批判苏联修正主义的之外，大量的仍然是内部报告。凡是带有敏感性的理论问题，特别是有创见、有新意、有突破的理论研究成果，都必须通过内部渠道，经过层层把关，最后才能在有关内部刊物上发表。60 年代之后，当时党的各个大区，都创立了"内部未定稿"刊物，专门发表这些不能公开发表的研究成果。公开发表的批判性的成果，也多是以官方的形式和在权威性的刊物上出现的。比如，当时中国共产党关于国际共产主义运动的总路线、无产阶级专政的历史经验、中苏论战中的"九评"等，都是以《人民日报》、《红旗》杂志编辑部甚至党中央的名义发表的。在学术方面，公开发表的批判性文章有对西方庸俗经济理论的批判、对凯恩斯主义的批判、对西方人民资本主义理论的批判，等等。除此之外，最突出的公开成果之一是对国家垄断资本主义的研究和争论，有不少质量较高的论文发表。

此时期表现为内部报告的研究成果，主要是供中央决策和职能部门参考的内部资料和研究报告。在抗美援朝的军事斗争和外交斗争方面，在围绕台湾问题同美国的斗争方面，在日内瓦会议和亚非会议争取民族主义国家共同维护民族独立和世界和平、反对殖民主义和侵略战争等方面，都有重要的内部研究报告。

我国对外关系中的和平共处五项基本原则、在亚非会议上所提出的求同存异的原则等，都包含着这些研究报告的作用。比如张闻天同志所提出的关于和平共处问题的内部报告，对中央上述的外交决策就具有重要意义。

此时期关于资产阶级经济学、资本主义经济关系的研究成果，主要是表现在大学自己编的内部讲义中。在公开发表的研究成果中，最突出、影响最大的要数对世界经济史的研究。1965年由樊亢和宋则行主编的《外国经济史》（第一、二、三册），以马克思主义为指导，运用翔实的资料，对近代和现代世界主要国家的发展史，从理论和实践的结合中，进行了科学的分析和阐述，不仅影响了几代人，而且至今仍为研究近现代世界发展史很好的参考书。

研究机构瘫痪和研究人员遭迫害（1966—1976）

正当我国国际问题研究出现可喜发展势头的关键时刻，从1966年至1976年，发生了"文化大革命"十年动乱、十年浩劫。这十年，在"四人帮"严重干扰下，把马列主义教条化，把阶级斗争扩大化，把学术研究政治化，实事求是的思想路线几乎完全被抛弃，在思想方法上形而上学到了极点。从事国际问题研究的机构被破坏，不少研究人员受到迫害，整个国际问题研究几乎瘫痪。此时期，我国处在了东西两面受敌的极不利的地位，国际环境十分严峻。不过，在毛泽东和周恩来的大力支持下，这一时期我国的国际问题研究，在有些方面仍然有所进展。针对国家安全和摆脱困局的需要，此时期我国国际研究的内容和进展，主要表现在两个方面：一是研究如何打开与西方国家的关系，摆脱两面受敌和孤立的被动局面；二是研究如何划分世界各种力量，如何发展同第三世界国家的关系和争取第三世界国家的支持，以联合第三世界的力量，共同反对霸权主义。当然，在那种年代，这些研究不能排除极"左"思想的干扰，完全做到实事求是。

全面展开和蓬勃发展（1979—1989）

1978 年党的十一届三中全会，标志着中国国际问题研究发生了重要转折。十一届三中全会后，随着"十年动乱"的结束，饱受摧残的我国国际问题研究事业也终于度过了它最困难的岁月。随着思想理论上的拨乱反正和改革开放事业的蓬勃发展，我国对国际问题的研究，进入了日益繁荣和大发展时期。从 1979 年至 1989 年这十年，是我国国际问题研究发展最快的十年。这十年中，在研究力量、研究方法、研究领域和研究深度等方面，均取得了突出的成就和长足的进展。国际问题研究工作者，以马列主义为指导，大胆进行科学探索，对许多问题进行了开创性的研究，提出了不少开创性的观点，取得了丰硕的成果。

这一时期，整个世界形势趋向缓和，但美苏两个超级大国的争霸斗争仍在继续，许多地区形成热点。西方国家和苏东国家都进行经济的大调整和某种改革；许多发展中国家陷入债务危机，发展受到严重挫折；东亚开始崛起；80 年代中后期，苏联戈尔巴乔夫上台执政提出了所谓"新思维"，苏联的内外政策发生大转变，政治、社会、思想开始动荡；苏联与美国争霸斗争中劣势日益明显，开始与美国妥协。邓小平同志对国际形势的特点进行了深刻的分析，提出了"和平与发展是当前世界的两大主题"的论断。据此，我国调整了对世界大战危险的看法，调整了"一条线"战略，推行了独立自主的和平外交政策。

这一时期，中国的改革先是在农村取得重大成效，随后改革的重点转入城市，不断深入，经济迅速发展，人民生活逐步改善，对外开放逐步扩大。国际国内的这种大变动，为国际问题研究提出了许许多多新问题，迫切需要研究，如苏东国家经济改革性质、改革的不同模式、具体做法、经验和教训，对传统社会主义经济体制的重新认识；对资本主义经济的迅速增长，资本主义发展不平衡的新现象，冷战局势下的世界战争与和平问题的认识；对当今时代的性质和特征，当代世界的和平与发展两大主题，建立世界经济新秩序问题以及中国改革开放的国际环境问题的认识等。理论研究方面，主要集中在对两种制度国家经济关系的新的探讨，以及对战后世界的主要矛盾、资本主义经济危机、资本主义腐朽性和垂死性、新殖民主义、发展中国家的发展道路等问题的研究。在学科建设方面，主要是对世界经济、世界政治的形成与发展，世界经济、世界政治研究的范围和主要内容，以及建立世界经济学、世界政治学的研究。此外，对马克思主义经济理论在当代世界经济研究中的应用以及对西方经济学的研究都有了进展。80 年代后期，国际问题研究又集中在世界经济和政治中的各种矛盾和世界格局与发展中国家的分化等问题上。

这一时期，不仅国际问题研究的学术空气渐趋浓厚，各种学术讨论会逐渐增多，理论问题研究和学科建设问题又重新提上议事日程。而且为适应国际问题研究大发展的迫切需要，原有的研究机构得到恢复和加强，一大批新的研究机构纷纷建立，这些研究机构分属社会科学院、教委所属各高等院校、党校和党的组织、政府各部委，以及解放军五大系统。比如中国社会科学院，在宦乡同志的积极推动下，于 1981 年就建立了由八个研究所即世界经济与政治研究所、苏联东欧研究所、西欧研究所、拉美研究所、亚太研究所、西亚非研究所、美国研究所、日本研究所共同组成的国际片。在全国，国际问题研究机构遍布各省市，尤以北京、上海、天津等地为最多，其他如武汉、广州、成都、西安、厦门、沈阳、长春、哈尔滨等地，也都有国际问题研究机构。这些研究机构有的是综合性的，有的是专门研究某个国家、某个地区或某个专题的。这些研究机构规模不等，职能不一，各具特色。可以说无论从研究机构、研究队伍，还是研究的内容上看，我国国际问题研究体系已经形成，并有着很大潜力。

这一时期，国际问题研究的繁荣和发展，当然主要是表现在学科建设和研究成果上。在学科建设方面，钱俊瑞是主要开拓者和奠基者之一。在1978 年他任世界经济研究所所长之后，不仅使我国对世界经济的研究工作全面展开，而且他致力于建立马克思主义世界经济学的事业。他依靠自己个人的影响力，组织当时全国的知名国际问题学者，诸如滕维藻教授、关梦觉教授、吴大琨教授、吴纪先教授、陶大镛教授、宋则行教授、洪文达教授、仇启华教授、韩世隆教授、钟远藩教授等，对创建马克思主义世界经济学的问题，进行了反复研讨、反复论证，并于 1980 年在上海召开的世界经济学会成立大会上提交了《马克思主义世界经济学总论》的初稿。1983 年由他组织编写、人民出版社出版的《世界经济概论》（上下册）在社会上更是产生了广泛的影响。在钱俊瑞逝世后，世界经济学的研究继续进行，并取得可喜成绩；1985 年 6 月，在上海召开的世界经济学会扩大会长会议上，时任世界经济与政治研究所所长、世界经济学会会长的浦山同志提出了要建立包括研究基础、研究内容、研究方法的成熟的马克思主义世界经济学理论体系的任务，要求采取百家争鸣的方式，从专题研究开始，逐步深入、逐步成熟。与此同时，国际经济学、发展经济学、比较经济学等专门著作，也相继问世。学科建设的开展，反过来又推动了各个问题的理论研究，使我国国际问题研究水平不断提高。

在对资本主义经济关系的研究方面，这一时期取得突出成就的是仇启华和樊亢，1982 年，仇启华的专著《现代垄断资本主义经济》，由中共中央党校出版社出版；樊亢著的《资本主义兴衰史》也在同年由北京出版社出版。这两本书都以其高质量在社会上产生了广泛的影响，受到国内外很高的评价。当然，依据改革开放中遇到的思想理论问题以及解决这些问题的需要，国际问题研究学者还对时代和战争与和平问题、社会主义制度与资本主义制度问题，进行了新的研究、新的认识，对两种制度国家关系问题、引进和利用外资的性质问题等进行了大量研究，有着丰富的研究成果。比如 1981 年滕维藻给杭州国际世界经济研讨会提供的论文《跨国公司的形成、发展和对其实行国际监督的必要性》，1987 年由四川人民出版社出版的刘国平和魏化纯同志著的《两种制度国家经济关系新探》等。此外，这一时期的研究成果还表现在编写的工具书上。比如 1987 年由钱俊瑞主编、大百科全书出版社出版的《世界经济百科全书》等。

尤其值得注意的是，这一时期，我国对苏联东欧国家的研究，取得了长足的进展。对苏联的社会主义理论，苏联经济模式，苏联东欧国家的经济体制改革，苏联的社会性质，苏联霸权主义产生的历史根源、危害性和表现形式，新时期的中苏关系等重大理论和实践问题的研究，均取得了重要突破，推出了一批具有一定理论深度、经得起历史检验的力作。例如：辽宁出版社 1982 年出版的金挥、陆南泉、张楚著的《论苏联经济：管理体制与主要政策》，1985 年由中国财经出版社出版的金挥、陆南泉、张康琴主编的《苏联经济概览》，1988 年由湖南人民出版社出版的刘国平著的《苏联东欧国家对社会主义道路的探索》，1989 年由中国社会科学出版社出版的徐葵主编的《苏联概览》等。

这一时期，国际问题研究的繁荣，还表现在有关期刊的陆续出版上。本来，在"文化大革命"前，已有少数公开刊物，如 1959 年国际关系研究所就已出版《国际问题研究》。但"十年动乱"时都被迫停刊，"十年动乱"结束后，不仅原有的期刊一一复刊，而且新创办了几十种刊物。如中国社会科学院世界经济与政治研究所，于 1978 年创办月刊《世界经济》和《世界经济译丛》之后，又陆续创办了《世界经济与政治》、《世界经济与中国》、《国际经济评论》、《世界经济年鉴》等期刊。中国社会科学院俄罗斯东欧中亚研究所，于 1981 年创办了《苏联东欧问题》（现俄罗斯东欧中亚研究），1985 年创办了《苏联东欧问题译丛》（现俄罗斯东欧中亚研究所）。中国现代国际关系研究所于 1981 年创办了《现代国际关系》。该所还于 1988 年起创办了英文刊物 *Contemporary International Relations*，稍后，世界经济与政治研究所又创办了英文刊物 *World Economy & China*。国际片的其他所也都创办了自己的所刊。而且这些刊物都享誉全国。

自从党的十一届三中全会之后，国际问题研究也改变了过去那种自我封闭的局面，逐步开展对外学术交流。1981 年 3 月，在钱俊瑞同志的大力推动下，由中国社会科学院世界经济与政治研究所、中国世界经济学会和美国斯坦福国际咨询研究所联合主办，香港新鸿基公司协助召开的国际性世界经济研讨会，经国务院批准，在杭州召开。与会的有来自亚洲、美洲、欧洲、非洲和大洋洲 23 个国家和地区的 200 多名专家、学者和新闻工作者。这是我国改革开放后的第一个较大规模的国际问题研讨会，会议围绕 20 世纪 80 年代世界经济发展的前景、困难和问题，西方国家的经济政策和经济理论，苏联东欧国家、发展中国家经济发展前景，国际间经济合作，中国改革开放中的对外经济关系、利用外资和技术等问题，进行了热烈的讨论，在国内外产生了很大的影响，是我国改革开放后在国际问题研究领域与国外合作的良好开端。自此之后，我国派出不少学者到外国进行学术访问，留学生到国外学习，邀请外国学者来国内讲学，举行的国际学术会议也日益增多。这一切对促进我国国际问题研究的繁荣起了重要作用。

世界形势的转折和国际问题研究的
深度发展（1990—2000）

20世纪90年代，是世界经济政治发生巨大变化的又一个重要转折时期。20世纪80年代末至90年代末这十年，是我国国际问题研究结合这种巨大变化的实践，向深度、广度、高质量大发展的十年。1991年苏联解体，东欧国家剧变，结束了冷战，改变了世界力量结构和格局，震撼了世界。冷战结束，美国独霸世界的野心膨胀，世界原有的许多矛盾并没有解决，而且又出现了许多人们料想不到的、更为棘手的矛盾和问题。在已有的世界秩序被打破、新的世界秩序尚不能形成的过渡时期，世界不可避免地将处于动荡之中，世界几乎所有国家的发展战略和安全战略均面临着新的挑战和调整。苏联东欧的剧变，对中国也是一大冲击。

1992年，邓小平同志的南方谈话，对世界形势进行了精辟的分析，指出："世界和平与发展这两个大问题，至今一个也没有解决。"他又指出："现在世界发生大转折，就是个机遇。"他要求我们，抓住机会，更快地发展。这种形势给国际问题研究提出了许多新的课题，我国的国际问题研究也进入了新的阶段。不仅在研究范围和内容上都有了新的拓展，而且更加实际和具体，对大量服务于我国改革开放和社会主义建设事业实践的问题，进行更加深入的研究。在研究质量、水平和理论联系实际方面，也都大大前进了一步。

这一时期，国际问题研究的重点课题主要有：苏东国家剧变的根源、性质、教训以及对世界经济、政治、军事等各个方面的影响，以及这些国家的前景；苏联解体后世界形势新的变化和基本特征，在新的形势下的战争与和平问题、世界发展问题；东西欧关系、欧美关系和南北关系问题，局部战争和民族冲突问题，世界基本矛盾和主要矛盾新变化问题，亚太地区安全机制问题，各国依据新的形势对发展战略和安全战略的调整，我国改革开放面临的新的经济环境和安全环境以及我国应采取的对策等；世界多极化的发展趋势，以及我国对建立世界新秩序的基本立场和原则等；世界科学技术的发展对世界经济和政治发展的影响，以及综合国力的概念和构成因素问题等。

此外，从90年代中期开始，高新技术更加迅猛地发展，经济全球化和地区经济一体化不断加强，与此同时，世界经济全球化发展的内在矛盾和负面影响也逐渐暴露，墨西哥和东亚国家相继发生严重的金融危机。在20世纪即将结束的1999年春，以美国为首的北约借口科索沃问题对南斯拉夫联盟发动空中打击，并提出"新战略概念"，引起了全世界的强烈反应和不安。这一切都对世界经济与政治的发展造成了重大深远的影响，成为学者们进行研究的新课题。

这一时期，我国国际问题研究的一个重要特点，是国际经济研究与国际政治研究开始并重发展，国际政治研究落后于国际经济研究的局面，开始改观。在国际经济领域，研究的主要问题有：经济全球化和地区化的实质与根源，对世界经济和国际关系的影响，以及欧洲共同体（欧洲联盟）、北美自由贸易区、亚太经济合作的有关问题；我国在世界和亚太地区的地位、作用和应采取的对策；国际资本流动，对外直接投资和跨国公司问题；金融在当前世界经济中的作用，国际金融自由化，墨西哥和东亚金融危机，证券市场国际化，经济安全，国际金融体制的改革；汇率机制形成与发展，汇率利率变化对世界经济发展的影响，衍生金融工具的性质和作用，非金融机构的地位和作用，欧元的启动及其对世界经济的影响；人口、环境、粮食、人权、失业、国际组织、毒品经济和经济犯罪等；国际经济组织特别是世界贸易组织的作用以及我国加入世贸组织问题等；此外，还有过去很少涉及的新问题，如综合国力比较、国际竞争力比较；等等。

在国际政治和国家安全领域，除了在学科建设方面深入研究西方国际政治理论的同时，依据现实中发生的问题，深入研究了当今国际政治关系本质和发展规律问题，国际政治关系中反对霸权主义、实行民主、平等对话问题，推进国际关系民主化和尊重世界多极化和多样性问题等。还着重研究了东北亚和东南亚地区安全以及中日、中美、中欧、中俄战略关系问题，中东和平进程问题，非洲、拉美地区形势和我国与这些地区的关系问题。北约对南斯拉夫联盟进行空中打击后，这一事件所引发的一系列问题，如新霸权主义、新干涉主义，世界格局单极化和多极化之争问题，人权与主权的关系问题，中美关系的新发展问题等，成为我国对国际问题关注和研究的重点。

这一时期国际问题研究的发展，不仅表现在研究领域和范围的扩展、研究机构和研究人员的扩大上，更重要的是表现在研究的深度、研究质量的提高上。在上述广泛研究领域中，每个领域都有高水平、高质量的论著发表。不过最突出、最集中的表现，是对社会主义制度和资本主义制度，以及社会主义同资本主义关系的更深刻地再认识上。如1991年由中国社会科学出版社出版的林水源著的《论新型社会主义所有制的构建》、1993年由中国社会科学出版社出版的李琮著的《当代资本主义论》、1998年由经济科学出版社出版的李琮著的《当代资本主义新发展》等，都有比较大的影响。在世界经济学科建设中，对世界经济学研究又深了一步。比如2000年由经济科学出版社出版的李琮著的《世界经济学新编》、2000年由华东师范大学出版社出版的罗肇鸿著的《国际经济学概论》等，都在已有成果基础上前进了一步。

苏联东欧国家政治剧变，改变了世界政治格局，对国际共产主义运动和社会主义事业产生了很大冲击。研究这场剧变发生的原因及其后果，包括对中国改革开放、经济建设、国家安全等所产生的影响，已成为此期间我国国际问题研究不容回避的问题。中国学者在邓小平提出的"冷静观察、稳住阵脚、沉着应付、有所作为"16字方针指导下，展开了对苏东剧变的深入研究，取得了一批高质量的成果。例如：1990年由中国社科出版社出版的刘克明、金挥主编的《苏联政治经济体制70年》，1991年由东方出版社出版的刘克明、吴仁彰著的《苏联社会主义理论的演变》，1994年由社科文献出版社出版、时任中国社会科学院副院长江流同志主持、国际片各所组成的大型课题组共同完成的专著《苏联剧变研究》，1998年由世界知识出版社出版的邢广程著的《高层决策70年——从列宁到戈尔巴乔夫》等，这些成果在国内外都产生了较大影响。当时江泽民在一次全国省部级干部会议上，号召党的高级干部读读这本书。为配合国内研究，徐葵和张达南还组织翻译了国外资深学者、政要、高级将领所著的对苏联剧变真相论述的25本书，也受到学界和中央领导的高度重视。还有张文武、张森、高中毅主编的《简明东欧百科全书》，薛克翘、赵常庆主编的《简明南亚中亚百科全书》，赵常庆主编的《中亚五国概论》等，也接连出版。总的来说，这一时期我国对俄罗斯东欧中亚研究，整体上已经发展到了一个新的阶段。

还值得提及的是，由胡绳倡导、院领导主抓、中国社会科学院国际片各所研究人员撰写的150多部《列国志》，是我国国际问题研究学科建设的一项重大工程，其作用不可估量。此外，这一时期各大学出版的关于国际贸易、国际金融、国际关系、国际政治等学科的各种专业性教科书，可谓百花齐放、层出不穷。尤其自 20 世纪 90 年代末期开始，一门新的科学——国际政治经济学已经进入了我国国际问题研究的领域，并初步取得了成果。在这些成果中，1991 年中国金融出版社出版的由北京大学陈岱孙、厉以宁主编的《国际金融学说史》，1999 年中国人民大学出版社出版的由宋新宁、陈岳著的《国际政治经济学概论》，在社会上都有比较大的影响。这一时期在对西方国际政治学研究方面取得了长足的进展。比如 1998 年由上海人民出版社出版的王逸舟著的《西方国际政治学：历史与理论》，以及其著的 1999 年由上海人民出版社出版的《全球化时代的国际安全》；中国社会科学院人员编写的《西方国家政治制度比较研究》、《文明与国际政治》等。

新世纪和新课题（2001—2011）

直到 20 世纪 90 年代末，全球化和区域合作问题在国际问题研究中一直为学者们所重视。世纪之交，正当美国踌躇满志谋求全球霸权的时候，2001 年 9 月 11 日发生了令全球震惊的事件。这个事件的不寻常性，在于它发生的时间、地点、方式的特殊性和象征意义，令人思之无穷。

接着是爆发了强国入侵弱国的奇特的战争，即世界最强国家美国仗势欺负贫穷落后国家阿富汗和伊拉克的战争。战争的进程和与此一些国家发生的"颜色革命"，使人慢慢清楚，这两场战争，并非简单的报复，而是以美国为首的西方国家以反恐为名，实施全球战略的重大步骤。实力的差距自然决定了这两场战争的结果。然而奇怪的是，这两场战争非但没有改变美国神话破灭的事实，相反，大量人力物力的投入，却更暴露出这个金元大帝国的虚弱。2007 年从纽约引爆，很快波及世界，至今还在向深度发展的金融危机，在危机中那些世界性金融大亨的纷纷破产，似乎映照了"9·11"事件，使研究人员思路逐渐清晰。

2001 年至 2010 年这十年，依据实践的发展和要求，我国的国际问题研究有两个突出的特点：一是研究的课题更细化、更微观，与实践的联系更紧密；二是对问题的认识更深化，而且与过去不同的是，这种深化寓于反思之中。认识来源于实践。实践中发生的一系列事件，使人们对许多问题不得不重新认识，即带有反思性的认识，是在实践认识、再实践再认识循环上升过程中的更高层次的认识。

这十年，国际问题研究涉及问题非常之多，诸如：恐怖主义问题，"9·11"后大国关系和世界格局变化问题，美国新战略对世界经济政治秩序问题；阿富汗战争和伊拉克战争对国际经济政治秩序的影响问题；经济政治全球化的新发展和全球化中的矛盾和冲突问题；俄罗斯东欧中亚国家的经济转轨及其世界影响问题；新的世界科学技术革命、信息技术的发展和"新经济"问题；各国在全球化发展中的相互依存和相互合作、国家主权和国家利益问题；区域经济合作和构建和谐世界问题；文化的国际化及其在国际经济政治中的作用问题；货币体系演变和美元霸权问题；新的资本主义世界金融危机问题；等等。

由于在全球化发展中，各国的相互依存度、相互合作的广度和深度、合作中的矛盾，都不断加深，所以对国际关系的研究，自然成为这一时期的重点。从国际问题研究有关刊物所发表的论文就可以发现，这一时期学者们研究最多的，是关于国际关系特别是大国关系问题。在研究这些关系的发展和变化时，自然涉及大国国际战略的发展和变化问题。在对复杂的国际关系的研究中，地区性的国际组织、国际合作当然占有重要地位。在学科建设方面，研究最多的也是关于国际关系理论和国际关系学的问题，包括研究国际关系理论的方法，以及国际关系史学。这一时期对西方理论的研究中，主要是对新自由主义、现实主义、建构主义等进行了诠释和评价。

特别值得提出的是，自 2007 年之后，学者们对资本主义世界的研究和认识，又进入了更高的阶段。2007 年爆发于美国并很快蔓延到全球的金融危机，是自 20 世纪 30 年代大危机以来，资本主义世界爆发的最严重的金融危机和经济危机。目前这场危机还在继续，尤其在它的刺激下爆发的欧洲债务危机，还在不断扩大、不断向深度和广度发展。失业、劳动者收入大幅度减少的必然结果，是社会动荡、罢工和上街游行。发生在欧洲国家的游行潮，发生在美国的"占领"运动，都标示着资本主义世界这场金融危机和债务危机的性质和严重性，预示着资本主义制度的衰弱与变革。

无论从何种意义上说，这场金融危机和债务危机对资本主义世界的打击，都不亚于 20 世纪那次大危机。因此，资本主义金融危机和债务危机，自然成为国际问题研究的一个热点和重点。对这场危机的原因、性质、趋势、影响等，进行了广泛研究。如果说 20 世纪 80 年代国际问题研究中产生了对资本主义的重新认识或再认识的话，那么在对这次金融危机的研究中，又在过去再认识的基础上，产生了更新的认识，或者是再认识的再认识。不少学者认为，这次危机以不争的事实，打破了资本主义优越、不灭的神话，表明作为资本主义发展顶峰的国际金融垄断资本的寄生性、腐朽性已经达到极点，预示着资本主义社会的发展将发生历史性的转折。

在学科建设上，这一时期国际问题研究的一个突出特点，是自主创新性有所提高。具体说，就是与中国的实践紧密联系，并在这种联系中，尝试建立中国自己的、以马克思主义为指导的、摆脱资产阶级局限性的更为科学的国际关系理论，包括国际关系学、国际经济学、国际政治学、国际政治经济学在内的国际关系理论体系。虽然这是一个巨大的学科建设工程，但毕竟大幕已经拉开。

这一时期的研究成果数量之多，是过去时期无法比拟的。诸如：在对国际关系研究方面，2006 年由人民出版社出版的李爱华等著的《马克思主义国际关系理论》；在对当代资本主义新变化和未来走向研究方面，2004 年由海南出版社出版的靳辉明和谷源洋主编的《当代资本主义与世界社会主义》，由经济科学出版社出版的刘国平和范新宇著的《国际垄断资本主义时代——世界经济与政治的最新发展》；在对西方国家政治研究方面，2006 年由社会科学文献出版社出版的刘国平著的《美国民主制度输出》，2011 年由社会科学文献出版社出版的刘杰著的《当代美国政治》，2011 年由时事出版社出版的侯学华著的《西方国家政治制度比较研究》；在学科建设方面，2010 年由时事出版社出版的王子昌著的《国际政治经济学新论》，2010 年由北京大学出版社出版的王正毅著的《国际政治经济学通论》等，这些著作都体现了这一时期国际问题研究的进展。

特别值得一提的是，在刘国平和范新宇所著的《国际垄断资本主义时代——世界经济与政治的最新发展》一书中，首次提出了资本主义发展于 20 世纪 80 年代末 90 年代初，已经进入了它的第四个阶段，即国际垄断资本主义阶段。并对进入这一阶段的基本标志、这一阶段的基本特征、这一阶段资本主义各种矛盾的变化和发展趋势，进行了比较全面的分析和论证。

综上所述，60 年来，我国国际问题研究在艰难、曲折的发展中，成绩斐然。这些成绩的取得，当然应首先归功于党中央的关怀，归功于党和政府各有关部门的支持，归功于各个系统的广大国际问题研究工作者不懈的追求和努力。60 年来，我国国际问题研究队伍不断发展壮大，不断进行新老更替。其中有数以千百计的老专家，他们几十年如一日，辛勤耕耘，甘于清苦，不计得失，埋头苦干，把自己的全部精力倾注在科研事业中，其中不少人以自己独到的成就成为我国著名学者，在国内外都享有一定知名度。更可喜的是，在我们的队伍中，有为数更多的中青年科研人员，他们知识结构新，对新事物反应快，头脑敏锐，有创新精神，年富力强，其中有相当一部分中青年科研人员，经过孜孜不倦的努力，已经作出了不小的成绩，他们已经或正在脱颖而出，成为我们队伍中的新的生力军和骨干力量。国际问题研究的成绩和研究队伍的成长，二者是互为表里，密切结合的。我国国际问题研究今后发展，则主要就靠这支年轻队伍的发展和成长。

（刘国平，中国社会科学院世界经济与政治研究所研究员）

世界经济与政治研究所的创建和发展(1964—2007)

王德迅

1981年3月，在杭州世界经济讨论会上，我所所长钱俊瑞（左二）与美国斯坦福国际咨询研究所董事长威廉·米勒博士（左三）干杯。

回忆起来，中国社会科学院世界经济与政治研究所的渊源，可追溯到1956年。在这一年，国家计委成立了世界经济研究局。1958年经国务院批准，计委的世界经济研究局整体并入中国科学院哲学社会科学部经济研究所，成为该所的一个研究室，即世界经济研究室。1963年根据毛泽东主席和周恩来总理的指示精神，世界经济研究室从经济研究所分出，于1964年5月19日，正式成立中国科学院世界经济研究所。1977年5月，中国科学院哲学社会科学部改名为中国社会科学院，世界经济研究所隶属于中国社会科学院。1981年5月世界经济研究所与世界政治研究所合并，改称世界经济与政治研究所。

世界经济研究所首任所长由中国科学院哲学社会科学部副主任姜君辰兼任（1964—1966）。"文化大革命"期间（1966—1975），世界经济研究所由工人、解放军宣传队领导。1975—1978年世界经济研究所恢复成立党总支，由苏蔺、孙亚明先后任总支书记。1978年钱俊瑞被任命为世界经济研究所所长（1978—1982）。之后，世经政所的所长依次是浦山（1982—1988）、李琮（1989—1993）、谷源洋（1993—1998）、余永定（1998—2009），现任所长是张宇燕。

办所的方针和变化

世界经济研究所在初创时期，遵照为中央各部门提供有关世界经济方面的研究报告和参考资料，为我国经济建设服务的方针，展开了大量的调研工作，同时对世界经济理论进行研究和探索。之后，因为"文化大革命"，科研工作中断10年之久。在20世纪70年代中期"四人帮"垮台之后，科研工作重又恢复。随着我国进入以经济建设为中心和改革开放的新时期，该所的方针任务进行了多次调整和完善。钱俊瑞就任世经政所所长之后，确定所的方针任务是以进行理论性、综合性、战略性问题研究为主。在这一方针的指导下，开始了一系列理论问题的研究。钱俊瑞身体力行，先后主编和撰写了《世界经济概论》、《世界经济百科全书》、《世界经济与世界经济学》、《世界经济与中国经济》以及《资本主义与社会主义纵横谈》等著作，受到社会和学术界的重视和好评。

其后的历届所领导，都坚持和进一步完善了这一办所方针。比如，浦山在继续贯彻"理论性、综合性、战略性"办所方针的同时，强调研究工作的现实性。浦山认为，世经政所应当把研究重点放到现实问题上。他提倡把世界经济与政治的研究结合起来，认为世界经济与政治是一门新学科。

李琮就任所长后，也强调，世经政所的方针任务应保持一贯性、连续性，即仍应在坚持理论性、综合性、战略性的同时，加强对重大现实问题的研究，特别是应把国际问题研究与国内的现实需要密切结合起来，反对脱离实际的研究。现实性成为办所方针之一，这就进一步明确提出了理论性、综合性、战略性和现实性的办所方针。

谷源洋任所长时，在继续坚持"四性"办所方针的同时，更强调学科建设、理论研究和形势研究结合起来，强调科研工作必须坚持正确的导向，必须以马克思列宁主义作为指导思想。为了加强对现实问题的研究，所里新设置了世界形势研究组，并定期上报关于世界经济与政治形势的研究报告。

余永定为所长时，在保持上述办所方针的基础上，更强调加强学科建设与加强对现实问题研究的结合，强调研究工作应当与国际接轨，进一步凝炼学科目标，突出了对国际金融、国际贸易、跨国公司与国际经济组织等的研究，并按学科对研究室进行了调整。

研究机构的设置与变化

从 1964 年 5 月 19 日中国科学院世界经济研究所成立至 1966 年"文化大革命"前，世界经济研究所共设两个组、一个室，即社会主义国家组、资本主义国家组和编译室。当时世界经济研究所工作方针主要是为中央及中央有关经济部门服务，把研究现实问题放在比较突出的地位上。从 1978 年开始，随着我国改革开放的进行和深入，世界经济与政治问题研究的重要性日趋显现，各届所领导围绕学科建设，并根据所研究重点和人员的变动，不断调整研究室的设置。在钱俊瑞任所长时期（1978—1982），研究机构设置的特点是：第一，将研究组扩大为研究室，且扩大了研究领域，设置有苏联东欧研究室（其前身是社会主义国家组）、发达资本主义国家研究室（其前身是资本主义国家组）、亚非拉研究室、理论研究室、国际经济关系研究室、综合统计研究室（其前身为编译室）、世界经济史研究室、世界政治研究室和亚太研究室。第二，拓宽了研究领域。既研究世界经济又研究世界政治；既研究世界经济理论问题和现实问题，又研究世界经济史问题。第三，加强了对亚太问题、发展中国家问题、世界经济统计问题和国际经济关系问题的研究。

在浦山任所长时期（1982—1988），研究室设置的主要变化是：第一，苏联东欧研究室改为苏联东欧经济比较研究室。第二，将亚非拉研究室改为发展中国家经济研究室。第三，曾一度把发达资本主义国家研究室改为综合专题研究室（1983—1985），后来又撤销综合专题研究室，恢复了发达国家经济研究室（1985—1988）。

在李琮任所长时期（1988—1993），研究室设置的变化主要是：第一，不再设置亚太研究室（原亚太研究室合并到院亚太研究所）。第二，除了继续保留发达国家经济研究室之外，又增设了综合专题研究室。

在谷源洋任所长时期（1993—1998），研究室的主要变化有：第一，将发达国家经济研究室和综合专题研究室的研究人员分别充实到世界经济理论研究室和发展经济学研究室。第二，原有的苏联东欧经济比较研究室改变为世界经济体制比较研究室，加强对比较经济学的研究。第三，新成立了世界形势研究组（1997年2月成立），加强了对现实问题的研究，每年向上报送有关世界形势的研究报告。世界形势研究组成为后来成立的国际战略研究室的组成部分。

余永定任所长后（1998—2009），除了继续保留世界经济统计研究室、国际政治研究室并恢复综合专题研究室（主要研究全球环境问题）之外，成立了下列新的研究室：跨国公司与国际经济组织研究室、世界产业结构研究室、国际金融研究室、国际贸易研究室、国际战略研究室以及经济发展研究室。2002年9月经院务会议批准，世经政所全球环境与可持续发展经济学及其所属的综合专题研究室和世界经济统计学科及其所属的世界经济统计研究室列入院"重点学科建设工程"，其中世界经济统计研究室成为院六大重点研究室之一；2003年9月经院务会议批准，国际贸易学科及其所属的国际贸易研究室和国际政治学科及其所属的国际政治研究室列入院"重点学科建设工程"。2005年3月全球环境与可持续发展经济学科及其综合专题研究室析出合并到院城市发展与环境研究中心。

目前，世经政所设有跨国公司与国际经济组织研究室、国际金融研究室、国际贸易研究室、世界经济统计研究室、世界产业结构研究室、国际政治研究室、国际战略研究室以及经济发展研究室。另外还组建了中国社会科学院世界经济研究中心、中国社会科学院第三世界研究中心，以及下列所属研究机构：国际金融研究中心、美国经济研究中心、全球并购研究中心、公司治理结构研究中心、世界经济史研究中心、世界经济发展研究中心。世经政所还具体管理着世界经济学会和中国东欧中亚经济学会。

学科建设的发展和取得的主要成果

在学科建设中，世界经济统计研究室取得的成就最突出。世界经济统计学科隶属于世界经济学，是经济学中的三级学科，也是横跨统计学与世界经济学的一门交叉学科。世界经济统计学科主要由三大部分组成：（1）研究如何通过制定国际规范，加强各国经济统计数据的可比性；（2）从统计分析的角度研究各国经济间的差异；（3）以经济计量手段探索各国经济运行规律及相互影响和作用。2002 年 9 月世界经济统计学科被列入院"重点学科建设工程"，为全院六个重点研究室之一。

该学科在国内的发展过程大致经历了三个阶段：（1）学科建立之初至 80 年代末期，该阶段以收集整理世界经济统计数据为主。仅限于为各有关单位及部分杂志提供原载于各类国际组织出版物上的数据，并不对其做出任何评价或阐述。（2）80 年代至 90 年代中期，随着科研力量的加强，在统计的基础上开始进行含有一定分析成分的科研工作并取得重要进展。在此期间，以购买力平价、综合国力比较、国际竞争力比较等几项重要课题的开展为代表，标志着该学科正式进入学术研究领域。（3）90 年代中期至今，在院实施目标责任制管理机制的推动下，本学科进入全面发展阶段。从引进人才入手，着力更新知识结构，彻底改变了仅仅提供世界经济统计数据的状况，科研工作日益走向规范化。

近年来，世界经济统计研究室完成了多项高水平的研究工作。例如：2002 年年底建成专门用于政策分析的中国宏观经济季度模型 China_ QEM，不仅结束了世经政所缺少宏观经济模型的历史，同时也在国内宏观经济模型研究领域占据了一席之地。目前该模型已得到国内外学术界的重视，如亚洲开发银行已在此基础上开发出了亚行的中国模型，以介绍 China_ QEM 为主的《中国宏观经济季度模型 China_ QEM》于 2005 年由社科文献出版社出版以后，已被包括中国人民银行、香港金融管理局、国家图书馆、中国人民大学图书馆、北京大学图书馆、日本学术振兴会、澳大利亚悉尼大学图书馆等多家中外机构所收藏。发表于世经政所英文杂志 *China & World Economy*（中国与世界经济）上的 *Understanding the High Saving Rate in China*（如何理解中国的高储蓄率），自 2007 年 1 月发表后一直名列该杂志论文下载榜首；发表于《世界经济》上的《人民币汇率调整对我国宏观经济的影响探析》及发表于《国际经济评论》上的《人民币升值对宏观经济运行仅存在短期负面效应》和《渐进式升值在短期内对就业产生的压力最小》等论文，被众多媒体所转载，在相关领域的讨论中发挥了重要影响。

于 2001 年建成的运行于社科院局域网上的世界经济数据库，以其丰富的世界经济数据为科研工作提供了极大的便利，基本上摆脱了数据录入的烦恼，提高了科研工作效率。2007 年起又加强了对运行于互联网上的世界经济研究数据库的开发工作，目前该数据库已拥有如下功能：（1）一键式检索，即只需输入一次检索词就可以在多个数据库中查找相关文献资料。（2）世界经济统计室工作论文系列。（3）提供最新世界经济统计数据。（4）提供各主要国家和地区宏观经济政策动向。（5）常用文献资源链接。（6）一键直达式数据查寻。（7）世界经济统计研究常用文献链接。（8）宏观经济模型研究动向等。网址为 www. stats-iwep. org. cn。

该所的国际贸易学科，是适应我国对外开放需要而建立和发展起来的。世经政所从 1978 年起，就根据我国改革开放的需要，从事国际贸易理论和实践方面的研究。2001 年加入 WTO 后，我国与世界经济的联系越来越紧密。一方面需要我们从世界的角度来研究我国国际贸易所面临的国际环境，为我国经济政策的制定、为政府部门的决策提供及时、有效的研究报告或应对之策；另一方面，也需要我们从一个发展中大国和一个WTO 新成员的角度积极倡导更加有利和公平的国际经济秩序的建立、国际经济环境的营造。为适应这个需要，以国际贸易学科建设为导向的国际贸易研究室也在 2003 年建立起来。

国际贸易研究室确定以国际贸易、国际投资和 WTO 为研究方向，侧重于对世界国际贸易趋势、WTO 规则、国际投资的变化等国际环境，尤其对我国所面临的国际大环境的变化研究。在研究中，该研究室主动开展了一些合作，效果很好。如 90 年代与新加坡的关于中国与东盟经济关系的研究、与第三世界网络关于 WTO 事务的研究等，都取得了多项研究成果，其中一些获得国家嘉奖，在国际上产生了一定的影响。

该所的国际政治研究室，主要从事国际关系理论、国际政治现实问题、国际关系史这三个方面的研究。国际关系史的研究曾经是该室的优势，但步入 90 年代后，由于研究人员构成及缺少比较优势等原因而舍弃，国际政治现实问题研究和国际关系理论研究已成为国内相关领域带头性基地。从研究内容来说，在 90 年代中期之前，较多研究的是大国关系问题、世界格局问题、国际冲突问题、军控问题等。90 年代中期之后，除继续进行大国关系等问题的研究之外，更进一步开展了国际安全研究、国际组织研究、全球问题研究等。对比前一个阶段，后一阶段更加侧重基础理论研究，特别是较深入地研究了国外国际关系学界的各个学派和各种理论范式，并努力尝试提出中国学者自己对于国际问题的阐释。

比较有代表性的研究成果是卫林、孙叔林等编著的《国际关系史》（第九卷）、《第二次世界大战后国际关系大事记》，王书中主编的《美苏争霸战略问题》，王逸舟著的《当代国际政治析论》、《西方国际政治学：历史与理论》，李少军著的《国际政治学概论》，袁正清著的《国际政治理论的社会学转向》、李东燕著的《联合国》等。除了国际关系理论之外，还研究了国际安全问题（如王逸舟主编的《全球化时代的国际安全》）、恐怖主义问题（如王逸舟主编的《恐怖主义溯源》）、国际组织问题（王逸舟主编的《磨合中的建构》）等，取得了显著成果。国际政治学科经过多年发展，已取得了较丰富的学术成果，得到了国内同行的认可，并受到了国外学者的关注，进行互访和交流，合作日益增多。

该所的跨国公司与国际经济组织研究室，虽然成立较晚，但发展很快。在经济全球化迅猛发展的趋势下，跨国公司在世界经济中的影响与作用日益突出。相应地，对跨国公司问题的研究也越来越受到国内学术界的重视。该室成立后，确立了以跨国公司学科建设为中心，以服务于我国政府决策和中国企业的发展为宗旨，围绕着外资"引进来"与中国企业"走出去"两个方面，对跨国公司的理论与实践进行了深入的有重点的研究。研究重点主要集中在以下几个方面：（1）跨国公司对华投资战略；（2）中国企业跨国经营战略；（3）跨国公司海外市场进入方式；（4）公司治理结构的改革与提高。

该研究室在跨国公司投资战略、企业进入方式及公司治理结构等涉及跨国公司重大理论与实践问题方面研究中，都取得了突出成果，多项研究成果曾获得国家有关部门的肯定与奖励。该研究室注重培养年轻的后备研究力量，实行老中青相结合；强调理论与实践的结合，注重对跨国公司的国际比较研究；还积极开展国内外学术交流活动。几年来，为及时了解跨国公司理论研究的发展状况，掌握跨国公司的最新动态，全室人员先后访问了国外一批著名的学术研究机构。

该所世界产业结构研究室，成立于2000年。研究室的主要任务是在产业层次上对世界经济发展进行深入具体的研究和相关的政策分析，并与国内外相应学术机构、著名学者以及有关政府部门保持密切的联系和合作，通过持续的学术交流和对话来开阔研究的视野，进而促进产业问题研究的深入。世界产业结构研究室目前的主要研究领域包括：探索世界产业结构变动的内在规律及其基本趋势；跟踪研究世界高技术产业的发展状况，把握未来产业发展的基本方向；对主要产业的全球发展状况及相应的市场变化进行深入研究，特别是对产业链及其内部结构、进入壁垒、产业组织等问题的研究；研究与产业结构变迁相关的科学技术进展、科技政策及技术创新等问题；对世界主要国家产业政策的主要内容及其变动趋势进行跟踪研究；各国产业的规制研究；各产业发展史的研究。

在"十五"期间，产业结构研究室承担和完成了多项国家、院、所级课题和有关单位委托课题，取得了丰硕成果。比如王春法主持完成了国家社会科学基金重点项目"主要发达国家国家创新体系的历史演变及其发展趋势"，2003年出版专著《主要发达国家国家创新体系的历史演变与发展趋势》。该研究室研究人员的专业分布广泛，具有精通英语、日语、俄语等多种语言的优势，便于与国外学者进行学术交流。

国际金融学科，被确定为该所的重点发展学科之一。该所的国际金融研究室，其研究领域包括：汇率、汇率制度选择和人民币汇率问题；区域金融及货币合作和区域资本市场，金融开放和资本项目自由化，公司融资和金融机构，国际金融市场和形势动态追踪。其中在汇率问题和区域金融货币合作的研究方面处于国内领先地位。自建室以来，完成了一系列重大研究课题，其中包括国家社会科学基金项目，中国社会科学院重大课题项目、国家财政部项目，以及中国社会科学院青年社会科学基金项目等。对国际金融重大问题的研究，特别是对中国外部金融环境、中国金融改革和开放战略、人民币汇率政策调整、中国参与区域金融合作等问题，先后发表了多篇具有影响力的研究成果和对策报告。

目前，该室侧重于对策性研究。先后承担国家财政部和中国人民银行委托的研究课题，并多次参与决策部门的讨论和交流。其中有些研究成果获中国社会科学院优秀成果论文类奖、中国社会科学院青年优秀成果论文类奖、中国社会科学院世经政所优秀成果等奖项。该室重视开展学术合作和交流，与国际同行建立了良好学术交流关系，同时又是中国社会科学院研究生院世界经济系培养国际金融专业博士和硕士的重要基地之一。

国际战略研究室于 1999 年 1 月成立，历任主任是沈骥如、任海平，现任主任是邵峰。该室侧重对当前国际关系中影响中国国家安全与战略的重大现实和热点问题进行持续跟踪研究。国际战略学科的学术优势和特色主要有以下几点：（1）从学科建设的角度和研究领域的覆盖面来看，已经形成了中国外交战略、区域组织与国际安全及区域合作、非传统安全、恐怖主义和反恐怖主义四个重点研究方向；（2）侧重于三大任务：战略理论研究、为党和政府提供政策研究报告、通过媒体就重大国际紧迫问题向社会各界释疑解惑；（3）注重理论性、现实性与综合性的结合，融政治、经济为一体。

国际战略研究室的科研成果一直受到国内外学术界的关注。该学科科研人员发表在学术期刊上的论文被多次转载和引用；其提出实现国内的社会和谐是实现中国国际战略的根本保障的观点，在国内最早就"社会和谐"问题进行比较系统的论述。该室研究人员多次接受中央机关和各部委委托的专题研究任务，并就当前重大国际问题的对策研究向中央提供多项政策建议，多次获得院年度优秀决策信息奖励，其中一些政策建议得到了中央领导同志的重视。有些研究成果还被国外出版机构收录。

经济发展战略研究室，也是世界经济与政治研究所重点建设的学科之一。经济发展问题是一门跨学科的研究。经济发展战略研究室以发展经济学、经济增长理论和其他一些经济学前沿理论为学科基础，主要研究世界各国（包括中国）在经济发展过程中的问题、经验和相关理论，以低收入国家（包括中国）向现代工业化国家转变过程中存在的经济问题为主，突出研究经济发展领域中具有宏观性、战略性、政策性和预见性的问题。目前的研究领域主要涉及：国际投资与经济发展；国际贸易与经济发展；经济发展与资源环境；社会资本（如信任）在经济发展过程中的作用等。该室的研究工作以实证分析为主，采用国际规范的定量分析方法如计量分析、CGE 模型等。这样的方法，也利于与国内外同行进行交流。

该研究室除承担了院重大课题项目、院学科启动基金项目以及人事部留学回国人员资助项目外，特别注意对现实问题的研究。在研究工作中立足国内，密切关注我国经济发展中出现的热点和难点问题，重视并开展广泛的学术交流与合作，已经初步建立了与国内外同行间良好的学术交流关系；在保证高质量学术研究的基础上，为中央和各级政府及相关部委的决策服务。

　　据不完全统计，在 1977 年至 2007 年的 30 年间，世经政所完成各类科研成果字数总计达 2.5 亿以上，其中专著 200 余部（种），学术论文及研究报告 7800 余篇。承担国家"六五"重点课题 3 项，"七五"重点课题 3 项，"八五"重点课题 3 项、"九五"重大课题 1 项，重点课题 1 项，"十五"重点课题 1 项。"七五"以来，承担国家社科基金一般项目 18 项、社科基金青年项目 4 项、院重大课题 20 项，院重点课题 50 项，院招标课题 3 项，院青年基金课题 23 项，院基金资助基础研究课题 9 项，院国情调研课题 9 项。承担国家自然科学基金课题 3 项，国家软科学课题 1 项。

　　在这些成果中，钱俊瑞撰写的《世界经济与世界经济学》（1982）和《世界经济与中国经济》（1983），主编的《世界经济概论》和《资本主义与社会主义纵横谈》；樊亢主编的《资本主义兴衰史》（1984）；仇启华主编的《现代垄断资本主义经济》（1982）；王怀宁主编的《2000 年中国的国际环境》（1988）和《世界经济与政治概论》（1989）；李琮著的《当代资本主义世界经济发展史略》（上、下册）（1989）、《当代资本主义的新发展》（1998）、《当代国际垄断——巨型跨国公司综论》（2002）和主编的《世界经济学新编》（2000）；王守海等著的《世界社会主义经济的理论与实践》（1988）、王守海主编的《苏联东欧国家经济体制比较》（1984）；罗肇鸿主编的《国际经济学概论》（2000）；谷源洋、林水源主编的《世界经济概论》（2002）；林水源著的《论新型社会主义所有制的构建》（1991）；张宇燕著的《经济发展与制度选择——对制度的经济分析》（1992）；余永定、张宇燕、郑秉文主编的《西方经济学》（1997），余永定、李向阳主编的《经济全球化与世界经济发展趋势》（2002）、余永定著的《我看世界经济》（2003）；刘国平著的《两种不同制度国家经济关系新论》（1987）、《中国与世界经济发展的比较》（2000）、《美国民主制度输出》（2006），刘国平和范新宇著的《国际垄断资本主义时代》（2004）；等等，都受到社会重视和学术界好评。

　　此外，在世界经济专题研究方面，也取得丰硕的、对学科建设有重要意义、在理论界有重大影响的研究成果。诸如：孙振远著的《世界粮食问题概论》（1985）；李公绰著的《战后日本的经济起飞》（1988）；戎殿新、司马军主编的《各国农业劳动力转移问题研究》（1989）；罗肇鸿、刘国平等著的《世界经济调整与改革的新浪潮》（1990）；徐更生著的《美国农业政策》（1991）；谷源洋、周圣奎、谈世中著的《亚洲四小龙起飞始末》（1992）；谈世中主编的《发展中国家经济发展的理论与实践》（1992）、《21世纪第三世界的地位和作用》（2005）；沈骥如著的《欧洲共同体与世界》（1994）；王诵芬主编的《世界主要国家综合国力比较研究》（1996）；潘家华著的《可持续发展途径的经济学分析》（1997）；高海红著的《从东亚货币危机看汇率制度的选择》（1998）；孙杰著的《货币与金融——金融制度的国际比较》（1998）；周圣葵著的《21世纪与南北经济区域集团化》（1998）；佟福全著的《搏兴：西方经济新视角》（1999）；李向阳著的《企业信誉、企业行为与市场机制：日本企业制度研究》（1999）；苏国荫著的《世界经济统计学新论》（1999）；鲁桐著的《WTO与中国企业国际化》（2000）；李向阳著的《国际经济规则与企业竞争方式的变化》（2000）；谈世中主编的《中国金融开放的战略抉择》（2002）；潘家华著的《人文发展分析的概念构架与经验数据》（2002）；鲁桐主编的《中国企业跨国经营战略》（2003）；肖炼著的《美国经济研究》（2007）；郗润昌著的《明天世界的战略格局——两极格局终结之后》（1991）；李东燕著的《正义与邪恶的较量》（1997）；沈骥如著的《中国不当"不先生"——当代中国的国际战略问题》（1998）；李少军著的《干涉主义及相关理论问题》（1999）、《国际政治学概论》（2002）；高恒主编的《2020大国战略》（2000）；袁正清著的《国际政治理论的社会学转向：建构主义研究》（2005）；等等，举不胜举。

此外，世经政所是对外学术活动最为频繁的研究所之一。许多国外著名学者被聘为世经政所名誉研究员。目前，世经政所与许多世界一流的国际问题研究机构保持着密切联系。从2000年始，世经政所还定期举办"双月大使论坛"，先后邀请美国、日本、意大利、巴基斯坦、以色列、古巴、埃及等国驻华大使来所讲演，并就热点问题与研究人员进行面对面的交流。

世经政所是国家批准的具有硕士、博士学位授予权的单位之一，也是首批国家批准的博士后科研流动站点之一。拥有世界经济、国际政治博士点。目前，世经政所有6种学术刊物，即《世界经济》、《世界经济与政治》、《国际经济评论》、《中国与世界经济》（英文刊物）、《世界经济年鉴》和《世界经济调研》（内部刊物）。除了上述刊物之外，世经政所每年还负责撰写由院、所领导任主编的"世界经济形势黄皮书"（《世界经济形势分析与预测》）和"国际形势黄皮书"（《全球政治与安全报告》）。

刊物的创立和发展

世经政所最早的刊物是《世界经济资料》，创刊于20世纪50年代，由世界经济研究所前身中国科学院经济研究所世界经济研究室编辑，是当时全国研究和探讨世界经济问题为数极少的内部刊物之一。1960年以前为油印，后改为铅印。1964年世界经济研究所建立后，《世界经济资料》成为该所的内部刊物，主要是刊登本所研究人员的研究成果，供有关中央部委及其他单位参阅。该刊除了在"文化大革命"期间中断之外，一直延续至20世纪80年代初。另一刊物《世界经济译丛》，1978年8月创刊，原为双月刊内部发行，从1979年起改为月刊公开发行。该刊曾为研究、教学和经济部门的工作者提供大量有参考价值的世界经济信息和资料，受到广大读者的欢迎。由于受办刊经费以及版权的某些限制，于1995年停刊。现在世经政所有6种刊物：《世界经济》、《世界经济与政治》、《国际经济评论》、《中国与世界经济》（英文刊物）、《世界经济年鉴》和《世界经济调研》（内部刊物）。

《世界经济》（月刊），创刊于1978年5月，为中国社会科学院主管、中国社会科学院世界经济研究所（1981年后为世界经济与政治研究所）和中国世界经济学会共同主办的研究和探讨世界经济问题的专业性学术刊物，是国内创刊较早的世界经济类刊物之一。自创刊以来，该刊紧扣世界经济发展的脉搏，在为改革开放、现代化建设服务以及促进我国世界经济理论的发展和学科建设方面发挥了积极的作用，获得了社会上的好评。曾在北京大学图书馆和北京高校图书馆期刊工作研究会共同主持的全国核心期刊评选中连续被评为中国"世界经济类"78种核心期刊中的第一名，在高等院校、研究机构、政府决策部门和企业拥有众多读者。目前，《世界经济》设有宏观经济学、微观经济学、国际贸易、国际金融、地区与国别研究、中国经济、资本市场、综述等栏目，全方位追踪国际学术动向，展示中国经济学前沿。2000年，《世界经济》在国内出版的经济学期刊中率先实行双向匿名审稿制度，被《光明日报》等媒体誉为"直击学术腐败"，并得到学术界的高度赞扬。目前，《世界经济》拥有将近 200 名审稿人，他们是一批老中青相结合的国内外最为活跃的经济学家。《世界经济》实行双向匿名审稿制度的创新和实践推动了中国经济学界学术规范的建立和学术评价的发展。

《世界经济与政治》，是中国社会科学院主管、世经政所主办的研究世界经济与国际政治的综合性学术月刊。刊名为李铁映同志所题写。该刊从 1979 年到 1995 年曾为内部刊物（1979 年为季刊、1980—1981 年为双月刊，1982—1996 年为月刊），1996 年改为国内外公开发行，并在当年入选中国中文核心期刊。创刊后三易其名：1979 年创刊时为《世界经济》（增刊），1982 年改为《世界经济与政治内参》，1987 年改为现名《世界经济与政治》。该刊坚持以马克思主义理论为指导，坚持正确的思想导向，秉持"理论性、战略性、综合性和现实性"的办刊方针，弘扬学术创新精神，以国际关系理论研究为主旨，注重国际政治与世界经济的结合，注重理论和实践的结合，注重国内需求和国际问题研究的结合，注重选题的综合性、前瞻性和创新性，紧扣时代热点和学科前沿问题。长期以来，该刊发挥期刊的学术导向功能，参与国际关系学术共同体的"塑造"，成为中国国际关系研究发展的"橱窗"，在传播、促进和引导学术进步方面，坚持理论创新原则，突出理论的前沿性和视野的前瞻性。此外，该刊坚持双向匿名专家审稿制度，创立了编辑工作原则规范，为提高学术论文质量提供了制度保障，发表了很多反映国内一流研究水平、具有创新性和重要学术价值的论文，成为国内最有影响的国际政治理论学术刊物之一，产生了独具特色的品牌效应。《世界经济与政治》先后于 2003 年和 2005 年获得中国社会科学院优秀期刊奖，并赢得了国际政治类核心期刊第一名的良好声誉。

《国际经济评论》，创刊于 1996 年 1 月，由中国社会科学院主管，中国社会科学院世经政所、中国世界经济学会主办，是国内唯一一份专门对国际经济进行学术评论的刊物。该刊放眼世界经济，又紧密结合中国现实；它注意把握国际经济政治活动的脉搏和最新动向，基于严谨的学术理论，主要从中国的立场和学术的角度对国际经济政治进行有实事分析、合理对策和科学预见的评论。《国际经济评论》目前拥有一支较为固定的高水平的作者队伍，形成了自己独特的学术风格和评论视角。该刊组织发表的许多文章在学术界产生了重要影响。被国际著名刊物《外交政策》（美）称为中国国际问题研究的代表刊物；被国务院研究室等国家决策部门列为经济决策参考读物；成为国内重点高等院校社会科学学科的核心期刊。评论界认为，透过《国际经济评论》，读者可以比较全面地了解到中国优秀学者和专家对重大国际经济问题的基本看法。该刊栏目设有：时评（评论当前国际经济、政治的焦点问题）；争鸣（通过思想对话和交锋，反思国际经济、政治热点问题）；专论（由理论专家为专业和非专业读者阐述国际国内重要现象背后的深层含义）；财政金融（探讨国际财政金融理论与现实的前沿问题）；国际政治（探讨国际政治和国际经济的相互影响）；中国经济（在国际经济背景下讨论中国改革开放进程中的重大问题）；地区·国别（探索和评论世界各国经济发展中可资借鉴的经验和教训）；工商（评析国内外工商界中有启迪性的现象）；专访（与对世界和中国产生过重要影响的人物交谈）；人物与思想（评介经济学大师中的思想家）；书评（评说国际经济学经典文献）；等等。

《中国与世界经济》（*China & World Economy*）是我国第一本经济类、学术性英文刊物。由中国社会科学院主管、中国社会科学院世经政所主办，中国社会科学院国际合作局协办。该刊创刊于 1993 年，原名《世界经济（英文版）》（*The World Economy*），同年更名为《世界经济与中国》（*World Economy & China*）。2001 年根据我国改革开放的需要，改用现名，进一步突出了杂志以介绍和分析中国经济为主的特点。作为"中国走向世界的桥梁，世界了解中国的窗口"，英文刊发表的文章，一方面突出地反映了中国改革开放取得的卓越成就和研究领域中的最新进展；另一方面向世界真实、客观地反映中国向市场经济转轨、建立社会主义市场经济体制进程中存在的问题，以及学术界对某些重要问题的争论。与此同时，该刊还对国外学术界讨论的热点给予了关注和及时的反映。截至 2006 年年底，该刊累计出版了 14 卷 83 期，发表 1000 多篇论文。13 年来，英文刊作为对外交流的窗口和中外学者的论坛，受到国内外学术界的关注。一些世界著名经济学家（如约翰·威廉姆森、唐纳德·麦金农、罗伯特·福格尔等）曾为刊物撰稿。2005 年 6 月，该刊被美国经济协会主办的《经济文献杂志》（*Journal of Economic Literature*）收入其 JEL 引文索引系统；自 2006 年起，开始与国际著名学术出版集团 Blackwell 合作，由 Blackwell 负责刊物的海外和网络发行，成为目前中国大陆唯一进入 Social Science

Citation Index（SSCI 是目前全世界学术界公认的最权威的社会科学引文索引系统）的学术刊物。

《世界经济年鉴》，创刊于 1980 年 4 月，是世界经济研究所最早创办的刊物之一，也是中国改革开放以后创办的全国第一本世界经济类年鉴。《世界经济年鉴》是一部工具书，它以翔实的内容和数据来反映各国经济的运行状况，对当年世界经济的新发展和新变化作全面、客观的反映，使读者从丰富、系统的材料中看出这一年世界经济发展的全貌，获得有关各种信息。该书以其权威性、学术性、实用性、资料性已为国内外各界所认知。《世界经济年鉴》的作者由高层次的专家组成，其中包括社科院内拉丁美洲研究所、日本研究所、欧洲研究所、西亚非洲研究所、亚洲太平洋研究所、俄罗斯东欧中亚研究所、经济研究所、台湾研究所和世界经济与政治研究所的专家学者，同时还得到中国银行国际金融研究所、国际问题研究所、中国现代国际关系研究所、中共中央对外联络部、中国农业科学院有关研究所、北京财贸干部管理学院、国家统计局等单位专家学者的智力支持。《世界经济年鉴》设有：综合报告·专论、国别（地区）经济（亚洲、欧洲、非洲、美洲、大洋洲）、世界农业、世界工业·科技、国际贸易·对外投资、国际金融、世界旅游业、世界环境保护、世界流通业、国际经济组织活动（会议）评述、中外工商企业、世界经济统计汇编等栏目。

《世界经济调研》，创刊于 1977 年 2 月，当时是根据李先念同志的指示创办的内部刊物。30 年来，该刊在 10 多个中央部委编委单位的大力支持下，以世界经济和国际政治方面重要的新现象、新问题和热点问题及其对我国的借鉴意义为选题标准，为中央及各部委提供有参考价值的研究报告，得到中央负责同志的好评，在社会上也有一定的知名度。本刊内容主要包括：对国际政治、经济、外交、军事等重大问题及焦点、热点的分析研究报告；针对我国改革开放和建设中出现的新情况、新问题，有针对性地介绍别国的经验教训；对国内外重大事件、动向、焦点、热点的跟踪研究，以帮助中央和各级政府及有关部门了解世界经济、政治形势及其发展趋势，为其制定内外发展战略和方针政策提供信息和对策建议。对个别内部性极强的文章专门设有增刊。《世界经济调研》目前仍为内部刊物，仅供厅局以上领导参阅。该刊每周 1 期，每期除报送中央外，多数为厅局级以上单位订阅。

研究生培养

　　自 1978 年起，世经政所在中国社会科学院研究生院设立"世经政系"，开始招收和培养攻读世界经济、金融学、国际政治和国际关系专业的研究生，至今已招收 29 届研究生，共 314 人（其中博士生 134 人，硕士生 180 人）。随着世经政所知名度的提高，报考世经政专业的学生数量也由最初的每年 40 多人增加到现在 130 多人。从 1999 年开始，"世经政系"还先后招收录取了日本、韩国和我国台湾地区的 25 名学生，扩大了世经政所在国际、国内的影响。

　　在指导研究生的教学方面，世经政所在注重培养研究生掌握正确的科研方法的同时，更强调研究生形成敏锐的科研意识和坚韧的科研精神。为了提高教学质量，近年来，该所还请了国内外知名学者担任学生的专业课导师，并举办专题讲座 62 次。"世经政系"还建立了导师和研究生的互动机制，有 31 名学生参加了由导师主持的研究课题。这种教学与实际相结合的做法，既夯实了学生专业理论知识的基础，又提高了学位论文的质量，如有两名学生在校期间荣获了研究生院优秀博士学位论文奖。

　　现在，该所培养的研究生已在所内科研工作中起到骨干作用，他们中的一些人不仅成为活跃在研究工作一线的骨干，还成为所领导或室主任。输送给社会的大多也成了有关方面的骨干力量。

　　世经政所是全国哲学社会科学第一批建立博士后流动站的单位。自 1993 年开始招收第一位博士后进站至今，已招收 14 批，共 37 名博士后研究人员进站从事研究工作。

　　该所历届领导及合作导师非常重视博士后人才队伍的培养，把他们视为重要财富和资源，经常为他们创造条件参加国内、国外学术活动，鼓励他们放开视野，活跃思想，进行创造性思维，推出创新性的成果。据统计，在站的和已经出站的博士后研究人员中，有 12 人曾代表研究所到国外进行学术访问、交流、进修和出席国际会议。

　　10 多年来，博士后的研究工作取得了很大成绩。据不完全统计，博士后在站期间承担（主持及参与）国家级科研项目 10 项，省、部级科研项目 29 项，其他科研项目 6 项。其中，有 13 人次的研究成果获省部级奖励。有的博士后发表的专著被收入"中青年经济学家文库"系列丛书；有的博士后发表的论文被收入《全国博士后经济学管理学论文汇编》等；有的博士后还积极参与全国博士后管委会组织的相关调研并写出调研报告，得到了主办单位领导的好评。到 2007 年 5 月，已有 19 名博士后研究人员圆满完成研究报告，先后出站。其中，有 7 名博士后留世经政所继续从事研究工作，充实了研究队伍，有的成为学科带头人；有 6 名博士后进入中直、国家机关有关部、委工作；1 名博士后到著名高校从事教学工作；2 名博士后在部队工作。这些高素质人才，在各自的岗位上发挥着重要作用。

从以上数据可以看出，作为培养人才的重要途径，该所的研究生教育在继续保持高质量的同时，规模和结构均呈现良好的发展势头，博士后规模稳步增长，为发现和培养优秀人才提供了有效途径。

学会与研究中心创立和发展

世界经济与政治研究所创立和管理的，有两个全国性学会、两个院级研究中心和 4 个所级研究中心。这些学会和研究中心，对凝聚科研力量，组织、协调跨单位研究力量协同研究，交流研究信息和心得，推动学术研究和学科建设发挥了重要作用。世经政所借助这些学会、研究中心延伸了研究力量，促进了科学研究。

中国世界经济学会（China Society of World Economics，CSWE）。

该学会创立于 1980 年，是中国研究世界经济的个人或单位自愿结成的、非营利的全国性学术团体。该学会的宗旨是，组织和推动世界经济理论与实际问题的研究和讨论，为发展中国的世界经济研究工作，为中国的现代化建设，为维护世界和平、促进人类进步事业服务。本学会遵守宪法、法律、法规和国家政策，遵守社会道德规范，在研究工作和学术探讨中坚持实事求是、理论联系实际的科学态度和学风，贯彻"百家争鸣"的方针。

该学会的业务范围主要有：（1）组织和协调有关世界经济重大理论和实际问题的研究，组织和参加国内经济改革和对外开放方面的调查研究工作；（2）组织和协调世界经济的综合或专题学术讨论会；（3）举办学术报告会、讲座和培训班，组织与提供咨询服务；（4）编辑和出版学会刊物，编选和出版有关研究成果；（5）参加国际学术活动，开展对外学术交流。

该学会作为全国世界经济研究领域的学术团体，学会专家学者云集，会员主要来自中国社会科学院、全国高校、中共中央党校、各省市社科院、各省委党校从事世界经济、国际贸易、国际投资、国际金融等领域研究和教学的专家，以及国务院发展研究中心、中国人民银行、中国银行等相关机构从事世界经济研究的专家。学会现有团体会员 32 个，个人会员 1000 多人，常务理事 100 人，理事 293 人。学会理事会已历经九届。学会内设机构有理事会、专业委员会（教学专业委员会、统计专业委员会、发展经济专业委员会、转轨经济专业委员会、发达经济专业委员会、理论专业委员会、经济文化交流专业委员会）、浦山世界经济学优秀论文奖基金会、编辑部和秘书处。

该学会自成立以来，每年召开一次全国的学术年会。此外，开展若干有关世界经济重大理论和实际问题的专题学术研讨会，即学会的年度专题论坛，目前有：世界经济与中国经济形势论坛；国际金融论坛；国际贸易论坛；区域经济论坛；两岸经济论坛等。各专业委员会根据分支学科的情况，定期或不定期举办专题研讨会。

该学会设有一个奖项——浦山奖。它是学会设置并定期评颁的奖项。该奖旨在纪念中国世界经济学界杰出的前辈浦山教授，推动中国世界经济的研究，培养世界经济研究人才，促进中外世界经济学术交流，奖励中国经济学界在世界经济研究，尤其是在国际金融、国际贸易、国际经济学以及中国对外经济关系方面具有原创性的优秀研究论文。该学会与世界经济与政治研究所共同主办的刊物有：《世界经济》、《国际经济评论》和《中国与世界经济》（英文）。中国世界经济学会历任会长为钱俊瑞、浦山。现任会长余永定。

中国东欧中亚经济研究会　成立于 1978 年 12 月，原为苏联经济研究会，1991 年苏联解体后改为现用名。该研究会是以全国部分地区的大专院校、学术研究机构的人员组成的全国性群众性学术团体。其业务范围是：组织和协调有关东欧中亚经济重大理论问题和实际问题的研究；举办有关东欧中亚经济问题的报告会、座谈会和培训班，以交流和传播本领域的研究成果；组织对有关资料、调查报告、论文和专著的讨论和交流，积极向出版单位推荐有价值的著作；出版会刊和研究会的其他出版物；向有关部门和单位提出各种政策建议。研究会每 4 年举行一次年会，就俄罗斯与东欧中亚经济方面的重大问题进行学术交流。20 世纪 90 年代苏联解体后，学术讨论主要围绕俄罗斯及东欧一些国家十几年转轨的现状、问题和发展趋势，对其转轨的理论与实践问题进行交流。其中包括：普京经济思想及其改革道路的经济学分析，俄罗斯与东欧国家经济体制转轨与中国体制改革的比较研究；中俄经贸关系，俄罗斯转型绩效及存在问题；俄罗斯经济增长与"休克疗法"之间的关系，"华盛顿共识"与"北京共识"比较研究等。中国东欧中亚经济研究会历任会长为钱俊瑞、梅文彬。现任会长罗肇鸿。

中国社会科学院第三世界研究中心　成立于 1989 年 3 月 1 日，该中心是由院内研究第三世界问题的单位（所、室）发起，经中国社会科学院批准的研究第三世界政治、经济、社会、文化与国际关系的非营利性民间学术组织。其宗旨为联合研究第三世界问题的专家学者，促进中国的第三世界研究，增进我国对第三世界的了解，推动南南合作与南北关系，为中国的改革、开放和发展，建设有中国特色的社会主义，加强我国与第三世界的交流与合作服务。第三世界研究中心的活动包括五个方面：（1）组织对第三世界重大问题的综合研究与比较研究；（2）主办有关第三世界的座谈会、报告会和研讨会；（3）开展国际学术交流，组织或参加有关的学术会议与研究项目；（4）推动有关第三世界的文件、书籍、专著、文章和数据的收集与翻译；（5）提供有关第三世界问题的咨询与培训服务。该中心多次举办国际学术研讨会，如"90 年代第三世界面临的挑战与对策"（1992 年 11 月，北京）、"第三世界在冷战后世界经济中的竞争力"（1994 年 7 月，巴西）、"21 世纪：经济全球化与发展中国家"（2000 年 8 月，北京）等。承担和完成多项国家、中国社会科学院研究课题，如"走向 21 世纪的发展中国家经济——面临的挑战和对策"（中华社科基金资助项目）、"历史拐点：21 世纪第三世界的地位和作用"（社科院重大课题）等。第三世界研究中心由来自世经政所、拉丁美洲研究所、西亚非洲研究所、亚洲太平洋研究所、东欧中亚研究所、外国文学研究所、国务院国际问题研究中心、现代国际关系研究所、中国国际交流协会、北京大学、国际问题研究所以及亚非发展研究所等单位的专家学者组成。第三世界研究中心在组织上接受中国社会科学院的领导，由世经政所负责管理。中心经费自筹。第三世界研究中心名誉总干事王洛林，总干事谈世中。

　　中国公司治理中心（CCCG）　是中国社会科学院下设的专门推进公司治理改革的非营利研究机构。该中心成立于 2000 年，背靠中国社会科学院强大研究能力与文献支持，与国际国内公司治理领域的相关知名机构建立了广泛联系。作为东亚董事学会网络（IDEA. NET）的正式成员，中心积极参与了推动东亚地区公司治理改革的工作，并与世界银行、经济合作与发展组织等国际组织建立了长期的合作关系。目前中心专家委员会拥有一批在公司治理领域有影响力的知名人士，为国内目前公司治理领域为数不多的前沿研究机构之一。该中心常设机构在中国社会科学院世经政所内。其宗旨为：借鉴国际经验，促进学术交流，推动中国企业的公司治理改革，为政府、企业和相关机构提供有关公司治理方面的权威研究报告、信息与咨询、学术讨论平台和实践培训指导等。中心的工作职能与目标是：（1）信息交流论坛。为官、商、学各方提供最新国际国内公司治理信息，建立交流渠道。中心定期或不定期地举办各种相关学术交流活动；（2）研究课题开发。针对公司治理的国际发展趋势和国内实践需求，开展公司治理领域的课题研究；（3）组织培训项目。针对国内企业管理者对学习公司治理理论和实践经验的需求，组织相关的职业培训；（4）提供政策咨询。针对政府致力于公司治理改革的目标，提供高水平的宏观环境、制度建设、法律法规和国际经验等方面的政策建议；（5）建立国际网络。推进该领域的国际合作与网络联系。中国公司治理中心主任鲁桐。

　　国际金融研究中心　成立于 1995 年 10 月，是隶属于中国社会科学院世经政所的所级研究中心。该中心的主要研究活动包括：（1）承担中国社会科学院、政府部门、国际组织、国外基金提供的各类研究课题，承担企业委托的研究课题；（2）与其他研究机构和高等院校合作，组织协调国内国际金融、宏观经济学和相关领域的研究；（3）培训国际金融、宏观经济学和相关领域的年轻学者。为各级政府官员、企业经理和金融从业人员提供金融和管理方面的培训；（4）策划和承办论坛、研讨会；（5）开展国际学术交流，如交换学者、举行国际学术会议和组织出国访问等；（6）出版工作论文和著作，翻译国外理论前沿著作；（7）为财经媒体提供评论文章和选题策划；（8）从事相关的咨询和信息业务。中心现有专职和兼职研究人员共 20 人，其中绝大多数获得经济学博士学位并有在国外学习的经历，受过良好的经济学训练，掌握了先进的数理和计量分析方法，并对中国经济的运行有深入的了解。国际金融研究中心主任余永定。

美国经济研究中心　成立于 2001 年 6 月，隶属于中国社会科学院世经政所。该中心研究人员多次出访美国、欧洲、日本以及发展中国家，出席各种国际学术会议，如由美国兰德公司举办的"中美关系研讨会"，在斯里兰卡首都科伦坡召开的"经济全球化"国际会议，由 WTO（世界贸易组织）、IMF（国际货币基金）、WCC（世界宗教组织）、世界银行联合在日内瓦举行的"国际金融体系"会议，印度孟买第 4 届"世界社会论坛"，巴西阿雷格里第 5 届"世界社会论坛"，等等。5 年来，该中心的成员先后承担了各类研究课题，其中包括："9·11 事件对美国经济的影响及对策"（中国社会科学院重点课题）、"世贸组织下的中美关系"（美国哈佛大学合作研究课题）、"英国对华直接投资的经济结构调整：英国和欧洲公司的战略"（英国利兹大学合作研究课题）、"电影盗版对中国经济的影响"（美中贸易全国委员会委托研究课题）、"提升重点城市国际竞争力和经济外向度、城市经济外向度国际比较及国际发展经验研究"（国家商务部招标课题）、"'十一五'期间北京市国民经济和社会发展规划框架思路研究"（北京市发改委招标课题）、"首都经济新内涵研究"（北京市科委招标课题）、"专利实施体系的国际比较研究"（国务院经济发展研究中心课题）等。美国经济研究中心管理委员会主席余永定。

全球并购研究中心　成立于 2001 年 11 月，是由中国社会科学院世经政所、中国外经贸部（今商务部）研究院信息中心和中欧国际工商学院等单位联合发起，为适应全球企业并购浪潮而成立的非营利性专业研究机构。现聘中外 10 余位并购问题专家为学术委员。中心的宗旨为：建立中国一流并购专家队伍，通过研究全球企业并购动态，为中国政府和企业提供有关全球并购领域最权威的调研报告和战略指导，帮助中国企业制定并实施并购增长的计划。该中心近年来的主要活动包括：参与主办"中国并购交易网"（www.mergers-china.com）；从 2001 年起，每年主编《中国并购报告》、评选"中国十大并购人物"和"中国十大并购事件"；从 2002 年起，每月编制公布"中国并购指数"（China M&A Index）；从 2003 年起，定期主编《中国产业地图》、在主流媒体上定期发布"中国并购月度报告"和"中国并购季度报告"、主办中国并购年会，参与主编《重组与并购周刊》和《中国并购快讯》（前者于 2005 年 9 月并入《中国并购快讯》）。全球并购研究中心主任余永定。

　　世界经济史研究中心　　成立于 2000 年 11 月,隶属于中国社会科学院世经政所,是以外国经济史为主要研究对象的非实体研究机构。中心组建以来,先后举办了各种类型学术研讨会,集中探讨世界经济发展领域的重要学术问题;探讨对于外国经济史学科建设与发展以及与国际接轨等重要的经济史研究方法问题。为推进外国经济史学术交流的展开,进一步提高外国经济的研究水平,中心与中国经济史学会外国经济史专业委员会联合在世经政所网页上开辟了"外国经济学术交流园地",并设有"学术动态"、"科研成果"、"论著选登"、"专题研讨"、"著名学者"以及"网站链接"等栏目。园地的运行对外国经济史的学术交流起到了积极的推动作用。2006 年 7 月,经上级有关部门批准,中心聘请了国外知名的经济史研究专家作为学术顾问,参与评价相关科研成果,指导外国经济史研究工作。该中心的主要任务是:了解和把握世界经济史研究的国际学术前沿;针对中国改革开放遇到的主要问题,研究国外的经验教训;作为中国经济史学会世界经济史专业委员会挂靠机构,组织全国性的跨单位合作与交流,进行学术整合。世界经济史研究中心聘请我国著名世界经济专家樊亢和王怀宁先生(已故)作为顾问,所内相关学者参与研究,邀请国内高校经济史学者为客座研究员。

（王德迅，中国社会科学院世界经济与政治研究所研究员）

世界经济统计工作的演进

王诵芬

世界经济与政治研究所世界经济统计与应用研究室，在笔者参与的各时期发展中取得了丰硕成果。这些成果，在内部、在决策层或在社会上，都曾有广泛的影响，获得了较好或较高的评价。

统计室发展的三个不同时期

现今①的我院世界经济与政治研究所世界经济统计与应用研究室，是几十年来历经隶属关系迭变、机构调整、名称更易而演进过来的，但始终保持"统计"二字的本质特征，源于她的"出身"。概括综合统计室发展的历程，大致可分为1960年以前、1960年至1982年、1982年以后三个时期。

第一个时期，编辑统计表册和向"伟大的十年"献礼

此时期，统计室的工作，主要是以统计资料编辑为主，兼作经济专题研究和经济动态写作。工作重点是为国家编制长远规划和制定政策、调整结构、调控宏观经济走向提供所需统计数据及文字资料。成果多为内部出版物。

1949年7月21日，中央人民政府政务院中央财经委员会正式成立。在中财委计划局设有统计总处，处长狄超白，下设世界经济组，组长黄德

---

① 系2011年。

一，组内有沈若愚、桑炳彦等人。这是从事世界经济统计工作的最早机构和成员。这种隶属关系，决定了我们的工作具有国家行政机关的性质，并延续至今。可以说，历史形成了我们"研究为国家建设服务"的天然禀赋。

随着机构调整，我们奉命从中财委计划局转入国家统计局综合司，继而并入国家计划委员会世界经济局，然后转入中国科学院哲学社会科学部经济研究所，终而成为中国社会科学院世界经济与政治研究所综合统计研究室。隶属关系的更迭，力量不是削弱而是加强了，对象不仅继续为国家建设服务，而且面向国内的实际工作和理论研究的需要，手段也经历了人力计算到电脑运算，进入定性分析到定性定量分析结合的阶段。

新中国的第一个十年，是社会主义革命、建设事业取得伟大成就的十年，是中国人民意气风发、斗志昂扬的十年。为庆祝新中国成立十周年，国家统计局编纂出版了《伟大的十年》一书，用系统的统计资料宣传我国建设的伟大成就。为对比、衬托新中国成就，当时的综合组成员日夜兼程、不辞辛劳地编制了六套统计资料：《1959年两个世界体系经济对比资料》、《中国与其他社会主义国家国民经济主要指标》、《中国和美、英、西德、法、日五国国民经济主要指标》、《中国与世界主要国家经济对比资料汇编》、《中国与美、英、西德、法、日五国国民经济主要指标，附：15种工业产品产量口径研究》。

作为向祖国伟大的十年献礼的六套统计资料，也可以说是我们第一个时期的代表作。在资料的收集、整理、加工、编排方面，在利用各种统计方法对数据做出新的计算方面，在表现经济现象的内容方面，都比此前所编辑的世界经济统计资料要丰富得多，而且是以统计比较为主线，便于开展直接、明晰的国际比较。这些资料发送到上级领导及国务院各部委有关单位，在社会上引起广泛的反响，时任中国科学院经济研究所所长、著名经济学家孙冶方教授称赞该项工作，并推荐组长齐洪参加1959年冬在北京召开的全国"群英会"。

第二个时期，综合统计和创办第一本年鉴

此时期，在为改革开放和国家经济建设服务、为外交斗争服务、为学科发展服务的"三服务"方针指引下，工作重点改为统计资料编辑、经济专题研究和经济动态写作相结合，成果也相应转为对内、对外发表。

改革开放的来临，加强了国际经济的交流，了解和研究世界各国的经济发展情况，借鉴其经验、教训，成为不可或缺的重要方面。为此，世界经济研究所决定于 1978 年开始编辑《世界经济年鉴》（以下简称《年鉴》），由综合统计室承担，室主任郝一真兼任《年鉴》编辑部主任，负责具体实施。从而代表了第二个时期的科研方向。综合统计室在认真调研的基础上，决定了年鉴的大致结构：综合性专题、各国经济概况、国际经济组织、世界经济大事记和世界经济统计资料共五大部分。

各国经济概况编写体例与要求由桑炳彦起草，一切准备工作停当之后，带上全书结构及各国经济概况编写条例与要求，兵分三路：云南—厦门、武汉—上海、北京及周边，外出宣传及约稿。经过一年多的忙碌运作，于 1979 年 5—6 月份全部结稿，交中国社会科学出版社印刷出版。组织本年鉴参加写稿和审稿的单位有 17 个，他们分属不同部门和大学，感谢众多的专家、学者和教授们，他们日夜奋战，不计报酬和名利，为年鉴出版付出了辛勤劳动。

1979 年版《世界经济年鉴》，是我国改革开放后出版的第一本年鉴。在工作总结会上，时任《大百科全书·世界经济卷》编辑部主任、兼任《世界经济年鉴》编辑部主任邹适今称赞综合统计室是"特别能战斗的队伍"。令人欣慰的是，我们以往所做的三方面的工作，如今却构成了《世界经济年鉴》的主要内容。随后所里决定另行成立《世界经济年鉴》编辑部。为了顺利过渡，综合统计室主任苏国荫，副主任王诵芬、曹梅颐仍在《年鉴》编辑部兼职。

第三个时期，性质的转变和专题研究

此时期，研究室的最大变化是开展以统计数据为依托的大型课题研究。在此基础上，兼顾统计资料的编辑出版和经济动态的写作。1982 年所长浦山教授着重提出世界经济统计工作不仅限于统计数据资料的编辑和提供，文字资料的编写不仅限于动态情况的描述，或有关经济专题的研究，而应开展有关世界经济统计学科本身的专题研究。应该说，综合统计室第三个时期的科研正是发轫于浦山教授的谈话。

仔细回想，我们以往所做的工作，那只是世界经济统计工作的一个方面，而另一方面，也是涉及学科发展的主要方面，即开展与世界经济统计专业有关的研究。为此，综合统计室必须认真思考研究方向的转变问题。为了转变，研究室的前期准备工作大致如下：

确定吕亿环联络到所工作的硕士，成立世界经济预测小组，组长是浦山，导师是罗承熙，成员先后有吕亿环、余永定、陈沙、石小玉等。跟踪、了解、介绍国际上有关世界经济预测和世界经济模型的发展动向。

1984 年，在福特基金资助下，由苏国荫、曹梅颐、桑炳彦组成访问学者小组，赴美考察，到美国商务部了解美国统计工作的情况，还重点了解联合国"国际比较项目"的研究进展，访问了有关专家，获取了大量的有关文献资料。

1986 年，派陈沙赴日本当访问学者，在日本佐贺大学着重研究世界经济预测与世界经济模型的有关问题。在研究生培养方面，着手招收理工科大学毕业生来读世界经济系的统计专业。

笔者也深感知识结构的老化与陈旧，需要补课，加强自身的理论学习，关注统计理论和统计方法与世界经济研究的关系，不断补充新知识，可以扩大视野、活跃思想，于提高科研工作质量有益，同时也增强接受新事物的勇气，去开拓新的研究局面。

在基本做好前期准备的基础上，综合统计室第三个时期的科研工作迈开大步，进行了实质性转变。筹建"国际宏观经济数据库"，开展了由"中华社会科学基金"资助的联合国"国际比较项目"、"综合国力比较研究"、"世界经济模型"和"灰色模型"4 个课题。

20 世纪 80 年代后半期到 90 年代前半期，综合统计室经历了"一段不平凡的道路"。当研究室的领导们头脑中充满了新思维、新知识、新课题的情况下，都情不自禁地在 5 年内先后接受了数据库的开发与建设，又连续向"中华社会科学基金"申请了 4 个重大课题，研究室当时也只有七八个研究人员（含退休人员），欣慰的是，这些课题不仅都获准了，而且都完成了。

课题开题研究以后，逐步发现每个课题需要的资料很多，计算量很大，存在的难点和疑点都要通过不断的学习和实践去逐个解决，课题的深度和广度实实在在地摆在我们面前。但我们没有气馁，没有退缩，我们坚守课题申请时的原旨，既要前进，更要有创意、新意。

时间无情地流逝着，向"中华社会科学基金"申请资助的 4 个课题结题至今也十几年过去了，当年做这些课题的人们也先后从岗位上退了下来。现在回过头来再读那些表明结题的专著、研究报告、内部报告都历历在目，清晰明了。仔细回想，也只有参与者才明白，每个课题都是在艰难中进行的，其间的困苦、劳累、不断的探讨、试验，那种疲于奔命又坚韧拼搏的感觉，至今还是难以忘怀的。

笔者认为，综合统计研究室研究方向（或重心）的实际转变发端于1987年承接"国际宏观经济数据库"、"东欧国家数据库"的开发和筹建，到1993年、1994年、1995年间，我们又相继完成了自己向"中华社会科学基金"申请的4项重大课题。如今可以这么说，经历了痛苦的漫长的过程之后，综合统计室已完成了研究方向（重心）的转变。

1996年，世界经济统计与分析研究室与中国社会科学院科研局签署"目标管理责任制"协议。协议书的开头说："世界经济与政治研究所世界经济统计与分析学科已完成两项国家信息中心委托的'七五'计划课题，四项社会科学基金课题及两项院基金课题，在'购买力平价研究'、'综合国力研究'、'世界经济预测'等综合性国际比较研究方面取得了一定成绩。"协议书的责任制起止期为1996年至2000年，责任制期内科研局每年拨付科研经费给予资助，责任人为石小玉。当笔者得知院科研局与世界经济统计与分析学科签署目标管理责任制协议之后，真是感慨系之。感谢科研局认可了我们走过的那"一段不平凡的道路"是成功的，这个单位是值得继续支持的。

"国际宏观经济数据库"的筹建

1988年4月，国家信息中心正式成立"国际宏观经济数据库"课题组①，我们和内蒙古信息中心受邀参加，三单位的具体分工是：我们承担调查研究、指标体系设计、数据采集与整理、编码、各种数据库文件及数据指南的编制等工作，国家信息中心承担主、微机软件研制、库的数据加载和维护工作，内蒙古信息中心承担录入、介质转换、相应的软件研制。

鉴于这是一项工作量庞大的系统工程，不能贸然上马。通过调研，我

---

① 1987年4月中旬，国家信息中心在大连召开数据库工作会议，综合统计室派吕亿环参加，基本上承接了数据库的建设任务。

们认为，"国际宏观经济数据库"有一定的用户需求与市场，数据源有保证，国内一些单位有可借鉴的建库经验。因而展开了建库工作。

关于统计指标体系设计。建库的根本目的在于实用。要准确把握世界经济现象，必须使用一套相互联系的统计指标，组成一个完整的体系，构成数据库的内容。我们在基本统计指标体系的基础上，经过多次讨论和修改，最终确定了我们组建的、用于"国际宏观经济数据库"的统计指标体系。

关于数据采集、整理和编码。限于当时的技术条件及有限的经济手段，数据采集使用手工方式，人工编码，这是一项相当费时、费力的工作，经过艰辛努力，终于于 1988 年 6 月将第一批数据资料递交内蒙古信息中心，此后又五次向内蒙古信息中心送数据资料。迄至 1991 年 1 月又分两批最后向内蒙古信息中心送数据资料。至此，由我室承担的数据资料的采集工作任务已基本完成。此外，经与中国人民银行国际货币基金处联系，得到 IMF 组织出版的四个磁带，分别是 IFS、DOT、GFS、BOP①，这四个磁带经国家信息中心转录成功后，又逐项与出版的"年鉴"版本进行对照，基本确定了需要使用的部分。经过解读后的原数据编码再转换成我库的编码，可作为"国际宏观经济数据库"的附设文件存储。

关于各类数据库文件的编制。为建库和使用数据库工作的需要，形成的数据库文件，其内容包括："国际宏观经济数据库"统计指标体系、数据库设计说明书、各类指标的中英文对照及解释、各类编码文件、用户需求报告以及开展数据库工作的各种情况报告等文字材料，共计 8 种 16 类，约 38.9 万字。文稿中，有的已公开发表，有的成为建库参考文件，有的作为编制软件依据，但多数未正式付印成册。

开展协作与咨询工作。在"国际宏观经济数据库"工作进展过程中，我室与内蒙古信息中心承建的"东欧国家数据库"进行全面合作，完成"东欧国家数据库"的各项工作。与此同时，我们还向大连信息中心承建的"日本数据库"、黑龙江信息中心承建的"苏联数据库"、天津信息中心承建的"美国数据库"、云南信息中心承建的"东南亚国家数据库"、山东信息中心承建的"韩国数据库"、厦门信息中心筹建的"中国台湾数

---

① IFS, INTERNATIONAL FINANCIAL STATISTICS; DOT, DIRECTION OF TRADE STATISTICS; GFS, GOVERNMENT FINANCIAL STATISTICS; BOP, BALANCE OF PAYMENTS STATISTICS.

据库"等，提供了多项咨询和帮助。但是，"国际宏观经济数据库"的实际持续运行和应用，许多后续工作还需大量的经费和人力支持，合作方在经费和人力都难以支持的情况下，项目暂告中止。对此，我们深感无奈。值得庆幸的是，在建库过程中，涉及国际组织的各种统计数据以及各类数据指标的解释，理解的广度和深度远远超过以往几十年。

联合国"国际比较项目"的研究

"国际比较项目是一项世界性的工作，其目的是通过用购买力平价方法（而不是用汇率的方法），将国内生产总值及其主要汇总指标等数据转化成共同货币，以进行跨国比较。"[1]

联合国"国际比较项目"（ICP）[2] 于 1968 年组织国际活动，到 1985 年进行了五个阶段，参加国从 10 个发展到 80 个。苏联国家统计委员会决定参加联合国"国际比较项目"第六阶段工作（1990 年开始）。当时中国因为多种原因尚未参加该项活动。

中国经济的迅速发展，经济实力的不断增强，促使国际社会越来越关注中国在世界经济中的地位，并进行各种各样的估算，为此，我们不仅必须面对，且应心中有数。考虑到联合国"国际比较项目"在国际统计中的地位，综合统计室于 1988 年写出申请报告，向所长请示准备开展联合国"国际比较项目"的调查研究，及时跟踪、了解该项目的工作进展，学习该项目的各种汇总及计算方法，并按"国际比较项目"的要求进行一次实际操作和演练，从而得出我们计算的购买力平价（PPP）[3]，以此来评价我国的经济实力在国际上的地位，经所长浦山教授同意，副所长王怀宁研究员给予指导，由桑炳彦任组长，向"中华社会科学基金"申请立项，立项的题目是"采用购买力平价法的中外经济实力对比研究"。这是我们首次向"中华社会科学基金"申请资助的课题。

确定比较对象国及研究方法。课题申请批准后，于 1989 年开题研究。课题组决定选取中国、美国、日本、印度、苏联五国，以中国为中心国，

---

① 《联合国国际比较项目手册》，档案出版社 1993 年中文版，第 1 页。

② ICP，INTERNATIONNAL COMPARISION PROGRAMM.

③ PPP，PURCHASING POWER PARITIES.

用"减缩信息法"① 来进行中美、中日、中印（度）、中苏四个双边比较，还决定采用"捷径法"② 对中国与美、日、英、法、意、加、巴（西）、印（度）等9国进行比较。用"减缩信息法"进行中外双边比较，需要准备一定数量的 GDP 支出总额、支出分类和分类数据，以及一定数量的代表规格品、劳务和价格资料。为了便于调查、采集商品和劳务代表规格品的价格资料，课题组以联合国"国际比较项目支出分类"为基础，设计了一个"居民消费支出一览表"，分别用中文与英文列出，供收集资料参考。

　　关于 GDP 资料。"国际比较项目"包含 GDP 支出总额、支出分类和分类数据。上述选取的五个参与对比的国家中，由于美国、日本、印度自始是联合国"国际比较项目"的参与国，所公布的 GDP 支出总额、GDP 支出分类、人均 GDP 等资料可直接用于中美对比、中日对比、中印（度）对比子课题。苏联在正式参与联合国"国际比较项目"第六阶段工作之前，曾经选定自始参与"国际比较项目"的匈牙利进行试验性比较，公布了两国 GDP 的详细资料，因此也可为中苏对比子课题所用。对每个子课题都需要的中国数据的调查和计算，是最艰难的部分，全部要由课题组长会同中国有关单位共同协商而最终确定。

　　关于价格资料。通过各种渠道采集到的反映以上五国的各种商品和劳务的各类价格资料，严格按照联合国"国际比较项目"规定必须是同质和同量的要求，进行逐项审查和对照，最后选定用于中美对比的代表品有232 种，中日对比有 122 种，中印（度）对比有 154 种，中苏对比有 329 种。在此基础上，按照联合国"国际比较项目支出分类"的要求进行层层计算和汇总，最后分别计算出以上四组双边对比国的货币实际比价，亦即购买力平价。

　　本课题组核算的 1989 年对比国的货币购买力平价，以人民币元为 1，美元是 1. 26，日元 208.01，卢比 5. 95，卢布 0. 75。各国的价格水平，以中国为基准，美国是 4. 74，日本 5. 69，印度 1. 58，苏联 4. 55。

---

　　① 　减缩信息法，即一种少于"国际比较项目"所要求的基础数据而能达到"国际比较项目"主要结果的方法。

　　② 　捷径法：在"国际比较项目"计算结果的基础上，用回归等方法外推非"项目"参加国和非"项目"调查年份的数据。

按购买力平价计算的，1989 年中国的实际 GDP 总额居世界第 3 位，人均 GDP 居世界第 70 位。

据了解，本课题组采用"国际比较项目"的"减缩信息法"对中外实际 GDP 进行的四组双边比较，就课题进展的当时而言，除中美对比在国内外已有三例，中日、中印（度）、中苏三组比较在国内外尚未见过。由本课题组用实际 GDP 总额和人均额两组数量指数有机的结合而设计和计算的"中外对比经济实力指数"是课题的创造性成果，于 1995 年在《世界经济》月刊第 8 期上首次公开发表，可以一个指数简单明确地说明各国整体经济实力在世界的位次。按此经济实力指数计算，中国 1989 年整体经济实力居世界第 8 位。

本课题组的总报告，题为"采用购买力平价法的中外经济实力对比研究"刊发在《1996—1997 年世界经济形势分析与预测》（世界经济黄皮书）第 281—288 页。课题组长撰写的《我国国民生产总值究竟值多少美元》，载《世界经济调研》1993 年第 17 期，被多家刊物转载。本课题于 1996 年获中国社会科学院世界经济与政治研究所第二届优秀科研成果一等奖，1996 年 9 月获中国社会科学院第二届（研究报告类）优秀科研成果奖（不分等级）。本课题组按联合国"国际比较项目"要求进行了实际的操作和演练，其成果既是中外经济实力对比的研究，也是国际比较需要的一种新的统计方法的研究。

综合国力的比较研究

笔者作为综合国力比较研究课题的负责人之一，经历了课题研究的全过程，它包括了世界经济统计工作的方方面面，因此"综合国力比较研究"堪称实践世界经济统计科研工作的崭新课题。开题研究的初期以调研入手，从美、日、德、俄、中五国出版的有关书刊上摘编、摘译了关于国力研究的大量有参考价值的资料，形成《综合国力比较研究参考资料》14 期，共计 37.7 万字，在研究工作的中、后期，针对需要解决的难点、疑点，撰写了《综合国力比较研究调研报告》13 期，共计 17.6 万字。调研阶段形成的两套资料系列大多打印成册，分送有关单位和个人参考，其中部分资料已为有关刊物录用。课题立项后，科研随即正式展开，主要进行了：

确定指标概念。综合国力既具综合性和概括性，更具战略性和强制性。在总结前人研究的基础上，最终确定了我们对综合国力概念的界定和表述。我们认为，综合国力是一个主权国家在一定的时期内所拥有的各种力量的有机总和，是所有国家赖以生存和发展的基础，又是世界强国据以确立其国际地位、发挥其国际影响和作用的基础。具体地说，综合国力是一个主权国家在一定的时空条件下，从整体上来计量的社会生存和发展诸要素的总和。

架构指标体系。指标的选择：采用统计指标直接描述的方法，构建了综合反映国家实力的 8 大构成要素，用 85 个指标组成相应的指标体系。我们还利用绘制的描述指标关系的 39 张散点图，不仅决定了统计指标的取舍，而且对指标架构作了调整。国家的选择：围绕以中国综合国力的国际排位为核心，选定对比的国家必须是世界强国和各大洲举足轻重的代表性国家，既具人口数量和国土面积等自然资源，又具经济、政治、科技、军事等方面的实力，当时选定为 17 个国家，同当今的 G20 国家几近不谋而合。时点的选择：20 世纪 70 年代美国学者 R.S. 克莱因首次设计了一个"国力方程"来估量各国的实力，研究的起始点定为 1970 年，鉴于综合国力是一个复杂的大系统，变化在短时期很难显现，要有一定的时间间隔，我们选择了三个时点，即 1970 年、1980 年、1990 年，以观察新中国成立 20 年、改革开放初期及实施十余年后国力增长、位次变化和成就。资料源的选择：遵循可比性和可行性原则，数据来源以国际组织的统计出版物为主，以各国统计作补充，少数数据作有根据的估算。

测算方法的选择和应用。对于有具体数据的硬指标，使用综合指数法作标准化处理，对于无具体数据难于量化的软指标，采用了问卷调查方法或在神经网络模型上作模糊评估。

统计表的编制与汇总。按照指标体系确定的指标、国家、时点，从规定的资料源收集数据资料编制统计表。我们曾对指标体系做了两次重大修改，经过 4 次大规模试算工作，试用 5 套赋权系数，使用了 5 个方案在神经网络模型上对外交能力进行模糊评估，对政府调控能力进行了问卷调查，经过上述艰辛探索和大量计算后，课题组最终测算出各国综合国力量化的基本数据统计表 85 个，赋权系数统计表 23 个，这两套统计表就是我们研究、分析各国综合国力及其构成要素的依据。

统计比较的分析功能。纵览中外国力研究方法差异悬殊：或用方程式与指标相结合，或用一组单个指数直接描述，也有以指标群表示各种"力"来概括。本课题组采用统计指标体系直接描述国力的方法，架构了 8 个国力构成要素，使用了 85 个指标。其功能是既有总量指标，又有人均量指标；既有数量指标，又有质量指标；既有反映效率的指标，又有反映物耗的指标；还有反映结构的指标。因此，据以算出的数据，可兼顾静态分析（横向比较）、动态分析（纵向比较）；总量分析（纵观全局）以及结构分析（了解各自长短）。现在来看，我们从静态分析所得的 17 国综合国力排位情况（中国居第 9 或 10 位）还是客观冷静的。从结构分析的数据也能清晰地看到各国综合国力结构特征的长短所在。总之，在国力的定量测定方面我们已经走出了传统的研究方法和计算模式。从研究结果在社会上的反映来看，我们对综合国力的测算还是比较接近实际的。

开放式研究的特点。一个研究室承担如此大型课题，我们深知自己力量的薄弱与不足，立项获准伊始，我们就决定要借助界内同行、学者的智慧和力量，向其公布阶段成果，广泛征求意见。我们曾经将课题研究思路——"浅谈国际比较统计的演进，兼论综合国力的比较研究"、课题研究初步成果——"我国国际地位的变化分析，对近 20 年综合国力的初步探讨"、课题后续研究的新进展——"中国，经济的崛起与全面的奋斗，1995 年综合国力实测与分析"三份调研报告先后带到世界经济学会年会上，在小组或大会发言，汇报我们的研究进展和成果，阐述我们的论点，这是学会的顾问及领导对我们的关怀和鼓励，为我们提供了一个开放研究的平台。笔者每次参加世界经济年会之后，总能带着学长们的鼓励、赞扬、称许与好评，并提醒关注点，成为课题研究新的推动力。中国世界经济学会成为"综合国力比较研究"课题的特殊支持力量及信心保证。

　　我们信守课题申请时的原旨，在综合国力概念的描述、国力要素的构架及指标配置等方面都有新的进展，在综合国力的定量测定方面走出传统的研究分析方法和计算模式。我们遵守课题申请时的承诺，完成两项研究成果，即内部调研报告和专著。内部调研报告以题目"对中国综合国力的测度和一般分析"，刊登在《中国社会科学》1995 年第 5 期，获 1996 年度"安子介国际贸易研究奖"优秀论文二等奖。另一研究成果——专著，以题为《世界主要国家综合国力的比较研究》的书名，由湖南出版社出版，获中南五省市优秀图书奖。该专著于 2000 年获中国社会科学院世界经济与政治研究所第三届学术著作科研成果一等奖。

　　综合国力的研究过程，使笔者在世界经济统计学科发展上在两方面有进一步的了解和认识。其一是指标体系。科学合理的指标体系既是科研工作者对所研究问题的了解和认识水平的反映，其所得数据又进而可帮助科研工作者对所研究的问题进入更深层次的了解和认识，其广度和深度是始料未及的。其二是研究方法。在综合国力研究中，通过难点问题的解决和不断调整对新问题的认识，逐步探索、实践并归纳出下列分析研究方法，即定性分析与定量分析相结合的研究方法、国别分析与世界格局分析相结合的研究方法、实证分析与评价分析相结合的研究方法，这一系列的研究方法通过分解与综合的交叉运用，可以通过数据看问题，透过现象看本质，使研究结果达到比较接近实际的满意效果。

创办小型期刊《世界经济统计研究》

《世界经济统计研究》是世界经济学会统计专业委员会、世界经济与政治研究所世界经济统计室联合编辑出版的内部刊物，它是一个小型的、专业性的、采用定点赠送方式的刊物，1990年年初创刊，当时由本所打印室承担期刊的印制工作。

从外表上看，不起眼的打印封面，用订书机装订的小型期刊，内里刊载的内容多为与学科建设、重大课题相关的前期准备资料、译文、研究综述和阶段性成果。刊载学科前沿阵地上的新信息、新观点、新资料。后因经费紧张，在出版30期后于1994年年初停刊。

在停刊期间内召开的世界经济学会的几次会议上，都有学者、专家提出复刊要求。时任副所长兼党委书记司马军参加了在山东文登市召开的学会会长扩大会议回来，曾经向

内部刊物

RESEARCHES ON WORLD ECONOMIC STATISTICS

世界经济统计研究

MARCH 31 1996　　复刊 第 1 期　　　总第 31 期

目　录

1. 复刊启事
2. 统计世界经济学方法在综合国力研究中的应用
3. 人文发展指数
4. 简讯
5. 小统计

中国世界经济学会统计专业委员会
中国社科院世经政所统计分析室 编

笔者了解小刊物的情况，并说，会议上要求复刊的呼声很高，南开大学国

际经济研究所熊性美教授自愿捐助人民币 1000 元作为刊物复刊的启动资金。

在学术界不断呼吁下，经世界经济学会、世界经济与政治研究所同意，用自筹经费的方式于 1996 年恢复《世界经济统计研究》刊物的编辑出版工作。复刊后由王诵芬任主编，石小玉、张精华任副主编。

重新设计了复刊后的版面，刊名请国家信息中心信息部主任范木荣题写，复刊后的宗旨是：着重介绍我所及国内各高校、各统计研究机构在世界经济统计研究的主要成果，及时介绍世界及主要国家的主要统计机构正在研究和采用新的统计方法以及正在关注的前沿统计问题。

在复刊启事中，欢迎来函来稿进行学术交流，本刊物仍采用不收费和赠送方式，稿件采用后不付稿酬，但不影响向公开出版物投稿，也欢迎公开出版物录用。为此，刊物内的一批稿件先后为公开出版物录用。

由于刊物不断介绍新信息，反映本学科主要科研课题研究的新进展，阐述研究中的重点、难点、疑点、试登研究新成果，进行学术交流，深受学术界及大专院校教师们的欢迎及好评。

根据各方面情况的变化，经研究决定并发出重要通知，自 1999 年第 2 期起，该刊物在网络上与读者见面。

（王诵芬，中国社会科学院世界经济与政治研究所研究员）

对发展中国家研究的起步与发展的回顾

谷源洋

1999 年 9 月，应越南国家社科人文中心（现越南社会科学院）邀请，我所谷源洋（院学术委员会委员，左三）、潘金娥赴越南访问，受到越南党和国家元老范文同（右二）接见。左一为越南社会科学院世界经济研究院院长武大略。

2005 年，中国社会科学院学术委员会出版了学术委员的文集，我在《谷源洋文集》自序中写道："自选集是笔者对科研工作的检查，通过这次检查，深感有许多不如意的地方，因而对自己有了更加清醒的认识。这一感悟比起自选集的出版更为重要、更为宝贵。自选集的出版或许不是我科研生涯的终结，在科研道路上可能还要继续走下去。"退休后，我仍在从事力所能及的研究工作。2011 年是我从事科研工作名副其实的 50 年，半个世纪以来，我的科研主线是发展中国家经济和世界经济。

1956 年，我考入北京大学东语系，东方语言系有很多小语种，系主任季羡林先生让我们自己选择学习哪一种语言。我毫不犹豫地选择了越南语，当时和此后，有人问我，你为什么要学越南语？我的回答非常简单，因为越南同中国一样，既是发展中国家，又是社会主义国家，有位伟大的领袖——胡志明主席。1963 年，中国国家主席刘少奇访问越南，届时我正在河内。为欢迎刘少奇主席访越，中国驻越南大使馆举行了盛大招待会，胡志明出席了招待会，我有幸第一次近距离地看见了这位仰慕已久的革命老者。

语种的选择，决定了我的一生都要同包括越南在内的发展中国家打交道了。但是，当初我并未认识到研究发展中国家对我国外交和经济发展的重要意义。步入工作岗位之后，了解到世界大约有 150 余个发展中国家和地区，占世界人口的 4/5，占世界土地面积的 63.5%。在这些国家中，第二次世界大战前已是主权国家的有 32 个，其余国家都是在战后相继获得独立的。殖民主义体系的解体成为 20 世纪最重大的事件之一。在研究过程中越来越感到在当代国际关系中"南方因素"是不可或缺的因素。因此，我对自己的选择从未感到后悔和遗憾。

一　越南——发展中国家研究的起点

1961 年大学毕业后，我先后在中国外交部第一亚洲司和中国社会科学院经济研究所亚非拉研究室从事越南问题调研和科研工作，成立世界经济研究所之后，我仍以研究越南为主。1981 年，宦乡副院长将我院世界经济研究所与世界政治研究所合并为世界经济与政治研究所，我的科研范围虽从越南扩展到研究东南亚，但仍然关注越南社会主义理论与实践的发展，其科研成果涉及越南经济、政治理论的"革新"；越南社会主义定向的市场经济；中越经贸合作与发展；中越国有企业改革比较研究；越南农业中的承包制；越南向市场经济过渡的十大举措；越南庄园经济的发展及其存在的问题等。

除研究越南经济政治问题外，我还在院内外从事翻译工作，发生的许多事情使我至今难以忘怀：在中越关系"同志加兄弟"的20世纪60年代，北京各界人民多次在人民大会堂召开声援越南"抗美救国"战争的大会，我为大会做过同声传译，随同越南南方民族解放阵线领导人和越南共青团领导人接受过周恩来、陈毅、邓小平、胡耀邦等中国领导人的亲切会见。在越南人民"抗美救国战争"的年代，到访中国科学院哲学社会科学部的越南学者也很多，我陪同越南著名史学家和文学家见过郭沫若先生和巴金先生。

在20世纪70年代末，中越兄弟反目为仇，兵戎相见，两国关系冷冻了20年。直到1990年两国关系才出现了转机，这一年是胡志明主席诞辰100周年，越南在河内召开胡志明国际学术研讨会，邀请中国派人参加。由于当时中越两国还没有实现外交关系正常化，有关部门和中国社会科学院领导让我作为中国唯一代表参加了会议。来自34个国家的70余名学者同越南科学家共聚一堂，高度肯定和评价了胡志明主席光辉思想的作用和价值。研讨会在巴亭大会堂举行，越南党和国家领导人在第一排就座，我坐在第二排，越方会议组织者把我介绍给坐在我前面的越共中央顾问范文同和外交部长阮基石，并安排我在全体大会上做发言，没有想到的是在我发言结束后，坐在主席台上的武元甲大将走到我面前与我紧紧拥抱，全场响起了热烈的掌声。西方舆论及参会外国学者认为这是中越关系即将"解冻"的信号。次年5月，在印度加尔各答举行的胡志明思想国际研讨会期间，武元甲大将及夫人在其下榻饭店又单独接见了我，并说"越中之间曾发生过一段不幸的事件，但它就像天空上的一块乌云，风一吹就又重新露出了青天"。

1990年9月和1991年11月，中越两国领导人先后在成都和北京会晤，江泽民总书记曾引用古人诗句"渡尽劫波兄弟在，相逢一笑泯恩仇"来表达对两国领导人会晤所取得的重大成果。实现两国外交关系正常化之后不久，越南社会科学院院长阮维贵即率团访华，中国社会科学院外事局姜汉章局长和我亲自到友谊关零公里处迎接代表团。以此为起点，中国社会科学院和越南社会科学院高层领导频频互访，两国学者进行了多领域、多学科的学术交流，为中越友好关系发展起到了不可替代的作用。

从1991年至2011年期间，我多次往返于北京与河内之间，参加了在越南召开的许多重要国际会议，其中包括1998年在河内召开的首届越南学国际研讨会，我应邀在大会上用越语宣读了自己的论文，受到与会越南学者及各国代表的好评；按越共中央总书记黎可漂的要求，2000 年上半年和下半年，在中共中央政治局委员、中国社会科学院院长李铁映和越共中央政治局委员、越共中央理论委员会主席阮德平共同主持下，中越两国理论界分别在北京和河内召开了两次高层理论研讨会，其主题是《社会主义的普遍性与特殊性》及《社会主义：在中国与越南的经验》。我参与了这两次理论研讨会的全过程，并在河内会议上以《对外开放的重大战略决策》为题做了发言。在两次研讨会前，遵照李铁映院长的指示赴越进行调研，写出了几篇调研报告，为研讨会的召开做了有针对性的准备。2004 年 7 月，在胡志明市举办了第二届越南学国际研讨会，我为会议提供的论文是《越南主动融入区域经济和国际经济》；同年 9 月，越南政府总理研究室邀请国际货币基金组织、世界银行、亚洲开发银行、联合国开发计划署人员及少数外国专家、学者对越南 2001—2005 年经济社会发展计划进行评估，并要求根据他们提出的 13 个问题，对 2006—2010 年经济社会发展计划提出建议。笔者撰写了《对 21 世纪前 10 年越南国家发展战略的评估、思考和建议》的报告；2005 年，越南政府总理潘文凯邀请我出席在河内召开的"越南全国第七届爱国劳动竞赛大会"。在大会期间，越共中央总书记农德孟、国家主席陈德良、政府总理潘文凯与来自中国、古巴、老挝、柬埔寨、俄罗斯的五位与会代表合影留念；2010 年 5 月 19 日是胡志明诞辰 120 周年，越南胡志明国家政治和行政学院在河内召开了《胡志明遗产》国际研讨会，我作为中国学者出席了研讨会，并受到越共总书记农德孟的接见。同年 12 月，应越南总理阮晋勇邀请，参加了在河内召开的"越南全国第八届爱国劳动竞赛大会"，同越共总书记农德孟、国会主席阮富仲、政府总理阮晋勇等合影留念。

　　2011 年 1 月，越南共产党召开了越共十一大，阮富仲当选越共总书记。大会后我及时写了《越共十一大前后的社会政治动向》①、《越共十一大后的中越关系》研究报告②，对中越关系发展表述了自己的看法。为参加中组部和全国党建研究会联合召开的庆祝建党 90 周年高层研讨会，按李慎明副院长要求，我写了《越共加强党的理论建设的经验》一文，经组委会审查评选列为大会正式文件，并安排在会议上做了发言。

---

①　世界社会主义研究动态，2011 年 2 月 9 日。

②　中国社会科学院要报，2011 年 3 月 11 日。

二　"三个世界"划分奠定发展中国家
　　研究的理论基础

早在第二次世界大战刚结束、美苏必战论甚嚣尘上时，毛泽东就提出了"中心地带论"，指出："美国和苏联中间隔着极其辽阔的地带，这里有欧、亚、非三洲的许多资本主义国家和殖民地半殖民地国家。美国反动派在没有压服这些国家之前，是谈不上进攻苏联的。现在美国在太平洋控制了比英国过去的全部势力范围还要多的地方，它控制着日本、国民党统治的中国、半个朝鲜和南太平洋；它早已控制着中南美；它还想控制大英帝国和西欧。美国在各种借口下，在许多国家进行大规模的军事部署，建立军事基地。在现时，首先受到美国侵略的不是苏联，而是这些被建立军事基地的国家。"[1] 1956 年苏伊士运河事件爆发时，毛泽东又指出"苏伊士运河事件是当前世界斗争的重点，在那里冲突的有两类矛盾三种力量。两类矛盾：一类是帝国主义跟帝国主义的矛盾，即美国跟英国、美国跟法国之间的矛盾；一类是帝国主义跟被压迫民族之间的矛盾。三种力量：第一种力量是最大的帝国主义美国；第二种力量是二等帝国主义英、法；第三种力量就是被压迫民族"。[2] 上述分析虽然还未形成完整的三个世界理论，但已包含了划分三个世界理论的思路和方法。20 世纪 50 年代末 60 年代初，社会主义阵营分裂，苏联推行霸权主义政策，走向与美国争霸世界的道路。毛泽东根据国际形势的新变化，及时地、完整地提出了三个世界的理论。1973 年 6 月，毛泽东在会见马里国家元首时指出"我们都叫作第三世界，是发展中国家"。1974 年 2 月，毛泽东又指出"我看美国、苏联是第一世界，中间派日本、欧洲、加拿大是第二世界，咱们是第三世界"。"第三世界人口很多，亚洲除日本外都是第三世界，整个非洲都是第三世界，拉丁美洲是第三世界"。邓小平在 1974 年 4 月联合国第六届特别大会上全面阐述了毛泽东的三个世界理论，明确指出从国际关系变化看，现在的世界实际上存在着相互联系又相互矛盾着的三个方面、三个世

---

　① 毛泽东：《和美国记者安娜·路易斯·斯特郎的谈话》，《毛泽东选集》第 4 集，第 1089—1090 页。

　② 《毛泽东选集》第 3 集，第 341 页。

界。美国、苏联是第一世界。亚非拉发展中国家和其他地区的发展中国家是第三世界。处于两者之间的发达国家是第二世界。美国和苏联两个超级大国妄图称霸世界。它们用不同的方式都想把亚非拉的发展中国家置于它们各自的控制之下，同时还要欺负那些实力不如它们的发达国家。两个超级大国是当代最大的国际剥削者和压迫者，是新的世界战争的策源地。它们两家都拥有大量核武器。它们进行激烈的军备竞赛，在国外派驻重兵，到处搞军事基地，威胁着所有国家的独立和安全。

在毛泽东提出三个世界理论之后，胡乔木组织了一个写作小组，专门研究这一理论。世经政所陈德照同志参加了这一写作班子。在三个世界理论指导下，从20世纪70年代中期开始，我着重研究发展中国家的发展理论和发展战略，因而把科研领域从越南问题研究扩展到对东南亚和亚太问题研究，主编了《东南亚各国农业》和《亚洲四小龙起飞始末》两部专著。由于在国际关系中"南方因素"愈益突出，中国又是发展中的大国，为此，在研究东南亚和亚太问题基础上，又把科研领域拓展到发展中国家综合性问题研究上。这方面的研究集中于五大领域：

第一是对发展经济学的探索。20世纪80年代初，世经政所原所长浦山请了10位外国专家给我们讲授发展经济学。发展经济学是现代西方经济学的一个分支，主要研究发展中国家经济发展理论和实践。发展经济学涉及的问题十分广泛，我和我的同事研究了经济增长理论、人力资本理论、二元经济理论、平衡与不平衡发展理论、进口替代与出口替代理论、宏观的投入—产出结构分析与微观的成本—收益分析理论，等等。

第二是对发展中国家发展战略、发展目标、发展政策的探索。20世纪80年代初，于光远在人民大会堂曾召开多次研讨会，研究我国的经济社会发展战略问题。我参加了于光远召开的会议，在此以前，中国并没有自己的发展战略。在于光远的启发下，我研究并写了《发展战略的不同模式及其经验和教训》和《发展中国家的发展战略与战略调整》等内部调研报告。

第三是对发展中国家利用外资的探索。20世纪70年代末，邓小平倡导建立经济特区，其实质就是利用外资和引进先进技术。但有些人不太理解建立经济特区的战略意义。记得改革开放初期，汪道涵同志负责引进外资工作，他亲自主持召开了几次会议，研究利用外资问题，但当时学术理论界对利用国际资本尚存有许多疑虑。1980年我写了《关于发展中国家

引进和利用外国资本问题》。此后主编了《世界经济自由区大观》一书，
然而，当时有不少人对"自由"两字望而生畏，唯恐"自由"后就无法
管束了。在书中我有针对性地指出：经济自由区对内而言，实为一特别区
域，凡属内政、国防、外交等有关事宜，其管理方式与区外其他行政区实
无二致。因此，建立经济自由区（包括经济特区）不存在有损国家安全
和主权问题。同时指出经济自由区的"自由"，也不是人们通常所说的资
产阶级自由化的"自由"，而是指以减免税收为主要刺激目的的自由贸易
政策以及商品、资金、人员的相对自由流动。

　　第四是对国际新秩序的探索。南北关系和问题的核心是国际秩序的
"破旧立新"，旨在促进南北共同发展、共同繁荣。邓小平在联合国第六
届特别联大会议上，就建立国际经济新秩序问题做了重要发言。此后，我
从多角度研究了国际经济新秩序问题，发表了《建立国际经济新秩序斗
争的发展及其前景》、《西方国家对建立国际经济新秩序的基本策略与思
潮》及《西方国家对南北对话问题的基本主张》等多篇论文。在论文中，
体现了我的两个学术思想：一是"旧秩序"是不公平、不平等、不合理
的国际秩序，有利于发达国家，而有损于发展中国家。而发展中国家主张
建立的"新秩序"，不只是对发展中国家有利，而且要考虑到发达国家的
感受，确保它们的正当合法利益，否则"新秩序"就建立不起来。用现
在通用的话语说就是实现"秩序利益的共赢"；二是建立"新秩序"不可
能一蹴而就，会受到来自外部和内部的种种干扰，但建立"新秩序"的
旗帜不能丢掉，必须坚持下去。

　　第五是对南南合作的探索。由发达国家主导的国际经济秩序下，加强
南南合作不仅具有经济意义，而且具有重要的政治和战略意义，有利于推
动南北对话和推动建立和平稳定、公正合理的国际政治经济新秩序。发展
实践表明，南北合作及南南合作是推动世界经济发展的两个不可或缺的重
要支柱。代表性文章有《南南经济关系在 80 年代进入新的活跃时期》、
《南南合作的历史沿革及其发展前景》等几篇文章。

　　现在看来，以上五个领域的研究仍然是必要的，而且经过实践检验，
其研究成果所表述的观点也依然是正确的。在这里，我想有必要说一下钱
俊瑞同志，钱老担任世经政所所长期间，为我国发展世界经济研究工作呕
心沥血，他想撰写一部《马克思主义世界经济学原理》。为这部著述作准
备，他抓了三本书：《战后资本主义》、《世界社会主义经济的理论与实

践》、《发展中国家的经济发展战略与国际经济新秩序》。钱老对发展中国家的研究尤为重视，成立了发展中国家研究室，对发展中国家进行综合性研究。当时发展中国家研究室在全国也算首屈一指的研究发展中国家的机构。全室研究人员发表了许多有影响的科研成果，在全室人员共同努力下，由陈立成、谷源洋、谈世中主编了《发展中国家的经济发展战略与国际经济新秩序》，完成了钱老的嘱托和心愿。

钱老之所以让我们写这本书，是因为他看到了第二次世界大战以后，亚非拉地区的民族解放运动风起云涌，大批发展中国家相继获得独立。第三世界作为一股新兴力量登上世界舞台，改变了世界政治力量的对比，在国际经济事务中赢得了一定的发言权，从而为发展中国家发展民族经济开辟了前进的道路。但是，长达几个世纪的殖民统治，导致发展中国家的经济严重落后，生产力发展水平很低，科学教育事业不发达，人民极端贫困，而且不公正、不合理的国际经济旧秩序在各个方面仍阻碍着民族经济的发展。发展中国家为了消除经济发展的障碍，把贫穷落后的经济引向现代化的经济，从各自的基本国情出发，制定和实施了不同类型的经济发展战略。因此，在撰写《马克思主义世界经济学原理》著述中，不能不把发展中国家重重写上一笔。

《发展中国家的经济发展战略与国际经济新秩序》一书问世后，受到各方面的好评，获得首届中国社会科学院优秀科研成果奖。为迎接中国社会科学院建院 30 周年，中国社会科学院科研局将历届院优秀科研成果奖中的部分获奖著作重印出版，作为《中国社会科学院文库》的首批图书向建院 30 周年献礼。这其中就包括《发展中国家的经济发展战略与国际经济新秩序》①。世经政所原所长李琮也非常重视发展中国家研究，在他的倡导下成立了第三世界研究中心。

三　发展中国家推动世界经济格局的深刻变化

"世界唯一的不变就是变"。冷战结束后，国际形势发生了翻天覆地的变化，那么怎样看待三个世界理论？世经政所原副所长谈世中在《历史拐点：21 世纪第三世界的地位和作用》一书中对此作了分析，指出西

---

① 经济管理出版社，2007 年 3 月。

方不少人认为苏联已解体，"三个世界"理论已不复存在。"皮之不存，毛将焉附"，他们由此得出结论，第三世界随之消亡。鲍尔等人甚至说第三世界国家之间并不存在将它们联系在一起的实际利益纽带，外国援助的终止将导致这种虚幻团结消失。但国内外更多的人则认为"第三世界"概念不会消失，李琼在《第三世界论》①专著中就指出"第三世界是历史发展的产物，它必将在历史发展中消失，但这是一个很长的历史过程，是相当长远的未来的事，目前根本谈不到什么第三世界的消亡问题"。这样的结论性看法，研究发展中国家的同行都是赞同的。

但是，冷战后三个世界的含义内容发生了一些变化，由于苏联解体了，两个超级大国只剩下美国一家，它极力推行单边主义。西欧、日本和加拿大等发达国家，既与美国结盟又同美国有矛盾。广大第三世界国家，亦即发展中国家依然存在，成为当今世界大国争夺的对象。不同的是由于经济发展不平衡规律的作用，在发展中国家中涌现出一批新兴市场国家或新兴经济体。新兴经济体虽然不是一种新现象，但这类国家群体在国际社会发挥着越来越重要的作用，并对发展中国家的研究提出了许多需要研究和回答的问题，其中最重要的一个问题是新兴经济体对世界经济格局产生了什么影响？

世界经济格局是否发生了变化？这关系到一个大的判断，这个大判断是否成立，涉及对发展中国家地位和作用变化的正确认识。记得早在20世纪80年代，中国社会科学院日本所资深研究员何方同志就认为，发展中国家与发达国家之间的经济差距在趋于缩小而不是在继续扩大。然而，在过去几十年间，我国主流意见却是南北经济差距在继续扩大、正在扩大、进一步扩大。我本人同意何方同志的观点，南北经济力量对比早已发生了变化。我发表的《新兴经济体崛起及世界格局变动》一文②指出：联合国贸发会议发布的《2008年发展和全球化：事实和数字》报告显示：发达国家国内生产总值占世界的比重，从1992年80%降为2006年73%，发达国家与发展中国家之间的人均国内生产总值的差距，从1990年的20 :1下降到2006年的16 :1。在2003—2007年间发展中国家人均国内生产总值增长了近30%，而同期内以七国集团为代表的发达国家人均国内

---

① 世界知识出版社1993年版。

② 国务院发展研究中心亚非发展研究所：《亚非纵横》，2010年1月。

生产总值仅增长 10%。这组数据表明,发展中国家作为一个整体,不仅在经济总量上缩小了同发达国家的差距,而且在人口基数增加的前提下,人均国内生产总值也缩小了与发达国家之间的鸿沟。这与 20 世纪 80 年代不同,80 年代发展中国家的经济增长率虽然高于发达国家,但人均国内生产总值增长率却低于发达国家,而到了 90 年代,发展中国家的国内生产总值与人均国内生产总值的增幅双双超出发达国家。这种发展趋势不可阻挡。在 21 世纪前 10 年,特别是在这次美国金融危机和世界经济衰退中,发展中国家的国内生产总值、人均国内生产总值以及拉动经济增长的私人消费、固定资产投资和对外贸易的增速都继续保持高于发达国家的势头[①]。

美国高盛集团全球经济研究部主管、首席经济学家奥尼尔,在 21 世纪初就开始关注和研究中国、印度、俄罗斯和巴西经济的可能发展,并在 2003 年发表了《与"金砖四国"一起梦想——2050 年之路》研究报告,提出了"金砖四国"(BRICs)的概念。"金砖四国"是一支不可忽视的国际力量,其经济快速增长对全球发展进程产生着巨大而深远的影响。继"金砖四国"之后,美国高盛集团于 2007 年又推出了所谓"钻石十一国"[②],在 2004—2007 年 4 年间,11 国的经济增长率平均约为 5.9%,是欧洲国家平均增长率的两倍以上。日本"金砖四国"研究所于 2007 年则提出了一个新的专有名词"展望五国"(VISTA),系指越南、印尼、南非、土耳其和阿根廷,认为这五个国家具有很大的发展潜能,在未来几十年内,其经济将会有飞速的发展。根据日本"金砖四国"研究所的推算,从 2005—2050 年,西方七国集团的经济规模以美元计算,与现在相比最多扩大到 2.5 倍,"金砖四国"将扩大到 20 倍,而"展望五国"可能扩大到 28 倍。这虽然只是对未来的一种展望和一种预期,但从一个侧面反映了新兴经济体的崛起趋势。"金砖四国"、"钻石十一国"和"展望五

---

① 2006—2008 年,全球私人消费增长率为 2.0%、2.0%、1.3%,发达国家为 1.7%、1.6%、0.7%,而发展中国家为 3.2%、3.5%、3.3%;全球固定资产增长率为 1.5%、1.1%、0.6%,发达国家为 0.9%、0.3%、-0.2%,而发展中国家为 3.5%、3.8%、3.3%;发达国家出口和进口增长率为 8.6%、13.2%、6.2% 和 10.8%、5.9%、7.0%,而发展中国家为 7.7%、13.4%、4.9% 和 12.6%、3.1%、11.9%。

② 菲律宾、孟加拉国、埃及、印尼、伊朗、韩国、墨西哥、尼日利亚、巴基斯坦、土耳其和越南。

国"的成员被国际社会冠以新兴市场、新兴经济体和新兴工业国等称谓。

世界银行行长佐利克认为，未来世界经济格局的鲜明特点是主要新兴经济体的崛起，在金融危机之前，这些经济体已经开始崛起，随后而至的危机则更加快了崛起的步伐，后危机时代，新兴经济体，特别是大型新兴经济体是世界经济增长的新动力。预计 2020 年前后，新兴经济体和发展中国家将占全球国内生产总值的"半壁江山"。

上面所提及到的时代性变化足以表明，南北经济差距已由扩大转为缩小。2010 年 10 月在由中国国际问题研究所和中国国际问题研究基金会联合召开的国际形势研讨会上，中国外交部部长杨洁篪在报告中就明确指出"南北差距在缩小"。看到新兴经济体崛起，看到南北经济差距的反向变化，对研究发展中国家乃至研究世界经济政治格局具有重要意义。

当前，人们对世界经济格局仍存有不同的认识和判断。有人认为"世界经济格局没有发生实质性变化，其理由是发达国家依然是支撑世界的主导力量，而广大的发展中国家依然只占有增速和增量的优势，不仅难以撼动发达国家的经济地位，更难以改变世界经济的发展层次"。① 这一观点无可厚非，世界经济格局的确还没有发生上面所说的"质变"。还有人预测"从 2008 年爆发的国际金融危机开始直到 21 世纪前二三十年，乃至上半个世纪的世界格局，都可能处于一种激烈动荡甚至跳跃的状态，这是世界各种各类重大矛盾特别是生产社会化与生产资料私人占有之间这一根本矛盾长期积累冲突的必然结果"。② 这里所说的世界格局是指世界经济和政治格局的统称。然而，在今后二三十年乃至 40 年世界格局会不会出现"跳跃式变化"？换言之是"突变"抑或"渐变"？这是需要深入讨论的问题。我正在研究新兴经济体和发展中国家大面积的崛起对世界格局的作用与影响，其基本观点是世界经济格局早在 20 世纪 80 年代就已开始出现变化，其变化速度日趋加快，而且在"经济量变"中出现了某些"经济质变"。世界经济格局变化已经涉及权力分配及经济游戏规则话语权等变革。

但是，任何事情都有它的两面，美国面对的挑战及世界格局发生的变化并不意味着美国作为世界头号强国的地位以及对现行国际经济政治秩序

---

① 谭雅玲：《国际金融市场新状况与新特征》，《上海证券报》2011 年 4 月 21 日。

② 李慎明：《苏联解体与世界格局》，《中国社会科学报》2011 年 5 月 5 日。

的主导作用发生了颠覆性的改变。发展中国家依然呈现非均衡性发展，最不发达国家仍有 48 个，贫穷人口高达 8.9 亿人。金融危机和经济危机导致全球 9000 万人再度陷入赤贫困境，主要集中在发展中国家，"联合国千年发展目标"如期实现的难度增大；发达国家仍通过各种途径向发展中国家转嫁危机，金融危机充分暴露了美国金融体系的"利润私人化、损失社会化、危机全球化"的弊端。在转嫁危机的同时，美国则要求迅速崛起的一些发展中大国，尤其是中国在解决世界政治经济问题过程中承担所谓更大的责任；一些新兴经济体急于缩小与他国的差距，追求高速增长，引发通货膨胀、货币贬值、高速增长被中断；在国际关系中，南北矛盾纷繁复杂，南南在一些问题上利益不同，也难以形成共同的声音；南北差距出现收缩趋势，但其差距依然巨大，其差距不但是经济水平的差异，且主要表现为经济发展阶段的差距，多数发展中国家要想晋升到较高发展阶段，尚须几代人的不懈努力。世界格局从"量变"发展到"质变"仍任重而道远。

上面所叙述的关于我研究发展中国家的"故事"，仅是我及我的同事研究发展中国家问题的一少部分，并非全部。让我感到欣慰的是有不少现已是教授，研究员和司局级、副部级干部，在见到我时，仍称我为谷老师和谷所长，并说"我是看着你们的著作长大的"。在回顾发展中国家研究起步与发展时，我们不要忘记钱俊瑞、浦山、李琮、陈立成、谈世中、司马军、魏燕慎、王耀媛、周圣葵、杜方利、刘明、刘秀莲、焦福军等人对发展中国家研究所作出的贡献和努力。尽管发展中国家研究室在世经政所早已消失了，第三世界研究中心也已名存实亡，但发展中国家研究仍大有可为，后继有人。

（谷源洋，中国社会科学院世界经济与政治研究所研究员）

俄罗斯东欧中亚学科建设发展历程

李永庆

俄罗斯东欧中亚研究所是以俄罗斯联邦、东欧诸国和中亚五国等 27 个国家为研究对象的国际问题研究机构。该所的前身——苏联东欧研究所，始建于 1965 年，当时隶属于中共中央对外联络部。"文化大革命"期间，该所被勒令于 1968 年撤销，直到 1976 年才得以恢复。1981 年转归中国社会科学院，学科建设开始走向正轨。1990—1991 年苏联东欧国家发生剧变和解体，使自建所以来好不容易发展起来的苏联东欧学科及其各个分支学科，受到致命性的冲击。由于这些国家社会性质发生了根本性的变化，因此研究方向必须相应地进行转折性的调整；研究的对象由 9 个国家变成为 27 个国家；原有的学科设置有的被废止淘汰，有的需要重建，有的则需要合并重组。科研队伍也随着学科的变化进行了全所性的大调整。隶属关系的变更、对象国的急剧变化，研究所的名称也随之不断更迭，曾先后用名苏联东欧研究所、苏联研究所、苏联东欧研究所、东欧中亚研究所、俄罗斯东欧中亚研究所。一个国家级大型研究机构四次更改冠名，这在社科院乃至国内外恐怕绝无仅有。尽管如此，经过几代学人的不懈努力，俄罗斯东欧中亚研究所（以下简称"俄欧亚所"）的学科建设还是取得了巨大发展并取得了令人瞩目的巨大成就。如今，俄欧亚所已经发展成为学科体系比较完整、主要学科居于国内领先地位、科研队伍整体素质较强、拥有不少国内外知名专家学者和一大批在国内外具有重要影响的学术著作的国内一流研究机构。它不仅为国内相同领域的学科建设（包括人才培养）作出了重大贡献，而且为国家的社会主义现代化、改革开放、发展对外关系、国家安全，作出了重要贡献。

一　研究所的建立和四次更名

（一）建立研究所是时代的要求

20 世纪 60 年代初，国际局势出现了动荡、分化和改组的新局面。在新形势下，我国面临着反帝、反修和支持亚非拉民族解放运动，建立反帝统一战线的三大任务。新形势向我国哲学社会科学工作者提出了新的任务。时任中央宣传部副部长的周扬在中国科学院哲学社会科学部委员会第四次扩大会议上就新形势下中国哲学社会科学工作者面临的任务发表讲话。他指出，在加强对我国现实问题研究的同时，必须加强对世界各国现状的研究和对国际斗争中出现的新问题、新经验的研究，必须对国际斗争中的各种力量，进行全面、仔细的分析。他列举了应着重研究的四大国际问题。其一是，需要研究国际共产主义运动中的新问题、新经验，研究社会主义国家正面和反面的经验，研究现代修正主义产生的历史根源和社会根源及其在政治、经济、文化各个方面的表现。并强调指出，要以马克思列宁主义的观点编写世界历史，我们不能满足于袭用外国学者编写的世界历史；对西方资产阶级和现代修正主义的历史学者歪曲世界历史，我们应当给以严正的实事求是的批判①。

当时，我国学术界在对包括苏联东欧在内的国际问题的研究尚比较薄弱，必须予以加强。

1963 年 12 月 15 日，根据毛泽东主席的指示，周恩来总理亲自主持召集有关外事部门负责人会议，讨论加强研究外国工作的问题。毛主席在看了会议作出的《关于加强研究外国工作的报告》之后，作了如下批示："这个文件很好"，并以宗教研究为例，建议用马克思主义的观点去进行研究、批判。

会议认为，新中国成立以来，研究外国的工作，虽然做出不少成绩，但远不能适应形势的需要，不能很好地为国际斗争服务。为了改变这种状况，党中央采取了一系列措施。其一是由各有关部门分别负责，充实和新建一批国际问题研究所，逐步做到对世界各主要国家和地区都有专门的机构和人员去研究。

---

① 周扬：《哲学社会工作者的战斗任务》，《人民日报》1963 年 12 月 27 日。

在这些准备新建的研究机构中，包括建立苏联东欧研究所。该研究所以研究苏联为主，同时研究保加利亚、匈牙利、罗马尼亚、波兰、捷克斯洛伐克、东德、阿尔巴尼亚和南斯拉夫等社会主义国家。

中共中央对外联络部接到建所任务之后，于 1964 年 6 月将研究所的筹建计划报告给国务院外事办公室并得到批准，于 1965 年 6 月 30 日正式成立苏联东欧研究所。

（二）研究所的四次更名

第一次更名。新成立的研究所，所址设在北京西颐宾馆，后迁至张自忠路 3 号东院。研究所临时编制为 60 人，人员调自各地。研究所成立不久，就开始了轰轰烈烈的"文化大革命"。1968 年以精简机构为由撤销研究所，1969 年全所下放农村办"五七干校"。后来于 1976 年恢复研究所。中联部根据当时的国际斗争需要并考虑人员情况，对研究所机构作了适当调整。因苏联是"一霸，是修正主义的头子"，因此取名为苏联研究所。

第二次更名。1980 年 12 月，中联部和中国社会科学院联合向中共中央提出报告说，为了加强对国际问题研究工作的统一领导和集中管理，便于对外进行学术交流，拟将中联部所属的苏联研究所等三个研究所自 1981 年 1 月 1 日起全建制划归中国社会科学院。这个报告得到中央批准。研究所从 1981 年 1 月 1 日起，改名为中国社会科学院苏联东欧研究所。

第三次更名。1991 年年底，苏联解体，"苏联"这个国名不复存在。它的 15 个加盟共和国都成为独立国家。除 5 个中亚国家之外，俄罗斯、乌克兰等 10 个国家均在欧洲东部地区之内。"东欧"这个地理概念涵盖了上述 10 国的地理范围。当时，我国外交部、新华社等单位也用"东欧"这一概念泛指原来的苏联东欧国家。因此，把上述 10 国划归"东欧"这个地理范围是适宜的。东欧和中亚这两个地理概念合在一起可以囊括"苏联东欧"这个概念所指的地域。于是，研究所向院领导打报告，要求将苏联东欧研究所改名为东欧中亚研究所，简称"欧亚所"。中国社会科学院于 1992 年 1 月 29 日批复，同意将研究所改名为"中国社会科学院东欧中亚研究所"。

第四次更名。上述名称用了将近 10 年。但是，这个名称没有将最为重要的研究对象——俄罗斯联邦显示出来。俄罗斯联邦在苏联的 15 个加盟共和国中，面积最大、人口最多、资源最丰富、经济军事力量最强，国际影响力最高。而在实际工作中，研究所的主要力量均放在对俄罗斯的研究上，有关俄罗斯的研究成果也最多。因此，在研究所的名称中，应将俄罗斯这个研究对象凸显出来。国际友人也多次提出类似的建议。于是，2002 年 10 月，经院领导同意，研究所更名为"中国社会科学院俄罗斯东欧中亚研究所"，简称"俄欧亚所"。

二 办所方针和学科建设与发展

俄欧亚所是政治性、时效性很强的研究单位。它与时俱进，坚持党的基本路线，与党中央保持一致，根据党中央的大政方针进行工作，为中央服务，为社会服务。但在不同时期，由于受我国与对象国国家关系的变化、对象国本身的变革以及我国国内改革进程的影响，研究所的办所方针和学科建设也有所变化。其发展历程大体可以分为中联部时期和中国社会科学院时期。在前一个时期，其方针任务是为反对修正主义和反对霸权主义斗争服务；在后一个时期，为适应国家的经济社会发展的需要，为我国的内政外交服务。

（一）研究所的初创准备阶段（1965—1980）

苏联东欧研究所筹备建立之时，正是 20 世纪 60 年代中苏两党大论战激烈进行的时期。中国共产党认为苏联共产党是修正主义、分裂主义，苏联已不再是社会主义国家，在苏联资本主义已经复辟。在这个历史背景下建立的苏联东欧研究所，其方针、任务是：以毛泽东思想为指导，搜集和掌握大量资料，有计划、有重点、有系统地调查研究对象国的政治、经济、文化、党务和各国党之间的相互关系等方面的主要情况，做到及时回答中央提出的问题，完成交办的任务和完成规定的经常性研究计划，在反修斗争中做好党中央和政府的有用的战斗工具。

新成立的研究所，实行所、部、组三级管理。全所设立苏联、东欧和编译资料三个部。苏联部设有政治、经济、文化教育和对外关系四个组。东欧部和编译资料部因人员不足暂不分组。研究课题有苏共领导层的内部斗争、人事变动、理论观点、外交活动、方针政策、经济困难、新经济政策的推行情况等。

初创阶段的研究所，基本上是白手起家。业务人员大多没有搞过苏东问题研究。既无现成资料，也无历史资料，一切从头开始。当时的任务是培养干部，了解熟悉苏联东欧各国情况，还谈不上真正意义上的研究。况且建所不久，研究所就因"文化大革命"停办。因此可以说，学科建设仅仅是搭起一个苏联东欧学科的框架。

1976年恢复苏联研究所，设立的机构有综合组、编译组、国际组、政治组、经济组、图书资料组和办公室等。任务是密切联系国际斗争，以国际上的反修反霸斗争为主。研究工作以现状、基本情况为主，以革命问题为中心，完成上级交办的任务，同时也根据上级意图制订并执行自己的研究计划，进行动态跟踪研究，一事一报。从以上情况可以看出，这个时期的学科建设意识非常淡薄。

（二）苏联东欧学科建设迅速发展阶段（1981—1991）

研究所划归中国社会科学院之后，其工作出现了较大变化。第一，它由一个中央机关附设的封闭性研究单位逐步向开放型的学术研究机构过渡；第二，扩大服务范围，既为中央服务，也为社会服务；第三，适应我国的内政外交方针，既为我国的对外政策，也为我国的现代化建设服务；第四，强化研究所的特点，注重学科建设、基础研究、系统研究和理论研究；第五，与我国的国民经济建设五年计划同步，按中国社会科学院五年发展规划的要求，制订自己的五年科研计划，一步一个台阶地向高层次发展。它的学科建设经历了苏联东欧学科、东欧中亚学科和俄罗斯东欧中亚学科三个阶段的调整。

1. 办所方针的两个变化

在这个阶段，研究所的工作方针出现了两个变化。一是不再把苏联当作敌对国家而是作为社会主义国家来研究，不单纯从斗争的角度，而是从借鉴、参考的角度来研究苏联及东欧社会主义国家的建设经验和教训；二是研究工作为我国的社会主义现代化建设服务。这是研究所建所以来研究工作方针的第一次调整。

研究所在这个阶段制订了"六五"和"七五"两个五年计划。在这十年中，研究所逐步从对苏联东欧国家的一般动态研究转向对它们的社会、政治、经济、对外关系的基础研究和系统研究，逐步开展了对这些国家的社会主义建设和对外关系中一些重大理论问题和实际问题的研究。

1981年，中苏两党之间的论战势头减弱，但仍在继续。当时，中国把苏联视为"社会帝国主义"国家，要进行反对包括苏联在内的国际霸权主义的斗争。在这一年，我国开始执行经济和社会发展的第六个五年计划，进一步推进我国改革开放和社会主义现代化建设。在这个背景下，研究所制订的第一个五年科研计划——"六五"科研计划（1981—1985）规定的研究所的方针任务是：

"以马克思列宁主义、毛泽东思想为指针，密切联系实际，对苏联东欧各国的政治、经济、对外政策、文化教育等方面的基本情况进行系统的研究，为国际反对霸权主义的斗争和实现我国四个现代化服务。

"在研究工作中，提倡解放思想，实事求是，做到实际情况的研究与理论研究相结合；现状研究与系统的历史研究相结合；国别研究与比较研究相结合；分科研究与综合研究相结合。"

这个计划是研究所后来制定办所方针的基础，其后每五年制定的办所方针都是在此基础上根据国内国际形势的新变化加以修改完善而形成的。

在"七五"计划期间，中苏关系逐渐好转，苏联领导人戈尔巴乔夫于1989年5月访问中国，中苏关系正常化。这个变化反映在"七五"计划中。该计划基本延续了"六五"计划的主要内容，同时做了五点补充。

第一，明确研究所的工作是为我国的社会主义现代化服务。为此，一要研究苏联东欧国家社会主义建设和政治、经济体制改革的经验和教训，为我国的建设和改革提供借鉴和参考；二要研究如何处理好同上述国家的关系，为我国的建设争取一个良好的和平国际环境出谋献策。

第二，把研究所的服务对象扩大为两个，一是为中央服务，即为中央的决策提供信息、事实和理论依据，为上级和实际工作部门提供咨询服务。服务形式主要是内部研究报告；二是为社会服务，即为发展马克思主义、提高全民族文化、为促进我国人民对苏联东欧国家的了解、为发展我国同这些国家的友好关系服务。论文和专著是为社会服务的主要形式。

第三，强调系统研究和现状研究是统一的整体。不管从事基础研究还是历史研究，都要以现实为出发点，直接或者间接地为现实服务。要改变缺乏深度、就事论事的"狗熊掰棒子"式的跟踪研究。历史研究、现状研究，都要体现出系统性和理论性。

第四，对苏联东欧各国国内建设、改革和对外政策中的重大问题进行系统研究和基础研究，并从理论高度作出自己的评价，提出自己的看法。

　　第五，贯彻正确的治所治学原则。提倡解放思想、实事求是、讲科学、讲实话，排除"文化大革命"遗留的"左"的干扰，避免主观片面和武断，实行学术自由和学术民主，反对学术压制和专断。

　　2. 苏联东欧学科的建立与发展

　　（1）苏联东欧学科的设置

　　这个时期的研究所，按学科原则设立苏联政治、经济、对外关系和理论四个学科和相应的研究室，按地区原则设立东欧学科和相应的研究室，形成苏联东欧学科。另外，设有编译室、图书资料室和两个刊物：《苏联东欧问题》（双月刊）、《苏联东欧问题译丛》（月刊）。

　　在这两个五年计划期间，特别是"七五"计划期间，采取了多项措施，大力改进科研工作，促进学科建设。

　　第一，适应中国政治经济体制改革和对外开放政策，根据基础研究和学科建设的需要，选择对象国发生的值得我们重视的重大课题。

　　第二，加强科研工作的组织性和计划性，集中力量完成院重点和所重点课题。

　　第三，认真做好研究报告，鼓励科研人员向中央决策部门和实际工作部门提出对策和建议。

　　第四，将编译室改名为情报研究室，将工作重心由以翻译、编译为主转向动态研究。

　　第五，为适应对外开放，帮助企业"走出去"，成立中国苏联东欧经济贸易咨询中心。

　　第六，加强科研队伍建设，送出去，请进来，提高科研人员的素质和科研能力，改善科研队伍的素质结构。

　　（2）研究方向、任务和成绩

　　在这个时期，研究所配合国内体制改革、两个文明建设和对外政策的需要，根据上级领导机关提出的具体任务，对苏联东欧国家的社会主义理论、政治经济体制改革、社会经济发展战略、精神文明建设和对外关系理论和实践五个方面的问题进行深入、系统、全面的研究。苏联政治研究室的研究课题有《斯大林时期苏联政治体制中的若干问题》、《勃列日涅夫时期的苏联民主和法制问题》、《安德罗波夫时期的苏联国内政治形势》、《苏联政治制度的理论与实践》。苏联经济室的课题为《苏联经济概论》、《苏联经济发展战略》、《苏联当前经济理论问题》。苏联对外关系研究室的课题有《斯大林时期的对外政策》、《80年代的苏联对外政策》、《苏联利用西方经济危机发展本国经济》、《苏联对外政策的历史形成和理论依据》。苏联理论研究室研究的是苏联的社会主义理论和苏联政治经济模式，研究课题有《苏联发达社会主义理论综述》、《列宁关于反对国家官僚化的理论与实践》、《苏联关于社会主义精神文明建设的理论》、《苏联社会主义理论概述》、《苏联的精神文明建设》。东欧研究室的课题有《东欧国家政治经济体制研究》、《东欧国家体制改革研究》、《东欧国家关于社会主义建设的若干理论问题研究》和《东欧国家社会主义建设的理论与实践》。

在这十年间，研究所撰写了大量的内部报告、论文和20余部专著。主要成绩反映在以下四个方面。

第一，通过对苏联东欧国家政治经济体制改革和有关社会主义理论的研究，为我国实施体制改革和发展社会主义理论提供了一些有一定理论深度的著作和有参考价值的材料。其中比较突出的有《苏联概览》、《苏联政治经济体制十年》、《苏联经济概览》、《苏联经济：管理体制与主要政策》、《东欧国家政治经济体制研究》、《苏联这样利用西方经济危机》、《关于苏联经济改革的研究报告》、《东欧国家经济改革中的若干理论问题》、《安德罗波夫上台以后苏联意识形态工作的若干动向》和《关于苏联的发达社会主义理论》，等等。

第二，对苏联建国以来，特别是20世纪50年代至80年代的基本国情和对外关系做了较为全面、实事求是的研究，为重新探讨苏联的社会性质和研究我国对苏关系及整个对外政策的调整问题提供了大批参考资料。如《苏联经济政治发展情况》、《关于我国对苏美日政策的几点想法》和《苏联全球战略问题》等。

第三，对苏联东欧国家社会主义建设中的许多实际问题及其具体政策进行了研究，为实际工作部门提供了咨询和参考资料。如《苏联的投资政策》、《苏联的科技发展政策》、《苏联东欧国家的政府机构改革情况》和《东欧国家个体经济雇工情况》等。

第四，编写、出版了一批关于苏联东欧国家基本国情的工具书。

（三）学科设置大变动、大调整阶段（1992—1998）

苏东剧变，给研究所造成了很大冲击，致使研究所不得不调整研究方向、废除原有学科并建立新学科。这是办所方针和学科建设的第二次大的调整。

1. 调整研究方向，大力发展对东欧中亚地区各国的研究

20 世纪 80 年代末 90 年代初的苏东剧变，改变了研究所的研究方向。苏东剧变之前，重点研究的是苏联东欧国家社会主义建设的经验教训，如何发展同它们的友好关系。剧变之后，则要研究苏东国家剧变的原因、各个新独立国家的基本国情、各个国家的走向及其对所在地区和世界格局的影响、如何塑造我国与它们的友好合作关系、随着我国对外开放的发展如何开展同它们的经贸关系，等等。

苏东剧变，对研究所提出了更高的要求。研究所面临着新的更大的考验。为此，学科设置进行了很大调整。

2. 废除原有学科，建立东欧中亚学科

苏联东欧的剧变使研究所的研究对象国由 9 个变成了 27 个，而且绝大部分是新独立的国家。为适应这个变化，研究所于 1992 年 5 月对全部学科和研究室进行了调整：撤销原有的苏联东欧学科及其各个分科，设立东欧中亚学科及其相应的各个分科和研究室。按国别原则组建俄罗斯学科及其相应的研究室，按地区原则组建中亚学科及其载体中亚研究室（中亚五国和格鲁吉亚、阿塞拜疆、亚美尼亚），组建新的东欧学科及其两个相应的研究室：第一东欧研究室（研究对象为波兰、匈牙利等原东欧国家）和第二东欧研究室（研究对象为乌克兰、白俄罗斯、波罗的海三国、摩尔多瓦）。

第二次学科调整是在 1994 年 10 月。研究所根据 1994 年院工作会议和院"关于开展学科情况调研，制定学科调整方案的通知"，于 1994 年 10 月 30 日形成本所新形势下的学科调整方案。该方案确定了研究所的如下奋斗目标：把欧亚所办成重点突出、学科结构合理，在国内外同行学术界处于前沿地位的东欧中亚研究中心。为此，对学科做了如下两次大的调整。

第一，突出重点，合理布局。将 27 个国家划分为三类。第一类为重点研究对象，即对所在地区和世界形势影响重大且对我国有重要意义的国家。这类国家有俄罗斯、哈萨克斯坦、乌兹别克斯坦、乌克兰、波兰、捷克、匈牙利、罗马尼亚和南斯拉夫。第二类是我所对对象国的研究积累了一定的研究基础和实力，对象国在所在地区和世界局势中起着相对重要的

作用，这样的学科予以保持。这类国家有吉尔吉斯斯坦、塔吉克斯坦、土库曼斯坦和白俄罗斯；第三类是重要性不是很大，且研究力量力所不及的研究对象。对这些国家的研究，或合并，或代管。这类国家包括中亚研究室范围内的格鲁吉亚、亚美尼亚和阿塞拜疆；第二东欧研究室范围内的立陶宛、爱沙尼亚、拉脱维亚和摩尔多瓦；第一东欧研究室范围内的斯洛伐克、斯洛文尼亚、克罗地亚、马其顿、波斯尼亚—黑塞哥维纳和阿尔巴尼亚。

对上述三类学科采取不同的支持措施。在资金、人才培养和科研力量配置等方面，向重点学科倾斜；对应予维持的学科，基本上保持现状；对应予合并的学科，不配置专门人员进行研究，而由重点学科"代管"。

第二，按照上述原则对研究室进行再次调整。为加强对乌克兰的研究，将第二东欧研究室更名为乌克兰研究室，研究范围不变。第一东欧研究室恢复原来的名称——东欧研究室，研究范围不变。其他研究室的名称和研究范围不变，这样就形成了东欧中亚学科及其相应的研究室：俄罗斯研究室、东欧研究室、中亚研究室和乌克兰研究室。

到了 2002 年，研究所更名为俄罗斯东欧中亚研究所，东欧中亚学科这一名称随之改为俄罗斯东欧中亚学科。同时，俄罗斯研究室又划分为俄罗斯政治、经济和外交三个研究室，其他研究室不变。从此，俄罗斯东欧中亚学科的构成包括：俄罗斯政治学科、俄罗斯经济学科、俄罗斯外交学科、中亚学科、东欧学科、苏联史学科、乌克兰学科、波罗的海三国学科。

3. 研究方向与课题任务

"八五"计划期间，研究所确定了六个研究领域：俄罗斯东欧中亚地区国家中长期形势研究、俄罗斯东欧中亚国家政治体制演变、俄罗斯东欧中亚国家经济体制演变、俄罗斯东欧中亚国家社会主义理论、东欧中亚国家对外政策和国际关系的变化、苏联和东欧国家发生演变的历史教训。承担了国家社科基金项目 6 项，即第二次世界大战后苏联对外关系、俄罗斯西伯利亚和远东的开发及其国际合作、苏联民族问题研究、苏联和东欧国家社会主义理论的演变、东欧国家向市场经济过渡的理论和实践等；承担了院重点研究项目 5 项即新时期的中俄经贸关系、东欧诸国发展前景、苏联东欧国家演变的根源及其历史教训等和所重点研究项目 8 项即苏联东欧国家剧变的背景和面临的问题、苏联体制改革的经验教训、俄罗斯大中型企业经济机制变革等。

另外，研究所多次参加中央直接交办的重大科研任务，先后承担各类重点项目和国家社科基金项目共 70 余项，完成并出版了专著 72 部，工具书 23 部，译著 72 部，另外，还撰写了大量论文和研究报告。在向国内介绍对象国社会主义市场经济理论方面，在研究和分析苏联霸权主义国内根源、苏联社会主义模式的形成和历史局限性、苏联东欧国家内外政策发展趋势、苏联东欧剧变的原因及其历史教训以及如何构建中苏关系和中俄关系等方面，我所科研人员都提出了一系列具有创见性的学术观点和重要的政策建议，得到了中央有关部门和学术界的广泛重视和赞扬。

"九五"计划期间研究所集中力量对下列五个方面的问题开展研究：第一，原苏东国家发生剧变的原因及其历史教训；第二，俄罗斯东欧中亚 27 个国家的制度转轨；第三，俄罗斯东欧中亚国家的对外战略及其对世界形势的影响；第四，中国同俄罗斯东欧中亚国家的关系；第五，俄罗斯东欧中亚国家的国情（列国志）。围绕前述五个方面的问题，申报和承担 4 项国家重点课题（俄罗斯、东欧和中亚国家的经济转轨及其前景，苏联兴亡史，俄罗斯和东欧国家经济体制改革和经济发展前景，俄罗斯的对外战略）、6 项院重点课题（苏东国家政治经济现状及前景研究、中苏关系历史档案研究、20 世纪末 21 世纪初俄罗斯对华政策与中俄关系发展趋势及对策研究、俄罗斯和当代世界、中亚五国及其与中国关系的研究、冷战后的民族主义：从巴尔干到帕米尔）以及 18 项所重点课题（苏东国家经济改革史、独联体及其发展前景、俄罗斯东欧中亚国家政治体制转轨及其教训、中亚国家的转轨道路及其模式、俄罗斯东欧中亚国家的社会主义思潮和运动、中亚国家的民族和宗教问题等）。

三　重点学科的确立、发展与现状(1998—　)

"十五"和"十一五"计划期间，研究所取得了比较大的发展，提出了自己的新目标和新任务，确立了研究所重点学科发展规划。

(一) 建设世界知名、国内一流的研究所

为办好研究所，繁荣俄罗斯东欧中亚学科，"十五"计划，特别是2006 年出台的"十一五"科研规划，总结 40 多年的办所实践，针对俄罗

斯、东欧和中亚各国的发展趋势并结合我国改革开放事业的需要，根据社科院的总体发展战略，规划了研究所跨世纪发展目标：经过 5 年至 10 年的努力，把我所办成国际知名、国内一流的俄罗斯东欧中亚问题的研究机构。为实现这个总目标，将实现四个"国内一流"的具体目标：将俄罗斯东欧中亚学科建设成为一流学科；培养出一批在国内外具有影响力的一流的学术专家乃至大家；研究出一批对学科建设和国家决策具有重要学术价值和现实意义的一流科研成果；办好一流期刊，继续保持《俄罗斯中亚东欧研究》杂志的一流地位，努力将《俄罗斯中亚东欧市场》杂志办成一流杂志。

实现上述目标的一项重大举措是建设重点学科。重点学科的建设有两个阶段。第一个阶段是 1998—2008 年的重点学科建设的起步阶段，第二个阶段是 2009—2014 年重点学科规划发展阶段。

（二）重点学科建设的起步阶段（1998—2008）

研究所早在 1994 年就提出了设立重点学科的想法。"十五"计划期间是重点学科发展的起步阶段。俄罗斯学科和中亚学科于 1998 年被列入中国社会科学院第一期"重点学科建设工程"。2002 年俄罗斯政治学科和俄罗斯经济学科列入社科院第二期"重点学科建设工程"，2003 年俄罗斯外交学科和当代中亚学科相继被列入院第二期"重点学科建设工程"。从研究内容的专业性、研究方法的科学性和研究体系的系统性来看，重点学科取得了长足进步。重点学科科研成果数量大幅攀升，涌现出一批在国内颇有影响的学术著作；学科带头人在国内学术界的影响力逐步扩大，在国外相关学术领域开始奠定自己的学术地位；逐渐培养出一支朝气蓬勃的科研队伍。

研究所"十一五"规划对学科结构作了如下调整：

1. 启动列宁主义理论和实践研究工程

研究所整合有关科研力量并吸收所外科研人员，以苏联研究室为基础，启动列宁主义理论和实践研究工程，使列宁主义理论和实践学科进入所重点学科系列。

2. 实施战略分析与预测研究工程

为了更好地为维护国家利益服务，研究所以基础理论为依托，以俄罗斯东欧中亚学科全局性、战略性、前瞻性和原创性研究为重点，形成多学科综合比较研究的高层次创新研究。为此，成立了俄欧亚战略研究室。

3. 巩固传统学科，发展新学科和交叉学科

传统学科是指现有的学科。新兴学科是指突破对俄罗斯等国政治、经济和外交问题的研究，开展对这些国家的社会问题、科技和国计民生问题的研究。为此准备增设俄罗斯社会问题学科和相应的研究室。此举一是为研究俄罗斯的社会和民生问题；二是为我国和谐社会的治国思路提供相应的借鉴。交叉学科是指对俄罗斯等国的科技战略和科技政策的研究。随着中俄关系的发展和上海合作组织的不断完善，加强对俄罗斯和中亚国家科技战略和政策的研究迫在眉睫。因此，研究所准备设立俄罗斯科技战略和科技政策问题学科和相应的研究室。

（三）重点学科建设规划与发展阶段（2009—2014）

院"十一五"规划提出要建设 100 个左右的在国内具有重要影响的重点学科，其中的 1/3 以上的学科要具有国际影响。研究所根据这一要求，按照"巩固、调整、发展"的原则，在社科院"重点学科建设工程"（2002—2007 年和 2003—2008 年）的基础上，结合本所实际情况于 2009 年 8 月制定并开始实施俄罗斯东欧中亚研究所"重点学科建设规划（2009—2014 年）"。

这个规划的主要内容有以下 4 点：

1. 基本指导思想

第一，遵照学科发展规律，贴近研究所工作实际，体现改革发展的精神；第二，在保持学科发展的连续性和稳定性的基础上，继续保持研究所原有的重点学科阵容；第三，根据研究所学科发展的特点，合理配置资源；第四，加强科研队伍建设，鼓励学者潜心研究；第五，注重学术积累，创造良好环境和条件，促进青年学者快速成长；第六，进一步提升研究所各重点学科在国内的学术地位和在国际上的话语权，逐步建成堪称国内外的"一流学科"。

2. 研究所学科布局的整体思路

俄罗斯东欧中亚研究所下设 8 个研究室、9 个学科，即俄罗斯经济学科、俄罗斯政治学科、俄罗斯外交学科、当代中亚学科、俄欧亚战略学科、中东欧学科、苏联史学科、乌克兰学科和波罗的海三国学科。这些学科按以下原则布局。

第一，学科布局采取按研究领域与按地区研究划分原则相结合。对俄罗斯联邦的研究，按政治、经济和外交领域划分为三个学科并依相应的研究室作依托，而中亚、乌克兰和中东欧学科则按地区原则划分。

第二，现实问题学科的划分与历史问题学科的划分相结合。例如，苏联史研究室是研究苏联历史问题的，而其他研究室则是研究现实问题的。

第三，学科设置与国际接轨，即按照国际上大多数研究中亚国家的学科设置来建立当代中亚学科，其研究对象不仅覆盖中亚五国，还包括外高加索三国。

第四，乌克兰研究室以乌克兰和白俄罗斯为研究重点，同时还兼管对波罗的海三国和摩尔多瓦的研究。

第五，在确定所重点学科数量时，明确研究所在本计划实施的头三年保持原有院级重点学科的阵容，目的是让这些学科在同一个起跑线上发展。在所重点学科计划实施的第三年，将严格按照院规定的"重点学科数量一般掌握在三分之一左右"的原则，对上述学科进行中期考核，实行末位淘汰制。调整后的结果上报院审核批准。

3. 规定重点学科在 2009—2014 年期间的具体发展目标

这包括各个研究室的主要研究课题，每个研究室和每位研究人员的科研计划、专业方向、学术专长和发展目标，各个学科的学术资料建设和科研手段现代化目标，各个学科的学术活动项目计划和各个学科人才培养计划。

4. 发展重点学科的措施

（1）实行系统的重点课题工程，以重点课题带动重点学科；

（2）制定并实施学科和研究室管理细则，强化对重点学科的监督检查；

（3）制定研究所重点学科资助方案：A. 俄罗斯经济学科、俄罗斯政治学科、俄罗斯外交学科和当代中亚学科为本轮重点学科建设计划的首要资助对象；B. 俄欧亚战略学科和苏联史学科为本轮重点学科建设计划的第二资助对象；C. 将中东欧学科、乌克兰学科和波罗的海三国学科列入我院特殊学科资助系列。

（四）四个重点学科的学术地位及状况

1. 俄罗斯政治学科

俄罗斯政治学科的载体——俄罗斯政治社会文化研究室。2002 年俄罗斯政治学科被列入中国社会科学院"重点学科建设工程"。

俄罗斯联邦成为独立国家之初，本学科的主要任务是观察、分析俄罗斯政治形势的走向，预测其发展的基本趋势。重点研究俄罗斯政治制度转型、国家权力体系建立、党派斗争等重大问题。该学科对苏联问题，特别是对苏联剧变和解体的研究逐步深入，已经具有较大的研究规模和较高的水平。俄罗斯进入普京时期之后，随着俄罗斯政治形势的发展，该学科研究领域逐渐扩展，层次不断深入，从起初集中研究联邦中央权力斗争扩展到对联邦制、地方问题、民主政治、法制建设、党政体制、社会结构、社会思潮和社会文化等多个问题的研究，从一般的形势分析转向对俄罗斯发展的内在规律的理论探讨，进而对俄罗斯转轨和发展道路作出理论总结。随着研究对象本身逐渐成熟和相对定型，俄罗斯政治学科也随之更加科学化、系统化和理论化，研究体系更加系统和完整，研究方法进一步完备。

该学科基本建成了俄罗斯总统、俄罗斯政府、俄罗斯地方、俄罗斯政党四个资料库。出版了十余部专著，如《俄罗斯十年》、《重新崛起之路——俄罗斯发展面临的机遇与挑战》、《从叶利钦到普京：俄罗斯宪政之路》、《梅德韦杰夫和普京——最高权力的组合》、《俄罗斯之痛——"车臣问题"探源》、《普京八年——俄罗斯复兴之路（政治卷）》、《俄罗斯东欧中亚政治概论》等，发表了一系列有学术价值的论文，对俄罗斯重大政治问题形成了系统的学术观点体系。2003—2009 年，该研究室提出的内部报告达 100 多篇，其中获院优秀信息三等奖以上奖项的有 20 多篇。

"十一五"规划期间的重点课题有三项：（1）俄罗斯民族与联邦制问题；（2）俄罗斯政治精英集团；（3）俄罗斯地方问题。2009—2014 年应完成的项目有：院重点项目 5 个，院 B 类项目 1 个，所重点项目 2 个，成果形式均为专著。

2. 俄罗斯经济学科

俄罗斯经济学科的载体是俄罗斯经济研究室，2002 年被列入院"重点学科建设工程"。

1992 年以来，研究室侧重基础理论、应用对策和基本情况方面的研究。注重从多个角度研究苏联解体的深层次原因、俄罗斯经济转轨、当代俄罗斯经济、中俄经贸关系等问题。在研究工作中，立足于现状的全方位分析与研究，不仅从俄罗斯官方及民间权威机构公布的数据、资料与分析报告着手，还从俄罗斯制度发展、西方经济学、发展经济学等多个领域进行分析。在进行上述基础研究的同时，对俄罗斯经济形势的动态跟踪也是该学科研究的重要内容。

2005—2009 年，该室撰写的有重要影响的学术论文和研究报告有上百篇并得到广泛承认和充分肯定。有些报告直送中央，有些被选作高校教材，有些获省部级奖项，有些填补了学术空白。主要著作有《独联体十年：现状问题前景》（获中国社会科学院第五届优秀成果奖）、《苏联经济体制改革史论（从列宁到普京）》、《俄罗斯人口安全与社会发展》、《俄罗斯对外经济关系研究》、《重新崛起之路——俄罗斯发展的机遇与挑战》、《俄罗斯 21 世纪发展战略》等。

"十一五"规划期间的重点课题有五项：（1）中俄发展道路比较；（2）俄罗斯经济增长模式及其中期发展前景；（3）俄罗斯经济竞争力和中俄竞争力比较；（4）俄罗斯社会保障制度；（5）俄罗斯地区经济发展。2009—2014 年应完成的项目有：院重大项目 1 个，院重点项目 1 个，国际学部项目 1 个，水利部委托项目 1 个，院青年基金项目 2 个，所重点项目 3 个。其中两项的成果形式为研究报告，其他项目的成果形式均为专著。

3. 俄罗斯外交学科

该学科的载体是俄罗斯外交研究室，2003 年被列入院"重点学科建设工程"。

该室的主要研究方向有：俄罗斯外交政策；俄罗斯全球战略；俄罗斯外交战略与外交文化；俄罗斯与美国的关系；俄罗斯与欧盟的关系；俄罗斯的独联体政策；俄罗斯与中国的关系；俄罗斯的亚太政策；俄罗斯的军事战略与军事政策以及俄美核裁军问题等。

该室在中俄关系问题、俄美关系问题、中俄美关系问题、独联体问题等方面的研究在国内已形成独特的优势。研究室撰写并出版了一批在国内有影响力的科研成果，如《独联体十年：现状、问题、前景》、《俄罗斯能源外交与中俄能源合作》（获北京市优秀成果二等奖）、《新世纪中俄关系》、《中俄美在中亚：合作与竞争》、《苏联解体后的俄美关系：1991—2007 年》、《普京执政八年》等，在国内学术界产生了重要反响。

"十一五"计划期间的重点课题有四项：（1）独联体：俄美外交争夺走向激化；（2）俄罗斯反对北约东扩的新阶段；（3）新世纪的中、俄、美三角关系；（4）俄罗斯发展战略和中俄关系。2009—2014 年应完成的项目有：院重大项目 2 个，国家社科基金项目 1 个，院重点项目 4 个，所重点项目 2 个，成果形式均为专著。

4. 当代中亚学科

当代中亚学科的载体是中亚研究室。该室成立于 1992 年 5 月，是中国研究中亚问题的主要单位之一。中亚学科于 1998 年被列入院第一期"重点学科建设工程"，2003 年再次被列入院第二期"重点学科建设工程"。

中亚研究室的研究对象国为中亚五国（哈萨克斯坦、吉尔吉斯斯坦、塔吉克斯坦、土库曼斯坦、乌兹别克斯坦）和外高加索三国（阿塞拜疆、格鲁吉亚、亚美尼亚）。该室主要研究中亚地区的综合性和专题性问题，也重视国别研究。关注的重大问题包括：中亚地区政治经济形势的变化；中亚的区域合作问题；上海合作组织的发展与定位；中亚地区安全、能源；大国在中亚的争夺以及"颜色革命"等。

同国内其他研究机构相比，本所中亚学科始终处在国内领先地位，已经在当代中亚研究方面形成了自己的体系，特色和优势比较明显。该室科研人员积极参与和组织较大规模的学术活动，多次出席有关中亚问题的国际研讨会，在国际性研究机构和刊物上占有一席之地。中亚学科的学术地位得到国内外同仁的认可。赵常庆担任季羡林做主编的大型学术丛书《东方文化集成》中亚篇的分主编；赵常庆、孙壮志应邀担任伊朗、瑞典等国刊物编委；赵常庆参与联合国教科文组织所属国际中亚研究所的创建并担任学术委员会中国委员。

该室研究工作具有一定的深度和广度，全面、系统和连续性是其特点。研究和选题始终紧跟国际形势，保持前沿，既有热点，又不跟风，实事求是，稳扎稳打，逐渐形成了自己的研究体系和专业特长。不少研究成果受到国内外同行的重视，在中国与中亚国家关系、中亚民族宗教问题、中亚地区安全问题等方面的见解，经常被国内外学者引用。主要研究成果有《简明南亚中亚百科全书》、《中亚五国概论》、《十年剧变——中亚与外高加索国家卷》、《中亚五国与中国西部大开发》、《阿富汗问题与中亚安全》,《中亚新格局与地区安全》、《中亚民族与宗教问题》、《"颜色革命"在中亚》、《中亚人口问题研究》、《我国推动上海合作组织发展的战略构想及政策措施》、《上海合作组织研究》等，还撰写了 8 部《列国志》。

"十一五"规划期间的重点课题有六项：（1）中亚国家能源和交通研究；（2）中亚民族部落传统与中亚社会发展；（3）中亚的民族宗教问题；（4）中亚国家与大国的关系；（5）中亚各国与中国的关系；（6）中亚地区发展与国际合作机制。2009—2014 年应完成的项目有：院重大项目 1个，院重点项目 3 个，所重点项目 9 个。成果形式，一项为研究报告，其他项目均为专著。

（五）一般学科的学术地位和现状

俄欧亚所的一般学科有 5 个：俄欧亚战略学科、苏联史学科、中东欧学科、乌克兰学科和波罗的海三国学科。

1. 俄欧亚战略学科

为了贯彻落实 2005 年 5 月 19 日胡锦涛同志关于"进一步办好中国社会科学院"的重要讲话的精神，充分发挥社科院"思想库"和"智囊团"的作用，根据院主管领导的指示，本所于 2006 年 9 月成立战略研究室。其主要任务是就研究对象地区的重大战略问题、热点问题撰写研究报告，向中央提供政策建议。研究范围和任务有：开展对俄罗斯、中亚、独联体和中东欧地区的综合研究，把这一地区的发展问题作为一个整体学科进行考察，对其他各室的研究起协调作用；对本地区的重大问题、热点问题进行跟踪研究和战略研究；开展涉我问题的研究，其中包括中国与俄罗斯、中亚、中东欧国家关系的研究，为中央及有关部委建言献策；组织编写一年一度的《俄罗斯东欧中亚发展报告》；设计、实施大型学术会议，搭建国内外学术交流平台。

主要研究成果有《俄罗斯东欧中亚发展报告》（四个）、《重新崛起之路——俄罗斯发展的机遇与挑战》、《防范与合作：苏联解体后的俄美核安全关系（1991—2005）》等。

俄欧亚战略学科在 2009—2014 年应完成的项目有：院重大项目 1 个，院重点项目 2 个，国家社科基金项目 1 个，所重点项目 1 个，成果形式均为专著。

2. 苏联史学科

苏联史是苏联研究室的研究领域。该室成立于 2002 年。主要研究方向有苏联历史、俄国历史、国际政治与国际关系。

　　该室自成立以来，已成为中国苏联史学界的一支重要生力军。在列入"十一五"规划的《列宁主义理论和实践工程研究》中，该室承担主要任务。苏联室在中苏关系史、苏联通史、冷战史研究等方面处于全国领先地位。主要研究成果有《斯大林与冷战》（荣获中国社会科学院第四届优秀成果专著二等奖）、《苏联与"波兰问题"》、《俄罗斯斯拉夫主义》、《国家杜马与近代俄国的立宪实践》等。

　　"十一五"规划期间的重点课题有五项：（1）列宁主义理论及其在世界和苏联的实践；（2）马、恩、列、斯、中国共产党三代领导集体和以胡锦涛为总书记的党中央关于俄国、苏联（俄罗斯）、东欧、中亚问题的有关论述；（3）苏联通史；（4）苏联共产党兴亡问题和苏联共产党的执政能力；（5）中苏、中俄关系档案和苏联历史档案。2009—2014年应完成的项目有：院A类项目1个，院重大项目1个，院重点项目1个，中央编译局项目2个，国家社科基金项目1个，所重点项目2个。成果形式均为专著。

　　3. 中东欧学科

　　中东欧学科的载体是东欧研究室。该室曾有着一段辉煌的历史。随着冷战结束，东欧国家摆脱了苏联的控制，所处的地缘政治格局发生了深刻变化。德国实现统一，捷克斯洛伐克和南斯拉夫的解体导致了许多新独立国家的诞生，东欧研究室对象国的数目从8个增加到12个。

　　自20世纪90年代以来，东欧研究进入一个新阶段，由国别研究转向综合比较研究。研究的主要问题有：东欧国家剧变原因；东欧国家的政治转轨；东欧国家的经济转轨；南斯拉夫的解体；东欧国家与欧洲的一体化等。东欧研究一直属于斯拉夫研究的范畴，2004年5月随着5个中东欧国家正式成为欧盟成员国，东欧研究也兼具欧洲研究的属性。

　　主要研究成果有：《东欧概览》、《简明东欧百科全书》、《南斯拉夫的变迁》、《中东欧与欧洲一体化》、《东欧经济改革之路——经济转轨与制度变迁》、《东欧国家的政治转轨》和12部《列国志》等。

　　该学科下述领域的研究在国内处于前沿：中东欧国家的政治转轨；中东欧国家的经济转轨；中东欧国家与欧洲一体化；南斯拉夫解体与巴尔干冲突；巴尔干的欧洲化；全球化、转轨与中东欧国家的赶超；中东欧地缘政治的演化等综合性问题。

　　"十一五"规划期间东欧研究室的重点课题有五项：（1）东欧民族主

义与冲突；（2）北约与欧盟东扩与东欧地缘政治的变迁；（3）东欧国家现代化道路研究；（4）东欧国有企业改造与金融改革；（5）国际治理与巴尔干发展前景。

4. 乌克兰学科

乌克兰学科的载体是乌克兰研究室。该室成立于1992年5月，研究对象有乌克兰、白俄罗斯、立陶宛、爱沙尼亚、拉脱维亚和摩尔多瓦6个国家。

乌克兰研究室是国内该学科唯一成建制的研究室。它从较为薄弱的基础起步，研究层次逐渐深入，研究范围逐渐扩大，研究成果不断增加，学科建设取得了一定的发展。研究重点已逐步从国别基本情况资料的收集和汇编，发展到形势跟踪研究、专题研究和专著的撰写并举；研究范围逐步扩大到政治、经济、历史、国际关系、社会和文化等领域。该室对乌克兰问题的研究，在国内乌克兰研究领域具有一定的优势。

乌克兰研究室发表的主要研究成果有《十年剧变——新东欧卷》、《乌克兰：东西方争夺的焦点》、《颜色革命中的腐败因素》、《乌克兰国情初探》、《乌克兰的综合国力和战略地位》、《乌克兰的昨天和今天》、列国志《乌克兰》、《白俄罗斯》等。其中一些著作获得了有关部门的重视和对象国的好评。例如，列国志《乌克兰》、《白俄罗斯》出版后，乌克兰和白俄罗斯驻华使馆分别举行首发式，两国外交部部长参加了首发式并讲话，对这两本书予以高度评价。

"十一五"规划期间的重点课题有四项：（1）中国与乌克兰关系研究；（2）俄罗斯与白俄罗斯联盟问题；（3）民主地区联盟的前景及其对独联体的影响；（4）大国博弈下的乌克兰。

5. 波罗的海三国学科

苏联解体后，波罗的海三国（立陶宛、爱沙尼亚、拉脱维亚）的研究一直挂靠在乌克兰研究室。波罗的海是北欧贯通东西方的天然通道，因此，位于波罗的海沿岸的立陶宛、爱沙尼亚、拉脱维亚三国具有非常重要的战略地位，是东西方争夺的重点。自该三国加入欧盟和北约后，它们的战略地位进一步提升，在国际事务中发挥的作用也不断增强。

21世纪初，波罗的海三国与中国的关系越来越密切，双方相互了解的愿望日益增强，在政治和经济领域的合作更加富有成效。因此，加强对它们的研究，帮助中国政府、机构、企业和各界人士了解这三个国家，符合我国的外交政策与方针。研究所十分重视对这三个国家的研究,将该学科列入中国社会科学院特殊学科发展规划。

乌克兰研究室在国内波罗的海三国研究领域具有一定的影响力。在全室人员的努力下,完成了波罗的海三国学科的基本建设(基本情况资料的收集和汇编),研究层次逐步深入,研究范围逐步扩展到政治、经济、历史、国际关系、社会文化等领域。主要研究成果有《十年剧变——新东欧卷》、列国志《波罗的海三国》、《波罗的海三国之路》、《波罗的海三国国情》等。由于资料、资金、研究手段和编制等原因,波罗的海三国学科的发展水平仍处于初级阶段。

四 学科附设机构

(一)期刊建设

研究所有两个刊物:《俄罗斯中亚东欧研究》和《俄罗斯中亚东欧市场》。

《俄罗斯中亚东欧研究》1981年创刊,双月刊,原名《苏联东欧问题》,内部发行。1992年10月更名为《东欧中亚研究》,由内部发行改为公开发行,2002年10月改用现名。它是国家级学术理论刊物,以反映俄罗斯和中亚、东欧各国政治、经济、外交、民族等各个领域的最新研究成果为己任,是我国俄罗斯东欧中亚学科学者发表科研成果的重要学术园地。

该刊自创刊以来,以其独特的风格——综合性、战略性、学术性、理论性、政治性和现实性赢得国内外广大读者的信任,受到广大理论工作者和实际工作者的好评,是俄罗斯东欧中亚学界最有影响力的刊物。该刊是世界经济类核心期刊,被收录到《中国人文社会科学核心期刊要览》、《中文核心期刊要目总览》和《中文社会科学引文索引 CSSCI》中。

该刊十分重视学术质量和编校质量,坚持高品位,强调理论前沿问题研究,在规范化、标准化和现代化方面做出了卓有成效的努力,加强了刊物的学术地位,提高了刊物在全国学术界的影响力。该刊刊发的俄罗斯东欧中亚学科重大项目的研究成果和有关学术前沿的文章中,有不少被评为中国社会科学院优秀论文。1999年《俄罗斯中亚东欧研究》作为唯一的国际问题类期刊荣获中国社会科学院首届优秀期刊奖。2002年在我院第二届优秀期刊评奖活动中获一等奖。2005年在我院第三届优秀期刊评奖活动中又获一等奖。此外，2005 年还获得全国百种重点期刊奖。

《俄罗斯中亚东欧市场》是研究所主办的公开出版发行的国际经济问题刊物。其前身为《苏联东欧问题译丛》，创刊于 1985 年，月刊。该刊根据社科院 1994 年 9 月院期刊工作会议的要求，于 1994 年 12 月 31 日停刊，并在原刊的基础上改办为《东欧中亚市场研究》。创办《东欧中亚市场研究》是顺应我国同这一地区经贸关系快速发展的需要。它于 1996 年 1 月 1 日创刊，同年 4 月正式出版发行，2002 年 10 月，随着研究所的更名，改为现名。它重点刊登有关俄罗斯、中亚和东欧国家经济体制转轨、市场资源、涉外经济政策和法规、投资环境和我国同它们经贸关系的信息和文章。它及时反映对象国市场经济的现状，突出信息性和可读性，及时跟踪和评析经贸热点、商品市场和要素市场动态等，努力把高层次的基础理论和可操作性的应用研究有机地结合起来，受到广大理论工作者和实际工作者的好评。

它是我所服务于社会的重要平台和窗口。该刊侧重于应用性研究，既面向从事经济理论研究的专家学者，又面向涉外企业领导人和经济管理工作者，把面向社会、面向地方政府和企业作为办刊宗旨。该刊承接中国苏联东欧经济贸易咨询中心的职能，不断调整社会定位，积极发展同边境口岸城市的关系，为在俄罗斯、中亚和东欧国家从事经贸的企业提供信息和政策法律咨询，为地方经济发展提供全方位服务。2002 年 11 月《俄罗斯中亚东欧市场》杂志积极与地方政府、企业联合会、企业和企业家、各地研究机构、高等院校和专家学者合作，实行理事会制。通过理事会集思广益，优势互补，促进学术研究机构、地方政府及企业之间的沟通和交流，进一步推动和发展我国同俄罗斯、中亚和东欧国家的经贸合作。杂志与有关单位多次联合举办中俄经贸学术会议。如 2003 年 11 月在北京举行的"新时期中俄经贸论坛"，2004 年 7 月在俄罗斯海参崴举行的"普京第二任期内中俄经贸关系前景"和在哈尔滨举行的"振兴东北经济与东北亚经贸合作"等。

该刊被列为中国社会科学院文献计量科学评价研究中心编制的《中国人文社会科学核心期刊要览》贸易经济专业核心期刊。

（二）信息化建设和图书资料室建设

俄欧亚所从 1987 年 6 月起，在社科院科研手段现代化领导小组和科研局的领导下着手本所的信息化建设，成立以所长为组长、图书馆工作人员为骨干并吸收研究人员参加的信息化实施小组。研究所于 2003 年入选社科院第二批信息化建设重点支持单位。该所全力支持信息化建设，基本建设经费优先用于图书馆、阅览室、数据库和科研手段现代化建设上。

1. 信息化建设

（1）建立研究所、研究室和学者个人三级数据库。研究所建设科研成果数据库、研究资料数据库。前者包括本所研究人员历年的科研成果（重点是专著）、《俄罗斯中亚东欧研究》杂志数据库、《俄罗斯中亚东欧市场》杂志数据库。后者包括俄罗斯的政治、经济、外交、法律、军事、上海合作组织和音像资料 7 个数据库，有 2G 约 3 亿字的容量。研究室一级建立重点学科数据库和专题学术资料数据库，共 17 个，内容涉及俄罗斯的国家权力机构、政党、法律文献、经济发展规划、外交与国家安全、俄美关系、中美关系、俄罗斯与欧盟关系、苏联史文献和当代中国。学者个人建设个人科研成果和科研信息数据库。三级数据库均已经建成。

（2）将研究所网站建设成为国内最大的俄罗斯东欧中亚学科专业网站。网站已建成并投入使用，并经数次改版。网站专业性强、内容充实、图文并茂，设有"研究所"、"研究机构"、"科研人员"、"个人主页"、"科研管理"、"重点课题"、"研究成果"、"学术资料""俄罗斯国情"、"中亚研究"等窗口。点击率较高。

2. 图书资料室建设

在图书资料室的建设方面，俄欧亚所的目标是，将所图书资料室和信息库建成国内俄罗斯东欧中亚学科信息量最大的数据库，不仅要满足本所科研人员的需要，而且对国内外学者开放，成为招揽天下人才的"梧桐树"。

图书资料室设有采编部、流通部、阅览部、自动化部四个业务部。有以下四点优势。

第一，硬件设施齐全良好，馆藏图书报刊丰富。图书馆馆舍面积近500 平方米。设有书库 1 个、过刊库 1 个、阅览室 1 个、图书资料检索室1 个。目前在中外文图书库、报刊库中均配备大型移动书架，可藏书刊近12 万余册。阅览室可供数十人同时查阅书刊资料，此外还配有计算机、复印机等供科研人员使用。

建所以来，图书资料室从无到有、由小到大逐渐发展起来。从 1965

年起，图书资料室开始从苏联东欧国家订购书报和杂志。它保存着创刊以来的《真理报》和 20 世纪 60 年代以来的有关苏联、东欧、俄罗斯、中亚各国政治、经济、外交和理论方面的图书和报刊，是中国收藏俄罗斯东欧中亚专业图书最多的图书馆之一。截至 2009 年，图书资料室共有图书 6 万余册，其中外文图书有俄、东欧各国、英、日、德、法等十几个国家的文种，共计 4.5 万余册，中文图书 1.5 万余册。中外文报纸杂志共有 300 余种，其中外文报刊 160 余种，中文报刊 140 余种。俄文报刊种类齐全，几乎涵盖了有关俄罗斯中亚东欧研究领域的所有核心报刊，可为科研人员提供第一手资料。

第二，多渠道书刊来源。图书报刊来源除了订购渠道以外，还有自己的交换渠道。自 1991 年开始，研究所先后与俄罗斯科学院远东研究所、远东分院考古历史研究所、斯拉夫研究所、莫斯科大学、乌克兰科学院等单位签订图书报刊交换协议，每年交换报刊资料上百种。另一个重要渠道是，出国学术交流的学者和学习进修的科研人员经常为图书馆采购本所所需图书。

第三，馆藏纸质文献和电子信息文献并举。图书资料室的文献收藏以俄文书刊为主，侧重于政治、经济、历史、外交、哲学、社会学、人口学等社会科学的诸多学科。俄罗斯及独联体国家的经济年鉴、手册、辞典等参考工具书及核心报刊已基本收齐。为优化馆藏文献的载体结构，在保证纸质文献的品种和数量的前提下，进一步充实图书馆馆藏电子信息资源，数据库建设已初具规模。已建成馆藏的中文图书、俄文图书、西文图书、《参考资料》全文、《东欧中亚研究》杂志俄文论文索引和中文论文索引、蓝皮资料、白皮资料、剪报资料等十个数据库，形成十张光盘，涵盖本所的各个研究领域。图书资料室对本所研究人员的研究专著进行了数字化，建立了研究所科研成果数据库并及时上网更新。

第四，现代化的管理、服务长足发展。图书资料室的现代化建设成绩明显，图书已实现全面的自动化管理，借阅、采访、编目、流通、查询等系统均运行良好。目前，正在继续以下几方面的工作：加速数字化图书馆建设，建立虚拟数字化图书馆；强化网上服务，继续建设图书资料数据库和查询管理平台；实现图书资料查询、全文检索、借阅的数字化管理；完善图书管理平台，采用社科院 ECO 系统，全面提升图书馆自动化管理水平；注重图书资料信息的跨平台连接，提高院内图书馆之间资源共享水平；继续推进专业图书数字化建设，完成《俄罗斯中亚东欧研究》杂志、《俄罗斯中亚东欧市场》杂志和内部资料三个数据库的建设。

五　重要贡献，前景展望

多年来，俄罗斯东欧中亚研究所在党的领导之下，严格坚持为中央服务、为社会服务的办所方针，为中国的现代化建设、发展对外关系，为繁荣和发展全国的俄罗斯东欧中亚学科，作出了重要贡献。其主要表现如下：

（1）对国内苏联东欧学科和俄罗斯东欧中亚学科的建设与发展，作出了突出贡献。苏联东欧所是 20 世纪 60 年代中央决定新建的一批国际问题研究机构之一，同时也是国内最早成立的专门研究苏联东欧国家的机构。它本身既肩负着重要的政治历史使命，同时也肩负着沉重的开辟新学科、建设新学科的历史使命。一定意义上可以说，在苏联时期，研究所的学科设置及其发展、学术研究及其最重要的研究成果，大多具有开篇性甚至具有学科奠基性。在当时艰苦条件下推出的一批著作，如《苏联概览》、《东欧概览》、《苏联政治经济体制 70 年》、《东欧国家政治经济体制研究》、《苏联国民经济发展 70 年》、《从列宁到戈尔巴乔夫：苏联社会主义理论的演变》、《苏联经济改革的思路》、《苏联经济简明教程》、《苏联百科辞典》、《苏联农业经济学辞典》，等等，对当时全国苏东学科的建设和发展，均产生了重要影响。那个时候的苏东所被公认为是我国苏东学界的“国家队”。苏联东欧国家剧变后，欧亚所迅速建立起俄罗斯政治、俄罗斯经济、俄罗斯外交、当代中亚、中东欧、乌克兰、苏联、俄欧亚战略和波罗的海三国等一批新学科，如今这批学科已经发展起来，并已推出如上所说的大量研究成果，其中，中东欧学科和乌克兰学科迄今仍是全国唯一成建制的学科。当代中亚学科已成长为具有重要国际影响的领先学科，俄罗斯研究的三个学科在国内始终处于学术前沿，有的领域如俄罗斯外交也居于国内领先地位。苏东剧变以后，欧亚所重点研究和探讨剧变原因，推出了《苏联剧变研究》、《苏联兴亡史论》、《苏联高层决策 70 年》、《冷战以后苏美争霸的原因》等具有一定理论深度的著作，徐葵、张达楠还翻译出版了 20 几部国外探讨苏东剧变的译作，这些都对国内的学科建设与发展产生了重要影响，其中有 4 部著作（包括 2 部译著）受到中央最高领导人的重视和表彰。苏东剧变后，俄欧亚所在院的统一部署下，完成了 24 部《列国志》的写作并出版，这是国别研究的一项重大工程，也是我国俄罗斯东欧中亚学科建设的重要组成部分。欧亚所自建所以来，共为国家培养了 96 名博士生和 73 名研究生，成为全国培养和输送学科骨干力量的重要基地之一。欧亚所的学刊，一直是国家级核心期刊汇集和展示全国学人优秀学术作品的园地。欧亚所的图书馆是国内同类学科规模最大、专业性最强的科研辅设机构，每年都接待许多来自全国各地和国外的读者。

（2）为党和国家发展对俄罗斯东欧中亚各国的关系出谋献策，为我国政府制定正确的外交政策提供理论、信息依据。其成果有：学术专著 230 部、专题研究论文 1645 篇、内部研究报告 1732 篇，总字数达 1.5 亿。在苏联时期，由于中苏关系持续恶化，我国曾一度将苏联视为"社会帝国主义国家"。研究所围绕苏联社会性质的问题展开了深入研究与分析，最终以内部研究报告形式撰文呈送中央，认为经过认真深入研究和论证，苏联依然属于社会主义国家，对转变对苏联社会性质的看法以及后来制定中苏关系正常化政策起到了理论支撑作用。苏联东欧剧变，面对突如其来的历史变迁，研究所对苏联东欧国家的政局变化、剧变原因、应对剧变的政策等，提出了实事求是的分析、意见和建议，以内部研究报告的形式撰文呈送中央，成为中央应对时局、制定政策的重要参考。2001 年南斯拉夫领导人米洛舍维奇下台后，院里指派欧亚所组团赴南斯拉夫进行实地调研与考察，回国后撰写了一套有关南斯拉夫的内部报告，受到重视和表彰。苏东剧变后，欧亚所推出了一批具有战略性的研究著作，如《简明东欧百科全书》、《简明南亚中亚百科全书》、《俄罗斯与当代世界》、《独联体十年》、《中亚五国概论》、《"颜色革命"在中亚》、《上海合作组织研究》、《中国与新独立中亚国家的关系》等，对我国各界及时了解这些国家的情况，发展同这些国家的关系，为我国创造安全的周边环境，均发挥了一定作用。跟踪研究及其大批内部研究报告，对国家制定正确的对外政策，效果更直接，且往往来得更快些。多年来，俄欧亚所呈送给中央的内部报告，占全院很大比重，约占 20%，从 2006 年起至今，俄欧亚所连年获得院里颁发的"优秀信息对策奖"。

（3）加强应用研究，采取多种方式，推动我国与俄罗斯东欧中亚国家经贸关系的健康发展。俄欧亚所的学刊《俄罗斯东欧中亚市场研究》，是一份专门为发展中国与俄罗斯、中亚、东欧国家经贸关系而设立的应用性刊物，很受欢迎。早在 1988 年中苏关系正常化前夕，所里就成立了"苏联东欧经济贸易咨询中心"，集中一批优秀科研人员，研究、介绍苏东市场，为中国企业走向苏东和苏东企业进入中国，牵线搭桥。1990 年，旨在进一步发展中苏经贸关系，研究所组团到苏联海参崴与苏联海洋所共同举办了中苏经贸合作研讨会，受到两国政府高度重视。为推动中国与上述国家的经贸合作，研究所还分别在北京、天津、山东、新疆等地举办过多次全国性的经贸研讨会，每次会后，均书写内部报告呈送国家主管部门和中央，效果很好。20 世纪 80 年代上半期，我所学者适应对外开放的需要，撰写的《苏联怎样利用西方经济危机》，是一部比较早的使用价值较高的学术专著。当代中亚学科撰写的《中亚五国与中国西部大开发》成为我国西部省区的热门读物。2001 年俄罗斯经济室与俄罗斯总统研究所共同研究制定的《2002—2008 年中俄经贸发展规划》（以下简称《规划》），受到我国商业部的充分肯定和表彰，俄罗斯政府将这个《规划》当作近几年发展对华贸易的范本。

（4）实行开门办所，为我国发展对外文化交流作出积极贡献。据不完全统计，迄今为止，俄欧亚所已与世界上 30 多个国家和组织建立了经常性的学术交流关系，除 27 个对象国之外，还包括美国、日本、荷兰、法国、伊朗、韩国等国。另据统计，建所以来，欧亚所累计派出出国考察和进修人员多达 421 人次；接待外国来访人员 919 人次；由欧亚所主办的国际会议 158 次；派专业人员应邀出席国外举办的国际学术会议 75 次；全所累计翻译外国著作 139 部；俄欧亚所共有 4 人在国外学术机构中任职。上述所有这些学术活动不仅促进了学术发展，而且有效地推动了我国的对外文化交流。学者关系变成朋友关系，俄欧亚所在国际上有一大批朋友，他们中的不少人事实上已经成为国家间文化传播和交流的友好使者和桥梁。苏联时期的一批汉学家，在中苏关系恶化期间，坚持对华友好，受到迫害，不改初衷，是为佐证。俄欧亚所开门办所采取的一系列举措，也得到国外的普遍认同，得到国际社会的广泛赞扬。

俄欧亚所在其他方面，例如对中国始于 20 世纪 70 年代末的经济改革，也作出过重要贡献并受到院里和中央的重视和表彰。由于这方面的内容已在另一篇文章中专门加以介绍，这里不再重复。

从以上的记述不难看出，俄欧亚所 40 余年来，无论是基础理论研究还是跟踪应用研究，均取得了丰硕成果。作为一个大型国际问题研究机构及其学科建设，基础比较扎实，经验相对比较丰富，这是俄罗斯东欧中亚学科继续向前发展的最为有利的条件。展望这个所及其各个学科的发展前景，人们有理由期望它取得更大的业绩，作出更大的贡献。

（李永庆，中国社会科学院俄罗斯东欧中亚研究所研究员）

国际形势变化助推当代中亚学科的诞生与发展

赵常庆

作者 1993 年 9 月 24 日在阿拉木图市总统广场（摄于哈萨克斯坦）

中国社会科学院建院以来，各项事业发展很快，学科建设突飞猛进，一些久负盛名的人文学科多年来在国内外学术界处于领先地位，同时为适应国内外形势的变化和国家的需要诞生了一批新学科，当代中亚研究领域就属于问世不久的新兴学科之一。

苏联解体与当代中亚学科的诞生

当代中亚学科是研究位于我国西部五个国家：哈萨克斯坦、吉尔吉斯斯坦、塔吉克斯坦、乌兹别克斯坦和土库曼斯坦的一门学科，属于国际研究的分支，与中东研究、南亚研究、东北亚研究一样，属于国际研究中的地区研究，当然也包括对位于该地区国家的国别研究。

与南亚研究、东北亚研究不同的是，中亚研究的起步较晚。位于南亚、东北亚的印度、巴基斯坦、日本、韩国等独立已经有数十年甚至数百年的历史，而中亚国家独立迄今只有 20 年，是世界上最年轻的独立国家之一。此前，中亚国家是沙俄和尔后苏联的一部分，并不是独立主权国家，因此，研究该地区只是作为研究苏联地方事务或者民族问题来对待。我本人在 20 世纪 80 年代就撰写过关于中亚地区的论文。当时是作为苏联民族问题研究的。中亚国家真正成为国际问题研究的对象是在 20 世纪 90 年代，即在 1991 年年底苏联解体，中亚国家成为独立主权国家之后。中国社会科学院俄罗斯东欧中亚研究所也是顺应国际形势变化和国家的需要，于 1992 年年初成立了中亚研究室，我有幸成为该室首任室主任，与我的同志们一道，开始对这个国人很陌生的西部邻国的"拓荒"研究。可以认为，一个新的学科在我院从此正式诞生。

根据研究所的工作安排，中亚研究室分工研究中亚五个国家和外高加索三国（阿塞拜疆、亚美尼亚、格鲁吉亚）。但侧重点为我国毗邻与近邻的中亚五国。这五个国家面积总和为 400 万平方公里，当时人口为 5000 万人。中亚五国在苏联时期处于封闭状态，外国对它们知之甚少，到过那里的人更是凤毛麟角。然而，它们作为我国的西部邻国或近邻，哈萨克斯坦、吉尔吉斯斯坦和塔吉克斯坦三国与我国有长达 3000 公里的边界线，从安全角度来说对我国十分重要。20 世纪 90 年代正是我国改革开放深化年代，也是大步走向世界的年代，从发展经济合作考虑，自然资源特别是能源丰富的中亚地区是我国特别关注的地区之一，了解中亚国家成为国内各方面的需要。中国社会科学院作为国家的研究机构，应该想国家之所想，急国家之所急，能为国家提供更多的中亚信息，为各部门走向中亚服务，这是我们研究工作者义不容辞的责任。

苏共亡党、苏联解体和中亚国家独立之后，中亚广袤地区被国际社会某些势力说成是"真空地带"，其意是需要外部力量来填补。于是，西方大国、宗教极端势力都对此地兴趣勃生，中亚成为各种势力角逐的场所。对于与我国近在咫尺的地区出现的这种狼烟四起的局面，我们中亚学者不能视而不见，作壁上观。

学科诞生初期面临的困难

"万事开头难"，这句至理名言用于当代中亚研究也不错。当代中亚研究起步阶段遇到的困难很多，主要有：第一，研究人员专业基础薄弱。尽管中亚室研究人员都有过数年研究苏联的经历，但多数人都是从事苏联政治、苏联民族、苏联经济研究的，对中亚地区的情况了解不多，更谈不上有深厚的专业知识，基本属于半路出家，与现在中亚室在职成员多为中亚专业出身的博士生和硕士生有很大的不同；第二，缺乏资料。中亚室成立之初，连一份对象国的报纸和杂志都没有，有关外文书籍也都是苏联时期出版的，中文资料极少。当时还没有电脑和互联网。从资料情况来看，中亚室与院内传统学科相比犹如乞丐与富翁，中亚研究的资料主要来自俄罗斯报刊；第三，国内学术交流困难，因为当时从事中亚研究的专业学者寥寥，根本无法与学术底蕴雄厚的文学、历史等学科相比，就是与俄罗斯相比也要仰视，好不容易召开一次中亚问题研讨会，参会者多为非中亚研究专业人员。因此研讨很难深入；第四，出访困难。国际问题研究工作者如不出访研究对象国，其研究成果往往缺乏厚重感，多少有点纸上谈兵的味道。而中亚室建立之初一则所内经费困难，二则与对象国联系困难，因此包括室主任在内的所有研究人员无一到过中亚国家；第五，国内学术思想分歧也对研究工作有所影响。例如，如何看待苏联解体、中亚国家独立、苏共与中亚国家共产党的变化等。以上困难持续几年，有的甚至多年，致使 20 世纪 90 年代前期中亚室的科研成果多为资料性、介绍性，专著很少，有影响的专著几乎没有。

中亚研究虽然面临不少困难，但也感受到院所两级领导的大力支持。在书报经费紧张的情况下，研究所为中亚研究开绿灯，同意出国人员遇到合适的书籍尽量购买，还与中亚图书进出口公司协商订购中亚国家报刊事宜。由于各方共同努力，到 1995 年，中亚室订阅的报刊数量明显增加。哈萨克斯坦、吉尔吉斯斯坦、乌兹别克斯坦的报刊已经各有几种，土库曼斯坦和塔吉克斯坦也各有一种，加上从国外购买的图书资料，到 90 年代末，资料短缺的情况已经明显改观，俄罗斯东欧中亚研究所拥有的中亚国家资料数量虽然还不够多，但已经令国内同行羡慕。

研究所还发掘各方面资源为中亚研究人员提供出国考察的机会。我第一次前往中亚国家是在 1993 年，即中亚国家独立后一年多。这次出国是由时任所长徐葵同志带队，中亚室三人参加。此行是参加在哈萨克斯坦举行的六国国际中亚研讨会，会后顺访哈、吉、乌三国。出访经费由美国提供。这次考察使我们亲眼看到中亚国家的一些情况，包括它们的一些基础设施状况、人民生活状况和独立初期各国遇到的问题，其中以日用品的极度缺乏给我们留下深刻的印象。20 世纪 90 年代初，经过改革开放的中国各种商品已经十分丰富，而当时的中亚国家通货膨胀严重，各种商品严重短缺，商店里的许多货架都是空的。由于经济困难，科研工作和出版工作也受到很大的影响。我们本来想购买一些书籍，结果发现，新书基本没有，书店出售的书籍还是苏联时期出版的。当时出国访问条件很艰苦。我们从吉尔吉斯斯坦前往乌兹别克斯坦乘的是火车，火车之破烂实在令人难以想象。卧铺车厢里没有卧具，包厢门上的玻璃损坏严重，没有暖气，没有饮水，夜间冷风吹进车厢冻得我瑟瑟发抖，所有御寒衣服都穿上也无法抵御中亚的寒冷，谁都无法入睡，都盼望熬过近 20 个小时的车程，尽快抵达乌兹别克斯坦首都塔什干。抵达后我们几个人都感冒了，这是意料中事。此行列车出吉尔吉斯斯坦经哈萨克斯坦再进入乌兹别克斯坦。其实不仅火车是如此，长途汽车也是如此。此行尽管匆匆，看到的也是浮光掠影，但多少使我们感受到苏联解体后中亚国家遇到的困难，也使我们对中亚国家之间的合作包括在交通方面的合作存在龃龉的原因，有了更深的了解。

旅途艰苦只是问题的一个方面，有时还伴随着危险。1996 年，我与邢广程同志前往塔吉克斯坦访问。当时塔国还处于内战状态，国内前往该国访问的人还很少。中国社会科学院的学者访塔成为一条新闻。我国驻塔吉克斯坦大使陈忠诚会见了我们。我们还到塔吉克斯坦总统府会见了总统顾问。在塔期间，晚上不时听到枪声，白天看到俄军装甲运兵车在杜尚别街道上穿行。我们还应邀夜访俄驻塔 201 摩托化步兵师"战旗"报社，编辑部人员身着便衣带我们沿墙根疾行，以免中反对派的冷枪。居住条件也很艰苦，访问一周无处洗澡，吃饭也是凑合。此行虽然险恶，但是收获不小，更重要的是扩大了中国社会科学院的影响。联想到此前不久邢广程在乌兹别克斯坦纪念铁木尔诞辰 660 周年国际研讨会上以中国社会科学院学者身份代表中国发言并受到卡里莫夫总统的接见，使乌兹别克斯坦学术界对中国社会科学院有了更多的了解和认识，为中乌学术交流做了一件有益的工作。

还要提到的是，中亚室建立初期在资料方面得到中亚国家驻华使馆的大力帮助。中亚室还与吉、乌等国使馆举行圆桌讨论会，就发展双边关系交换意见。现任上海合作组织秘书长伊马纳利耶夫先生曾任吉首任驻华大使，中亚室与他建立了友好关系。至今他看到当年中亚室的熟人还热情地以老朋友相称。直到目前，中亚室一直与中亚各国驻华使馆保持密切的关系，中国社会科学院俄罗斯东欧中亚研究所始终被他们看作是中国研究中亚问题的重要单位和推动彼此友好的重要力量。

国家关系向好为当代中亚研究创造良好环境

社会科学研究除要有优秀研究人员外，还要有良好的科研环境和一定的物质保证。对国际问题研究特别是对国别研究来说，正常的国家关系也是必不可少的条件。如果国际关系良好，肯定对研究工作有利，国家关系不好，情况会反之。我本人对此有切身的体会。

我是 1964 年走进国际问题研究者队伍的。当时是在中联部先是从事东南亚研究，从 1972 年起从事苏联问题研究。根据中央指示，当时的中联部重点负责研究苏联问题，其主要研究手段是通过阅读苏联公开报刊收集资料。当时也只能这样做，因为中苏两国关系严重交恶，除部分外交商务人员外，能前往苏联实地考察情况的人很少，而能到苏联中亚地区的更是少之又少。不能说不出国实地考察就不能从事国别问题研究，但未到过对象国的研究总有隔靴搔痒之感，正如毛主席所说："没有调查研究就没有发言权。"当然，阅读报刊也是一种调查方法，但这是没有办法的办法，总不如身临其境亲眼目睹认识和体会更深，看问题会更准确。中苏关系是从 20 世纪 80 年代初开始解冻的，1983 年以后两国交往逐渐增多，许多断绝多年的交流项目陆续恢复，如互派留学生等。我院与苏联科学院的学术交流和学者互访也在这一时期开展起来。在国家关系转好的情况下，我作为研究苏联十七八年的学者，才有机会于 1990 年第一次踏上研究对象国苏联的土地，能亲眼看看苏联的情况。当时我是乘火车经过 7 天 6 夜的颠簸抵达莫斯科的。尽管旅途辛苦，但作为研究人员还是十分高兴。在苏联我待了两个月。后来我又在莫斯科大学以访问学者身份访学半年，使我对苏联以及后来的俄罗斯有了较多的了解，对我以往的研究成果作了验证，提出一些新的看法，也修正了一些错误的认识。

我之所以用一定笔墨谈谈自己的体会，无非是想说明，从事国别研究，最好亲访对象国，而对象国的开放程度和与中国关系的好坏都对学者的研究产生影响，当年中苏两国关系从沸点到冰点，再到融冰的剧烈变化就是明显的例证。同时也想说明，独立后的中亚国家与我国的关系只有 20 来年，但彼此关系的友好发展与 20 世纪六七十年代的苏联截然不同。

中亚国家独立后，我国与它们的关系发展可谓顺风顺水、高歌猛进。1991 年 12 月 25 日苏联解体后，12 月 27 日，我国就承认了中亚五国的独立，几天后即 1992 年 1 月 2—6 日就与中亚五国建立了大使级外交关系，并很快建立了大使馆，包括与内战正酣的塔吉克斯坦。1992 年和 1993 年中亚国家领导人先后访问我国。1994 年，国务院总理李鹏出访中亚国家。1994 年和 1995 年，中国与哈萨克斯坦、吉尔吉斯斯坦、塔吉克斯坦等国签署了在边境地区加强军事领域相互信任和裁军协议。1997—2000 年，中国与哈、吉、塔三国解决了边界问题。2001 年中国与哈、吉、塔、乌和俄罗斯一道组建了上海合作组织。2002 年起，中国与哈、吉、塔等国签署了"永久睦邻友好合作条约"……以上罗列的涉及彼此关系的一些事实和重大事件读起来很枯燥，但它们的内涵相当丰富，这是中国与中亚国家友好关系不断前行的真实记录，饱含着我国领导人和外交人员的心血和智慧。我们中亚研究工作者为上述外交成就的取得大声叫好。我们的感觉不是枯燥，而是鲜活，因为这不仅是国家关系的改善，也意味着我们工作条件的改善。20 年来，在我国与中亚国家关系不断改善的形势下，学术界的交流也日趋活跃。从 20 世纪 90 年代后期起，我院及其所属研究所就先后与哈萨克斯坦科学院、哈萨克斯坦战略研究所、乌兹别克斯坦经济研究中心、乌兹别克斯坦外交大学等单位建立了定期交流关系，与其他国家的学者建立不定期的交流关系，与建交初期相比，中国学者访问中亚国家不仅次数多、访问的单位多、访问地区多，而且办理出访手续也容易得多。我院少数民族文学所一位研究人员在访学期间，竟访问过哈萨克斯坦的 20 多个城市和大学，这在以往是很难办到的。当然，由于中亚国家的开发程度不同，并不是每个国家都像哈萨克斯坦那样宽松。但与各国独立初期相比，更不用说与苏联时期相比，亲临中亚国家看看绝对不是一件难事。我本人就到过中亚五国，而且每个国家都到过不止一次。这本身既得益于中亚国家对外政策的变化，更得益于我国与中亚国家友好关系的建立。我们深刻体会到国家关系友好的重要性，是国家为我们中亚研究创造了良好的条件。我院领导和外事部门恰到好处地利用国家关系向好的变化，积极推动当代中亚研究和对外交流，这一点同样不可忽视。

由于我们研究人员能够经常访问对象国，对中亚国家的真实情况有更准确的把握，提供的研究报告受到了上级的重视与好评。我院学者还不止一次应邀参加中亚国家的总统和议会选举的观察工作，将目睹的真实情况告知世界，体现了中国学者的责任和良知。

当代中亚学科的发展

中国社会科学院作为国家社会科学研究机构，始终将发展社会科学包括创建和发展新学科作为己任。随着社会的发展与进步以及国内外形势的变化，一些古老学科以新的研究成果得到充实，一些前所未有的学科得以建立。当代中亚学科就是中国社会科学院新建的学科之一。

如上所述，当代中亚研究是在 1991 年苏联解体、中亚五国独立后起步的。由于中亚地区在世界格局中具有的重要地位和与我国的密切关系，越来越受到重视，这表现为关注中亚研究的人越来越多，研究领域不断扩大，研究成果不断增多，研究方法逐渐多样，研究手段日益现代化。作为一门学科，必须拥有一定数量的研究人员，而且仅有中国社会科学院一家不行，还要分布在全国各地。

1992 年以前，国内从事中亚研究的专业机构只有新疆社会科学院中亚研究所和新疆大学中亚文化研究所，原则上讲这是研究苏联中亚地区的学术机构，从事研究工作的学者不多，还不能称作一门学科。

1992 年以后，在中国社会科学院俄罗斯东欧中亚研究所成立中亚研究室以后，国内一些研究机构和高等院校相继建立了研究当代中亚问题的研究室或研究所，除北京外，还有新疆、兰州、上海、西安等地区研究人员较多。当代中亚研究作为有特定研究对象和研究领域的学科开始在全国产生。除研究人员不断增多外，更令人高兴的是，有了培养当代中亚研究高级人才的机制，这是指 1997 年在中国社会科学院俄罗斯东欧中亚研究所开始招收攻读当代中亚专业的博士生。此后，国内一些高等院校，如新疆大学、中央民族大学、南京大学、兰州大学等，以及现代国家研究院也陆续招收中亚政治、中亚经济、中亚文化等方向的硕士研究生和博士研究生。

在培养当代中亚研究高级人才方面，我院走在国内的前列。中国社会科学院研究生院俄罗斯东欧中亚系（即俄罗斯东欧中亚研究所）几乎每年都有新生入学，成为国内培养中亚研究人才的重要基地之一。国内著名中亚研究学者孙壮志、吴宏伟等都毕业于该系。

作为一个学科还需要有能够奠定学科基础的著述。我院俄罗斯东欧中亚研究所中亚室在这方面做了大量工作，并得到国内同行的广泛承认。中亚室在1995年以前的研究成果基本上以论文、研究报告、资料汇编等为主，有分量的专著不多。然而，从20世纪90年代后期开始，情况发生了很大的变化，特别是一批学术水平较高的专著问世，奠定了当代中亚研究学科的基础。这包括系统介绍中亚地区和中亚五国的工具书和学术普及读物，如薛克翘、赵常庆主编的《简明南亚中亚百科全书》（中国社会科学出版社2004年版）以及社会科学文献出版社出版的列国志《乌兹别克斯坦》（孙壮志等编著，2003）、《哈萨克斯坦》（赵常庆编著，2004）、《吉尔吉斯斯坦》（刘庚岑、徐小云编著，2005）、《土库曼斯坦》（施玉宇编著，2005）、《塔吉克斯坦》（刘启云编著，2006），以及赵会荣著的《大国博弈中的乌兹别克斯坦》（光大出版社2007年版）；综合性和理论性的专著，如赵常庆主编的《中亚五国概论》（经济日报出版社1999年版），赵常庆主编的《十年巨变·中亚与外高加索国家卷》（东方出版社2003年版），介绍中亚地区某一领域的情况的专著，如孙壮志著的《中亚五国对外关系》（当代世界出版社1999年版），孙壮志著的《中亚新格局与地区安全》（中国社会科学出版社2001年版），刘庚岑等著的《中亚穆斯林与文化》（中央民族大学出版社1999年版），吴宏伟著的《中亚人口问题》（中央民族大学出版社2005年版），孙壮志著的《阿富汗问题与中亚安全》（世界知识出版社2003年版）；陈联璧等著的《中亚民族与宗教问题》（中央民族大学出版社2002年版）、苏畅著的《中亚宗教极端势力研究》（中国社科文献出版社2009年版）、张宁著的《中亚能源与大国博弈》（长春出版社2009年版）、赵常庆主编的《"颜色革命"在中亚》（社会科学文献出版社2010年版）等；反映中国与中亚国家关系的专著，如邢广程著的《中国与新独立的中亚国家关系》（黑龙江教育出版社1996年版），薛君度、邢广程主编的《中国与中亚》（社会科学文献出版社

1999 年版），赵常庆主编的《中亚五国与中国西部大开发》（昆仑出版社 2004 年版）；论述上海合作组织的专著，如邢广程、孙壮志主编的《上海合作组织研究》（长春出版社 2007 年版），张宁著的《上海合作组织的经济职能》（吉林文史出版社 2007 年版）以及从 2009 年开始出版的每年一册的《上海合作组织发展报告》。这些专著内容广泛、资料充实，成为研究中亚问题和中亚国家国情变化的必备书籍和参考读物。《中亚五国概论》等书为国内多家图书馆所收藏，为中央民族大学等高校规定为有关专业硕士生和博士生必读参考书。

中亚室除为学科建设做了大量基础工作外，还积极参与应用研究，为中央对外决策和一些企事业单位服务。中亚室每年都提供多篇上报研究成果，其数量约占本所研究上报研究成果数量的 1/3 至 1/2，不少上报材料受到中央或部门领导的重视，有的建议还为中央所采纳。

我院俄罗斯东欧中亚研究所还多次与中亚国家举行双边学术研讨会，2010 年在院直接领导和支持下举办了大型中亚论坛。中亚室学者还多次应邀参加由中亚国家、俄罗斯、美国、德国、伊朗、荷兰等国举办的关于中亚问题的国际研讨会。而国内中亚问题研讨会，中亚室学者是必不可少的参与者。

中亚室学者的学术地位得到国内外同行的认可，下列事例可以说明这一点。

一些人被国内外聘为较为重要的学术职务。例如，赵常庆担任了由季羡林先生作为总主编的大型学术丛书《东方文化集成》中亚篇的分主编，赵常庆、孙壮志担任伊朗、瑞典等国刊物的编委。赵常庆还参与联合国教科文组织所属国际中亚研究所的创建并担任学术委员会中国委员，赵常庆之后由孙壮志继任这一职务。中亚室学者还多次担任国外博士论文的评委；

中亚室学者多次被国内媒体邀请担任关于中亚问题的评论嘉宾，中亚发生的重大事件都能听到中亚室的声音；

中亚室学者经常充当国内培训部门的讲师，包括对外军、外国行政官员和我出国人员的培训；

中亚室是国外学者、媒体以及许多驻华使馆官员了解中国中亚研究状况以及探讨中亚问题的首选或必选之地。

当代中亚学科的形成与国际形势变化有关，也与我国国力逐渐强大有关。国家对社会科学的重视和对我院拨款的增加，使我院能有更多的财力投入学科建设工作。如上所述，院所两级领导除在购买资料和为学者出国提供方便外，还通过建立院重点学科方式对新兴学科给予财政支持。中亚室是多年院重点学科，每年都在分享国家发展的成果。院所两级还注重对中亚室研究人员的培养工作。2000 年以后在中亚室工作的人都以访问学者的身份到中亚国家访学过，有的还被借调到我驻外使馆工作。对中亚室每个研究人员来说，出国访问或参会已经是常态，一年出国几次并非个例。这同样与国家的发展与强大分不开。

形势发展对学科提出更高的要求

早在 1998 年，当代中亚学科即被列入院"重点学科"，2003 年再次被列入院"重点学科"。但应该看到，当代中亚学科建立不过 20 年时间，作为一个学科还很年轻，尚处于起步阶段，目前还存在许多不足，包括研究队伍规模较小，研究领域比较狭窄，研究方法缺乏创新，研究资料仍显不足等。

从研究队伍来看，目前中亚室只有五六个人，甚至不如刚建室人多，难以适应研究工作的需要。就全国而言，随着一些单位建立了中亚研究部门，从事中亚研究的专业人员有所增加，但也都普遍感到人手紧张，特别是缺乏高水平的人才。我院中亚研究面临研究力量亟待加强的现实。研究人员短缺无疑会制约学科的进一步发展。

从学科建设要求来看，研究领域也有待于拓宽。目前包括我院研究人员在内的学者，其文章选题、立论，甚至内容上有较多雷同，对一些重要的问题，如中亚国家的性质、社会的基本特征、中国与中亚国家如何实现战略合作等的研究还相当薄弱。

资料不足仍是制约研究深入的现实问题。中亚个别国家如塔吉克斯坦、土库曼斯坦的资料迄今仍严重短缺。研究方法也有待创新。

中亚室尽管还存在一些困难，但形势变化却对中亚研究提出更高的要求。

近 20 年，国际形势、地区形势以及中国与中亚国家的关系都发生了巨大的变化。将 20 世纪 90 年代初中亚国家刚刚独立时的情况与现实作一下比较，就不难发现中亚对我国的意义有多么重要。20 世纪 90 年代初，美国对中亚还仅仅处于觊觎状态，它的军事力量还从未到过那里，而现在，它在吉尔吉斯斯坦已经有了军事基地，而且与俄罗斯的空军基地只有咫尺之遥；20 世纪 90 年代初，阿富汗还处于内战时期，本·拉登的"基地"组织尚未驻足阿富汗，美国和北约只是远远"关注"阿富汗局势，而现在，美国与北约在阿富汗参战已经数年，军力已接近我边境，"三股势力"对我国安全的威胁自进入 21 世纪后明显扩大；20 世纪 90 年代初，中国与中亚国家的关系为"一般友好"，还存在领土纠纷，而现在，不仅领土争议问题圆满解决，还成为"好邻居、好朋友、好伙伴"，誓言"世代友好，永不为敌"，并共同组建上海合作组织；20 世纪 90 年代初，中国与中亚国家的经贸额只有 4 亿多美元，中国在中亚开办的只有暖水瓶厂、服装厂等微小型企业，而现在，经贸额已经超过 300 亿美元，投资数十亿美元的包括油田、输油管道、输气管道等大型项目已有多处；20 世纪 90 年代初，中国与中亚国家人员往来屈指可数，来往也不方便，而现在，飞机、火车可以在双方首都间或通过乌鲁木齐直飞或直达，往来乘客如织，人文交流呈现常态化。

20 年形势巨变拉近了中国与中亚国家的距离，国内不少部门和地方希望更多了解中亚、走向中亚，国人对中亚的兴趣不断提升，前来我院中亚室咨询的单位络绎不绝。从全国来看，研究当代中亚的队伍已不仅仅局限在最初少数从事外事工作的职能部门和研究单位，一些与上述问题有关的部门，如能源、交通、金融、安全、民族宗教和其他有关部门对中亚地区的兴趣有增无减，一些高等学校也加强了这方面的人才培养工作。不过，实事求是地说，虽然人们对该地区的兴趣增加，但研究队伍和研究规模仍逊于我国国际问题研究优势传统学科以及美、俄、日、欧盟等大国，难以适应形势发展的需要。

形势发展与变化要求我院中亚研究能更上一层楼，能对诸如中亚地区的安全与稳定、大国争夺中亚的态势、"三股势力"对中国的威胁、油气资源与开发动向以及生态问题、民族与宗教问题、与中国的关系问题等，提供更加准确的判断与预测。鉴于国际问题研究要为中央决策服务，为全社会服务，中亚室将会继续遵循这条方针，做好自己的工作。

最后还要指出，尽管参与中亚室组建的老同志都已经退休，但当代中亚研究的新生代已经成长起来，他们都具有博士或硕士学位，都熟练掌握不止一门外语，出版了个人专著，能够完成院所交办的工作任务，正活跃在国内外中亚研究的舞台上，使我院当代中亚研究继续保持较高的水平。展望未来，中亚室仍会与时俱进，以丰硕的成果充实当代中亚学科，使其成为我院具有特色的学科之一。中亚室将朝着国内领先、国际一流的目标继续努力。

（赵常庆，中国社会科学院俄罗斯东欧中亚研究所研究员）

研究苏联剧变和苏联历史的珍贵读物

——记徐葵、张达楠的 25 本译著

张　森

在 1998 年的全国经济工作会议上，时任总书记和国家主席的江泽民，曾向参加会议的各部委和各省市领导同志推荐阅读三部书，其中一部就是徐葵和张达楠的译著《苏联政治内幕：知情者的见证》，说"这三本书很值得一读"。另据新华社高级编辑、新华出版社终审、资深翻译家孙维熙介绍，江主席对徐葵、张达楠的另一本译著《一杯苦酒》也很重视，曾推荐政治局委员一读，并对钱其琛说，"看了徐葵给这本书写的《译序》，才知道首先提出反对斯大林个人迷信的，不是赫鲁晓夫，而是马林科夫。"苏东国家剧变以后，江主席办公室打电话

徐葵、张达楠25本译著

给新华社原社长郭超人，要求新华社提供与苏联解体有关的、由新华出版社出版的"带'俄'字头的图书"，特别点名《一杯苦酒》。当年出版社

提供了十本有关图书。

20世纪80年代末至90年代初，短短两三年的时间，原来的苏联东欧社会主义国家发生了整体性的剧变和解体。这一突如其来的巨大历史变迁，震惊世界，也极大地震动了中国。剧变发生以后，国内各界不同程度地出现了某种意义上的思想混乱和波动，众说纷纭。在这种形势下，邓小平同志高瞻远瞩，深谋远虑，及时果断地向全党提出了应对苏东时局变化的24字方针：冷静观察，稳住阵脚，沉着应付，韬光养晦，有所作为，绝不当头。小平同志的24字方针，为全党正确认识和对待苏东国家剧变，指明了方向，统一了思想，同时也向全党特别是理论界，提出了一项十分紧迫的历史性研究课题，这就是要尽早弄清楚苏东剧变的真相和原因，以便从中汲取有益的经验教训。为此，党中央动员和组织全国学术单位和高等院校加强对苏东剧变的研究和探讨。新华出版社是全国五家被授权出版内部图书的单位之一。经研究，出版社决定，以公开或内部图书的形式出版系列图书——《国际问题参考译丛》和《回顾与思考——苏联东欧问题译丛》，目的是为了及时了解苏联东欧国家的研究动态，借鉴并参考国外的研究经验与成果。正是在这种情况下，孙维熙和时任新华出版社副社长、副总编辑（后被提升为新华出版社总编辑）张首第一起，于1992年到中国社科院苏联东欧研究所（现俄罗斯东欧中亚研究所），与当时的所长张文武和党委书记徐葵同志共同商议，决定翻译出版一套俄罗斯作者和西方国家作者写的反映苏联剧变的图书。其工作程序大致是：由徐葵和新华出版社的同志合作选取书目，出版社编委会通过选题后，报国家新闻出版总署审批，然后经与相关作者和作者所在国家的相关出版机构联系，取得同意并办理版权事宜，再由徐葵、张达楠负责组织翻译并对译文进行统校，最后交出版社责任编辑初审后，由孙维熙同志终审出版。从1992年到2007年，徐葵、张达楠翻译、校对并在新华出版社出版的有关苏联剧变和苏联历史的译著，共计16本。在这期间和在其前后几年，他们还在其他出版社出版了反映苏联剧变和苏联历史的7本译著，其中东方出版社1本，中国社科出版社2本，世界知识出版社1本，民族出版社3本，加上1981年人民出版社出版的徐葵等翻译的《布哈林与布尔什维克革命》一书和1991年东方出版社出版的徐葵等翻译的《一个英国学者笔下的苏共党史》一书，共计25本。（详见文末书目）

上述25本图书的原著作者，来自俄罗斯、哈萨克斯坦、英国、美国、意大利等多个国家，以俄罗斯的作者居多。他们"都是所在国家的名流"（孙维熙语）。其中有戈尔巴乔夫、纳扎尔巴耶夫、雅科夫列夫这样的高级领导人物；有在总统身边工作多年的秘书和工作人员如切尔尼亚耶夫；有在苏联和国际上颇有名望的资深学者如阿尔巴托夫；有多次参与起草苏共中央重大文件的官员和知识分子；有俄罗斯电视台著名的人物栏目主持人姆列钦；有苏联军队的高级将领如布兰涅茨；有长期驻莫斯科的外国资深记者如意大利的基耶萨；有长期研究苏联历史的英国专家伦纳德·夏皮罗和美国的斯蒂芬·科恩等。这些作者中的多数人，是苏联剧变这段历史的当事人和见证人，还有的是长期研究苏联历史并对苏联剧变的历史已有深邃研究的知名专家、学者，因此他们的这些著作，在世界上具有广泛的影响。把这批著作在比较短的时间里，引进到中国来，这对于渴望了解苏联剧变真相的中国读者，无异于霜中送炭，弥足珍贵。同时也是对我国苏东学科建设的重要贡献和推动。

这套译著的思想内容非常丰富，知识量很大，载有大量鲜为人知的翔实材料，可读性很强。这里我想择其中的 10 本作些介绍。

《苏联政治内幕：知情者的见证》是俄罗斯科学院美国和加拿大研究所所长格·阿·阿尔巴托夫撰写的一本回忆录，先后有俄文、英文两个版本，徐葵同志以题名《被拖延了的痊愈》的俄文第一版为主译出此书。这一版是在苏联解体前出版的。此书英文版是在苏联解体后在美国出版的。英文版根据当年美国副国务卿、苏联问题专家托尔伯特的建议改书名为《制度》，在内容上删减了苏联解体前的一些情况，而增加了解体后的一些情况。

阿尔巴托夫年轻时参加过卫国战争，后来在苏共中央工作多年，曾直接为库西宁、赫鲁晓夫、勃列日涅夫、安德罗波夫、戈尔巴乔夫以至叶利钦做过工作，参与过苏共中央一些重要文件和苏联领导人重要讲话的起草工作。曾是苏共中央委员和苏联最高苏维埃代表。20 世纪 60 年代，他创办了苏联科学院美国和加拿大研究所并一直担任所长，是苏联科学院院士，是一位著名的具有很深学术素养的学者。这样一位兼备政治活动家和资深学者双重身份的作者，他所撰写的这本书，自然会引起世界文坛的广泛重视。在该书俄文版的封面上，出版社这样写道："作者向读者叙述了他对斯大林去世后到改革开始之间我国历史上这段复杂和重要时期的回忆和思考。在这段时期中，他从'近处'进行了观察，有时还参与了各项重要的政治事件，并直接为许多政治领导人做过工作。"徐葵同志在为此书中文版书写的《译者的话》中也写道："作者对这部回忆录的写作态度是严肃和认真的……书中讲到的很多事情和内幕，是我们中国读者，包括许多苏联问题研究工作者在内，所不知道或不清楚的。"的确如此，该书的时间跨度大，涵盖了苏联后斯大林时期，即 1953 年到 90 年代上半期将近半个世纪的历史。其所记述和论述的问题和领域非常宽泛，几乎囊括了这几十年苏联发生的所有重大事件，政治、经济、内政、外交、文学艺术、社会思潮、社会科学、自然科学，无所不包。作者认为，斯大林时期的苏联社会，是一个患有严重疾病的病态社会，斯大林逝世后的几十年，本应是苏联从病态走向痊愈，恢复社会正常生活的过程，然而由于革新与保守两种思想和力量的曲折、复杂的斗争，以及其他种种原因，这个过程被耽误和推迟了。围绕这条主线和主题，作者对过程中的许多人和事作了立论严谨的评述，尤其是对赫鲁晓夫、勃列日涅夫、安德罗波夫等领袖人物，根据自己的近距离接触和观察，进行了相当详细的分析，并提出了有别于他人的独到见解。对戈尔巴乔夫的改革以至于叶利钦、盖达尔的"休克疗法"，阿尔巴托夫在书中也作了认真的分析和评述。还值得关注的是，作为学者，书中对这几十年苏联的学术思潮、学术领域的思想斗争、发展变化，作了详细考证与介绍，这在同类著作中也是很少见的。阿尔巴托夫的这本回忆录，在苏联出版后立即引起很大反响，译介到中国来以后，同样引起很大反响，以至江泽民向参加全国经济工作会议的同志郑重推荐此书。

《一杯苦酒》的作者亚·尼·雅科夫列夫，是苏联解体前的苏共中央政治局委员，主管宣传和意识形态工作，被视为戈尔巴乔夫的左膀右臂。然而就是这样一位位高权重的苏共领导人，在书中却明确表示他是苏维埃社会主义制度的反对者……总书记和其他领导人之所以非常重视这本书，恐怕也与作者的这种特殊身份不无关系。雅科夫列夫 1923 年出生，俄罗斯人。此人 1943 年即年仅 20 岁的时候就加入了苏联共产党。在斯大林时期，1950—1953 年，任雅罗斯拉夫尔州州委院校部长。在赫鲁晓夫时期，1956—1960 年，在苏共中央社会科学学院研究生部学习，其间，在 1958 年苏美两国开始学术交流时，作为访问学者被派赴美国哥伦比亚大学进修一年。在勃列日涅夫时期，1965 年被任命担任苏共中央宣传部副部长，1969—1973 年，任代理部长，1973 年因撰写了《反对反历史主义》一文引起勃列日涅夫不满，把他贬职并放逐到加拿大当了 10 年大使，直到 1982 年勃列日涅夫去世后，才把他从加拿大调回国内。1983—1985 年，任苏联科学院世界经济和国际关系研究所所长。1984 年当选为苏联最高苏维埃代表。1985 年戈尔巴乔夫上台以后，被任命为苏共中央宣传部部长，1986 年当选为苏共中央委员和主管宣传意识形态工作的中央书记，同年 6 月成为苏共中央政治局委员。戈尔巴乔夫委托他与当时负责苏共中央的组织人事工作的利加乔夫（当时利被认为是中央第二把手）两人共同主管宣传思想工作。从此时起，雅科列夫对改革的激进立场与利加乔夫的正统立场开始出现越来越尖锐的矛盾。从以上的简历中不难看出，从斯大林晚期的苏联一直到苏联剧变、解体之前，雅科夫列夫总体上说一直都在受到历届领导人（当然程度不同）的信任和重用。不仅如此，在雅科夫列夫的胸前，还挂满了各种各样的荣誉勋章：十月革命勋章、红旗勋章、卫国战争一级勋章、劳动红旗勋章、红星勋章……然而不可思议的是，这样一位苏共高层领导人，到头来却变成了一个苏维埃社会主义制度的公开反对者。雅科列夫于 1991 年 8 月 6 日，即苏联解体前的 4 个月，宣布退出苏联共产党，1991 年 12 月中旬，在苏联民主改革运动成立大会上，被选为该运动的联合主席之一，12 月下旬，他参加了戈尔巴乔夫向叶利钦移交权力的会晤……雅科列夫说，《一杯苦酒》是他"多年来思考、怀疑、踌躇和苦恼的结果"。该书从历史、哲学、政治、经济、文明等多方面，回顾了苏联的历史和苏联的历次改革，对诸如法国大革命和十月革命、苏联走过的道路、斯大林主义、布尔什维主义、苏联改革的教训、俄罗斯走什么道路以及当代世界面临的种种挑战等重大问题，提出了自己的认识、分析和看法，对列宁、斯大林、赫鲁晓夫、勃列日涅夫、安德罗波夫、契尔年科六位不同时期的苏联领导人，分别给予评价。作为戈尔巴乔夫改革的重要决策的倡议者和参与执行者，书中披露了改革中的许多重大事件及其内幕，论述了戈氏改革的"来龙去脉"、苏共最高领导层的内部分歧以及矛盾尖锐化的产生与发展，分析了戈氏改革的失误、失败的原因和教训。书中还对剧变后叶利钦在俄罗斯推行的"改革"及其前景，提出了看法和预断。作者把自十月革命以来的苏维埃政权、苏联社会主义制度以及他自己在这种制度下的政治生活，比喻为一杯苦酒。表示"反对苏联的布尔什维主义，主张社会民主主义"，并说他是以"接近社会民主主义的自由革命派的观点"来回顾、分析、判断苏联历史并撰写此书的。从内容上说，这本书历史跨度大，内涵丰富，有深度，确实值得一读。更重要的是，这本书能够给读者带来许多联想，引起许多思考。一个长期生活在苏维埃社会主义制度下并且在这种制度下成为苏共高层领导人，为什么会如此地崇信社会民主主义？一个并不相信马克思主义的人，怎么会成为主管意识形态工作、宣传马克思主义的最高领导人？苏联的政治制度（主要是干部制度）为什么会培养出并重用像雅科夫列夫这样的干部？叶利钦是由利加乔夫从地方物色并提拔到莫斯科并最终进入苏联的最高领导层，而恰恰又是雅科夫列夫、叶利钦这批人导致了苏共的瓦解和苏联的解体，什么才是苏联社会主义制度的最可怕的毁灭者？如果我们真的能够找到这些问题的最终答案，那么距离寻找苏联剧变的根源，就不会太远了。

米哈伊尔·戈尔巴乔夫是苏联的最后一位领导人，作为一个实体主权国家的苏联，正是在他的手上从地球上消失的。他不仅是剧变的当事人，而且是这场悲剧的领衔主演和导演。2002年新华出版社出版了徐葵、张达楠翻译的戈尔巴乔夫1998年所写的《对过去和未来的思考》一书。戈尔巴乔夫在《中文版序》中写道："中国读者将有可能……'从第一手材料'，了解一系列根本问题的思考。围绕这些问题进行的尖锐的学术和政治争论已有好多年了。我所指的首先就是俄国十月革命的历史作用、苏联的命运和新的政治思维等问题。"又说："我对这些问题的思考，不光是学习书本知识的产物，而且是个人的多年沉思、直接参加革命事件和40多年政治经验的结果。"戈尔巴乔夫这本书提出并逐一加以论述的所谓"根本问题"包括：苏联的急剧解体及其对维护与巩固世界稳定和安全所带来的消极后果；这一切为什么会发生，又是如何发生的？对俄国十月革命的结果应做出什么样的结论？对东西方的关系应作出什么样的结论？"冷战"结束的成果是否得到了合理的利用？如何避免倒退到国际对抗？新的政治思维是否有根据？它在21世纪的全球挑战面前在多大程度上还是迫切需要的？等等。该书还就读者普遍关心和感兴趣的某些具体问题，进行了介绍和评述，这些问题包括：十月革命的意义和影响？十月革命是历史的错误、偶然性，还是具有必然性？苏联是否建成了社会主义？社会主义有没有前途？苏维埃社会主义联盟是不是可以保留？为什么没有保留住？悲剧性的转折是什么？等等。书中对波罗的海三国的民族独立风潮、新联盟条约的产生、关于联盟去留问题的全民公决、"8·19"事件、叶利钦的阴谋、别洛韦日勾结等直接导致苏联解体的这几大事件，做了具体的描述、揭示和评估。总之，戈尔巴乔夫的这本书，虽然有故意回避、淡化和掩盖他本人对苏联剧变的历史责任之嫌，理论深度不够，但读一读这本苏联"首个，也是最后一个总统"写的书，对我们了解苏联这段历史，特别是了解苏联剧变的真相——哪怕不是全部，还是很有帮助的。

阿·切尔尼亚耶夫所写的《在戈尔巴乔夫身边六年》，对了解戈尔巴乔夫及戈尔巴乔夫的改革，对了解苏联剧变，更具可读性和客观真实性。作者是戈尔巴乔夫执政六年期间的"亲密助理"，而这本书又是以他自己在这六年期间所写的详细工作日记为主要依据写成的。文字流畅平实，内容、材料丰富。此前他曾撰写过两本回忆录：《我的一生和我的时代》、《1991年：苏联总统助理日记》，社会影响都比较大。徐葵同志在《译者的话》中写道："这本书看来至少可以在以下几个方面帮助我们增加对苏联历史的许多了解。一是苏联这六年的改革过程，书中提供了许多细节和内情，披露了戈尔巴乔夫本人在小范围中的不少谈话和苏共中央政治局对许多问题的讨论情况；二是戈尔巴乔夫本人在这六年中的改革思想的发展变化和他对苏联国内和世界形势的认识的演变；三是苏共党内特别是最高领导层内的复杂的矛盾、分歧和斗争；四是这段时期苏联社会上各种思潮和各种政治力量的发展变化和错综复杂的斗争；五是这段时期苏联在戈尔巴乔夫'新思维'的指导下的外交活动的内情，书中披露了戈尔巴乔夫和撒切尔夫人、密特朗、科尔、里根、布什、舒尔茨、贝克等西方大国首脑和政要的许多谈话记录。作者在书中也根据他的日记叙述了他在各个阶段对苏联的改革和内政外交方面许多问题的思考和看法及他自己提出的政策建议，还分散地在各章中谈了他对戈尔巴乔夫的弱点和不足之处的一些观察与分析。"徐葵同志的这段话，高度概括了全书的主要内容和它的价值所在。一个知情者透露出来的"内情"，恰恰是我们研究工作者最为需要的。

《中亚铁腕纳扎尔巴耶夫》是一本全面介绍哈萨克斯坦总统努·纳扎尔巴耶夫的力作，在哈萨克斯坦很有影响。它是由哈萨克斯坦的一位俄罗斯族女作家奥利加·维多娃所写作的，并由她认识的一位中国年轻女翻译帮助译成中文初稿，由新华出版社请徐葵进行校对而出版。众所周知，无论在苏联时期，还是在哈萨克斯坦独立后执政以来，纳扎尔巴耶夫都被公认为是一位深负众望的政治家和卓越领导人。哈萨克斯坦独立以来，我国出版了多部纳扎尔巴耶夫本人撰写的著作，其中徐葵、张达楠翻译、校对的专著就有三部，它们是《在历史的长河中》（2005）、《哈萨克斯坦之路》（2007）、《欧亚中心阿斯塔纳》（2007）。这些译著对我国深入了解纳扎尔巴耶夫和他所领导的新生的国家，起了重要作用。但是更为集中地反映纳扎尔巴耶夫在苏联剧变和解体这段历史中的痛苦经历、感受以及他的反思，也就是对我们研究苏联剧变最有参考价值的，还是《中亚铁腕纳扎尔巴耶夫》这本书。作者旨在撰写此书，运用了前苏共哈萨克斯坦共和国中央第一书记库纳耶夫和纳扎尔巴耶夫本人的许多著作和苏、哈报刊上的大量报道、评论资料。该书在书写纳扎尔巴耶夫一生经历的同时，详细地介绍了在他的政治生涯中经历过的许多重大事件，历史背景，他本人的心态、观点和看法。

努·纳扎尔巴耶夫生于1940年，1962年加入苏联共产党，1980年任哈共中央书记，1984年任哈萨克斯坦共和国部长会议主席，1989年任哈共第一书记，苏共二十七大、二十八大均被当选为苏共中央政治局委员。表面上看来，纳扎尔巴耶夫的政治经历一帆风顺，实际上并不平坦。在赫鲁晓夫到契尔年科时期，他就逐渐"看清了苏共党内的形式主义、官僚主义、行政命令体制、高层不正常的权力关系等问题"，正如书中所说，他"痛切地看到党的衰弱过程……党的威信在下降，党的影响在逐年缩小"。在1986年2月的哈共代表大会上，他公开而尖锐地揭露、批评共和国党政工作的严重问题，引起当时哈共主要领导人的"不满、压制和打击"。在1986年"阿拉木图事件"中，他因涉嫌"同情学生"而受到牵连，事后他尖锐批评戈尔巴乔夫"用传统的高压方式处理阿拉木图事件"，是在民族关系上"犯的第一个大错误"。早在20世纪70年代，纳扎尔巴耶夫就认识到苏联改革的必要性，因此对1985年戈尔巴乔夫上台后的改革，从一开始就采取热情支持的态度，但是随着改革带来的困难和混乱日益增多，以致到最后走向失败和导致苏联解体，他又深感失望和痛心。书中将1989年到1991年年底苏联解体这三年，称之为纳扎尔巴耶夫政治生涯中"最为痛苦"的时期。书中写道，纳扎尔巴耶夫1989年当选为哈共中央第一书记时，苏联已进入了大动荡、大混乱时期，政局失控，戈尔巴乔夫和叶利钦之间斗争激烈，俄罗斯等多个共和国同苏共中央进行针锋相对的"主权战"和"法律战"，各共和国的离心倾向空前加剧，直到1991年的"8·19"事件、三位斯拉夫领导人共同炮制宣布苏联解体的别洛韦日协定、1991 年 12 月 25 日的最终解体……书中对上述三年苏联走向衰亡的一幕幕历史，以及纳扎尔巴耶夫身处困境却竭尽所能阻止苏联解体的种种努力，作了尽情而详细的记载和描述。对于苏联的剧变，纳扎尔巴耶夫的结论是："苏联共产党的解体，首先是内部的过程"，"日益觉悟的民族自觉意识也是极权主义制度垮台的另一重要原因"，"没有俄罗斯就不会有别洛韦日文件；没有俄罗斯，原苏联不会解体。"这些观点显然对我们有重要参考价值。

　　研究苏联剧变和苏联历史，离不开对赫鲁晓夫和他执政时期的研究，因为赫鲁晓夫是变革苏联旧体制的第一位领导人。俄罗斯历史学博士亚历山大·阿拉基米罗维奇撰写的《解冻的赫鲁晓夫》，以档案材料为基础，全面记述并评论了赫鲁晓夫年代。作者写道："从 50 年代到 60 年代上半期这一时期，是祖国历史上一个极其重要的时期，它对国家和社会今后的发展，产生了重大的影响。约·维·斯大林的逝世和对'个人崇拜及其后果'的批判，对苏联的政治制度和社会产生了巨大的影响。"我想这正是该书作者的主题。赫鲁晓夫开始变革苏联旧体制，批判斯大林个人迷信，打破了坚冰，"开始了体制的自由化进程"，这些都直接或间接地对后赫鲁晓夫时期的苏联，产生着"不可逆转"的影响，也同 20 年后启动的戈尔巴乔夫的改革，有着不容割裂的内在联系。在这本书中，作者着重研究了如下几个重要课题：战后的苏联社会和赫鲁晓夫改革的前提；对斯大林的偶像崇拜是怎样被推翻的；苏共的党内进程和权力制度的演变；"全民国家"模式的意识形态和实践；后斯大林时期苏联的民族问题；在苏联社会非斯大林化的条件下的行政——护法政策；60 年代初期的政治改革方案……书中尤其详细披露了苏共二十大赫鲁晓夫"秘密报告"的始末细节。不难看出，这本书所研究和铺展开来的内容，比起一般研究赫鲁晓夫和赫鲁晓夫十年执政的著述，要系统、全面、深刻得多。书中还不惜笔墨，追述了苏联史学界研究赫鲁晓夫的几个迥然不同的阶段，这对我们同样很有启发。第一阶段是在赫鲁晓夫执政时期，这一时期对赫鲁晓夫和他所推行的政策，持"完全肯定的态度"，称颂为"伟大的 10 年"；第二阶段是勃列日涅夫时期，这一时期由于官方禁令，史学界对赫鲁晓夫及其推行的政策，不予置评，"回避不谈"，实际上处于停滞状态，留下了一段空白；第三阶段是戈尔巴乔夫改革时期，这一时期的研究，走向另一个极端，出现了"难以抑制的赞扬"，把勃列日涅夫时期"苏联官方历史学中的一切，都全盘否定，而把与官方历史学中没有联系的一些人的看法，又过分地理想化和美化"；第四阶段是苏联解体即苏联不复存在以后。作者认为，只是在这个阶段，史学界才以"更加慎重和权衡的态度来审视"赫鲁晓夫执政这段历史，作出"更加客观的和不带偏见的结论"。作者把完全按照官方意志或单纯根据官方政治需要进行的学术研究，称之为"政治投机"，指出学术研究的"政治投机"，会中断、压制、掩盖历史真相，不利于科学地总结汲取历史经验，还会因为错误的理论（或舆论）误导，招致严重的政治后果。作者强调指出，恰恰是在压制史学界研究赫鲁晓夫的勃列日涅夫时期，西方学界反而更加强化了对赫鲁晓夫的研究，出现了一大批成果，而恰恰是这批成果，到了戈尔巴乔夫改革时期，却几乎成了苏联社会和学界的至宝，"一些历史学工作者，甚至完全依靠西方学者的研究成果，走向了另一个极端"。作者所指出的上述苏联时期研究赫鲁晓夫的不正常现象，对中国学界，包括苏联东欧学界以及今天的俄罗斯东欧中亚学界，恐怕也值得深思。

《俄罗斯现代化之路——为何如此曲折》和《俄罗斯现代化与公民社会》，是俄罗斯政治学家安德兰尼克·米格拉尼扬的两本文集。作者在第一本文集《致中国读者》中说："奉献给中国读者的这本书，分析了苏联和俄罗斯政治体制改革失败的原因。这种分析也许不仅对研究从极权主义政体和权威主义政体向市场经济和民主政体过渡时期政治体制现代化进程的历史学家和政治学家是颇为有用的，而且对一些政治家也是颇为有用的。"又说，对苏联和俄罗斯"改革的悲剧性有了了解，就可以巩固中国领导人对他们选择的道路的正确性的认识，可以防止中国知识分子受到进行急剧政治改革的诱惑，因为这些诱惑有可能会破坏政治体制的稳定性和改革成果的可预测性"。经过对俄罗斯200年历史政治、经济、文化的考察，作者认为，在政治体制现代化的道路上，俄罗斯存在着四大阻碍因素：一是农奴制（俄国）和公民无权；二是只突出国家，无视社会和个人，国家就是一切，国家吞噬了社会和个人；三是官僚阶层掌握全权，垄断了政治社会生活；四是文化上的自我封闭和孤立。在《俄罗斯现代化与公民社会》一书中，作者重点考察了"苏联社会主义制度下个人、社会与国家的关系"、"苏联政治体制改革如何才能从极权向民主过渡"等重要问题。作者认为，任何一个国家的现代化都是与公民社会的形成和发展密切相关的，政治体制现代化必须建立在公民社会的基础上才能实现和巩固，现代化的发展过程也就是公民社会的建立和成熟的过程，而公民社会能否得到发展和成熟，又取决于是否能正确处理个人、社会和国家这三者之间的关系。作者明确指出，苏联 30 年代定型的政治制度，国家吞没了社会和个人，公民社会的发展受到了压制，背离了马克思主义的政治理论。作者还指出，苏联政治体制的最大弊害是没有权力的划分，没有制衡机制，而是把权力都集中在一个中心，这导致最高领导人利用集中在他手上的权力，在没有任何来自社会的监督的情况下，变成唯一的权力支配者。在作者看来，苏联建立起来的苏维埃制度，虽有借鉴巴黎公社经验的初衷，但在苏联这样一个大国又不得不采用"代表制民主"的形式的条件下，其所形成的政治制度，不是直接民主，也不是正常的代表制民主，结果必然导致"权力的异化"。作者说，所谓权力异化就是国家的官员"从人民的公仆变成人民的主人"。又说："苏联的政权机关，虽然也具有响亮的名称，具有它的外部标志，实际上不为人民所关注。全面的异化已经达到了这样的程度，以至于，比如说，在一个美好的一天，假如这些苏维埃被解散的话，那时恐怕谁也不会对此去关心和注意。"这段话，是作者在苏联剧变之前三年说的，三年后苏联剧变时的情景，人民对剧变、"红旗落地"的冷漠，被不幸言中。

　　尽管作者痛切地感受到在苏联实行政治改革的必要性和紧迫性，但无论在《俄罗斯现代化之路——为何如此曲折》一书中还是在《俄罗斯现代化与公民社会》一书中，作者都对戈尔巴乔夫的激进政治改革持严肃的批评态度。作者指出，戈尔巴乔夫的政治改革，"犯了改革战略的错误"，"是一条走向解体、混乱和失去可控性的道路"。又说："苏联共产党应该是一支使大家都能学会适应，并保证改革进程的稳定性和继承性的力量，可是它由于改革者们采取的忙忙乱乱和并不高明的行动而垮台了……被解放出来的社会政治力量没有变成社会政治生活的积极因素，而成了社会制度的破坏者，变成了反体制的因素。"作者认为，"从极权主义制度向民主政治过渡不可能一蹴而就，中间必须经过权威主义的阶段"。苏联"能够在保持完整性的情况下实现同极权主义政体的决裂"，"之所以失败在很大程度上是由于改革家们在没有很好搞清社会制度的性质的时候，就企图改变这种社会制度"。书中还写道，无论是过去的苏联，还是现在的俄罗斯，围绕政治改革，始终存在着三派，即三种政治社会力量和改革主张。一派是对西方政体持激烈的批判态度，根本反对民主化和市场化；另一派是激进的自由派，主张以最快的速度把西方的自由主义价值观和政治机制，移植到俄罗斯本土上来，并要求实行最快的市场经济改革；再一派主张建立民主政体和市场经济，但完成这种过渡需要很长时间，必须保持国家的可控性，推行深思熟虑的改革方案，不能操之过急。作者自称属于第三派。作者对中国的改革（包括政体改革）表示赞同，并在俄罗斯报刊两次撰文，介绍中国的做法，呼吁俄罗斯当权者积极借鉴中国经验。

《别了，俄罗斯!》是意大利记者朱利叶托·基耶萨愤怒地告别了俄罗斯以后撰写的一本书。作者在 1980 年到 1989 年作为意大利共产党机关报《团结报》的记者，常驻莫斯科，1990 年又作为意大利《新闻报》的特派记者和政治观察家被派驻莫斯科。将近 20 年的记者生涯，切身经历和目睹了从苏联到俄罗斯的巨大历史变化。书中对苏联剧变，对戈尔巴乔夫的改革和戈氏在一系列重大问题上的态度，对叶利钦在剧变中所起的破坏性作用和他在俄罗斯推行的内外政策以及叶利钦本人的所作所为，都进行了详细的记述、揭露和批评。对西方国家在苏联解体中和俄罗斯改革中的别有用心的"帮助"及其所造成的恶劣后果，给予充分揭露与批判。书中对诸如"别洛韦日条约"、"炮打白宫"、1993 年俄罗斯宪法的制定与通过、1993 年和 1995 年的议会选举、1996 年总统大选、俄罗斯私有化的实施和金融寡头的出现、叶利钦周围各派人物之间的钩心斗角、叶利钦家族在国家政治生活中的地位和影响、俄罗斯民主派与金融工业集团和美国"顾问"的策划、计谋等重大事件和问题，均作了详细的陈述和评论，披露了大量鲜为人知的内幕。作者鲜明指出："俄罗斯的民主派改革家们，不顾俄罗斯自己的传统和特点，丢掉了俄罗斯精神，照搬照抄在西方也有争论的新自由主义和货币主义的东西，结果使俄罗斯陷入今天这样的灾难性地步。"还揭露说，美国推荐给俄罗斯的不是民主、自由、市场等世界文明成果，而是已使这些文明成果改变了面目的西方价值观，美国是要把"自己的生活规则和生活方式强加给"俄罗斯。徐葵在《译者的话》中说："虽然本书的涵盖时间截至 1997 年年初，但由于这段时间中俄罗斯政坛上各种斗争特别复杂和激烈，因此它仍不失为一本对了解叶利钦时代有较大阅读价值的著作。"我补充一句，本书对了解苏联剧变，也不失为一本有较大阅读价值的著作。

《一个英国学者笔下的苏共党史》是英国伦敦经济和政治学院资深苏

联问题专家伦纳德·夏皮罗的一本专著，该书第一版于 1960 年在英国出版，徐葵是根据 1970 年第二版于 1991 年苏联剧变前夕译成中文的。他在《译者说明》中首先指出："作者是站在西方资产阶级立场来看待和研究苏共历史的，因此在一些根本性问题上作出的论断不能不反映他本人的立场和观点。"尽管如此，我认为该书还是很值得一读。第一，这本书在西方有较大影响，具有代表性。据介绍，20 世纪 50 年代中期，美国的苏联问题学者认为，苏联出版的《联共（布）简史》不可信，不真实，需要把苏联共产党的历史问题作为一个重要课题进行研究。当时由福特基金会提供了一大笔资金，由哥伦比亚大学俄国研究所所长菲利普·莫斯利发起，确定了一个苏共党史研究项目，吸收了 30 多名学者参加研究。根据这项研究计划，他们还邀集 20 多名在俄国十月革命后移居美国的前俄国社会民主党的孟什维克以及临时政府的一些领导人如克伦斯基、米留可夫等和后来移居西方的前苏共党员提供资料，撰写回忆录。伦纳德·夏皮罗是应主持这个研究项目的委员会邀请参加研究并执笔撰写此书的。因此这本书不仅仅是他一个人的作品，而是一个研究委员会集体项目的一部分，其所反映的立场、观点，也不仅仅代表着作者一个人。第二，围绕苏共历史这一主题，该书对苏联共产党的指导思想、奋斗目标、成功与失败、同人民的关系，以及"所有这些因素和其他因素对党的机器、对党员的社会成分和人员素质的变化所产生的影响"等各个方面，进行了系统的、有联系的考察和论述。这些对我们了解苏联共产党及它的垮台，都有参考价值。该书对列宁时期和斯大林时期的领导体制，进行了比较研究，认为"列宁当然曾经控制过党，但他是通过党进行统治的"，而斯大林则"是凌驾于党之上，又通过党进行统治"的。书中写道，与列宁时期不同，斯大林时期的个人特性日趋明显，即斯大林凌驾于党之上实施对党和国家的领导问题日趋严重并导致了严重后果。作者认为："斯大林逝世时，党遇到的和党内发生的事情，有许多在很大程度上是由于这一强有力人物的个人特性造成的，以致……这种党治形式的某些基本特征的东西，有时候却显得黯然失色或模糊不清。"该书对赫鲁晓夫反对斯大林个人迷信大加赞扬，说"1956 年他作出的把斯大林时代骇人听闻的事实，放到公众讨论的舞台上"，"将同 1917 年二月革命或 1861 年农奴解放一样，被证明为不可逆转"。甚至说，赫鲁晓夫执政 10 年的最大功绩就是"干了这件事"。作者对赫鲁晓夫下台表示震惊，但对赫鲁晓夫反对斯大林个人迷信在苏联历史上产生的影响，表示期待。作者说："在苏联党的生活中所发生的最大震惊和最出乎意料的事件，可能就是第一书记赫鲁晓夫的垮台"，"但是在俄国，不管将来的情况怎样，事物或许不能再保持原样"。这些观点，对我们考察苏联剧变的历史根源，有直接的参考作用。

　　在徐葵、张达楠的 25 本译著中，除对以上 10 本作重点介绍外，其他 15 本这里就不再继续介绍了。其实，这些著作，无论思想内容，还是所包含的材料，都值得我们认真去读，对我们了解苏联、俄罗斯，对我们研究苏联剧变，具有同等的学术价值。例如，《权力的公式——从叶利钦到普京》一书，该书以叶利钦不断夺取苏联大权为主线，深刻地揭示了苏共政权从嬗变到更迭到丧失的内幕，对戈尔巴乔夫和叶利钦 1988 年以后权力的此消彼长态势，即戈尔巴乔夫不断妥协退让和叶利钦不断进攻夺权的政治态势，通过大量事例作了清晰的记述和评论，对苏联最后几年党内几次重大斗争，作了详细介绍。《历届外交部长的命运》一书透过自 1917 年到 2005 年相继 13 位外交部长的职业生涯、政治命运，揭示了苏联各个时期内政、外交政策，以及党内、社会上复杂的政治斗争，正如作者所说，它反映了"1917 年到今天的历史的一个侧面"。苏联高级将领维克托·尼古拉耶维奇·布兰涅茨撰写的《棋子：国防秘书眼中的俄罗斯将军们》和《沉沦之师——俄军总参谋部上校手记》，以大量可信的材料，描绘了俄罗斯军队的高级将领在苏联解体、苏军衰败以及在俄军改革过程中等国家政治生活的关键时刻呈现出来的种种面目和表现，论述了苏联剧变和解体对军队造成的巨大而深刻的影响，揭露了俄罗斯军队上层的腐败以及军队内的"道德沦丧"的种种表现。《布哈林的政治传记（1888—1939）》和《布哈林与布尔什维克革命》，重点写布哈林坎坷的政治人生。作为 20 世纪 30 年代以前苏联的一位重要领导人，他的政策主张、理论见解、同斯大林的矛盾和斗争，其中包括苏联 20 年代工业化问题大论战的激烈斗争，等等。还有《跨越时空——苏联驻华大使回忆录》、《俄罗斯向何处去，俄罗斯能搞资本主义吗？》、《丢失的巨人》、《人们所不知道的安德罗波夫》等译著，这些书从不同的领域和侧面，同样给读者提供了宝贵的思想内容和丰富的历史资料。

　　在此值得一提的还有徐葵、张达楠在俄罗斯驻华大使馆和俄罗斯普京总统办公厅支持下选编和翻译的两部普京总统文集——第一部是《普京文集——文章和讲话选集》，2002 年中国社科出版社出版，其中有江泽民写的"序言"和普京写的"致中国读者的信"；第二部是《普京文集（2002—2008）》，2008 年中国社科出版社出版，其中有胡锦涛写的"序言"和普京写的"致中国读者的信"。两部文集中收集的普京总统每年向俄罗斯国家杜马提交的国情咨文和发表的重要讲话与文章，对我国各阶层人民和各界学者了解当代俄罗斯，都有重要价值。

从以上的简略介绍中，不难看出，徐葵、张达楠在苏联剧变以后翻译出版的这 20 多本著作，以其丰富的内容和翔实的材料，从政治、历史、军事、外交、理论、文化等诸多方面，再现了苏联历史特别是苏联剧变的历史，从而为我们多视角、全景观地观察和研究苏联剧变，提供了重要帮助和十分宝贵的参考。我以为，这正是这套译著的最主要的学术价值和社会价值，也是对我国俄罗斯东欧中亚学科建设的最主要的贡献。

第一，这套书知识含量大，内容涉域深，理论分析和概括的水平高，又不乏独立见解。其所提出的诸多理论观点和论断，可以帮助研究工作者拓展思路，引发思绪和作出判断。前已述及，这套书的作者多是"所在国家的名流"，他们中的多数又是苏联剧变的当事人和知情者，因此撰写此书，一定程度上背负有历史责任，不敢轻言、妄言，不是应景之作、仓促之作，而是经过认真思考甚至沉重反思的结果。认真研读这些著作中所表达出来的各种观点，认真对待每一个判断和结论，深刻把握这些观点、判断和结论的内涵，发掘其所由产生的思想理论根源和社会政治背景，对于深入研究苏联剧变、苏联历史的社会科学工作者来说，至关重要。它有助于我们从中汲取有益的思想营养，也有助于我们总结借鉴他人的经验教训。当然，由于这些作者的社会地位不同，在历史中扮演的角色不同，他们观察问题的立场、角度以及由此得出的结论，难免会出现偏颇，有些结论甚至明显站不住脚。但这不应成为我们拒绝研究他人观点的理由。"不以所已藏，害所将受"，要有包容。正确对待不同观点，重视了解和研究在同一问题上的各种不同观点和看法，对于开展正常的研究工作并取得突破，不可或缺。这一点，在徐葵所作的"导言"中，不止一次作了说明。

第二，这套译著给读者提供了大批资料，其中不乏鲜为人知的历史史料和"内幕"资料。而这些资料又大多来自于作者的切身经历、回忆录、工作日记或国家档案，可信度强。从而为我们了解苏联剧变真相，观察和研究苏联剧变的实质，提供了大量的新的依据。在这套译著中，许多作者在自己的著作中对苏联历史和苏联剧变中的某些重大事件，都作了翔实不等的记述。例如：1917年二月革命、十月革命，20年代工业化问题大论战，30年代大清洗，赫鲁晓夫1956年反对斯大林个人迷信，1985年戈尔巴乔夫上台，苏共二十七大、二十八大，1988年政治改革（包括苏共19次代表会议），俄罗斯和波罗的海三国的独立风潮，1991年"8·19"事件，12月8日"别洛韦日条约"，12月25日宣告苏联覆亡……对这些事件，有些作者不仅披露了内情，而且对事件的始末包括起因、过程、性质、结局，进行了认真分析和评论。对那些被认为是改变历史即对历史产生转折性影响的"标志性事件"，如十月革命、30年代大清洗、反对斯大林个人迷信、戈尔巴乔夫的政治改革、"8·19"事件、"别洛韦日条约"等，许多作者都不仅详细记述了事件本身，而且作出历史分析，明确提出了自己的观点和看法。历史不是事件的堆砌，但任何一起重大事件都不是孤立发生，也不是孤立地在发挥作用，因此把它们连贯起来解读，还是能够从中发现苏联由盛到衰、到亡的大致轮廓以至于内在联系。系统了解上述这些事件，对于研究苏联剧变和苏联历史的作用，不容忽视。当然，由于每个作者的立足点和观察历史的"视距"、"视角"不同，在材料的取舍方面会存在一定的差别，甚至存在材料失真现象，但了解了来自几十位作者对同一段历史或同一起历史事件的描述，经过梳理和辨别，总能让我们看到整个过程和事件真相的最终揭示。还值得一提的是，这套书的不少作者不仅在自己的著作中使用了大量资料，还在自己的著作中无保留地提供了相关资料的来源和档案索引，这对我们研究工作者来说也很有用。例如《解冻的赫鲁晓夫》一书，作者在写作过程中，查阅使用了大量历史文献和档案材料，他把书中使用的材料分为原始文献、原始材料、档案材料、历史史料、支柱性材料等若干类别。为了广泛而深入地索取资料，寻找支撑立论的基础资料，他查阅了赫鲁晓夫时期苏共中央、最高苏维埃、各加盟共和国中央等各个高级别的相关会议的"速记记录"，还查阅了苏共中央俄罗斯联邦局和51个区委会的会议记录，并把这些重要文件现在存放的档案馆，如实地写进书里。《丢失的巨人》，作者是一位美国杜克大学教授、苏联问题专家，旨在撰写此书，他从1993年至1997年，赴俄罗斯进行过四次大型社会调查，几乎遍及俄罗斯全境，被调查的对象数以万计。他把这四次调查的课题、范围、人员（职业、年龄段）、结果，都写进书里。把索取写作资料的途径、方法，如实地告诉读者，这在一般的著作中是很少见的。

　　徐葵、张达楠的这套译著一经出版，立即引起了社会各界"从上到下"的普遍欢迎，受到一致好评。据孙维熙介绍，当时钱其琛多次委托秘书打电话，感谢新华出版社出版了有关苏联剧变的书，并向撰写《译者的话》的同志表示"敬意"。宋健同志充分肯定这些书对研究国际共产主义运动的参考价值，他在致孙维熙的信中说，90年代很多人包括我在内，都认为应当认真总结国际共产主义运动的教训，读了这些书"如渴得水"。原上海市市长汪道涵同志，一直对新华出版社出版反映苏东剧变的译作表示关切和支持，他对徐葵、张达楠的译作表示称赞和感谢。这套书在学术界的影响就更大了。因是内部发行，全国各地的学术研究单位和外事部门，如中国社会科学院、中央党校、全国高等院校、地方社科院以及国家军委、外交部、中联部等部门及其研究机构，纷纷向新华社索要、内部定购，供不应求。在研究工作中，这套书被广泛使用，引用率相当高。例如，中国社科院所属的社科文献出版社2006年出版的署名谭索的专著《戈尔巴乔夫的改革与苏联的毁灭》一书，全书从徐葵、张达楠翻译的《一杯苦酒》、《苏联的政治内幕：知情者的见证》、《对过去和未来的思考》等译作中转引使用的论述和材料，多达161处。由此可见一斑。

　　徐葵、张达楠的外语水平在业内是公认的，在国外也很有名望。他们都具有熟练高超的翻译技巧，有广博的专业知识和文字修养，对苏联、俄罗斯的研究也有很深的造诣。因此，翻译这套书，本应不是件很困难的事。但是，由于这套书肩负有特别重要的使命，又是被授权的新华出版社以"内部"图书来出版，加上这套书的作者多是历史上的当事人、见证者，级别高、分量重、影响大，因此对译文的质量和翻译人员的水平，都提出了很高的要求，不容有失。正因为如此，徐葵、张达楠同志，为翻译出版这套译著，倾注了超乎寻常的心力。在选定书目的过程中，徐葵同志到处搜索书源，除了与首都和外地相关单位广泛联系外，还多次与我国驻外机构取得联系。找到原著（俄文或英文）以后，他要一本一本地先行阅读和筛选，认为可以拿来翻译的，交到新华出版社和国家新闻出版总署审批。这是一项十分细致而复杂的工作。组织翻译队伍也不是件轻而易举的事。参与这套书翻译的，除徐、张二人外，还有来自中央编译局、外交部、中联部、中国社会科学院、国防大学、中调部、上海复旦大学、上海社科院等多个单位的专家和学者，他们大多是离、退休的老年人。组织、协调的工作量相当大，包括书稿的分发与成稿的收集等这样的具体工作，都需要徐葵、张达楠亲自操作和完成，非常烦琐。翻译并校对书稿是徐葵、张达楠工作的主体。每一本书，徐葵、张达楠都要亲自翻译其中的部分章节或最重要的章节（英文版的原著基本上由徐葵单独翻译），而他们的主要工作则是校对、审定成稿。由于参与翻译的译者水平不尽相同，文字表达能力和风格也不尽相同，徐、张二位须一词一句仔细斟酌，修改的文字量很大。为每本译著作序、加注，是一项难度很大但又非常重要的工作。每本译著，徐葵同志都加写了《译者的话》、《校者的话》或者《译者说明》。业内人士清楚，这项工作要求很高，难度很大。不仅对全书的内容、写作背景、作者情况要有透彻的了解和理解，而且还要对全书作出准确到位的客观介绍与评价，这样才能起到正确的导读作用。有的书如《一杯苦酒》，作者"喜欢使用文学笔调、生僻的字眼和独特的表达方式"，为了"给读者提供一些方便"，徐葵同志用了较大篇幅，以中国读者易于接受的、通俗易懂的语言，将这本书的主要内容在《译者的话》中加以介绍，效果很好。"加注"既取决于原著的水平，更取决于译者的水平。徐葵、张达楠为他们所翻译的这套著作加了不少"注"，有的"注"成了原作的重要补充和修正。例如，对苏联反对斯大林个人迷信问题，长期以来国内外一直认为始于赫鲁晓夫，徐葵同志根据他所掌握的资料，采用加"注"的方式，纠正了这一看法，指出第一个提出反对斯大林个人迷信的不是赫鲁晓夫，而是马林科夫，引起很大反响。徐葵的"注文"如下："1997 年 5 月 27 日俄《独立报》刊登的俄科学院历史研究所高级研究员、历史学博士 IO. H. 朱可夫的文章《悄悄地非斯大林化——反个人迷信的斗争是在 1953 年 3 月开始的》。文中引用档案材料说明，从斯大林 1953 年 3 月 5 日去世后到 9 月 7 日赫鲁晓夫任苏共中央第一书记之前这段时间中，马林科夫主持苏共中央主席团工作。他从 3 月 19 日就开始反个人迷信。他提议 4 月召开苏共中央非例行全会，专门讨论个人迷信问题，并起草了反个人迷信的讲话稿和决议草案。但因莫洛托夫、卡冈诺维奇等多数主席团成员（其中包括赫鲁晓夫）的反对，这次全会未开成。6 月发生了贝利亚事件。7 月 2—7 日召开了讨论贝利亚的中央全会，马林科夫在总结发言中除讲贝利亚问题外又着重讲了反个人迷信问题。全会的决议中也提到个人迷信问题。但由于许多中央委员的坚持，会后发表的全会公报对个人迷信只字未提，马林科夫的讲话和全会决议成了秘密档案，直到 1992 年才公开。文章说 9 月赫鲁晓夫担任第一书记和苏斯洛夫主管宣传工作后，苏联报刊上又开始宣传斯大林。"把这样一个重要的苏联史实介绍到中国来，徐葵是第一人，他以加注的方式写进为《一杯苦酒》所作的《译者的话》中，引起了中央领导同志和国内各界的高度重视。我把这一"注释"全文抄录下来，也是因为这个"注释"实在是太珍贵了。为了适应中国读者的需要，徐葵同志在翻译工作中，还对有的原著作了大幅度的加工处理。例如《苏联政治内幕：知情者的见证》，作者第一版系为俄文版，于 1991 年在莫斯科出版，取名《耽误了的痊愈（1953—1985 年）——当代人的见证》。后来作者进行修改，又于 1993 年在美国出了英文版，取名《制度——苏联政治中的一位知情者的一生》。两本书的内容有较大的变动，前者写到 1985 年，后者写到苏联解体，书名也较为苦涩含混，不够醒目。于是徐葵经征得作者同意，以俄文版为主，对两个版本作了大幅度的调整，全书的结构和章节也作了相应的调整设计，最终把译著定名为《苏联政治内幕：知情者的见证》。翻译过来的中文版本，比原来的俄文或英文版本，内容更丰富，逻辑性更强，作者和出版社都非常满意。徐葵同志深通俄语、英语等多种语言文字，但对两本不同文种的著作做大面积的砍伐、重组并译为第三种文字，其难度、工作量之大，可想而知。由于徐葵、张达楠呕心沥血，精心工作，所以他们的译著质量堪称一流，有些则被称之为"精品"，赢得了出版单位的一致称赞。

回望徐葵、张达楠的这 25 本译著，我们不禁被他们的求实、严谨、精益求精的治学精神所感动，同时更被他们的忘我的奉献精神所感动。接受这项翻译任务时，他们二人都已是年逾六旬的老年人。如今徐葵 85 岁，张达楠 82 岁，而他们的这组译著，其中的 23 本又是在他们二人在 70~80 岁之间完成的，这期间徐葵同志体弱多病，一直在抱病工作。

半个多世纪以来，徐葵同志和张达楠同志，为发展我国同原苏联东欧国家（现俄罗斯东欧中亚国家）的关系，为传播我国和这些国家的文化，推动文化交流，为我国开展对这些国家的研究事业，不懈努力，作出了宝贵贡献。早在 1949 年新中国成立之初，徐葵同志就被调到团中央国际联络部工作。1950 年就陪团赴苏联学习、访问。1958 年被派往总部设在捷克布拉格的国际学联工作，一去就是 4 年。他曾任团中央国际联络部副部长、团中央候补中央委员、全国学联副主席、全国青联副秘书长等职。1976 年中央联络部恢复苏联东欧研究所以后，他被调到研究所工作，先后担任编译组组长、副所长、所长、党委书记、苏东学会会长等职。他曾是第七届、第八届全国政协委员，现为俄罗斯东欧中亚所研究员、中国社会科学院荣誉学部委员。他时刻密切关注对象国的变化，总能根据国家需要开展工作，并经过深入研究向国家提出自己的对策建议和意见，受到中央领导同志的重视，2000 年 1 月 8 日江泽民总书记曾单独接见中联部的俞邃同志和徐葵同志二人，交谈叶利钦总统任期未满就决定提前辞职，并指定普京为接班人的俄罗斯形势，还着重交谈了对普京当时发表的《千年之交的俄罗斯》一文的看法。苏联剧变以后，他立即投入了剧变问题的研究，除撰文直抒己见外，还主编或参与编辑了如《苏联剧变研究》、《苏联剧变新探》、《苏联兴亡史论》等颇有深度的理论专著。1998 年离休后，笔耕不辍，继续为他所钟爱并取得了巨大成就的事业，奉献着自己的晚年。张达楠同志也和徐葵同志一样，几十年"从来没有离开过俄文"。张达楠 1950 年毕业于华东人民革命大学附设的上海俄文专修学校（现上海外国语大学）。毕业后至 1976 年先后在解放军南京军事学院、北京高等军事学院和军事科学院从事俄语翻译工作。其间参加过《毛泽东选集》（第四卷）、《毛泽东军事文选》（主译）以及"九评"文章的中译俄翻译。1978 年转业调到中联部苏联东欧所（现社科院俄罗斯东欧中亚所）后，担任《苏联问题译丛》、《苏联东欧问题译丛》编辑部主任，直至 1991 年退休。早在青年时期，张达楠同志就已在俄语界崭露头角。在南京军事学院俄文译员训练班他以全班第一名毕业，他两次受到院方嘉奖，时任院长兼政治委员的刘伯承元帅，对他至为器重，曾直接写信给他布置工作和商谈译本的事。几十年来，他兢兢业业，译作颇丰，翻译校对40 余部著作，译、校文字总量将近 800 万字，著名的《朱可夫回忆录》、《战争年代的总参谋部》、《罗科索夫斯基元帅传》等大部头译著，均出自于他的笔下。1988 年被中国社科院评为"译审"，1992 年被国务院誉为有"特殊贡献的专家"，2002 年被中国翻译工作者协会授予"资深翻译家"称号。徐葵、张达楠的识见、学养以及他们的成就，在国内外，凡是知道他们的人，有口皆碑。然而，正是这样两位耄耋老人，殚精竭虑，在苏联剧变后，又为中国读者奉献了几十本珍贵读物，为我国的俄罗斯东欧中亚文库，增添了一份如此厚重而又永世受用的宝贵财富！孙维熙非常感慨地说："同徐葵、张达楠同志真诚而默契的合作达十几年之久，难能忘却，他们对文稿的每一句话、每一个字都抠得很细、很准。这种一丝不苟的敬业精神令人敬佩，值得学习。"又说："徐葵同志在用心、用血做这件事，他不顾疲劳，不顾衰弱，不计时间，不计报酬，令人感动。"这是对他们的最好总结。其实，孙维熙同志也同样具有这样的品格和同样严谨的治学精神。几十年前，她给我的印象是"一团火"，对待工作雷厉风行，热情豪爽，追求真理，奋不顾身。如今见到她，一如既往，除了年事已高，已是82岁高龄的老人，身体状况大不如前，谈起工作来还是像"一团火"，炽烈、执着。应该说，徐葵、张达楠的这套书，同样饱含着她的心血。我同徐葵、张达楠共事多年，谦虚谨慎，默默无闻，勤于做事，不尚张扬，是他们的一贯作风。谈起这套译著，张达楠说过这样一段话："我这一辈子，没有离开过俄文。不想当官，也不想发财，就是想为党和人民多做点事。"语言很质朴也很实在。我想，这也许就是他们永远不知疲倦地工作并且总能不断地取得成就的动力源泉，也是他们能够赢得社会普遍尊重的根本原因所在。时下的中国学界，浮躁之风泛滥成灾，"做学问"变成了攫取个人名利的工具。不少所谓的专家、学者，不学无术，沽名钓誉，不知羞愧地骗取和占据着一大堆学术殿堂里的高级排位和名号，学术尊严已被他们践踏得面目全非。相比之下，徐葵、张达楠以及孙维熙三位前辈，迄今依然"择善而固执之"，不为所动，使人心生敬意。在即将结束此文的时候，还要提到一位青年学者王桂香。孙维熙、徐葵一再说，这套书的多数版权交涉工作，是由王桂香在莫斯科做的，当时她正在俄罗斯学习和工作，这方面工作委托她代理，很繁杂，困难很多，她工作得很好，新华社和徐、张二位至今对她心存感激。这次我向她谈及此事，说你做了那么多工作，许多人都不知道，她说"这有什么好说的，应该做"，语气尤其平和自然。一位青年人，默不做声地为她所在的学科建设做事，难能可贵。

附：

徐葵、张达楠译著书目

1. ［俄］阿·阿尔巴托夫：《苏联的政治内幕：知情者的见证》，新华出版社1998年版。

2. ［俄］亚·尼·雅科夫列夫：《一杯苦酒》，新华出版社1999年版。

3.〔俄〕奥·特罗扬诺夫斯基:《跨越时空——苏联驻华大使回忆录》,世界知识出版社 1999 年版。

4.〔意〕朱利叶托·基耶萨:《别了,俄罗斯!》,新华出版社 2000 年版。

5.〔俄〕列昂尼德·姆列钦:《权力的公式——从叶利钦到普京》,新华出版社 2000 年版。

6.〔俄〕罗·伊·麦德维杰夫:《俄罗斯向何处去,俄罗斯能搞资本主义吗?》,新华出版社 2000 年版。

7.〔俄〕阿·切尔尼亚耶夫:《在戈尔巴乔夫身边六年》,新华出版社 2001 年版。

8.〔俄〕罗·伊·麦德维杰夫:《人们所不知道的安德罗波夫》,新华出版社 2001 年版。

9.〔俄〕米哈伊尔·戈尔巴乔夫:《对过去和未来的思考》,新华出版社 2002 年版。

10.〔俄〕安德兰尼克·米格拉尼扬:《俄罗斯现代化之路——为何如此曲折》,新华出版社 2002 年版。

11.〔哈〕奥利加·维多娃:《中亚铁腕纳扎尔巴耶夫》,新华出版社 2002 年版。

12.《普京文集——文章和讲话选集》,中国社会科学出版社 2002 年版。

13.〔俄〕安德兰尼克·米格拉尼扬:《俄罗斯现代化与公民社会》,新华出版社 2003 年版。

14.〔俄〕维克托·尼古拉耶维奇·布兰涅茨:《棋子:国防秘书眼中的俄罗斯将军们》,新华出版社 2003 年版。

15.〔美〕杰里·霍夫:《丢失的巨人》,新华出版社 2003 年版。

16.〔俄〕列昂尼德·姆列钦:《历届外交部长的命运》,新华出版社 2005 年版。

17.〔哈〕努·纳扎尔巴耶夫:《在历史的长河中》,民族出版社 2005 年版。

18.〔俄〕亚历山大·佩日科夫:《解冻的赫鲁晓夫》,新华出版社 2006 年版。

19.〔哈〕努·纳扎尔巴耶夫:《欧亚中心的阿斯塔纳》,民族出版社

2006 年版。

20. 维克托·尼古拉耶维奇·布兰涅茨：《沉沦之师——俄军总参谋部上校手记》，新华出版社 2007 年版。

21. ［哈］努·纳扎尔巴耶夫：《哈萨克斯坦之路》，民族出版社 2007 年版。

22. ［英］伦纳德·夏皮罗：《一个英国学者笔下的苏共党史》，东方出版社 1991 年版。

23.《布哈林与布尔什维克革命》，人民出版社 1982 年版。

24. ［美］斯蒂芬·F. 科恩：《布哈林政治传记》，东方出版社 2005 年版。

25.《普京文集（2002—2008）》（上、下），中国社会科学出版社 2008 年版。

（张森，中国社会科学院俄罗斯东欧中亚研究所研究员）

苏联经济及其经济体制改革的研究

刘清鉴　张昊琦

1978 年党的十一届三中全会揭开了中国改革开放的序幕。此后不久，胡耀邦同志指示学术界要出 100 本书，介绍国外（主要是苏联东欧国家）的经济改革情况和经验。这一指示，使当时隶属中共中央对外联络部的苏联东欧研究所很受鼓舞，同时也感到责任重大和任务艰巨。全所立即组织科研力量，展开对苏联经济及其体制改革的全面调研。然而，囿于当时的国内外环境以及所内外主客观条件的限制，研究工作存在多方面困难。首先是研究所自 1968 年开始整整停办了 8 年，业务荒疏，人才严重流失。其次，中苏关系仍处于僵持阶段，彼此间的文化交流特别是学术交流长时间处于隔绝状态。尽管如此，全所上下仍怀着一股强烈的使命感，勉力为之，还是在较短时间内，撰写了不少有针对性、有参考价值的研究报告，呈送给中央和国家有关部门。虽然这一时期对苏联经济及其体制改革的研究还处于初始阶段，但毋庸置疑，它对后来的研究工作做了多方面的准备，打下了良好基础。

从 1981 年苏东所转归中国社会科学院，到 1991 年苏联解体，这是研究所研究苏联经济及其体制改革取得巨大进展并取得令人瞩目的巨大成就的十年；对于一门重大学科——苏联经济学科研究来说，也可以说是最为兴旺发达的时期。这个时期，在实事求是思想路线的指引下，认真贯彻"双百方针"，从事苏联经济及其体制改革研究的一批专家学者，不顾疲惫，不计报酬，对苏联经济及其体制改革展开全方位的探讨和钻研，提出了大量具有深邃见解的观点和看法，推出了一大批具有广泛影响的专著、论文、文章、研究报告，翻译和撰写了一批译著、译文和工具书，有效地配合了国家改革开放的需要，较好地发挥了中央所期待的"参谋"、"智囊"作用，同时也为国内苏联经济学科的建立、建设和发展，起到了积极的推动、引领作用。当时推出来的不少作品，具有开创性和奠基性，以至影响了此后的几代学人。在这期间，研究所旨在推动全国苏东领域的研究，还通过创办苏东学会、创办学刊和举办多种形式和规模的研讨会，做了大量卓有成效的工作，受到学界的一致好评，被公认为主力军和"国家队"。

本文重点回顾苏联东欧研究所 20 世纪 80 年代对苏联经济及其经济体制改革的研究状况，意在将这段历史——一批学人奋斗的艰苦历程和取得的丰硕成果及其发挥的作用，记录下来，以示纪念，同时意在激励后学。苏联已经成为历史，苏联经济及其体制改革也伴随着苏联的解体而宣告终结。但是，对这一课题的研究却远远没有结束。无论是探讨苏联剧变，还是研究今天的俄罗斯，以至中国借鉴外国的改革经验，都离不开对当年苏联经济及其体制问题的研究。

一　对苏联经济体制改革研究的历史背景

苏联是世界上第一个社会主义国家，在社会主义建设中，既积累了大量的宝贵经验，也经历了一些严重的挫折。它的经验和教训对世界上其他的社会主义国家有着深刻的借鉴和警示意义。第二次世界大战结束后，苏联在东欧国家强制推行自己的社会主义建设模式；新中国成立后，中国共产党人主动选择了苏联模式，向苏联学习。虽然毛泽东等领导人认为，中国的社会主义建设应该从中国的实际出发，不能完全照搬苏联的经验，但是中国在社会主义改造、社会主义建设等问题上所遵循的思想理论以及采用的体制基本上沿用了苏联的模式。中国的经济管理体制虽然具有本国的一些特点，但总体上讲，仍然是苏联体制的翻版，如计划管理体制、部门管理体制、劳动工资体制、财政管理体制等，都没有突破苏联的模式，某些地方甚至有过之而无不及。邓小平曾指出："我们过去照搬苏联搞社会主义的模式，带来很多问题。我们很早就发现了，但没有解决好。"

十一届三中全会后，我国的农业体制改革已见成效。改革将从农村向城市转移，从农业向工业转移。从 70 年代末到 80 年代初，我国拟对整个国民经济管理体制全面进行改革。工业管理体制、工业管理组织机构、基建管理体制、物资供应体制、计划管理体制、财政体制、劳动工资体制、价格体制、商业管理体制、科技管理体制，等等，均面临着完善与改革的任务，以适应四个现代化和对外开放的需要。除了国内在新中国成立后历届改革的经验教训外，还迫切需要借鉴国外经济体制改革，尤其是苏联历届经济体制改革的经验教训。事实上，从50年代中后期开始，苏联在一些局部性改革的基础上，进行了广泛的经济体制改革。到80年代初，苏联的经济体制主要经历了三次大的变动。经过一系列的改革，苏联原有的过度集中、排斥市场机制、用行政办法管理的计划经济体制，已逐步演变为高度集中、有限地利用市场机制、用行政办法辅以经济办法管理的计划经济体制。苏联在经济体制改革过程中，形成了一套指导改革的理论，与过去相比有了明显的变化。因此，研究苏联经济体制改革的理论方法、具体政策措施，以及改革过程中的成功经验和失误教训，对我国经济体制改革的参考意义更大、更直接。

为了积极响应中央的要求，苏联东欧研究所首当其冲，于70年代末开始将苏联经济及其经济体制改革研究作为最主要的研究任务。在研究条件上，研究所也具备了一系列较为充分的优势。在机构设置和人员配备上所里也相当重视。苏联经济研究室成立较早，人力资源比较丰富。室内人员中有些曾于五六十年代留学苏联，学的都是经济专业，还有的曾在中国驻苏使馆工作多年。这些同志对于苏联的经济体制及其改革既有感性的经验认识，又有理论上的深入思考和探索，在研究所的研究工作中起着带头和骨干作用。研究室其他同志，有的虽非经济专业出身，但转入苏联经济体制研究后边学边干，研究能力很快得以提升。在图书和资料上，研究所具有其他高校和科研机构所无法相比的优势。苏联经济研究室成立时，所内有关苏联经济的报纸杂志非常齐全。苏联各大报刊如《真理报》、《消息报》、《劳动报》、《经济生活》、《苏联经济》、《苏联财政》、《货币与信贷》、《数据与事实》以及各加盟共和国，甚至各州的主要报刊等应有尽有。此外，研究所每年还购进大量有关苏联经济的图书，为研究苏联经济体制及其改革奠定了雄厚基础，为出成果提供了有力保障。

二 苏联经济及经济体制研究工作的展开

从70年代末80年代初开始，苏联东欧研究所对苏联经济及经济体制改革的研究工作就已经全面铺开。在开始阶段，工作的重点一方面是撰写内部研究报告，另一方面翻译编写有关苏联经济及管理体制的资料。由于在 80 年代中期以前，很多研究成果不能公开发表、公开讨论，所以大部分研究成果都以《苏联东欧情况》的内部报告形式上报，发送到中央办公厅以及各部委，供上级决策部门参考。从 70 年代末到苏联解体前，我所每年出《苏联东欧情况》80 余期，在十多年的时间里撰写的内部研究报告有 1000 多篇，其中涉及苏联经济体制及其改革的达 300 余篇。有代表性的如《苏联经济改革的历史发展》，是国内最早系统研究苏联经济体制改革的研究报告，分四期发表，后被收入 1981 年时事出版社出版的《苏联经济体制问题》一书中。在撰写内部报告的同时，我所还组织翻译了不少有关苏联经济及管理体制的资料，并且以《苏联东欧问题译丛》（以下简称《译丛》）（后改为《东欧中亚问题译丛》）的形式由三联书店连续分辑出版。由于当时国内有关苏联东欧问题的一手材料较为缺乏，所以《译丛》的出版受到学界的高度重视和广泛欢迎。作为初级成果，《译丛》的使用率非常高，许多研究机构和学者都争相利用这些资料进行研究并撰写文章。此外，所内还编写了上百万字的蓝皮和白皮资料，在苏联经济及其经济体制改革研究中也发挥了重要作用。

随着研究的不断深入，研究所积极发展与外界的学术交流，推动国内的苏联东欧问题研究的开展。我所于 1981 年创办学术期刊《苏联东欧问题》，经过两年的试刊后于 1983 年正式发行。在整个 80 年代，为了适应形势发展的需要，刊物的主要选题一直以苏联经济以及经济体制改革为主，如苏联经济发展战略和经济改革、苏联计划管理体制改革、苏联价格体制改革、苏联对外贸易管理体制改革、苏联东欧国家政治经济体制改革的指导思想和原则、苏联东欧国家经济体制改革的比较、苏联的发达社会主义理论，等等。作为学术交流的重要平台，刊物引领着对苏联东欧问题的深入研究，具有很大的影响力；刊物设有"专题讨论"栏目，就某一个现实问题或前沿问题刊载学者们最新的研究成果和不同的学术观点与思想，引导大家进行积极的学术争论。例如，在开始设置该栏目的 1983 年第 3 期，集中讨论"苏联农业落后的原因"。因为长期以来苏联的农业是国民经济中的薄弱环节，尽管苏联领导人采取各种措施，极力扭转农业落后的局面，但一直收效甚微。中国学者对此问题进行了大量研究，但对此问题看法不尽一致。在这一期上，一些著名学者发表了自己的看法：葛霖生的《苏联农业长期落后的原因何在?》、张康琴的《试析苏联农业落后的主要原因》、周新城的《关于苏联农业的两个问题》、孙振远的《农业是安德罗波夫棘手的大问题》、姜长斌的《根本问题在于劳动者同自身产品的隔绝》。这个专题讨论发表后,引起学界很大反响,1983 年第 4 期刊物就这一问题继续进行讨论,又有王德根、陆南泉、李仁峰等 14 位学者在刊物上发表了自己的见解,有力地推动了该领域研究的深入发展。

为了充分利用《苏联东欧问题》期刊这个平台,我所以刊物编辑部的名义,或单独或联合其他单位,几乎每年都举办一次大型学术讨论会。参会者必须提交论文,会后结集出版。在这些学术会议中,苏联经济以及经济体制改革问题往往成为重要的议题,而且经常召开有关这方面的专题会议。例如,1982 年 5 月《苏联东欧问题》和《世界经济》两份杂志的编辑部在北京联合召开"苏联东欧国家经济体制改革理论"研讨会。来自全国各地的近 60 名专家学者,在国家经济体制改革委员会和国务院经济研究中心有关精神的指导下,主要围绕计划和市场的关系这一主题,着重从理论上对苏联、东欧国家经济体制改革展开讨论。会议讨论的内容重点突出,理论色彩浓厚。在所讨论的问题中,一些观点趋于明朗,有的认识接近统一,为进一步的深入研究打下了较好的基础。1983 年 7 月,中国社会科学院《苏联东欧问题》、《世界经济与政治内参》、《经济研究资料》三个编辑部,与全国经济学团体联合会《经济研究参考资料》编辑部和苏联经济研究会,在北京联合组织了"苏联经济理论"研讨会,其目的是交流研究成果,推动对苏联经济和经济理论的研究,为我国社会主义现代化建设和经济改革提供经验教训。应邀参会的有来自全国 22 个单位的 50 多名科研工作者、相关实际工作者、大学教师等。当时中国社科院副院长刘国光教授在会上做了《进一步深入开展对苏联经济问题的研究》的报告。会议重点讨论了"关于进一步深入研究社会主义所有制理论的重要性问题"、"关于苏联的所有制理论及其演变问题"、"苏联学术界围绕所有制问题的争论"、"对苏联所有制理论的初步评价"和"苏联经济战略"等问题。1984 年 4 月,《苏联东欧问题》编辑部邀请国家计委计划经济研究所、国家劳动人事部劳科所、中国社科院苏联东欧所、世界经济与政治所、中国人民大学苏联东欧所等单位的相关苏联问题研究人员,就安德罗波夫时期的苏联经济问题和经济理论进行座谈。学者们在讨论中对苏联东欧国家可能出现的经济改革趋势做了展望,对这一时期的苏联工资政策、农业集体承包制等进行了探讨和评价，并就苏联经济的发展潜力问题各抒己见。苏共二十七大以后，编辑部与本院世经政所、经济所的杂志编辑部，在山东青岛联合召开全国性的学术研讨会，围绕二十七大战略方针、戈尔巴乔夫改革趋向和苏联经济发展战略等重大问题，广泛深入交换意见。《会议纪要》及时上报。

　　上述学术活动有效地促进了国内苏联问题的研究，同时也显著地提升了我所的研究水平，扩大了我所的学术影响。我所的研究人员积极参加国内国际学术研讨会，发表了大量学术论文，同时合作撰写出版了一批在当时具有重要学术影响的专著。在 80 年代国内的苏联经济问题研究方面，我所的科研成果在质和量方面都处于前列。据不完全统计，在苏联解体之前的十多年间，我所研究人员在所内及国内重点刊物上发表的有关苏联经济及经济体制改革方面的论文约有 200 多篇。当时国内出版的关于苏联东欧问题的 20 多部论文集都有我所研究人员的参与，其中主要的有《苏联经济体制问题》（时事出版社 1981 年 8 月出版）、《苏联东欧问题探讨》（人民出版社 1983 年 11 月出版）、《外国经济管理体制研究》（人民出版社 1983 年 7 月出版）、《苏联经济建设和经济体制改革理论的发展》（中国社会科学出版社 1988 年 5 月出版），等等。同时，我所还主持出版了一些涉及苏联经济的工具书以及一些译著，如《苏联国民经济发展 70 年》（陆南泉、张础、陈义初等主编，机械工业出版社 1988 年 7 月出版，全书共 66.5 万字）、《苏联概览》（徐葵主编，中国社会科学出版社 1989 年 5 月出版，全书共 51.4 万字）、《苏联财政》（［苏］M.K. 舍尔麦涅夫主编，毛蓉芳、陆南泉译，中国财政经济出版社 1980 年 6 月出版）、《政治经济学》（［苏］B.A. 梅德韦杰夫等编著的苏联高等院校教科书，高中毅等译，中国社会科学出版社 1989 年 9 月出版），等等。

　　从 80 年代初起，苏联东欧研究所开始承担国家和有关部门的一些重点课题，苏联经济研究室承接的课题居多，课题完成后大多以专著的形式出版。这一期间，我所主持和出版的国家重点课题与专著主要有：《苏联政治经济体制 70 年》，系国家"六五"计划（1981—1985 年）重点课题，由刘克明（原苏联东欧研究所所长、研究员）和金挥（原副所长、研究员）主编，组织所内外多名专家学者用七年的时间共同完成，中国社会科学出版社 1990 年 9 月出版，全书共 58 万字；《苏联经济概论》是受教育部委托为高等院校撰写的一部教科书，由金挥、陆南泉（原苏东所经济室主任、研究员）、张康琴（北京大学经济学教授）主编，以我所经济室为主，组织全国几所重点大学和科研机构的著名专家学者共同研究与撰写的，全书共 67.4 万字，由中国财政经济出版社于 1985 年 11 月出版；《苏联经济简明教程》，是陆南泉受国家教委委托主编的一部高等院校文科简明教材，1991 年 9 月由中国财经出版社出版，全书共 28 万字；《论苏联经济：管理体制与主要政策》由金挥、陆南泉、张康琴主编，1982 年 8 月由辽宁出版社出版，全书 60 万字；《战后苏联经济》由金挥、陆南泉主编，苏东所经济室共同参与撰写，1985 年 2 月由时事出版社出版，全书共 31 万字；《苏联怎样利用西方经济危机》，杨家荣（副研究员）和张森（原苏东所副所长、研究员）等共同撰写，由世界知识出版社 1984 年 12 月出版，全书 20 余万字；《苏联改革大思路》，由陆南泉主编，张础（研究员）、刘清鉴（研究员）和高中毅（研究员）等共同撰写，1989 年 5 月由沈阳出版社出版，全书共 30 多万字；《从列宁到戈尔巴乔夫：苏联社会主义理论的演变》，刘克明与吴仁彰（研究员）主编，东方出版社 1991 年 12 月出版，全书共 25 万字。

三 对苏联经济及经济体制改革研究的主要方面及其代表作

作为世界上第一个社会主义国家，苏联建立了社会主义政治经济体制，并且进行了长达 70 多年的社会实践。在苏联社会发展的各个历史阶段上，这种体制经受了急风暴雨式的国内外阶级斗争的考验，也走过社会经济和平发展艰难曲折的道路；既显示了它在政治和经济上的稳定性，也显示了推动社会进步和发展生产力的强大的组织动员能力。当 20 世纪 30 年代西方世界为经济危机所笼罩的时候，苏联经济的蓬勃发展成为一道独特景观，吸引了大量西方经济学家到苏联去"取经"。直到 60 年代末 70 年代初，苏联在军事和经济上追赶发达资本主义国家的势头仍然呈现咄咄逼人的态势，但是这种体制在政治、经济、文化、外交等诸多领域已经暴露出它的缺陷所在。事实上，从斯大林去世之后起，苏联领导层对体制方面存在的问题即有所察觉，并开始进行调整。到戈尔巴乔夫启动导致苏联解体的经济和政治改革前，苏联在经济体制方面已经进行了多轮调整和改革。苏联经济体制及其指导思想，以及历次改革的成败得失，在苏联解体前一直是我所的重要研究目标和对象。围绕这一方面，我所涌现了大批研究成果，形成了一些能够经受历史考验、具有重要学术价值的观点。

1. 对苏联政治经济体制的总体论述

作为一个历时多年的宏大课题，《苏联政治经济体制 70 年》（刘克明、金挥主编）对苏联政治经济体制的历史发展进行全面的梳理和分析。从第二次世界大战后开始，苏联政治、经济体制的活力逐渐减弱，到 70 年代时，弊端日益暴露出来，"停滞"现象越来越严重。在与发达资本主义国家经济科技竞赛中，苏联已经开始力不从心。苏联领导人虽然先后采取了许多调整和完善措施，但并未取得明显效果。而第二次世界大战后仿效苏联建立政治、经济体制的社会主义国家，在不同时期不同程度上也出现了类似现象。因此从体制上去寻找原因，分析苏联政治经济体制产生、形成和发展的历史条件，探寻社会经济发展中的"障碍机制"，成为该书的首要任务。其次，该书深入考察了苏联各个历史阶段政治经济体制运转的成效，其历史作用和发展变化的特点。最后，全面论述了 80 年代苏联体制改革的新方向，苏联政府为振兴社会、政治、经济，完善社会主义制度所采取的措施步骤。

由于学界对于政治、经济体制所包括的内容范围等问题逐渐明确，各国体制改革也在实际推行，因此该书没有对体制概念等问题过多地纠缠，但在具体的论述中触及了体制问题的广泛领域。在论述政治体制时，涉及政治组织结构、政治规范、法律制度、政治关系、政治思想、方针政策等；在政治组织结构中论及政治组织设施，即国家政权机关、行政法律机关、经济机关、政党社会团体等；在论述政治体制的运转机制时，着重分析各政治组织的设置、职能权力的划分及其各自的地位、作用和相互间的关系。在经济体制方面，着重论述从经济的最高领导机关到基层企业和经济组织的机构设置和职权划分；分析各组织在社会生产、流通、分配、消费过程中的作用及其相互关系；在宏观上和微观上经济运行的机制。虽然苏联的政治和经济体制各有相对的独立性，但是政治与经济的联系极为密切，相互制约、相互影响。苏联历届领导人中，明确提出进行政治体制改革者不多，但实际上政治体制的局部变革还是常有的。在主要领导人更迭时，常常是在政治上进行了某些革新以后才进行经济改革的。有时政治和经济的完善、革新又是同步进行的。有的经济战略方针或经济政策本身就包含着政治因素。例如，从"战时共产主义"到实行"新经济政策"，在历史上是作为政策上的转变出现的，实际上也是经济机制上的巨大变化，在政治上也有很大影响，在分析时很难将它们分开。因此，该书在论述各个时期政治和经济体制时有分有合，更注重历史的真实和体制运行的实际。

在对苏联政治经济体制进行全面论述时，该书特别注意到各个阶段的划分。该书认为，对于苏联政治经济体制发展阶段的划分，既不能按照苏联共产党的历史分期，也不能按照苏联经济史的历史分期。虽然政治、经济体制发展变化与两者有密切的关系，但体制的发展变化有其自身特征。体制有相对的稳定性，整体上的变化并不是经常发生的；苏联的政治经济体制是权力高度集中的，各个时期都打上了党和国家主要领导人的印记。因此，划分体制发展阶段有三条原则：第一，无论是政治体制，还是经济体制，在整体上有较大的变化；第二，采取了与体制有关的新的方针政策；第三，党和国家主要领导人对体制有重要的影响。根据这三点，该书将苏联政治、经济体制的发展划分为创建阶段、形成阶段、探索革新阶段、改革的徘徊和停滞阶段，以及全面改革的新阶段五个阶段。第一阶段是社会主义体制的创建阶段，大体上相当于列宁领导苏维埃国家的时期。列宁逝世后，斯大林执政，苏联政治、经济体制进入了形成阶段，也是社会主义体制遭到某些扭曲的阶段。赫鲁晓夫虽然是第一个对 30 年代形成的苏联政治、经济体制提出批评并进行改革探索的苏联领导人，但是他对苏联政治、经济体制弊端的认识并不深刻，采取的措施也是局部性的、无力的。同时由于他存在严重的冒进思想和决策上的唯意志论，改革探索遭到了失败。勃列日涅夫是以赫鲁晓夫政策失败的挽救者面目出现的，他领导的 18 年是一个小小的回潮，名为"完善"管理体制，实际上长期踏步不前，政治上因循守旧，社会生活出现严重的"停滞"。戈尔巴乔夫任苏共中央总书记后，苏联进入全面的政治、经济体制改革阶段，这是苏联体制发展史上的重大转折。

2. 对苏联经济及其经济体制的综合研究

对苏联经济及其经济管理体制进行的综合研究深入而广泛，成果也很多，如金挥、陆南泉、张康琴主编的《论苏联经济：管理体制与主要政策》和《苏联经济概论》等专著，我所刘清鉴与其他单位同志合作的《苏联经济体制改革概况》（载《外国经济管理体制研究》，人民出版社 1983 年版）、陆南泉等人撰写的《苏联经济改革的历史发展》（载《苏联经济体制问题》，时事出版社 1981 年版）、张森等撰写的《苏联经济体制改革的变化趋势及其主要症结》（载《经济研究参考资料》1983 年第 37 期）等重要论文。

《论苏联经济：管理体制与主要政策》与《苏联经济概论》体例相同，都是全面系统论述苏联经济和经济体制的著作，力图历史地、系统地论述苏联的基本经济问题，同时研究分析苏联各个历史阶段经济体制、主要经济政策的变化和今后的发展趋势。《苏联经济概论》是受教育部委托而撰写的一部高等院校的文科教科书。《论苏联经济：管理体制与主要政策》分为两篇。第一篇系统论述苏联各个历史时期经济管理体制的发展和变革，重点分析 1965 年经济改革以来的情况，包括计划、工业、财政、物资和价格体制五个主要方面。第二篇从当前苏联经济战略出发，分析苏联的主要经济政策及经济发展的基本方向。苏共二十五大以来，苏联为了解决诸如经济增长速度日益下降等一系列问题，并使经济更适应对外扩张政策的需要，制定了发展经济的长远方针，其主要内容是：在坚持重工业高速度发展的同时，逐步调整长期形成的畸形的经济结构；改变生产力布局，大力开发东部地区，以加速经济东移；竭力解决国民经济中的两大战略弱点：农业和科学技术的相对落后；发展对外经济合作，充分利用西方的资金和技术，解决国内经济技术上的困难；用完善物质刺激制度和提高人民生活福利的办法，来调动人们生产的积极性，推动经济发展，并在政治上达到稳定统治的目的。1981 年 2 月苏共二十六大召开，从大会制定的《苏联 1981—1985 年和 1990 年前经济和社会发展基本方针》来看，苏联当局仍将继续贯彻苏共二十五大提出的发展经济的战略方针。

《苏联经济概论》不仅系统阐述苏联的经济体制及其改革情况，而且从历史上探索了苏联经济发展的道路，对国民经济发展中的重大问题，如速度和比例、生产力布局、科技发展趋势、基建投资方向、劳动工资、人民生活等，都进行了比较详细的分析；对苏联国民经济主要部门的发展和存在的问题也进行了广泛的论述。作者摆脱了西方和苏联某些经济学家对苏联经济各种片面性的描述，以大量丰富的材料，尽可能客观地、历史地、实事求是地介绍苏联经济发展的实际情况，并且在探讨苏联经济问题上提出了许多新的见解。

《苏联经济体制改革概况》一文从苏联经济体制的沿革、经济体制改革的理论依据、经济体制改革的主要措施等方面，论述了苏联经济体制改革的历史和现状。作者认为从 50 年代中期到 80 年代初，苏联的经济体制经历了三次大变动：1957 年的工业和建筑业管理改组强调地区原则，削弱了中央对经济的集中统一领导和计划管理，改革并不成功。1965 年开始实行的新经济体制，将地区管理原则改为以部门管理为主兼顾地区的原则。这次改革取得了一定效果，但没有达到预期的目的。1979 年制定和实施完善经济机制的决议，着重完善计划管理、科学技术和基本建设的管理，进一步加强经济核算制，发挥经济杠杆的作用。经过三次改革，苏联原有的过度集中、排斥市场机制、用行政办法管理的计划经济体制，已经逐步演变为高度集中、有限地利用市场机制、用行政办法结合经济办法管理的计划经济体制。作者认为，苏联经济体制中还存在的一些重要问题没有得到解决：在计划与市场的关系上还存在根本性的缺点，如否定市场调节，计划管理局限于指令性计划等；在国家和企业的决策权划分上，仍存在国家集中过多、企业权限过小的缺点；在国民经济管理上，改革后苏联经济杠杆的运用仍然有限；经济形式上控制得过死，片面强调划一，忽视在公有制占绝对优势的条件下多种经济形式与多种经营方式共存的合理性与必要性。

《苏联经济体制改革的变化趋势及其主要症结》一文也将战后苏联经济体制的改革划分为三个阶段，与上文有所不同的是，作者将第三次改革划为从 1970 年开始的建立生产联合公司，向二、三级管理体制过渡，进一步加强生产的集中和垄断的阶段。作者对每一次改革的社会经济根源进行了具体分析，从而发现它们的变化趋势，找到主要的症结所在。从当时的背景看，作者提出的一些观点至今仍经得起考验。例如，在对赫鲁晓夫的评价上，认为赫鲁晓夫是改革苏联旧体制的第一人，他提出的某些改革原则，如"物质利益原则"、"经济刺激"、"利润原则"、"扩大企业经营自主权"等基本上符合苏联经济发展的客观实际，对后来具有深远影响。在赫鲁晓夫改革失败的原因中，作者认为，在政治上，赫鲁晓夫撤销部委的大改组，大面积触犯了统治集团内部官僚特权者的利益，激化了统治集团的内部矛盾；经济上，地区原则大大削弱了中央对全国经济的集中统一领导，导致经济上的严重失控局面，动摇了这个集团赖以统治的经济基础。两者共同构成了赫鲁晓夫改革失败的根源。

3. 对苏联经济及其管理体制改革的专题研究

除了对苏联经济及其管理体制进行综合的、总体的研究外，学者们还对一些中观和微观的专题进行了深入的分析，并形成了体例不同的研究成果。例如杨家荣、张森等人撰写的专著《苏联怎样利用西方经济危机》，以及一大批专题论文，如刘清鉴的《苏联经济管理机构的改革》（载《苏联东欧问题探讨》，人民出版社 1983 年版）、陆南泉的《赫鲁晓夫、勃列日涅夫的农村私人经济政策》、金挥的《苏联经济结构的特点和变化趋势》（载《苏联经济体制问题》）、张础的《苏联 80 年代经济结构变化趋势》（载《苏联东欧问题》 1982 年第 6 期）和《谈谈苏联向市场经济过渡的几个问题》（载《苏联东欧问题》 1991 年第 2 期），等等。

《苏联怎样利用西方经济危机》系统介绍了苏联自十月革命以来各个历史时期利用西方经济危机的具体情况。苏联是世界上较早重视利用西方经济危机的国家之一，始终把利用西方经济危机，发展同西方国家的各种经济关系，作为增强本国经济实力和军事实力的重要手段和途径，作为经济政策的重要内容和对外经济战略的重要组成部分。列宁时期，苏联全面制定和确立了发展同西方经济关系的理论、方针、政策和策略，利用西方经济危机初见成效。斯大林时期，苏联遵循列宁的理论、方针和政策，在利用西方经济危机引进外国资金、技术和设备方面，取得了辉煌的成就。赫鲁晓夫时期，苏联同西方的经济关系起步不大，尤其在 1958 年以前，基本处于半停滞状态，因此利用西方经济危机不太成功。勃列日涅夫时期是苏联利用西方经济危机比较活跃、比较成功的一个时期，无论在广度、深度上，还是在形式、方法上，同过去比较都有新的发展。安德罗波夫在短暂的执政期间，继续执行了前任的政策。本书除了从历史的纵贯角度论述之外，还总结性地介绍苏联利用西方经济危机取得的成果，以及在引进资金、技术、设备过程中存在的主要问题。同时从理论的高度总结经验教训，阐明苏联各个历史时期利用西方经济危机的基本政策及其理论依据，指出成功利用西方经济危机必须解决的几个关键性问题，如加强对资本主义经济危机的研究问题，利用经济危机同坚持列宁的对外经济战略的关系问题，坚持独立自主、自力更生同学习外国先进经验的关系问题，引进技术和利用外资的形式、方法和途径问题，利用资本主义矛盾和提高引进效果问题等。

《苏联经济管理机构的改革》一文梳理了苏联自斯大林时期以来经济管理组织机构所经历的改组和改革。新经济政策时期，苏联工业管理采用的是托拉斯制，当时的机构设置是：最高国民经济委员会—托拉斯—企业。斯大林时期（从 20 世纪 30 年代中期到 50 年代中期），苏联工业中基本上采用的是部门管理体制，整个工业管理机构是按生产的特征设置的，同时也在一定程度上兼顾了企业的地区分布情况。当时工业管理的组织机构为：部长会议领导下的部—总管理局—企业。这一套管理机构主要体现了经济管理权限高度集中的原则，是经过几十年的实践和多次改组才形成的。赫鲁晓夫时期，对工业和建筑业的管理组织进行了大规模改组，撤销合并了许多部委，同时把全国划分为 105 个经济行政区，每个区设立一个国民经济委员会。中央各部委所管辖的企业和建筑组织，几乎全部转交给国民经济委员会管理。这样工业管理机构的设置是：苏联部长会议—加盟共和国部长会议—行政区国民经济委员会—管理局—企业。勃列日涅夫时期取消了国民经济委员会，重新恢复部门管理机构，但不是简单恢复到 1957 年以前的机构，而是设立与新的部门管理体制相适应的机构体系，最后形成部—总管理局—企业的结构模式。70 年代初期，苏联开始以建立联合公司为中心的工业管理机构的改革。文章对管理机构调整的原因、过程、优缺点都进行了详细的考察，动态性地展示了经济管理机构的嬗变过程。

《谈谈苏联向市场经济过渡的几个问题》一文，详细阐述了当时苏联一些主要领导人和许多有影响的经济学家对市场和市场经济的重新评价，以及在观念上的明显变化。如市场并非资本主义的发明，它已经历了上千年的变化，从商品自发交换发展到了有高度组织的机制；发展市场是继承人类文明积累起来的有价值的东西；市场机制是唯一能把不同国家和它们的经济联系起来的机制，等等。文中谈到，这些领导人和经济学家虽对市场和市场经济机制有了大体一致的观念，但在向市场经济过渡的方式上却存在严重分歧。一派主张采用激进过渡方式，亦称"休克疗法"；另一派主张采用渐进过渡方式。由于双方分歧严重，争论激烈，致使正式改革方案迟迟不能出台，不仅阻碍了改革进展，而且造成了严重的政治和经济后果。

4. 对苏联经济与经济体制的理论研究

在对苏联经济与经济管理体制改革的研究中，我所还加强了对其理论与指导思想的探索，出版和发表了一系列相关的著述。如刘克明与吴仁彰主编的《从列宁到戈尔巴乔夫：苏联社会主义理论的演变》，陆南泉、高中毅、张础、刘清鉴等人的论文集《苏联经济体制改革理论的发展》，吴仁彰的《关于苏联的发达社会主义理论》(1983)、《苏联的超越阶段思想和经济改革》(1985)、《斯大林政治经济体制初探》(1985)等。

《从列宁到戈尔巴乔夫：苏联社会主义理论的演变》一书分12个专题，如社会主义的基本特征、发展阶段、所有制、分配制度、商品货币关系、社会结构和阶级关系、民族等方面，系统介绍和分析了十月革命后至苏联解体止，整个74年中苏联社会主义理论演变的过程、内容、争论的问题以及历史背景。该书指出，理论是行动的先导，苏联的演变，首先是指导思想的演变，先是在历史上长期犯“左”的教条主义错误，后来又在改革中犯“右”的机会主义错误。一“左”一“右”两股祸水把苏共冲垮了。苏联演变的历史教训表明，“马克思列宁主义与本国革命和建设的实践结合”这一思想路线是20世纪国际共运的最宝贵的经验。

《苏联经济建设和经济体制改革理论的发展》一书研究苏联经济各领域的建设和改革理论的发展与演变。该书由11位专家学者共同撰写，由19篇论文组成。各位作者从不同领域客观深入地分析了80年代初苏联经济及其体制改革理论的变化以及改革过程中所反映出来的新动向。如陆南泉的《关于经济体制改革问题》从理论上探讨了苏联从根本上改革经济体制的必要性，深入分析了集中管理与分散管理的相互关系，以及根本改革部门管理的理论依据和新的探索。高中毅的《关于生产资料所有制问题》重点探讨了研究所有制理论的方法论和各种所有制形式相互作用的理论。张础的《关于社会主义制度下商品货币关系和价值规律问题》深入研究了当时苏联对这一问题的不同观点及其新的变化。刘清鉴的《关于生产资料优先增长规律的争论问题》主要探讨了苏联长期遵循的生产资料优先增长这一传统观念的理论依据。随着科技进步对经济发展影响的日益增长，苏联理论界对生产资料优先增长规律的看法出现严重分歧并展开激烈争论，对经济发展和经济体制改革产生了多方面的影响，等等。

四　苏联经济及体制改革研究的意义

在当时我国实行改革与对外开放政策的背景下，对苏联经济及经济管理体制的研究具有重要的现实意义。我所的内部研究报告《苏联东欧情况》为中央及时了解和掌握苏联经济动态、苏联体制及其改革的进展情况提供了重要依据，对我国经济体制改革也具有一定的参考意义。具有代表性的研究报告如《苏联经济体制改革的历史发展》、《苏联经济体制改革搁浅原因》等直接报送中央,后被收入《苏联经济体制问题》,正式出版,限国内发行。论文方面,《外国经济管理体制研究》一书中《苏联经济体制改革概况》一文是国家体制改革研究会受国家体改委委托,专门为其参考外国体制改革经验教训,由外国体制改革研究会牵头,组织我所和我院世界经济与政治研究所、中国人民大学、国家计委、国家体改委和国家体制改革研究会专门研究苏联经济体制改革的有关专家教授,经过近一年的时间共同撰写而成。完稿后直接报送国家体改委和中央有关部门,对其全面系统地了解苏联经济体制改革的经验教训发挥了重要参考作用。另外,我所专家学者在本所刊物《苏联东欧问题》和其他刊物上发表的类似论文也相当之多,如《苏联经济体制改革的发展趋势及其主要症结》等,也发挥了一定作用。

专著方面,《苏联怎样利用西方经济危机》对我国改革开放、引进外资等发挥了重要的参考作用。"六五"计划重点课题《苏联政治经济体制70年》对我国专家学者和各有关部门深入系统地了解70多年来苏联政治经济体制的形成与演变具有重要的参考价值。受教育部委托撰写的高等院校教科书《苏联经济概论》深受各高等院校和社会广泛欢迎,著名经济学家钱俊瑞为本书作序,指出它"对我国社会主义经济建设的实际工作和研究工作都有很大的参考价值"。该书出版后很快销售一空,应广大读者要求不得不再版。该书还成为报考我院苏联经济专业研究生的必读之书。

我所在研究苏联经济管理体制及其改革方面起步较早,对这一领域的研究起到了开创性的作用。随着研究的深入,我所曾多次派人出国留学、进修、考察,参加国际学术会议、与外国有关研究机构交流,使我所在该领域的研究得到进一步发展,在国内处于领先地位,带动了国内其他研究机构对该领域研究的拓展。在长期的深入研究与实践过程中,培养了一批研究水平非常扎实的人才,为此后研究的进一步深入发展奠定了坚实的基础。我所不少研究成果受到国家有关部门和著名专家的高度评价,不少研究成果曾获得院级奖励。一些专家教授引起国内外关注,多次应邀参加国内外讲课、报告会和研讨会等。

(刘清鉴、张昊琦,俄罗斯东欧中亚研究所研究员)

解读世纪难题　彰显刊物特色

——《俄罗斯中亚东欧研究》的历史沿革

向祖文

《俄罗斯中亚东欧研究》（原名《苏联东欧问题》、《东欧中亚研究》）是中国社会科学院主管、俄罗斯东欧中亚研究所主办的国际问题类学术理论刊物。它是在党的十一届三中全会的路线、方针指引下，在思想解放初步形成氛围的历史条件下，于 1981 年创刊的，至今已走过了 30 个寒暑春秋。30 年来，它伴随着我国改革开放大潮奔腾前进的历程，经历了我国的苏联、俄罗斯、东欧、中亚研究向纵深演进的全过程。党的十一届三中全会确定了进行经济改革和对外开放的基本方针，由此开创了中国历史的新篇章。如火如荼的社会主义现代化建设事业积极向前推进，短短几年内取得了举世公认的巨大成就。中国的改革开放事业极大地丰富和发展了马克思主义理论，为学术研究提出了许多崭新的课题，特别是苏联东欧问题的研究更是方兴未艾。当时，许多专家学者围绕苏东国家的政治、经济体制和外交问题进行了可贵的探索，提出了许多有价值的新理论、新观点。苏联东欧问题的研究无论在广度上，还是在深度上都超过了历史上任何一个时期。面对这样一个新形势，苏东学界产生了一种强烈的需求：学者们需要有一个园地，来发表自己的看法，以便及时向党和国家领导机关报告苏东国家的发展动向；回答政府职能部门提出的有关问题；交流基础研究和应用研究的成果；提供政府、企业和实际工作部门急需的信息、数据和资料，并为党和国家的某些重要决策提出建议。正是在这样的社会大背景下，《俄罗斯中亚东欧研究》应运而生。

30 年来，由于我们一贯坚持"质量第一"的选稿原则，刊物发表了大量一流作者的一流作品，受到国内外学术界的广泛关注和好评。刊物也以其政治方向上的坚定性和学术品格的纯正性而赢得了社会的广泛认同。在办刊实践中，编辑部紧紧抓住政治质量、学术质量和编辑质量这三个重要环节，把政治质量作为刊物的方向，学术质量作为刊物的基础，编辑质量作为刊物的保障。经过 30 年的发展，以反映俄罗斯、东欧、中亚最新研究成果为主要任务的《俄罗斯中亚东欧研究》已成为这一研究领域最有影响、最具权威性的国际问题刊物之一。经过编辑部全体同志的共同努力，《俄罗斯中亚东欧研究》连续四届荣获中国社会科学院期刊一等奖，是该院国际类期刊唯一一份连获殊荣的刊物。

1. 1999 年，在中国社会科学院首届优秀期刊评奖活动中，荣获优秀期刊奖（这届未设一等奖）。

2. 2001 年，被国家新闻出版总署确认为"双效期刊"，入选中国优秀期刊方阵（为中国社科院入选的 4 种"双效期刊"之一）。

3. 2002 年，在社科院第二届优秀期刊评奖活动中获一等奖。

4. 2005 年，在社科院第三届优秀期刊评奖活动中获一等奖。

5. 2005 年，获国家百种重点期刊奖。

6. 2007 年，在社科院第四届优秀期刊评奖活动中获一等奖。

7. 2010 年，入选中国大百科全书出版社出版的《共和国期刊 60 年》。

这些成绩的取得是广大从事苏联、俄罗斯、东欧、中亚问题研究的学者共同努力的结果，也是各级领导和专家学者对我们长期辛勤耕耘、默默奉献的丰厚回报和最好承认。

一　明确本刊的特殊重要性和特殊敏感性，办出个性特色

回顾 30 年的办刊实践，我们最大的体会是，办一本刊物并不难，难就难在办出个性，办出特色。正如我国老一辈编辑家邹韬奋先生所说："没有个性和特色的刊物，生存已成问题，发展更没有希望了。"在市场竞争日趋激烈的条件下，为了生存和发展，我们必须在形成刊物的个性和特色上狠下功夫。《俄罗斯中亚东欧研究》的个性和特色是由它的研究对象决定的。苏东国家剧变以前，这本刊物的研究对象主要是总结这些国家

的开展社会主义建设事业的经验教训。由于 20 世纪 60 年代中期到 80 年代末期中苏关系长期处于非正常状态，因此那时的研究带有特殊的重要性和敏感性。苏东国家剧变后，对这些国家的研究，更带有特殊的重要性和敏感性。苏东国家发生剧变以后，这本杂志的研究对象转移到了以下三个方面：一是苏东剧变的原因和教训；二是这些国家政治、经济转轨的理论和实践；三是这些国家的对外政策和与中国的外交关系。其中对苏联兴亡的原因研究居于更重要的地位。因为这个问题具有特殊的重要性，同时又具有特殊的敏感性。其特殊重要性表现为，它是人文科学值得研究的重大课题，也是一个世纪难题。历史上，巴黎公社失败后，马克思曾倾注极大心血和精力研究巴黎公社的历史经验，写下了《法兰西内战》等经典名著，对革命理论的发展和推进国际无产阶级革命运动起了巨大的作用。巴黎公社仅存在了 72 天，而世界上第一个社会主义国家苏联却生存了 74 年，走过了既有凯歌行进，又有曲折反复的整个历程。它所包括的历史内涵和深远影响是巴黎公社所无法比拟的。在这样重要的历史时刻，深入研究 3/4 世纪的苏联兴亡史，将具有不可估量的理论意义和现实意义。正如江泽民同志所指出的："苏联经过 70 多年的社会主义建设，却发生剧变的悲剧，最后解体了，垮台了，这是为什么？其中的原因和教训需要全面深刻地加以总结。总结好了，马克思列宁主义就会有新的发展。"（江泽民：《论党的建设》，中央文献出版社 2001 年版，第 410 页）同时，苏联社会主义和共产党的历史不可能由资产阶级学者去撰写，中国是世界社会主义事业的继承者和开拓者，总结苏共历史经验和教训的任务也责无旁贷地落到了中国学者的身上。其特殊敏感性主要表现为，这种研究必然要涉及马列主义的一系列基本原理，涉及国际共运中的许多事件和人物，涉及社会主义政治经济体制等。这些理论、思想、事件和人物，比较敏感。以上研究对象和研究领域的特殊重要性和特殊敏感性决定了我们刊物的学术定位和价值取向。多年来，我们一直把研究苏东国家剧变的原因和教训，总结这些国家几十年社会主义实践的正反两方面经验作为我们刊物的报道重点，推出了一批高质量、高品位的学术论文，产生了良好的社会影响。

二 抓坚定正确的政治方向,提高刊物的政治质量

方向问题不是一句简单的政治口号,而是刊物的政治属性、思想属性,是基础和前提。政治方向就是坚持以马列主义、毛泽东思想、邓小平理论、"三个代表"和科学发展观等重要思想为指导,坚持无产阶级党性原则,坚定不移地贯彻执行党的方针政策,弘扬社会主义时代主旋律,为繁荣学术和两个文明建设服务。早在民主革命时期,毛泽东就提出要"增强报刊宣传的党性",在社会主义建设时期,他又提出了著名的"搞新闻工作,要政治家办报"的思想(《毛泽东新闻工作文选》,新华出版社 1983 年版,第 96—97、156 页)。邓小平在新的历史条件下,对毛泽东新闻舆论思想做了进一步丰富和发展。早在我国实行改革开放的初期,他就强调"党报党刊一定要无条件地宣传党的主张"(《邓小平文选》第二卷,人民出版社 1994 年版,第 272 页)。编辑部经常组织编辑人员认真学习这些指示,并把有关精神贯彻到编辑工作实践中去。在日常审稿中,严格进行政治把关,注意应用马克思主义的立场、观点和方法对稿件的思想内容进行评判,特别注意与中央在政治上保持高度一致,对一些敏感问题十分谨慎。1991 年苏联解体前后,国内外的敌对势力,出于反动的政治目的,总是想"西化"、"分化"中国,妄图把西方的那套"民主"、"自由"模式强加给中国,甚至还明目张胆地对中国的形势、政策进行种种污蔑和诽谤,散布各种流言蜚语。刊物在涉及这些内容时,不能只是客观罗列,而必须发挥自己的净化功能和批判功能,对所编文稿进行筛选、批判、净化,严禁毒草泛滥。我们曾把刊物讲政治的一些理论观点写成报告上报院科研局。科研局对这种做法予以充分肯定和支持,并把此材料转发给全院各刊物编辑部研究参考。

三 实施精品战略,狠抓质量管理

质量是刊物的生命。要办一流刊物,出时代精品,就必须在提高刊物质量上狠下功夫。为此,我们首先抓优化选题。刊物创办以来,我们年年都要通过多种形式进行调查研究,在广泛搜集俄罗斯、东欧中亚研究重大课题和学术动态的基础上,精心设计选题。我们在选题时,一是注意紧扣

时代脉搏，把探索建设有中国特色社会主义理论、研究改革开放和国家政治经济转轨中的重大理论和实际问题作为《俄罗斯中亚东欧研究》组稿和编发稿件的主题；二是注意加强学科建设，把专家学者的研究需要作为报道重点。根据这两个思路，制订出全年的选题计划和组稿计划，并指导和组织编辑人员实施，开辟优质稿源。为了提高刊物的学术含量，我们在组稿和选文时，注意处理好基础研究、应用研究、创新研究的关系，以发表基础研究的论文为主，同时兼顾应用研究和创新研究论文，讲求科学研究的高水平和优质量。在刊物创办后的最初 10 年，我们都没有经验，摸着石头过河，探索前进，但从来都不保守。为了提高刊物质量，扩大影响，发挥功效，我们实行开门办刊，做了不少好事。例如，召开各种命题、各种形式的学术研讨会；举办年终的形势分析"笔谈会"；选择热点、难点课题开辟专栏展开争鸣；与《世界经济》、《世界经济与政治》、《经济研究》、《经济研究资料》、《经济研究参考资料》等多家兄弟刊物进行业务交流并联合举办学术讨论会；到外交部国际问题所、新华社参编部、人民大学苏东所等单位参观、考察、洽谈合作事宜；建立作者卡片；等等。这些工作收到了应有的实效，使杂志在当时很快就成为了同领域的核心期刊，它的地位和影响有目共睹。20 世纪 80 年代的办刊工作为此后的学科发展铺平了道路，打下了良好的基础。进入 90 年代，即苏东剧变以后，刊物依然在开拓前进。在市场大潮的冲击下，办刊遇到了一定困难，但大家艰苦努力，还是取得了不小的新的进展。总之，30 年来，《俄罗斯中亚东欧研究》坚持精品意识，不断调整学术定位，优化学科建设。在办刊过程中强调理性分析、严谨考据和科学论证，着力于学术的条理化和从基本原理出发的创新。在学科建设中，本刊坚持正确的指导思想，以科学发展观为指导，坚持全面、协调、可持续发展的理念，遵循科学发展的规律，整合力量，形成亮点，以点带面，整体推进，取得了良好的效果。

30 年来，在质量管理方面，我们所积累的经验是：

1. 突出理论性

理论是刊物的灵魂。社会的发展，科学的进步，离不开基础理论研究和学术繁荣。基于此，我们在审读文稿时，一贯强调理论创新。东欧剧变、苏联解体以后，社会主义阵营不复存在，国际共产主义运动转入低潮。历史经验证明，革命在遭到挫折和处于低潮的时期，正是新的革命理论孕育和成熟的时期。1996 年以来，江泽民同志多次提出，要研究苏联剧变的深层次原因，要回答苏联剧变起主导作用的根本性原因。作为一本学术理论刊物，《俄罗斯中亚东欧研究》应该遵照中央领导的重要指示，积极引导当代社会科学家对苏联兴亡史展开系统、全面、深入的分析与研究，正确总结历史经验和教训，进一步把马克思主义和科学社会主义推向新境界。所以，这些年来，本刊一直在研究苏联剧变的原因和俄罗斯政治经济转轨的经验教训问题。如果说，在这一研究的起始阶段，大部分稿件还停留在广泛收集整理资料、客观介绍情况方面，那么后来我们则强调要在"深"字上狠下功夫，要加强理论性和系统性，必须对剧变实质和转轨进程进行理论概括，对重大事件和重要人物的分析和评价要有理论深度和历史厚度，要找出一些带规律性的东西，得出科学的结论。近年来，本刊发表的有关苏联剧变原因和俄罗斯政治经济转轨研究的文章基本上达到了上述要求。例如，《邓小平的苏联社会主义模式观》、《执政党的指导思想关系到国家的兴亡——从苏联解体看"三个代表"思想的重要意义》、《苏联社会科学的命运——从斯大林的秘密"谈话"说起》、《论苏联剧变的思想政治根源》、《苏联解体的国家结构特征分析》、《论苏联失败的经济根源》、《目标偏移和结构缺陷——从系统的观点研究苏联模式》，等等。这些年来，我们也发表了若干有关俄罗斯、东欧、中亚政治、经济转轨问题的优秀论文。例如，《从俄罗斯政治力量消长看普京的核心地位》、《俄罗斯经济转轨模式的思考——兼论中俄经济转轨的比较》、《俄罗斯经济转轨进程的理论探析——以制度变迁为视角》、《普京道路的经济学分析》等。这些文章中相当一部分是本刊特约的重头论文，属于精品力作。这些论文对苏东国家剧变原因的分析，对俄罗斯政治、经济转轨经验教训的探索都很深刻，逐渐从表象研究走向实质研究，在一些问题上有重要理论突破，学术影响很好。

2. 倡导应用性

我国改革开放和现代化事业的实践向我们提出了许多深刻和复杂的问题，迫切需要我们去研究、去探讨，给予科学的解释和回答。这里，很重要的一点是批判地吸收外国的经验和教训。为此，我刊注意加强应用研究。我们认为，开展应用研究是社会科学增强自身生命力的内在需要。马克思主义哲学表明，辩证唯物论一个最显著的特点是实践性，即强调理论对于实践的依赖关系。理论的基础是实践。毛泽东曾指出，通过实践而发现真理，又通过实践而证实真理和发展真理，这就是辩证唯物论的认识论。对此，社会科学的发现和发展也不例外。社会科学发展的全过程，也即是理论不断运用于实践的过程。应用，是社会科学增强自身生命力的内在机理，简言之，应用即为社会科学的生命力。据此，开展应用研究，也是社会科学的自身发展的内在需要。应用研究的目的在于"应用"。在编发阐述理论观点或者分析实际问题的文章时，都应始终环绕有助于"应用"这个最终目的，经常想想，编发这篇论文将来是给谁看的，以及究竟要派什么用场。为了加强刊物的应用性研究，我们经常深入了解有关对策动向。对应用研究课题提出的某一方面的对策建议，我们都要通过查阅国内外有关研究报告、访问有关政府部门的负责人及熟悉情况的办事人员、开展专家咨询等，深入了解这方面对策在国内外是否实施过，有哪些经验教训。为了搞好应用研究，我们坚持开展调查研究。首先是调查和了解对象国的政治、经济发展趋势，研究这些国家政治、经济转轨所遇到的迫切问题，一方面，对俄罗斯、东欧、中亚国家政治、经济转轨中的教训进行评介研究，避免重蹈覆辙；另一方面，对它们在改革开放中的新思想、新经验进行引进研究，以推动我国改革开放事业向纵深发展。这方面，我们发表了诸如《关于推进对俄经贸关系的思考》、《关于开展与俄罗斯引智工作的思考》、《谈俄罗斯金融改革中的银行体系》等。这些文章的资料性强、信息量大，具有很高的实用价值。

3. 强化创新性

理论创新是一个民族的灵魂，是一个国家兴旺发达的不竭动力。马克思主义认为，世界上的一切都在运动着，"永恒的运动与永恒的破坏和创造——这就是生活的本质。"毛泽东同志指出："人类总是不断发展的，自然界也总是不断发展的，永远不会停留在一个水平上。""因此，人类总得不断地总结经验，有所发现，有所发明，有所创造，有所前进。"由此可知，创新是推动人类社会活动发展必备的重要条件和原动力，人类社会的发展和进步历来是通过人类创新活动实现的。新的形势要求国际问题刊物编辑工作迈出新步伐，求得新发展，登上新台阶，获得新飞跃，从而也使国际问题期刊的创新成为当务之急。我们认为，只有编辑有创新的意识，才会有创新的新思路、新措施。有了新措施，才能使刊物具有新质量、新面貌，继而扩大发行量，增加社会效益和经济效益，从而使刊物在前进中有新活力和新发展，甚至新飞跃。理论研究要发扬探索精神，理论刊物要锐意创新。探索、创新是要冒风险的。但是，为了学术繁荣，为了推进我国的改革开放事业，要有"敢为天下先"的精神，敢于发表自成风格、具有独到见解的文章。多年来我们坚持"双百"方针，力争把刊物办成"百花园"，而不是"一言堂"，提倡独立思考，开展学术争鸣，在科学研究的基础上，敢于提出与众不同的观点。在我刊登出的这类文章有：《封建社会主义不同于社会封建主义——苏联模式社会主义失败的一点反思》、《关于列宁把"供应和分配"统一起来的思想——对一种流行观点的商榷》、《澄清一个假材料的真相》等。撰写论文要利用文献资料。我们要求这些资料必须是最新的第一手材料，是经过考证准确无误的。苏联解体后，苏联时期的大量解密历史档案材料被公之于众。我国学者对这些文献资料进行了核实、考证、筛选、加工，将历史考察与逻辑分析结合起来，写出了一系列优秀论文。如本刊发表的《苏联与1948年捷克斯洛伐克二月事变》、《苏联战后的意识形态批判和政治清洗运动》、《试析马林科夫等人联合发起倒赫行动的原因》等论文均属此列。

4. 拓展群体性

刊物的编辑出版是一种群体行为。如果没有一大批高素质的作者队伍，刊物就会成为无本之木。这些年来，编辑部本着"尊老"、"依中"、"扶青"的原则，通过各种形式与许多老、中、青专家学者建立了广泛的联系和友谊，在刊物周围形成了一个阵容强大的作者群。编辑部的具体做法是，将研究所内外学有专长的中老年作者汇聚起来，充分发挥他们的中坚作用，为刊物提供强有力的支撑。在刊物发展的各个时期，都有一批专家学者对刊物寄托很高的期望，给予多方的支持和鼓励。他们将自己潜心研究的力作惠赠给刊物。正是由于他们的辛勤培育，才使刊物呈现出一派生机勃勃、奋发向上的景象，也正是有了他们的大力支持和精心呵护，才确立了刊物在学术界的影响和地位。在处理名家稿件时，编辑部尽量做到圆满周到，与作者建立起一种友情联系，形成结构合理、感情融洽、良性互动的作者队伍。同时把培养和扶持青年作者作为重点常抓不懈。通过召开座谈会、个别交流等方式，鼓励青年作者撰写论文，踊跃投稿，并尽可能地给他们提供发表的机会。对一些青年作者不够成熟的论文，编辑人员则不厌其烦地进行指导，提出意见，有时还和作者一起反复修改，直至达到能够发表的水平。多年来，我们团结了一大批中青年学者，鼓励、支持他们抓住理论研究的热点、难点问题，创造性地开展研究，提出了许多有价值的新理论、新观点、新经验、新问题。正是由于这些中青年学者的大胆探索，敢于创新，才使俄罗斯、东欧、中亚研究无论在广度上，还是在深度上都超过了历史上任何一个时期，实现了我们的办刊宗旨，体现了刊物的自身价值，为我国的改革开放和社会主义现代化事业提供了理论支持。编辑部爱护、关心投稿人，尊重、珍惜作者的辛勤劳动。委派专人将来稿认真登记，并转发有关责任编辑。对于"不对口"的稿件，编辑部在征得作者同意的情况下，帮助将这类稿件改投他刊。投稿人对此非常感动。这也是刊物稿源充足的原因之一。为了摸清作者队伍的基本情况，编辑部在 20 世纪 80 年代就开始编写作者学术档案，把全国各地苏联、俄罗斯、东欧、中亚问题研究的学者的姓名、出生年月、职称、职务、主要研究方向、重要学术成果和通信地址等制成卡片。2002 年，编辑部把这些档案卡片进一步整理，编印成《"东欧中亚研究"作者名录》小册子，为组稿和学者们进行学术交流提供了方便。编辑部还注意研究读者的阅读习惯，主动适应读者需求，扩大读者的覆盖面，竭诚为读者服务，倾听读者的意见，沟通编读关系，及时改进工作，对读者的来信热情回复，把加强刊物与读者的联系、交流与沟通，作为编辑部的一项重要工作。

四　与国际惯例接轨，扩大刊物的世界影响

近年来，我们要求全体编辑人员树立开放意识和顶尖意识，面向俄罗斯、东欧、中亚学术研究领域最重大、最前沿的课题，研究这一地区的最重大的理论和实际问题。现代国际性学术期刊的结构性配置是多向的。其中有纵横交错的网络式结构，也有线性垂直的纵向结构。从刊物的结构性来说，《俄罗斯中亚东欧研究》基本上是属于前者。在横向方面，该刊的内容涉及原苏联、俄罗斯、东欧、中亚国家和地区，从学科看该刊包括经济、政治、外交、理论、历史、文化、军事、民族等各个领域的研究成果。在纵向方面，本刊开设有历史、人物志等栏目，其研究对象涉及上述有关国家的断代史、地区史、国别史和专题史。同国际斯拉夫研究方面的权威性杂志相比，本刊的栏目设置远远超过它们，其总体结构也较为复杂。为了提高本刊在国际上的学术地位，有利对外学术交流，扩大所登研究成果的国际影响，近年来，本刊比较注意与国际惯例接轨。比如，坚决拒绝已在其他刊物发表的稿件，作者的论文在我刊一经发表，版权即归我刊所有。

我们要求全体编辑人员站在世纪的发展高度，积极推动中国学术走向世界。为此，我们重点抓了两方面的工作：一是在反映中国的俄罗斯、东欧、中亚问题研究时，努力做到把高、精、尖的产品推向世界，让世界学术界了解中国。我们实行"开门办刊"，多次组织关于重大学术、理论问题的研讨会，组织撰写具有创新性、科学性的学术论文，把讨论纪要和论文在刊物上发表。（如"'苏联经济理论'研讨会"、"建国初期中苏两国的龃龉和矛盾及其历史渊源"、"学习邓小平理论、评析叶利钦时代"学术讨论会纪要等）1999 年 10 月中苏中俄建交 50 周年，在全所科研人员和全体编辑的共同努力下，在北京举行了纪念活动。李铁映院长为《俄罗斯中亚东欧研究》题词："庆祝中俄建交 50 周年。"江蓝生副院长和俄驻华大使罗高寿在"庆祝中俄建交 50 周年学术研讨会"上发表了重要讲话，编辑部写了研讨会侧记。我们把这些文献一并发表在当年第 5 期的《俄罗斯中亚东欧研究》上，对提高刊物的社会知名度和加强中俄两国人民的友好往来起到了积极的促进作用，获得了良好的社会效益。

二是积极介绍和引进国际上对俄罗斯、东欧和中亚问题研究的最新成果。近年来，本刊发表了和移植了一些国外政要、专家学者写的文章，介绍各种思想理论和学术观点。如《丝绸之路外交》（吉尔吉斯共和国总统阿卡耶夫）、《叶利钦时代的终结》（［俄］罗·梅德韦杰夫）等。本刊编辑部负责人和其他一些研究人员出访俄罗斯、东欧、中亚国家，同这些国家的知名人士座谈，回国后，把这些座谈内容整理成文章在刊物上发表，使中国了解世界，做到"知己知彼"，"洋为中用"，使《俄罗斯中亚东欧研究》成为沟通中外学术和文化交流的桥梁。

为了与国际惯例接轨，我们对刊物的版式设计、开本用纸进行了一系列改进，增加了中外学术、文化交流活动的彩色照片，印制精良，表现了刊物的质朴、典雅、庄重的外貌风格。

五 立无私奉献的敬业精神，提高刊物的编辑质量

一本刊物能否成为精品，不仅要刊登有较高水平的学术论文，而且还要有较高的编辑校对质量。因此，我们要求每一个责任编辑竭尽全力工作，精心编辑加工稿件，力求每一篇文稿都能真正反映《俄罗斯中亚东欧研究》的独特风格和水平，做到在推敲观点上，坚持慎之又慎；在调

整结构上，突出主题，层次分明，条理清晰；在增删材料上，细致考证，认真核对，删繁就简，毫不马虎；在锤炼语言上，精心加工润色，使语法、逻辑、修辞合乎规范。在校对方面，我们严格实行三校制、互校制、统校制。责任编辑要把好稿件质量的第一关，包括稿件是否符合四项基本原则，是否符合党和政府现行的方针政策，如有违者，坚决不发，毫不含糊。同时，要认真修改加工，改正错别字、润色文字、校勘资料，要特别注意标点符号和数字、注释书写格式的规范化和统一化。编辑部主任要对清样作通读编排、配置协调，并送主编做最后审读把关。我们一直坚持三校付印制，并不断增加校样通读力量，即由两人负责检查编校质量，另请一位资深专家进行政治把关。经过这些努力，刊物的差错率已经达到万分之一以下。

实践证明，只有建立起一支高素质的编辑队伍，才能办出高质量的刊物。因此，我们注意把政治思想工作放在首位，狠抓编辑队伍建设。第一，抓管理，强化包括三审制、三校制、发稿会制在内的各项规章制度。第二，抓思想。我们认为，必要的制度、精细的管理都是行政手段，只能管出条理和秩序，而不能管出生机与活力。起决定作用的是刊物的编辑思想。可以这样说，稿件是硬件，而编辑思想是软件。软件才是一种规范、一种秩序、一种机制、一种烛照，才能借以把全体编辑和整个刊物组成一个有机整体。第三，抓学习。坚持学习制度，通过各种形式组织编辑人员学政治、学经济、学业务，不断更新知识，汲取营养。通过这些教育活动，编辑人员的政治素质和业务素质都有很大提高，精神面貌也焕然一新，全体编辑人员精诚团结、密切合作，心往一处想，劲儿往一处使，一事当前，大家争着干，抢着上，涌现了许多好人好事。这种敬业奉献精神形成了一股凝聚力和战斗力，推动编辑部工作健康有序地发展。

30 年是《俄罗斯中亚东欧研究》的一部创业发展史。30 年来本刊历经了一番又一番沧桑，克服了一个又一个困难，取得了一次又一次胜利。这些成功，无不表明本刊的 30 年，是锐意进取的 30 年，是开拓创新的 30 年，是为完成肩负的历史使命而不断与时俱进、发展壮大的 30 年。30 年的实践也一再向我们证明，只要我们始终站在时代前列，坚持正确的办刊方向，高瞻远瞩，励精图治，求真务实，奋力拼搏，我们的事业就会欣欣向荣，蒸蒸日上。

成绩是昔日的光荣，未来还要开拓进取。在新形势下我们要保持荣誉，担负起时代所赋予的使命，全力以赴把《俄罗斯中亚东欧研究》办成宣传马克思主义的论坛，活跃学术思想的园地，观察俄罗斯、东欧、中亚改革发展的窗口。让更多的思想深邃、内容充实、论证精辟、文风严谨的精品力作向这里汇集、升华，迸发出外为中用的思想火花，为我国的社会主义物质文明和精神文明建设作出新的贡献。

（向祖文，中国社会科学院俄罗斯东欧中亚研究所编审）

十年磨一剑:《新编乌克兰语汉语词典》即将问世

《词典》课题组组长 何 卫

　　《新编乌克兰语汉语词典》是一部由中国社会科学院俄罗斯东欧中亚研究所乌克兰研究室负责编纂的综合性中型双语辞典。

　　1999年5月，时任中国社会科学院院长的李铁映在率团访问乌克兰科学院时，与乌克兰科学院签署了两院科研交流与合作协议。根据这一协议，中国社会科学院国际合作局决定将编纂《新编乌克兰语汉语词典》的工作作为两院进行科研合作的具体项目之一。经过反复论证并征求多方意见，国际合作局于1999年10月正式委托俄罗斯东欧中亚研究所乌克兰室承担《新编乌克兰语汉语词典》的编纂工作。

　　乌克兰曾是原苏联第二大加盟共和国。1991年苏联"8·19"事件后，乌克兰最高苏维埃于8月24日宣布乌克兰独立。在1991年12月1日举行的全民公决中乌克兰人民选择了独立之路。独立后的乌克兰成为仅次于俄罗斯的独联体第二大国和欧洲大国，在欧亚大陆上发挥着不可忽视的地缘政治影响。

　　西方和俄罗斯都很重视乌克兰的内外政策。乌克兰既被俄罗斯视为抵御西方军事威胁的安全屏障，也被西方看作在政治、经济和军事上进入独联体的跳板，从而达到遏制俄罗斯的战略目标。越来越多的俄罗斯人认识到乌克兰地缘政治的重要性，迫切希望与乌克兰发展双边关系。实行东扩政策的北约和反对北约东扩的俄罗斯在乌克兰遇到了战略方针和利益的碰撞。乌克兰的外交路线和动向直接牵动着欧洲战略格局乃至世界风云的变幻。

中国和乌克兰都是具有深厚文化底蕴的国家。中乌两国人民的友好关系可以追溯至 20 世纪 50 年代。当时，中国的社会主义建设事业曾得到过包括乌克兰专家在内的苏联专家的援助。中国是世界上最早承认乌克兰独立并与之建交的国家之一。1992 年 1 月 4 日，两国正式建立外交关系。建交 20 年来，在双方的共同努力下，两国建立了长期稳定、相互尊重、平等互利的友好合作关系，并在国际事务中保持良好的合作关系。近年来，双方高层交往频繁，政治互信增强，双方彼此尊重对方的核心利益，两国在经济、科技、教育、文化等各个领域的合作不断深化。

乌克兰语属斯拉夫语系中的东斯拉夫语支。世界上使用乌克兰语的人数大约有四五千万人。乌克兰语也是联合国的工作语言之一。学习乌克兰语不仅有助于我们了解乌克兰民族的历史、文化与社会生活，而且还有助于我们从事斯拉夫语言的比较研究和扩大国际交往。

目前在我国涉及乌克兰语的辞书种类极其匮乏，学生及研究人员面临着无书可用的窘境。商务印书馆曾于 1999 年 3 月出版过一本由黑龙江大学辞书研究所郑述谱教授主编的《乌克兰语汉语词典》。该词典仅收入乌克兰语词条 20000 余个，无法满足人们学习与研究乌克兰语的需求，与两国双边交往的现状以及人们日益高涨的了解乌克兰的热情不甚协调。

《新编乌克兰语汉语词典》共收词条约 80000 多条，其中包括乌克兰标准语的常用词、最常用的科技名词、口语、某些古词语及方言。辞典还收入了文艺作品、政论文章、科普读物中最常见的词组。该词典面向一切从事乌克兰语的人员，能够部分满足研究人员、翻译工作者、文艺工作者、商业人员以及其他各类专业人员的需要。

我们期待着，不久之后《新编乌克兰语汉语词典》的问世，能够弥补当前乌克兰语工具书匮乏的现状，为广大科技人员、翻译工作者、大学乌克兰语专业的教师和学生在学习和使用乌克兰语时提供帮助，从而进一步推动我国的乌克兰问题研究。

本课题在立项过程中得到了俄罗斯东欧中亚研究所领导的支持和帮助，时任党委书记的张森研究员和所长李静杰研究员不仅具体指导课题的组织工作，对本课题的论证和词典的编写提出了许多有益的设想和建议，而且还亲自为课题组推荐专家。此外，所领导还尽可能创造条件，为课题组成员赴乌克兰收集相关资料创造条件。

　　本课题于 2000 年 5 月正式启动后,我们在全院范围内邀请了 10 多名精通乌克兰语、俄语和研究乌克兰问题的学者参加词典的编纂工作,其中包括黄日炤、张达楠、王嚣、宣淼、宋竹英、马福聚、赵国琪、刘仲亨、章若男、宋锦海、李兴汉等老师。

　　本词典主编是黄日炤译审。他为辞典的编纂付出了艰辛而富有成效的努力。黄日炤同志是我国乌克兰研究学界的老前辈。1991 年苏联解体后,中国社会科学院俄罗斯东欧中亚研究所决定成立乌克兰研究室,黄日炤同志就任乌克兰研究室首任主任,成为乌克兰研究室的奠基人。当课题组聘请其担任词典的主编时,黄日炤老师已近古稀之年。课题正式启动后,黄日炤老师退而不休,全力以赴地投身到编纂词典这件费时费力的工作中来。数年来,他废寝忘食,忘我工作,自发稿前至付型阶段反复校核了全稿,以自己的学识和经验为这本词典的质量提供了有力的保障。

　　副主编张达楠译审是俄语翻译界的前辈。他以其学识广博的特有威望吸引了所内外众多专家参加词典的编纂工作,从而为课题组搭建权威性的词典编纂和审定班子发挥了不可或缺的作用。

　　本课题还得到辞书界、俄语翻译界和乌克兰问题研究学界一些知名学者的热情指点和帮助。他们的参与使词典的质量有了可靠保障。在我们的邀请下,黑龙江大学辞书研究所所长郑述谱教授、《大俄汉详解词典》的两位主编和若干位国内知名语言学家和辞书专家参加了词典的编纂和审定工作,从而保证了词典的质量。尤其值得一提的是,黑龙江大学潘国民教授对本辞典技术上的指点使我们在编纂过程中受益匪浅。中国社会科学院文献信息中心赵国琦研究员也为辞典的出版工作提供了许多有益的帮助。

　　中国社会科学院国际合作局领导和欧洲处杨建国同志高度重视本课题的立项和运作,并在经费上给予大力支持,从而保证了该课题的正常运转。

　　乌克兰科学院和乌克兰驻华使馆同样对《新编乌克兰语汉语词典》的编纂深表关注。当课题组成员在乌克兰收集资料时,乌克兰科学院外事局的两位官员就曾表示,乌克兰科学院在对中国社会科学院传播乌克兰文化所作的努力深表感谢的同时,衷心希望该辞书能够尽早面世。乌克兰科学院乌克兰语研究所的专家不仅为该词典提出了建设性的意见,而且还为我们推荐了一批新出版的乌克兰语辞书。在他们的建议下,我们决定更换蓝本,从而确保词典更具权威性。

　　最后,我们还要感谢商务印书馆的领导和本辞典的责任编辑王立新女士。该词典的出版离不开商务印书馆领导的关心，而外语编辑室俄语组的王立新女士在编纂《新编乌克兰语汉语词典》时，校读并修订了词典的原稿卡片和校样，为课题组成员统一了校样的体例，为词典的出版付出了辛勤的劳动。

　　经过多年的努力，《新编乌克兰语汉语词典》这一成果即将面世。如前所述，在本辞典的编纂过程中我们曾得到过众多学者专家的关心和帮助，在此向大家深表谢意。

（何卫，中国社会科学院俄罗斯东欧中亚研究所研究员）

列国志《保加利亚》卷荣获保加利亚总统奖

张　颖

保加利亚总统颁奖令

保加利亚"基里尔和
麦托迪"勋章

2006 年 11 月 14 日，保加利亚总统格奥尔基·帕尔瓦诺夫签发总统令，决定授予我"基里尔和麦托迪"勋章（二级）。同年 11 月 21 日，保加利亚总理斯塔尼舍夫代表总统正式给我颁发了这一奖项。总统命令全文如下：

保加利亚共和国总统令
第 449 号

根据保加利亚共和国宪法第 98 条第 8 款，我决定授予中国社会科学院科学工作者张颖女士"基里尔和麦托迪"勋章（二级），以表彰她在发展保加利亚共和国和中华人民共和国两国之间文化和科学方面的关系所作出的突出贡献。

2006 年 11 月 14 日于索菲亚颁发

司法部长和国家版权保护人　　　　　　　保加利亚共和国总统
教授 格奥尔基·彼特卡诺夫 博士　　格奥尔基·帕尔瓦诺夫（亲笔签名）
（亲笔签名）　　　　　　　外交部长　伊瓦伊罗·卡尔芬（亲笔签名）

"基里尔和麦托迪"勋章是保加利亚国家级勋章。基里尔和麦托迪兄弟二人是基里尔字母（亦称斯拉夫字母）的创造者。保加利亚、俄罗斯和白俄罗斯等国文字均使用基里尔字母。为了纪念他们兄弟二人对斯拉夫文化和保加利亚文化等方面作出的历史性贡献，特地以他们的名字设立这一勋章，用以表彰在发展保加利亚与外国在文化、教育和科学研究等方面关系作出突出贡献的外国文化界人士、教育界和科学研究机构的人士。勋章分为两级。获奖者必须由两人提名推荐。颁发该勋章须有国家总统和外交部长、司法部长和国家版权保护人的亲笔签名。

保加利亚总统授予我"基里尔和麦托迪"勋章，起因于我撰写并出版的列国志《保加利亚》一书。2006 年 4 月，由我院社科文献出版社出版了我编写的列国志《保加利亚》卷。全书共 32 万多字。该书从政治、经济、历史、文化、军事、外交、科技、教育、文体和卫生以及领土、人口等自然状况，客观、全面、系统地介绍保加利亚。全书资料翔实和内容丰富，既有通俗性和可读性，也有一定深度。为了使广大读者对保加利亚的过去和现在有一个清晰而系统的了解，全书各章基本按资本主义时期（自 1878 年从土耳其统治下获得解放到 1944 年 9 月 9 日）、社会主义时期（从 1944 年 9 月 9 日共产党执政到 1989 年 11 月 10 日）和后社会主义时期（从 1989 年 11 月 10 日政局发生变化至今）撰写。但写作的重点是后社会主义时期，并突出各时期的特点。写作的原则是坚持辩证唯物主义和历史唯物主义，尊重历史，尊重史实和实事求是的原则，客观地介绍保加利亚的概貌。更值得一提的是，该书系统地梳理并概括了保加利亚 1989年 11 月 10 日后政局变化的过程，政治、经济、军事、外交等方面转轨的进程和举措以及现行体制，同时它也客观地记录了保加利亚加入欧盟和北约的复杂进程。为了方便读者，该书还附录了一些有关保加利亚的基本统计资料。这是我国正式出版的首部综合介绍保加利亚的书，也正因为如此，这本书出版后受到保加利亚方面的高度重视。

2006年5月24日，保加利亚驻华使馆举行招待会，庆祝保加利亚教育、文化和斯拉夫文字节。我因在外地而没有参加。在这次招待会上，保加利亚驻华大使安格尔·奥利贝措夫从中国同志那里获悉由我撰写的列国志《保加利亚》卷刚出版，便当即让那位同志转告我，希望我寄两本给他。后来我送给了大使两本。又过了一段时间，大使约我去使馆谈谈该书写作和出版的简单情况，并简单地谈了他和使馆其他人员对这本书的印象。大使和工作人员对该书很满意，认为写得很有深度，很客观，内容很丰富，他们很高兴。大使让我写一份学术简历给他。同年8月，大使回国休假并为保加利亚总理访问中国做准备。据悉，在回国休假期间，他亲自去保加利亚科学院经济研究所找我以前在该所进修时的导师维·格里戈罗娃了解情况，并共同推荐我获得这个奖项。9月份大使从保加利亚回来以后，立即让使馆人员打电话给我，说你写了那么多关于保加利亚的文章及作品，对保加利亚研究得很深刻，我们争取给你授奖。听到这个消息以后，当时我虽然从内心里感到高兴，但也没有太过在意。2006年11月17日晚，保加利亚使馆再次打电话给我，说他们的总理斯塔尼舍夫于11月19日来华访问，其间将向我颁发保加利亚总统授予的勋章。这时，我才确信真有其事。2006年11月21日，保加利亚大使为庆祝保总理访华举行招待会，时任外交部长助理的孔泉同志和有关官员应邀出席。在这次招待会上，作为一项重要议程，就是向我和我院外国文学研究所的陈九瑛同志颁奖。颁奖仪式隆重而热烈。首先，由大使宣读保加利亚共和国总统令，然后总理斯塔尼舍夫代表总统分别给我和陈九瑛颁发了"基里尔和麦托迪"勋章（二级）和证书。之后，我们分别发表了极为简单的致谢词。

从保加利亚方面看，他们决定给我授奖的原因就像总统颁奖令写的：奖励我在发展两国文化和科学方面的关系所作的贡献。具体地说主要有以下3个原因：其一是因为我撰写了列国志《保加利亚》卷。可以说，没有这本书我就不会得这个奖。在读了这本书后，大使和使馆工作人员认为该书内容丰富，真实客观，很有深度。并认为这是在中国用中文全面介绍保加利亚的第一本书，分量很重，很有意义，他们很高兴。保加利亚是一个只有 739 万人口的国家，把它全面、系统、真实地介绍给拥有 13 亿人口的中国，表明中国对保加利亚的重视和尊重，他们很看重这本书也就不难理解了。其二是他们认为我对保加利亚的研究工作做得很好，研究得很深刻。在我多年从事保加利亚的研究工作中撰写了许多关于保加利亚的文章和作品，其中许多作品他们搜集在案。我也因此受到了他们的关注并得到他们的肯定。老实说，没有几十年研究工作的积累，列国志《保加利亚》卷很难成书。大学毕业后，我多年从事国际新闻翻译和播音工作，为后来的研究工作打下了良好的基础。之后的 20 余年我专门研究保加利亚的政治、经济和外交领域，以及中东欧的转轨问题，共撰写了上百万字的文章和论文。我和我的同事一起使这个学科从无到有，客观地介绍了保加利亚政治、经济和外交方面的情况、经验和教训，为广大学者和政府官员提供了参考（特别是在我国改革开放之后和他们政局变化之后）。有的文章（发表在杂志上的）被保加利亚驻华使馆搜集到并翻译成了保加利亚文。之所以授予我这个奖，是在他们对我科研工作和成果的长期了解基础上作出的决定。可以说，如果没有这个了解，他们也不会授予我这个奖。这个奖项，也是对一个中国学者多年来为传播保加利亚文化、发展保中文化交流的一种肯定和感谢。其三是保加利亚方面希望今后继续加强两国的文化往来和友好关系。新中国成立以后，作为两个社会主义国家，中国与保加利亚一直保持着稳定的传统友好关系。苏联东欧国家 20 世纪末发生剧变以后，保加利亚成为西方国家的"小伙伴"，他们担心会因此淡化、疏远以至伤害与中国的传统友好关系。在这种情势下，颁布总统令"表彰在发展保加利亚共和国和中华人民共和国之间文化和科学方面的关系"作出"突出贡献"的中国学者，表彰不带任何意识形态色彩地撰写列国志《保加利亚》卷的作者，恰逢其时，顺理成章。这表达了保加利亚希望进一步加强两国在文化方面的交流和友好关系的愿望。

在颁奖仪式上，我国外交部的一位同志对我说："你给中国争光了，世界上有不少国家的学者研究保加利亚，但是我们中国人获奖了。"我听到这话虽然高兴，但没有丝毫得意。因为无论我多年的研究工作，还是撰写的这本书，都还存在许多不足。获此殊荣，是我从来没有想过的。这份荣誉不应该完全归功于我个人。首先，应归功于培养我和为我提供了良好学习、工作条件的国家和单位。没有这个前提，也许我终其一生都一事无成。我在我们所从事科研工作 20 多年，直到 2003 年退休，退休后继续研究保加利亚，列国志《保加利亚》卷主要是退休后完成的。应该说，几十年来，我尽其所能，为发展中保"两国之间文化和科学方面的关系"，作出了自己的贡献，同时也为建立、建设和发展我国的保加利亚学科，作出了自己的贡献。但这都与国家的培养和单位的支持分不开。我感谢保加利亚，但更感谢国家和我所在的单位，还要感谢多年来与我合作和帮助过我的那些同事们。

在这里，我还想特别强调列国志丛书的重要性。这套书，形似一种工具书，实际上是一种具有特殊要求的研究性著作。其内容涉域广且深，资料须翔实无误，没有对对象国的透彻了解和长期研究，是写不出来的。列国志名下所包括的 100 多部丛书，应是我们中国社会科学院国际问题研究的一项重要的学科建设。而且，也只有像我们中国社会科学院这样重视基础研究和应用研究的学术机构才能够胜任。据我所知，这套书相继出版以后，在国内外普遍受到欢迎，赢得了世界许多国家和国内众多单位的高度重视。我国奉行全方位的和平外交政策，实行日益深化的改革开放政策。列国志对改革开放后的中国了解世界和走向世界，发展与世界各国政治、经济、文化、体育等方面的关系，帮助很大。它之所以能成为相关单位（包括政府部门、事业单位和企业等）的案头书，不是偶然的。由保加利亚为我授勋一事，我还联想到，国际关系不分国家大小，一律平等，研究世界上的大国固然重要，研究那些小国也很重要。因为在世界经济全球化和政治格局复杂化的今天，每个国家包括所谓的小国，都是参与博弈的一颗棋子，甚至是颗足可致命的棋子。学术研究不等于政治和外交，但它可以成为外交的有力助手，这从保加利亚已经得到证明。每当想到这里，我就会由衷地感到荣幸和欣慰。

（张颖，中国社会科学院俄罗斯东欧中亚研究所研究员）

欧洲研究在中国

沈雁南

"欧洲研究在中国"是中欧高教合作项目中的一个课题，经过一年多的工作已经在 1999 年结项，本文即是该课题最终成果的一个概述。限于篇幅，本文在此只能对当前中国欧洲问题研究的发展状况作一十分粗略的描述并就深化欧洲问题研究提出个人的一些看法，以就教于学界同人。

本文之"欧洲研究"的含义应解释为中国学者对当代欧洲地区及西欧国家的政治、经济、社会与国际关系等方面所进行的研究工作，不包含中国学者对原属前苏东地区的国家所进行的研究工作。

中国欧洲研究史概略

中国和欧洲作为人类文明的重要起源地，早在各自文明的萌芽和传播的过程中，就有了最原始的、间接的、逐渐发展的接触。但是，由于历史条件的限制，中国古代有关欧洲的文字记载是十分原始的，对欧洲的认识也是十分模糊的，自然也无所谓研究。

中国学者对欧洲问题的研究应起始于近代。16 世纪以后，随着世界航海技术的发展和西欧国家的殖民扩张，中国与欧洲交往日益增多。此时，正是欧洲文明发达扩张，而中国社会开始渐趋式微的时候。"资产阶级，由于一切生产工具的迅速改进，由于交通的极其便利，把一切民族甚至最野蛮的民族都卷到文明中来了。"① 起初，中国人对通过各种渠道传入的欧洲先进文明主要是表现出一种好奇心，出现了大量介绍西方文明的著述，开始进入西学东渐的时代，并通过西学东渐而丰富了对欧洲的认识。及至鸦片战争以后，中国知识分子基于对西方国家"船坚炮利"的切肤之痛，抱着富民强国的愿望更进一步地大规模地翻译、介绍西方国家的先进技术和先进思想，探索西方国家的强国之路。有关欧洲各种知识的书籍大量问世，便是中国近代的欧洲研究的萌芽。

有关明清以降中国对欧洲的认识在许多研究西学东渐、鸦片战争等近代史问题的专著中都有十分详尽的论述，已不属本文范畴。我们之所以在此一提，是因为近代中国人有关欧洲的文字叙述和记载乃是当代中国欧洲研究的起源。近代中国人认识欧洲的思维模式，如探求强国富民之路等，至今仍有着重大影响；而有关欧洲知识的基本词语，如"欧洲"、"法国"、"英国"等，也都源于近代的文字记载。更重要的是，我们认为，经过百多年来的历史演变，欧洲研究在中国已经历了一个从无到有、由浅而深而逐步规范的发展过程，已经开始形成一门专门的学问。本文正是在这一认识的前提下，对欧洲研究在当代中国的发展作出分析评估。

当代中国的欧洲研究当从 1949 年中华人民共和国成立起计。中华人民共和国成立以后，中国与欧洲之间的关系开始具有了新型的、平等的、主权国家之间的意义。作为一个独立的、新兴的主权国家，作为一个在当代世界舞台上具有举足轻重的影响的发展中国家，同时也基于新中国成立前后所面临的严峻的国内外政治和经济形势，新中国的政府从其成立之初便对国际问题给予格外的重视，使国际问题研究作为一门专门学科得到迅速发展，并逐步形成了专门的研究队伍和特定的课题范畴。欧洲研究也由此而得到发展，一些研究机构和大专院校等部门内都开始有专业人员对当代欧洲国家的政治、经济、社会和国际关系等问题进行研究，出版了许多有关的著述，奠定了当代欧洲问题研究的基本框架。然而，由于受冷战政治的影响，中国学者对当代欧洲的研究主要从国际政治的角度来进行，因而仍然受到一定的制约，未能得到充分的发展。在"文化大革命"中，

---

① 马克思、恩格斯：《共产党宣言》，《马克思恩格斯选集》第 1 卷，人民出版社第二版，第 276 页。

更是由于受极"左"路线干扰而几乎处于停顿。

　　十一届三中全会以后，在全国思想大解放、学术研究蓬勃兴旺的改革开放的年代里，现代意义上的欧洲研究才有了充分的发展。1981 年，本文"欧洲研究"意义上的中国第一个欧洲问题专业学术研究机构——中国社会科学院西欧研究所成立（1993 年改名为欧洲研究所），并于 1983 年公开出版了中国第一份全国性的西欧研究专业学术刊物——《西欧研究》杂志（1993 年改名为《欧洲》杂志）；1983 年中国举行了首次西欧学科规划会议，会议讨论了欧洲一体化研究等方面的科研协调工作，并将欧洲一体化列为今后的重点研究项目。1985 年，第一个全国性学术团体——中国西欧学会（1991 年改名为中国欧洲学会）在北京成立。而在此之前，欧洲问题研究基本隶属于国际问题研究的机构之下或大专院校的国际政治系之内；学术团体也仅有经济研究领域内的中国西欧经济研究会。与此同时，原有的一些高校院系和研究机构中的欧洲问题研究力量也有了很大的发展，在全国范围内形成了专事欧洲问题研究的专业队伍。90 年代以后，随着中国改革开放的不断深入，中欧关系的进一步全面发展，特别是欧洲与世界格局的变化，以及中欧学术交流的发展，中国的欧洲研究无论在深度和广度上都有了前所未有的进步。

一般成果综述

　　本文将从政治、经济、社会文化和国际关系及外交政策四个方面对中国欧洲研究成果进行综述。

　　政治　政治类论文和专著在中国学者研究的课题中占有较大的分量，政治问题的研究范围主要分为有关欧盟政治一体化及其体制和运行机制、欧洲国家的政治形势和欧洲国家的政体及法律三个类别。其中，第一类欧盟政治一体化的问题经常与国际关系类的问题发生密切的关系；第二类是欧洲政治研究的重要内容，每年均有大量文章论及，对欧洲及欧洲国家的政治形势发展变化作出及时的分析和判断，同时也对这种发展变化所带来的种种影响进行分析，其重点往往可能更注重政治形势变化对外交政策的影响；第三类课题涉及欧洲政治思想的理论和实践、政党体制、政府行政管理机制、国家政体变革、中央与地方政府关系、法律原理、法律的制定与运行、社会思潮与阶级结构等诸多方面。有关第三类课题的研究成果十分丰富，近年来，有相当多论文涉及政府行政管理体制、中央政府与地方政府的关系及司法制度等法律方面的问题。

经济　这是中国学者予以关注最多的一个领域，涉及面十分广泛，从欧洲国家的经济状况、欧洲国家的经济金融政策到中国与欧洲国家的经济贸易关系，等等。

中国学者在关心欧洲经济一体化进程中所出现的经济理论和经济现实问题，以及这些问题对中国经济和中欧经贸关系影响的同时，也十分注意研究西欧国家的财政税收管理制度、地区发展及地区发展政策、公有企业的经营与管理、国家经济政策指导思想、经济计划运行机制、产业结构调整、政府对高科技干预调节政策、经济法律体制、反国际避税和反倾销政策等实际问题。这些文章大都从中国改革开放的实际出发，本着科学研究的精神，深入而十分具体地分析西欧国家在这些问题上所面临的种种问题及所采取的对策措施，不仅加深了中国读者对西欧国家的了解，也为中国读者在考虑同类问题时提供了值得参考的思路。在中国正在由计划经济体制走向社会主义市场经济体制的过程中，中国学者十分注意西欧国家在经济体制上的经验与教训，如德国社会市场经济模式与法国经济计划化的研究，历来为中国学术界所关注。

中国在改革开放以后，经济发展十分迅速，同时因经济发展而引发的环保问题也日益成为人们关注的问题。欧洲国家因其经济发展较早，对环保问题的重视和研究也有着较长的历史，因而也被列入中国学者的研究课程。90年代以后，陆续有学者对欧洲环保问题的研究报告发表，这些报告主要为介绍欧洲国家在环保问题中的经验和政策，以期引起中国有关部门的重视和借鉴，研究课题主要为环境保护和经济发展的关系、欧共体/欧盟在可持续发展战略问题上的政策与法律等方面。

其他如欧洲高新技术经济、金融、贸易及中小企业、农业经济等问题也是中国学者十分关注的重大课题。

还有一类经济研究的课题是对欧洲及欧洲国家经济形势的分析，每年都有大量论文涉及。总的来说，中国学者能够对欧洲经济的形势提出比较及时的分析报告。由中国欧洲学会、中国社会科学院欧洲研究所和中国社会科学院欧洲问题研究中心合作出版的《欧洲发展年度报告》自1996年以来，对欧洲经济形势的分析便成为其重要特色之一，该报告在某种程度上反映了中国学者对欧洲经济的看法。

社会文化　欧洲社会文化问题的研究较之政治、经济和外交政策的研究，起步较晚。尽管中国其他学科，如历史、哲学、文学、社会学等领域的学者在这一方面并不乏对欧洲此类问题有着长期和深入的研究，但作为当代欧洲现实问题中一个独立的专门研究而言，欧洲社会文化问题的研究仍处于起步阶段。但是，中国文史哲等学科的学术研究及其涉猎欧洲历史中社会文化问题的研究成果，为当代欧洲社会文化问题研究提供了有利的条件。

欧洲是资本主义起源地，是当代世界发达国家最为集中的地区，其资本主义社会的发育和成长具有完整的过程，其经济与政治一体化的发展趋势成为当代国际社会中一个最为引人瞩目的现象而受到学术界的格外重视。欧洲经济与政治的发展，欧洲一体化对当代国际关系的冲击，以及欧洲在世界上地位的不断提高，使人们十分关注当代欧洲的发展，同时，当代欧洲的发展也促使人们从新的角度和新的高度来重新思考欧洲文明在当代的发展及其对世界的影响问题。

此外，涉及社会的问题的研究课题有福利社会制度、工会问题、绿党和环保等社会思潮与新社会运动对社会价值观念的影响及欧盟共同社会政策的分析等。

国际关系及外交政策　由于冷战时期中国和欧洲在国际舞台上都具有各自的特殊的国际地位，中国政府历来十分重视对欧洲的外交，也十分关注欧洲国家的国际关系和外交政策的变化。第二次世界大战以后，中欧关系的发展对维护世界和平与中国经济的发展始终有着重要的影响和作用。因此，对欧洲国家的国际关系和外交政策的研究一直是中国欧洲研究中的重要课题。

对欧洲国际关系和外交政策的研究主要有四个方面：其一为欧洲国家（主要是英国、法国、德国和意大利等国）的对外关系和外交政策；其二为欧共体/欧盟的政治一体化及合作安全政策的问题；其三为中欧关系；其四为欧洲及世界学者的国际关系理论的研究。

对冷战后欧洲国际关系的研究主要集中在三个问题上：一是北约与欧盟的东扩及欧洲格局的变化；二是欧盟内的国家关系变化；三是民族主义思潮的扩张及欧洲地区性冲突。

中国学者十分重视对中欧国家的双边关系的研究，特别在中国与英、法、德、意等双边关系问题上，中国学者均有众多的论述。从总体情况分析，这种对双边关系的研究是在长期追踪观察的基础上，对双边关系的新问题和新变化作出及时的分析和判断，因而具有一定的深度和较宽的视角，受到读者的重视。

冷战结束以后，随着苏联东欧集团的瓦解，两大阵营在欧洲和世界范围内对峙的局面已不复存在，欧洲与世界格局出现了根本性的重大变化。人们在研究欧洲国家外交动向的同时，也十分关注欧洲在世界上的地位与影响，特别是欧美关系和欧洲与第三世界国家关系等问题的研究，并试图通过对冷战后国际关系理论的发展及世界经济全球化、高科技、军事战略和国家安全等问题的研究来探讨欧盟和欧洲国家的外交政策的变化。

欧盟研究现状

我国学者对欧盟及其一体化进程的研究由来已久，早在 20 世纪 50 年代欧共体成立之初，我国学者就注意到了西欧国家的联合与一体化问题，当时正是冷战初期，在国际和国内的政治气候的影响下，我国学者主要是从两大阵营对峙的战略观念对西欧国家的联合问题进行研究和评价的。60 年代以后，随着国际形势的变化，中国学术界对欧洲一体化的研究和评价开始有了比较积极的转变，但仍然受限于世界两极格局和反霸斗争的总体思考。这种受国际国内政治形势影响的对欧洲一体化的研究自然有很大的缺陷，但也正因为受政治的影响，欧洲一体化研究也一直处在国际政治研究中的一个重要和特殊的地位而得到人们的重视，同时，长期持续的观察和研究，使欧洲一体化问题的资料采集工作具有一定的基础，对以后的研究工作的开展提供了十分有利的条件。

中国实行改革开放政策以后，中国与欧盟/欧共体的关系进入正常与迅速发展的阶段，我国学术界对欧洲一体化问题的研究也随之有了较大的发展，特别是 90 年代以来，中国欧盟问题的研究，无论从数量上还是从质量上都有很大的进步。

从已经出版和发表的各种学术成果的情况来看，目前我国学者对欧洲一体化的研究主要还是集中在经济与政治的一体化进程以及欧盟与中国的政治与经贸关系等方面，但是，研究的角度却较之以前有了很大的变化，中国对欧洲一体化问题的研究，已不再仅限于机械性的和还原式的研究工作，人们在研究的深度上提出了许多新的问题，在研究的视角上有前所未有的拓宽，开始出现了从经济、政治、法律、社会文化和国际关系等学科多层面不断深入的发展趋势。近些年来，有不少学者开始从国际法、国际关系理论、社会学和社会文化发展的角度探讨了欧共体一体化进程的现实和理论问题。一些专著从经济学、历史学、哲学和文化思想理念等角度讨论了欧洲一体化的问题，对欧洲观念的产生、欧洲联合的思想渊源、欧洲的文化理念、欧洲资本主义生产方式的演变发展、欧盟法及一体化研究的方法论等问题进行了研究和探讨。

中国欧洲一体化的研究工作进一步突破以往的国际问题研究模式，更注重政治学、经济学和法学的理论探讨，引起了国内学术界的重视。

多种学科的介入，不仅推动了欧洲一体化研究的深入发展，而且也使得这一问题的研究越来越具有特定学科门类的特征。

当前人们主要关心的问题有：欧元问题、欧共体/欧盟政治与安全的一体化问题、欧盟经济一体化进程、欧盟经济法律、欧盟东扩、亚欧关系、中国—欧盟经贸关系和外交关系等方面。

数据统计与分析

研究机构状况　根据本文"欧洲研究"的定义及课题组调研分析，中国从事欧洲问题研究或涉及欧洲有关问题研究的机构可以分为主要的三大类：一是专业学术研究机构；二是高等院校的有关院系；三是新闻出版机构的有关部门。

从人数来看，中国欧洲问题的专业研究机构从事欧洲问题研究的人员约占全国欧洲研究人员的 2/5。在本课题调研中，他们约占 1/2。

高等院校的研究与教学单位是中国欧洲研究专业队伍中的一支重要力量，从人数上来说略多于专业研究机构的研究人员，并因拥有众多的在读博士生和硕士生而更显实力强大。但在本课题调研的数据统计中，在高校从事欧洲研究的人员约占全国欧洲研究人员总数的 50%。

高校欧洲研究与专业研究机构相比，其研究人员除从事欧洲研究外，还更多地从事着欧洲问题的教学工作。以往，除个别情况外，在基本以欧洲研究为主的前提下，一般也兼任其他问题的研究工作。但在 90 年代以后，欧洲问题的研究和教学工作越来越趋向于专业化。

新闻媒体和出版机构的编辑、记者在从事欧洲问题研究方面有着其独特的作用。中国主要报刊和出版机构一般都设有国际部，专门从事有关国际问题或国际事务的报道或书籍的出版工作，其中也包括对欧洲问题的时事分析和报道或有关欧洲问题的图书出版工作。他们中有许多人都是中国欧洲学会的会员，积极参与中国欧洲问题的学术活动。从中国欧洲学会提供的会员登记统计来看，他们约占中国欧洲问题研究人员的 10%。

人员状况　根据中国欧洲学会提供的有关数据及有关课题研究的调研材料，中国欧洲问题研究人员的构成具有以下几个特点。

第一，与中国欧洲学会在 90 年代初的会员登记统计数字相比较，中青年化比较明显。从事欧洲研究的学者主要处在 30 岁至 50 岁的年龄段，约占此次调查的 69.16%，30 岁以下者为 10.83%，其余为 50 岁以上者。

第二，从人员分布情况来看，北京仍为欧洲问题研究人员最为集中的城市，约占全部人员的 41.6%，上海其次，约占 13.3%。其余各地共约占 45%，但由于他们分布较广，因此从绝对人数来说，这些城市的人员相对北京和上海要少。这些城市主要有天津、南京、武汉、成都、济南、杭州、广州、西安、昆明等地，基本上都是直辖市和各省的省会。

第三，从学历来看，近几年里，中国欧洲研究人员的知识层次有比较明显的提高。一方面是各高校（包括中国社会科学院研究生院欧洲系），纷纷开设欧洲研究的有关专业，加大了欧洲研究队伍的培养力度，新的中青年人员大量进入欧洲研究的领域；另一方面是其他社会科学领域的高学历人才的进入，也提高了欧洲研究人员的学历程度。据有关课题的抽样调研统计，具有博士学位的人占 36.6%，硕士学位占 33.3%，两者总计占 69.9%。

第四，从研究人员的职称来看，有关调查统计中具有正高职称的人员（教授和研究员）为 34 人，占调查总数的 28.3%，副高者（副教授和副研究员）为 49 人，占 40.8%。副高以上两者的总计为 69.1%，占被调查人员总数的一半以上。

第五，在中欧高教合作项目开展以后，中国欧洲研究人员出国学习和考察的机会增加了，特别是中青年人员的出国机会明显多于以往。加之近年来一些有过出国经历的其他学科的学者进入欧洲研究领域，使中国欧洲研究人员有过出国学习考察经历的人数明显增加。在有关调查中，他们约占全部人员的 73%。

以上情况详见表 1。

表 1　　　　　　　　　　　人员的年龄与学历

	年龄		工作所在地			学历		职称		出国	
	30 岁以下	50 岁以下	北京	上海	其他	博士	硕士	正高	副高	欧	美
	13	83	50	16	54	44	40	34	49	88	12
%	10.83	69.16	41.6	13.3	45	36.6	33.3	28.3	40.8	73	10

从表 2、表 3 中的统计数字来看，中国欧洲问题研究人员在知识结构方面具有两个特点。第一，具有政治学和经济学学历的研究人员占有较大比重，分别为 32.5% 和 37.5%，总数为 84 人，占调查对象 120 人的 70%（详见表 2）。第二，从他们当前所进行的研究课题来看，属于欧洲一体化问题的研究占 43.3%（详见表 2），在这些研究课题中，政治课题为 11 个，约占 21.1%；经济为 18 个，约占 34.6%；国际关系和法律各为 7 个，各约占 13.4%；其他包括社会文化和社会保障等课题 9 个，约占 17.3%（详见表 3）。可以这样认为，中国欧洲研究者主要是在政治学和经济学的学科领域开展对欧洲问题的研究；在欧洲问题研究中，对欧洲一体化的研究是他们的主要目标。

表 2　　　　　　　　人员学历结构与专业方向结构

所学专业						当前研究课题的分类比例		
政治	经济	法律	哲学	历史	其他	欧洲一体化	国别	其他
39	45	10	4	8	14	52	32	36
32.5%	37.5%	8.3%	3.3%	6.6%	11.6%	43.3%	26.6%	30.0%

表 3　　　　　　当前欧洲一体化研究课题的学科结构

总数	政治	经济	国际关系	法律	其他
52	11	18	7	7	9
100%	21.1%	34.6%	13.4%	13.4%	17.3%

目前，中国欧洲研究人员的知识结构正在发生着重大的变化。从以上统计来看，尽管中国欧洲研究的课题仍然是以政治、经济的研究为主，无论从科研人员的学历背景，还是从已取得的课题成果来看，这两个方面的研究都占据了欧洲研究的主要部分。但从目前正在从事的课题研究比例来分析，法律和社会文化等方面的研究都出现了上升的势头，如果我们把正在从事的课题中法律和社会文化及社会保障等方面的课题加在一起来做比较，就会发现它们的比例约占到了 30.7%（参见表 3），远远多于 80 年代以后已发表的成果中的这两方面的数字（合计约为 20.3%）的比例（参见表 4）。这说明了，在近两年里，欧洲研究的视角已从原来以政治、经济为主的领域，正在向法律和社会文化的研究领域拓展。尽管还不能完全改变原来的研究结构，但其发展趋势却十分值得注意。视角领域的开拓和研究结构的变化，正是中国欧洲研究问题发展的一个重要表现。

研究成果的分析除了上述抽样调查所作的统计工作之外，本课题调研还对 80 年代以来出版的中国欧洲研究的主要著述进行了统计分析，根据我们的资料收集工作，共查阅了各类学术著作 154 部，连同我们对国内六大欧洲问题研究中心项目执行情况所作调查所提供的 36 个进行中即将完成的专著，共有 190 部。我们对其所属学科进行了分类（详见表 4）。

表 4　　　　　　　80 年代以来中国欧洲研究主要专著的学科结构

总数	政治	经济	法律	社会文化	国际关系	综合
190	19	66	21	17	28	39
百分比	10%	34.7%	11%	8.9%	14.7%	20.5%

此外，据对 1990 年以来中国欧洲问题研究机构和研究与教学机构学者发表的各类论文的不完全统计（共查阅各类文章 1132 篇，涉及本文范围的各类论文有 919 篇，其余时事综述等非研究性文章不计在内），在研究论文中有综合性题目的 172 篇，政治类 257 篇，经济类 203 篇，社会文化类 96 篇，国际关系与外交类 132 篇，法律 52 篇，不便归类的有 7 篇（详见表 5）。

表 5　　　　　　　　　　主要学术论文分类统计
（1990 年以来）

总数	综合	政治	经济	社会文化	国际关系	法律	其他
919	172	257	203	96	132	52	7
百分比	18.7%	27.9%	22%	10.4%	14.3%	5.6%	0.7%

从上述统计结果可以看出，中国欧洲研究学术论文与学术专著的学科比例大体相近，政治与经济的论文比重较之专著的比重要少，但两者相加仍占比重较大，接近一半；社会文化和国际关系的比重与专著的比重相差无几。在学术论文中，宏观的研究课题占有较大的比重，这可从综合类的论文数字中看出。从总体上看，经济学和政治学仍然是构成中国欧洲问题研究的主要支柱。

通过上述各项统计的分析，我们可以看到，中国欧洲研究中政治、经济、法律、社会文化和国际关系的学科发展是很不平衡的。如果我们将对当代欧洲的研究作为对一种文明在欧洲的政治、经济、法律、社会文化和国际关系中的表现和发展作为研究的话，那么，这种不平衡显然是一种缺憾。

这种不平衡的研究状况的产生是有其客观原因的。首先，中国正面临着改革开放不断深入发展的形势，其中，经济与政治的改革和发展问题是中国读者关心的首要问题。国内形势的发展使人们对国外的同类问题产生浓厚的兴趣和关心，也使中国学者感到对之进行介绍、分析并研究其发展经验，为中国的改革开放提供有益的参考借鉴是十分有必要的。特别是中国对欧洲经济贸易关系的不断发展，使欧洲国家的金融、经济、贸易问题一直成为中国学者关注的中心。应该说，中国学者在经济与政治问题的研究方面是很有成绩的，他们的科研成果不仅能够为中国政治与经济的改革提供了重要的借鉴，也为加深中国人民对欧洲经济发展状况的了解、推动中国与欧洲的经贸关系的发展起到了积极作用。

其次，中国改革开放 20 年，也是世界形势发生重大动荡和转折的 20 年，在世界的"和平与发展"既面临机遇又遭遇重大障碍的情况下，国际环境的安定与否对中国的改革开放具有重要影响，也是中国人民十分关注的问题。欧洲在国际社会上的重要地位使中国不能不关注在那里发生的种种国际大事。这也是中国学者十分关注其国际关系和外交问题的重要原因。

再次，如前所述，在研究人员的知识结构上，中国的欧洲问题研究者大部分为经济与政治问题的专家，在客观上也形成了长期以来政治、经济和国际关系研究成果占据主要地位的状况。形成这一状况的原因也与前述两点有关，这是可以理解的。但是，随着欧洲问题研究深入发展，欧洲研究人员知识结构的改变也是必然的。

复次，从科研和出版条件来看，科研经费的缺乏和科研成果受众的知识结构也对这一不平衡的发展具有影响。如在出国考察、学术资料收集及学术交流活动等方面，从事社会文化研究就相对要比从事政治、经济和国际关系的研究难度大得多。在出版方面，由于出版社更多地考虑社会效益以及读者的口味，政治、经济和国际关系类的著述也比较容易为出版者所欢迎。而从论文统计的情况来看，由于其较少受经济条件的限制，有关论文的发表比专著的出版情况要略好些。

最后，需要强调的是，指出这种缺憾，是基于这样一种基本的认识，即在继续重视对欧洲政治、经济和国际关系的研究的基础上，弥补并发展对欧洲其他问题研究的不足。我们认为，欧洲的政治、经济和国际关系问题不管在过去、现在还是将来都应该是最值得重视的研究领域。因为，这些领域内的各种问题不仅具有重大的现实意义，而且同样的也具有重大的理论意义。但是，对欧洲这样一种曾在历史上对人类社会文明的发展，并在当代世界仍具有着重要影响的地区，以及欧洲作为我国实施改革开放政策以来引进外资、技术，发展对外贸易和经济、政治合作伙伴的重要对象来说，仅仅注重对其政治、经济和国际关系的研究是不够的。当代欧洲问题是由诸多方面的因素构成的，涉及人文社会科学的诸多领域，因此，对欧洲的研究也应该是综合性的、多学科和跨学科的，唯有如此，欧洲的研究才能得到进一步的深入发展。

几点评论

根据上述分析，本文得出以下几点结论。

（1）当代中国欧洲研究继承了鸦片战争以来中国学者对西方国家（包括欧洲在内）发达之路进行研究的学术精神和价值追求，这就是探索、借鉴欧洲国家发展的成败经验，寻找中国"富国强民"之路。同时，当代中国作为独立自主、改革开放的发展中大国，安理会的常任理事国，负有维持世界"和平与发展"的责任，因此，中国学者又十分关心国际问题的研究，关心欧洲在世界事务中的地位和作用，关心中欧关系的发展。由此决定了中国学者在对欧洲问题进行研究时，在课题设计与实施过程中的基本态度和指导思想。

（2）90年代以来，中国的欧洲研究有了很大的发展。其表现主要有三点：其一，中国学者对欧洲问题的认识与分析已不再局限于对一事一物，或对某一领域或事物单个现象的研究，当代的欧洲问题越来越多地被放到"欧洲文明发展"的大背景下来考察，课题的理论意义正在得到更多的重视，研究的深度得到了加强；其二，基于这一认识，研究的广度得到了拓宽。从课题统计来看，有越来越多的研究涉及历史学、哲学、法学、社会学等领域，以往以政治学、经济学为主的研究成果构成正在发生改变；其三，这一改变也表现在研究人员的结构调整上。从研究人员统计数据来看，具有历史学、哲学、法学和社会学学历的人员的介入，丰富了以政治学、经济学为主的研究人员结构；政治学、经济学的研究也因此得到深化。由此，跨学科的研究和讨论得到了发展。多学科和跨学科研究的发展是90年代中国欧洲研究日趋加强的表现。

（3）中国欧洲问题的研究正处在转型之中，即从过去一般意义上的国际政治的、世界经济的欧洲问题研究逐步转为以欧洲文明发展为大背景的，对当代欧洲各类问题的综合性的广泛的研究。中国学术研究素以文史哲研究的渊源深长而见长，这种研究的文化背景将随着多种学科的介入，特别是历史、哲学、法学、社会学等学科的介入而日益显现出其影响，使得中国学者对欧洲问题的研究无论在政治、经济、国际关系，还是在法律、社会文化等方面，均开始具有明显的特点和新的深度，富有中国特色的"欧洲学"正在形成。

考察欧洲问题研究的现状，我认为，深化欧洲问题研究还需解决好以下几个问题。

第一，加强欧洲学学科理论的研究，用马列主义、邓小平理论做指导，加快建立有中国特色的"欧洲学"。

中国学者对欧洲问题的研究发展到目前的状况，已经形成了具有特定概念、特定范畴、特定分析模式的国际问题研究领域内的一门独立的

"学科"，"欧洲学"的雏形已初见端倪。然而，它的学科理论的研究仍然十分薄弱，在一定程度上制约了欧洲研究的深入发展。例如，由于学科理论的不发展，无法形成健全的权威成果评价体系，致使成果评价缺乏科学的理论根据，从而也使得成果及课题的策划与实施出现同一层面上的重复现象。

建立中国的"欧洲学"，必须要以马列主义和邓小平理论为指导，在为"建设中国特色的社会主义"服务的大前提下，确立"欧洲学"的研究目的和发展方向。在马克思主义的辩证唯物主义和历史唯物主义及政治经济学的理论基础上发展欧洲研究的学科理论。

建立欧洲学，就必须科学处理欧洲研究中基础研究和应用研究的关系。江泽民在对《国家科技领导小组第三次会议纪要》所做的批示中指出："基础研究很重要。人类近现代文明进步史充分证明，基础研究的每一个重大突破，往往都会对人们认识世界和改造世界能力的提高，对科学技术创新、高技术产业的形成和经济文化的进步，产生巨大的不可估量的推动作用。"著名科学家李政道教授对基础研究和应用研究的关系更有一个十分形象的比喻，他说："基础跟应用、开发的关系，就像水跟鱼、鱼市场，没有水就没有鱼，没有鱼就不会有鱼市场，这是明摆着的。"这两段话虽然都是讲的自然科学中的问题，但对社会科学是同样适用的，对欧洲研究也是适用的。欧洲研究作为一门学科，自然也存在着同样的问题。欧洲学应该在发展基础研究的基础上，开展对欧洲现实问题的研究，建立"应用为主、基础为辅"的学科研究框架。一个学者或一个学科，如果缺乏基础研究的学术素养，如果没有基础研究的学术发展背景，其应用研究（在欧洲学中即为对现实问题的研究）将成为无本之木、无源之水，无法得到长足的、深入的发展。

第二，在继续关注宏观问题研究的同时，应提倡对"微观"问题的深入研究。

提倡加强对微观问题的研究，就是要加强"个案"研究。根据对90年代以来欧洲研究成果的统计与分析，绝大部分课题的设计均主要以"宏观"问题为研究对象，少有具体问题的探讨。这一现象不仅反映在专著中，而且也反映在论文的选题设计中。在欧洲问题研究的发展过程中，出现大量宏观问题的研究是不可避免的，尤其是在涉及一些尚未开拓的课题研究中，这也是完全正常的现象。但长此以往，欧洲研究将难以得到快速的深入发展，低层次的重复研究也将难以避免。若干年前，曾有学者用十分形象的语言指出这一问题：即所谓研究应"大处着眼，小处着手"，然而并未引起人们的重视。加强微观的个案研究，抓住具有全局意义的问题作出个案研究，欧洲研究才能有比较深入的发展；只有通过这种大量的微观研究，才能为欧洲全局的问题提供更为充实的研究基础，从而避免大而化之、似是而非、无关痛痒的"宏论"。从某种角度来看，偏好"宏观"问题研究也是当前学界浮躁情绪的一种反映，是不愿做深入探讨的"懒人哲学"。实际上，作微观的个案研究是十分吃力的事情，是需要作长期刻苦努力而未必能很快有所成就的事情。学术界应当提倡和鼓励刻苦勤奋、甘于寂寞的治学精神。加强微观的研究，并不等于排斥宏观问题的研究，而是从更深层次上加强了宏观的研究。对此问题应引起学术界的重视。

第三，进一步加强学术交流，开展跨学科和多学科合作研究。

随着改革开放的发展和科研条件的改善，近些年来，欧洲研究领域的国内外学术交流发展很快，但是发展的水平并不尽如人意，因此有必要提出"进一步加强"的要求。学术交流包括两个方面：一是加强与国外学者的学术交流；二是加强国内学者之间的交流。这里特别强调的是国内的学术交流，只有做好国内的学术交流，对国外的学术交流才能更有意义、更有质量。

学术交流还有另一层含义，即不同学科领域之间的交流。从欧洲问题本身而言，它涉及的范围十分广泛。欧洲既是当代世界资本主义政治、经济、文化的主要中心之一，对当代国际政治与世界经济有着举足轻重的影响；同时，它又是西方文明在当代世界中的存在和延续。因此"欧洲"不仅仅是一个地理概念，它还应被当作一种"文化概念"来看待。当我们谈到西方文明时，历史地去理解它指的就是以欧洲为发祥地的西方文明。也就是说，"欧洲"可以理解为一种历史文化、一种文明的载体。当代欧洲问题的研究应突破将其视为国际问题研究中一个地区问题的"平面"的思维模式，确立多角度的"立体"的思维方式，借鉴和吸收政治学、经济学、法学、哲学、历史学和社会学等多种学科的研究成果，开展多学科和跨学科的研究，并在此基础上形成自己的学科理论和研究模式。从学科角度来看，欧洲学作为一门综合性的学科，它的研究模式也不应是封闭的，而应是开放式的，向各种学科领域开放，积极吸纳其他学科领域的研究成果和研究理论，以丰富欧洲学的内容，欧洲学才能具有生命力。因此，深化欧洲问题研究必须加强多学科和跨学科的研究工作。

（沈雁南，中国社会科学院欧洲研究所研究员）

拉美所所刊的创办与发展

陈舜英　周俊南

随着中国哲学社会科学领域一个新学科的创建和发展，拉美所的刊物从《拉美各国参考资料》到《拉丁美洲研究》，经历了从无到有、从小到大、从翻译编写到学术研究的艰难发展历程。自建所至今 50 年中，先后创办的《拉美各国参考资料》、《拉美动态》、《拉美情况》、《拉美资料》、《拉丁美洲丛刊》、《拉美调研》、《拉美问题译丛》、《拉丁美洲研究》及其文摘外文版，无不凝聚着全所同志的心血和汗水，成为见证和记录中国拉美学派不断成长、壮大的一个个具有历史意义的鲜明路标。

早在 20 世纪 60 年代初，拉美所在边"练兵"边工作的初创阶段，所领导出于既要抓紧培养干部又要尽早为中央提供有关拉美政治、经济、社会等方面重要信息的缜密考虑，于 1962 年创办了两份刊物：《拉美各国参考资料》和《拉美动态》。

《拉美各国参考资料》是拉美所创办的第一份定期刊物（半月刊），每期约 4 万字，手工打字，油印出版。内容主要是翻译英、俄、西班牙语书刊和报纸上有关拉美的有参考价值的文章。刊物除分发所内各组室外，还外送中联部有关局、处和在京外事单位。对于大学毕业不久的我们，能看到自己的译文经翻译组老师们校改后刊出，并能为有关部门提供信息服务感到十分欣喜。大家在学习、工作之余，都自愿到文印室帮忙一页页地油印、装订、分发。这份刊物为业务人员逐渐熟悉拉美地区情况积累了大量资料，也有效提高了大家的选稿和翻译能力。该刊于 1966 年"文化大革命"开始后被迫停刊。"文化大革命"结束、拉美所恢复工作后，这份刊物于 1977 年 1 月复刊，更名为《拉美资料》；1990 年又改名为《拉美问题译丛》，由编译室承担。截至 1993 年 8 月共出版 252 期，约 1010 万字，后因学科调整和经费困难而停刊。

在 1962 年创办《拉美各国参考资料》之后的晚些时候创办了《拉美动态》。它是一份内部刊物，主要登载各组室研究人员编写的研究文章，向有关部门提供拉美地区及各国的重要动态和信息。1962 年和 1963 年共出版 10 多期，约 6 万字，后停刊。

《拉美情况》创办于 1965 年，是一份不定期铅印出版的内部刊物，主要反映有关拉美各国政治、经济、阶级关系、人民革命等重要题材的调研报告，供中央领导和中联部等外事部门参阅。"文化大革命"爆发后被迫停刊。1976 年复刊至 1981 年 5 月停刊，先后出版 112 期，发表专题调研材料 217 篇，约 47.6 万字。

20 世纪 70 年代后，拉美地区同中国建交的国家日益增多，至 1979 年已增至 12 个。为适应形势迅速发展的需要，全面深入地开展对拉美国家政治、经济、科学、文化等方面的研究，所领导决定创办《拉丁美洲丛刊》。经过紧张而有序的筹备，于 1979 年 11 月编辑出版了我国第一份研究拉美问题的学术刊物，开始为季刊，1982 年起改为双月刊。担负着办好国内首份拉美学刊重任的编辑部，从成立之日起就是一个团结敬业、严谨求实的集体。为了提高刊物质量、扩大刊物影响，他们在把握政治导向的同时，尽力做到将学术性、专业性和普及性结合起来，精心编辑稿件、制作标题、设计题图和版面。

至 1986 年，已拥有相对稳定的读者群和学术知名度的《拉丁美洲丛刊》更名为《拉丁美洲研究》。该刊原由中国社会科学出版社出版发行，2001 年 1 月改由拉美所成立的《拉丁美洲研究》编辑部出版。与此同时，刊物由原 16 开本改为大 16 开本，每期发稿约 12 万字。为了加强领导，《拉丁美洲研究》设立编委会。编委会负责刊物的办刊方针和规划制定，其办事机构是《拉丁美洲研究》编辑部。编委会设主编一名，副主编 1—2 名，委员若干名。第一届编委会于 1987 年成立，由所内外 11 人组成，按姓氏笔画排列为：毛相麟、沙丁、杨白冰、李在芹、李学志、李琮、苏振兴、陈舜英、周俊南、林被甸、高放。苏振兴任主编，陈舜英任副主编。10 多年后，由于第一届编委会人员发生了较大变化，经所长办公会议研究并报中国社会科学院领导批准，于 1999 年 3 月对编委会的组成人员作了调整，产生了第二届编委会。第二届编委会由 19 人组成，按姓氏笔画排列为：白凤森、刘纪新、江时学、朱满庭、沈安、陈玉明、陈芝芸、张宝宇、李明德、宋小平、周俊南、林被甸、姜成松、高川生、郭元增、徐文渊、徐世澄、曾昭耀、蔡同昌。李明德任主编，姜成松、江时学任副主编。另设 4 名顾问：蒋光化、张虎生、苏振兴、洪国起。

《拉丁美洲研究》于 1987 年创办西班牙文版和英文版文摘，不定期出刊。文摘内容从《拉丁美洲研究》文章中选取，译成西班牙文和英文后发表。主要发往巴西、墨西哥、智利、秘鲁、哥伦比亚、美、英、法、德、日、俄、瑞典等 30 多个国家的学术机构和拉美各国驻华使馆。《拉丁美洲研究》西班牙文版和英文版文摘的出版，标志着展示中国拉美学派学术成果的《拉丁美洲研究》开始走向世界，有利于扩大学术交流的范围和中国拉美学派在国外学术界的影响。

自杂志创办 32 年来，《拉丁美洲研究》始终坚持以与时俱进的马克思主义为指导，坚持正确的政治方向、理论方向和科研方向，坚持按照中国现代化建设的现实需要选登文稿，学术水平和编辑质量不断提高，受到社会的普遍关注和广泛好评。1996 年 8 月，在北京大学图书馆和北京高校图书馆期刊工作研究会共同举办的评选中，《拉丁美洲研究》被评为世界经济类第四名，国际关系类第六名，国际政治类第七名。在中国社会科学院组织的四届优秀期刊评选中，2004 年和 2008 年《拉丁美洲研究》杂志两次被评为优秀期刊。至 2010 年 12 月，《拉丁美洲研究》共出版 183 期，约 1962 万字。它为拉美所和所外研究人员提供了一个呈现研究成果的权威平台、开展学术讨论的重要园地，为中国拉美学科的建设和发展作出了积极贡献。

1994 年 3 月拉美所还创办了《拉美调研》，这是一份不定期出版的内部刊物，发送党政机关和有关教学及科研单位。主要登载分析拉美现实情况、热点问题和对策建议等有深度的调研报告。截至 2001 年 6 月，该刊共出版 173 期。有些稿件曾在社科院《信息专报》及院外刊物上转载，受到有关部门的重视。

值此拉美所建所 50 周年之际，在我们满怀喜悦地盘点半个世纪几代人收获的累累硕果的时刻，不会忘记那些为办好拉美所各种刊物，"为他人作嫁衣裳"的默默劳作者。他们是：张佐华、沈澄如、张虎生、李学志、姜成松、王昭春等资深编辑以及现今仍在从事编辑工作的蔡同昌、刘维广、高川生、张颖、黄念等同志；在文稿送进编辑部前认真审改的历届所、组、室负责人。实践证明，办好《拉丁美洲研究》和所内其他刊物，既需要众多研究人员源源不断地提供有质量、有价值的稿件，也需要熟悉业务、责任心强、甘于奉献的编辑人员把好"出口关"。我所的优秀编辑团队无疑是中国拉美学派不可或缺的一支重要力量。

（陈舜英、周俊南，中国社会科学院拉丁美洲研究所研究员）

中国拉丁美洲学会的成立和发展

徐世澄

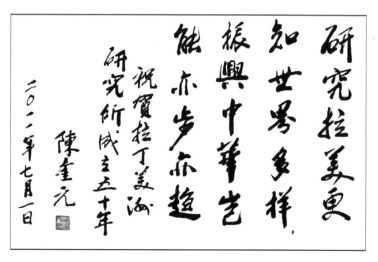

陈奎元院长为拉丁美洲研究所成立50周年的题词

拉丁美洲是第三世界的重要地区之一。第二次世界大战结束后，拉美经济发展比较迅速，拉美国家和人民反帝反霸反殖斗争和捍卫民族独立与国家主权的斗争更加深入发展，在国际事务中发挥着日益重要的作用。

党中央和国家领导人一直很重视和关心拉美地区，多次表示要加强对拉美地区的工作和发展同拉美国家的关系。国际形势的发展迫切要求我国从事拉美问题研究和教学的人员及从事与拉美国家发展外交、经贸、文化关系的人员同心协力，对拉美地区的基本情况和现实问题进行深入和系统的研究。

我国对拉美问题研究的历史比较短，研究力量比较分散。建立一个统一的全国性的研究拉美问题的学会，把各单位分散的力量适当地加以协调和配合，取长补短，有利于集中力量探讨和研究一些重大问题，有利于提高研究水平，推动我国的拉美研究事业。

1980 年，根据胡乔木（时任中共中央书记处书记、中国社会科学院院长）的意见，中共中央对外联络部和中国社会科学院一道向中央打了一份报告。报告的内容是，为加强对国际问题的研究，拟将中联部所属的拉美所、苏联所和西亚非所划归社科院领导。经中央批准，自 1981 年 1 月 1 日起，拉美所等 3 所隶属中国社科院领导。

拉美所划归社科院后，工作的方针和要求与过去有所不同。根据院有关部门的指示，自 1982 年年底起，在所领导的直接领导下，我作为所科研处处长与科研处葛玉成等其他同志一起，开始筹备中国拉丁美洲学会的创建工作。我们通过沙丁同志，拜访了中国拉美历史研究会（1979 年成立）理事长、人民大学李春辉教授，从他那里了解拉美史研究会成立的经过和经验。曾任拉美所副所长的沙丁同志当时是拉美史学会的副理事长，他也向我们介绍了拉美史研究会筹备和创建的情况，并向我们推荐了国内从事拉美研究的单位和个人。我们拜访了国内研究拉美问题的一些单位，如中联部拉美局、外交部美大司（后单独成立拉美司）、外贸部美大局、中国现代国际关系研究所（后改为中国现代国际关系研究院）拉美室、北京大学、人民大学等单位的相关负责同志，同他们多次交换意见。大家都认为有必要筹建中国拉丁美洲学会。与此同时，这些单位的有关负责同志也表示将大力支持中国拉丁美洲学会的成立和成立后的工作。

1983 年年初，我与苏振兴同志一道专门就成立拉美学会一事拜访了前社科院副院长、时任社科院顾问的宦乡同志，他表示积极支持拉美学会的成立，并同意在拉美学会正式成立后，担任学会的名誉会长。我从西亚非所中东学会的秘书长张铁伟那里借了一份成立中东学会的请示报告和中东学会的章程，作为参考。根据所领导和各有关单位的意见，起草了《关于筹建中国拉丁美洲学会的请示报告》和拉美学会的章程（草案），经所领导审改后，以所的名义，报请院有关领导审批。同年 9 月，院有关领导正式批准了上述请示报告。

　　为了落实拉美学会会长的人选，我与时任副所长苏振兴同志一道来到外交部，拜访了外交部干部司的负责同志。我们向这位负责同志递交了由社科院的领导签发的有关成立拉美学会的批件，并提出希望由外交部为拉美学会物色一名会长。没过多久，外交部干部司向我们推荐由郑为之为拉美学会的会长。为征求郑为之所长本人的意见，我和苏振兴专门去国际问题研究所拜会郑为之所长。苏振兴同志曾在中国驻阿根廷使馆工作过，当时郑为之所长是大使。但郑为之所长表示，由于所里工作很忙，难以兼任学会会长。后来，外交部又推荐原驻巴西、古巴等国大使张德群同志为拉美学会的会长。张大使是副部长级大使，本来已内定为驻朝鲜大使，后因身体有病而没能赴任。我和苏振兴同志又去外交部拜会张大使，他表示同意。

　　为筹建拉美学会，所领导主持召开了几次会议，研究学会理事会理事、会长、副会长、名誉会长、顾问等名单草案，讨论了学会的章程和成立大会暨研讨会的日程等有关事宜。

　　1983年12月26日，在拉美所召开了学会筹备会议。参加筹备会议的有27人，分别来自拉美所、中国拉美历史研究会、社科院世界历史研究所、外交部、中联部、现代国际关系研究所、国际问题研究所、人民大学、北京大学、北京外国语学院、武汉师范学院（后改名为湖北大学）、山东烟台师范学院、《人民日报》、新华社、对外友协等单位。筹备会议讨论了学会的章程草案，酝酿和商讨了学会负责人和理事会的名单及产生办法，讨论并确定了学会成立大会暨学术研讨会的有关事项。外交部张德群大使在会上讲了话。他认为，我国研究拉美问题的力量相对来说比较弱，也比较分散，应该将力量组织起来，加强对拉美地区的研究，学习拉美国家和人民的长处和有用的经验，更好地为贯彻党的方针路线和社会主义现代化服务。会议决定成立由张德群（外交部）、李春辉（人民大学）、杨白冰（中联部）、苏振兴、徐世澄、汪于麟（现代国际关系研究所）和申春生（北外）7人组成的学会筹备委员会。会议决定将学会章程草案提交给学会成立大会讨论和通过。会议决定，学会成立大会暨第一届学术研讨会定于1984年5月在山东烟台市举行，研讨会的题目是"拉丁美洲的民族民主运动"。

拉丁美洲学会成立大会（1984 年 5 月）

　　1984 年 5 月 15—21 日，在山东烟台市举行拉美学会成立大会暨拉美民族民主运动学术讨论会。李春辉同志致开幕词，苏振兴同志代表学会筹备小组在会上报告了学会筹备的经过，张德群大使在成立大会上发表了题为《努力开创拉美研究工作的新局面》的讲话。他指出："今天，来自全国 50 多个单位的上百位专家、学者和从事其他实际工作的同志，作为新中国成立以来全国拉美学术界首次盛会的代表在此济济一堂，既是对我国拉美研究工作的一次检阅，又为我们开创拉美研究的新局面辟设了一个新的起跑点。"他在讲话中提出了希望和要求："一是必须刻苦努力学习马克思主义的基本理论"；"二是必须坚持理论联系实际的原则，老老实实地进行调查研究，勤于思考，勇于探索，兢兢业业，严谨治学"；"三是必须正确贯彻'百花齐放，百家争鸣'的方针，坚持真理，修正错误，总结经验，不断提高"。

　　在开幕式上，中共烟台市市委副书记李殿魁同志致辞。会议宣读了学会收到的贺词、贺信、贺电和题词，其中有山东省委宣传部和山东省社会科学院的贺电（信）、原社科院副院长宦乡的贺词、中国人民对外友好协会和中拉友好协会的贺信和中联部副部长张致祥的贺词等。

　　宦乡在贺词中强调："我们从事拉丁美洲研究的广大社会科学工作者，可谓任重道远，理应大有作为"，"他山之石，可以攻玉。我们当然应该以拉美问题研究的实际成果，为我国四化建设提供可资借鉴的经验和教训，为中央制定对外政策和社会经济发展战略提供参考依据。这是我们义不容辞的职责"，"党的十一届三中全会以来，我国的拉美研究工作有了迅速的恢复和发展，也取得了不少比较有价值的学术研究成果，但是相对而言，这门学科毕竟还比较年轻，这方面的研究力量还处于成长的过程之中，还不能更好地适应客观形势发展的迫切需要。毫无疑问，集中一切力量，全力攻克主要课题，积极开展国内外的学术交流活动，迅速提高拉美研究工作的学术水平，正是中国拉丁美洲学会应运而生的缘由。千里之行，始于足下。这个学会的成立也可以说是我国拉美研究工作的一个新的起点。"

张致祥在贺词中说："无论研究民族独立运动的历史和民族独立后发展、民族经济的经验教训，还是探求当前发展南南合作、推动南北对话和建立国际经济新秩序的课题，都不能忽视拉丁美洲的重要性。相信拉美学会的成立，将吸引更多的人，把对拉丁美洲历史和现状的研究，在广度和深度上，向前大大推进。"

中国人民对外友好协会副会长、中拉友好协会会长楚图南及中国人民对外友好协会副会长、中拉友好协会副会长周而复分别给拉美学会题了词。楚图南的题词是："加强对拉丁美洲的研究工作，增进中国人民同拉丁美洲各国人民的友谊"。周而复的题词是："拉丁美洲人民是英雄的人民，具有悠久的历史和丰富斗争经验，研究拉丁美洲，介绍拉丁美洲，加强中国和拉丁美洲文化交流和友好往来，反对霸权主义，维护世界和平。"

会议通过了《中国拉丁美洲学会章程》。章程规定，中国拉丁美洲学会（以下简称"拉美学会"）是中国研究拉丁美洲地区问题的全国性民间学术团体。学会的宗旨是团结全国各地从事拉丁美洲研究、教学和开展对拉美地区工作的人士，促进我国对拉丁美洲政治、经济、国际关系、社会、文化、民族问题等方面的研究，增进中国人民和拉丁美洲各国人民之间的相互了解和友谊，为实现我国社会主义现代化服务。章程规定，凡从事拉丁美洲问题研究、教学及开展对拉美地区工作，并有志于研究拉丁美洲问题的人士，经本人申请并经本会批准，即可成为拉美学会会员。会议选举产生了由 39 人组成的首届理事会。学会理事会第一次会议决定聘请宦乡为学会名誉会长；聘请张致祥、楚图南、陈忠经、周而复、郑为之、程博洪为学会顾问；选举外交部原驻巴西、古巴大使张德群同志为会长；人民大学教授李春辉、中联部拉美局副局长杨白冰和拉美所副所长苏振兴为副会长；选举徐世澄为学会秘书长，现代国际关系研究所（后改为研究院）拉美处处长汪于麟、北京外国语学院（后改为外国语大学）副院长申春生为副秘书长。

学会宣告成立后，与会学者深入讨论了拉美民族民主运动的发展历程和近年来的拉美形势，就拉美民族民主运动的未来发展方向提出了一些新观点和新见解，并探讨了这一课题的未来研究重点。

拉美学会的成立和成立后的各种活动为加强拉美所与中国和外国拉美学界的联系，为促进拉美所和我国拉美研究事业的发展，起了积极作用。

作为学会秘书长，我与学会秘书处的其他同志一道做了一些具体的组织和联络工作。每次在外地开会，为与会代表购买车票和机票都是一件比较难办的事，特别是在改革开放初期，国内的基础设施还比较落后，买票相当困难。记得 1986 年 11 月，学会在江苏南通召开"拉美的对外开放政策"研讨会，当时到南通必须从上海坐轮船到南通，而当时买北京—上海的来回火车票以及上海—南通的来回船票都十分难买，我们费了好大劲才为与会者购买到火车票和船票。记得当时拉美所科研处副处长葛玉存带领近 20 名与会者从北京乘火车抵达上海时，不巧当天上海正下着大雨。我和学会副秘书长汪于麟提前叫了一辆大巴在车站等候从北京来的代表。我和老汪打着伞进车站迎接老葛一行，等代表们下车后马上把他们接上车，奔赴轮船码头，乘船到南通。为了给张德群会长买一张二等舱船票，我们想了不少办法。

拉美学会成立 27 年来，学会的领导班子作了调整，先后由张德群（1984—1992）、蒋光化（中联部原副部长，1992—1999）和苏振兴（1999—　）担任学会的会长。自 1999 年起我不再担任学会秘书长，但仍是学会的副会长。秘书长由时任拉美所副所长江时学同志担任，他也是学会的副会长之一。张德群、蒋光化两位老同志为拉美学会的工作和活动付出了辛勤劳动，作出了巨大贡献。

拉美学会成立后，已举办了 22 次全国性的研讨会，与会的代表来自全国各地的科研机构和高校、外交部和中联部等政府部门、对外友协、新华社、《人民日报》和有关企业。

学会历年的研讨会的题目与中国的改革开放、中国的外交政策和拉美的现实问题密切相关，如"拉美的对外开放政策"（1985 年 11 月 7—13 日，江苏南通），"战后拉美政治进程和中拉关系"（1986 年 11 月 4—7 日，北京），"拉美经济调整和发展"（1987 年 10 月 20—21 日，北京），"跨入 90 年代的拉丁美洲"（1988 年 10 月 21—24 日，江苏苏州），"尼加拉瓜革命和中美洲形势"（1989 年 7 月 25 日，北京），"当前美拉关系"
（1990 年 7 月 3—4 日，北京），"世界新格局与拉丁美洲"（1991 年 7 月
5—6 日，北京），"拉美国家当前形势与政策动向"（1992 年 10 月 23—27
日，北京），"拉丁美洲的投资环境与市场"（1993 年 7 月 16—17 日，北
京），"庆祝中国拉丁美洲学会成立 10 周年暨中拉关系研讨会"（1994 年
11 月 2—5 日，天津），"当前拉美发展模式"（1995 年 11 月 27 日—12 月
1 日，北京密云），"拉美国家经济改革"（1996 年 10 月 14—18 日，北京
昌平），"拉美经济区域化、一体化研讨会"（1997 年 10 月 13—17 日，北
京石景山），"世纪之交的拉丁美洲及中拉关系"（1998 年 10 月 19—23
日，北京密云），"当前拉美形势和国有企业改革问题研讨会"（1999 年
10 月 12—15 日，重庆），"拉美学会年会暨拉美所建所 40 周年所庆学术
讨论会"（2001 年 6 月 29 日—7 月 1 日，北京昌平），"中国'入世'后
的中拉关系"（2002 年 8 月 5—9 日，大连），"20 世纪拉丁美洲变革与发
展"（2003 年 10 月 14—17 日，庐山），"拉美国家经济与社会协调发展的
经验教训"（2004 年 10 月 22—26 日，保定），"从战略高度认识拉美：中
拉关系的回顾与展望"（2005 年 8 月 29—30 日，北京延庆），"社会和谐：
拉美国家的经验教训"（2007 年 5 月 9—12 日，鞍山），"中拉关系 60 年：
回顾与思考"（2009 年 8 月 29—30 日，北京）。

除上述全国性学术讨论会以外，拉美学会还会同社科院第三世界研究
中心、古巴驻华使馆、拉美历史研究会、南开大学、北京大学、复旦大学
等有关单位联合举行了其他一些学术活动。

（徐世澄，中国社会科学院拉丁美洲研究所研究员）

南亚研究所的建立与发展

王树英

　　1976 年，周恩来、朱德、毛泽东相继去世，中国一下子失去了三位领导人。然而，在决定命运的抉择面前，以华国锋为首的党中央果断地粉碎了"四人帮"，使人们从悲痛中恢复了信心，从黑暗中看到了光明。中国学术界也迎来了又一个春天。

　　1978 年，根据毛泽东主席和周恩来总理生前的指示精神和当时的五届人大《政府工作报告》，为了加强国际学术交流，促进我国对南亚问题的研究和普及南亚知识，增进我国人民和南亚各国人民相互了解，季羡林先生带领一些学者开始着手筹备成立南亚研究所。

　　筹备工作首先要解决的是认识问题。

　　在当时的总理《政府工作报告》中曾经明确指出："在哲学社会科学方面，要研究我国和世界的政治、经济、军事、思想等方面的历史和现状。""对古代和外国的文化，要批判地吸收，取其精华、弃其糟粕，推陈出新，促进我国具有民族风格的、富有时代特点的社会文化发展。加强同第三世界各国的团结。"这是我们当时操办南亚研究所的指导思想。

　　南亚所的研究范围是南亚地区。这个地区包括印度次大陆及其临近岛国，有印度、巴基斯坦、尼泊尔、孟加拉国、斯里兰卡、不丹和马尔代夫七个国家。南亚地处亚、澳、非三洲海上交通要冲，具有十分重要的战略地位。同时，它还拥有极其丰富的自然资源和约占世界 1/4 的人口。因此，这个地区近代以来一直是西方强国的必争战略之地。南亚各国和我国同属第三世界。南亚的广大人民和我国人民过去有共同的遭遇，当今又面临许多共同问题和任务。他们的理想和愿望、他们的民生和斗争、他们的前途和命运，都同我们息息相关。我们彼此都怀着深厚的同情和亲近之谊。南亚地区的多数国家还同我国接壤，并同我国有着两千多年的友好交往历史，同我国进行过长期思想文化的交流，对彼此都产生过巨大而深远的影响。如今处在一个伟大的时代的我国人民和南亚各国人民，都渴望这种友谊得到不断发展，以便相互学习，共同前进。

我国一些著名学者，例如季羡林、陈瀚笙、陈洪进、林华轩、赵国华等几十个学者先后在不同的场合上谈过成立南亚所的事情，强调成立"南亚研究所"的重要性和必要性，并为此做了大量的工作。

在取得社会共识之后，北京大学和中国社会科学院的相关同志更加坚定了决心，立即开始草拟报告。报告由当时社科院历史所的赵国华同志起草，经过有关人员的讨论和季羡林先生最后审定，迅速上报给中央和国务院。很快，报告得到了胡乔木同志的批复。

中国社会科学院的领导开始考虑具体的筹建事宜。首先是研究所的所长人选问题。院领导和相关学者都希望把季羡林先生从北京大学调到中国社会科学院当南亚研究所所长，因为他是享有国际声誉的南亚问题专家、老资格的南亚问题学者，所长这个职务非他莫属。但事不遂人意，北京大学坚决不同意放季羡林先生。后来经过多次反复交涉和磋商，最后达成了一个折中方案，即由中国社会科学院和北大合办南亚研究所，由季羡林先生任所长，黄心川先生任副所长。南亚所的组成人员由中国社科院和北京大学双方派出。行政人员不够，其工作暂时由双方的科研人员兼任，待有了合适人员再补充替换。双方还商定，经费主要由社科院支付，办公室和宿舍的房子由北大设法解决。

说干就干，先办起来再说。就这样，办公室、科研处、人事办、会计室等职能部门先行组成。当时没有搬家公司，打扫卫生、搬运家具等一应事宜，都由科研人员亲自上阵。全所上下，团结一致，齐心协力，密切配合，争分夺秒地工作。在最初的日子里，大家忙得灰头土脸，有的工作人员连午饭都顾不上回家吃，就随便找个地方，泡碗方便面代替午餐。

在一些具体事务逐步落实的同时，还要确定南亚研究所的研究方向和研究室的设置。而在确定研究方向之前，首先要清理一下家底。

新中国成立以后，我国的科研工作者在南亚问题研究方面取得了一定成绩。然而，在"文化大革命"十年动乱期间，我国的科研机构陷于瓦解，不少科研人员遭到迫害，图书资料大量散失，致使科研工作几乎陷于万劫不复的窘境。但值得庆幸的是，"文化大革命"结束，"四人帮"倒台。当时，在党中央和华国锋主席的关怀下，我们的研究事业得以恢复和发展，当然同一些国家相比，我们的工作也有很大差距。百余年来，许多国家的学者对南亚地区做了大量的调查研究，也不乏确有价值的研究成果。有些国家在进一步加强对这一地区的研究。据了解，世界各国共设立了南亚问题研究机构70多所，出版了100多种刊物，我国也应急起直追，迎头赶上，批判地吸收其有用的研究成果。

但另一方面，我们也有自己的长处。首先，我们有一批"文化大革命"前，甚至在新中国成立前就从事南亚问题研究和南亚语言教学的队伍。例如，有从事梵文研究的以季羡林、金克木为代表的老一辈梵文学者和他们在"文化大革命"前培养的一批弟子。老一辈的著名南亚学者还有陈翰笙、陈洪进等为代表的研究印度历史、政治和经济的专家，有吴晓铃、常任侠、石素贞等为代表的研究印度文学艺术的专家，等等。在语言教学方面，北大、北京外国语学院、北京广播学院等院校还有一批从事印地语、乌尔都语、泰米尔语、孟加拉语、僧加罗语、尼泊尔语的师资队伍，他们在教学之余也从事翻译和科研工作。在研究资料方面，由于我国同南亚各国的文化交流有着悠久的历史传统，在我国还保存着这个地区的大量历史资料，其中有佛教经典、哲学、医学、梵文语法、文艺理论以及优秀的文学作品。后来又发现了保存达千年之久的大量梵文、巴利文贝叶经。这些文献不仅是研究南亚古代历史文化和中印关系史的十分重要的原始资料，也是极为珍贵的历史文物。收集、整理和出版这些文献，对于发展我国对南亚问题的研究，促进我国和南亚各国人民的友好往来，进行国际文化交流，都具有十分重要的意义。

根据上述情况，当时南亚研究所确定的初期工作方向是：（1）研究南亚各国当前政治、经济、思想、文化等方面的动向；（2）翻译、评论世界各国有关南亚问题的重要论著，介绍世界各国研究南亚问题的情况；（3）搜集整理和发表我国保存的有关南亚的历史资料。

为此，南亚所经研究决定，下设南亚政治经济研究室、南亚历史文化研究室、南亚宗教哲学研究室和南亚语言文学研究室。并开始向全国招兵买马，各研究室的队伍得到充实。不久，南亚所进一步扩充，更名为南亚东南亚研究所，但平时仍简称为南亚所。各研究室也作了相应调整，改为下设印度政治经济研究室、印度历史文化研究室、印度哲学宗教研究室、印度语言文化研究室、巴基斯坦孟加拉研究室、尼泊尔斯里兰卡研究室和东南亚研究室七个研究室。

与此同时，培育人才和收集图书资料的工作也大张旗鼓地展开。1978年，借助中国社会科学院研究生院和北大研究生院，招收了第一批硕士研究生共17人。1979年又招收3人。当时，这20名研究生的指导教师中除一部分由所内老专家，如季羡林、金克木、黄心川、杨瑞琳、孙培钧、刘安武、刘国楠等担任外，还有相当一部分是聘请所外的著名学者担任，如陈翰笙、常任侠、陈洪进、石素贞等。这20名研究生在北大校园里学习生活，受到北大学术氛围的熏陶，得利于北大雄厚的师资力量和丰富的课程安排，学业日进。毕业后，他们多数都留在南亚所工作，成为日后的学术骨干。1981年招收了第三批研究生8人。不过，这批研究生毕业后都分配到了外单位。

南亚所图书资料室在南亚所成立之初就组建了，并开始大力搜集各种图书资料。到1985年，南亚所图书已经超过了3万册，其中多半购自国内，但也有至少1/3购自海外。在此期间，也曾接收到南亚各国驻华使馆的赠书，以及海外单位和个人的赠书，其数量也相当可观。

《南亚研究》杂志也于1978年试刊，1980年正式发刊。同时创刊的还有《南亚译丛》和《南亚东南亚资料》。这几种杂志成为全国南亚东南亚研究的阵地，南亚所也成为全国相关研究的核心。全国南亚学界的同人团结一致，开展起广泛的合作。由季羡林牵头的《大唐西域记校注》、由黄心川牵头的《南亚历史词典》和由耿引曾牵头的《中国载籍中南亚史料汇编》都在这个时候上马，并动员了所外乃至全国的科研力量。在此期间，一批基础性科研成果纷纷发表，我国的南亚研究事业呈现出蒸蒸日上空前良好的局面。

然而，正当南亚所兴旺发达之时，由于某种原因，使南亚所的团结出现了问题。在矛盾无法解决的情况下，社科院和北大合办的南亚所难以继续，后来只好分道扬镳。全所的人员，根据原来的编制和工作的需要以及个人的意向，分别回到了社科院和北大。

1986年，根据上级指示，中国社科院南亚所扩大为南亚与东南亚研究所，到1988年12月，经院领导协调，经请示国务院，南亚与东南亚研究所与世界经济与政治研究所的亚太室合并，成立了亚洲太平洋研究所，黄心川任所长。在此后的几年，亚太所的南亚研究仍然成果累累。然而，随着最初两批研究生的退休，南亚研究受到严重削弱。

（王树英，中国社会科学院亚洲太平洋研究所研究员）

记亚太所学术刊物的艰苦历程

张冬梅

　　早期南亚与东南亚研究所受研究方向的地域所限，出版的刊物或研究资料主要围绕着南亚和东南亚国家的历史、文学、哲学、宗教、社会、文化、政治、经济等内容，1988 年亚太所正式建立以后，所研究的重点扩大到亚太地区，创办了新的关于亚太研究方面的刊物。在过去的 30 多年里，本所出版的学术刊物，对中国的南亚问题和亚太问题的研究，对中国南亚和亚太研究人才的培养和学科的发展建设起到了重要的推动作用。下面按出版物创刊年代的先后顺序，简要介绍亚太所期刊资料出版情况。

　　《南亚研究》（ISSN1002-8404，CN11-1306/C）为国内外公开发行，是研究南亚诸国政治、经济、宗教、哲学、文学、民族、社会等问题的综合性学术期刊。1979 年创刊，1980 年未出，1981 年至 1994 年正式以季刊出版。1995 年因政策调整而停刊，这一年与中国佛教文化研究所编辑出版了两辑"藏外佛教文献整理与研究"的合刊《南亚研究（佛教文献专辑）》。1996 年复刊，以合刊形式出版两期。1997 年至 2008 年变更为半年刊，期间，2002 年为纪念柯棣华大夫逝世 60 周年，《南亚研究》出版一辑特刊：《柯棣华》。2005 年出版了一期以比较文学、作家、作品、宗教、文化为内容的增刊。2009 年恢复为季刊。至 2009 年 12 月，共出版 90 期。

　　《南亚资料》为内部学术资料性刊物，中国社会科学院南亚研究所编印，出版过多期，后于 1980 年改为《南亚译丛》季刊，由南亚研究所和云南省历史研究所共同编辑出版，介绍国外有关研究南亚不同观点的学术论文及资料性译文，内容广泛，主要有南亚各国历史、政治、经济、文化、民族、宗教、地理、人物传记、新书介绍和学术活动等，对当时南亚研究工作和普及南亚知识发挥了积极作用。1986 年停刊，共出版 23 期。

《南亚与东南亚资料》为内部学术性资料刊物，不定期出版。1981 年创刊，1993 年停刊，共出版 38 期。

《亚太资料》1989 年创办，为内部刊物，国内发行，发表研究和介绍亚太地区经济、政治问题的调研报告及各种信息性资料，每年出版 50 期，亦有增刊出版。1995 年，为加强和扩大内部研究与交流，更名为《亚太参考》。1996 年，编辑部与广西东南亚研究中心合作编辑了《南沙问题研究资料》作为《亚太参考》的特辑出版，为研究南沙问题的人员和有关部门全面、系统地了解南沙争端的现状、发展趋势和加强对南沙问题的对策研究提供了参考。1998 年，根据社科院下发的内部刊物调整的精神，《亚太参考》停止出版。

《当代亚太》（ISSN1007-161X，CN11-3706/C），1992 年创刊，国内外公开发行。1992—1994 年刊名为《亚太研究》。为突出当代综合问题的研究内容，1995 年更名为《当代亚太》。1992—1997 年为双月刊，后为了加强对亚太地区现状的研究和提高时效性，1998—2007 年变更为月刊。2008 年恢复为双月刊。至 2009 年 12 月，共出版 168 期。

目前亚太研究所主要出版刊物为《当代亚太》和《南亚研究》。

一　《当代亚太》

《当代亚太》是中国社会科学院亚洲太平洋研究所和中国亚洲太平洋学会主办的一个国家级、综合性学术期刊。原名为《亚太研究》，它创办于 20 世纪 90 年代初期，正值亚太地区崛起，亚太经济蓬勃发展、社会政治安定，中国坚持改革开放、经济转入持续稳定的发展阶段。研究亚太问题，诸如日本第二次世界大战后的迅速振兴，"四小龙"的腾飞，东南亚经济，亚太地区政治经济面临的挑战，朝鲜半岛的和平统一，亚洲及环太平洋各区域的合作，亚太各国在世界上的地位和作用，美国对亚太地区政治、经济、军事、外交、安全的影响力等，成为亚太研究的当务之急。发创刊号时，胡绳同志和马洪同志特为本刊题写贺词，"热烈祝贺亚太研究创刊"和希望"加强亚太区域研究，为我国社会主义现代化事业服务"。十几年来《当代亚太》肩负着历史使命，为学者们的研究提供了一个成果展示的平台，为科研和学术交流敞开了一个窗口，为党和国家制定"睦邻、安邻、富邻"的周边外交方针政策建言献策，同时也对亚太学科的建设、人才的引导和培养发挥了重要的促进作用，对中国亚太研究事业的开创和发展作出了自己的贡献。

本刊宗旨：坚持以马克思主义为指导，坚持四项基本原则，为繁荣哲学社会科学服务，促进中国与亚太地区的政治、经济和文化交流，促进中国对亚太国家和地区问题的研究，并为中国的经济建设和改革开放献计献策。

刊物特色：《当代亚太》刊登研究亚太地区的重大问题和热点问题的文章，内容涵盖亚太地区政治、经济、安全、外交等问题，以及与亚太经济政治密切相关的社会文化问题，前者为主，后者为辅，形成《当代亚太》综合性学术刊物的特点。它既注重文章的理论探讨性，又强调研究的实践意义，除发表学术论文、调研报告以外，还发表一定数量的综述、动态、信息等。

主要栏目：2008年未改版以前，《当代亚太》所设栏目有"亚太综合问题、评论、美国问题、东南亚经济、东北亚经济、日本问题、港台经济、中国与亚太、南亚问题、亚太社会文化、学术动态、统计资料"等。题材围绕着东亚中日韩经济合作，东盟区域经济，朝鲜半岛问题，中印、中美政治、安全、外交的研究，亚太地区非传统安全问题，东南亚经济与华人华侨的研究，大湄公河次区域经贸合作与开发，东北亚地区中俄蒙边境贸易，东北亚能源合作与安全研究，日本问题的研究，台湾问题，中国南海海域油气资源争端，区域组织的研究等内容而展开。

2008年改版以后，所设栏目为"观点与短评、学术论文、会议综述、书评与文评"等。

社会评价：

作为中国亚太问题学者的重要学术交流平台，《当代亚太》在亚太研究领域具有较强的社会影响力、较高的学术地位和较好的学科声望。在中国人民大学资料复印中心的政治类全文转载排行中，《当代亚太》多年来位居前列，被有关学术机构定为外交、国际关系类全国中文核心学术期刊，入选为《中文社会科学引文索引》来源期刊（CSSCI）。

刊物的作者来自中国社会科学院、国家高等院校、省市社科院、党校与行政学院、政府机构、解放军院校、民间研究机构及其他（包括国外）

单位，主要分布在北京、上海、山东、辽宁、湖北、福建、广东等东南沿海经济发达，研究机构、高等院校比较密集的地区。随着《当代亚太》在亚太研究领域学术水平的提高，发表在本刊上的作品成为政府有关部门和学术界对作者课题的申请、学术成果的鉴定评比、职称评聘的重要依据。

亚太地区的研究比较复杂。大大小小的国家在地域上分布广泛，大多数的国家性质、政治制度不同，经济发展阶段、水平不同，语言文化、价值观不同，信仰的宗教和风俗习惯不同，这些对亚太问题的研究与交流都有深刻的影响，形成一定的难度。在办刊的十几年中，《当代亚太》得到了国内各地作者的大力支持，与作者、研究机构和院校之间保持着良性互动。

获奖情况：由于编辑部没有专门收集和记录作者获奖情况，以下所列只是部分作者获奖信息的反馈。

杨运忠的《日美矛盾的激化对国际关系的影响》发表在《当代亚太》1993 年第 3 期，于 1994 年获得"全国首届青年社科成果评比"三等奖。

肖德发表在《当代亚太》1999 年第 9 期《WTO 对美国贸易政策的评审》，获得"湖北省社会科学优秀成果"三等奖。

王兵银、周延丽合写的《失衡的俄罗斯亚太政策》发表在《当代亚太》2000 年第 7 期，获得"辽宁省第七届社会科学省级优秀科研成果"二等奖。

卢新德撰写的《中国加入 WTO 对山东服务业的影响》发表在《当代亚太》2000 年第 10 期，被评为 2001 年"第十六次山东省社会科学优秀成果"一等奖。

孙恒忠发表在《当代亚太》2001 年第 4 期的《"入世"与贵州经济的发展》，获得 2002 年"贵州省第五次哲学社会科学优秀成果"三等奖。

杨运忠发表在《当代亚太》2003 年第 2 期的《论中美关系平稳发展的基础与特征》，获得 2003 年中国人民解放军总政治部颁发的"第四届全军院校政治理论研究优秀成果"一等奖。

另外，2008 年《当代亚太》获得"第四届中国社会科学院优秀期刊奖"进步奖。

历任主编有黄心川、张蕴岭、张宇燕，现任主编为李向阳。

担任过编辑部主任的有薛克翘、范国鹰、张位均、朴光姬、王玉主等。

二　《南亚研究》

《南亚研究》经中国社会科学院批准，于 1979 年 9 月创刊。原为限国内发行的不定期公开出版物，出版字数不定，由中国社会科学院和北京大学合办，南亚研究所主办，中国社会科学出版社出版发行。1979 年试刊一辑，1980 年未出版，1981 年继续出刊，每季度一辑。1981 年由北京市文化局发给期刊登记证，出版号为第 840 号。自 1982 年起正式改为限国内公开发行的季刊。1985 年原主办单位南亚研究所划分为两个单位，主办单位变更为中国社会科学院南亚与东南亚研究所。1988 年改为国内外公开发行的刊物。1988 年 12 月，中国社会科学院亚洲太平洋研究所成立，1989 年主办单位变更为中国社会科学院亚洲太平洋研究所和南亚文化研究中心。1995 年亚太所按照中国社会科学院关于学术期刊调整的总体规划，停止出版《南亚研究》。1996 年《南亚研究》自筹经费，恢复出版，主办单位为中国南亚学会和亚洲太平洋研究所，刊期为半年刊。从 2002 年至 2008 年，在北京大学季羡林先生的关怀和支持下，《南亚研究》得到北京大学南亚文化研究所的资助，办刊经费有了保障，出版得以顺利进行。2008 年，为了繁荣和大力发展我国哲学社会科学事业，中国社会科学院推出"学术名刊建设"的重大举措，对国家级学术刊物加大经费支持力度，《南亚研究》被列为学术名刊的建设期刊之一。2009 年《南亚研究》恢复为季刊，主办单位变更为中国社会科学院亚洲太平洋研究所和中国南亚学会。

担任过主编的有季羡林、孙培钧、杨瑞琳、黄心川。

担任过编辑部主任的有杨瑞琳、薛克翘、刘建等。

办刊宗旨：坚持以马克思主义为指导，坚持四项基本原则，为繁荣哲学社会科学研究服务，促进我国对南亚问题的研究，促进学术交流、普及南亚知识、增进中国与南亚各国的交流和友好关系为宗旨。

具体任务是：（1）报道南亚各国政治、经济、宗教、哲学、文化等方面的研究成果；（2）翻译、评论世界各国有关南亚问题的主要论著，介绍世界各国研究南亚问题的情况；（3）发表国内对南亚问题的研究成果，报道国内研究南亚问题的情况；（4）收集、整理和发表我国保存的有关南亚的历史文献和资料；（5）刊载中国与南亚各国的友好交流情况等。

本刊特色：《南亚研究》是一个综合性的学术刊物，内容涵盖南亚地区政治、经济、宗教、哲学、历史、文化和社会等多个领域。长期以来，《南亚研究》重视对南亚国家当代政治经济、安全外交等研究文章的刊登，由于南亚文化研究在国际学术界和我国南亚学界占有重要地位，用较多版面刊登研究南亚宗教、哲学、文学、语言等文章也是本刊的一大特色。另外，从版面篇章分布看，由于印度在南亚地区政治、经济和军事等方面有举足轻重的影响，本刊对有关印度研究的文章有所侧重。

栏目包括：政治、经济、安全、外交、宗教、哲学、社会、历史、文学、语言、书评、学术活动等。

《南亚研究》是中国国际问题研究领域创刊最早的刊物之一，是社科院亚洲太平洋研究所的所刊之一，也是中国南亚学会的会刊。30多年来始终坚持正确的办刊方针，以繁荣哲学社会科学为己任，它的载文在南亚学术界代表着中国南亚研究成果的最高水平，对中国的南亚研究事业发挥了重要的促进作用。《南亚研究》的作者主要来自中国社会科学院、北京大学、四川大学、上海国际问题研究院、云南省社会科学院和云南大学等国内南亚研究的几大主要研究机构，也有少量来自印度、巴基斯坦、澳大利亚和中国台湾等国外、境外的科研机构，它对南亚学科的发展和南亚研究人才队伍的培养起到了积极引导和重要的推动作用。长期以来《南亚研究》被列为南京大学中国社会科学研究评价中心的《中文社会科学引文索引》（CSSCI）来源期刊。

（张冬梅，中国社会科学院亚洲太平洋研究所编辑）

中国南亚学会的建立、发展和作用

孙士海

1978 年，中国社会科学院和北京大学共同创办了中国社会科学院·北京大学南亚研究所。1979 年冬，南亚研究所联合国内其他南亚研究的单位发起并成立了中国南亚学会（Chinese Association for South Asian Studies），其宗旨是搭建一个全国性的平台，以便国内各个从事南亚研究的单位和人员开展学术交流活动。

在南亚学会召开的第一届代表大会上，与会代表选举产生了理事会和领导成员。南亚研究所所长季羡林先生当选为会长，南亚研究所副所长黄心川及其他几位南亚学界的前辈当选为副会长，南亚研究所印度研究室主任孙培钧先生担任秘书长。大会还推举了我国著名学者、当时已经 82 岁高龄的陈翰笙先生担任名誉会长。翰老作为首任名誉会长，十分热心于会务。他出席了 1979—1991 年在北京召开的四次年会，还参加了 1984 年在杭州召开的印度史讨论会。

为加强与南亚国家学术界的交流与合作，1980 年南亚学会与南亚研究所在北京举办了一次题为"中国的南亚研究：回顾与展望"的大型国际会议。会议邀请了印度、巴基斯坦、孟加拉国、尼泊尔、斯里兰卡、不丹和马尔代夫的著名学者与会。在这次会议上，中国学者与南亚国家学者进行了广泛的学术交流。这是中国南亚学界与南亚国家学术界之间的第一次全面接触与交流。会议对促进中国人民与南亚各国人民的相互了解与友好合作起到了重要的开拓性作用。

1994 年南亚学会常务理事会召开会议，补选中国社会科学院亚洲太平洋研究所副所长孙士海为学会副会长，负责学会的日常事务。1995 年在学会的第五届理事会换届大会上，孙士海当选常务副会长并于1998年接替离休的黄心川副会长担任学会的法人代表。

2000年，在学会理事会换届代表大会上，年近90岁高龄的季羡林先生主动辞去会长职务。鉴于季羡林先生的学术声望和对学会的重大贡献，与会代表一致推举季先生为终身名誉会长。该次会议选举产生了学会第六届理事会，选举孙培钧先生为新会长。从1979年成立到2010年，学会总共选举产生过7届理事会。

2009年7月和2010年7月，学会的名誉会长98岁高龄的季羡林先生和85岁的会长孙培钧先生先后因病辞世。中国南亚学会失去了毕生为中国南亚研究事业和南亚学会成长、发展作出杰出贡献的两位领导。

中国南亚学会在其成立以来的30多年中，始终是中国国际问题研究领域中一支非常活跃的学术团体。进入新千年以来，随着南亚大国印度的崛起，南亚研究在我国越来越受到重视。国内有些地方的社会科学院和一些大专院校成立了一些专门研究南亚问题的机构，涌现了一批从事南亚研究的新生力量。南亚学会的队伍也在不断发展壮大，每年都有一些新会员加入学会。学会基本上每年召开一次全国性的学术会议。与会者除了来自学术机构、政府智库和大学之外，还有来自政府和军事部门的官员，如外交部、中联部、军科院、国防大学和解放军总参谋部。会议研讨的内容涉及南亚国家的政治、经济、国际关系、社会和文化各个领域。学会还不定期地就南亚地区的形势和热点问题召开专题报告会，邀请一些南亚国家驻华大使、国内外著名学者作专题演讲报告。

多年来，南亚学会的活动和声誉得到了普遍的认可和尊重，国内所有与南亚研究有关的单位都与学会建立了密切的合作关系。学会的会员单位包括中国国际友好联络会、复旦大学国际问题研究院、云南省社会科学院南亚研究所、四川大学南亚研究所、上海社科院中印比较研究中心、上海世界观察研究院、四川省和平发展研究中心、北京大学印度研究中心、北京大学巴基斯坦研究中心、四川大学巴基斯坦研究中心，等等。

为促进中国南亚研究事业的发展，学会于1979年创办了会刊《南亚研究》，由季羡林先生担任主编。《南亚研究》自创刊至今已经30余年，成为我国国际问题研究的重要的学术期刊。担任过主编的其他人有：中国社会科学院亚太所所长黄心川教授、中国社会科学院南亚与东南亚研究所所长孙培钧教授、中国社会科学院亚太所副所长孙士海教授。现在担任主编的是中国社会科学院亚太所所长李向阳教授。

南亚学会开展的另一项学术活动是与中国社会科学院南亚研究中心和《南亚研究》编辑部共同创办了中国南亚网（网址是 http：//www. sas-net. cn/）。该网至今已经创办了近十年，广泛介绍南亚国家的情况并选登了大量的有关南亚研究的学术论著，为想要了解南亚国家的国内民众以及从事南亚研究的专家学者提供了重要的交流平台。

自 2000 年以来，中国南亚学会的主要学术活动有：

2000 年 12 月，中国南亚学会和中国社会科学院亚太研究所在北京联合主办"中国—尼泊尔关系研讨会"。来自北京相关研究机构、高等学校以及西藏社会科学院等单位的专家学者参加了会议。尼泊尔驻华大使拉杰什瓦尔·阿查里雅先生应邀莅会并就中尼关系发表演讲。

2003 年 10 月，中国南亚学会与中国国际友好联络会在北京共同主办了"中国—巴基斯坦关系研讨会"。中巴友好论坛双方成员、中国外交部和中联部主管官员、我国前驻巴基斯坦大使以及在京的南亚学会的专家学者以及企业界人士到会并发言。

2004 年 1 月，中国南亚学会和中国社会科学院南亚研究中心共同主办了"南亚形势回顾与展望研讨会"。来自外交部、中联部、国务院发展研究中心亚非发展研究所、北京大学、中国现代国际关系研究院、中国国际问题研究所、中国社科院亚太研究所、新华社、中国国际广播电台、中国进出口银行等单位参加了会议。会议还特别邀请了几位我国前驻印度、巴基斯坦的大使与会。

2004 年 9 月，南亚学会与四川大学南亚研究所在四川省峨眉山市共同主办南亚学会年会。来自国内近 20 家单位的南亚问题专家学者就中印关系的走向、中印经济比较、印度文化宗教、南亚非传统安全以及印巴和谈等问题进行了讨论。

2005 年 6 月 7 日，中国南亚学会和中共中央对外联络部在北京共同举办了"南亚问题研讨会"。研讨会讨论的内容包括：中印发展道路的比较研究、中印边界谈判、中国与南亚的经贸合作、南亚地区的形势变化、南亚国家间关系以及美国布什政府的南亚政策。

2005 年 10 月，中国南亚学会主办的南亚学会年会在北京市昌平召开。来自全国 45 个单位的约 80 名专家学者与会。本届年会也是学会理事会的换届大会。大会选举产生了中国南亚学会第七届理事会。孙培钧先生蝉联会长一职。学会名誉会长季羡林先生专门为本届年会发来贺词。来自北京、上海、四川、云南等地的代表还汇报了各自单位在过去一年中的工作情况和未来设想。外交部和中联部的官员还专门到会祝贺并做主旨发言。

2006 年 4 月，由中国南亚学会和上海世界观察研究院主办、北京大学印度研究中心协办的"南亚问题学术研讨会"在上海召开。来自全国各地从事南亚研究的近百名专家学者到会。研讨会就印度的对华政策与中印关系、美国的南亚政策与印美关系、日印关系、印度的崛起与中印发展比较以及中国与南亚国家的文化交流进行了深入的讨论。

2007 年 4 月，中国南亚学会和深圳大学联合举办的"中印关系国际研讨会"暨"中国南亚学会年会"在深圳举行。来自印度和全国各地的 100 多名专家学者与会，来自台湾的几名从事南亚文化研究的学者也参加了会议。"中印关系国际研讨会"的主题是温家宝总理和胡锦涛主席访印后的中印关系以及如何深化中印战略合作伙伴关系。会上印度驻华大使拉奥琦发表了题为《21 世纪的中国与印度》的书面演讲。

2008 年 7 月，中国南亚学会与中国国际友好联络会及云南大学人文学院共同在新疆乌鲁木齐市召开年会。来自全国 30 多个单位的 80 多人与会。会议讨论了印度崛起的影响以及南亚局势。

2009 年 11 月，中国南亚学会和海南亚太观察研究院在海口市联合主办了"中国南亚学会海南论坛"。来自全国近 40 个单位的专家、学者共 90 余人参加了此次会议。原海南省委书记、海南亚太观察研究院荣誉理事长阮崇武，原海南省副省长毛志君和原海南省政协副主席、海南亚太观察研究院理事长肖策能出席会议并致开幕词。会议就美印中三边关系、中印边界问题和中印关系、南亚文化与经济发展、南亚传统和非传统安全问题及印度洋战略等多个议题进行了探讨。

（孙士海，中国社会科学院亚洲太平洋研究所研究员）

毛泽东提出：应该搞个非洲研究所

温伯友

今天是 2011 年 7 月 4 日，在我们热烈庆祝伟大的、光荣的、正确的中国共产党成立 90 周年之际，迎来了西亚非洲研究所成立 50 周年华诞。在这里，我向我们敬爱的所致以最热烈的祝贺！向所有为西亚非洲研究所的成立、发展和繁荣作出贡献的离退休老同志、在职同志以及曾在西亚非洲研究所工作过而后离开的同志表示崇高的敬意！

第二次世界大战后的 20 世纪五六十年代，世界格局和国际形势正经历着重大而深刻的变化。四海翻腾云水怒，五洲震荡风雷激。地处亚非拉大陆的各国人民反对帝国主义和新老殖民主义、争取民族独立和解放的斗争风起云涌。

1955 年在印度尼西亚万隆召开的"亚非会议"，极大地推动了亚非各国民族解放运动的发展。为了加强中国同亚非国家的团结和支持亚非各国人民争取民族解放和民族独立的斗争，急需了解和研究亚非国家的问题和情况。1959 年 9 月，中共中央宣传部委托中国科学院哲学社会科学部组成筹备小组，筹建亚非研究所。1961 年 4 月 27 日，毛泽东主席在同非洲外宾谈话时指出："我们对于非洲的情况，就我来说，不算清楚。应该搞个非洲研究所，研究非洲历史、地理、社会经济情况。我们对于非洲历史、地理和当前情况都不清楚。所以很需要出一本简单明了的书，不要太厚，有一二百页就好，可以请非洲朋友帮助，在一两年内就出书。内容要有帝国主义怎么来的，怎样压迫人民，怎样遇到人民的抵抗，抵抗如何失败了，现在又怎么起来了。"根据毛主席的重要指示，在中共中央宣传部和联络部的领导关怀下，加快了筹建非洲研究所的进程。① 1961 年 7 月 4 日，中共中央联络部和宣传部发出通知，通知说："为了加强国际问题研究，今年二月，经中央批准，成立亚非问题研究所和拉丁美洲问题研究所（两所名义暂不对外宣布）。"通知宣布"两所正式开始工作"，即非洲研究所正式成立。同时成立的还有拉丁美洲研究所。1963 年 12 月 30 日，中央批转中央外事小组《关于加强研究外国工作的报告》，毛主席对此报告作了重要批示。该报告提出以亚非研究所为基础，分别建立西亚非洲研究所和东南亚研究所。1964 年 1 月，根据该报告和毛主席指示精神，国家编制委员会同意以亚非研究所为基础分设西亚非洲研究所和东南亚研究所，以加强对地区和国际问题的研究。1964 年 10 月 30 日，正式更名为西亚非洲研究所。

2011 年 4 月 27 日，我们曾隆重纪念毛泽东主席发出关于"应该搞个非洲研究所"光辉指示 50 周年活动，回顾和总结了在马克思主义、毛泽东思想、邓小平理论和"三个代表"重要思想的伟大旗帜下，西亚非洲研究所从无到有、从小到大、从发展到繁荣，走过的 50 周年风雨历程。50 年风雨历程，西亚非洲研究所研究队伍壮大，成果丰硕，整个所的建设、发展和繁荣，不断迈上新台阶，我们曾一起参加过、努力过、奋斗过，凝聚着几代人的辛勤劳动和汗水，铸就了多少辉煌，那是主流，那是荣誉。作为西亚非洲所人（一个成员）值得骄傲和自豪，我们有理由为此感到骄傲和自豪！50 年风雨历程，也有过困惑和坎坷，从"四清"运动到 10 年"文化大革命"，再到 20 世纪 80 年代末那场"政治风波"，我们曾一起走过。经验和教训都是财富，值得总结和借鉴。值得庆幸的是，党的十一届三中全会以来，走上以经济建设为中心和改革开放的伟大历史进程，使那些劫难成为历史，一去不复返了。

今天，西亚非洲研究所已经是中国社会科学院一个重要研究单位，在研究西亚非洲地区和国家的重大理论和现实问题中，起着不可替代的作用，有着广泛的知名度和影响力。当前，西亚非洲的某些地区和国家再次成为国际风云中的热点和焦点，成为深刻影响世界格局变化和走向的地标。正如全国政协副主席、中国社会科学院院长陈奎元在庆祝西亚非洲研究所成立 50 周年题词中写道："和谐愿景如烟霞，霸主居高握生杀，西亚非洲今时火，可知明日落谁家。"此时，也正是广大理论工作者发挥理

---

① 参阅《西亚非洲研究所 40 年（1961—2001）》（征求意见稿）。

论和智力功能，击点迷云，激扬文字，为党和国家再立新功的时候。"五十而知天命"，西亚非洲研究所已达知天命之年。我深信，在院党组的领导下，经过全所新老同志（主要是在职同志）共同努力，团结奋斗，西亚非洲研究所一定会再铸新的辉煌。

说起来，我个人也是与西亚非洲研究所有缘分的。1964 年秋冬，我们曾一起在辽宁省金县参加过"四清"运动。之后，世界经济研究所和西亚非洲研究所各一部分同志分别留在金县马桥子公社和大孤山公社参加"劳动实习"，总领队是院荣誉学部委员、世界经济与政治研究所前所长、著名国际问题研究专家李琮同志。我作为李琮同志的联络员，经常骑自行车来往于马桥子和大孤山之间，传递着相关的指示和信息，接触较多的是时任西亚非洲研究所领队孙振欧同志（已故去）。我在中国社会科学院科研局工作期间，同西亚非洲研究所又有着许多工作联系。1997 年 3 月，院党组派我到西亚非洲研究所工作，担任党委书记兼副所长，那是我的荣幸，承担一份工作和责任。虽然我已退休多年，但还有一项重要工作没有最后完成，就是编纂西亚非洲地区列国志。总任务 56 本，已经出版 47 本，有 3 本正在出版社编辑出版，有 1 本书稿已通过专家鉴定和审定，有 5 本还在操作进行中。我作为课题组主持人和定稿人之一，有责任努力完成这项任务，使我在西亚非洲研究所的工作画上圆满句号。

（温伯友，中国社会科学院西亚非洲研究所研究员）

我经历的中东研究 60 年

赵国忠

时光流逝，岁月悠悠，我从社科院退休已 10 年有余。自 1952 年我学习阿拉伯语进入中东研究领域，至今已有 60 年，亲自经历了新中国成立后中东学科从无到有、研究人员从屈指可数的几个人发展到目前约二三百人的一支实力较强的研究队伍。研究领域从只从事中东形势研究发展到对中东历史、政治、经济、军事、语言文化和外交等进行全方位的研究。公开出版的专著从有数的几本增至千余本，论文一万余篇，可谓辉煌。

一　新中国中东研究的起步

北大东语系阿拉伯语专业 1951 级、1952 级的学生，大部分来自中央调查部和总参二部。我 1951 年 7 月从上海南洋中学高中毕业后参军，1952 年从军干校毕业后被分配到中南军区司令部二处工作。不久，被总参二部选调进北大学习阿拉伯语。当时我国尚未与任何一个阿拉伯国家建立外交关系，我对阿拉伯国家和阿拉伯语可以说是一无所知。北大东方语言文学系主任是季羡林先生，阿拉伯语专业的老师有马坚教授、刘麟瑞、王世清、杨有漪和马金鹏等老师和陈克礼助教。讲授国际关系史的是王铁崖教授，世界历史为周一良教授，语言学为高名凯教授。1955 年，中国与埃及签订文化协定后，埃及政府派艾因·夏姆斯大学文学院院长夏瓦利比教授来校教阿拉伯语分析课，埃及著名历史学家费克里教授讲埃及古代史。

阿拉伯语专业 1949 级（1950 年未招生）的 7 名学生都是回族，他们学习阿拉伯语是基于宗教感情。因此，1951 级和 1952 级学生成为新中国成立后第一批从事中东研究和阿拉伯语教学的阿拉伯语干部。

根据中、埃文化协定，1955 年秋，教育部派杨福昌（后为外交部副部长）、夏珊安（后为驻亚历山大总领馆领事）、郑守一（后加入朝鲜国籍）、余章蓉（后为北京外国语大学副校长、教授）、李振中（后为北京语言大学教授）等 7 人去埃及开罗大学学习阿拉伯语言文学。他们是新中国成立后第一批去阿拉伯国家的留学生。1954 级（1953 年未招生）学生郑达庸和李留根，1958 年毕业后分配到外交部。后来，他们和杨福昌成为新中国成立后第一批精通阿拉伯语的驻阿拉伯国家大使。

1952 级学生共 5 人，除夏珊安和郑守一去埃及留学外，吴庆梁毕业后分配到驻埃及大使馆武官处①担任第一任阿拉伯语翻译，陈敷后来成为外经贸部中东处处长。我则于 1956 年秋回总参二部，被任命为主管中东事务的参谋。在此之前，我部尚无人专管中东。同年 10 月 29 日，中东地区爆发了"苏伊士战争"（第二次中东战争）。由于当时我国刚与埃及建交不久，与其他中东国家均无外交关系，材料来源只有驻埃及使馆电报和《参考资料》（新华社出版，每日 3 本），还有外交部 1955 年内部印发的《阿拉伯国家概况》和 1956 年世界知识出版社出版的《中近东列国志》。1957 年，我搜集资料编写了《中东军情》（合著）、约旦和也门军事情况，并翻译了在埃及军事杂志上刊登的《从埃及战争中获得了什么经验教训》。这是我部印发的第一篇阿拉伯语军事译文。

我参加工作不久，老同志曾告诉我，周恩来总理有指示，在外交情报方面，中央主要依靠外交部，在政治政党情报方面，主要依靠中调部，在军事情报方面，主要依靠总参二部。当时中央统管情报工作的为李克农上将，他担任中调部部长、外交部副部长和副总参谋长。在他主持召开的有关情报工作会议上，向大家特别介绍了中调部欧洲处处长和人物室主任（女），说他们两位同志对主管情况非常熟悉，有问必答，从延安开始工作一直埋头苦干，整理了大量情报，而且能对形势及时作出正确判断，要参加会议的同志向他们学习。

1958 年 2 月埃及与叙利亚合并，成立阿拉伯联合共和国（阿联）。我

---

① 中国与埃及于 1956 年 5 月 30 日正式建立外交关系。埃及是第一个与中国建交的阿拉伯、非洲国家。1957 年在使馆建立武官处，它是我国在阿拉伯、非洲国家的第一个武官处。

参加了中调部孔原副部长主持召开的研讨会，会议讨论了埃、叙合并的背景，对中东局势产生的影响和我国的对策。同年 4 月，由阿联武装部队参谋长穆罕默德·易卜拉欣中将率领的高级军事代表团访问中国，我参加了接待工作，担任秘书兼翻译，每天要写一份代表团活动简报。此前，我编写了《阿联武装部队介绍》和《阿联军事访华团（成员）简历》。1960年，我又撰写了《阿联军情》（单行本）和《苏伊士战争情况》（单行本）。

我们亚非组根据中东地区军事政变频发，美、英、苏等大国争夺中东，这一地区有可能爆发战争等情况编写了一本《西亚北非简明手册》，全面系统地介绍该地区的人文地理、历次战争、大国在中东的军事部署和中东各国军事力量等情况。但对各国历史、经济和外交等没有涉及。同年，我还编写了一份《苏修集团向阿拉伯国家渗透情况》，以增刊形式上报。

在此期间，我印象较深的是 1959 年外交部亚非司编写的《阿拉伯基本情况汇编》，它全面系统又简要地介绍了阿拉伯国家最重要的基本情况，对我的帮助很大。由于该材料后面附有中央领导人有关中东问题的谈话摘要，所以密级开始定为"绝密"。20 世纪 80 年代改为内部资料。内部读物有宗实著的《阿拉伯联合共和国》、《突尼斯》和《苏丹》，1964年由世界知识出版社出版，供领导机关、外事工作同志和研究非洲问题的同志参考。这三本书内容包括自然概况、历史、经济和政治，附有重要人物和大事记，内容丰富、文字精练，成了我必备的参考文献。世界知识出版社自 1953 年起每年出版《世界知识手册》，1958 年改为《世界知识年鉴》，其中介绍中东各国的情况也很有参考价值。但在 1955 年 4 月亚非会议召开前，我国有的重要部门对中东国家政治的看法上受苏联的影响较大。如认为 1952 年 7 月 23 日埃及革命为"在美国指使下，以纳吉布为首的少壮派军人集团发动武装政变成功"。[①]

1961 年，根据毛主席"应该搞个非洲研究所，研究非洲的历史、地理、社会经济情况"[②] 的指示，中国科学院哲学社会科学部成立亚非研究所（现中国社会科学院西亚非洲研究所前身）。1964 年以后，北京大学成立亚非研究所，西北大学成立伊斯兰研究所（1978 年改名中东研究所），

---

① 《世界知识手册》1954 年，世界知识出版社 1954 年版，第 721 页。

② 《毛泽东外交文选》，中央文献出版社、世界知识出版社 1994 年版，第 465 页。

云南大学成立西南亚研究所。

这四个研究所是"文化大革命"前全国研究中东政治和经济以及国别情况的最重要的研究机构，也是中东研究人员密集的单位。与此同时，对外贸易学院（1954）、外交学院（1958）、上海外国语学院（1960）、北京外国语学院（1961）、北京第二外国语学院（1964）和北京语言学院（1964）等大学开设阿拉伯语专业，培养阿拉伯语干部和中东研究人才。但1966年来临的"文化大革命"使中东研究和阿拉伯语人才培养遭受重大打击。

二　"十年动乱"期间的中东研究

1966—1976年"文化大革命"期间，中央机关和大专院校的中东研究人员大部（甚至全部）下放"五七干校"劳动，中东研究被迫中断。但仍留有少数研究人员坚持工作，为中央提供急需的中东情报。1967年6月5日，第三次中东战争爆发，总参二部七处亚非组密切关注中东战局和中东形势的发展变化，当时组长许果复和我等共3人坚守岗位，编写有关材料上报。1968—1969年，我编写了《以色列军事情况》（单行本）和《阿联①军事情况》（单行本）印发。1971年，我被王炎堂局长（后为中调部副部长）指定为中东研究组组长。1972年，我们组编写了《埃及、以色列军事实力及接受外国"军援"情况》印发。1973年夏，我参加总部和军事科学院有关同志集中讨论编写的《美苏对中东、南亚的争夺》等系列材料，于同年9月印发。

1973年10月6日，第四次中东战争爆发。10月7日，以我为主写了《埃叙与以色列交战情况和初步看法》印发，10月12日，我们合作写了《六天来中东战况及可能发展趋势》印发。同年10月25日，我执笔编写了《对阿以双方接受停火决议的初步看法》。我部还印发了《第四次阿以战争的作战特点》（合著）。

在"文化大革命"期间，从1972年起，在短短两三年内，上海人民出版社、商务印书馆等14家出版社组织全国有关单位的翻译人员，选择

---

①　1958年2月，埃及与叙利亚合并，成立"阿拉伯联合共和国"，简称"阿联"。1961年9月，叙利亚发生政变，退出"阿联"。1971年9月，阿联改名为埃及。

国外出版的有关各国历史的专著，翻译出版了一套国别史的图书，其中包括中东各国的历史。其投入之大、范围之广、规模之大、文种之多、资料之丰富是新中国成立以来所没有的。这套译著为后来中国社会科学院编撰《列国志》的历史部分提供了重要的参考资料。

三　1976—1988 年我对中东的研究

1975 年 11 月，我被任命为驻埃及大使馆海、陆、空副武官，成为我部派往阿拉伯国家第一个懂阿拉伯语的副武官。我在埃及工作 6 年，曾三度任代理武官，在张彤、姚广和刘春三任大使领导下工作。驻埃及大使馆为我国在西亚非洲地区最大且最重要的使馆，调研力量很强，调研任务很重。如任调研室主任的李松龄同志原为外交部亚非司中东处处长，是外交部研究中东最早、时间又最久的外交官。调研室其他成员有王世杰同志（后为我国第一任中东特使）、张真同志（后为驻叙利亚大使）、吴思科同志（后为第三任中东特使）。当时刚参加工作的宫小生和李志国同志，后来都成为驻阿拉伯国家的大使。我在武官处主要从事调研工作，材料来源主要靠《金字塔报》、《共和国报》、《消息报》等阿拉伯文报刊。我曾根据公开资料和外交活动所获材料编写了一份《以色列军情》（约五六万字），受到姚广大使的表扬，他批给使馆有关单位传阅。

1981 年 10 月 6 日，我作为代理武官参加埃及十月革命节阅兵，坐在主席台上亲眼目睹了埃及总统萨达特遇刺全过程。我赶回使馆立即向我部起草报告，刘春大使审阅后很满意，改为以使馆名义发外交部并总参二部。这是使馆发回国内第一封有关萨达特遇刺情况的报告，时间赶在当日下午 2 时前。在埃及工作期间，我除撰写了大量电报调研报告外，还搜集和整理了百余份基本情况材料送回国内。

1981 年年底，我从埃及回到国内，仍担任中东研究组组长。当时正值两伊战争爆发（1980 年 9 月）后不久，我的主要任务是关注两伊战争的发展变化，及时编写有关材料上报，如 1982 年写的《从胡齐斯坦之战看两伊战争的发展趋势》、1986 年写的《两伊战争交战双方的作战特点》和 1987 年写的《从美国护航看海湾地区的局势发展》等调研材料。1982 年 6 月中东地区又爆发了以色列入侵黎巴嫩的战争，我们组又接连编写了《以色列大举入侵黎巴嫩的目的和影响》、《以色列侵黎战争的作战特点》

和《巴解撤出贝鲁特后的趋向和黎巴嫩局势》等调研材料。1983 年又撰写了《从以色列侵黎战争看现代战争的几个问题》和《黎以签订撤军协议及黎巴嫩局势的前景》等材料。1985 年我们组还翻译了《加利利和平行动①——以色列与巴解组织在黎巴嫩的战争》（*Operation Peace for Galilee*）（约 15 万余字）。

同年 5 月，徐副总长要了解电子战情况，我当晚开夜车写出《电子战在中东战争中的运用》，受到好评。对 1986 年 3—4 月间美国军事打击利比亚，我们在 1 月至 4 月接连编写了 5 份调研报告。对美国的军事意图、其作战特点及冲突的发展前景都做了研究和分析，其中有两份材料获总参首长的好评，从而获得优秀成果奖。1987 年 8 月，我主持编写了《当前中东海湾形势及发展前景》也获部优秀成果奖。

1982 年，中共中央党校根据胡耀邦同志对学员要加强国际政治知识教育的指示，于同年 6 月成立国际政治教研室，开设国际政治讲座，请校外研究国际问题专家和学者来校讲授。我被聘为国际政治讲座教员。1982 年至 1983 年该讲座共讲了 27 讲，其中有关中东地区形势的有两讲，我讲《中东问题与美苏争夺》，中调部中东研究组组长李尧丰同志讲《中东问题》。1984—1985 年，我讲《战后中东及当前形势》，李尧丰同志讲《战后中东》，朱重贵同志讲《战后非洲》。这些讲稿先后刊登在《国际政治讲座》和《国际政治讲座》（续编）② 上，1986 年 8 月我又讲了《战后中东形势》（讲稿约 1.7 万字），同年 5 月，我又为北京大学东语系讲《当前中东形势中的几个问题》。1987 年 6 月，我又为全军情报整编干部集训班作《当前海湾军事形势》的报告。

1988 年 5 月，我不再担任亚非组组长。作为中国国际战略学会高级研究员为黄河大学研究生班讲授《阿以问题和中东和谈》、《两伊战争和海湾局势》等课程，并被聘为黄河大学美国研究所教授。作为解放军国际关系学院兼职教授，我又为该校研究生上中东问题课。1989 年，我又与我组的同志编写了《80 年代中东内幕》。③

---

① 加利利（Galilee）为以色列北部地区地名。以色列军方将入侵黎巴嫩的军事行动取名加利利和平行动。

② 《国际政治讲座》，求实出版社 1986 年 3 月。（内部发行）
《国际政治讲座》（续编），求实出版社 1988 年 1 月。（内部发行）

③ 赵国忠等：《80 年代中东内幕》，浙江人民出版社 1989 年版。

1982 年，由中国社会科学院西亚非洲研究所、北京大学亚非研究所、西北大学中东研究所和云南大学西南亚研究所共同发起成立中国中东学会，并于 7 月在昆明召开第一次会员代表大会。这表明中国的中东研究进入一个新的阶段，即由过去各单位各自为政、互不通气的状况进入一个共同讨论、相互交流、紧密合作的阶段。我有幸被邀参加第一次会员代表大会，但当时学会领导认为中东学会是一个纯学术的研究机构，党、政、军机关的研究人员可以参加代表大会，但不能安排理事以上职务。1985 年第二次代表大会在西安召开时，情况有了变化，我被安排担任理事，并当选为学会的副会长，为当时最年轻的副会长。1990 年 10 月第三次代表大会在北京召开，我当选为常务副会长，主持学会的日常工作。1995 年 10 月，我与日本中东学会会长板垣雄三、韩国中东学会会长沈义燮共同发起组织"亚洲中东学会联合会"，并先后担任副会长、首席副会长和会长。

四　我与西亚非洲研究所

1991 年 1 月，我被任命为中国社科院西亚非洲所副所长，主管中东研究工作。次年 4 月，又接替葛佶同志担任所长，直至 1998 年 10 月。在来所工作前，1990 年 8 月 2 日伊拉克入侵科威特，海湾地区形势骤趋紧张。李慎之副院长亲自来所主持召开海湾地区形势研讨会。会后，葛佶所长委托我为所写一份调研材料，题为《美伊战争难以避免》，刊登在《中国社会科学院要报》（国际问题）（1990 年 8 月 29 日）上。此后，西亚非洲所的其他同志也写了五六篇有关海湾局势的文章。这些调研报告对海湾危机的前景和结局作出正确的分析和预测。当时国内学术界和某些部门对此存有不同看法，事态发展证明我们所对形势的判断是正确的。与此同时，我和陈公元同志（原西亚非洲所副所长）应邀给全国政协外事委员会的委员们作"海湾地区军事和政治形势"的报告。为了加强对中东非洲形势的研究，我建议我所办一份不定期出版的调研材料（内刊），就中东和非洲地区发生的重大事件和重要问题提出看法和政策建议，供中央有关部门领导和我院领导及有关所参考。并从时效性上弥补《西亚非洲》双月刊的不足。该刊定名为《西亚非洲调研》（内刊），由我担任主编，王健同志负责具体组织工作。自 1992 年 9 月出刊至 2000 年 7 月停刊，共出版了101期。

1991年来西亚非洲所工作后,我与中东研究室的同志申请国家社科基金项目《海湾战争后的中东格局》①并获批准。该项目于1995年完成并出书。此后,我就着手组织撰写《简明西亚北非(中东)百科全书》。(社科院重点研究课题)。我曾为《中国大百科全书》撰写条目,后担任《中国军事百科全书》国际军事条约章编审,并编写了6条条目。我参考了国内外出版的有关中东的百科全书后,起草了编写大纲,邀请国内中东研究的专家和学者参加撰写,并于1998年完稿。② 1998年1月,我和温伯友(所党委书记、研究员)、杨光同志(副所长,后为所长)担任《1997—1998年中东非洲发展报告》(社科院重点研究课题)主编,每年一本,直到2001年我不再担任主编。

1991年,刘竞同志(原西亚非洲所副所长)和我被聘为西北大学中东研究所首批两名博士生论文答辩委员会主席和委员。其导师彭树智教授不仅为中东史培养了我国最早的一批博士,而且是培养中东学科博士最多、质量又很高的导师之一。

1995年9月,根据滕藤副院长指示,为了加强对海湾问题和海湾国家的研究,促进国内外学者之间的团结、合作与学术交流,我院成立了海湾研究中心,并由我起草了中心章程。该中心由滕副院长任名誉理事长,我任理事长,姜汉章(外事局长)和温伯友任副理事长。

1998年,西亚非洲所率先完成《简明西亚北非(中东)百科全书》和《简明非洲(撒哈拉以南)百科全书》,并于2000年12月出版,2002年均获中国社科院优秀成果二等奖。

五　我退休后对中东的研究

退休后,我仍坚持对中东的研究,并负责中国社科院《列国志》中东国家和北京大学《东方文化集成》西亚北非文化编的审稿工作。

1998年我着手西亚非洲国家《列国志》的筹划工作。此课题申请立项时,由我和温伯友同志负责。在1999年1月,由院科研局和社科文献

---

① 赵国忠主编:《海湾战争后的中东格局》,中国社会科学出版社1995年版。

② 赵国忠主编:《简明西亚北非(中东)百科全书》,中国社会科学出版社2000年版。

出版社主持召开的《世界列国志》立项和各有关所负责人会议上，我代表我所起草的《列国志》编写大纲被与会同志和出版社采纳。2002 年 8 月，中国社科院成立《世界列国志》编辑委员会，由陈佳贵副院长担任主任，温伯友、杨光和我均为编委。《世界列国志》计划编写 150 余本，我所承担 56 本，约占 1/3。《世界列国志》2002 年被批准为中国社会科学院 A 类重大课题。这一课题规模之大、参加编撰人员之多、投入资金之巨是新中国成立以来所未有过的，也只有中国社会科学院这一全国最高哲学社会科学研究机构才有能力承担。

就中东研究而言，中东百科全书和中东国家列国志是最重要的基础资料建设，是中东研究必备的参考书目。我退休后，主要精力都投入中东国家《列国志》的审稿工作。至 2010 年年底，我的审稿工作宣告完成。经我审改和定稿的有《阿拉伯联合酋长国》(2003)、《科威特》(2004)、《伊朗》(2005)、《埃及》、《约旦》(2006)、《阿富汗》、《黎巴嫩》、《伊拉克》(2007)、《苏丹》、《叙利亚》(2008)、《巴林》、《卡塔尔》、《也门》(2009)、《阿曼》、《塞浦路斯》、《沙特阿拉伯》和《巴勒斯坦》(2010)；经温伯友同志审改和定稿的有：《利比亚》(2007) 和《摩洛哥》(2008)；经杨光同志审改和定稿的有：《突尼斯》(2003) 和《毛里塔尼亚·西撒哈拉》(2008)；经王京烈同志审定的有：《阿尔及利亚》(2006)。另外两本《土耳其》和《以色列》由所外单位承担。我所承担的中东国家各卷本均已出版。《列国志》书稿要求质量高、出精品，按照编写大纲要求，资料要新、内容要全、论述要得当，还要有可读性。我提供过一些国外书刊，有些国家国情很复杂，论述不当会惹麻烦。因此，作为课题主持人之一，我在审定书稿过程中，除对书稿总体把关和向作者提出必需的修改意见外，还要对书稿核实资料和进行文字修改，以及补充我所掌握的新情况和新资料。对军事部分，我除了提供最新资料外，修改也较多，有的国家军事部分几乎由我重写。为此，我花费了大量时间和精力。

自 1995 年我担任北京大学《东方文化集成》(季羡林先生主编) 编委兼西亚北非文化编主编后，我主要负责审稿，这一工作仍在继续，不知何时才能完工。西亚北非文化编审定出版的有《阿拉伯史纲》、《中阿关系史》、《现代伊斯兰主义》、《阿拉伯伊斯兰文化史纲》、《简明伊斯兰史》、《布哈里圣训实录全集》(1)(2)、《阿拉伯现代文学史》(2004)、《中国文学与阿拉伯文学比较研究》和《阿拉伯电影史》(2010)。

退休后，我还为中央民族大学研究生讲授《伊斯兰教和伊斯兰国家概况》（一学期），为北京外国语大学阿拉伯语系研究生讲授《中东问题概论》（10 讲），并担任该系博士生和硕士生论文答辩委员会主席或委员。2010 年春，我为总参离退休干部作《巴勒斯坦问题的由来和发展》报告，2011 年春，又作了《北非政局突变及发展》的报告。

回顾 60 年的中东研究经历，我有以下几点体会。

（1）中东地区战略地位十分重要，油气资源极为丰富，历来是西方大国争夺的重点地区。自第二次世界大战结束以来，这一地区已爆发了四次中东（阿以）战争，两次以色列入侵黎巴嫩战争，1991 年的海湾战争，2001 年的阿富汗战争和 2003 年的伊拉克战争。至于武装冲突，不胜枚举。中东各国政局动荡，政变频仍。民族矛盾、宗教和派别冲突时常突发，恐怖主义活动泛滥、核扩散问题突出，巴以问题难以解决。有许多重大问题需要去研究，我国中东研究人员的任务十分艰巨。

（2）我国在中东地区有重大的战略利益。中国是安理会五个常任理事国之一，肩负维护世界和平的责任，中国参与了中东地区许多重大问题的讨论和决策，参加了联合国在黎巴嫩、苏丹等国的维和行动和防范索马里海盗的海上护航行动。中国与中东地区 25 个国家（包括南苏丹）都建立了外交关系。2009 年，中国与这些国家的双边贸易总额已达 1300 多亿美元。2010 年中国与阿拉伯国家的双边贸易达 1454 亿美元，估计 2011 年将达 1800 亿美元。中国进口石油的一半以上来自这一地区。中东是我国通往欧洲的必经之道，涉及我国的安全利益。随着中国国际地位的提高和经济、军事实力的增强，我国对中东地区的重视必将进一步加强。

（3）中东研究为中国哲学社会科学中国际学科下的二级学科，分为中东地区问题研究和国别研究两大类，涉及历史、政治、经济、宗教、文化、军事和国际关系等各个领域。过去十几年，我们已在中东基础研究方面取得了很大成绩，打下了良好基础，如出版了《简明中东百科全书》和中东《列国志》等著作。今后，我们应以深入研究中东地区重大现实问题为主攻方向，基础研究应该主要为现实问题研究服务。我们的中东研究成果应为党和政府的决策服务。要向党和政府提供一批优秀的科研成果，必须造就一支政治上过硬，业务上精通中东历史、政治、经济、宗教、文化和语言并具有综合分析能力的优秀人才队伍。目前，我国真正的中东问题专家不是太多而是太少了。我们要有研究中东地区重大问题的专家，也要有研究中东各国（国别）问题的专家。只有这样，才能将我国的中东研究水平推进到一个新的高度。

（赵国忠，中国社会科学院西亚非洲研究所研究员）

我从事中东研究的几个难忘片段

唐宝才

2012 年 5 月 11 日作者（左三）在国家行政学院为阿拉伯国家公务员讲课后合影

2008 年 11 月 19 日作者参加北外阿语系的中—阿关系研讨会

如果从 1964 年我出国学习、接触中东研究算起，至今已有近 50 年，现在回忆起来，不少事还历历在目。

1964 年 7 月，中央决定从北京、上海、天津、南京等城市挑选 600 多名应届高中毕业生集中到北京，在学习、参观约一个月后，即以高教部名义派往世界各国学习。当时我被派往埃及（当时称阿联）学习阿拉伯语和阿拉伯历史。从那时起，我就与中东研究结下了缘分，在国家和人民的培养下并经过自己的勤奋努力，在中东研究上取得了一定成绩，觉得没有虚度年华，心里感到欣慰。回顾我从事中东研究的几个片段，或许对青年学者、读者有所裨益。

一　我与中东政治、中东国际关系

1945 年 9 月 2 日，第二次世界大战以苏、美、中、英等反法西斯国家和世界人民战胜法西斯侵略者赢得胜利而告终。这极大地鼓舞了亚洲、非洲、拉丁美洲的民族解放运动，一批又一批国家打碎了殖民主义的枷锁，取得了民族独立。新中国和广大的亚、非、拉新独立的国家一样，都面临着反对帝国主义、殖民主义、维护民族独立、进行经济建设、提高人民生活水平的共同任务，我们在共同斗争中互相同情，互相支持。那时双方都迫切需要了解对方，时代催生了我国对中东及世界其他地区研究的需求。我就是在这样的时代背景下走上了从事中东研究之路。

1964 年 9 月我刚到埃及，对埃及、中东知之甚少。1965 年 6 月周恩来总理出访埃及，在开罗接见了我们全体留埃学生和进修生，给了我们很大鼓舞，也坚定了我学好阿拉伯语、从事中东研究的决心。1969 年 8 月我从埃及开罗大学毕业。1970 年 5 月我被派往驻南也门（1990 年 5 月南、北也门实现统一）使馆工作，驻南也门首任大使李强奋和接任者崔健大使对使馆青年人的工作、学习很关心并给予了具体指导，其他同志也给予了帮助，这对我后来的几十年影响很大。在驻南也门、伊拉克和沙特使馆工作的 8 年时间里，我接触到了当地上层、中层领导和人士及普通民众，了解了很多实际情况，同时自己也挤时间学习了马列著作、毛主席著作，这为运用正确的观点、立场、方法来研究中东打下了较好的基础。

20 世纪 50—90 年代初，中国的中东政治研究处在一个初始、恢复阶段，表现为介绍国外研究中东的成果多，本国研究成果少，且深度有限。

20 世纪 90 年代初至今，中国的中东政治研究进入了一个全面发展阶段。海湾战争后，中东一些国家加快了政治改革步伐。中国学者一批有分量的著作纷纷问世。

值得一提的是，我参加了刘竞、安维华主编的《现代海湾国家政治体制研究》一书（中国社会科学出版社 1994 年 4 月出版，1999 年获国家社科基金项目优秀成果奖）撰写工作。通过参加此项目的研究，不仅使我对所承担的阿曼政治体制有了较为深入、系统的研究，而且对其他的七个海湾国家的政体也有了一个大概的了解和对 20 世纪 70 年代末以后海湾各国的政体所面临的挑战及其演变趋势有了新的认识。我还参加了赵国忠主编的《海湾战争后的中东格局》一书（中国社会科学出版社 1995 年 10 月出版，2000 年获得中国社科院优秀成果三等奖）的撰写工作。此专著全面论述了海湾战争及其后中东形成一超多强争夺与该地区多种力量争斗的复杂格局。此专著将中国对中东政治研究提高到了一个新的水平。通过参加主编主持的课题研讨会，我受益匪浅。

研究冷战后的美国等大国与海湾关系这一课题面临着很大的挑战，同时对我也有很大的诱惑力。我也有一些有利条件：我曾在海湾国家工作多年，并作为高访学者应邀访问多个海湾国家，掌握大量一手资料。1999 年，我向领导提出主持《冷战后大国与海湾》这一课题的想法，很快得到了所、室领导和所学术委员会的支持，并将它列为所重点研究课题。我在此书里既借鉴了国内前辈、同行和外国同行在这个领域内的科研成果，同时又提出了自己的一些新见解新观点。比如，对布什上台以来美国对伊拉克等国的政策调整的分析看法、对近几年来美国与沙特阿拉伯出现的一些新重要变化的分析等。此书在第 234—235 页对美国发动伊拉克战争作了预测，提出它发动这场战争的三个依据，指出美国发动这场旨在推翻萨达姆统治的局部战争正在酝酿与准备之中。《冷战后大国与海湾》一书于 2002 年 6 月由当代世界出版社出版，获 2003 年西亚非洲研究所优秀科研成果三等奖。

2003 年 3 月 20 日，美、英发动了对伊拉克的战争，这场战争对地区形势和国际关系产生了重要影响。人们在思考美国如何调整它的全球安全战略，美国发动伊拉克战争的深层次战略目的是什么，中东在政治、经济、军事、社会等方面发展走向如何等问题。中国社科院科研局及时推出了"伊拉克战争之后的中东"这一院 A 类重大课题。研究这一重大课题有它的重要性和难度，党中央和国务院对社科院社会科学工作者提出新的要求，其中包括要求对国际问题进行深入研究并回答重大国际理论和现实问题，推出更多对党和政府在国际问题决策上有重要参考价值的优秀科研成果。优秀科研成果的核心是创新，就是说在理论、观点、研究方法、思路等方面有所创新，并经得起实践的检验。在国际问题上要有中国学者的声音，要有自己的话语权，并逐步争取要多的话语权。在所领导和所学术委员会的支持下，我主持了这一重大课题的工作。除了依靠本课题的同志外，我还邀请外交部原副部长杨福昌、中国首任中东问题特使王世杰等老同志参加研讨会，认真听取他们的宝贵意见。这一重大课题的最终成果是《伊拉克战争后动荡的中东》一书，于2007年11月由当代世界出版社出版，被院鉴定为优秀。此书在理论、观点、研究方法方面有所创新。例如，作者在第一章论述后得出结论：美国在冷战思维、谋求全球霸权和其政策的实用主义上都没有变，只是因一时反恐困难而采取了策略上和阶段性的改变。作者在第十章指出，"无论从目前或今后几十年发展的情况看，中东在我国政治外交中都占有重要地位。从区域外交和多边外交的双重角度来看，中东都是我国实现和谐世界外交政策的重要平台"。作者在本书中采用了把全球与地区、战略与政策结合起来的研究方法。

2001年"9·11"事件后，在美国等西方国家压力下，伊斯兰国家面临的挑战日益增大，是否会爆发基督教文明与伊斯兰文明间的冲突甚至战争，此事关系重大。2003年年底，全国社科规划办适时推出了"伊斯兰国家面临的挑战、发展趋势及我国应对策略"这一重要课题。在所领导、所学术委员会支持下，我主持了这一国家社科基金项目。此课题属国际政治、国际关系范畴，涉及中东、中亚、南亚、东南亚和非洲等57个伊斯兰国家。此课题最终成果是《伊斯兰世界的今天和明天》一书（中国社会科学出版社2010年4月出版）。本书对伊斯兰世界进行了多侧面、多方位分析与综合，不仅分析了近年各地区伊斯兰国家所处的国际环境，在政治民主化、经济全球化以及军事安全等方面所面临的挑战、应对措施与发展趋势，而且对伊斯兰复兴运动、伊斯兰国家的反恐斗争进行了深入探讨等。北京大学国际关系学院安维华教授认为"本课题的研究成果具有重大的现实意义与理论价值"；新华社原驻中东总分社社长、新华社高级编辑、研究员唐继赞认为本书"有助于扩大国内社科界了解伊斯兰世界的眼界，对学者研究大国关系和国际政治很有参考价值"；中国社会科学院世界历史研究所博士生导师、研究员杨灏城认为本项目"不仅填补了国内空白,而且具有相当的理论意义和现实意义,属开创性研究"。

中东国际关系是中东政治的一部分,而中东国际关系又包含在全球国际关系里。顾名思义,国际关系讲的就是世界上各国间的关系,国际关系理论阐述的就是各国间关系的理论。

自 1978 年我国实行改革开放以来,人们更加努力学习、借鉴世界上一切对我有用的东西,包括自然科学和社会科学在内。在改革开放初期,我们在国际关系理论的状况是"两多一少",即介绍多、诠释多、创新少。当代西方国际关系包括冷战后西方国际关系理论的主要内容大致包括现实主义(含新现实主义)、自由主义(含新自由主义)、建构主义和新保守主义等。在介绍、研究西方国际关系理论方面,我国不少学者做了很多努力和工作。最早介绍西方国际关系理论的是我院的陈乐民先生,他在 1981 年和 1982 年发表了《当代西方国际关系理论简介》和《国际关系研究的基本方法》两篇文章。从此,我国学术界开始大量引进、介绍西方国际关系理论。这主要体现在:一是翻译出版了一大批国际关系理论的经典性学术著作。最早翻译的著作是詹姆斯·多尔蒂和小罗伯特·普法尔茨格拉夫的《争论中的国际关系理论》(1987)和威廉·奥尔森等人的《国际关系理论与实践》(1987)。迄今,西方国际关系理论的各个流派的比较著名的有影响的著作大多数已经被译成中文。二是我国学者撰写了一些介绍和评析西方国际关系理论的学术著作和论文。最先出版的学术著作是陈汉民的《在国际舞台上》(1985)。目前在我国学术界影响较大、引用率较高的代表性著作有:倪世雄、金应忠的《当代美国国际关系理论流派文选》(1987)和《国际关系理论比较研究》(1992),王逸舟的《西方国际政治学:历史与理论》(1998)。三是进入 20 世纪 90 年代以来,我国学者开始在某些领域对西方的理论流派、学术观点进行有独立意识的、有针对性的学术评论乃至批评。例如,对"民主和平论"、"文明冲突论"、"霸权稳定论"等的评论和批驳,比较有代表性的著作是王缉思主编的《文明与国际政治——中国学者评亨廷顿的文明冲突》(1995)。[①] 又如,中国社会科学院"新自由主义"课题组:《新自由主义在全球的蔓延及我

---

① 参见邵峰:《中国国际关系理论研究进展及趋势》,中国社会科学院《院报》,2000 年 12 月 14 日第 3 版。

们应取的科学态度》（中国社会科学院《院报》，2003 年 12 月 9 日第 2 版）；张旅平（执笔人）：《人文社会科学前沿扫描》（中国社会科学院《院报》，2006 年 11 月 28 日第 2 版）。再如，中国国际关系学会编：《国际关系理论：前沿与热点——2006 年博士论坛》（世界知识出版社 2007 年 1 月出版）。

在有针对性地对西方国际关系理论进行评论、批评方面，在我主持的我院重大课题的最终成果《伊拉克战争后动荡的中东》一书的第九章，作出了新的努力：就是用我国一贯坚持的和平共处五项原则、新的"三个世界"的理论及《联合国宪章》、公认的国际关系准则等来分析美国所依据西方国际关系理论制定的政策，特别是剖析了乔治·W. 布什政府执行的新保守主义政策，分析了小布什政府在中东碰壁的主要原因，指出了霸权主义也是全人类的大敌，它给世人带来的只能是灾难与痛苦，新保守主义执行的政策使建立一个和谐世界的任务变得更加艰巨而长期。同时预测了中东地区国际关系的发展趋势：大国间关系趋势是多边主义将有所增强；世界大国与地区大国间关系将进一步发展；中东地区国家间的关系将趋向合作。

由我主持的国家社科基金项目的最终成果《伊斯兰世界的今天和明天》（中国社会科学出版社 2010 年 4 月出版）一书也涉及国际关系方面的内容，书中就美国、欧盟、日本、俄罗斯、中国分别对中东、中亚、南亚、东南亚、非洲的伊斯兰国家所采取的政策进行了梳理和比较，对学者研究国际政治和研究大国关系很有参考价值，但要从理论上与实践上解决我国发展与伊斯兰世界在政治外交、经贸、文化等各方面关系的问题，还有许多工作要做。

到目前为止，笔者认为中国的国际关系理论虽尚未形成，但已取得了长足的进展，还需专家、学者在这方面作出艰巨的努力，逐步形成具有中国特色的国际关系理论，用以更有效地指导我国的对外方针政策。

我认为，打出和平崛起、建立和谐世界理论的旗帜是正确的，但需要强调的是：对讲道理的国家讲和谐讲合作，对方可能接受；但对于超级大国及某些国家，我们只能以两手对两手，不能抱不切实际的幻想，扫帚不到灰尘不会自己跑掉，对干涉我国内政、侵占我国领土和资源的国家，应首先采取先礼后兵，努力通过谈判限期解决问题，如果不成，则必须择机采取一切必要手段给予必要教训，让它遭到惨败，并作出经济赔偿，让它的子孙后代引以为戒，永难忘记，舍此则不可能建立和谐世界。我们只有拥有强大的经济实力和强大的国防力量，才有可能维护国家的安全，收回自己的领土和实现祖国的完全统一，才有可能发挥一个负责任大国的作用，才能维护世界和平和稳定。

建立中国自己的国际关系理论还有不少有待加深研究的问题，例如，这一理论的主要支柱是什么；如何加深对中国的地区、全球战略的研究；我国的外交在增强经济实力和国防力量方面应采取哪些有力的政策措施；此外，我们还缺乏一部包括中东在内的系统的国际关系的思想史；等等。

二　我与中东经济研究

新中国成立后，我国的中东经济研究大致可分为起始（1949—1978）和发展、繁荣（1978—　）两个阶段。囿于我国当时的国情，人们主要关注的是中东政治、国际关系方面的问题，因此关于中东经济研究的成果较少。随着 1978 年开始的我国改革开放的力度加大，各方面对中东经济的需求不断增多，这方面的研究成果呈现出专著和论文数量大，质量也有明显提高。

打下对中东经济研究的基础　值得一提的是，由张俊彦主编的《中东国家经济发展战略研究》（北京大学出版社 1987 年版）和《变化中的中东经济——现状和前景》（北京大学出版社 1992 年版）这两本书是我国改革开放后对中东经济研究的两本代表性著作，为我国中东经济研究奠定了良好基础。《发展中国家经济发展战略研究》是"六五"计划期间国家社会科学研究的重点项目之一，而《中东国家经济发展战略研究》是该项目五本书中的其中一本。该书是为满足中国发展与中东国家经贸关系的需要，同时也为我国借鉴发展中国家的经济发展战略提供了可能。1986年 2 月 15 日，宦乡同志在这套丛书出版的前言中明确指出，"研究外国，特别是广大发展中国家的经济发展战略，并吸取其中某些成功的经验作为借鉴，无疑也是一项十分重要的工作"。我有幸参加了《中东国家经济发展战略研究》一书中第十一章阿曼的经济发展战略的撰写工作。通过参加这个项目的工作，我对整个中东国家经济发展的模式与特点以及包括土耳其、伊朗在内的主要中东国家的经济发展战略及所采取的措施及其得失等有了一个较全面、综合的了解，也增加了我进一步研究中东经济的兴趣。我的体会是对一个地区、某一个国家的经济发展战略比较明了，则对于研究某一个国家的经济发展所采取的政策、措施就比较容易把握。

把研究与国内需求结合起来　我在对中东经济研究的过程中，比较注意把研究与国内各部门对它的实际需要结合起来，得到政府部门和研究机构的书面好评。比如，1991 年我在《中国国际友好联络会刊物》（第 3 期）上发表的《海湾战争对我国的影响及对策》（部分内容涉及中东经济）；1991 年在中国社会科学院《要报》（第 4 期）上刊登了《海湾战争后的中东格局》（涉及中东经济）；1991 年在《中信公司调研通讯》（第 2 期）上刊登的《海湾战争在经济上给我国带来的机遇与对策建议》；1993 年在《当代国外发展考察与研究》（院外事局编，中国社会科学出版社 1993 年 2 月出版）上刊登我撰写的《科威特的现代化进程》；1993 年 4 月唐宝才等 3 人在《西亚非洲调研》上合写的《海湾战争后伊朗地区战略及其对中东局势的影响》（涉及中东经济）；1994 年 4 月在《西亚非洲调研》上刊登《也门内战爆发的主要原因及其发展趋势》（涉及也门经济）；1999 年在中国社会科学院《要报》（第 132 期）上刊登的《沙特对外政策的重要变化及我国对策》（涉及沙特经济，2001 年被我所评为优秀科研成果三等奖）；1999 年 9 月、10 月，杨光所长交办任务，为中央领导同志出访准备材料，其中一份受到有关部门的好评、奖励；《关于发展中国与沙特关系的建议》（1999 年 10 月）调研报告，得到有关部门书面好评；1999 年 12 月在外交部《外交与四化》上刊登《海湾六国经济调整给我国带来的机遇》；2000 年 5 月中国社会科学院《要报》上刊登的《关于发展我国与阿拉伯国家关系的建议》（涉及阿拉伯国家经济）；2000 年 10 月，杨光所长交办任务，为有关部门撰写《也门实现统一的方式及启示》调研报告；2001 年《从全球战略看发展与两伊关系的重要性——出访伊拉克、伊朗后的几点思考》（涉及两伊经济）刊登在《世界社科交流》2001 年第 9 期；2001 年 10 月在"第 2 届海外油气市场开发研讨会"上发表《中东局势及其对我国油气合作的影响》一文，被中油集团经济和信息研究中心编入该研讨会论文集；2002 年 8 月院《要报》上刊登的《关于当前反恐斗争的几个重要问题及建议》；2002 年 9 月院《要报》上刊登的《美国第二次对伊拉克战争及对策建议》，对美国发动伊拉克战争及所产生的影响作了比较准确的预测；2003 年 2 月应邀为外交部美大司做《关于美伊关系》讲座；《近期美国对伊动武的可能性及其影响》一文刊登在中国社会科学院《院报》（2003 年 2 月 20 日）头版上，随即被新华网等媒体转载；2003 年 2 月，参加了由我所与中国中东学会联合召开的"美国倒萨战争、伊拉克重建与中东格局"研讨会，并作了发言；2003 年 3 月 27 日、29 日应邀作为嘉宾为中央人民广播电台《聚焦海湾》做现场直播节目；2003 年 4 月为中央直属机关分校局处级干部进修班做《关于伊拉克战争》报告；2004 年院《要报》上刊登的《我国面临石油严重短缺状况及对策建议》；此外，应邀对阿联酋、阿曼、伊拉克、科威特、伊朗、利比亚等国进行学术访问，所做学术报告受到当地有关部门和机构的官员、学者专家的欢迎和媒体关注。应邀到北京大学、北京第二外国语学院、中国伊斯兰教协会、西北大学、宁波大学、湛江师范学院等单位做报告，受到欢迎。应邀接受中央电视台、北京电视台、新华社记者、院《学术动态》、《环球时报》、《新京报》、《中国财经报》、《对外大传播》、半岛电视台、澳洲广播电台、《读卖新闻》等国内外多家媒体采访。各类科研成果 300 多万字。在科研为国内有关部门服务方面，也得到了好评。

使研究与实践成一张皮　在这方面，我对中东承包劳务的研究与实践的结合是一个具体的例子。1978 年 12 月召开的党的十一届三中全会吹响了我国改革开放的号角，迎来了伟大的新时代。改革开放的春风也吹到了承包劳务工作领域。值得回忆的是，1979 年 9 月我有幸随以屈健为团长的中国水利代表团访问伊拉克。这次代表团出访的目的，一是增进中伊双方的相互了解和友谊；二是参观学习伊在水利建设方面的先进技术和经验。出访达到预期目的，并了解了伊在水利建设方面的有关情况，对中、伊水利方面合作提出了几点具体建议。这次访问近两周，接触伊水利部长、代次长 5 次，与司局级领导、各单位主要负责人交流 30 余人次，从首都巴格达到北部的基尔库克、南部的巴士拉、东部的迪亚拉省等，行程 4000 多公里，参观了解了由苏联、日本、南斯拉夫、法国、印度等国承担的许多伊水利项目具体情况及经验教训，为提出我国在中东、海湾地区进行承包劳务的工作建议打下了一定的基础，使我受益匪浅。

从此次访问中，我深切地感受到，我们只有"走出去，请进来"，才能了解和学习到世界最先进的技术，在学习、吸收的基础上再进行创新，形成自己的知识产权。

经过几年的调查研究，1983 年 6 月我在《西亚非洲调研》上发表了

《关于开展对外承包工作的几点建议》，引起国内一些单位的重视。1986—1987 年我被借调到交通部的中国港湾工程公司驻科威特和阿联酋分公司工作。在科、阿工作期间，我对承包劳务工作的相关情况继续进行调查研究，并于 1988 年 10 月发表了题为《科威特、阿联酋等国人口组成与我国对海湾的劳务承包事业》论文。在调研基础上，我预测 1988—1993 年期间，海湾本国劳动力占这些国家的总劳动力比例不会明显增加，必然主要还要依靠外籍劳动力，在五年内对我国在这一地区的劳务承包事业不会有明显影响（这被后来的事实所证明）。为适应海湾地区新形势的需要，我国宜积极开拓并适时调整政策、措施，为此我提出了想方设法尽快挤进沙特劳务市场，扩大我在伊朗、伊拉克的劳务承包阵地，搞好在科威特、阿联酋的项目，注意阿曼、巴林、卡塔尔的劳务承包市场情况。面对变化了的海湾劳务承包市场，对项目趋向小型化、多样化应采取新的措施，以适应中东、海湾市场发展的需要，使我国处于主动地位。我国对科威特的劳务承包工作，需适时作出调整，比如，总结经验教训，加强对科市场的调研，积极开拓我国在科的劳务承包市场；又如，走与当地公司合营的道路，取得法人地位；坚持按劳分配的承包负责制，处理好国家、公司、个人三方面的分配关系；加强领导，统一对外，承揽和施工单位共同承担经济责任，搞好公司和施工单位的队伍建设。（详见张大鹏等编：《中东市场的现状与前景》，西北大学出版社 1989 年版，第 162—166 页）。

之后，我继续对阿联酋和中东海湾承包劳务市场进行跟踪研究和考察，1995 年在我院《对外学术交流情况》（第 6 期）上发表了《阿联酋承包劳务市场考察》；1999 年 12 月在外交部《外交与四化》刊物上发表了《海湾六国经济调整给我国带来的机遇》等。

我认为，21 世纪头 20 年，包括承包劳务工作在内的中国与中东、海湾国家的经贸关系发展前景是乐观的，其发展走向可能主要集中在以下几个方面：一是双边贸易总额可能会有大幅度提高；二是双方的经济合作会有一个新的飞跃；三是区域经济合作会有一个全新的开端；四是人才培训方面可能成为新的亮点。（详见唐宝才主编：《伊拉克战争后动荡的中东》，当代世界出版社 2007 年版，第 313—315 页）。

我在从事科研工作的实践中深深体会到：搞科研就要静下心来，耐得住坐冷板凳，勤奋是成功关键，当然作者的正确的立场、观点和方法是首要的；功夫不负有心人，成绩会积少成多，会获得他应得的那份成功。

三　我与阿拉伯文化研究

阿拉伯文化绚丽多彩，它与古代希腊、罗马文化一样，在世界文化中占有重要地位，对欧洲、亚洲、中国文化的发展都产生了深远的影响。新中国成立后，我们的前辈，如马坚、纳忠、纳训先生等翻译和撰写了许多有关阿拉伯文化的著作，为我国外交、教育事业及东方文化的传播都作出了重大贡献。总之，我国学者在翻译、研究阿拉伯文化方面取得了很大成绩。

1964 年起，我在埃及留学的几年时间里，接触到了一些阿拉伯文化方面的著作，它的灿烂给我留下了深刻印象。但苦于没时间阅读，因当时要集中精力学习阿拉伯语和阿拉伯历史。到了 1980 年，我有了一些空余时间，因此我与马瑞瑜合作，给商务印书馆写一本历史小丛书《光辉灿烂的阿拉伯文化》，得到时任小丛书编委的纳忠先生的肯定。这本小丛书于 1985 年又编入《外国古代文化艺术》合订本（一）（商务印书馆 1985年 7 月出版）。这对我是一个很大的鼓励，在纳忠先生的支持下，我又承担了商务印书馆的《阿拉伯的科学成就与名医阿维森纳》小丛书的撰写工作，后又编入《外国著名科学家》合订本（二）（商务印书馆 1991 年 1月出版）。1985 年及 1993 年我分别应邀赴利比亚、阿联酋进行学术交流，我演讲的题目分别是《光辉灿烂的阿拉伯文化及其对世界的影响》、《中国文化及中、阿文化交流》，我驻利比亚、阿联酋大使馆很重视，派文化参赞出席演讲会。当地的媒体也作了报道。

文化历来是各国人民、各民族间交往的桥梁或黏合剂，对加强它们间的政治、经济等方面的关系有着不可替代的作用。我主编的《伊拉克战争后动荡的中东》（当代世界出版社 2007 年 11 月出版）一书的第 315—318 页谈到了中国与中东国家文化关系走向。中东国家中主要是阿拉伯国家，拥有的是阿拉伯文化，但此外还有伊朗所代表的波斯文化及以色列代表的犹太文化，埃及、伊拉克和伊朗都有悠久的历史和灿烂的古代文明。在中国与中东国家文化关系走向这一节里阐述了这种关系发展的深厚基础，并指出 21 世纪中国与中东国家文化交往可能主要集中在文化艺术、教育科技、卫生体育、宗教访问等方面，这对推动各方面关系，促进中国与中东国家人民间友谊将起重要作用。

中国文化、阿拉伯文化及西方文化各有其特点。阿拉伯文化历史悠久，有深厚底蕴，中世纪时在全世界曾起着引领作用。在近现代由于各种原因和因素，阿拉伯文化不如以前那么光彩夺目，但其发展前景还是广阔的。

在对阿拉伯文化的研究方面，我以为，我们已经取得了很大成绩，但仍存在一些不足：中国与阿拉伯国家在翻译、介绍对方的文化成就方面还有很多工作要做，以增进双方的进一步了解；促进中、阿文化交流和民间交流的手段有待拓展，比如，可以增派留学生、学者到对方学习或从事研究，夯实双方关系的基础；以文化交流促进双方的政治、经济等方面关系进一步发展；通过文化交流把双方的文化产业做大做强，以期进一步向前推进；加强双方文化合作，以东方文化抵制西方文化的消极影响；加强中国文化与阿拉伯文化比较研究；等等。

（唐宝才，中国社会科学院西亚非洲研究所研究员）

日本研究 30 年

李　薇

　　1980 年 8 月，中国社会科学院向国务院提出了关于《调整和增设国际问题研究机构的报告》。该报告指出，为了"适应现代化建设的需要"，需要"对某些国家、地区进行全面的综合的研究"，以便"在国际上某些重大问题发生时"，"作出正确判断，供中央参考"。在拟定的新增研究所中，包括了现在的日本研究所。经国务院批准，在院党组的直接领导下，日本研究所的筹备工作快速完成，于 1981 年 5 月宣布正式成立。虽然中国社会科学院日本研究所并不是新中国最早成立的日本问题研究机构，但它却是第一个国家级的综合性日本问题研究所。随着其主管的全国日本经济学会、中华日本学会的相继成立，日本研究所在推动日本问题研究、为全国日本问题研究界搭建共同学术研究平台方面发挥了积极作用。

　　20 世纪 80 年代以来，日本研究成为我国国际问题研究的重要领域。根据国家经济、社会、对外关系发展的需要，日本研究所对当代日本政治、经济、外交、安全、社会与文化的相关领域展开了深入的研究。在改革开放初期的十年里，日本研究所的研究人员对第二次世界大战后日本经济增长、日本经济发展的经验教训、日本的科技发展战略、日本的政治行政制度的梳理和介绍，为中国的经济体制改革、宏观经济政策和科技政策、对外开放提供了重要决策参考。在 20 世纪 90 年代，日本研究所对日本社会政策、法制建设、泡沫经济的教训、财政金融改革、产业结构和企业组织等方面的研究，直接为我国社会主义市场经济制度的建立提供了可借鉴的经验。同时，随着中日双边关系的发展与变化，日本研究所的日本政党政治研究、外交战略研究、中日关系研究等为我国对日外交决策发挥了积极作用。进入 21 世纪以来，国际新形势、亚洲新问题、中国社会变革和经济崛起，推动了日本研究向着更加综合性、前瞻性的方向发展。近几年来，日本研究所在应对中日之间存在已久的历史问题、钓鱼岛问题上连续提出对策建议；就东亚格局变化中的日本外交和安全走向、日本经济低迷和社会动荡的结构性原因、日本政党政治混乱的症结、日本文化特质等进行了比较深入的研究。30 年来，日本研究所的研究成果以发表专著、论文、研究报告、政策建议等多种形式直接或间接地服务于中国的改革开放、现代化建设和国家外交，发挥了一个研究机构应有的作用。

无论对于一个民族还是对于一个研究机构来说，自己的历史都是弥足珍贵的。日本研究所走过了 30 年的历程，这 30 年，是在中国改革开放这一特定历史条件下，不断成长发展、不断创新前行的 30 年。

"三十而立"，经过 30 年的发展历程，日本研究所基本奠定了政治、外交、经济、社会、文化五个学科研究的基础，形成了较合理的研究领域布局，拥有了一个承前启后的科研团队。近几年，通过科研强所规划的制定和定岗定编工作的推进，日本研究所对今后的发展方向有了更为明确的定位，确定了以马克思主义为指导，"以学科建设为基础，以问题研究为导向"的方针，注重掌握学科理论和方法，注重加强对国际国内最关注的前沿问题的研究。各研究室调整了研究领域，每位研究人员确定了近期前沿问题研究计划和中长期学术发展计划，所学术委员会提高了对研究课题结项质量的要求。日本研究所将通过加强学科建设、前沿问题研究、人才培养，为下一个 30 年的发展打下坚实的基础。

随着经济全球化的进展和国际格局的变化，随着中国经济的崛起，海外利益的增加，国际地位的提高以及国际参与的扩大，国际问题研究越来越受到重视，智囊团及其作用越来越受到关注。同时，今天的日本研究，也已不再是简单的国别研究，而是存在于世界的或地区的多边政治、经济、文化关系之中，与整个国际关系密切关联，是由多方面要素构成、具有很强专业性的、综合性的研究。这与 21 世纪的国际问题研究的总趋势是一致的，即跨越了单纯的区域研究和国别研究的小圈子，跨越了学科归属。因此，从事日本问题研究的人员，必须具备宽广的国际视野、更加深厚的学科底蕴、更加敏锐的洞察能力、更加专业的知识本领。只有具备这些条件，才能发挥思想库、智囊团的作用，才能创造性地进行知识生产，才能将政策建议的思想境界提升到软实力的高度，才能有效地服务于国家利益。从这个意义上讲，今后的日本研究以及日本问题研究者，将面临重大的挑战。如果我们不能在体制上、学术上、素质上回应时代的需要和国际问题学术研究前沿的需要，我们就会与国家经济社会发展的核心需要以及世界发展的主流议题拉开距离，而我们自身将会被"边缘化"。日本研究所要以创新精神回应时代的这一需求和挑战，力争重构日本研究的中国语境，创新中国日本研究的学科范式。

30年来，日本研究所能够成长壮大，离不开党中央、社科院领导、院直机关的关怀，离不开全国日本研究界的支持，离不开全院其他各所不同专业的日本研究学者的帮助。对此，我们表示衷心的谢意。

在过去的30年中，日本研究所的各方面条件已经比初创时期有了较大的改善，研究所的科研管理工作、党务人事工作、图书信息资料工作、期刊编辑工作、老干部工作都取得了重要的成绩。日本研究所能够有今天的发展，是全体员工共同奋斗的结果；科研工作能够顺利推进，是与同行政管理人员、科研辅助人员的努力分不开的。

我们还要对日本所的老一代创始人、对离退休老同志、对所有曾经为日本所辛勤工作过的同志们表示深深的敬意，你们对国家的责任感和对工作的敬业精神以及丰硕的学术成果，将激励今天的日本所全体同志为了我们共同的事业、共同的目标而更加努力奋进！

（李薇，中国社会科学院日本研究所研究员）

改革开放以来中国的日本经济研究概况

冯昭奎

中国的日本经济研究，从 20 世纪三四十年代抗日战争时期就有优秀的研究成果出现，[①] 1972 年中日复交之后，几家诞生于 60 年代前期、在"文革"结束后恢复研究活动的日本研究机构也推出了一些有关日本经济的研究成果，但本文主要介绍改革开放以来我国学者对第二次世界大战以后日本经济的研究的概况、特点及对今后的期待。

一 改革开放以来我国日本经济研究的概况

明治维新后，日本的国策就是"脱亚入欧"。然而中国改革开放后却并未"脱亚入欧"，一个主要原因是在中国身旁出现了一个从战败废墟上迅速发展成为世界第二经济大国的日本。

（一）改革开放以来日本经济研究的简要经历

1978 年 4—5 月，中国派出了以林乎加为首的大型代表团出访日本，其出访目的本来是去"腐朽没落、处于崩溃边缘的资本主义国家"看个

[①] 例如，我国老一辈的日本问题专家、经济问题研究者郑森禹在 1936 年至 1951 年期间发表了大量研究当时日本经济状况的成果，如"日本经济危机与日满一体经济方案"、"日本的战时体制"、"从经济资源上观察日本作战力量"、"日本财政矛盾的展开"、"日报悲鸣录——庞大数字下的血和泪"等文章，1939 年毛泽东在一次报告中还引用了郑森禹所写、发表在《世界知识》的"日报悲鸣录"系列文章中的材料（参照郑森禹：《日本问题文选》，世界知识出版社 1999 年版）。

究竟，结果发现人家发展得很不错，不仅没有"濒临崩溃"，而且实现了经济起飞。1978 年 10 月，邓小平在访日期间谈起徐福奉秦始皇之命东渡日本寻找长生不老药的故事，他说："这次访问的目的之一就是寻找长生不老药，也就是为寻求日本丰富的经验而来。"1979 年，一批马克思主义理论家和经济学家访日后，推出了题为《访日归来的思索》的考察报告，盛赞战后日本经济发展的巨大成功，在全国引起了极大的震动和反响，也有很多人感到深深的疑惑："一个垂死、腐朽、没落的资本主义国家能搞得这么好，甚至比社会主义中国还要好吗？"还有人批评赴日考察的理论家和经济学家是因为听信了日本垄断资本家阶级的片面宣传，才得出这种"美化资本主义日本"的结论。由于长期的不开放，中国的整个知识界乃至政府官员对这个"一衣带水"的近邻国家基本上不了解，对一些学者的不同意见无从判断。中国人民的老朋友林信太郎曾提到中国改革开放初期，连级别很高的政府干部对外国事情也很不了解。①

实践是检验真理的标准。中国的最高领导人和一批批政府官员通过赴日考察，明显感受到中日之间确实存在着很大差距，深刻认识到在改革开放和现代化建设中研究日本经济的高度重要性。为了推进经济体制改革和现代化建设，政府有关部门希望借鉴日本政府实行宏观经济管理的方法；企业界希望借鉴日本企业经营管理的先进经验；科技界希望了解日本科技发展战略和"技术立国"方针；理论界希望用马克思主义的政治经济学和哲学方法解释资本主义日本何以能创造战后发展的"奇迹"；广大知识界和民众也迫切希望知道"日本经济发展奇迹"的真谛和本质。总之，中国改革开放初期的特殊历史条件，给诞生于 70 年代的新中国的日本经济研究界提供了大有作为的广阔舞台。

从日本经济研究者的角度来说，为改革开放和现代化建设的实际需要服务的使命感和责任感激励和鼓舞着人们。1981 年，中国社会科学院日本研究所成立，专设了日本经济研究室。1982 年 10 月中宣部、国家教委、社科院联合召开了全国社会科学规划会议，时任中国社科院日本所所长何方任"国际问题规划组"之下的"日本问题规划组"组长，在该规

---

① 林信太郎说："听说当时中国某省副省长到日本考察超级市场，看见顾客自由地随手将陈列商品放进篮子里，就提问说：'日本什么时候进入各取所需的共产主义了？'"引自《东北亚学刊》2008 年第 4 期。

划组第一次会议上，决定全国日本研究界合作撰写一套《战后日本丛书》，并成立以何方为主任的编委会。

　　1983年，金明善独自推出了国内学者最早的一部运用马克思主义政治经济学研究日本经济的著作《现代日本经济问题》（辽宁人民出版社）。[①]1988年，在《战后日本丛书》编委会组织跨地区、跨所的合作努力之下（编委会就每本书的写作大纲进行了讨论，并对书稿进行了审定，还为此在北京和东北等地多次召开了学术讨论会），《战后日本丛书》（9册）终于由航空工业出版社出版，其中8册是关于日本经济的著作，这套丛书可以说是对20世纪70年代至80年代前期，我国对日本经济的研究成果总汇，是国内学者运用马克思主义政治经济学研究战后日本经济的奠基之作。[②] 此后，有关战后日本经济的论文、论著不断问世，不胜枚举，虽然笔者认为，有很多优秀论文的分量甚至超过著书，但由于笔者既无能力和水平，也无条件从30余年来有关日本经济的论文的"海洋"中筛选出最有代表性的优秀论文，只好在注释中列举有关日本经济总论的较有影响的著作，[③] 希望此举不会对现在盛行的"片面追求出书"的倾向起推波助澜

　　① 在金明善推出这本著作之前，上海复旦大学《战后日本经济》编写组曾编著《战后日本经济》（上海人民出版社1973年版）。又及，关于战后日本经济，金明善先生的著述甚多，最近笔者专门请教了金先生本人："您认为自己撰写的最有代表性的日本经济论著是哪本？"他的回答是："1996年由辽宁大学出版社出版的80万字的《现代日本经济论》。"

　　② 这8册著作分别是：《战后日本经济发展史》（金明善、宋绍英、孙执中主编，三位主编分别是辽宁大学教授、长春东北师大教授、河北大学的日本研究所所长）、《战后日本产业政策》（金明善主编）、《战后日本国民经济基础结构》（盛继勤主编）、《日本的宏观经济管理》（任文侠、吕有晨主编）、《战后日本财政》（孙执中主编）、《战后日本对外贸易》（郑励志、陈建安主编）、《战后日本垄断资本》（金泰相、张赤宸主编）和《战后日本经济社会统计》（王琥生、赵军山合编）。

　　③ 如池元吉、张贤淳的《日本经济》（人民出版社1989年版），余果雕的《日本经济论》（吉林大学出版社1989年版），宋绍英的《日本崛起论》（东北师范大学，1990年），色文的《现代日本经济发展与对策》（北京大学出版社1990年版），车维汉的《日本经济周期研究》（辽宁大学出版社1998年版），冯昭奎编著的《日本经济》（高等教育出版社1998年第一版，2005年第二版），孙景超、张舒英主编的《冷战后的日本经济》（社会科学文献出版社1998年版），田中景的《日本经济过去、现状、未来》（中国经济出版社2004年版），张淑英的《新时代的日本经济》（东方出版社2006年版），张季风主编的《日本经济概论》（中国社会科学出版社2009年版，参与该成果的作者有中国社会科学院日本所经济室的胡欣欣、张淑英、刘瑞、丁敏、徐梅）。刘昌黎的《现代日本经济概论》（东北财经大学出版社2008年版），江瑞平的《激变中的日本经济——世纪之交的观察与思考》（世界知识出版社2009年版），赵晋平的《走向新起点——日本的经济复苏之路与中日经济关系》（中国人民大学出版社2009年版），等等。

作用。

　　然而，至少是在 20 世纪 80 年代，大部分从事日本经济研究的研究人员对日本经济还缺乏基础性的理论素养和真实切近的感受，这使大家感到一种压力，急需弥补自身水平与国家需要的差距。正当这个时候，何方所长提出"研究日本就要到日本去考察"的要求，积极争取有泽广巳等日本著名经济学家以及日本国际交流基金等机构的支持和帮助，由中国社科院日本所牵头，组织了一批又一批包括全国各日本研究机构人员在内的日本经济研究人员赴日考察、学习、交流。其后，越来越多的大学和研究机构与日本有关机构和学者建立了直接沟通的渠道。

　　在中日友好关系不断发展的背景下，日本的许多优秀学者、大学、研究机构、基金组织乃至政府部门所提供的积极支持、指导和帮助，对我国的日本经济研究在 20 世纪 80 年代实现一次"成功的跳跃"起到了重要的助推作用。

　　首先，在邓小平的倡议下，中日经济界著名人士于 1981 年 6 月共同发起举办"中日经济知识交流会议"，从宏观角度讨论中日两国经济中的长期性、综合性问题，相互交流知识和经验，至 2007 年该经济知识交流会已举行了 27 届年会，成为改革开放后中国学习战后日本经济发展经验的一个重要渠道。与此同时，很多日本著名经济学家相继来华讲学；一批批由中方官员和学者组成的访日团受到日本政府部门、大学、研究机构以及各界人士热情接待；由日本著名经济学家下河边淳主编，60 多位日本最前沿的优秀经济学家参与撰写的《现代日本经济事典》译成中文在中国出版（中国社会科学出版社 1982 年版）；很多国内学者到日本学习，在日本优秀学者的指导下推出了质量堪称上乘的有关日本经济的专著；很多国内学者组成的课题组，利用日本国际交流基金、丰田财团等基金组织的资助到日本进行考察和交流，提出了高水平的课题研究成果；很多由中日学者共同参加的日本经济研讨会，通过认真讨论和热烈的思想碰撞，激发出不胜枚举的真知灼见；很多青年学子赴日学习，在日本导师的指导下获得了日本经济专业的硕士、博士、论文博士等学位，其中不少人学成归国，成为我国日本经济研究的新生力量。总之，中国的日本经济研究的发展和提高是与日本学术界、政府部门、民间企业和民间组织的大力支持和帮助分不开的。

　　在 80 年代至 90 年代中期，有关日本经济的话题经常成为媒体关注的热点，这个背景促使国内的日本经济研究在普及和推广方面也取得了很大成绩，许多日本经济研究人员带着中国经济发展的问题意识考察日本经济，经常在报刊上发表有关日本经济和"日本经验"的文章，无论在数量上还是在质量上，有关日本经济的文章大量涌现，形成了风靡一时的"日本经济热"，而借鉴"日本经验"则成为改革开放以来中国的日本经济研究的最重要、最有实际成效的业绩，尽管也有学者认为"日本经验研究"称不上是高水平的学术研究。

改革开放以来，中国的日本经济研究的关注重点随着日本、中国乃至世界经济形势的变化而转移。20 世纪 90 年代初泡沫经济崩溃后，由于日本经济持续低迷，人们对日本经济的关注点从探寻第二次世界大战后"经济奇迹"的奥秘，转向泡沫经济、规制改革、政府债务、不良债权等"问题领域"。也有的研究者认为，"八九十年代日本经济研究的那种火热状态似乎已不存在。这恐怕与日本经济的衰落有直接关系。"除日本研究专业机构的人员外，在高等院校中研究国际经济学已成为主流，包括日本经济研究在内的国别经济研究的地位有所下降。但是，在国内主要的日本研究专业机构，日本经济学科建设正在扎实地向前推进，涌现了一批应用新的研究方法和理论将日本经济研究推向深入的年轻研究者和大学教师（其中不少是从日本等国留学归来的研究人员）；出现了一批厚重的高水平的研究成果，如社会科学文献出版社出版、中国社会科学院日本研究所组织全国日本经济研究人员编写的 2008 年、2009 年、2010 年、2011 年的日本经济蓝皮书（王洛林主编、张季风等副主编）汇集了众多作者有关日本经济最新发展的研究成果，又如世界知识出版社于 2011 年出版、由南开大学世界近现代史基地主任杨栋梁教授主编、集该校日本研究院全院教师之力、费时 10 年完成的、计 500 万字的《日本现代化历程研究》（10 卷）丛书，被中国社会科学院日本研究所所长李薇评价为"中国日本学界的一项前所未有的工程"，其中《日本近现代经济史》系丛书主编杨栋梁教授所著。

改革开放以来日本经济研究的发展，还表现在研究范围不断扩大，几乎涉及日本经济的各个主要领域：在宏观层面上，包括战后日本经济增长、产业结构变化、经济周期波动、2011 年发生的"3·11"大地震对日本宏观经济的影响等；在微观层面上，包括战后日本产业组织、企业制度、日本式经营管理、技术革新、有代表性的企业和企业家等；在国际经济层面上，包括战后日本对外贸易、对外直接投资、日元汇率变动、经济外交、"3·11"大地震对国际产业转移的影响等；在产业结构层面上，包括战后日本农业、工业、金融业、流通业（批发、零售、物流）等；在政策层面上，包括战后日本产业政策、金融政策、财政政策、科技政策、灾后重建对策等；在制度层面上，包括战后日本经济改革、日本型市场经济体制等；在国家权力层面上，包括战后日本政府在经济发展中的作用、与市场的关系、近20年来政局动荡对经济的影响等。以上仅仅是举其荦荦大者，实际上研究的广度还远远不止于此，并且形成了相当规模的文献存量。

综上所述，30年来中国的日本经济研究取得了丰硕的成果，对我国的改革开放和现代化建设作出了重要的学术性和思想性的贡献，日本经济学科本身的建设也获得了长足的进展。但毋庸讳言，我们的研究水平离国家和学科建设的需要还存在着很大的差距和问题。

（二）日本经济研究在学科体系中的位置

日本经济研究学科属于二级学科"日本研究学科"下面的三级学科，也是属于二级学科"世界经济"下面的三级学科，日本经济研究学科在日本研究学科和世界经济学科中均占有比较重要的地位。

1. 在日本研究学科中的地位

根据马克思主义的经济基础与上层建筑的关系理论，日本经济研究在整个日本研究中占有基础性的地位，这种基础性的地位不会因为形势的变化而发生改变。然而，从受重视和受关注的角度看，日本经济研究在政治、舆论、群众关注度方面的地位则确实随着形势的变化而有所改变。在我国改革开放与现代化建设的历史背景下，日本经济研究在20世纪80年代至90年代前期曾经是整个日本研究中最活跃、最受上层重视和媒体关注的研究领域。但是，由于1993年以来日本政局动荡和中日之间历史问题升温等原因，20世纪90年代中期以后日本政治研究取代日本经济研究成为整个日本研究中最活跃、最受上层重视和媒体关注的研究领域。从20世纪90年代末至今，由于中日之间围绕历史认识问题、靖国神社参拜问题、钓鱼岛主权归属和东海海域划界问题的摩擦此起彼伏，中日关系研究凸显出来，与此同时有关日本社会和文化的研究日益深入，在日本研究中的地位日益提高，至于日本经济研究，在日本经济持续低迷的背景下，其研究重点转向日本经济发展的诸种负面问题，整个日本经济研究在媒体上的受关注度也有所下降。

2. 在世界经济学科中的地位

改革开放以来，日本经济研究在我国的世界经济研究中也占有比较突出的地位，其原因在于改革开放后的世界经济和日本经济的研究者所面对的日本已经是世界第二经济大国，日本的"世界老二"地位一直持续到2009年。与此同时，战后日本经济发展是改革开放最初十几年我国吸取外国经济发展经验的重要对象国之一，加之1972年中日复交以后，中日经贸关系迅速发展，1994年朱镕基副总理在访日期间曾说："去年，中日经贸关系创造了'三个第一'。一是中日贸易创历史纪录，达390亿美元，日本成为中国第一大贸易伙伴；二是日本对中国技术出口贸易占中国技术进口的28%，居第一位；三是日本企业界对中国投资的资金到位率也居第一位。我们对中日经贸关系迅速发展感到满意，这不仅有利于中国，也有利于日本经济的振兴。"朱镕基以"三个第一"高度概括了中日经贸关系的巨大发展，也概括了中日经贸关系的广泛内容。日本不仅仅是中国最大的贸易伙伴，而且是中国"最重要的经济合作伙伴"。而日本作为中国的最大贸易伙伴的地位直到2004年才被美国超过，目前日本是仅次于欧洲、美国的"第三大贸易伙伴"，不久很可能落在东盟之后成为我国的"第四大贸易伙伴"，然而，以国别而言（欧洲包括20多个国家，东盟包括10个国家），日本仍是我国第二大贸易伙伴。

这些因素决定了日本经济作为一门国别经济学科，在世界经济学科中占有独特的重要地位。但随着日本经济在世界经济中的地位的下降，日本经济研究在世界经济研究中所占的地位也不会像20世纪八九十年代那样突出，特别是与美国经济研究相比，其被关注度明显下降。

考虑日本经济研究在世界经济学科中的地位，不仅需要有"从世界看日本（的地位）"的视角，而且需要有"从日本看世界（的规律）"的视角。刘昌黎认为："经济研究的目的，是为了从现象到本质，总结出经济规律，用以指导经济建设和发展的实践。日本经济研究作为国别经济研究，属于世界经济研究的范畴，其根本目的是为了从国别经济到世界经济，即从日本经济的现象和个性，抽象出世界经济的本质和共性，总结出世界经济规律，进而总结出一般的经济规律。"[①]

---

① 刘昌黎：《现代日本经济概论》，东北财经大学出版社2008年版，第2页。

二　改革开放以来中国的日本
研究的思路与方法

对改革开放以来中国的日本经济研究的思路与方法，人们必然会见仁见智，各有高见。笔者认为，就研究的思路和方法而言，改革开放以来中国的日本经济研究具有以下特点。

（1）改革开放以来的日本经济研究一直伴随着思想解放的过程。这种思想解放包括两个方面。其一是重新认识向来被认为是"垂死、落后、腐朽的"资本主义国家，客观地、实事求是地研究战后日本资本主义经济的发展。马克思指出："无论哪一个社会形态，在它们所能容纳的全部生产力发挥出来以前，是决不会灭亡的……"① 宦乡认为要注意到资本主义也有自我调整能力，资产阶级也会在生产关系上做文章，资本主义还有相当长的生命力……还没有用尽它的应付困难的能力。必须实事求是地、辩证地看待资本主义，吸收发达资本主义国家现代化和科学合理、符合客观规律的管理方法。

对于我国的日本经济研究来说，思想解放的另一方面在于，广大人民对曾经残酷地侵略过我国的日本抱有难以消除的反感和不信任，这种情绪化倾向也存在于研究者中间。然而，正如宦乡所指出的："研究问题，不应带感情"，作为学者应该"用科学的、客观的、不带感情的态度来研究一切问题"。我们常说要"坚持马克思主义的立场、观点、方法"，这后面从来没有说要坚持什么"感情"。② 何方也指出："我们的研究要建立在客观和实事求是的基础上，不能随风倒。列宁说，我们的政策不能受群众情绪的影响。对此，我们的研究工作更应注意，特别是对日本的研究。由于中日关系的特殊性，也就是有日本长期侵略中国的历史背景，所以人们在看待日本上，很容易夹杂民族主义情绪。我们的日本研究工作，既要避免受民族主义情绪的干扰，也要协助国家正确对待和处理这个民族情绪问

---

① 马克思：《政治经济学批判》序言，《马克思恩格斯选集》第 2 卷，人民出版社 1972 年版，第 81 页。

② 宦乡：《宦乡集》，中国社会科学出版社 2002 年版，第 329 页。

题，使中日关系建立在健康的基础上。"① 这个观点当然也适用于日本经济研究。

（2）研究日本经济需要努力创造机会到日本去进行深入的实地考察。"百闻不如一见"，"听君一席话，胜读十年书"，这些老话都反映了实地考察和同日本的学者、官员乃至一般民众进行面对面交流的重要性。②

（3）虽然我们需要很多纯粹的日本经济研究的成果，但在很多场合，研究日本经济不能脱离政治、外交及其他。比如战后在日本等资本主义国家，政治干预经济的现象十分普遍，导致"经济与政治空前紧密地结合在一起"。③ 最典型的就是日本财政，每年财政预算总是成为朝野政党激烈角逐的平台。此外，经济与外交也不可分，比如日本就十分重视能源外交。再者，研究日本经济还须与有关日本社会与文化的研究相结合，比如研究文化产业的发展，就是经济与文化相结合的课题。研究日本经济，还要把自然科学、技术科学的因素考虑到里面去，日本提出所谓"技术立国论"，实际上不单纯讲技术，而是包括了社会科学、自然科学、技术科学这三方面的内容。④

（4）改革开放以来，我们十分重视研究日本经济社会发展的正反经验，以便为我国的发展与改革提供参考和借鉴，从这个意义上说，中国的日本经济研究具有很强的目的性或"为国家服务"意义上的"功利性"，隶属于中央和地方的社科院等单位的日本经济研究机构都以做政府相关机构的"智囊"、满足政府机构和广大读者了解日本经济的需要为己任。当然这绝非意味着我们"只有一个功利主义的视角"，很多研究者对"为国家服务"意义上的"功利性"的追求，并没有排斥自己或其他研究者开

---

① 《在日本研究所建所 30 周年纪念会上的发言——日本研究战线上一个老兵的几点希望》，《日本学刊》2011 年第 3 期。

② 很多日本经济的研究者在同日本的官员或政治家接触过程中还得到一个重要的"副产品"，这就是发现很多高官或著名政治家的办公楼和办公室大多很简朴，日本的官员或政治家经常和普通市民一样出行、交流，即便是"部长级"（日本内阁各省厅的大臣或政务次官）官员和主要政党的党首，出去检查工作也没有前呼后拥，也不需要方方面面接待、作陪，一切轻车简从。这反映出虽然日本经济高速发展，人民生活比较富裕，但总的来说在官员能够保持清正廉洁的工作作风，从而在社会上起到上行下效，防止奢靡之风蔓延的作用，与此同时，对日本树立良好的国际形象也很有意义。

③ 宦乡：《宦乡集》，第 324 页。

④ 宦乡：《宦乡集》："关于研究世界经济的几个问题"，第 323—336 页。

展非"功利性"的研究，在事实上呈现为既偏重"洋为中用"的"功利性"研究，又使之与非"功利性"研究相互促进的局面。当然，为了做到"洋为中用"，也需注意"中为洋用"，研究日本经济要懂中国经济。如果我们没有对自己国家发展的高度关切，对自己的问题不懂或知之甚少，就不可能真切知道日本哪些"经验"对我们有哪些参考价值，因而就很难做到"洋为中用"。只有努力掌握好本国经济情况，把握好我国发展亟待解决的课题，才能更好地研究"洋"，找到为"中"所用的有益经验教训，做到"知己知彼"，达到"彼学"与"己学"相互交融的境界。① 反过来说，中国经济的研究者要真正弄懂中国经济也必须了解和研究至少一两个外国的经济，其中日本经济是中国经济研究者了解和研究外国经济的很好选项，这正是我国的中国经济研究界出现了不少对日本经济颇有研究的学者的原因，这种情况提示日本经济研究者应该加强与中国经济研究界"同行"进行对口的交流与合作。再者，努力了解国内经济情况，也是同日本学者进行交流的需要，因为与我们交流的日本学者大多也很关心中国经济，有的还是研究中国经济的专家，我们与日方学者交流不应只想着 take（取），也需要适当地 give（予）。②

（5）在 80 年代学习"日本经验"的热潮中，也有些研究者将战后日本经济发展各方面的经验"打包"成所谓"日本模式"，主张中国全面地照搬"日本模式"，但大部分研究者并不认同"日本模式"，甚至对"模式"这种提法本身表示不能接受。胡欣欣认为："由于战后日本经济在'赶超发达国家'方面取得的优异成果，政府干预经济的日本模式为不少国家所效仿。尤其是韩国等东亚国家（或经济体）通过借鉴'日本模式'而取得较为显著的发展成果之后，日本模式被'扩展'为'东亚模式'。然而，应看到对于某些效仿'日本模式'的经济体，在其发展初期所面临的课题与战后日本是有所不同的，因为它们多少都面临着'低度发达的市场经济'所特有的市场体系不发达的问题。换言之，它们不仅面临

---

① 值得指出的是，在我国的日本经济研究界，涌现出一批也可称之为中国经济问题专家的学者，他们当中有的曾经给中共中央政治局讲课（如赵晋平于 2009 年 2 月以"世界经济形势和推动我国经济又好又快发展"为题给第十七届中共中央政治局第十二次集体学习讲课），一些人成为我国政府有关部门进行决策时的"参谋"或某些地方政府的"咨询委员会委员"（如刘昌黎任大连市政府咨询委员会委员）。

② 当然必须注意保密。

战后日本那样的赶超课题，同时还面临培育、健全市场体系的课题，在某些情况下，甚至有必要通过政府干预的方式来弥补市场体系本身尚未完备的功能。由于这些原因，某些国家在效仿'日本模式'时，往往容易将政府作用加以进一步'放大'，这一因素反过来又使一些人过高评价日本政府在战后经济发展中的实际作用。"[1]

过度的肯定往往会走向反面：过度的否定。20世纪90年代以来，主张"日本模式"的一些研究者转而对"日本经验"采取全盘否定的态度，很多人把好奇、羡慕、崇拜的目光投向了大洋彼岸，积极主张仿效"美国模式"，而对"日本模式"表示不能认同的研究者却坚持认为，第二次世界大战后日本经济高速增长和克服两次石油危机的成功经验仍然值得我们重视，美国经济在90年代确有良好表现，确有很多值得我们借鉴的经验，特别是应该紧紧抓住美国引领的信息技术革命的大好机遇，但鉴于中国的实际国情（主要是不具有美国那样优越的自然禀赋和可以滥印钞票的美元霸权地位），中国不仅不宜照搬"美国模式"，而且应该将"脱'美国化'作为端正中国的发展方向的紧迫课题"，[2] 正如中外学者所一再指出的那样，一个美国儿童的资源消耗量大约是中国儿童的30倍，13亿人口的中国如果像美国那样消费和消耗资源，再有3个地球也不够。

三 对今后我国日本经济研究的建言

"3·11"大地震发生后，日本东京大学教授御厨贵发表了《"战后"终结"灾后"开始》一文，[3] 将此次大地震对日本所造成冲击之大，与日本第二次世界大战战败相提并论，把"3·11"地震看作为日本战后历史的一个分水岭，认为日本将"迎来'灾后'时代"。今后，我们在继续深入研究"战后日本经济"的同时，还需将"震后日本经济"研究作为一个新课题。

这次由强震、海啸、核事故、液状化所构成的复合灾难进一步暴露了日本的自然条件之差，而战后日本凭借如此差的自然条件建设了世界第二

---

① 胡欣欣：《政府干预经济的"日本模式"及其变革》，张淑英主编：《日本经济发展模式再探讨》，方志出版社2007年版，第75页。

② 丁刚：《脱美国化——不可回避的问题》，《环球时报》2004年9月13日。

③ 御厨贵：《"战后"终结"灾后"开始》，日本《中央公论》月刊5月号。

经济大国，确实是创造了奇迹，但这同时也反映了一个国家的发展不可能过度超越自然条件提供给本国的发展空间的极限。恩格斯说过："我们不要过分陶醉于我们人类对自然界的胜利。对于每一次这样的胜利，自然界都报复了我们。"对自然的过度索取和"征服"难免遭到自然的惩罚。在1967年至1987年这20年之间，日本不顾本国地震频发的客观条件，一气建成了34座核反应堆（美国建一座核电站需10年至15年，而日本只用五六年就建成），当时日本核电生产在其"入口"（浓缩铀）与"出口"（乏燃料的再处理）方面基本依赖美英和法国，以至日本的核电站被形容为"既无厨房又无厕所的公寓"，这说明从日本国情看，如此迅速地发展核电有些过度，超越了日本的天赋条件。

改革开放以来，我们对日本经济的研究重点曾聚焦于如何使我国也取得像战后日本所取得的那种成就与"奇迹"，今后，有关如何使我国免遭日本在取得令世界称羡的成就和奇迹之后所经历的由盛而衰的"败迹"，或可能成为我国日本经济研究的一个重点，因为作为拥有13亿多人口的大国，我们的人均资源、人均干净水量、人均耕地面积等方面均低于世界平均水平，因此，也需十分注意和警惕：作为"人均资源小国"，我们的发展是不是已经或将会像日本那样超越自身的天赋条件？

当然，导致日本"由盛而衰"的原因很多，主要有人口老龄化；美国运用金融、借债、贸易战等手段对一个崛起经济大国的牵制（在20世纪八九十年代所谓"日本威胁论"在美欧曾经盛行一时）；在核电等"安全敏感领域"的冒进；未能推进真正的改革以克服可持续发展的障碍；等等。值得我们深思的是，上述这些"克日"的原因是不是我国正在或将要面临的瓶颈和问题？总之，从社会科学的视角研究"战后日本经济"如何转向"灾后日本经济"的机制和根源，找到其中的内涵和规律，或许将成为今后我国日本经济研究的一个重要任务。

学者未必都是政府的"智囊"，但在我国，特别是在中央和地方的社会科学院，学者作为"智囊"的作用受到高度重视，中国社会科学院给自己做出了"政府智囊团"的定位，包括大学、研究机构在内，很多学者频频参加有政府官员出席的学术讨论会，努力增强学术与政治的"互动"。

应该看到，改革开放以来的日本经济研究为我国政府有关部门的经济决策提供了有益的思想营养，当然，政府部门在制定政策过程中即使参考了日本的经验和做法，即使采纳了学者的见解和思考，也没有必要像学者写论文时注明"出处"，说清"来源"。然而，从政府制定的政策，或者像近年来学界和媒体再次关注日本政府在 20 世纪 60 年代制定和实施的"国民收入倍增计划"的"政策需求背景"，作为学者是可以做到心知肚明的，即自己的研究确实对政府决策产生了积极的影响和渗透。另外，人们不得不承认的是，很多在 20 世纪 80 年代就提出的有关日本经济社会发展的有益经验和值得参考的政策建议，比如日本重视义务教育的经验、重视对献身技术进步事业的中小企业的扶植（包括从金融、技术等方面给予支持），却长期得不到政府有关部门的重视和采纳（扶植中小企业政策直到 2011 年才引起我国领导人的重视），此外，如重视质量管理等的日本经验，我们曾经给予了高度的重视并进行了推广，但是却未能坚持下来。

对此，一方面，应该清醒地承认对于国家的政治环境和国家管理者"知易行难"的政治处境我们并不真正理解；另一方面，我们是否也应反思自己有哪些做得不足的地方呢？我们是否追赶上了时代的需要？是否尽到了最大努力，以使自己的研究成果"通过各种不同的产品形式传播开去，对国家起一定的智囊和参谋作用，对群众起某种程度的舆论导向作用"呢？是否尽到了最大努力，做到"提高与普及结合"，特别是"日本研究工作要发挥普及的作用，使广大群众对日本有一个比较正常和正确的看法，以便减少那种非理性的群众情绪和舆论对政府制定对日经济政策的压力"①。

当然，除去加强研究成果的向上向下的传播以外，更重要的是要努力提高自己的研究水平，作为"智囊"提供给决策者和政策执行者的必须是他们感兴趣的、简明扼要的"报告"，而不是长篇大论的理论文章，但我们的"报告"必须要有理论指导，如果没有正确的理论指导，我们的"报告"很难有说服力，尤其是在各种利益集团极力施加影响的经济研究领域，在坚守学者道德底线的同时，以正确的理论武装自己就显得尤为重要。

我们要努力推出高质量的研究成果，加强严谨、精致的实证研究和深入、扎实的基础理论研究，加强定性和定量相结合的研究、长期性战略性

---

① 何方：《在日本研究所建所 30 周年纪念会上的发言——日本研究战线上一个老兵的几点希望》，《日本学刊》2011 年第 3 期。

研究，开展高层次的学术争论和辩论（至今在中国的日本经济研究界尚未出现值得关注的学术争论和辩论），要加强全国各日本研究机构之间的沟通和协调，减少在课题立项和研究成果上的低水平重复，要克服"似曾相识"的文章反复出现在各种学术刊物和媒体上的不正之风。为了达到上述目标，最根本的当然是要加强日本经济科研队伍和研究机构的建设，全面提高研究人员素质。

我们需要继续坚持解放思想、实事求是的科学态度。尽管改革开放已经30多年了，实事求是地评价日本经济和"日本经验"不像过去那样难了，但解放思想不可能一劳永逸，对日本的事情要坚持实事求是还不断会遇到困难，这需要我们不断努力，不断增强智慧和勇气。

（冯昭奎，中国社会科学院日本研究所研究员）

中国外交甲子纪事

——写在《中国外交 60 年》出版后

谭秀英

1949 年新中国的诞生开辟了中国历史的新纪元。新中国成立 60 年来，中国外交展现了一幅波澜壮阔、风云变幻的生动画卷：从奉行结盟政策到实行不结盟政策；从抵御资本主义国家的"封锁"到实施改革开放政策；从"战争与革命"到"和平与发展"再到"和谐世界"；从强调意识形态到维护国家利益；从"一边倒"、"非敌即友"外交到全方位、不树敌外交……很明显，中国实现了从革命的、民族的外交到发展的、全球性的外交变迁，外交工作越来越稳健、越来越务实、越来越成熟、越来越成功。

"中国外交 60 年"研究的缘起和价值

中国外交甲子年的发展与变迁历程，无疑值得深入探究：通过汲取教训、总结成功经验，使得未来的中国外交更为有效、更为精彩。身处中国最大的思想库，我们有责任厕身其间，为这一复杂而有意义的工程奉献片砖只瓦。为此，王逸舟与我在 2008 年召集一批中青年学者，经过多次讨论，决定以"中国外交 60 年"为题申请中国社会科学院重大课题，2008年 7 月，中国社会科学院学术委员会批准本课题并作为中国社会科学院重大课题立项。

作为《中国外交 60 年》主编，王逸舟以渊博的学识和超群的智慧设计全书框架、指导写作、审读终稿，还参与部分章节的写作。课题组成员经过一年多的研讨、调研与写作，几经易稿，"中国外交60年"这一重大课题的写作终告完成。承蒙中国社会科学出版社的厚爱，将课题的最终成果《中国外交60年》于国庆60年之际出版。

《中国外交60年》是中国社会科学院重大课题的研究成果，也是专门从事外交理论、外交决策和各国外交比较的中青年学者的新作。该书以马克思主义理论为指导，以中国60年外交乃至中国与世界关系的变化为研究对象，从国际背景、国际参与、军事外交、外交制度演变、国家身份变迁、民族主义的影响、外交学学科建设等方面深入剖析了60年的中国外交。

第一章"走过从前，走向未来"。60年的中国外交乃至中国与世界关系的变化，无疑是一个富有历史教益意义，又极具分析难度的对象。国际社会一个公认的事实是，经过艰辛的努力和走过曲折的道路，当代中国外交逐渐成为全球范围最卓有成效的大国外交之一，中国的软实力和国际地位不只依靠中国国内的改革开放得到提升，也通过中国外交的持续而有效的努力得到了大力彰显。新中国外交60年的发展也是中国与世界的关系呈现出不断发展、提升的历史性变化的过程，其间既有宝贵的经验，也不乏深刻的教训。总结这份遗产，认真思索它的启示，可以攻玉，可以御敌，可以自我提升，可以贡献他人。

第二章"中国外交的国际背景透视"，科学判断国际形势，是现代国家制定和实施对外政策的重要依据。新中国外交在风云变幻的世界舞台上走过了不平凡的60年，经历了一个不断丰富和逐渐成熟的发展过程。透视当代中国外交的历史流变，离不开中国领导人对国际局势的把握。中国领导人善于根据不断变幻的国际风云，适时制定和调整中国对外政策，使中国外交更好地服务于现代化建设。当今世界正在发生广泛而深刻的变化，大变革孕育着大机遇和大挑战，昭示着中国外交正在迎来下一个辉煌的60年。

第三章"中国参与国际组织的轨迹和特征"，新中国成立60年来，中国与国际组织的关系发生了深刻的变化。一个正在崛起的中国在快步走向世界，影响世界，世界也在接纳中国，塑造中国。这种变化不仅反映了中国与国际社会的关系在不断地调整、磨合和适应，也折射出中国外交政策的嬗变和国家利益的再定义。本章着重从中国参与国际组织或制度的角度，考察新中国 60 年，特别是改革开放 30 多年来中国与国际组织的关系，勾勒其变迁轨迹，归纳演变过程的基本特征。

第四章"中国外交制度的演变与创新"，尝试运用国家—社会关系的视角来诠释与理解中国外交制度的创建、发展及其创新，以历史的视角回顾与审视中国外交制度建设的进程，从而能够更好地为当下中国外交制度的创新提供某些重要的思考或启示，进而为理解中国外交政策及其决策的变迁提供必不可少的制度背景与组织基础。笔者希望以此能够透视和折射出中国外交制度的改革与发展，反映出中国国家—社会关系的历史变迁背景之下中国外交制度的演进。

第五章"新中国军事外交的起源与推进"，以中国军事外交三个不同时期的主要内容和实践特点为线索，对中国军事外交 60 年做了一个全景式的勾勒与透视。中国军事外交思想萌芽于民主革命时期中国共产党的统一战线思想，而成熟于新中国军事外交的实践。新中国军事外交大体分为三个时期：战争与革命时代主题下的军事外交时期、和平与发展时代主题下的军事外交时期和新世纪新阶段中国军事外交的全面深入推进时期。中国军队以国家核心利益为最高准则，坚持独立自主的和平外交政策与和平共处五项原则，遵循军事外交为国家总体外交服务、为国防和军队现代化建设服务的宗旨，以军事外交合作和斗争为"革命的两手"，不断开创了军事外交和国家总体外交的新局面，使中国军事外交在新世纪新阶段站在了新的更高的历史起点上。

第六章"民族主义的起落与中国外交"，近代以来，民族主义一直是中国外交的底色。毛泽东时代，中国国家民族主义与无产阶级国际主义相结合，是以爱国主义等方式存在于中国政治话语中，呈现出国际体系挑战者的特征，具有较明显的进攻性。改革开放以来，中国淡化与放弃了无产阶级国际主义在中国政治与外交中的核心地位，官方的国家民族主义与有中国特色的社会主义结合起来了，放弃了体系挑战者的角色，强调自己是负责任的、和平发展的大国，其防守性特征明显。冷战结束以后，中国大众民族主义重新崛起，由于中国社会性力量加速成长、社会力量多元化以及互联网等因素的影响，大众民族主义呈现出多元性、自主性、网络内外互动、温和与极端话语并存、建设性与破坏性兼具等特征，并成为影响中国外交的重要变量。

第七章"身份变化与中国的东南亚外交"，从中国外交身份变化的角度分析中国对东南亚国家 60 年的外交，揭示了中国国家身份变迁的轨迹：从带有国际主义国家色彩的民族主义国家转变为带有地区主义国家色彩的国家。但这并不绝对，在一定时期存在着反复。原因在于，中国的政治体制，决定了中央领导人（尤其是最高领导人）通常是国家身份的主要决定因素：领导人的更替固然会导致国家身份的变化，但领导人观念的变化也会导致国家身份的变化。领导人在与国际社会互动时，不同时期、不同人在民族主义、国际主义与地区主义三者中会强调不同因素，中国国家身份因此发生变迁，并导致国家利益与外交政策的变迁。

第八章"中国外交研究"，从学科发展史的角度，客观地展示这一成长过程，梳理前人探究中国外交的成败得失与经验教训，以期有益于当前和今后中国外交研究的进一步发展，由"树"进而成"林"。60 年来，尽管中国外交研究曾一度遭受重大挫折，但总体而言，发展势头喜人，呈现出"显学"之气象。"外交是内政的延伸"，与其他社会科学相比，外交研究具有强烈的国家意志色彩，即在政治上必须"正确"。但是，外交学作为社会科学的一个组成部分、一个分支，要遵循科学研究的创新求实发展规律，要讲科学性、创新性、系统性、专门性，要形成自身独特的学术品格，形成自己的特点和特色。

总之，《中国外交 60 年》全面地分析研究了新中国领袖的外交大战略对于不同时期中外关系变化的奠基作用、大国外交的战略性对话协作框架对于中国改善周边环境与发挥全球角色的作用、中国"以人为本、外交为本"的新时期外交理念对于当下中国外部形象提升的潜在价值、中国军事外交的起源与演化展现中国国际关系和战略方位的位置、民族主义作为一种特殊思潮在中国的起落以及它对于中国外交的现实和潜在影响、中国与国际组织关系从摩擦到沟通再到合作发现中国外交下的国际组织方略等方面进行多维度探究。我们不敢妄称自己的研究乃"筚路蓝缕，以启山林"，但确有"格物致知"之心，至于在多大程度上实现了"物格而后知至"，则有待于读者的评判。

《中国外交 60 年》的社会价值和学术价值主要在于：第一，从理论上探索"外交学中国化"的新路径，除了承袭中国外交学的传统研究议题外，更为重要的是结合当代中国外交研究中的新议题进行了多维度探究。这是一种"弥补空白"的有益尝试。第二，从结构上把新中国中外关系的重大变化置于三个"30 年"的重大参照系下，展现了"历史性变化"的含义，具备大历史的纵深感，是恰当把握新中国外交地位与作用的关键之一。第三，从研究角度看，本书提供的研究路径和思路，均有可能发展成为深化中国外交政策研究的具体方向，是中国外交学界未来阶段理应深化的工作。第四，本书不乏观点和方法的创新，如"民族主义的起落与新中国外交"与"军事外交"都是学界近年来所关注的议题，也是极具挑战性的新议题。迄今这方面研究成果极其稀少。

探索中国外交研究方法的创新

《中国外交 60 年》研究方法的创新莫过于借用了西方美术传统中的"透视法"一词，用于透视中国外交 60 年的历史。将中国外交三个"30年"置于"近景"、"中景"和"远景"三种"景距"之中，从中国外交发展的不同阶段着眼，对中国外交及中外关系历史性变化的线索进行透视和扫描。我们只有具备大历史的纵深感，才能恰当地把握新中国外交地位与作用；只有将中国外交置于更加宏观的历史镜头下，才能纠正原先的误判与狭隘，看到新中国外交相对于旧中国的质变，看到新中国外交内部不同时期的跃进。

三种"景距"的划分方式是："近景"是指 1979—2009 年；"中景"是指 1949—1979 年；"远景"是指 1919—1949 年。

在"远景"中，其历史背景大致分为更广阔的百年"远景"和具有历史意义的 30 年"远景"。在百年"远景"中，中国与外部世界关系的百年历史充满了曲折与变化，也蕴含着深厚的历史和文化遗产。随着中国从一个半殖民地半封建国家变成一个独立自主的社会主义大国，再到一个强盛起来的世界大国，以西方发达国家为主导的国际体系对于中国的态度，也相应出现了由看不起和盘剥指使到敌视对峙和封锁裁制，直至对话利用、协调合作、对话施压等多重复杂手段并举的巨大变化。1919—1949年这 30 年的"远景"是研究新中国外交及中外关系的时间距离最近、反差最强烈的一个重要参照系。这一时期的中国并非中国外交的绝对"空白地带"。无论是毛泽东领导的延安革命者与美国有关方面的军事交往，还是周恩来指导下的对西方左翼人士的工作，或者是中国共产党在共产国际的复杂学习过程，直至第二次世界大战时中苏在对日作战和收复中国东北问题上的多重协调（及争取工作），都带有"外交"的印记和"国际关系"的雏形,是新中国外交的准备适应阶段,是当代中国对外关系的重要"前史"。看待新中国成立后的外交方位,不能脱离对这段历史的回顾与思索。

在中华人民共和国诞生后 30 年的"中景"中,我们将这一历史背景中的中国外交称为毛泽东时代的"社会主义革命时期的中外关系"。毛泽东时代的中国,比起 1949 年以前蒋介石政权的状况,在对外关系上发生了天翻地覆的变化。中国人民站起来了,这个国家亦不再是任人宰割和欺辱的对象。毛泽东时代的中国外交,也有一些值得回忆和推崇的重大战略举措和创造(如和平共处五项原则的缔造、中美交往大门的开启、三个世界思想的提出等)。然而,由于特殊的国际、国内条件,尤其是国际冷战大格局以及"继续革命"的内部逻辑,新中国成立后 30 年间,中国与外部世界的关系始终存在着某种紧张对峙、令人倍感压力的状态,中国一直处于国际体系的相对边缘位置,中国在国际社会的"造反者"形象大于"建设者"作用。

在中国开启改革开放历史航程的"近景"中,我们将改革开放 30 年的中国外交历史称为"邓小平时代"的"社会主义建设时期的中外关系"。邓小平启动改革开放以来的 30 年,中国成了经济全球化进程最重要的受益者之一,中国也逐渐成为当代世界经济发展的重要引擎之一。以经济建设和改善民生为国内重心的指导方针,同时带动了对外关系和整个国际战略的调整变化。中国经济从一个濒临崩溃、缺少活力的状态,转变成一个充满生机、增长迅猛的形态;中国多数民众摆脱了长期困扰他们的贫困落后生活局面,朝着小康水平的方向迈进,并且在此过程中大大增强了个人的自主性和法权意识;中国外交从"文化大革命"前后一个相对被动和矛盾的状态,变成了沉稳坚定,目标明确,越来越有想象力和大国气势的新兴外交。不论磨合过程出现了多少新的问题与矛盾,中国与世界的关系朝着总体积极和建设性的方向大步迈进。中国与当代国际体系越来越紧密地联系到一起,中国的进步构成当代国际进步最显著的成就之一。

《中国外交 60 年》通过"透视法"中的三种"景距",分析三个时期中外关系的不同变化,研究它们之间的递进与校正,关注彼此间的异同,检测外交视野中的中国与世界关系如何演进,中国外交在这一过程中又是如何进步。新中国成立以来的 60 年间,外交与内政始终紧密相连,中国外交的各种问题与主要成就,虽然很大程度上受制于国际大格局的变动,但更是国内政治、指导方针和总体局面的直接延续。中国对自身的设计及塑造方式，根本上决定着中国对外部世界的看法与应对。中国本身的进步，直接影响着中外关系的发展演化。从 20 世纪后半叶的发展线索观察，人们有理由对未来中国与世界的关系发展持乐观态度。历史是发展的、变化的，我们通过"透视法"就是以变化的视角分析问题、解决问题。我们在看到中国外交"近景"取得巨大成就而沾沾自喜的同时，还要理性面对新的挑战，更需要认识并理解正在淡化的"中景"和广阔的"远景"所传递的信息，并使之服务于未来中国外交的理论与实践。

《中国外交研究丛书》的主要内容及特色

随着"中国外交 60 年"重大课题研究的深入，作为课题主持人的王逸舟和我都认为，由于种种原因，波澜壮阔、有声有色的当代中国外交，迄今为止并没有获得全面深入的学术探究；在若干领域，中国学者的工作甚至落在某些外国同行的后面。中国学者有责任也有义务对当代中国外交进行全方位的深入研究与前瞻性探索，在国际外交舞台上唱响中国外交的主旋律。因此，在 2009 年国庆节前夕出版《中国外交 60 年》这本学术专著后，我们商定在今后一两年内主编、出版《中国外交研究丛书》，计划推出十余本有关中国外交的学术专著，并将已经出版的《中国外交新高地》（王逸舟撰写）和《中国外交 60 年》（王逸舟、谭秀英主编）纳入其中。此计划一经提出，即得到中国社会科学出版社领导的鼎力支持。

以往中国外交学界的研究体现在两个方面：一是对中国外交的基本指导思想、领袖外交方略和重大外交事件的分析；二是对中国外交的国际背景及大国博弈过程的讨论。理论研究是与外交实践进程相一致的。如果我们把新中国 60 年的外交研究划分为两个阶段的话，那么前 30 年的外交基本上局限在"高政治"领域，多半是围绕战争与和平、重要国家的关系调整和主要领导人的"大手笔"推动；后 30 年随着改革开放进程的启动和推进，中国外交在保持传统优势和目标的前提下，公众有了更多的了解和参与，国家与社会关系发生了深刻的变化，外交工作有了更多的使命、动力和目标，呈现多元、多样的"树状"形态，在前所未有的广阔空间——政治与经济、军事安全、社会文化、体育及贸易往来、地方与中央关系、民族区域特色等——取得前所未有的巨大成就。不夸张地讲，新中国成立 60 年来中国外交史卷的壮观与多彩，不只在中国自身历史上少有，即便从世界史范围观察也不多见。从最简单的意义上说，《中国外交研究丛书》是一种"弥补空白"的尝试，是中国学者自己而非外人对"自家事务"的理论述说。对此，我们充满了期待与冀望。

学界一定会对《中国外交研究丛书》的内容与方法给予关注，我们认为外交研究可以是兴趣使然，演绎成纯粹的学理辨析，也能够指向未来，提供下一步进程的某些前瞻性线索。对于今天的中国外交研究者，两方面需求或许都有必要。比如，我们需要在理论上争论"外交"、"外事"、"大外交"、"总体外交"以及"民间外交"、"经贸外交"、"军事外交"等概念的定义，看看核心是否坚实不变，外壳又怎样衍变消融，外交学术和外交教学需要哪些相应的充实与变更。同时，我们也需要"厚今薄古"的态度，需要指出外交工作存在的盲区与问题，需要鼓励外交制度变革的趋势，需要防范极"左"思潮和极端民族主义的冲击。

从书目中读者不难发现，《中国外交研究丛书》作者群注重的是过去很少被提到或不太被学界重视的那些方面和问题，如国家总体外交布局中的军事外交，新媒体的出现对外交决策的潜移默化影响，外交工作体现的国家与社会关系的变化，大学生安全观念折射的当代中国外交之社会基础，非传统安全命题对于新时期对外工作的冲击，外交认同的复杂化与多样性，社会性别视角下的外交与安全问题，中国外交的国内因素，等等。在不同程度上，这些方面和问题已经成为并将继续构成新时期中国外交前进道路上的重大挑战或突破口，对于新时期中国外交思想的丰富和外交实践的开拓将发挥积极意义。

（谭秀英，中国社会科学院世界经济与政治研究所编审）

回忆·感想篇

文章事,寸心知

——我的学术生涯片断回忆

李 琮

1992 年 11 月,在第三世界研究中心主办的国际学术讨论会开幕式上,社会科学院院长胡绳(左一)致开幕词。左二为我所所长李琮。

世界经济学科,在我国是个新学科,但发展很快。特别是国家实行改革开放以来,这个学科更是突飞猛进,科研在不断深入,水平不断提高,科研队伍不断扩大,硕果累累对我国的经济改革开放和现代化建设事业作出了重要贡献。

我于 1956 年从事世界经济研究，以后再也没有离开这个学科。1999
年离休后，仍然申请或自选课题，进行研究。

我的科研成果，主要表现在我写的文章和著作上，其中独著 3 部，主
编 14 部，译著 1 部，至于发表的文章究竟有多少，确切数字我说不出来，
因为我并未把它们保存起来。2006 年，院科研局通知我，要为我出版一
本文集。我花了不少功夫，到处收集，共得约 300 篇（短文、札记、杂
文、内部报告、由他人记录的我在各种会议上的发言稿等均不计在内）。

这些文字和著述，究竟起了多大作用，我说不清。无论是对促进这门
学科的发展有多大作用，或是对国家经济的建设、改革开放有多大参考作
用，我不得而知。

我把自己的文章和著作分为三类：第一类是发表后没听到任何反应，
这类占多数；当然，没听到反应不一定就没有影响，只是我不知道而已；
第二类是看到或听到个别人或少数的评论，有好评也有一些意见；有人在
他们的文章和著作中摘引到我写的一些观点，这类也并不太多；第三类是
得到较强反应，其中或者是评为获奖成果，或者相反，遭到尖锐批判。这
类在我的作品中更占少数，无论是获奖的或受批判的，都是个别的。但正
是这类文章和它们引起的反应，都给予我们深刻的印象，但因我已年迈，
记忆也又不太清晰和准确了。

下面是我对世界经济若干问题的思考、写作和发表著述过程的一些回
忆，虽然只是其中个别问题，但也许可以折射出那一时期这一学科研究和
发展的一些实际情况和问题。

一　资本主义经济危机问题研究中的自我折腾

我于 1956 年调到原国家计划委员会新成立的世界经济局，局长是勇
龙桂、副局长杨坚白，当时全局 20 多人，我分工研究美国经济问题。

1957—1958 年，美国和西方国家发生了第二次世界大战后一场较严
重的经济危机，当时国家和计委领导对此都十分重视，广大干部也都很关
心。之所以如此，一是希望了解这次危机可能对西方大国带来怎样的危
害，它们会怎样寻找出路，会怎样转嫁危机；二是这次危机对国际关系会
产生怎样的影响，特别是对我国可能有怎样的利害关系。领导要求我们对

此进行研究。

这对分工研究西方国家的人都是重要任务，我更是感到压力不小。特别是不仅要对危机的来龙去脉，说清情况，更要求对问题说出些道理来。我是"半路出家"，对此专业尚不入门，时间又紧。可供参考的材料也不多。如果只讲一讲马克思主义关于资本主义经济危机的一些论点，这当然是不够的。我也到一些高校，如北大、中国人民大学和一些业务单位，如外贸部的外贸研究所去请教了一些专家、学者，看当时所能得到的原苏联出版的有关文章，但总感到没什么大把握。

我曾向杨坚白先生讨教，他要我先写一篇论文，争取公开发表。我竭尽所能，写了一篇初稿，文章分三部分，分别说明这次西方经济危机的现状和特点、危机发生的原因和西方国家的对策、危机对西方国家和国际经济关系的影响。文章的基调自然是借这次危机揭露资本主义制度的矛盾和不合理。初稿交杨坚白先生审阅，他仔细看过后，与我谈了半天，从内容到写法，提了不少意见，对我有很大启发和帮助，我把文章从头到尾修改了一遍，把稿子送给《光明日报》。没想到，几天后即被发表，而且是放在头版下半边。这是我发表的第一篇论文，对我是极大的鼓舞，我应该感谢杨坚白同志，也要感谢那时我结识的一些同行专家学者。

1958年，国家计委世界经济局与中国科学院哲学社会科学部的经济所合并，成为该所的一个研究室。

当年夏，河北省委党校邀请勇龙桂同志去作关于西方经济危机问题的报告，勇龙桂同志把这个任务交给我。我自知拙于言辞，从来没有在大庭广众面前作过什么学术报告，感到比写文章更难。但我推卸不得，只好接受，硬着头皮独自一人去石家庄河北省委党校。没想到那天听报告时，不仅是党校的师生，而且还有其他单位的干部，坐满一个大礼堂，足有1000多人，主持会议的党校领导介绍我说，这位是北京来的中国科学院的青年专家，并大加赞扬一番，这就更让我心中打鼓。我知道，这是我发表了那篇文章所产生的一种特殊效应。

我的报告仍只是按我的文章中所说到的那些问题和观点，只是多讲了些马克思主义的有关理论，多增加了一些实际材料，还介绍了苏联学者的一些论述。当时中苏关系尚未公开破裂，我特别引用了赫鲁晓夫关于西方这次危机经过的几句话，大意是危机给予资本主义以异常深重的打击，西方国家从此可能一蹶不振，没有前途了，这些也引起了听众的兴趣。

　　根据马克思主义关于经济周期和危机的理论，危机是生产能力快速增长与消费力滞后之间尖锐矛盾的爆发。是对生产力的破坏，但同时也是矛盾的暂时缓解，为生产的新一轮增长创造条件。但在当时我国正处于"大跃进"高潮之中，广大干部和群众热情高涨，特别是提出的超英赶美的目标，令人大为振奋。所以我的文章和这次报告，谈到美欧等资本主义国家经济前景时，也只是强调它们确实在"一天天烂下去"，没有提到它们在危机之后经济还可能复苏和出现新的高涨。虽然我那次报告受到全场的鼓掌，但我心中却着实感到不安。实际上，在我作报告的时候，西方那场危机已在走向尾声，而且第二次世界大战后，发达国家即已发生了一次新的技术革命，经济又处于新的发展时期。这次危机后，它们定会继续快速增长。但当时我的这些想法，都没有说出来，只怕被批为"美化美帝国主义"。

　　我回到北京后不久，终于看到一篇内部报告，题目是《美国经济历史上的三次跃进》，说美国历史上虽然始终危机不断，但仍曾出现过快速增长的高涨期，特别是自19世纪末以后，曾出现过三次跳跃式增长，第一次是19世纪后期到20世纪初；第二次是20年代；第三次就是第二次世界大战后的五六十年代。这次危机后，将继续快速增长。我认为这是美国历史和现状的实际，应当实事求是地说出来。而且写的是内部资料，应该没有问题。但此文一出，立即受到批评。这时我也意识到把美国经济的快速发展时期也说成是"跃进"，确实不当。受到批评，我只好接受。由于当时我国的"大跃进"中存在的问题正日益凸显出来，美国的危机也基本结束，在这样的背景下，对我的批判也就不了了之。

二　关于帝国主义垂死性问题讨论中的小风波

　　列宁从他"对帝国主义的经济实质的论述"问题的结论，是"必须说帝国主义是过渡的资本主义，或者更确切些说，是垂死的资本主义。"而且他还说，"帝国主义是无产阶级社会革命的前夜"。列宁之后，斯大林继承和发挥了这一思想。长期以来，这种思想得到广泛的赞同和传播，我个人也是坚信不疑的，但到第二次世界大战结束后，从20世纪50年代初到70年代初，发达资本主义国家经济出现了持续20多年的快速发展和繁荣期，生产力有极大提高，表现为新的科技革命的兴起，生产方式的改革，产业大调整，生产率的显著提高，民众生活状况的明显改善。被称为"黄金时期"。但在资本主义这一时期开始之初的 1952 年，斯大林在他发表的小册子《苏联社会主义经济问题》中，却不仅仍然坚持这一思想，而且把它推向极端，竟把世界资产阶级比作"快要淹死的人抓住一根草一样"，还宣称列宁关于在帝国主义时期资本主义仍然可能有迅速发展的论点"已经出版"，应该抛弃。对此，我表示怀疑，但未能公开发表个人意见。直到"十年动乱"结束，我们党提倡思想解放和开展了"真理标准"问题的大讨论之后，我才写了《怎样理解"帝国主义是垂死的资本主义"》一文，根据列宁之后半个多世纪的实际，说明资本主义作为一种基本社会制度，虽最终必然死亡，但这是一个相当长的历史过程。此文发表于《北京大学学报》1980 年第 2 期。次年，我看到《中国社会科学》（1981 年第 4 期）刊载著名学者蒋学模先生题为《按照列宁的原意认识帝国主义的垂死性》的论文和崔乡同志关于"帝国主义垂死性"问题的"学术通讯"，两文观点相左，颇引人注意，也就写了《对帝国主义的垂死性的认识》一文，发表在《中国社会科学》1983 年第 5 期。参与对这一问题的讨论。我赞同崔乡同志的意见，他说列宁的这一论点是对帝国主义的死亡过于乐观了，我也同意蒋学模先生所说列宁提出的帝国主义的垂死性的论断，原意是指它的过渡性，即向社会主义的过渡。但由于列宁又把帝国主义看作是社会革命的前夜，并且认为"从 1917 年起，这已经在全世界范围内得到了证实"。这不能不使人以为这个"前夜"很快即将过去，这个过渡期也太短了，因而这种论断确实是过于乐观了。我的文章着重从列宁当时的时代背景和世界形势、特点，解释了他提出这一论点的原因，也着重说明为什么资本帝国主义的死亡过程并不会十分短暂。同时论证了为什么帝国主义最终灭亡是不可避免的。

我的这篇文章获得了一些人的赞同。但仍引起了一些人的反对，有两位知名教授联合写文章给《中国社会科学》，对我进行了反驳和批判。据说，该杂志编委们认为他们的文章说服力不强，未予采纳。但由于此时香港一份杂志断章取义地转载了我的文章，并加上他们的评论，说中国学者不再认为资本主义将会死亡，这使这两位教授更加义愤填膺，认为我的错误重大，后果严重，就投给中央领导同志，竟然说我的文章"资敌"，"授人以柄"（这一切我当时并不得而知，他们的文章和给领导的信，我始终没见到，直到《中国社会科学》编辑部把此事通知我，我才从"侧

面"略知一二）。当时，我表示，我并不认为我有什么错，如真有什么
错，也只由我个人负责。但我仍然有些忐忑不安，因为那时，正在开展反
"精神污染"运动，我担心我可能被当作一个播放精神污染的典型进行批
判，但实际上，并无下文。反而是有些人知道此事后，对我表示支持和
称道。

由于这一问题的争论仍未得到解决，后来，据我所知，又有人发表
与我的观点相同的文章，但也仍照样受到批判。直到现在，仍然有人坚
持列宁关于帝国主义垂死性的论点。尽管资本主义在垄断阶段之后，又
经历了国家垄断阶段，多数学者认为现在已是国际垄断阶段，在这时，
这个"垂死性"问题即使再提出讨论，也应联系资本主义和社会主义
近年来发展的历史和现实，实事求是地进行研究和讨论。如果这样，就
使我们会更加相信马克思所说的："无论哪一个社会形态，在它们能容纳
的全部生产力发挥出来以前，是决不会灭亡的；而新的更高的生产关系，
在它的物质存在条件在旧社会的胎胞里成熟以前，是决不会出现的。"是
正确的。

我认为帝国主义的死亡并不是十分短暂，而是一个长期的过程，并不
是因为我认为资本主义是多么美好，更不是为了美化资本主义，相反，我
们认为资本主义也是一个不合理的社会制度。但我们认为，这种制度的死
亡，和它的诞生一样，都需要一定的条件，而这些条件的成熟不是一朝一
夕的事。

对帝国主义的死亡过程作出如实的估计，对我国社会主义的建设也是
有好处的。因为作这样的估计，一是使我们有与其进行长期共处的思想准
备，从而认真考虑制定应对其挑战的战略和策略；二是在揭露和批判它们
侵略扩张本性的同时，也看到它的发展和变化，在摒弃其腐朽没落的东西
的同时，也借鉴和吸收它所制造的科学和文化成果为我所用，这样，只会
对社会主义建设有益。

三　对"外壳"的理解和意外获奖

1987年，为准备纪念十一届三中全会十周年，中宣部、中央党校和
中国社会科学院联合主办了一次全国哲学社会科学各学科论文征选活动。
社科院领导动员全院科研人员积极参与，并要求每个所至少写出一篇有质

量的文章。当时，我任西欧研究所所长，接到这一通知，就在全所传达，鼓励所内科研人员写稿，但过了几个月，没有动静，我很着急，就找一些科研人员个别做工作，但仍没有得到任何的肯定允诺。这也许是因为各人都早已有其科研任务要完成，也可能是考虑到参加全国征文，难度很大，如果文章落选，不大好看。我想，此事不能勉强。为了完成院领导交下的任务，我无可奈何，只好自己动手写了一篇。

学习过马克思主义经济学的人都知道，马克思主义揭示，资本主义的基本矛盾是生产力的社会性与资本主义和私人占有方式之间的矛盾。在读马克思和列宁著作时，往往看到"外壳"这一概念。马克思说到资本的垄断时说："生产资料的集中和劳动的社会化，达到了同它们的资本主义外壳不能相容的地步，这个外壳就要炸毁了。"列宁论及垄断资本主义的必然灭亡时也指出，"很明显，私有经济关系和私有制关系，已经变成与内容不相适应的外壳了；如果人为地拖延消灭这个外壳的日子，那它就必然要腐烂……"我认为这都是很重要的论断，决定就此写一篇文章，题目是《对资本主义基本矛盾的再认识》。文章首先说明了第二次世界大战后，发达资本主义国家发生的又一次科技革命，标志其生产力的飞跃发展。接着着重论及这一时期资本主义生产关系的变化和经济体制的变革。生产关系的变化是指股份制的进一步大发展，国有企业的大量增多，原有的以家族垄断为核心的财团的逐步解体，等等；经济体制的改革则指美、英等发达国家在凯恩斯主义经济学理论的指引下，为预防大危机的再度发生，而加强了国家对经济的干预和调控，并建立了一套相应的财政、货币、信贷体制，西欧国家还实行了广泛的社会保障制度。第二次世界大战后，资本主义从私人垄断阶段转变到国家阶段，发达资本主义国家经济有了约20年的快速发展，大大促使它们成为现代化的发达资本主义国家，这除了当时有利的国内外条件外，与它们自身的改革和调整也是分不开的。

这样，我才进一步了解到，马克思和列宁所说的资本主义的"外壳"即资本主义的"经济关系和私有制关系"并不是僵硬的、固定不变的，而是可变的，即随着生产力社会性水平的提高而发生一定程度上与之相适应的变化，经济关系这个"外壳"的变化，又反过来对生产力的进一步发展起促进作用。由于这个"外壳"是受到生产力社会的要求而发生相应变化的，因此这个变化有其客观必然性。如果资产阶级意识到这种变革的必要性，而主动采取一定政策来促进其变化，则这种变化就会更快些，反之，如果"人为地"阻碍这种变革，以致资本主义的"外壳"与其"内容"不相容了，矛盾就会更加尖锐了，这里"外壳"就会"炸毁"了，30年代的大危机也许就近似于这种情况，70年代的经济"滞胀"虽然在表现形态上没有那么剧烈，但就其矛盾的尖锐性来说，也近于这种情况。但在这两次大危机中，资产阶级国家都经过挣扎，采取了一定政策，经济关系和经济体制进行了一定缓和矛盾的调整，使生产力得到了新的发展。总之，资本主义的基本矛盾是有时激化，有时缓和，而不会是一条直线般不断激化下去的。

我的这篇文章写完后，交了卷，就没有再去过问过。大约半年后，有人通知我，这篇文章已被评选为优秀论文。对此，我将信将疑。不久，中宣部等三个单位联合举行纪念十一届三中全会十周年研讨会，同时宣布论文评选结果，通知我去参加，记得会议在大兴县一个宾馆举行，来自全国的学者和科研人员很多，会议开了三四天，很隆重。会上报告了论文评选过程和结果，我的论文果然被评为优秀论文，并在人民大会堂举行了授奖大会。获此殊荣，实出乎我的意料，我想起这件事，就往往记起两句话："有意栽花花不开，无心插柳柳成荫。"

四　关于资本主义结构性经济危机和出国作学术报告

发达资本主义国家经济，在20世纪五六十年代经历了历史上少见的快速增长和繁荣，到70年代，就发生逆转，繁华落尽，同样是历史上仅见的"滞涨"期降临。

资本主义的经济周期和危机在马克思和恩格斯生活的那个时代，已一而再、再而三地发生，他们对此非常重视，进行了全面深刻的研究。所以其性质是生产过剩性危机，其根源在于资本主义的基本矛盾。马克思关于资本主义经济周期和危机的理论，是人们所熟知的。但70年代发达资本主义国家发生的、延缓十多年的经济滞胀，显然与周期性危机不同。西方经济学家面对这种现象，也是议论纷纷，对其性质、原因、影响，以及如何应对等，各有说法，莫衷一是。

滞胀期间，经济的表现确实复杂，包括石油价格大涨，经济增长率下降，几近停滞；长期失业者大增；一系列相关部门衰落；通货膨胀失控，物价飙升；各国政府财政赤字连年扩大；等等。在这期间，又于1974—1975年和1979—1980年连续发生两次周期性危机，危机与滞胀现象重叠在一起，使资本主义国家经济深陷困境。

我对这种新现象进行了研究，认为它是不同于周期性危机的另一种危机形态，即结构性危机。我于1988年写了一篇专论，题目是《关于资本主义结构性危机问题》，发表在《中国社会科学》1987年第5期上。

结构性问题这一概念，并不是我提出的，中外许多学者早就提到这个问题，我的文章只是针对滞胀危机中的各种表现，对其特点、根源、影响和作用等，以马克思主义作指导，进行了探讨和论述，如关于其特点，我列举了六点，即危机时间较长，有的可长达十几年、二十年；生产不一定下降，只是增长乏力，或陷于停滞；生产可能过剩，也可能不足；物价可能下跌，也可能大涨；各领域、各部门都可能发生结构性危机，但不一定同时发生；各国的结构性危机表现可能大不相同，甚至完全相反。这些都与周期性危机表现不同。

文章指出，结构性危机的根源与周期性危机一样，在于资本主义制度和生产方式的本质。但不同的结构性危机的直接原因，则可能各不相同，需要具体分析。我认为，这次滞胀中出现那些结构性危机，在此前20年的经济快速增长和繁荣中，就埋下了种子，如石油危机是由于最大的石油消费国美国与石油输出国之间的矛盾激化；恶性通货膨胀与政府长期实行扩张性财政和信贷政策直接相关；一些产业部门的衰落则是由于其技术创新停滞生产率和利润率下降，大量资本撤出，投入新的部门，等等。总之，是各领域、各部门、各地区、各环节发展失衡和比例失调造成的。关于结构性危机的作用，我认为这种危机虽然是长期的，但它的发生，也迫使经济结构从不平衡趋向平衡，迫使资本家集团从各自利益出发，寻求克服危机的途径，更迫使国家采取一切可能的手段，特别是对外转嫁危机，经过一定时期的调整，使失衡状态缓解和消除，在新的基础上恢复新的平衡。但平衡总是暂时的，在平衡状态中，又孕育着新的不平衡，新的不平衡达到一定严重程度，又会发生新的结构性危机。

这篇文章的观点，得到了一些人的赞同，四川省社科院等单位的几位青年科研工作者还以这篇文章为参考，写了一本关于资本主义结构性危机的专著。1990年，美国威斯康星州麦迪逊大学邀请我去访问，要求我做一次学术报告和给学生们上一两次课，我想对方事实上是对中国改革开放的进展情况和问题最感兴趣，但我对此问题缺乏专门研究，如果照媒体上发表的报道和文章那样讲讲，人家不会欢迎；如果讲些新的情况和个人的见解，又恐失当；考虑再三，最后还是决定以发达国家的结构性危机为题作报告，不料讲完后，听讲的师生中，有人向我提问题，问的仍然是关于中国的改革开放问题，这使我有点被动。这时，接到夏威夷的东西方研究中心的邀请，于回国途中，在那里停留一周，经过一番准备，作了一次关于中国改革开放的报告，果然颇受欢迎。

五　"后发资本主义"论得到个别人的赞赏

我于 1980 年受委派，任联合国发展规划委员会委员。该委员会主要是就发展中国家的经济发展问题进行商讨，提出战略和政策建议，是一个咨询性机构，委员约 25 人，由一些国际经济学家组成，但这些委员多数来自发达国家，发展中国家的是少数，在我之前，我国更是无人参加。

我对发展中国家经济问题并没有专门研究。但发展中国家经济问题与发达国家联系密切，我也愿借此机会，对发展中国家经济发展问题有更多了解，并尽可能为发展中国家的发展提供一些意见和建议。我作为这个委员会的委员，连任两届，共四年，其间，除每年去纽约出席委员会会议外，还再次参加"工作组"，分别赴泰国曼谷和智利圣地亚哥，与亚洲经委会和拉美经委会的专家举行座谈，并对当地经济情况进行了调研。

我作为中国这样一个最大发展中国家的经济学家，又是首次参加该委员会，因此，格外受到重视，也结识了一些外国朋友。这几年间，我对发展中国家的发展问题也进行了多方面思考。

我于 1988 年，由西欧所调回世界经济与政治所，即向院领导提出报告，为加强发展中国家整体的研究，建议由我院各有关发展中地区研究所各派人，组成"第三世界研究中心"，对发展中国家在总体上进行综合研究和比较研究。此报告得到批准。"第三世界研究中心"的学术活动开展得很活跃，并与国外有些科研机构建立了联系。

我个人则独自撰写了一本专著《第三世界论》，于 1933 年由世界知识出版社出版，此外，还发表了一些论文。其中一篇文章题为《"后发资本主义"刍议》，发表在《太平洋学报》（1955 年第 3 期），引起了学界一些人的重视。其主要论点是，认为那些走上资本主义道路的发展中国家，其资本主义与发达国家的资本主义相比，虽然都是资本主义，但实际形态大不相同，有其明显特点：一是"后发性"，因为它是在西方国家资本主义兴起后几百年才开始发展的；二是具有"派生性"（或衍生性），因为它是在先进的资本主义国家的资本输出的促进下加快发展的；三是多质性（或多元性），因为在那里，资本主义发展的同时，仍存在着浓厚的、大量的前资本主义成分，互相渗透，互相混杂，不像发达国家的资本主义那样具有同质性；四是依附性，因为其资本主义是在外国资本势力的限制、压制、排挤和利用的条件下发展的，对外国资本有很大依附性；五是在其资本主义的发展中，国家因素起着更重要作用。因此，我把这样的资本主义叫作"后发资本主义"或"衍生资本主义"，目前西方国家有些学者称其为"国家资本主义"。

我的文章还指出，随着发展中国家经济的发展，上述种种特点逐渐淡化，即使像外国这样发展快、经济水平高的"新兴工业化"国家，以及现在更多的新兴国家，这些特点仍然存在着，这些"历史的遗迹很难消除"。

文章中还提出了发展中国家与发达国家两种资本主义之间的关系，认为后发资本主义，既然也是资本主义，它易于得到发达资本主义国家的认可、支持和援助；但后者仍然企图对前者进行控制，加强其对自己的依附，因此二者之间也存在着矛盾，另外，后者也希望看到前者的迅速发展，使之成为自己的后备力量或同盟军。

总的看来，后发资本主义的发展道路有可能走下去，但也可能遇到难以克服的矛盾和困难，使之转而寻求新的道路。

这篇文章发表后，得到一些学者的肯定，有人更甚表赞赏。但对这样一个重要理论和现实问题，并没有开展更广泛和更深入的讨论。

六　关于资本主义向新社会过渡问题的讨论和遭受批判

众所周知，马克思在《资本论》第三卷中论述信用的作用和股份公司问题时，曾指出股份制企业是与私人企业相对立的"社会企业"，"这是作为私人财产的资本在资本主义生产方式本身范围内的扬弃"。他又把资本主义的股份企业和工人自己的合作工厂，都看作是"由资本主义生产方式转化为联合的生产方式的过渡形式"。他一再指出，在信用制度中包含着资本所有权的"潜在的扬弃"，信用制度是"转到一种新生产方式的过渡形式"。恩格斯在说到生产力社会性的提高时指出，它"要求摆脱它作为资本的那种属性，要求在事实上承认它作为社会生产力的那种性质"。列宁则在他的帝国主义论中，用"暗示的方法"，一再提出这一问题，如他写道：垄断阶段的"新的资本主义带有某种过渡的现象的鲜明特征……人们自然要问，这种最新资本主义究竟'过渡'到哪里去呢？"他还明确指出，"垄断是从资本主义向更高级的制度的过渡"。与此相关联，马克思和列宁还都控制在资本主义生产方式内可能产生新社会的"因素"。当然，马克思和列宁在提到这一论点时，都强调，这种"扬弃"和"过渡"，都是在资本主义生产方式范围之内进行的，并没有突破这一范围。从资本主义转到新的生产方式，必须经过工人阶级的革命斗争。

　　我认为马克思和列宁的这一论点十分重要。并且想到，马克思提出这一论点迄今已一个半世纪，列宁距今也近一个世纪，在这一不算短的时期内，资本主义又已经历了很大新发展和新变化，那么，它们内部是否又有了新的"扬弃"和向新社会生产方式过渡的新表现和新因素呢？如果有，这表现在哪里呢？为了对这个问题进行探索，我先是建议我的一位研究生以此问题作为他的论文题目，进行研究；后来又召开了一次人数并不太多的研讨会，邀请一些专家、学者来进行讨论。大家对这个问题都很感兴趣，多数人都认为这些"顺素"在当代资本主义国家中是存在的，并且有了新发展。如有人指出，欧洲国家进行国有企业私有化（民营化）时，有的企业的工人就曾联合起来，以集体的力量占有企业；在美国也曾发生濒于破产的企业内工人来接管的事件；有人指出，北欧国家实行的全面的、普遍的社会保障制度，基本上消除社会收入分配的不公、消除了贫富两极分化，应视为社会主义因素；有人反指出，第二次世界大战后，发达资本主义国家已基本上消除了三大差别，这也应看作是社会主义因素。与此同时，大家都认为，尽管如此，这些"因素"仍然未能突破资本主义生产方式的范围，资本主义制度并未能改变，西方有些学者所宣扬的人民资本主义、股东资本主义、超资本主义等都是没有根据的。对这次研讨会，我们曾写成一份《纪要》，作为内部材料印发。

　　我于20世纪90年代后期独自撰写了一部题为《当代资本主义的新发

展》的书稿，此书于1998年由经济科学出版社出版，书中最后一章关于资本主义未来发展趋向的探讨中，我重述了马克思主义经典作家提出的资本主义向新社会的过渡和在此过程中可能出现的新社会的因素的论点，并对当前这种过渡和因素的上述一些新发展进行了简要说明。此书获得了国家级优秀图书提名奖（二等奖），并且有的学者在发表的评论中，肯定此书有些新意，但都没有专门对"过渡"和"新社会因素"问题提出任何意见。

我于1999年离休后，受聘于某大学作为特邀教授，期间，他们接受了编写一部政治经济学（资本主义部分）教科书的任务，要我参加，并分配我写资本主义的历史归宿一章，我照例写了马克思主义关于资本主义由于其内部矛盾的激化，必然引起工人阶级和广大群众的革命斗争，并且必然走向灭亡的道理，但考虑到教科书也应与时俱进，有些新内容，就自作主张，把上述我们经过讨论后的关于"过渡"和"新社会因素"的看法写了进去。不料此书出版后不久，我就被告知，我写的这部分遭到了严厉的批判，勒令这部分必须删掉，似乎被视为政治错误。我颇感吃惊，不知道是谁提出的批判和命令，我自忖我对马克思、列宁的这一论点的理解并不错，如果错，那就是我所列举的当代资本主义发展中那些"新社会的因素"不正确；或者是这个问题干脆不宜写入教科书中，或者是由于其他什么原因，至少是我写的这部分初稿，没有特别与主编讨论，或提醒主编专门审阅。不管怎样，书已印出，这部分如何删掉，岂不是很难办？我思前想后，无法补救，只好等待校方的下一步通知，我也作好听取批判的准备。谁知此事竟无下文。我想可能因为我只是一个特邀教授，年纪已老，人家对我也就网开一面，不再追究，只是我始终不知错在何处，但无论如何，总认为给主编者找了大麻烦。也为可能给学校声誉带来不良影响，而深感歉疚。

以上各次经历，只是我科研生涯中的几个片断，除此之外，还有其他一些重要理论和现实问题，我都写了文章或著作，并提出了我个人的看法和见解，如国家垄断资本主义的基本特征，对经济全球化的认识，对国际垄断资本主义的思考，对资本主义各种经济模式的比较，对经济的增长与发展方式问题，对跨国公司的综合论述，等等。与这些问题的研究有关，都有一些值得回味的经历，这里不能一一记述了。最近源于美国的罕见的全球金融危机更引起我的注意，在此之前，我独自承担了撰写一本关于资本主义阶段性发展的专著，已写出初稿，因认为这次金融危机与当代资本主义向又一新阶段的转变有关，实际上是这一转变的标志性事件或起点，因此，又把原稿大大扩充，加入了这一部分，最后形成《当代资本主义阶段性发展与世界巨变》一书，由社科文献出版社于 2013 年出版，并被列入了国家哲学社会科学文库。

七　几点感触

我自从踏入世界经济科研的门槛以来，已有 55 年之久，其间由于"文化大革命"动乱，使我失去了十年宝贵的壮年时间；恢复工作后，我又担任了繁重的行政工作（副所长、所长）达 15 年之久（1978—1993 年），我为了搞些科研，不得不十分珍惜和有效利用时间，增加工作强度，我辞掉了一些社会团体的名义性职务和尽量减少这些活动，集中力量，尽可能多搞些科研工作。在世界经济这门新学科的研究领域中，我作出了一些成果，但微不足道，倒是有些感触，不妨述说如下。

（1）理论研究和现实问题研究问题。我在科研工作中，始终遇到应侧重理论研究或是现实问题研究的问题，不论对于一个科研机构的方针、任务来说，或个人的科研工作来说，搞清这个问题都是有必要的。我认为，我们搞世界经济研究主要是为我国经济现代化建设和发展对外经济关系服务。但对此不能理解得太狭隘了，以为针对我国现实中存在的问题，写几条建议或政策性意见，就是为现代化建设服务了，试问，如果不对现实问题有深入了解，又不进行理论研究，即使写出政策性意见和建议，会是有质量的充分道理吗？特别是我们所从事的世界经济这门学科，既有很强的理论性，又有很强的实用性，这两方面不是对立的，在坚持理论联系实际的原则下，根据各人的具体条件和兴趣，有的人侧重于理论研究，另有的人侧重于现实问题研究，都是可以允许的。只要深入研究，取得有质量、有水平的成果，都是有益的。例如这次严重的金融危机，对它的性质、特点、根源、影响等问题，就应进行深入的理论研究。如果对这些问题说不清，看不透，如何能提出有价值又可行的对策呢？

（2）研究课题的提出和选择。世界经济的另一特点在于它是不断发展变化的，不断有新现象、新问题出现，因此，这一学科随时都有待研究的新问题，应如何选择课题呢？除国家和社会科学院以及其他科研机构都定期提出应研究的课题之外，我认为，同样重要的是鼓励科研人员自己提出课题，如果需要科研经费，则可把课题上报，参加评审。也可不上报，只得到本人所在研究单位的认可，列入其科研计划即可。我个人的研究，课题大多数都是自己拟定的，其来由一是当前世界经济和我国经济发展变化中出现的新问题；二是国内外学者在其文章和著作中涉及的值得讨论的问题；三是对马克思主义经典著作中的一些重要论述的再学习和再思考中结合当今世界经济发展的实际提出的问题等，总之，这些问题都不是凭空想出来的，而是有来由的，其来由，归根结底是世界经济本身的发展实际和学者们对它的研究讨论过程中提出的，对世界经济的发展越加关注，对他人的文章和著作读得越多，对问题思考越深，就会发现应研究的问题也越多，我选定的课题，是觉得它有必要进行研究，也感到我有兴趣，也有可能对它进行研究，并提出个人有新意的见解。

（3）关于个人研究和集体研究问题。我认为社会科学各学科的学术研究，都既是集体的事业，需要集体来进行，也是个人的事业，必须发挥个人的智慧和潜力。在具体项目的完成上，有的项目涉及问题多，分量重，范围广，必须由集体承担；一般专题研究，则由对此专题有一定基础的个人承担为宜。我在国家社科基金下的国际问题专家组长期任副组长，对申请项目进行评审时，发现课题无论大小，除负责人外，往往列出多位参与者，以示集体研究力量之强大。但实际上，多人承担一个课题，也有它的困难，有其好处，即能很快完成也可能集中大家的智慧，写出有分量的著作，但如组织不好，大家分头写出的稿子，其观点、方法、风格难免各不相同，且质量水平高低不齐，即使经过多次集体讨论，也难以协调一致，如果把各人的原稿不加改动，编在一起，则必然只是一部文集；如果要由课题负责人统一修改，协调整理，则往往十分困难。我曾作为主编，邀请若干人组成写作组，编著了多本专著，其中有两部其实就是论文集；有的由我统稿，力求写成一本有相对完整的框架，有一定理论体系，观点一致，前后互相呼应，格调也大体一致的专著，但这是很费功夫的。其中有的比较成功，有的也获了奖，有的并不令人满意。如果遇到小组中某个人因事、因病不能按时交稿，或责任心不强，凑合交差，稿子不能用，那就更麻烦了。我不是不赞成集体承担重大科研项目，因为那是个人难以完成的。但这个集体（写作组）一定要由具备扎实功底，优良学风，高度负责和能互相合作的合格的人组成，因为毕竟这个集体的基础在于其中的每个人。主编则要有驾驭整个课题研究的能力，并要亲自参加写作。至于多数课题应由个人承担，是因为这样也可以充分发挥其才能、特长和其优势，发表其个人观点。个人承担，最好在研究和写作过程中，多与他人交流、讨论。这样，个人研究并不等于完全脱离集体。即使有些重大课题，特别是理论性较强的课题，也可以由个人完成，无非要容许他多花一点时间，当然这个人要具备完成这一课题的条件，要有坚韧、执着和为科学献身的精神，进行所谓"十年磨一剑"的不懈努力。这样的学者应受到支持和鼓励。因为真正有分量能"站得住"的优秀成果，往往出于这样的学者个人的毕生努力。

（4）关于理论创新问题。这是学术不断地发展和提高的必然要求，也是科研工作之所以能发挥其作用的要求。我们搞科研，应以马克思主义为指导，但正如列宁所说："马克思主义不是死的教条，不是什么一成不变的学说，而是活的行动指南。"正因是这样，"它就不能不反映出社会生活条件的异常剧烈火的变化"，世界经济更是这样，所以研究世界经济问题，更要在马克思主义指导下，力求创新。我个人也是这样要求自己的。我写文章，力求有些新意。怎样才能有些新意或创意，除了坚持解放思想，实事求是的原则精神外，我还体会到以下几点：一是如前所述，选定能反映当前世界发展中出现的新现象、新变化、新问题；二是追溯这些问题的历史，以及了解他人已经提出的观点；三是从各种不同角度，对问题进行深入思考和分析。我以为，搞理论研究和文艺创作在要求创新方面是一样的，如果经过一番努力，在创新方面有了一些收获，自己也会产生些成就感，并为此而欣喜，否则，说了些人家已说过的老话、套话、空话，自己也觉得是多余的，没有味道。

（5）关于学术论争的批评问题。在这方面我也有较深的感触。我们党提出和倡导的"双百"方针，是繁荣文艺创作和理论研究的唯一正确方针，但在改革开放之前，这个方针并未得到很好的贯彻实行。"文化大革命"十年浩劫，更不必说了。尤其是那时开展的"大批判"，其特点是把学术问题，一概都说成是政治问题，并且任意歪曲，无限上纲，只许我批你，不许你说话。这种极其恶劣的做法，随着"十年浩劫"的结束，已经成为历史。近30多年来，学术界感到宽松多了，要求理论创新，提倡个人独立思考的风气也逐渐形成了。正常的理论研讨和论争也开展了，但真正的百家争鸣的那种境界仍没有出现。据我的经历，我感到有两种不太正常的现象存在，一种是你的文章、著作，明明在一些重要问题上提出了一种值得关注的见解，但发表后都如泥牛入海，得不到任何反应，不知是没有人看到，还是人家没有意见，或者是有意见也不愿提出，这种沉寂的空气使人并不惬意。另一种是对某些文章和著作反应过度，要么是过度赞扬，一切溢美之词都可用上。但缺乏实质内容，给人以炒作的印象。要么是对自己不同意的观点，情绪激动，言辞尖刻，甚至上纲上线，乱扣帽子，似乎有"大批判"的遗风。这两种现象虽已不多见，但仍时有出现，这些现象都不正常，对学术的繁荣发展都不利。但愿我国学界能进一步努力，营造出我们老祖宗在春秋战国时代曾经历过的那种既严肃认真又生动活泼，既互相热烈争辩又互相包容的良好的气象，那应是实现我们民族伟大复兴所必需的。

（李琮，中国社会科学院世界经济与政治研究所研究员）

我与世界经济研究兼及世界 经济研究所的建立

龚荣进

　　我从 1954 年起就和世界经济研究结下了不解之缘，一生的大部分有效工作时间都奉献给了这一专业，我为此感到自豪。

从事情报、资料工作

　　1954 年，政府机构大调整，国家计委成立了研究室，主任孙冶，副主任黄苇文、梅行、高如松。室下有一个国际资料处，我被调到了国际资料处。该处处长仇启华，处下又分两组，分别从事有关苏联东欧社会主义国家计划文件和经济情况的翻译工作和出版《经济译丛》杂志。不久，国际资料处处下机构合并，改为《经济译丛》编辑部，由仇启华任主编，梅文彬、梁天任任副主编。其成员还有代有振、张奔流、李荃胜、姜玉田、刘永年、黄道南、秦明德和我。

　　《经济译丛》是月刊，主要译介苏联《经济问题》杂志上的文章，也部分取材于苏联其他杂志和《计划经济》、《新时代》等。各编辑按劳取酬及部门分工，如工业、农业、运输业、商业贸易、财政金融等。我负责国际经济。我的选题范围不局限于社会主义国家，而且也包括发达资本主义国家和发展中国家。

　　当时代有振负责校对，他对我提高翻译能力帮助很大，我的译作不少。如《十年来捷克斯洛伐克国民经济的发展》、《欧洲各人民民主国家的社会主义经济建设》、《反对歪曲苏联生产方式形成的历史》（分别见《经济译丛》1955 年第 9 期、1956 年第 7 期和 1957 年第 1 期）；《第二次世界大战后美国经济周期发展的特点》、《德意志联邦共和国经济发展的特点》、《资本主义经济军事化和再生产》、《英国经济中的若干问题》（同上，见 1955 年第 8 期和 1956 年的第 8 期、第 9 期、第 12 期）；以及《社会主义阵营国家与落后国家经济合作的发展》、《阿拉伯国家民族经济的发展》（同上，见 1955 年第 6 期和 1956 年第 10 期）等。

当时研究编辑室的另一份杂志——《计划经济》月刊也曾考虑设立"国际经济"栏（由编辑部副主编房维中分管），我也曾一度被调到该编辑部负责这个栏目，后因稿源困难停办。我所撰写的几篇资料也仅限于社会主义国家。如《人民民主国家的农业合作化运动》、《朝鲜民主主义人民共和国的战后经济》等（分别见《计划经济》1955 年第 11 期和第 12 期）。

1956 年，国家计委成立世界经济研究局，局长勇龙桂，副局长杨坚白。其成员由委内各单位抽调，其中：李琮来自专家工作室，王佩琨来自工业综合局，赵澹如来自外贸局，代有振、姜玉田、刘慧芬和我来自研究编辑室。后来又陆续从委内外调来一些人，如郝一真、赵凤华、陈惠珍、孙怀宣、屠方君、黄可鉴、梅文彬等。研究编辑室撤销后，《经济译丛》编辑部也作为一个单位并入了世界经济局，其成员有：梁天、张奔流、黄道南、刘永年和秦明德。

当时局内已开始对重要资本主义国家进行研究，如李琮研究美国，王佩琨研究英国，代有振研究日本，赵澹如研究印度等。代有振还牵头组织翻译了苏联著名经济学家尤·瓦尔加主编的《世界经济危机（1848—1935）》（世界知识出版社 1958 年版），其参加者还有李琮、姜玉田和我。

那时候，国家计委正在研究南斯拉夫经济体制，帮助朝鲜、越南制订战后重建计划等，我先是负责翻译有关南斯拉夫经济体制的俄文资料、协助局领导做一些辅助工作，后来分工研究社会主义国家。我曾在《计划经济》杂志上发表过自己所写的一些资料，如《捷克斯洛伐克国民经济的发展》、《民主德国的社会主义建设》（见《计划经济》1958 年第 1 期和第 2 期）等。

当时参考资料很少，必要的工具书也没有。记得有一次，为了帮助郝一直了解苏联垦荒情况，我曾到国家统计局世界经济科去查阅联合国的统计数字。计算工具也比较原始，还是王佩琨教我学会了如何使用计算尺和手摇计算机，后来我在经济所世经室苏新组时又把这些技术教给了新参加工作的人。

研究社会主义国家经济

1958 年政府精简机构，这一年世界经济局经历了两次大的变动。

年初，国家统计局世界经济科作为一个单位被并入该局。早在国家统计局成立之初，其综合处内就有人（黄德一、沈若愚夫妇）从事国际经济统计工作。1954 年苏国荫调到该局时，综合处内设有世界经济统计科，副科长齐洪，成员有沈若愚、桑炳彦。并入国家计委世界经济局时，其科长是齐洪，成员有沈若愚、桑炳彦、苏国荫、王诵芬、王树桐、程荷珍、曹梅颐、熊家文、陈龙渊、何文元、尹智麒等，共十多人。

1958 年下放劳动锻炼，世界经济局下去 4 人，其中：2 人来自原世界经济局部分——姜玉田、龚荣进，2 人来自原国家统计局世界经济统计科——桑炳彦、熊家文。

同年 10 月，国家计委世界经济局又整体并入中国科学院经济研究所，作为其下的一个研究室——世界经济研究室，同时还把原世界经济局的任务带了过来，在一段时期内继续使用原世界经济局的印章。室主任勇龙桂仍兼国家计委的对外发言人，同时也是世界经济研究所筹备处的主任。

在国家计委世界经济局并入中科院经济所时，原副局长杨坚白调任经济所国民经济平衡组组长；《经济译丛》编辑部及其成员被划归经济所，杂志也改名为《经济学译丛》。经济所原来有一个国际经济组，除组长罗之铮外，此时其成员也全部并入了世界经济研究室。他们是：贺载之、王方勖、吴学成、李守身、李怡、汪友泉、肖蓉春、孙秀贞、刘颂尧、吴克祺、郑元樵、李志恒、杨诚、杨伯连。其中大多数人都在西方留过学或在国外工作过。

世经室成立后，常务工作一直由郝一真负责，其职务可能是副主任。当时室内下设：苏新组（苏联新民主主义国家组，后改称社会主义国家组），组长（当时称为召集人）梅文彬；美洲组，组长李琮；西欧组，组长王佩琨；亚非组，组长代有振；综合统计组，组长齐洪。另外还有一个秘书组。1959 年齐洪被批判后，王佩琨调任综合统计组组长；美洲组和西欧组合并，改称资本主义国家组，组长李琮。亚非组一度演变为民族主义国家组，召集人卢韦、沈若愚，后来亦并入资本主义国家组。

由于为建立世界经济研究所做准备，室内继续进人。全室人数在 1960 年国家分配来一批国内外大学生后曾达到 60 人左右，困难时期精简了 10 多人，到 1964 年建所前夕约有 70 人。

我一直在社会主义国家组，组内人员的变动如下：

在 1960 年 7 月以前，组长：梅文彬；成员有：龚荣进、刘慧芬（很快调走）、苏国荫（很快回综合统计组）、杨伯连（后调走）、董秉超（后调走）、王文修、徐振华、李惠娣。

在 1961 年年底以前，新增成员有：史敏（组长）、曹英、沙吉才（后来与原在经济所的白靖宸对调）、陈德照、朴奎植、何昌华（后调走）、宋有信（后调走）、任青海（后调走）。

1962 年以后陆续来组的有：王树桐（从综合统计组转来）、韩镇涉（从民族主义国家组转来）、王金存（民族主义国家组撤销后转来）、谷源洋、孙振远、马景曾等。

世经室前期，室内工作以完成中央有关部门（首先是国家计委）的交办任务为主。工作任务和在国家计委时差不多。1959 年，国家计委组织有关单位研究"社会主义国家经济协作问题"，经济所世经室参加了。我写的《蒙古基本经济情况和对外经济关系初稿》，曾被国家计委作为样本印发有关单位参考（"社会主义国家经济协作问题资料之一"，1959 年 9 月 20 日）。记得有一次国家计委副主任刘明夫去蒙古访问，还曾打电话让我带着地图去他的办公室，给他介绍蒙古的交通和矿产资源分布。

1959—1961 年，中央交办的任务很多，如关于"大跃进"，学习苏联政治经济学教科书（第三版）、如何度过困难时期和为进行经济调整而研究苏联经济的结构比例等。在经济研究所的统一安排下，我也分担了不少由世界经济室承担的任务。当时，1959 年从国外归国的留学生有语种问题，1960 年国内刚参加工作的大学毕业生还未熟悉业务，以致许多任务都由我来承担，王文修、徐振华等人还送我一个外号"八国总管"。那时候有时交办的任务比较急，下午提出，第二天一早就要交稿，我还记得当时组长梅文彬曾经陪着我晚上在办公室接着干。我室提供的大量情报资料，有些以研究报告形式直接上报，有些则发表在我室编辑的《世界经济资料》上（1960 年以前为油印，后改铅印并分红字刊头和黑字刊头两种；黑字刊头分发的面要小一些）。

这三年我所上报和被刊出的主要资料，1959 年有：《关于苏联宣布建成社会主义时的情况》、《关于苏联独立完整的国民经济体系的形成》、《从几个方面看农业对工业的作用》、《苏联工业中钢、铁、煤、石油之间的比例》、《1958 年朝鲜、蒙古、越南经济发展情况》（见《世界经济资料》第 26 期）、《为什么保加利亚的工业在一年之内能够增长 28%？》（同上，第 34 期）、《苏联钢铁工业中大、中、小企业的变化》（同上，第 41 期）、《蒙古人民共和国的基本经济情况》（同上，内字第 2 期）；1960年有：《苏联政治经济学教科书"世界社会主义经济体系"一章在结构和内容方面的变化》、《东欧社会主义国家对建设完整工业体系的一些看法》、《关于社会主义国家大致同时过渡到共产主义社会高级阶段的论点》、《苏联社会主义革命和社会主义建设时期的总路线》、《苏联工业化初期的土法生产和洋法生产》、《苏、捷、民主德国工业管理体制的改组》、《1959 年社会主义国家经济发展情况》（见《世界经济资料》红字第 66 期）、《苏联农业的发展速度》（同上，红字第 73 期）；同年还写了一篇文章《兄弟般的友谊和合作》（让中苏两国的伟大团结放出更灿烂的光芒），已送《光明日报》排成清样，因中苏关系恶化没有发表。1961 年上报资料较少，仅报送中宣部一篇：《1953 年以前苏联农业的发展情况》；在《世界经济资料》刊出的有：《社会主义国家 1960 年工农业发展情况和 1961 年展望》、《苏联农业化学的现状及其发展趋势》、《苏联农村动力的构成及其发展趋势》、《苏联为轻工业开辟新的原料来源的途径》、《苏共第 22 次代表大会关于苏联 20 年计划（1961—1980 年）的补充情况和七年计划（1959—1965 年）的修改情况》（以上分别见红字第 93 期、第104 期、第 105 期、第 129 期和第 126 期）、《关于苏联国民收入、积累基金和消费基金，以及投资构成的一些情况》、《苏联农业生产概况（1913—1960 年）》、《苏联社会主义工业化时期农、轻、重的发展及其相互关系》、《从苏共纲领（草案）发表的 20 年长期计划指标看苏美经济竞赛的前景》（以上分别见黑字第 13 期、第 30 期、第 33 期和第 23 期）。

1960 年 11—12 月，世经室还参加了经济所所长孙冶方主持的《社会主义经济论》的编写工作（因历史原因，此书当年没有出版），承担了该书第五编世界经济部分的写作。我室参加撰稿和讨论的人有：李琮、代有振、王佩琨、苏国荫、沈若愚、龚荣进、曹英、徐振华和李惠娣。我撰写了第 25 章《社会主义世界体系欣欣向荣》。

1961 年中宣部、高教部组织高等学校教科书编写工作，勇龙桂被指定负责编写《世界经济》教科书，世经室也参加了。

编书组的成员是从各高校抽调的，除组长为勇龙桂外，副组长为外贸学院的许乃炯，成员有：北京大学的洪群彦，中国人民大学的郭丁、刘幼勤、沈某某，北京师范大学的薛伯英，以及世经室的李琼和龚荣进。工作时间从 1961 年 12 月至 1962 年 8 月。我和刘幼勤承担社会主义国家部分，我撰写了提纲第 1 章第一节《世界社会主义经济体系的形成和发展》和第 2 章《苏联经济建设的成就》。限于当时的条件，此书写完提纲后即告一段落。

经济所世经室的工作长期以情报资料为主，或者说以数字加情况为主。在经济所浓厚的学术空气的熏陶下，在参加所内外两次写书的推动下，室内以李琼为首的部分同志开始提出了要重视理论研究的主张。记得当时在经济所食堂，经济所的青年人，如桂世镛、张卓元、周淑莲、陈吉元、赵人伟、唐宗琨等人，连吃饭时都聚在一起争论某个学术问题，其中前四位是经济所共青团总支委员，我也是总支委员之一，可我插不上嘴。

世经室的工作究竟以情报资料为主（国家计委世经局型），还是以理论研究为主（中科院经济所型），尽管 1960 年 5 月世经室在给中宣部、中科院哲学社会科学部、经济所的信中提出了理论研究与情报资料并举的方针，室内争论始终不断。

中国社会科学院世界经济研究所，是从 1962 年开始筹建的。关于世界经济所的筹建工作，由于经济所领导层（孙冶方、邝日安、冯秉珊、勇龙桂等）意见不一致（如认为当时建所一无必要，二无实力，甚至建议世经室重回国家计委作为一个局；认为世界经济是经济学的一部分而不是独立学科），一度陷于停顿。曾经调来准备担任世界经济研究所副所长的张锡昌很快离去。

1962 年秋，勇龙桂调往国际贸易促进会后，世界经济研究所筹备处主任改由孙冶方兼任。世经室主任由郝一真接任，她可能同时也是世界经济研究所筹备处副主任。

1963 年 5 月 23 日，中科院哲学社会科学部分党组关于正式成立世界经济研究所的请示报告报中宣部并转中央，同年 9 月 26 日中宣部通知该报告已获中央批准。同年 12 月 31 日，中央批转的关于加强研究外国工作的报告更明确指出，在原经济所世经室的基础上建立世界经济研究所。1964 年 6 月 1 日，经学部分党组决定，由学部副主任姜君辰兼任世界经济研究所所长，世界经济研究所正式成立。

世界经济研究所成立时，正值国际上中苏两国就国际共产主义运动总路线进行大辩论，国内也在农村开展大规模的社会主义教育运动。同年 11 月，世经所去辽宁金县参加"四清"。1965 年 7 月我从辽宁归来后，紧接着又被安排去京郊房山农村继续搞"四清"，直到 1966 年"文化大革命"开始后才统一撤回来。参加"四清"前的时期，我仅按照所里的统一部署，编写了几篇关于非洲国家基本经济情况的资料。

我从 1962 年秋开始分工研究苏联农业，着重研究赫鲁晓夫时期的农业政策和管理体制，成果不多，仅发表了少量译文和资料，如《国家在对集体农庄的生产进行投资方面的作用》（见《经济学译丛》1962 年第 2 期）、《农业企业的管理》（同上，1964 年第 3 期）、《关于苏联集体农庄庄际生产组织的一些情况》（《经济学动态》1964 年第 10 期）、《十年来苏联农业生产的计划与现实》（同上，1954 年第 17 期）等。

主编《世界经济译丛》

"文化大革命"后，1977 年 5 月，中国科学院哲学社会科学部改组为中国社会科学院。在钱俊瑞所长领导下，世界经济研究所开始沿着理论研究和现实问题并重，并加强学科建设的道路前进。1980 年 4 月，由我所推动和组建的中国世界经济学会在上海成立，以及 1981 年 3 月由我所和美国斯坦福国际咨询研究所联合主办、香港新鸿基公司协办的杭州世界经济讨论会，大大促进了我国世界经济学界国内外的学术交流和我国世界经济学学科的发展。由钱俊瑞担任主编的《世界经济概论》于 1983 年由人民出版社出版，被列为高等学校世界经济教材。他个人身体力行，还著有《马克思与当代世界经济发展规律》等书。

在世界经济学界的要求下，1978 年，时任世界经济所副所长的仇启华在所内创办了两份杂志《世界经济》（后来与中国世界经济学会合办）和《世界经济译丛》。经他一再动员，从此我走上了编辑《世界经济译丛》的岗位（先后任负责人、编辑部主任、主编）。

实际上，在此之前，在我还是所党总支的秘书时就已承办过一项翻译出版任务。胡乔木院长从某刊物上看到了美国西屋公司前董事长兼总经理唐纳德·伯纳姆就提高生产率所作三次演讲的介绍，要我所翻译出版，时任我所常务副所长的孙亚明把这项任务交给了我。为出版该书，胡乔木还专门找我去谈了一次科学管理生产的意义。我找到介绍该书的原作者（某机械部工作人员），请他对全书作了翻译，又请人作了校对和写了书评，最后交由中国社会科学出版社出版，第一版以内部发行方式印了10万册。当时社科出版社处于草创阶段，据当时出版部负责人陈新告诉我，《提高生产率》是该社承接的第二本书，而《世界经济译丛》则是其承接的第一本刊物。

《世界经济译丛》创刊后始终受到世界经济学界的重视和关怀，著名经济学家陈翰笙、吴大琨、胡代光、姚曾荫等人或给我们提供过办刊建议，或给我们推荐过译者和文章。《美国新闻与世界报道》1978年5月关于《美国经济入门》的专稿在《世界经济译丛》1979年第1—8期连载后，时任经贸部部长的汪道涵也曾托人建议我们出单行本。该单行本于1980年1月出版，据了解当时曾被许多高校用作财经方面的外语学习参考教材，第一版1.8万册迅速销售一空。

我有幸参加了1980年上海中国世界经济学会成立大会和1981年杭州世界经济国际讨论会。参加这两次大会，不仅使我增加了知识，开阔了眼界，还提高了《世界经济译丛》的知名度，为刊物扩大了稿源。1981年，我们把办刊宗旨重新表述为："及时反映当代世界经济领域内重大的理论问题和现实问题，国外有关世界经济研究的学术动态，为我国社会主义建设事业特别是改革开放以及世界经济学科建设服务。"从1978年至1994年，《世界经济译丛》月刊共出版195期。所刊出的理论观点、资料和信息，受到有关部门广大读者的普遍欢迎。其发行量始终居于同类翻译刊物的前列。据《世界经济》1997年第12期发表的一篇述评说，从1988年1月至1997年5月，《人大报刊复印资料·世界经济》专辑共从494种报刊中转载了2152篇文献，《世界经济译丛》被载96篇，名列第二。其时，《世界经济译丛》已停刊两年多。

为了供我国社会主义建设事业参考，我们就改革开放——制定经济社会发展战略、发展外向型经济、设立出口加工区、引进外资、引进技术、社会主义国家经济体制改革、发展社会主义市场经济以至抑制通货膨胀的经验教训等问题刊出了大量文章。

为了配合我所关于当代世界经济与政治的研究，我们对世界经济领域内涉及世界经济学、国际经济学、发展经济学、宏观经济学、比较经济学等诸多学科的许多重大理论问题和现实问题，如当代社会主义与当代资本主义、外围资本主义和新兴工业经济、资本主义发展的长波、世界政治经济秩序和世界体系、世界经济的地区化集团化一体化、跨国公司的新发展等，都做了大量介绍。对有关学科著名学者的主要观点，差不多都有介绍。

研究资本主义发展的长波是《世界经济译丛》的特色之一。研究长波问题有助于我们了解资本主义发展的长期趋势和我国社会主义建设的国际环境。《世界经济译丛》早在 1979 年第 7 期就在国内首先刊出了关于长波问题的经典著作——尼·康德拉季耶夫的《经济生活中的长期波动》。曾有学者把历史上的工业化与康德拉季耶夫周期联系起来，认为在每一个长周期中都会出现一代工业化国家，在目前的第四个康德拉季耶夫周期中就有一批新兴国家（包括中国）正在实现工业化（日本大阪大学教授金泳镐：《论第四代工业化》，见《世界经济译丛》1988 年第 6 期）。

又如，当代社会主义的历史地位问题。《世界经济译丛》1980 年第 1 期刊出的日本学者佐藤经明的文章《现代社会主义的历史地位》认为，今天存在于世界上的社会主义是在不发达的基础上形成的，与马克思当时所设想的共产主义的第一阶段（社会主义）并不相同，是前期社会主义，是社会主义的初级阶段，而扬弃其"前期性"本身则是一个长期的具有世界历史意义的过程。译文发表后曾在我国学术界引起轰动。

1995 年，《世界经济译丛》由于长期亏损被迫停刊，我也于当年离开了工作岗位。在其存续的 17 年中，陈云卿、孙怀宣、余德全、范国鹰等十多位同人先后与我同甘共苦，为保证刊物高质量地按时出版兢兢业业。他们的无私奉献，使我永志不忘。

（龚荣进，中国社会科学院世界经济与政治研究所研究员）

我的笔耕生涯与国际问题研究

刘国平

1964 年北京大学毕业后，我被分配到北京市委《前线》编辑部，从此走上了笔耕之路。转瞬间，至今已经过了 50 个年头，黑发变白发，单身变爷爷。因为一直工作在理论战线上，所以我的笔耕生涯，也同时是我的研究生涯。人们都说笔耕苦，可我觉得，它的确很苦，但有苦也有乐。而无论是苦或是乐，回忆它总是一种特有的享受。在我那小小的书房里，堆了不少的书。可闲暇打开书柜时，总爱随意翻阅自己过去写的那些东西。因为这可以使自己在享受对研究生涯回忆的同时，又检讨自己的认识，使思想得到升华。如果按照这些著作的时间顺序，把它们的写作过程和时代背景联系起来，就会发现，自己的研究生涯，是和我国改革开放事业发展历程，和我国对世界经济与政治问题研究发展历程，相伴同行的。我的那些研究，我写的那些东西，都是适应我国改革开放和发展的需要而产生的，它们既记录和见证着我国改革开放发展的历史进程，也记录和见证着我国对世界经济与政治研究发展的历史进程。

难忘那年代和那篇毕业论文

新中国成立初期，被帝国主义三面封锁、包围，其国际战略只能是向苏联一边倒。研究和学习苏联社会主义革命和建设的经验，自然成为当时世界经济与政治研究的主题。记得上高中的时候，时兴苏联大花布，女同学用苏联大花布做一件布拉吉穿在身上，感到很时髦。当时有一句流行语："苏联的今天，就是我们的明天。"上大学的时候，由于在国际共产主义运动路线上的严重分歧，两党关系已经破裂。1963 年，《人民日报》公开发表了中共致苏共的公开信《关于国际共产主义运动总路线的建议》，震动整个世界的中苏之间关于国际共产主义运动总路线问题的大论战，就此展开。针对苏共的反华宣传，《人民日报》和《红旗》杂志，连续发表了九篇评论性文章，系统批判苏共的路线和主张。

这种论战当然也波及学校。一时间，以学习《建议》和"九评"为中心，批判苏共修正主义，成为学校的大事。世界两个社会主义大国，在意识形态上发生了分歧，并进行激烈论战，这对整个世界的震撼之大，可想而知；对同学们思想的震撼，同样可想而知。在这场大论战中，外国留学生，主要是社会主义国家的留学生和一些发展中国家的留学生，大部分是站在苏联一边的。当时北大有专门的留学生宿舍楼和留学生食堂，他们都集中吃住在一起，除了上课、到图书馆看书，同中国学生的接触不多。一方面便于在功课上辅导他们，另一方面顺便做些他们的工作，学校采取让中国学生搬到留学生宿舍和留学生合住的办法。我们系里有个伊拉克留学生，名叫赛义德，他是坚决站在苏联一边，反对中国主张的。有段日子，系里决定让我搬进他的宿舍同他合住。合住期间，围绕苏共和中共的论战和主张，我们几乎天天都进行激烈辩论，可最终我也未能说服他。

国际形势的突然变化，促使中国不得不改变一边倒战略，提出向世界所有国家先进东西学习的方针。中国国际问题研究、重点大学的教学，也开始面向世界。从 1963 年开始，国家的一些重点大学，开始研究西方经济理论，开设有关资产阶级经济理论课程。比如北京大学经济系就开设了西方经济学说史、凯恩斯经济理论等课程。1959—1964 年，我在北京大学经济系求学，有幸赶上了这些课程。当然，开设这些课程的目的，主要是为了对其进行批判，这是与当时对资本主义研究的总的指导思想相一致的。然而，这对研究西方经济理论的发展，研究现代资本主义的经济理论和社会现实，毕竟是基础性的工作，意味着我国国际问题研究的良好开端。

我和国际问题研究，也许有着缘分。我在学校学的专业，是马克思主义政治经济学，主修课是《资本论》和马列著作选读。但自己对新开设的资产阶级经济学，却兴趣盎然。自己很爱听的两门课，一是陈岱老讲授的资产阶级经济学说史；二是罗志如教授讲授的凯恩斯经济学基本理论。自己最爱看的报纸，是能从中看到一些关于外国报道的《参考消息》。1964

年写毕业论文时，有关马克思主义政治经济学联系实际的选题，很多也很热，但我没有选，而是选了偏冷的《凯恩斯主义批判》。辅导我论文写作的，开始是樊弘教授，后来改为罗志如教授。他们和陈岱老一样，都是中外知名的研究西方经济理论的大家，只是囿于当时的社会环境，其满腹学问不得施展。他们不仅知识渊博，而且治学精神严谨，对西方经济理论解读并没受政治氛围的影响。他们耐心的辅导，使我在了解资产阶级经济理论方面受益匪浅。

当年，正是北大狠抓阶级斗争的日子。我当时选定这个题目，虽然心理也非常复杂，有点忐忑不安，但有一点是踏实的，那就是对凯恩斯主义进行批判，大方向是不会错的。文章的水平高也好，低也好，只要坚持批判它，不去赞扬它，就不会出现政治上的问题。当时自己想，凯恩斯是资产阶级的理论权威，被称为资产阶级的"马克思"，对这个资产阶级理论权威进行批判，不仅能更显示出马克思主义的伟大，而且能显示出中国学生的理论水平。所以当时写这篇论文时，有一种参与国际上马克思主义与凯恩斯主义斗争的神圣感觉。

当然，那时候对凯恩斯主义的了解还只是皮毛，对他提出的支配社会消费需求和投资需求的基本因素，都理解得很肤浅。但总觉得在20世纪30年代那次世界资本主义大危机中，美国总统罗斯福采用凯恩斯的国家干预政策，拯救了美国，拯救了资本主义世界，就说明凯恩斯主义对资本主义生产力发展和生产关系的改善，有着很了不起的作用。当然，这种想法只能在心中，而不能写在文中，论文中只能写它加深了资本主义基本矛盾，加速了资本主义的灭亡。这就是当时我国国际问题研究的客观环境。

在那对资产阶级理论只能口诛笔伐的年代，无论是在科学研究领域、教学领域或实际经济部门，搞西方经济理论的人，出路极其狭窄。选这个论文题目时，也曾担心过会不会影响自己的毕业分配。记得樊弘教授在一次辅导我如何批判凯恩斯主义的谈话中说，他已经写过很多批判凯恩斯的文章，国内各大报刊都发表过他写的文章，在国内他已经把凯恩斯都批倒批臭了，他近来写的批判凯恩斯的文章，都是拿到香港去发表的。言外之意就是说，这篇毕业论文即使写得很好，在国内也很少有发表的机会。其实，我写这篇论文，主要是出于对凯恩斯主义的好奇和兴趣，想触摸它、研究它，根本没有奢望论文写好后在报刊上发表。

樊弘教授和罗志如教授，都是满腹学问、心胸坦荡的教授。记得第一次到燕东园樊弘教授住处和第一次到燕南园罗志如教授住处，去听关于如何写这篇论文辅导的时候，我都激动、紧张得能听到心跳声。然而他们却都是那样的谦和、平易近人。当在他们的耐心指导下我完成这篇论文的时候，心中充满着对他们的深深感激。我忘不了那篇论文，也忘不了他们的教育之恩。之后每逢我看到这篇论文时，这种感激之情在心里就会油然而生。

难断同那些刊物和编刊人的深情

1978 年春天，是大自然的春天，也是中国世界经济与政治研究的春天。这年 3 月 18 日，中央在北京人民大会堂召开的科学大会，标志着中国的科学研究事业，将进入大繁荣和大发展的新时期。这年召开的党的十一届三中全会，是中国历史性的转折，也是中国国际问题研究的转折。我正是在这种历史的转折关头，成为中国社会科学院世界经济研究所一员的。在我的心目中，中国社会科学院是追求真理、产生真理的圣殿。成为中国社会科学院的一员，自然很兴奋和高兴。

我的笔耕生涯，是从做编辑开始的。《前线》杂志，是北京市委的刊物，主编是自己仰慕已久的邓拓。能到这个编辑部工作，自然很高兴和满意。在心情激动之余，对自己之后的发展，自然也踌躇满志地理想了一番，规划了一番。然而，没有多久，"文化大革命"就开始了，北京市委成为"反党反社会主义的黑市委"，《前线》成为"反党反社会主义的黑《前线》"，《前线》编辑部成了"三家村黑店"。编辑部的同志们都被赶到农村去进行劳动改造。

我在《前线》编辑部的时间虽然短暂，但编辑部领导和同仁们的那种为党、为人民的敬业、治学精神，已经在自己心中扎根；同事们对自己的关心和爱护，自己没齿难忘；主编邓拓、编辑部主任萧远烈、党支部书记许文的教诲，都在之后自己的工作中发挥着无形的力量。我永远都感谢他们。

我的国际问题研究生涯，也是从做编辑开始的。而且直到退休，都没有离开编辑工作。1978 年 5 月，我国世界经济研究的第一个专业性学术刊物——《世界经济》杂志创刊。当时的主编是钱俊瑞，编辑部主任史敏。在这年的 10 月，我到了《世界经济》编辑部。学术刊物的发展，是与我国改革开放的发展、国际问题研究的发展同步的。随着我国改革开放的发展，国际问题研究也广泛展开，研究成果越来越多。特别是学术界对于许多在过去被视为禁区的理论问题，开始进行反思和重新认识，并得出了或者由于过去不敢说现在说出了的真实看法。然而因受当时社会环境和国际环境的局限，这些看法还不宜公开发表。比如就当时的社会环境和认识水平，诸如对其他社会主义国家改革理论和实践的评价和借鉴，对资产阶级理论的评价和借鉴，社会主义国家间关系，我国改革开放中出现的问题以及对这些问题的讨论和政策建议，重大理论探讨中不成熟的意见和结论等方面的研究成果，就都不适宜公开发表。

对于这种情况，无论从社会上或学术界，都强烈要求有块园地来发表这些看法。《世界经济》编辑部的同志们，同样强烈意识到，正是这些不宜公开发表的成果中，蕴含着理论上的创新和实践上的开拓。为了给这些成果一块阵地，经所领导同意，于1979年3月，在《世界经济》编辑部内，创建了一个内部刊物《世界经济》（增刊），这就是《世界经济与政治》杂志的前身。

当时在《世界经济》编辑部内，我和伍宇峰同志，主要负责《世界经济》（增刊）的编辑工作。随着国际问题研究的不断发展，随着稿件的大量增多，《世界经济》（增刊）也在不断发展和变化。1979年新创刊的《世界经济》（增刊）为季刊，1980年变为双月刊，1981年又变为月刊，并建立了《世界经济》（增刊）编辑部，伍宇峰担任编辑部主任，我任副主任。《世界经济》（增刊）的编辑方针与《世界经济》一样，都是坚持为改革开放服务，坚持以综合性、战略性、理论性、学术性为主，兼顾知识性、现实性。所不同的是增添了内部性这一条。就当时的社会环境看，这一条非常重要，有了这一条，就有了理论探讨、争鸣的很大的空间。

1981年，世界经济研究所与世界政治研究所合并，世界经济与政治研究所建立。适应这种变化，在1982年，《世界经济》（增刊）便更名为《世界经济与政治内参》。《世界经济与政治内参》仍为内部发行，1985年前，编辑部主任仍为伍宇峰，我仍为副主任。1987年，适应我国改革开放发展的需要，《世界经济与政治内参》又更名为《世界经济与政治》，发行范围和规格，也由内部发行改为限国内发行。1985年至1994年，我一直担任《世界经济与政治》副主编兼编辑部主任。从1979年《世界经济》（增刊），到1982年的《世界经济与政治内参》，再到1987年《世界经济与政治》；发行范围由 1987 年前的内部发行，到 1987 年至 1994 年的限国内发行，再到 1995 年后的公开发行，这种迅速变迁，正体现了我国改革开放迅速发展的进程，体现了我国国际问题研究迅速发展的进程，体现了由这种进程所决定的研究成果的形式和社会效益。

还应该指出的是，坚持"双百"方针，发挥内部刊物的优势，利用学术研讨会，来促进学术研究的繁荣，这是从《世界经济》（增刊）到《世界经济与政治》一直保持的一个最突出特点。从 1979 年到 1994 年，编辑部几乎每年都举办类型不同的研讨会，讨论会上与会者都畅所欲言，既交流学术成果，又广开研究思路，很有利于难题的解决和研究的深入。《世界经济与政治》这个刊物和世界经济与政治研究一样，它们一开始就是在不断争鸣中发展和前进的。

1994 年开始，我被所领导安排负责所杂志社工作，直到 1999 年正式办了退休手续为止。杂志社的工作主要是负责《世界经济》、《世界经济与政治》、《世界经济译丛》、《世界经济年鉴》、《世界经济调研》这五个刊物的出版、发行工作和疑难稿件审核和处理。20 多年来，我和世界经济与政治研究所的所有杂志，同所有共同工作过的同仁史敏、于维霈、梁东升、伍宇峰、林振淦、陆龙文、刘庆芳、高铁生、赵玉梁、李刚、邵滨鸿、谭秀英、邵峰、刘育宁、张达、柏发泉、蔡梦、汪立岩，都结下了深厚、割舍不断的深情厚谊，我永远不会忘记这种情谊。

从编辑修改第一篇文章开始，我就感觉到，作为学术刊物的编辑，不仅要有比较强的写作能力和文字水平，而且要对自己负责的编辑专业进行研究，对这个专业的研究状况有比较全面的了解，否则就不具备起码的职业资格。作为审定选题、审定和签发稿件的刊物的主编、副主编，更应当是相关专业的专家。在编辑部期间，我一直按这样的标准要求自己，把编辑工作和研究工作结合起来，在编辑修改每篇稿件中，在组织和参加每次学术研讨会中，都注意在认真学习的基础上，不断丰富自己、提高自己；在完成本职工作之余，少休息，多用功，多看，多写，多思考，对重要问题在积累大量资料的基础上，深入研究，这样使编辑工作与研究工作结合起来，相互促进，做到编辑工作和研究工作都能游刃有余。

作为国家一级学术刊物的编辑，对全国世界经济与政治研究的历史和现状、作者队伍的状况和学术研究动态，自然要有更多的了解，这是职业的要求。回望自己的研究生涯和我国国际问题研究的历程，有这样的深刻体会：世界经济与政治研究的命运，始终同国家的命运紧密联系着。一个学者的命运和研究成果，同样始终同国家的命运联系着。而且由于世界经济与政治研究是现实性和政治性都很强的学科，所以一个国家国际问题研究的发展，不仅同这个国家政治经济形势相联系，同这个国家的兴衰相联系，而且还同整个世界政治经济形势相联系，同这个国家的国际地位和对外关系相联系。至今，我的编辑生涯和研究生涯，都是与我国的改革开放事业发展和需要紧密联系的。

激情燃烧的岁月和小册子的作用

1978 年至 1985 年，是我国改革开放和对世界经济与政治研究的初步发展时期，也是我国国际问题研究工作者激情燃烧的岁月。此时期依据我国改革开放发展的需要和呼唤，世界经济与政治研究的重点，基本上是围绕着如下五个方面的问题展开：一是其他社会主义国家经济理论和改革开放的经验；二是西方经济学理论和发达资本主义国家先进管理经验；三是在理论上应当如何认识社会主义国家从资本主义国家引进资本、技术和设备的性质；四是如何认识当代资本主义性质、发展阶段和如何认识、评价资产阶级理论；五是关于建立以马克思主义理论为指导的世界经济学。

由于当时国内外形势所决定，在这五个方面问题中，研究最多的自然是其他社会主义国家的经济理论和改革开放经验，重点是对苏联、南斯拉夫和匈牙利经验的研究。当时，对学习苏联利用外资和西方先进技术的经验，大家思想认识比较一致，而在改革道路上，是学习借鉴南斯拉夫工人自治的改革道路，还是学习借鉴匈牙利计划与市场相结合的改革道路，存在着激烈的争论。南斯拉夫民族，是个坚强、富有创造精神的民族。南斯拉夫提出的工人自治社会主义道路，第一个承认社会主义经济是市场经济，就是对社会主义不同发展模式的很有创意的探索。而当时从上到下感兴趣的是匈牙利改革的模式，即计划和市场相结合的模式。最早提出社会主义要进行经济体制改革，要运用市场机制，被称为匈牙利改革之父的匈牙利著名经济学家亚诺什·科尔内的理论，曾一度成为研究中的热门话题。

当时《世界经济》（增刊）和《世界经济与政治内参》所发表论文，基本上都是这些问题的研究成果。诸如 1980 年《世界经济与政治内参》

第 2 期上发表的汪道涵同志的《关于利用外资的几个问题》和许众同志的《试论三个世界划分的经济依据》，第 5 期上发表的李存荣的文章《试论资本主义生产关系自我扬弃》，第 6 期上发表的余皖奇同志的《要注意利用当代资产阶级经济学》，1981 年第 4 期上发表的宦乡同志的《走自己建设社会主义的道路》和薛暮桥同志的《按改善人民生活需要来调整经济结构》等，都是影响比较大的文章。

此时期《世界经济》（增刊）和之后的《世界经济与政治内参》编辑部所组织召开的学术研讨会，也都是为了推动对这些问题的研究。诸如 1979 年 1 月召开的"关于当代资产阶级经济学的评价问题"学术研讨会（见《世界经济》（增刊）1979 年第 1 期），1979 年 10 月召开的"匈牙利经济改革问题"研讨会（见《世界经济与政治内参》1983 年第 9 期），1983 年 7 月召开的"苏联经济理论问题"研讨会（见《世界经济与政治内参》1984 年第 5 期），1984 年召开的"关于美苏争霸的若干问题"研讨会（见《世界经济与政治内参》1984 年第 5 期），1984 年召开的"世界经济与世界政治关系"研讨会（见《世界经济与政治内参》1984 年第 8 期）等。这些研讨会，都有来自全国的专家学者与会，互相交流、互相启发，促进了思想的解放和研究的不断深入。

改革开放之初，人们思想解放刚开始，对任何国际问题的研究，自然都不可能一下就占有大量的资料，就有深入、系统的研究，不可能写出大部头的著作。所以，此时期公开发表的研究成果的形式，主要是论文。此时期所出的专著，大多也都是不到 20 万字的小册子，可称为是小册子时代。当然，对这些小册子的价值和作用，可不能轻视。它们作为改革开放初期、国际问题研究大发展的初期，都不仅是时代的产物，而且都带有从无到有的开创性。

我也是当时写小册子的一员。在对上述五个方面问题的研究中，我主要研究社会主义国家经济理论和改革，重点是研究苏联、南斯拉夫、匈牙利的经济理论和改革道路。中国的改革开放怎么走，当时人们倾向于匈牙利道路，即计划和市场相结合的模式。为了让中央领导和实际部门能全面、具体了解匈牙利模式和具体做法，我和伍宇峰同志依据当时能够搜集的资料，编写了《匈牙利经济》一书，于 1981 年由北京出版社出版。书中对匈牙利经济体制改革指导思想、具体做法和取得的效果，作了全面介绍和分析。这本小册子，作为全面研究分析匈牙利改革的第一本小书，对当时推动我国改革开放，无疑也起到一定作用。围绕学习外国先进东西的需要，此时期我自己或与其他同志合作，还编写出版了《东欧国家工会在企业管理中的作用》（工人出版社 1981 年版）、《世界经济问题讲座》（黑龙江人民出版社 1981 年版）、《外国经济管理》（河北人民出版社 1981 年版）、《苏联怎样利用西方经济危机》（世界知识出版社 1984 年版）、《东欧国家农业发展道路的比较研究》（人民出版社 1985 年版）等。

在此时期改革开放中，与引进资本、先进技术和设备同等重要的，是学习发达国家的先进管理经验。然而，长期以来，人们受传统思想意识的局限，说资本主义技术和设备先进，人们还比较容易接受；要说资本主义管理先进，那就难了。过去，一直把资本主义管理视为资本家压榨、剥削工人手段，现在要把它作为先进的东西学习，转弯实在太过突然了。但是，不学习资本主义的管理，又不能有效利用资本主义的资本、技术和设备，学则必然。《外国经济管理》一书，就是林水源、伍宇峰和我根据这种需要而编写的。书中我承担了两部分：一是美国经济管理；二是日本经济管理。那年代，要从借鉴的角度阐明这两个国家的管理，的确不仅需要知识，而且还需要胆识，更需要自己先有个思想转变过程。

研究的深入和难题破解

20 世纪 80 年代中至 90 年代初，是我国改革开放深入发展时期。适应这种发展，我国的国际问题研究，也开始逐步深入发展。诸如：在对社会主义国家的研究中，对社会主义生产资料所有制问题、计划和市场关系问题、社会主义革命和建设的历史经验和教训问题等的研究和探讨，已经广泛展开，并取得了深入发展；在对国际问题的研究中，美苏争霸、世界格局、战争与和平、三个世界划分、东西关系、南北关系、西西关系、南南关系、社会主义国家间关系等问题，都已经进入研究日程；在对国际关系理论的研究中，西方国际关系理论、市场社会主义理论、创建我国自己的国际关系理论体系等问题，也都开始深入和发展。

改革开放是伟大的创举，难题一个接着一个。改革开放的发展过程，就是从理论和实践上不断破解难题的过程。改革开放遇到的难题，当然也是理论研究应当攻关和破解的难题。此时期随着改革开放的日益深入，理论研究也不可避免地触及到了最敏感、最本质和最难破解的难题。就国际问题理论研究而言，这一时期的深入和发展，就具体体现在对如下两个理论难题的破解上。

一个难题是，从资本主义社会引进外资、先进技术和设备，是否违背社会主义原则，会不会导致资本主义复辟。这实质上也是社会主义国家要不要和如何开展与发达资本主义国家关系的问题。这既是个理论难题，也是改革开放实践中的一个思想障碍。为了澄清这些问题，我和魏化纯同志，翻阅了世界一些国家特别是苏联的发展史，重读了马克思和列宁的有关著作，从人类发展一般规律和历史上落后国家赶超先进国家实践，对社会主义国家与资本主义国家关系，进行了新的实事求是的研究，最后写出了《两种制度国家经济关系新探》一书，于 1987 年由四川人民出版社出版。这本书对读者在理论与实践的结合中理解和解决这个难题，或许能提供一定的帮助。

这本书以马克思和列宁的有关理论为指导，从人类社会发展的一般规律切入，从理论与实践的结合中，阐述了社会主义国家发展同资本主义国家的经济关系的必然性和必要性，阐明了资本主义先进科学技术、先进生产管理，是社会主义生产力迅速发展的基础，社会主义国家只有通过发展同资本主义国家经济关系，通过从资本主义国家引进外资、先进技术和设备，尽快发展社会生产力，这不仅有着历史必然性，而且是社会主义国家经济发展客观规律的要求，是巩固无产阶级政权、最终战胜资本主义的必由之路。书中还阐述了社会主义国家发展同资本主义国家经济关系的主要形式、基本原则和有关政策。

书中特别提醒，随着资本主义资本、技术、生产方式和管理方式的引进，资本主义的价值观和生活方式，也必然随之而来，如何防止以金钱为核心的资产阶级价值观和生活方式的腐蚀，至关重要。如果任其自由发展，没有一套严厉的防范措施，导致资本主义复辟，也不是不可能的。这个问题，始终是我国改革开放实践中和理论研究中的一个新的难题，有待于通过新的研究得到解决。

另一个难题，是社会主义市场经济问题，以及与这个问题紧密联系的所有制问题和社会主义发展阶段问题。围绕这些问题，各种见解针锋相对，争论的激烈程度，堪称空前。其实，对这些问题的争论，不是现在才有，在苏联和东欧社会主义国家，已经争论了几十年了，但都始终没有得到解决。这一问题的解决，不仅涉及对社会主义的再认识，也涉及对资本主义的再认识。这一时期世界经济与政治研究的成果中，《世界经济与政治内参》和《世界经济与政治》刊物所发表的文章中，这方面的内容占有很重要的地位。为了让大家了解苏东国家对这些问题争论的进程，给我们解决这些难题提供一些新的思路，我认真研究了苏东国家对这些问题争论的过程，找到了它们没有破解这些难题的症结，写出了《苏联东欧国家对社会主义发展道路的探索》一书，于 1988 年由湖南人民出版社出版。这本书的目的是要为读者思考这个难题的解决，提供一些新的思路。

这本书从社会主义发展阶段、社会主义商品生产的性质、社会主义基本经济规律、社会主义经济调节机制、社会主义现代化道路、社会主义所有制和生产关系的完善、社会主义与资本主义关系等方面，集中阐述了苏联和东欧国家艰难的探索过程和失败的教训。书中阐明了，这些国家争论几十年，而没有破解难题，最基本的教训是受教条主义的禁锢，不能依据新的实践，实事求是地运用马克思主义活的灵魂，并在实际运用中发展马克思主义。

从苏东国家的探索过程看，上述难题中最核心的，是计划经济与市场经济的实质问题。这些国家没能破解难题，原因就在于始终没能在这个问题上有所突破，始终把市场经济与资本主义等同，从而始终认定社会主义绝不能搞市场经济，这是问题的要害。本书中已经提出，商品经济也就是市场经济与社会主义制度并不矛盾。说社会主义是市场经济，是从社会主义生产性质本身而言的；说社会主义是计划经济，是从社会主义实行计划制度，即从社会主义对商品生产的计划管理而言的。

当然，中国改革开放中对这个难题的破解，也有个艰难的过程，而且每前进一步都伴随着激烈的争论。这一过程大致可以分为三个阶段：一是改革开放初期，开始承认社会主义有市场经济，不过坚持以计划调节为主、以市场调节为辅的原则；二是承认社会主义经济是商品经济，不过是有计划的商品经济，如 1984 年党的十二届三中全会上提出的，社会主义经济是在公有制基础上的有计划的商品经济；三是确认了社会主义市场经济。1992 年邓小平在南方发表讲话中指出，计划经济和市场经济不是资本主义与社会主义的本质区别，计划和市场都是经济手段，至此，在社会主义经济是市场经济的问题上基本达到了共识。市场经济与生产资料所有制形式，是紧密联系的，市场经济的突破，必然带来在所有制问题上的突破。党的十四大正式确立了建立以公有制为主体的社会主义市场经济的改革目标。对社会主义发展的阶段问题，也有了比较明确和清晰的认识，难题得以破解。

难题的破解，是人们思想最带有本质性、最具有历史意义的一次大解放。不过，书中提出的苏东国家在探索中没能解决的其他一些问题，诸如：社会主义市场经济是否是商品经济发展的最高形态，社会主义市场经济与国家管理的关系，如何为社会主义市场经济的发展创造良好的客观环境；如何认识社会主义的基本经济规律，如何认识社会主义生产的目的，如何防止以主观意志代替客观经济规律；在社会主义市场经济发展中如何解决劳动异化、使劳动者与生产资料更直接地结合、使劳动成为劳动者的自觉行动等，都仍然是我们在之后的改革开放实践中，在更大的思想解放中，进一步研究、进一步破解的难题。

那本书的写作和浦山

1987 年 9 月的一天，我向浦山所长汇报工作。当时他是《世界经济与政治》的主编，我任副主编兼编辑部主任。汇报中我说到了这样的情况：随着对国际问题研究的全面展开，刊物作者队伍的迅速扩大，来稿越来越多，但真正在理论上有前进、有突破，适合发表的重头文章却不多，不少文章虽然也下了很大的功夫，看似也达到了发表的水平，但由于对选题过去研究的状况不了解，不是在过去研究成果的基础上作更深入的研究，而是重复过去的、刊物上已经发表过的观点，所以无法采用，作者的许多辛苦、许多时间和研究资源，都白白浪费了，作为编辑，心里也很不是滋味。因此，我向浦山同志表示了这样的意愿：为了使从事国际问题研究的学者能了解过去研究的状况和已有的成果，从而能在已有成果基础上进行更深入的创新研究，从而写出有新意、有突破的论著，以免重复劳动，白下功夫，浪费精力，浪费研究资源，我想把新中国成立后至当时对世界经济研究的状况，包括研究的主要问题、相关争论、取得的主要成果、还有哪些亟待研究的问题等，摸摸清楚，并搞出一本书，供读者参考。

浦山是个治学严谨的大学问家。他对研究人员的基本要求，就是一定要全面了解自己研究领域过去研究的状况和取得的已有成果，并在此基础上进行创新研究。他要求刊物上发表的每篇文章，起码都必须有新意、有独到见解。所以他对我反映的情况非常有同感，对我的想法，也表示完全支持，而且还答应做这本书的顾问。我们还谈了很多因不了解过去的研究状况，研究中走了弯路，白下了功夫，浪费了精力和时间的例子。他还说他要给所各研究室和行政处打招呼，要求我每写好一部分，就马上打印出来，分发给各研究室的研究人员参考。

那年代，为了摸清过去研究的状况，没有别的手段，只有到资料室、图书馆翻阅报刊上的有关文章、专家们写的有关专著、有关理论研讨会的报道和综述等。经过近两年的努力，终于完成了《世界经济问题研究概览》一书，于1990年由经济科学出版社出版。按照浦山同志的要求，我每写好一部分，就让所办公室打印出来，分发给各研究室，在供他们参考的同时，也征求他们的意见。他们提出的不少好的意见，对这本书的写作都很有帮助，我很感谢他们。

这本书结稿时间是1988年。当时我国对世界经济与政治的研究，在各个方面都取得了丰硕成果。本书依据新中国成立以来世界经济研究的具体进程，分世界经济综合问题、资本主义经济问题、社会主义经济问题、发展中国家经济问题这四个大部分，对这一时期我国对世界经济问题研究的发展状况，重点是取得的新突破、新成果，包括有关争论和急需研究的课题，集中在一本书内，作了比较全面的阐述，基本上反映了1988年以前时期，我国世界经济问题研究的概貌。这不仅为读者了解和研究1988年以前时期我国对世界经济研究的状况，而且为之后世界经济研究的继往开来，提供了一个可以参考的平台。

通过这本书读者可以了解到，当时我国对世界经济的研究，已经涉及世界经济的方方面面，在各方面的研究，都取得了一定的进展。比如：在世界经济学科建设方面，以钱俊瑞的《世界经济概论》（人民出版社1985年版）为代表，对世界经济和世界经济学的概念，世界经济学研究的对象，世界经济学研究的主要范畴，包括国际分工、国际贸易、国际市场、国际金融、国际货币、世界科学技术革命和产业革命等，都有了比较深入的研究；在对资本主义经济研究方面，以仇启华《现代垄断资本主义经济》（中共中央党校出版社1982年版）为代表，有关资本主义发展阶段和基本经济特征，战后资本主义经济危机的新发展和新特点，资本主义生产国际化和地区一体化，资本主义国家的经济调整和改革等问题的研究，也都相当深入；在对社会主义经济研究方面，以林子力《社会主义经济论》（经济科学出版社1986年版）为代表，对社会主义基本经济特征，社会主义生产资料所有制，社会主义商品经济的特征，社会主义的分配制度等问题，也进行了新的研究和新的认识；在对发展中国家经济的研究方面，以巫宁耕《战后发展中国家的经济（概论）》（北京大学出版社1986年版）为代表，对发展中国家概念和不同类型，发展中国家在世界经济中的地位，发展中国家对外关系与国际经济秩序，发展中国家的国际经济合作，发展中国家的债务和粮食等问题的研究，也有了相当的深度。当时需要的是，在这些已有成果的基础上更上一层楼，向更深层次发展。

这本书所蕴含的、包括各种观点在内的大量的、宝贵的历史性资料，就为这新的研究、新的发展，提供了很好的具体的参考。所以它不仅一出版就受到读者的欢迎，而且随着实践和研究的发展，其参考价值越来越突显。

时代转折和几项基础建设性课题

1987年至1994年，是时代转折和我国世界经济与政治研究发展不平凡的年代。此期间，有两件大事震动着世界：一是一场新的科学技术革命席卷全球，并带来了全球经济调整和改革的大浪潮；二是于这种革命和改革浪潮中发生的、震惊世界的苏联和东欧国家的政治剧变。在这场剧变中，苏联解体，冷战结束，世界经济和政治的发展都进入了一个新的时代。这种人们料想不到的突然变化，给世界带来了更为棘手的新的矛盾和问题。整个世界陷入了已有世界秩序被打破、新的世界秩序尚不能形成的动荡之中，世界几乎所有国家的发展战略和安全战略，均面临着新的挑战和调整。这种形势给国际问题研究提出了许多新的课题，使我国的国际问题研究也进入了新的阶段。

这两件大事，为国际问题带来了许多新课题的同时，也促使国际问题研究发展到了一个新的高度。从《世界经济与政治》刊物上登载的内容看，这时的国际问题研究，已经涉及世界经济与政治的方方面面，诸如我们所处的时代及其特征、南北经济合作的性质和作用、世界经济格局和建立国际经济新秩序、比较利益论的合理内核及局限性、西方经济理论的庸俗性和借鉴性、资本主义的新发展和发展阶段、资本主义的结构危机和中间性危机、资本主义市场经济的不同模式、资本主义的国际化和发展趋势、社会主义国家私有经济的发展和所有制结构、社会主义商品经济的发展和市场调节问题、社会主义国家实行股份制、社会主义初级阶段的性质和基本特征、社会主义经济体制改革的性质以及与政治体制改革的关系、和平与发展等。

苏联和东欧国家的政治剧变，两极冷战格局的结束，不仅带来了全球经济的大调整和改革，而且带来了全球政治战略的大调整。需要研究的新问题很多，诸如：苏东国家政治剧变的根源、性质、教训以及对世界经济、政治、军事等各个方面的影响；苏联解体后世界形势新的变化和基本特征，在新的形势下的战争与和平问题，世界发展问题；东西欧关系、欧美关系和南北关系问题，局部战争和民族冲突问题，世界基本矛盾和主要矛盾新变化问题，亚太地区安全机制问题，各国依据新的形势对发展战略和安全战略的调整，我国改革开放面临的新的经济环境和安全环境以及我国应采取的对策等；苏联解体后世界格局的新变化，世界多极化的发展趋势，以及我国对建立世界新秩序的基本立场和原则等；世界科学技术的发展对世界经济和政治发展的影响，以及综合国力的概念和构成因素问题，等等。

苏联东欧国家向资本主义市场经济的转变，中国社会主义市场经济的深入发展，大大推动了经济全球化的发展。对经济全球化和地区经济一体化的研究，成为了新热点。诸如经济全球化和地区经济一体化的实质与根源，其对世界经济和国际关系的影响，以及欧洲共同体（欧洲联盟）、北美自由贸易区、亚太经济合作的有关问题；我国在世界和亚太地区的地位、作用和应采取的对策；国际资本流动，对外直接投资和跨国公司问题；金融在当前世界经济中的作用，国际金融自由化，世界金融危机，证券市场国际化，经济安全，国际金融体制的改革；汇率机制形成与发展，汇率利率变化对世界经济发展的影响，衍生金融工具的性质和作用，非金融机构的地位和作用，欧元的启动及其对世界经济的影响；人口、环境、粮食、人权、失业、国际组织、毒品经济和经济犯罪等；国际经济组织特别是世界贸易组织的作用以及我国加入世贸组织问题；过去很少涉及的综合国力比较、国际竞争力比较等问题的研究，都有了长足的进展。

无论从研究中或编刊物中，我都感觉到，中国学者对国际问题研究中最基础性的东西，还了解不深。在收到的稿件中，常发现一些基础知识方面的错误。此期间，我针对这个问题和根据实际需要，进行了一些基础性的研究，参与编写或主编了几本为国际问题研究进一步发展打基础的书。

一是和几位同志合作撰写了《世界经济调整与改革新的浪潮》一书。面对席卷全球的新的科学技术革命及其带来的席卷全球的经济调整和改革的浪潮，带来的对世界经济研究的新内容和新发展，无论是社会主义国家、发展中国家或资本主义国家，适应这次科学技术革命，都必须对经济体制、经济结构、经济发展战略进行调整和改革，中国也必须这样。为了我国能了解这种形势，能适应这一世界性调整和改革大潮，我和罗肇鸿等几位同志合作，撰写了《世界经济调整与改革新的浪潮》一书，1990年由重庆出版社出版。该书对这场改革新浪潮的性质、发展趋势和对我国的严峻挑战，作了分析和阐述，基本上反映了这场调整和改革浪潮的进程，并提出了我国应如何应对的政策建议。

二是参加了滕藤主持的《邓小平理论与世纪之交的中国国际战略》社科基金重大课题的研究和《世纪之交世界形势与基本格局》一章的写作。此课题是适应苏联解体和东欧国家政治剧变后世界的新形势，以及中国必须进行战略调整需要而提出的，于2001年完成，并出版了滕藤主编的《邓小平理论与世纪之交的中国国际战略》一书（人民出版社2001年版）。这部著作依据邓小平的有关和平与发展理论，对苏联解体后世界基本矛盾和主要矛盾的变化以及由这种变化所决定的时代的性质，作了深刻和科学的论述。而且倾向于这样的认识：当今的时代，是社会主义与资本主义共存竞争，经过长期反复较量最终取代资本主义的时代，这一时代的主题是和平与发展。并对和平与发展为什么成为这一时代主题，从各种角度进行了分析和阐述。

三是主编了《当代世界政治实用百科全书》一书。由于历史的原因，直到20世纪90年代，我国对世界政治研究，一直相对薄弱。不只是从事世界政治研究的人员少，重要的是研究领域不够广泛，对西方国际政治理论缺乏深入研究。虽然自20世纪90年代开始，对世界政治的研究也很快赶了上来，出现了世界经济与世界政治研究并重、世界经济与世界政治结合、从世界政治经济学视角研究世界经济与政治的新局面。对西方国际政治理论的研究，也热了起来。但是，在涉及与我国走出去战略相关的诸如各国的政治制度和法律体系，很多国人还缺乏进步知识，很多人缺乏有关世界政治和各国政治制度的基本知识。这对我国走出去的战略也很不利。当时我作为《世界经济与政治》的副主编和编辑部主任，每期发稿时，都为缺乏世界政治方面高质量的稿件而犯愁。为了推动对世界政治的研究和对世界政治基本知识的宣传，我组织编辑部所有人员参加，组织编写了《当代世界政治实用百科全书》这本书，由中国社会出版社于 1993 年出版。黄华、宫达非、郑必坚、浦山在为本书的题词中，都给予了较高的评价。宫达非在题词中把它称为是青年人了解世界的良师益友，用"宁可半年食无肉，不可案头无此书"这句话，希望青年人能备有这本书。

四是撰写了《中国经济与世界经济发展的比较》一书。在世纪之交，我国有实力的中小企业，都跃跃欲试，想要走出去参与国际竞争。想要参与国际竞争，想要在这种竞争中立于不败之地，最重要的是要做到知彼知己。然而，我国企业家们对我国经济发展与世界各国经济发展相比较处于什么样的地位，其优势在哪里，劣势在哪里，如何参与同他们的竞争，却心中无数。为此，我撰写了《中国经济与世界经济发展的比较》一书，由湖南人民出版社于 1991 年出第一版，于 2000 年再版。这本书用翔实的资料，特别是难得的统计数字，对自古至 20 世纪末的中国经济与世界主要国家经济的发展状况，包括工业、农业、教育、科学技术等各个方面进行了比较论述，指出了中国的优势、劣势、差距、面临的主要挑战等，为中国人在走出去的时候，能做到知己知彼提供参考。

五是参与主编了《世界经济学大词典》一书。1994 年，经济科学出版社出版了由李琮同志主编的《世界经济百科词典》一书，受到读者的欢迎。而到了 20 世纪末，在世界经济特别是经济全球化的大发展中，又出现了许多新现象、新问题、新事件、新概念、新名词，需要规范和解释。为适应这种情况，1998 年，出版社诚请李琮同志组织对此书进行补充、修改后再版。因为李琮同志忙于别的项目不得脱身，出版社又找到了我，让我帮助李琮同志完成此事。我虽然推辞再三，但因盛情难却，最后还是答应了这项苦差。我除了动员和组织起《世界经济百科词典》所有原撰稿人员，还动员组织起一大批新的撰稿人，花了一年多的时间，对《世界经济百科词典》进行了大量的补充、修改和重新审定，最后根据出版社的意见，以《世界经济学大词典》为书名，于 2000 年出版，主编是李琮，我和蒋宝恩任副主编。

六是主编了《世界各国经济概况》一书。在世纪之交，我国在改革开放中发展成长起来的、有一定资本积累的企业家们，都想到国外去投资，去寻找发展机会。然而，对世界各国经济发展的基本状况、投资环境，却知之甚少。为了使国人对各国的经济和政治状况有个比较清晰的了解，对各国发展中的优势与我国的优势有个客观的比较，我和蒋宝恩同志一同主编了《世界各国经济概况》一书，由经济科学出版社于2001年出版。全书近200万字。这本书动员和组织了100多位作者，对世界230多个国家和地区的经济概况，包括地理环境和资源状况、地缘政治状况、经济发展历史状况、科学技术和产业发展状况、开展对外关系状况、主要经济政策等，都用翔实的资料和数字，作了具体介绍和分析。这本书不仅在我国是第一本，而且书中包含的大量、翔实的宝贵资料，也有着历史性的价值。读者通过这本书，可以具体了解各国或地区的投资环境，在比较优势的基础上，正确选择走出去的战略和参与国际投资竞争的道路。这是编写这本书的初衷。

年龄退休和思想深化

1997年，我到了退休年龄，1999年正式办了退休手续。对于科研人员来说，退休后，摆脱繁杂的行政事务性工作，能够集中时间和精力进行自己所喜欢的研究工作，真是求之不得。退休之后的研究，有一个突出的特点，就是随着客观实践的变化，在反思中深化。这时期我的研究主要集中在两个方面。

第一个方面，是对资本主义新发展、资本主义的民主制度和民主制度输出，进行了新的更为深入的研究，出版了《国际垄断资本主义时代：世界经济与政治的最新发展》和《美国民主制度输出》这两本书。

自20世纪90年代开始，世界经济与政治发展中，就出现两个最突出的现象：一是经济上以跨国公司为载体的垄断资本全球性的扩张，形成了以金融资本为核心的国际垄断资本的统治；二是世界不二的超级大国美国，依靠其强大的经济和军事实力，不惜一切手段，向全球进行信仰、民主和制度输出，企图用美国的信仰、民主和社会制度，改造整个世界，建立以美国利益为核心的美国统治者的一统天下。这两个现象，都需要从理论上加以研究，揭示出它的本质和发展趋势。

两极冷战格局结束后，跨国公司就开始向全球迅速扩展。到20世纪90年代中期，跨国公司作为垄断资本高度发展的产物，作为纵横四海的对国际政治产生着重大影响的"经济王国"，已经成为国际社会重要的行为主体，已经在全球资金、技术、管理等经济要素的配置中，在国际贸易、国际直接投资、生产全球化中，占据了支配地位。跨国公司发展的实践告诉人们，当今的垄断资本主义，已经由国家垄断资本主义，发展成为国际垄断资本主义了。

也是从 20 世纪 90 年代初开始，我就开始对跨国公司产生至今的发展过程，对以跨国公司为载体的国际垄断资本发展历史进行研究。这方面研究的成果，主要集中在我和范新宇合著的《国际垄断资本主义时代：世界经济与政治的最新发展》一书中。该书由经济科学出版社于 2004 年 1 月出版。书中首次提出，当今资本主义发展已经进入了其发展进程中的第四个阶段，即国际垄断资本主义阶段。并对国际垄断资本主义概念、内涵、产生、形成、基本特征、历史地位和历史作用，都作了具体分析和论述。书中还阐明了国际垄断资本主义时代国际关系、世界主要矛盾、世界格局、战争与和平、霸权主义等一系列问题的新发展和新变化。当然，此项研究作为一项新的研究，还仅仅是开头。

两极冷战以美国不战而胜结束，这使美国独自称霸世界野心大为膨胀。加之遥遥领先的现代科学技术、令人羡慕的财富数量和强大经济实力、无与伦比的先进武器和在全球无处不在的军事力量，都引起了世界很多人对美国的迷信。这种迷信集中到一个焦点，就是美国的民主。似乎只要有了美国民主，就有了自己想要的一切。美国也借机加大宣传，积极在几乎所有国家都培植亲美派，培植美国民主派，于是在世界各地都发生了街头政治，一些国家还发生了"颜色革命"。这些现象迫使我下决心对美国的信仰和民主，对美国扩张政策和霸权主义内涵，进行更深入研究。我认真阅读了美国的通史和有关思想史，回顾了从其发动侵朝战争到侵略阿富汗和伊拉克战争期间的所作所为，写出了《美国民主制度输出》一书，由社科文献出版社 2006 年出版。

这部著作从信仰和价值观的角度切入，对美国的信仰和价值观、美国的经济制度和民主制度的由来、本质和特征，作了比较系统的分析和研究；对美国民族的个性，美国民主的个性，美国民主输出的原因、性质、基本含义和发展历史，别的国家为什么不能照搬美国的民主体制等，作了比较全面的分析和阐述。书中阐明了，美国对外进行美国式民主制度输出，不是美国某些统治者的癖好，而是有其深厚的民族信仰、民族理念和社会制度根源。把美国的民主制度视为以《圣经》精神建立起来的特殊、神圣、典范的民主制度，是世界的灯塔，把用这种灯塔照亮整个世界视为自己的使命，这就是美国进行制度输出的主要根源，是美国在世界到处惹是生非、发动战争的主要根源，是世界不得安宁的主要根源，是中美关系出现摩擦的根源。美国直接用暴力或间接用"颜色革命"的方式进行民主输出，是世界不得安宁的根源，必然给世界的和平与稳定带来严重后果。

我自己认为，在新的世纪里，我国世界经济与政治研究中一个重要课题是对美国研究。从某种意义上说，不了解美国，就不能真正了解 21 世纪；不了解美国，就无法知道 21 世纪所面临的挑战。依据事实，实事求是地对美国思想文化、社会制度、生活方式等进行深入研究，在不断加深对美国资本主义制度认识的同时，加深对中国社会主义制度的认识，这对我国改革开放和社会主义制度的发展及完善，都十分重要。

第二个方面，是承担了关于马克思主义国际问题基本理论的院重大课题，依据新的实践和世界形势新的变化，对马克思主义的经典著作和马克思主义国际问题的基本理论，进行了新的研究，编写出《走进经典：马克思主义经典著作导读》和《马克思主义国际问题基本原理》这两部书，并提出了建立马克思主义国际政治经济学的问题。

2005 年，承担了院里关于马克思主义国际问题基本原理的重大课题《马克思、恩格斯、列宁、斯大林、毛泽东、邓小平、江泽民、胡锦涛论国际问题》，并受第一主持人余永定的委托，主持了这个课题。参加这一课题的有陈于光、王金存、林振淼、李玉平、路爱国、范新宇，他们都是对马克思主义经典著作有资深研究的老同志。2011 年，本课题已经结项，最终成果为专著《马克思主义国际问题基本原理》，共三卷，250 余万字。第一卷，马克思、恩格斯国际问题基本原理；第二卷，马克思主义国际问题基本原理的继承和发展；第三卷，马克思主义国际问题基本原理专题研究。这部书被评为优秀成果，由社会科学文献出版社于 2013 年出版。

2007 年，发生了从美国纽约引爆的资本主义世界金融危机和债务危机，这次危机以及危机所引起的大规模的罢工、游行，再一次以铁的事实证明了马克思主义的科学性、正确性，使人们再一次陷入了对资本主义制度、对社会主义制度的反思。并在反思中，无论是西方人或东方人，特别是青年人，都重新把目光转向了马克思主义，转向了马克思主义的经典著作。从马克思主义经典著作中，寻求当前发生的难题的原因和答案，似乎成为人们在反思中的必然。

《走进经典》这部著作，于 2012 年由社会科学文献出版社出版。该书按照马克思主义发展史的历史逻辑，选择马克思和恩格斯从 1835 年到 1895 年对人类历史发展所产生重大影响的代表作，按照马克思主义的产生和发展过程，将其分为马克思主义的产生、确立、成熟、补充完善四个时期，加上《资本论》共五个部分，对每部著作的基本内容，包括写作时间、时代背景、重要意义、主要思想观点等，都作了比较完整、系统的介绍和解读。其内容包括马克思主义哲学、政治经济学和科学社会主义等方方面面，像是一部马克思主义基本原理的百科全书。读者只要此一书在手，就会有一种将《马克思恩格斯全集》几十卷尽握的感觉。由于本书按照时间顺序向读者介绍马克思和恩格斯著作，对其主要思想观点进行解读时，既坚持忠于马克思和恩格斯著作的原本理论含义，又引导读者联系这些著作的时代背景和发展过程，去历史地、发展地领会、理解这些原本理论。所以读者读这部书，犹如读一部马克思主义产生和发展史。从中既能深刻领悟马克思主义的最基本的原理，又能领悟马克思主义的时代性和与时俱进性，把马克思主义的经典理论与当今的发展和实践联系起来，从深层次领悟中国特色社会主义理论的本质和历史意义。

历史的经验和教训反复证明，青年是国家的未来和希望，只有广大青年人都认真学习马克思主义，真正懂得马克思主义，真正信仰马克思主义，并始终坚持以马克思主义为指导，中国的社会主义才能从胜利走向新的胜利，才能保证社会主义的中国永不变色。也就是说，使广大青年成为马克思主义者，这涉及我国社会主义的千秋大业。现代科学技术的进步，特别是传媒技术的发展和应用，青年一代已经养成了快速浏览的阅读习惯，形成了以眼球经济为标志的快餐文化，在这样的阅读氛围下，要想让读者，特别是青年读者去读《马克思恩格斯全集》，实在是一件不容易的事情，因此，他们需要一部既能够快速浏览又能够全面了解马克思主义思想实质的书。《走进经典》这部书，正适应和满足了这些读者的需求，适应了新时代的新形势，是精心为青年人编写制作的原汁原味的马克思主义"经典快餐"。

为此，本书每章的核心思想部分都采取一个观点一段话，一段话就是一个独立思想，都有一个鲜明标题的方式，做到主题鲜明，避免长篇大论，使读者能轻松阅读，不会感到沉闷。而且只要一书在手，随时随地都可以找到自己想了解和学习的有关内容，进行学习研究，并用以指导工作。可以肯定地说，本书中所选取解析的原著及其阐述的核心思想，不仅是极为经典的，而且都属于马克思和恩格斯思想体系中的精华。这些都会十分吸引读者，非常符合现代读者，特别是年轻读者的情趣。从这个角度上说，本书还能起到某种工具书的作用，一般读者可以通过这本书，寻找到感兴趣的经典理论；专业人士可以通过这本书找到有关原著，进一步深入研究。

历史告诉我们，共产党无论在理论上还是实践上出现的偏差，大多与没有认真读原著，没有真正领会这些原著所阐述的进步理论有关。学习和研究马克思主义，应该从读马克思主义经典原著开始。关于这一点，恩格斯曾有过许多论述。他说过，像马克思这样的人，有权要求人们听到他的原话，让他的科学发现完完全全按照自己的叙述传给后世。恩格斯还说过，一个人如果想要研究一个科学问题，首先要在利用原著的时候学会从作者写的原样中去阅读这些著作，并在阅读时不把著作中的原来没有的东西塞进去；根据原著研究这个理论，而不是根据第二手材料来研究；对于那些希望真正理解它的人来说，最重要的正好是原著本身。可见，认真读原著，对于准确掌握马克思主义的基本原理，掌握马克思主义的本质，领悟马克思主义的与时俱进性，都至关重要。书稿对每部著作的解析，都贯穿着马克思主义的时代性和发展性，特别是对于主要思想观点的解析，都力图用最简练、最概括的语言，引导读者把马克思主义的经典理论与当今的实践、这些理论的中国化、中国特色社会主义理论联系起来进行思考。这既是当今宣传、普及马克思主义基本理论的一种创意，也是引导读者历史地、实践地读马克思主义经典著作的脚踏实地的一步。

历史还告诉我们，只有认真读懂了马克思主义经典著作的人，掌握了马克思主义基本原理实质的人，才能真正成为正确发展、创新马克思主义的人。无论从宣传、普及马克思主义基本原理看，或是从坚定马克思主义信念，坚定中国特色社会主义理论的信念看，这部书稿都是很有价值的。它的出版面市，也许会引起读者，特别是青年读者的兴趣和欢迎，使马克思主义薪火相传，这也正是它的重要价值和重要意义之所在。在当今世界经济、政治思想和信仰都在大变动、大转折、大动荡的时候，在人们都在渴望真理，渴望认识、了解马克思主义，渴望走进马克思主义经典著作的时候，普及马克思主义的《走进经典》一书，对每个读者来说，也许都会是雪中送炭。

　　在对马克思主义国际问题基本理论的研究中，自己深切感到，马克思主义国际问题基本理论非常丰富，在经济和政治上都日益深入、融入国际社会的情况下，为给中国在世界经济和世界政治活动实践以正确理论指导，如何在深入研究这些基本理论的基础上，结合当今的实践，创建中国特色的国际政治经济学，是我国国际问题研究中的一项迫切任务。

　　　　　　　（刘国平，中国社会科学院世界经济与政治研究所研究员）

苏联高层决策与苏联兴亡问题

——撰写《苏联高层决策70年——从列宁到戈尔巴乔夫》的几点体会和感受

邢广程

《苏联高层决策70年》（1—5卷），世界知识出版社1998年版

引　子

2011 年夏，我的老领导张森研究员打电话来，希望我写一篇有关《苏联高层决策 70 年》一书的写作情况和感受的文章，作为院里一个科研项目的组成部分，我答应了。但眼看暑去寒来，我的这篇文章依然没有着落。不是我不想写，而是写不出来。有时逼迫自己坐到电脑前边完成这个文章，但却常常面对屏幕发呆，无从下"笔"！我有时也问自己，172万字的这部专著都写出了，区区一万多字的文章还写不出来吗？张森老师几次打电话，说是不为催稿实为提醒我，而我依然没有想法，后悔当初不该碍于老领导的面子答应下来。然而时值岁尾，答应下来的事情总要兑现的。

为什么写不出来？每当我坐到电脑旁思考这个问题时，却总会出现一种沉重和不舒服的感觉。从心理学的角度看，我的情绪实际在抵制我回忆上述情境。是的，我曾用了十多年的时间来撰写这套书，我的青春岁月献给了它。不仅如此，多少个沉寂的日日夜夜，我都在费神地思考苏联最高决策层的是是非非、恩恩怨怨、成败得失。苏联那些起起伏伏、神神秘秘和离奇古怪的事情，让我付出了很多心血，甚至损耗了我的健康，写作期间我曾得过胃溃疡，记得 1997 年香港回归那天，我胃疼得厉害，不得不去医院检查。因每天都进行长时段的看书与写作，我的颈椎和腰椎受损，有一段时间，我的手指曾出现麻木现象。尽管这部作品给我带来了一些学术荣誉，但每每回忆自己的研究历程，我的感觉依然是沉重的，浑身不自在，并没有多少幸福的感觉。而且随着年龄的增长，我越来越对当时居然拿出十年多时间固执地做这样一件事情，感到吃惊，怀疑自己是否有偏执症，越来越感到当时选择研究苏联高层决策问题真是有些自不量力。当时，吾妻看到我研究时苦思冥想的样子曾说，你只是中国社会科学院一个普通的副研究员，拿的工资不多，却整天想着苏联政治局的事情！智力够用吗？当时我对妻子的善意讽刺不以为然，现在看来，她说得有些道理。我现在对苏联问题研究得越来越少了，究其原因不是我太忙了，而是越来越缺乏自信，越来越感到我还不足以分析这样复杂而深刻的问题，我还需要通读《马克思恩格斯全集》，也许到那时候自己怀着精深的辩证唯物主义和历史唯物主义的理论素养，会对苏联问题说出个子丑寅卯来。

为了能够完成这项任务，我逐渐开始每天拿出时间来阅读自己的这套书，随着时间的推移，我逐渐找回了一些当时的感觉。我曾在这套书的前言中写道："在写作这部作品时我的心灵一次次被打动、一次次被震撼、一次次被吸引而不能自拔。苏联高层决策包容了苏联共产党几十年全部智慧、良知和灵感，铸成了一个超级大国兴盛与毁灭的深深烙印。我想，一切关注国家兴衰的人们都不会对苏联兴亡无动于衷。"逐渐地这种当时的感觉又一次次地出现了，只不过在苏联解体 20 周年之际，这种"打动"、"震撼"和"吸引"更多地带有理性的色彩，但"无动于衷"却依然难以做到。

一　"上帝"还算满意

我在这套书的前言一开头就写了这样一段话："我怀着一颗惴惴不安的心情将这部作品奉献给各位读者。它很厚很长，但我还是十分真诚地希望我的'上帝'能够读一读它。"这真实地反映了当时我的心情——"惴惴不安"。我不知道读者怎样看待这部书，172 万字，实在太厚太长了，会给"上帝"们带来很大的阅读负担。《苏联高层决策 70 年——从列宁到戈尔巴乔夫》这套书出版已经整整 12 年了，1998 年这套书由世界知识出版社出版。让我不敢相信的是，此书一问世就立即引起了俄罗斯、东欧、中亚学界的广泛关注。自苏联解体后，我国学术界一直重视对苏共垮台和苏联解体原因和教训的研究，从各个层面提出了各种论证和分析，自然，各种观点之间的争论和碰撞也逐步显现出来。很多同志（多数是我不认识的）看到这套书后写信给我，有的表示祝贺和鼓励，有的与我讨论一些学术观点，有的还提出了很中肯和善意的批评和修改意见及建议，这种情况令我很受鼓舞和鞭策。出乎我预料之外的是，这套书也得到当时中央领导的关注。尽管我写这部学术专著过程中一直怀有这个意图，即为我国的各级领导干部提供一个"苏联版本"。我在该书的前言中也曾写道："这部作品的主要读者对象是科研工作者、大学生、研究生和对社会科学感兴趣的各界读者。但在这里我要郑重表示，希望各级党政领导干部能够读一读它。如果本书能够对我国的各级决策者有所启迪，那将是作者最大的心愿。"当时，我还年轻，有这份心愿已是想入非非了，但没有想

到的是，我的这个心愿居然实现了。学术界认同的一个最重要的标志就是
2000 年这套书获得了中国社会科学院优秀科研成果专著类一等奖。这期
间很多人也是通过这部学术著作认识我的。十几年过去了，我的"惴惴
不安"的心终于平静下来了，我的结论是："上帝"还算满意。这套书出
版十多年了，这期间俄罗斯等国解密了大批档案材料，国内外也出版了很
多有关苏联问题的专著、回忆录、论文和资料。尽管如此，我认为，此书
的基本观点依然是成立的。因为这套书是从苏联高层决策的视角来研究苏
联兴亡问题的。我在该书的前言中说："从决策层面上看，苏联高层决策
主要分为理论层面、体制层面和政策层面。因为在苏联只有最高决策层
拥有理论的最终发明权和裁定权，拥有制定战略决策和一系列政策的权
力。理论决策和体制决策层面属于战略决策范畴，而政策决策层面属于
策略决策范畴。从某种意义上说，苏联最高决策层的决策'得'与
'失'决定了苏联的'兴'与'亡'。苏联的'兴'与'亡'是苏联最
高决策层决策'得'与'失'的标志，是决策的结果。所以，制定正
确的战略决策和政策关系到国家的兴亡和社会主义事业的成败。不从
'高层决策'的角度去观察苏联历史，就很难体察苏联兴亡的内在逻辑
和衰变因素。"现在我仍然认为从这个角度研究苏联兴亡问题是正确的
研究路径之一。

二　"初生牛犊不怕虎"

人们经常向我提出的一个问题：究竟是什么原因促使我花上十多年的
时间潜心研究苏联高层决策问题，撰写出 172 万字的"大部头"？我经常
用一句玩笑来搪塞过去：我属牛的，写这套书时，我还年轻，是一个小牛
犊，不知老虎为何物。

我对苏联问题的兴趣是在大学期间培养出来的。1979 年至 1983 年我
有幸就读于吉林大学历史系，当时此系人才济济，高师满座。那时的吉林
大学历史系可谓是通贯中国历史和世界历史，两大通史就像两条历史的主
线，一直贯穿于我们学业之中，压得我们有些喘不过气来。当课程进行到
唐宋阶段时，我对中国唐宋时期由盛至衰的转变过程很感兴趣，立志要研
究这个时段中国由盛至衰的原因。我为此还狠狠心专购了一套《辞源》，
这在当时是一件很奢侈的事情。但当我学习到世界现代史和中国现代史阶

段时，苏联问题竟深深地吸引住了我，王家福、傅树政和佟宝昌老师讲的苏联史让我开阔了眼界，心里有一种不可遏制的研究苏联问题的冲动，一种使命感油然而生，于是狠狠心又买了《俄语大辞典》，义无反顾地开启了研究苏联问题的漫漫征程。我的学士论文就是关于苏联新经济政策问题的，得到了傅树政老师的精心指导。我并没有就此停步，报考了中国社会科学院苏联东欧研究所的研究生，幸运地从师于刘克明和吴仁彰先生。刘先生当时任该所所长，工作很忙但依然很关心我的学业；吴先生当时担任苏联理论研究室主任，对我要求很严。我就是在两位老师的共同指导下完成了《论赫鲁晓夫反对个人崇拜》硕士论文，1986 年硕士毕业后留所工作，成为一名研究人员，开始研究苏联问题。这套书的写作分为三个阶段。

第一阶段，1987 年夏至 1989 年夏。1987 年在上海召开的一次全国性苏联史学术讨论会上，我谈了有关苏联政治中的党内斗争问题。会间湖南人民出版社的一位编辑向我约稿，希望我能够写一本有关苏联党内斗争方面的书。我当时还是一个刚刚毕业的青年学者，典型的菜鸟级初研者，但一时冲动答应下来，并签了合同，这是我第一次签合同。从 1987 年年底到 1989 年夏，我一直研究苏共党内斗争问题，主要探讨苏共党内斗争与苏联社会主义建设之间的关系问题。这时期，苏联在戈尔巴乔夫担任总书记之后开始进行改革，随着改革的进展苏共党内斗争也随之展开，1987 年出现了"叶利钦事件"。从 1987 年到 1989 年我几乎同步地研究苏联领导人所发表的各种讲话和所通过的各项决议。到 1989 年夏我基本上完成了书稿，书名暂定为《苏共党内斗争》，共有 40 多万字。然而，因各种各样的主客观原因，这套书没有在湖南人民出版社出版。这对我是一个不小的打击，意味着我的苏联研究出师不利。

第二阶段，1989 年至 1991 年夏。1988 年我考上了刘克明先生的博士研究生，一边工作一边学习。这时期我集中研究了赫鲁晓夫时期的苏联，系统地翻阅了赫鲁晓夫的言论集和这个时段苏联《真理报》、《共产党人》杂志等报刊上刊载的重要文章，也集中阅读了国外学者关于赫鲁晓夫时期苏联各方面问题的论著。为了搞清楚赫鲁晓夫时期的问题，我将研究视野前移至斯大林时期，花了很多时间集中阅读了《斯大林全集》和《斯大林文选》，这样我对斯大林的思想和理论有了比较系统而全面的把握。这时期我的一个重要学术收获就是撰写了《论赫鲁晓夫时期的苏联改革》

博士论文，并通过博士论文答辩获得了法学博士学位。同时，这也为我继续研究苏联高层决策问题打下了更为坚实的基础。

第三阶段，1991年夏至1998年夏。这是我研究这个问题的最为艰苦和困惑的时期：第一，一大堆未出版的书稿堆在墙角，属于典型的学术烂尾工程；第二，此课题申请院重点课题不顺利；第三，俄罗斯一些档案材料开始解密，需要投入大量精力去搜集和整理，工作量很大。经过一段不长时间的犹豫和思考，我心情反倒平静下来。我决定不放弃这项工作的研究，不希望这项工作就此搁浅，一种使命感促使我像一个赌徒，抛开了所有的顾虑和烦恼，一心投入了研究工作。从1991年起我开始系统地通读《列宁全集》60卷，1993年年初读完。1993年3月至1994年夏天，我到俄罗斯科学院进修，并利用这个机会查阅了很多俄文档案材料，系统地查阅了俄罗斯有关苏联高层决策方面的学术著作和相关资料。这为此书的进一步推进打下了坚实的学术基础。我在1995年年初购买了一台"486"电脑，这在当时算是很先进的了，我一开始就拿自己原先的初稿练习输入，不到一个星期就超过了手写速度，从此甩掉了手写书稿的历史。到1998年年初完成了书稿，世界知识出版社的责任编辑王江先生为此书的出版作出了很大的贡献，我非常感谢他。因为按照当时的出版行情，这样一部172万字学术专著的出版一般需要17万元左右的资助。而此书的出版不仅没有要求我出资赞助，而且还付我一些稿费，现在想来，世界知识出版社出版此书还是需要胆量和勇气的。就这样，在我不懈的追求下，这套书终于与读者见面了，曾经有人说，"无知者无畏"，我写完这套书后真有这样一种感觉。

三　文本研读

在谈论这套书的研究和写作时，我不能不谈谈文本研读问题。我在研究这个题目期间，有计划地、系统地阅读苏联主要领导人的言论集，我阅读了《列宁全集》，所使用的是《列宁全集》第二版，我用了两年时间阅读完了《列宁全集》第二版60卷的全部内容，包括注释，深受列宁精神的感染，自己的精神得到了升华。我还研读了《斯大林全集》（13卷）和《斯大林选集》。随后，我阅读了《赫鲁晓夫言论集》（15卷和中联部内部编印的10多卷）、《勃列日涅夫言论集》（18卷）、《安德罗波夫言论集》

（单卷本）和《契尔年科言论集》（单卷本）。这期间也阅读了《布哈林文选》、《托洛茨基言论集》、《柯西金言论集》、《苏斯洛夫言论集》等。在这 10 多年的时间里，我比较系统地翻阅了苏联共产党、苏联最高苏维埃和苏联部长会议各类中俄文文件集和决议汇编，查阅了苏联《真理报》、《消息报》、《共产党人》等重要报刊的重头文章、社论等，阅读了苏联（俄罗斯）以及西方国家学者所撰写的各类有关苏联高层决策方面的学术著作和文章，也比较系统地研读了国内学者的相关论著。我的体会是，研究苏联最高决策问题需要仔细而系统地研究苏联党和国家主要领导人的思想，研究党和政府所通过的各项决议，尤其是其重要会议的俄文版速记记录更需要仔细研究，其中列宁执政时期俄共（布）代表大会速记记录比较完整，值得细细研究。苏联解体后，苏联共产党最重要会议的机密档案材料在逐步解密，这也是研究苏联政治问题的重要资料依据，可惜的是我这套书出版较早，只能等再版修改时再将此后公开的重要档案资料充实进来。

　　我想特别谈谈我研究《列宁全集》的一点体会。我最初引用列宁言论时，多数是从《列宁选集》中或者别人所引用的列宁言论中转述而来的。但很快我就发现不系统地阅读和研究列宁思想，就无法把握列宁思想的精髓，于是我开始系统阅读《列宁全集》。《列宁全集》60 卷全部读完后，我感到我成为了一个"富人"。我不想谈列宁思想的博大精深，因为这方面的文章已经很多了，我只谈列宁研究问题的钻研精神。《列宁全集》60 卷，开篇之作是《农民生活中新的经济变动——评弗·叶·波斯特尼柯夫〈南俄农民经济〉一书（1983 年春）》。我想提示大家的是，一个缺乏耐心的人是很难读完这篇文章的，因为列宁所引用的资料和数字实在太枯燥了，可能很多人还没有读到列宁观点的实质就将该文放下了。这篇文章共 55 页，但恰恰是列宁在此文中引用了大量的数字、表格和图表，才能够充分地证明了村社农民之间存在直接的剥削关系，农民经济的一切变动都是在资本主义商品经济的总背景下发生的这样一些观点。列宁运用马克思主义的观点揭示了俄国农业资本主义发展的形式和过程，批判民粹派的村社农民没被资本主义触动的观点，揭露了村社可以作为社会主义基础的错误论断。列宁还对《南俄农民经济》一书作了非常详细的批注、计算和着重标记。这实际上就是列宁的一篇政治性和学术性都很强的出色论文。列宁这种细致的、深入的、全面研究问题的精神深深感染了我，教育了我，给我上了一堂生动的研究工作的实践课。《列宁全集》第一卷第二篇文章《论所谓市场问题》依然如此。列宁就像做学问一样认真、深入和系统地研究俄国农民问题，这使他在以后的对农民问题的决策和判断中更能准确地把握农民的思想脉搏，更能够理解俄国农民问题的实质。1917年十月革命期间，列宁提出要像对待艺术那样对待起义，这不由得使我想起了列宁的首篇之作对农民问题进行精细研究的那种认真精神，可见列宁对俄国革命和建设事业是本着极其严肃的态度而进行的，这难道不值得我们学习吗？尤其是在全党倡导建立学习型政党建设的今天！

四　辩证逻辑：以"玻璃杯"为例

我在重读《苏联高层决策70年》时，又被"玻璃杯"哲学所吸引。我在第73章《领袖、领袖机制和领袖决策能力》中对列宁的决策哲学进行了分析，提出列宁的决策哲学就是辩证的哲学。这个结论依然是正确的。为了进一步领会列宁决策哲学的内涵，我最近又细细地阅读了列宁的有关著作，收获很多，感慨也很多。列宁之所以能够准确地把握马克思主义，运用马克思主义的辩证唯物主义和历史唯物主义来指导俄国革命和建设事业，指导自己的行动，是因为列宁对马克思主义哲学进行了极其精深的研究，并且运用马克思主义哲学批评了经验批判主义和各种俄国唯心主义哲学。1908年，列宁在《唯物主义和经验批判主义》一文中非常明确地阐述了经验批判主义的认识论和辩证唯物主义的认识论之间的差别，分析了"物理学"唯心主义的实质和意义。列宁在这篇文章中还集中分析了经验批判主义和历史唯物主义之间的差别，批驳了波格丹诺夫修正和"发展"马克思主义的学说。列宁还从马克思主义者的视角从四个角度评价了经验批判主义。给我印象最深的是，列宁对马克思主义学说来源的精深和透彻的分析。列宁的分析非常重要，实际上马克思主义辩证唯物主义，重点在辩证上；马克思主义的历史唯物主义，重点在历史上。这就分清了马克思主义与其他一切唯物主义的原则性区别。而且在列宁看来，马克思主义始终不变的主旨就是坚持唯物主义，而反对一切唯心主义。列宁还特别强调马克思主义学说中的党性原则，"马克思和恩格斯在哲学上自始至终都是有党性的，他们善于发现一切'最新'流派对唯物主义的背弃，对唯心主义和信仰主义的纵容。"①

在长期的革命实践中，列宁有一个习惯，那就是不间断地研究哲学著作，探讨马克思主义哲学。《哲学笔记》就是列宁 1895 年至 1916 年间研究马克思主义哲学和其他哲学著作时所撰写的摘要、短文、札记和批语等。从《哲学笔记》中我们可以清楚地领略到列宁对哲学尤其是马克思主义哲学钻研的精深程度。列宁特别注重对辩证法的研究，他认为，"<u>辩证法是一种学说，它研究对立面怎样才能够同一</u>，是怎样（怎样成为）<u>同一的</u>——在什么条件下它们是相互转化而同一的——为什么人的头脑不应该把这些对立面看做僵死的、凝固的东西，而应该看做活生生的、有条件的、活动的、彼此转化的东西"。② 从列宁的这个判断中我们就可以清楚地得出一个结论，为什么列宁在他社会主义革命和建设的实践中那么从容不迫，那么自信地把握主动，就是因为他吃透了马克思主义的唯物辩证法。列宁从来不将社会主义革命和建设事业视为凝固的东西，他总是能够按照客观事物和情况的不断发展和变化的进程来作出正确的判定。不僵化、不墨守成规，将马克思主义看成是创造性的和发展着的，这就说明列宁完全理解了马克思主义的精神实质。列宁掌握了马克思主义的唯物辩证法就等于掌握了锐利的理论思维的武器，列宁精深的马克思主义的理论素养使俄国革命获得了巨大的理论支撑。

现在我们再回到"玻璃杯"哲学上。1920 年年底至 1921 年年初，布尔什维克党发生了激烈的工会争论。这场争论实际上是一场很奢侈的争论，因为在深刻危机的情况下，党却陷入了无休止的争论之中。这场争论的主角是托洛茨基和托姆斯基，列宁批评托洛茨基之后，布哈林出来进行"缓冲"。列宁则认为布哈林的"缓冲"危害巨大。"玻璃杯"问题的争论发生在列宁与布哈林的争论之中，这给我们很多哲学上的启示。

布哈林在 1920 年 12 月 30 日工会争论时说，"同志们，对于这里发生的争论，也许在你们很多人当中会产生这样的印象：有两个人跑来相互质问，放在讲台上的玻璃杯是什么东西。第一个说：'这是一个玻璃杯圆筒，谁说不是，谁就应当受到诅咒。'第二个说：'玻璃杯是一个炊具，

---

①　《列宁专题文集·论辩证唯物主义和历史唯物主义》，人民出版社 2009 年版，第 121 页。

②　《列宁全集》第 2 版第 55 卷，第 90 页。

谁说不是，谁就应当受到诅咒。'"

列宁一下子抓住了"玻璃杯"问题进行哲学上的论证和思考，在对"玻璃杯"的论证和思考过程中，列宁不仅道出了"玻璃杯"内在的哲学含义，而且非常辛辣地批评了布哈林和托洛茨基的错误。列宁说："玻璃杯既是一个玻璃圆筒，又是一个炊具，这是无可争辩的。可是一个玻璃杯不仅具有这样两种属性、特质或方面，而且具有无限多的其他的属性、特质、方面以及同整个外界的相互关系和'中介'。玻璃杯是一个沉重的物体，它可以作为投掷的工具。玻璃杯可以用作镇纸，用作装捉到的蝴蝶的容器。玻璃杯还可以具有作为雕刻或绘画艺术品的价值。这些同杯子是不是适于喝东西，是不是用玻璃杯制成的，它的形状是不是圆筒形，或不完全是圆筒形等，都是完全无关的。"列宁还说："其次，如果现在我需要把玻璃杯作为炊具使用，那么，我完全没有必要知道它的形状是否完全是圆筒形，它是不是真正用玻璃制成的，对我来说，重要的是底儿上不要有裂缝，在使用这个玻璃杯时不要伤了嘴唇，等等。如果我需要一个玻璃杯不是为了喝东西，而是为了一种使用任何玻璃圆筒都可以的用途，那么，就是杯子底儿上有裂缝，甚至根本没有底儿等，我也是可以用的。"

列宁随后论证了辩证逻辑的四个特点：第一，"辩证逻辑则要求我们更进一步。要真正地认识事物，就必须把握住、研究清楚它的一切方面、一切联系和'中介'。我们永远也不会完全做到这一点，但是，全面性这一要求可以使我们防止犯错误和防止僵化"。[①]

第二，"辩证逻辑要求从事物的发展、'自己的运动'（像黑格尔有时说的）、变化中来考察事物"。就玻璃杯来说，这一点不能一下子就很清楚地看出来，但是玻璃杯也并不是一成不变的，它特别是玻璃杯的用途，它的使用，它同周围世界的联系，都是在变化着的。

第三，"必须把人的全部实践——作为真理的标准，也作为事物同人所需要它的那一点的联系的实际确定者——包括到事物的完整的'定义'中去"。

第四，辩证逻辑教导说，"没有抽象的真理，真理总是具体的"。

列宁分析完"玻璃杯"的哲学含义和辩证逻辑的四个特点之后，对布哈林和托洛茨基的错误进行了总结："既然布哈林用他的'玻璃杯'提

---

① 《列宁全集》第 40 卷，第 290、291 页。

出的理论根源问题，那么他们的错误的'理论'根源是很清楚的。布哈林的理论错误（在这个问题上是认识论的错误），就在于用折中主义偷换了辩证法。"列宁一针见血地指出，"托洛茨基的错误是：片面、狂热、夸大、固执。托洛茨基的纲领是：玻璃杯是炊具，而这只玻璃杯是没有底儿的"。①

每每读完列宁与布哈林和托洛茨基争论的内容时我都感到有一种思维上的震撼。玻璃杯这样一个普通的物品却成为两位俄共（布）领导人之间争论的话题，列宁接过党的理论家布哈林关于玻璃杯的论述，深入浅出地分析了玻璃杯所蕴含的辩证逻辑，随后运用玻璃杯的哲学思维抨击了布哈林和托洛茨基思想的错误实质，真是精彩之极！没有非常深厚的马克思主义理论基础，列宁是无法做到这一点的。

我们再将视野开阔到第二次世界大战后苏联整个决策层面，我们就会清晰地发现，苏联共产党最高领导层犯了多少诸如"玻璃杯是炊具，而这只玻璃杯是没有底儿的"的错误呀，屡屡重复大大小小的辩证逻辑方面的错误，是苏共最终走向垮台的思维根源。还有一个问题值得注意，诸如赫鲁晓夫、勃列日涅夫、安德罗波夫、契尔年科和戈尔巴乔夫等领导人有哪一位像列宁那样极其认真和系统地研究过马克思主义哲学？

五　激进主义和渐进主义

由战时共产主义政策到新经济政策的转变引发了激烈的思想和思维上的争论。苏维埃俄国实行新经济政策之后，受到了来自各方面的质疑和疑虑。苏维埃俄国在采取了许多最革命的行动之后，又转而采取"改良主义的"措施，这里有没有"放弃阵地"、"承认失败"问题呢？一些小资产阶级政党质问布尔什维克党："既然你们试用革命方法以后承认这种方法失败而改用改良主义方法，那岂不证明你们是在宣布革命就是根本错误的吗？那岂不证明根本不应该从革命开始，而应该从改良开始，并且只限于改良吗？"换句话说，由战时共产主义政策到新经济政策的转变是不是共产党战略性和政策性的断裂，两个政策之间是否有逻辑关系？列宁从哲学的高度富有智慧地解释了这个问题。

---

① 《列宁全集》第 40 卷，第 298 页。

　　从哲学层面，列宁将战时共产主义政策视为激进主义政策，"从直接和彻底摧毁旧社会经济结构以便代之以新社会经济结构的意义上说，这是完成任务的一种革命办法"。列宁将新经济政策视为渐进主义政策，"目前的新事物，就是我国革命在经济建设的一些根本问题上必须采取'改良主义的'、渐进主义的、审慎迂回的行动方式。而新经济政策则是以完全不同的、改良主义的办法来代替原先的行动办法、方案、方法、制度"。

　　那么什么是改良主义的办法呢？"所谓改良主义的办法，就是不摧毁旧的社会经济结构——商业、小经济、小企业、资本主义，而是活跃商业、小企业、资本主义，审慎地、逐渐地掌握它们，或者说，做到有可能只在使它们活跃起来的范围内对它们实行国家调节"。"与原先的革命办法相比，这是一种改良主义的办法（革命这种改造是最彻底、最根本地摧毁旧事物，而不是审慎地、缓慢地、逐渐地改造旧事物，力求尽可能少加以破坏）"。

　　这样，由战时共产主义政策到新经济政策的转变实际上是激进主义与渐进主义的政策转换，是条件、环境、任务和思维发生重大变化之后应该出现的逻辑性的转变。在总结由战时共产主义政策到新经济政策的转变这个复杂问题时，列宁对"革命"的作用、功能的分析给我留下了极其深刻的印象。列宁说："对于一个真正的革命者来说，最大的危险，甚至也许是唯一的危险，就是夸大革命作用，忘记了恰当地和有效地运用革命方法的限度和条件。真正的革命者如果开始把'革命'写成大写，把'革命'几乎奉为神明，丧失理智，不能极其冷静、极其清醒地考虑、权衡和验证在什么时候、什么情况下、什么活动领域要善于采取革命的行动，而在什么时候、什么情况下、什么活动领域要善于改用改良主义的行动，那他们就最容易为此而碰得头破血流。要是真正的革命者失去清醒的头脑，异想天开地认为'伟大的、胜利的、世界性的'革命在任何情况下、在任何活动领域都一定能够而且应该用革命方式来完成一切任务，那他们就会毁灭，而且一定会毁灭（是指他们的事业由于内因而不是由于外因而失败）。"在这里我们一定要注意列宁对革命者的理智要求，对于革命者来说，最大的危险，或者说是唯一的危险就是夸大革命的作用。这个警告应该成为我们的政治门牌。列宁从辩证的角度强调运用"革命方法"的"恰当"性和"有效"性，运用"革命方法"应该注意其"限度"和"条件"。列宁使用了"时候"、"情况"、"活动领域"、"极其清醒"、

"极其冷静"、"考虑"、"权衡"和"验证"等一系列词汇来阐发运用"革命方法"所应该考虑的环境、时间和条件。列宁还进一步总结说："应该尽量少干蠢事，尽快地纠正已经干了的蠢事，尽量冷静地考虑：在什么时候，哪些任务可以用革命方法完成，哪些任务不能用革命方法完成。"实际上列宁在讲述治党和治国的一个基本原理，即党和党的领导干部应该正确地根据党和国家不断变化的情况、时期和环境采取相应的政策、方法，就是我们现在经常讲的"实事求是"的基本原则。

现在看来，我在当时写作时并没有完全理解列宁的思想内涵，将列宁的思想理解比较狭窄，实际上列宁的这个思想不仅仅是针对"由战时共产主义政策到新经济政策的转变"这个命题的，对于指导社会主义党和国家的革命和建设乃至改革的任务都具有普遍的科学的指导意义，实际上列宁是在阐述一个治党和治国的科学方法论问题。如果我们从列宁的这个原理来理解小平同志所提出的"不管黑猫白猫，抓住老鼠就是好猫"的论断，就更能理解伟大领袖的哲学思维是高度相通的。但如果我们从列宁的这个原理出发来审视第二次世界大战后的苏联发展进程，就完全可以清楚看出，苏联各个不同时期所出现的治党和治国的方法失当问题。比如赫鲁晓夫的执政犯了"唯意志论"的错误，所谓的"唯意志论"的错误就是"失去清醒的头脑，异想天开地认为'伟大的、胜利的、世界性的'革命在任何情况下、在任何活动领域都一定能够而且应该用革命方式来完成一切任务"的错误，就是企图用行政命令的方式将苏联赶入共产主义的错误。再如，勃列日涅夫时期苏联共产党没有及时观察国际国内局势所发生的巨大变化，采取十几年一成不变的方式和方法治党治国，其结果出现了总体性的"停滞"趋势，积累了一系列非常严重的问题，出现了全面危机的前兆。至于戈尔巴乔夫时期的苏联改革更是违背了列宁的这条原则，当时苏联犹如一个病人需要审慎地断定其病因何在，然后对症下药，但戈尔巴乔夫却采取激烈的所谓的"重建"方式，否定一切的结果自然是苏共垮台和苏联解体，上述这些都犯了非科学的方法论上的错误。

六　如何避免2乘2=蜡烛的错误?

我在研究《苏联高层决策70年》时，发现苏联共产党在取得很多伟大胜利的同时，也犯过大大小小很多错误。布尔什维克党也犯错误，也干愚蠢之事。这是事实，列宁也承认这一点。举几个例子。

- 列宁在反思战时共产主义政策时说，"我们犯了错误：决定直接过渡到共产主义的生产和分配"，"这种构想是错误的"。
- "到1921年春天已经很清楚了：我们用'强攻'办法即用最简单、迅速、直接的办法来实行社会主义的生产和分配原则的尝试已告失败。1921年春天的政治形势向我们表明，在许多经济问题上，必须退到国家资本主义的阵地上去，从'强攻'转为'围攻'。"
- "或者是试图完全禁止、堵塞一切私人的非国营的交换的发展，即商业的发展，即资本主义的发展，而这种发展在有千百万小生产者存在的条件下是不可避免的。一个政党要是试行这样的政策，那它就是在干蠢事，就是自杀。说它在干蠢事，是因为这种政策在经济上行不通；说它在自杀，是因为试行这类政策的政党，必然会遭到失败。""或者是（这是最后一种可行的和唯一合理的政策）不去试图禁止或堵塞资本主义的发展，而努力把这一发展纳入国家资本主义的轨道。这在经济上是可行的，因为凡是有自由贸易成分以至任何资本主义成分的地方，都已经有了——这种或那种形式、这种或那种程度的——国家资本主义。"
- "向纯社会主义形式和纯社会主义分配直接过渡，是我们力所不及的，如果我们不能实行退却，即把任务限制在较容易完成的范围内，那我们就有灭亡的危险。"① 列宁说："我们现在正用'新经济政策'来纠正我们的许多错误，我们正在学习怎样在一个小农国家里进一步建设社会主义大厦而不犯这些错误。"

　　上述论述表明列宁承认过布尔什维克党在决策过程中也犯错误，也出现过失误。

---

① 《列宁全集》第43卷，第278页。

在由战时共产主义政策向新经济政策转变过程中，俄国一些小资产阶级政党和第二国际嘲笑俄共（布）干了很多蠢事。针对这些批评和嘲笑，1922 年列宁反击说，是的，布尔什维克干了许多蠢事，但布尔什维克干蠢事，好比是布尔什维克说"二二得五"，而布尔什维克的敌人即资本家和第二国际英雄们干蠢事，就好比是他们说"二二得蜡烛"。① 列宁的这个比喻表明，布尔什维克党也干蠢事，也犯错误，但布尔什维克与其他政党的区别在于，它不犯逻辑上和方向性的错误。列宁在研究黑格尔《逻辑学》一书摘要时写道："逻辑不是关于思维的外在形式的学说，而是关于'一切物质的、自然的和精神的事物'的发展规律的学说，即关于世界的全部具体内容的以及对它的认识的发展规律的学说，即对世界的认识的历史的总计、总和、结论。"②

我们曾经谈到列宁对马克思主义学说掌握得炉火纯青，从理论上推断，列宁领导的布尔什维克应该不会犯错误，但为什么列宁和列宁领导的布尔什维克还犯了许多错误呢？这是因为人类对世界的改造是一项非常艰巨的过程，世界上没有不犯错误的政党，也不存在不犯错误的神人领袖，说哪个领袖人物不犯错误，那是在搞个人崇拜。这是第一。第二，社会主义事业是前无古人的事业，需要高强度的探索，而探索本身就容许失败和犯错误，而且从某种意义上说，社会主义事业就是在不断遇到挫折中逐步积累经验，逐步走向成熟和胜利的。第三，俄国具有十分特殊的国情，俄国社会主义革命是在十分特殊的条件和环境下取得的。将马克思主义理论运用到俄国革命实践中需要与俄国的实际情况结合起来，这需要一个理论转换的过程，而这个过程出现失误是难免的。第四，布尔什维克党是在特殊情况下夺取政权的，而捍卫政权显得极为不从容，是在激烈的战争条件下进行的。非常时期出现这样或者那样的问题是正常的。

尽管如此，布尔什维克党不会犯致命的逻辑错误。布尔什维克党以马克思主义的辩证唯物主义和历史唯物主义为指导，以实现人民群众的根本利益为原则。这就决定了布尔什维克党理论的科学性和先进性，能够避免犯"二二得蜡烛"的逻辑错误。列宁一再强调辩证法，反对折中主义和诡辩。列宁说："概念的全面的、普遍的灵活性，达到了对立面同一的灵

---

① 《列宁全集》第 43 卷，第 285 页。
② 《列宁全集》第 2 版第 55 卷，第 77 页。

活性——这就是实质所在。主观地运用的这种灵活性=折中主义与诡辩。客观性运用的灵活性，即反映物质过程的全面性及其统一性的灵活性，就是辩证法，就是世界的永恒发展的正确反映。"① 列宁特别反对东拼西凑的理论，"辩证法要求从相互关系的具体的发展中来全面地估计这种关系，而不是东抽一点，西抽一点"。② 列宁批评布哈林时所阐述的观点对我们今天依然具有指导意义。

但列宁时期布尔什维克党不犯辩证逻辑的错误，不能保证几十年后苏共不犯辩证逻辑的错误。如何对待错误，这里有一个马克思主义的态度和方法问题。面对斯大林时期苏联所出现的一系列问题，赫鲁晓夫领导的苏共中央不能全面、审慎和科学地分析当时苏联出现问题的原因，而是将当时苏联所出现的问题一股脑地推到斯大林身上，让已经去世的斯大林个人承担全部历史责任，这就不是实事求是的历史态度，违背了辩证唯物主义和历史唯物主义的基本原理。从这个错误认识问题的思维出发，赫鲁晓夫领导的苏共中央也无法正确和科学地总结斯大林时期苏共所出现的错误的原因和教训。出现错误并不可怕，可怕的是不能够实事求是地对待这些错误。再看20世纪80年代至90年代的苏联改革，由于戈尔巴乔夫不能够科学地、辩证地分析当时苏联出现的问题，所以，戈尔巴乔夫将当时苏联所出现的所有问题都算在苏联共产党和苏联社会主义制度上，这就犯了"二二得蜡烛"的错误。试想一个党的最高领导人将自己所领导的党的全部历史都否定了，还能指望这个党能够领导改革吗？党的最高领导人已对社会主义失去信心，还能指望他来复兴社会主义吗？列宁曾经说过："非本质的东西，外观的东西，表面的东西常常消失，不像'本质'那样'扎实'，那样'稳固'。比如：河水的流动就是泡沫在上面，深流在下面，然后就连泡沫也是本质的表现！"③ 戈尔巴乔夫改革失去了马克思主义学说中所固有的辩证法的本质，只剩下改革浪潮中所泛起的泡沫，而这些已经不是辩证法本质的东西，因此必然会破灭。苏共屡次犯错，犯严重的政治错误原因特别值得思考和分析。列宁在《再论工会、目前局势及托洛茨基同志和布哈林同志的错误》一文中曾经这样来思考布哈林等人

---

① 《列宁全集》第55卷，第90页。

② 《列宁专题文集·论辩证唯物主义和历史唯物主义》，人民出版社2009年版，第310页。

③ 《列宁全集》第55卷，第107页。

的错误根源，他表示："如果一个人从他自觉运用的一定原理出发犯了错误，那么不找出他犯错误的理论根源，就无法完全弄清他的任何错误，包括政治错误在内。"① 布哈林等人犯了折中主义的错误，而戈尔巴乔夫等人同样也犯了逻辑上的错误，犯了违背辩证法的错误。这是最核心的错误。

七　共产党的最致命问题就是长期脱离人民群众

我在研究苏联高层决策时经常思考一个问题，为什么苏共垮台了呢？为什么第二次世界大战后苏共出现了那么多、那么大的种种错误，而长久得不到纠正？为什么在 20 世纪 90 年代苏共最困难的时期人民群众没有挺身而出，维护苏共？看来，长期以来，苏共最高决策层长期脱离人民群众，干了很多损害老百姓利益和意愿的事情，做了很多老百姓不满意、不拥护、不感兴趣的事情。比如，到了 20 世纪 90 年代苏联还解决不了商品短缺的问题，苏联卫星可以上天，却缺少一次性针头！20 世纪 60 年代至 70 年代，苏联出现了很多问题需要加以解决，而苏联共产党却向全世界宣布，苏联进入发达社会主义！更为离谱的是赫鲁晓夫居然在 20 世纪 50 年代提出，苏联将在 20 年内建成共产主义社会！一个政党长久地忽悠自己的民众，其最后的结果就是民众对自己的不信任和冷漠。因为苏联人民群众的眼睛是亮的，心是明的，他们最知道当时苏联是一个什么样子。说大话、说假话、说空话、说套话，最终形成了"《消息报》里没消息，《真理报》中无真理"的可笑、可叹和可悲的荒唐局面。而长期脱离人民群众的苏共，不论其历史有多么辉煌，也逃不掉其垮台的命运。这是历史的辩证法所决定的。

列宁在阐述马克思主义学说时曾经表示："发展唯物主义历史观，或者更确切地说，把唯物主义贯彻和推广运用于社会现象领域，消除了以往的历史理论的两个主要缺点。第一，以往的历史理论至多只是考察了人们历史活动的思想动机，而没有研究产生这些动机的原因，没有探索社会关系体系发展的客观规律性，没有把物质生产的发展程度看做这些关系的根源；第二，以往的理论从来忽视居民群众的活动，只有历史唯物主义才第

① 《列宁专题文集·论辩证唯物主义和历史唯物主义》，人民出版社 2009 年版，第 310 页。

一次使我们能以自然科学的精确性去研究群众生活的社会条件以及这些条件的变更。"① 可见，马克思主义就是人民大众的理论，马克思主义学说就是人民群众的学说，马克思主义关注群众生活的社会条件以及这些条件的变更问题。

我在研究列宁战时共产主义政策时，有一段时间有一个问题百思不得其解，为什么在国内战争和反对外国武装干涉时期，列宁得到了人民群众的支持？为什么战争结束了，俄国农民却出现了激烈地反对苏维埃政权的声音，出现了一些政治暴动？为什么在战争状态下农民能够忍受余粮收集制，而战争结束后却激烈反对这个政策？为什么布尔什维克党没有能够在战争结束后及时调整政策，废除余粮收集制改行新经济政策？经过仔细研究列宁的这个时期的著作，我终于找到了答案。列宁的意思非常清楚，战时共产主义政策领导严重脱离了人民群众，造成了两个非常消极的后果：一是人民群众不支持；二是损害了生产力的提高。列宁说："在经济战线上，由于我们企图过渡到共产主义，到 1921 年春天我们就遭到了严重的失败，这次失败比高尔察克、邓尼金或皮尔苏茨基使我们遭到的任何一次失败都严重得多，重大得多，危险得多。这次失败表现在：我们上层制定的经济政策同下层脱节，它没有促成生产力的提高，而提高生产力本是我们党纲规定的紧迫的基本任务。"列宁还说："在农村实行余粮收集制，这种解决城市建设任务的直接的共产主义办法阻碍了生产力的提高，它是我们在 1921 年春天遭到严重的经济危机和政治危机的主要原因。"列宁真正认识到了战时共产主义政策的危险性。一时脱离人民群众不可怕，修改政策，使人民群众得到政策的益处，会使党在人民群众中重新恢复信任。由战时共产主义政策向新经济政策的成功转变就证明了这一点。

在研究列宁时期的苏联最高决策时可以看到，列宁讲出了一个非常深刻的道理，即只要党和国家的政策符合民心，虽然一开始与最高决策层所期望的要慢些，但会逐渐产生好的结果。列宁说："既然退却是正确的，那么，在退却之后同农民群众汇合起来一道前进，虽然缓慢百倍，却能坚定地稳步前进，使他们随时看到我们毕竟在前进。那时我们的事业就一定会立于不败之地，世界上任何力量都不能战胜我们。""同农民群众，同普通劳动农民汇合起来，开始一道前进，虽然比我们所期望的慢得多，慢

---

① 《卡尔·马克思（1914 年 11 月）》，《列宁全集》第 26 卷，第 59 页。

得不知多少，但全体群众却真正会同我们一道前进。到了一定时候，前进的步子就会加快到我们现在梦想不到的速度。依我看，这就是新经济政策的第一个基本的政治教训。"这就是人民群众中间所孕育的辩证法思想。

从这个道理出发，在新经济政策时期列宁特别强调同农民结合的问题。1922年3月在党的十一大上，列宁说："新经济政策对我们之所以重要，首先是因为它能够检验我们是否真正做到了同农民经济的结合。"列宁说："我们试着建立的新经济并没有同农民经济结合起来。现在是否结合了呢？还没有。我们只是开始寻求这种结合。……其实新经济政策的全部意义就在于而且仅仅在于：找到了我们花很大力量所建立的新经济同农民经济的结合。我们的功绩就在这里"。"我们在同农民一道建设自己的经济。我们要一次次地改造这种经济，并把它组织得能使我们在大工业和农业中的社会主义工作同每个农民从事的工作结合起来，农民是能怎么干就怎么干，只求摆脱贫困，而且是会怎么干就怎么干，绝不卖弄聪明（因为他们要摆脱惨遭饿死的直接威胁，哪里还顾得上卖弄聪明呢？）。"列宁说："我们的目的是恢复这种结合，用行动向农民证明，我们是从农民所理解、所熟悉、目前在他们极其贫困的境况下办得到的事情做起，而不是从在农民看来是遥远的、空想的事情做起。"列宁认为，"这就是新经济政策的意义，这就是我们全部政策的基础。这是我们过去一年来实施新经济政策的主要教训，也可以说是我们下一年度的主要政治准则"。与农民结合就是让农民能怎么干就怎么干，因为农民是最讲究实际的，绝不会卖弄聪明。这是列宁从新经济政策中悟出的道理。

与农民结合需要党具有本领，具有与农民进行经济结合的真本事。列宁说："资本家为了发财致富建立了同农民经济的结合；为了加强我们无产阶级国家的经济实力，你也应该建立同农民经济的结合。你比资本家占优势，因为你手中有国家政权，有多种经济手段，只是你不善于利用这些东西，观察事物要清醒一些，扔掉华而不实的东西，脱去华丽的共产主义外衣，老老实实地学着做些平凡的工作，这样我们就能战胜私人资本家。我们有国家政权，我们有许多经济手段；如果我们击溃了资本主义，建立了同农民经济的结合，那我们就会成为绝对不可战胜的力量。那时，社会主义建设就不仅仅是作为沧海一粟的共产党的事业，而是全体劳动群众的事业了；那时，普通农民就会看到，我们在帮助他；那时，他就会跟着我们走，虽然这种步子要慢百倍，却稳当可靠百万倍。"列宁还说："目前我们在实行战略退却，它将在不久的将来给我们提供一个比较宽阔的进攻正面，使我们同千百万小农、同农民群众在经济上极其牢固地结合起来，使我们的联盟——工农联盟，即我们整个苏维埃革命、我们整个苏维埃共和国的基础——立于不败之地。""丢掉华而不实的东西"！"脱去华丽的共产主义外衣"！"做些平凡的工作"，列宁说得多好呀！布尔什维克党在与资本家争夺农民支持的斗争中靠的只能是真本事，真正的经商的本事。

　　社会主义事业是千百万人民群众的共同事业，只靠共产党是建立不起来的。列宁说："只靠共产党员的双手来建立共产主义社会，这是幼稚的、十分幼稚的想法。共产党员不过是沧海一粟，不过是人民大海中的一粟而已。他们只有不仅从世界历史发展方向来看是正确地确定了道路，才能领导人民走他们的道路。从世界历史发展方向来看，我们确定的道路是绝对正确的，每个国家都在证实我们确定的道路是正确的，但在我们的祖国，在自己的国家里，我们也应当正确地确定这条道路。……如果共产党员能够用别人的手来建设经济，而自己能向资产阶级学习，使资产阶级走共产党员要走的道路，那我们就能管理这种经济。"

　　列宁的上述论述实际上解释了共产党长期执政的秘诀，即与人民群众在一起，依靠人民群众，说他们所熟悉的语言，做他所熟知的事情，与他们并行前进，虽然最初前进速度很慢，但逐渐地会获得加速度。工农联盟是苏维埃政权的政治基础。最近在研读列宁1922年在俄共（布）中央委员会政治报告，有一段话特别吸引了我。列宁说："人民感觉到，农民看到，从前线回来的每个士兵也都十分明白，苏维埃政权是他们所获得的比较民主、比较接近劳动群众的政权。不管在其他方面我们做了多少愚蠢荒唐的事情，但是，我们注意到了这个主要的任务，这就是说，一切都是正确的。"① 从这个看出，列宁多么在意苏维埃政权的劳动人民的性质，布尔什维克党可以做很多愚蠢荒唐的事情，但在接近劳动人民方面不能含糊，有了这个基础，不管布尔什维克党遇到什么困难都能够得到克服。这是布尔什维克党获得政权和保住政权的最重要的条件。

---

① 《列宁专题文集·论社会主义》，人民出版社2009年版，第338页。

八 变革不需要搞花架子，不需要赶浪头，必须克服无谓奔忙，大喊大叫

在研究由战时共产主义政策向新经济政策转变时，我发现一个十分有趣的问题，即新经济政策实行以后苏维埃俄国各级领导机关出现了"神经过敏和无谓奔忙"的现象，出现了"追求一切都按新样子建立和赶浪头"的倾向。许多人给列宁写条子和打电话问："既然我们实行了新经济政策，我们这里能不能也改组一下？"当时苏维埃俄国很多人将向新经济政策的转变视为在机构方面改动一下，或者玩弄一下新的别的什么花样和方式，换句话说，当时很多人实际上在空谈新经济政策。商人们嘲笑共产党人："过去有过劝说司令，现在又出了空谈司令。"当时最大的问题就是布尔什维克党搞革命可以，打仗可以，但经商却不在行，更不知道如何搞新经济政策。所以，最初苏维埃政权在与资本家的较量中被动挨打，处处受制于人。正如列宁所说，资本家不仅在市场上揍我们，而且他们还会在合营公司内部揍我们。列宁批评神经过敏、大喊大叫和无谓奔忙的现象。列宁表示："在新经济政策问题上，不要再卖弄聪明、高谈阔论了！诗，让诗人去写好了，这是他们诗人的事。但是，经济工作者，请不要再侈谈新经济政策了，请你们更多地建立这种合营公司，查一下善于同资本家竞赛的共产党员有多少。退却已经结束，现在的问题是重新部署力量。这就是代表大会应当作出的指令，这个指令应当结束忙乱现象。安静点吧，不要自作聪明，这是有害的。需要在实践上证明，你工作得并不比资本家坏。""诗，让诗人去写好了，这是他们诗人的事"，列宁的这席话至今深深地印在我的记忆中，我们在进行社会主义建设进程中最需要的就是脚踏实地，领导干部高谈阔论对党和国家的事业无益。列宁强调，布尔什维克党要"学会经商"。

从列宁的论断看，赫鲁晓夫时期的苏联改革，真是触目惊心呀。赫鲁晓夫执政时期苏联搞了多少改组的花样！从改组苏联部长会议，将苏联部长会议的两个机构（主席团和主席团常务委员会）改为一个机构；将苏共中央的两个机构（主席团和主席团常务委员会）改为一个机构，即苏共中央主席团；工业大改组：由中央部门管理体制转向地区管理体制，成立国民经济委员会；改组拖拉机站；农业机构改组。上述重大改

组措施已经造成了一些混乱，最可笑的是，赫鲁晓夫改动了党的组织结构，即按照生产原则将党改组为工业党和农业党，而且苏联各级苏维埃、工会和共青团也按照生产原则一分为二，二元化的党政领导体制造成了苏联政治和社会管理的极大混乱，勃列日涅夫一上台就取消了这种荒唐的做法。

列宁曾经说过："1922 年：关键不在于机构，不在于改组，不在于新的法令，而在于挑选人才和检查执行情况。"可见，重新部署力量就是增进共产党员的文化素养，增进共产党人治理国家的才能。

九　列宁生命最后时期的几个最惊人的、也许长期被忽视的战略判断

我在研究列宁思想时特别关注列宁在其生命最后时期的思想阐述和战略判断。因为列宁不是突然去世的，重病使列宁清醒地意识到他的时间不多了。列宁需要将自己认为对党和国家最紧要的问题提出来，加以阐述和分析，提示未来党和国家领导人和中央领导集体。我在这套书的第 2 卷《列宁时期》（下）第 9 章、第 12 章和第 13 章，比较全面和系统地叙述和论述了列宁最后思想和列宁遗嘱问题。其具体内容我在这里不再赘述。但我必须提炼出列宁的几个极其重要的观点加以提示，因为在我看来，列宁的这些思想非常重要，具有极其深远的战略意义，但又恰恰没有被后来的共产主义者们所特别关注。

第一，文化！仅仅是文化。我引述以下几段列宁的话。

- "停止退却：对我们来说，无产阶级国家，减去向新经济政策所作的让步，所'取得的'东西已经足够（保证社会主义）。成功是有保证的，如果够了的话？什么够了？文化！！！""结论：我们有足够的手段来取得新经济政策的胜利，包括政治的和经济的手段。问题'仅仅'在于文化！"

- "这里必须明确地提出一个问题：我们的力量是什么，我们缺少的是什么？政治权力是完全够了。……俄国无产阶级国家掌握的经济力量完全足以保证向共产主义过渡。究竟缺少什么呢？缺什么是很清楚的：做管理工作的那些共产党员缺少

文化。如果拿莫斯科 4700 名负责的共产党员和一堆官僚主义的庞然大物来说，是谁领导谁呢？说共产党员在领导这堆庞然大物，我很怀疑这种说法。说句实话，不是他们在领导，而是他们被领导。"

- "任何一个经过资本主义大企业训练的店员，都会办这种事，而 99% 负责的共产党员却不会办，并且不想懂得自己没有这种本领，应该从头学起。如果我们不懂得这点，不进预备班重新学习，我们就无论如何解决不了作为目前全部政策基础的经济任务。"

在列宁生命的最后时期，尽管列宁认为对于苏维埃政权来说，政治问题和经济问题非常重要，但列宁依然将文化提到战略高度加以关注，列宁所说的文化实际上是一个大文化的概念，即包括物质文化和精神文化。列宁的文化战略高度是，"只要实现了这个文化革命，我们的国家就能成为完全社会主义国家了"。① 可见，列宁是讲文化与完全实现社会主义事业紧密联系在一起。2011 年中央十七届六中全会，通过了关于文化方面的重要决议，这是我党在新的历史条件下对文化战略地位的最新认定，在学习党的关于文化方面的决议时，重温列宁的有关文化方面的论述，倍感列宁思想的伟大和高远。

第二，俄国革命的命运，俄国完全能够实现社会主义！

第二国际的观点是，俄国还没有成长到实行社会主义的地步，还没有实行社会主义的客观经济前提，"俄国生产力还没有发展到可以实行社会主义的高度"。列宁忍着病痛写出了非常经典的话语："他们根本不相信任何这样的看法：世界历史发展的一般规律，不仅丝毫不排斥个别发展阶段在发展的形式或顺序上表现出特殊性，反而是以此为前提的"；"他们谁也没有想到问一问自己：面对第一次帝国主义大战所造成的那种革命形势的人民，在毫无出路的处境逼迫下，难道他们就不能奋起斗争，以求至少获得某种机会去为自己争得进一步发展文明的并不十分寻常的条件吗？"列宁说："既然建立社会主义需要有一定的文化水平（虽然谁也说不出这个一定的'文化水平'究竟是什么样的，因为这在各个西欧国家

---

① 《列宁全集》第 43 卷，第 368 页。

都是不同的），我们为什么不能首先用革命手段取得达到这个一定水平的前提，然后在工农政权和苏维埃制度的基础上赶上别国人民呢？""你们说，为了建立社会主义就需要文明。好极了。那么，我们为什么不能首先在我国为这种文明创造前提，如驱逐地主，驱逐俄国资本家，然后开始走向社会主义呢？你们在哪些书本上读到过，通常的历史顺序是不容许或不可能有这类改变的呢？"由此列宁得出的结论是，社会主义完全可以在俄国取得胜利。

第三，列宁的极其重要战略判断。

列宁几次谈到东方国家在进行自己的革命时会带有更多的特殊性，就像俄国革命与西欧革命相比也带有更多的俄国特色一样。下面我引述列宁的两段特别重要的话：

- "俄国是个介于文明国家和初次被这场战争最终卷入文明之列的整个东方各国即欧洲以外各国之间的国家，所以俄国能够表现出而且势必表现出某些特殊性，这些特殊性当然符合世界发展的总的路线，但却使俄国革命有别于以前西欧各国的革命，而且这些特殊性到了东方国家又会产生某些局部的新东西。"

- "我们的欧洲庸人们做梦也没有想到，在东方那些人口无比众多、社会情况无比复杂的国家里，今后的革命无疑会比俄国革命带有更多的特殊性。"①

列宁的上述论断已经清楚地说明，俄国是介于西欧和东方之间的国家，具有有别于西欧革命的特殊性，所以，从这个结论出发，列宁特别强调马克思主义与俄国革命的相结合问题。列宁的第二个论断对我国更具有极其重要的现实意义。在列宁看来，与俄国革命的特殊性相比，东方国家的革命将来又会产生某些局部的新东西，比俄国革命带有更多的特殊性。我们中国的社会主义革命和建设不就是沿着这样一个马克思主义与中国实际相结合之路走过来的吗？马克思主义、列宁主义、毛泽东思想、邓小平

---

① 《列宁全集》第 43 卷，第 370—372 页；《列宁专题文集》（论社会主义），人民出版社 2009 年版，第 358—360 页。

理论、"三个代表"重要思想和科学发展观不就沿着这个线路体现出马克思主义与中国实践的一脉相承吗？

（邢广程，原中国社会科学院俄罗斯东欧中亚研究所所长，现中国社会科学院中国边疆史地研究中心主任）

我和欧洲研究所

裘元伦

1997 年裘元伦（右 2）陪汝信副院长访德

  1993—2000 年这七个年头，我在欧洲所当所长。2000 年年底卸任，至今又逝去了十年多光阴。这十七八年，令我回味万千：它曾经给我增添过一丝短暂的"荣光"；它深广了我关于欧洲问题的一些原先十分浅薄、至今也并不深厚的知识；它教会了我作为一个小单位的领导者所必须具备的若干起码的做事做人的道理；它更是从欧洲所 30 年的历史发展进步中极大地加强了我对伟大社会主义祖国锦绣前程的坚定信心和美好憧憬。

依依惜别世经政所，只身进入原西欧所

　　1993 年秋季的一个工作日，时任院有关部门一位领导人找我谈话，通知我，在即将来临的全院各所换届过程中，把我从世界经济与政治研究所副所长岗位调到欧洲所任所长。我立刻意识到这是组织上对我的培养、信任和考验，我决不能辜负领导的期望；在局外人看来，这当然是一次"荣升"；而于我本人而言，内心却充满着纠结。

　　这种纠结主要来自我对已经在那里工作了 33 年（从我 1960 年进入经济研究所世界经济研究室算起）的世经政所的深深感情。在"世经所"——我喜欢用它早期始于 1965 年的那个让我感到特别亲切的名字，开始了我一生的学术生涯。在那里，早在 1960—1964 年经济研究所世界经济研究室工作时，我就得到了时任所长孙冶方等前辈和世经室资本主义经济研究组组长李琮等师长的学术启蒙教育，他们给我们新来的年轻人讲授《资本论》，给我时间学习俄语与德语，教我如何写研究文章，并亲手动笔帮助修改我的起始拙作，一步步引导我尽快进入学术殿堂；在那里，在前辈与师长们的关怀帮助下，自 1961 年在《光明日报》上占半个版面发表了我第一篇关于西德农业问题的文章以来，日积月累，逐渐奠定了我的学术研究工作基础；在那里，我受到了历任所长何锡麟、钱俊瑞、浦山、李琮的鼓励支持，并得到了所内外、院内外乃至全国学术同行和众多朋友的认可和激励，包括外交部原副部长王殊等前辈的多次亲切教导。诚然，在世经所期间，适逢开始"文化大革命"，我时年 28 岁，为此，我几乎耗掉了整整 11 年（包括 1965 年下乡"四清"）宝贵青春，待后来工作重回正轨时，我已是快 40 岁的人了。然而即便在那艰难的岁月里，特别是在"文化大革命"后期，我还在十分珍惜时间"偷偷"工作，1979 年完成了我的处女作《西德的农业现代化》，1980 年初出版，1981 年再版；翻译了俄文书籍《欧洲一体化条件下的西德农业》（1980 年出版时书名改为《西德农业》），《西欧国家的农业工业化》也大约在同时出版；翻译了德文书籍《德意志联邦共和国帝国主义》（译稿借给一位老同事被丢失），上列三本译著总字数超过百万。改革开放以后，我真正迎来了研究工作的春天，1981—1982 年整整两年，我有幸被外交部借调派往我国驻波恩大使馆工作；1986—1987 年间，我得到德国艾伯特基金会的资助，在基尔大学世界经济研究所做学术研究工作，在那里，1986 年写出了我这一生最称心的一部著作《稳定发展的联邦德国经济》，1988 年出版后获得了普遍的好评。总之一句话，是世经所的诸位前辈和众多同事们帮我走过了我一生学术生涯中的决定性的一大步。而今要我离开这样一个地方，怎能让我不依恋呢?

这种纠结还来自我对原西欧所的不了解。世经政所虽大，但我熟悉;原西欧所虽小，我却十分陌生。只身前往，可能会有"风险"。本想带几个人一同前往，但后来想想，要别人改变专业方向，强人所难，还是不这样做为好。何况上有院领导关怀指导，下有原西欧所同事们的广泛支持——毕竟其中有些人是我已经认识多年的朋友，再加上我本人对欧洲问题特别在经济领域也多少有所了解，不完全是个"外行"，这样，我毅然决然地从楼上走到了楼下——世经政所在院部大楼 15 层，原西欧所在 14 层，只身进入了一个相对陌生的研究所。

欧洲所"逼迫"我必须丰富自己的知识，
欧洲所磨炼我进一步学会如何做人

一踏进西欧所，时时看见"西欧研究所"这块牌子，心中总觉别扭。1993 年年底，离 1989—1991 年苏东发生剧变已经三四年，世界与欧洲格局早已出现大变，再用"西欧"二字冠以研究所名字显然已经不合时宜。我一定要改变它。经过各方努力，在前任已经在着手做这件事的基础上，院领导于我上任西欧研究所所长第二年，即 1994 年就正式批准了把它改名为"欧洲研究所"。这一改名，无论对于我个人还是研究所都意义重大。

之所以说研究所改名意义重大，我想主要有三个原因。一是它符合国家利益。自邓小平 1992 年"南方谈话"公开发表以来，中国的改革开放事业翻开了崭新的一页。中欧关系自此开始也得到了积极的迅速发展。这就要求我们全面加强对欧洲的研究，不仅是欧盟整体，其主要成员国，还要把视野扩展至全欧疆界乃至全球，更好地为我国的社会主义建设事业和外交工作服务。为此，我们不仅要特别重视欧盟层面的研究，而且要继续保持和发扬原西欧研究所对国别研究相当重视的传统。原西欧所先前多年的立足之本就在于它拥有一批在国内有一定知名度的国别问题专家。我们要"两条腿走路"。二是对我本人而言，随着所名的正式更改，作为一所

之长，我必须努力拓展和加深知识面。我长期从事西德经济研究，知识面比较窄，而今必须要懂得欧洲政治、经济、社会、历史、文化、外交等方方面面知识，只有这样，我才能掌握（哪怕是一定程度的）话语权，我才能具备必要的判断力，我才能真正握有引领全所研究工作向着正确目标前行的领导权。三是这一改名对我所的未来建设特别重要。原西欧研究所实际上有相当一部分同事分别研究西欧几个重要国家的某个方面，还有一部分同事从事欧洲一体化概况研究，当然也有少数同事有志于从事相对"纯理论"的研究。所有这些都是必要的、合理的，但都必须加强。如何加强，除了依靠原有队伍、调整机构设置等之外，我们主要把希望寄托于日后进所的新同志、年轻人。未来的"新人"们，不管干什么，都不能忘却"欧洲"二字，他们的眼光，他们的知识，他们的团队精神，他们的培养成长，他们的成果业绩，事事、处处、时时都要内含着"欧洲"二字。

欧洲所不仅"逼迫"我必须不断丰富自己的知识，而且还磨炼我进一步学会如何做事做人。这里首先是指研究工作中的理论联系实际的问题。我一生学术生涯的主要动力和目的就是为国家利益服务。如何才能真正实现这一心愿，我认为主要是必须让自己的学术研究工作对我国的社会主义建设事业有用，也就是说必须于实际有益。我在欧洲所任职期间，一贯强调且履行了这一指导思想。在这七年中，所内的大多数重要研究课题都是为国家的近期迫切或中长期需要而设的。当然，在那段时间里，特别强调这一点也同当时欧洲所人员结构有关。一来到原西欧所，我很快就了解到它与世经政所有许多不同之处，其中之一是，楼上的那个所"三门"干部较多，从家门、经校门、进机关门，他们中有些人对写作有一定理论深度的文章、著作比较感兴趣，那里的"理论气息"较浓；当然，世经政所也成就了大量的结合实际的研究成果，特别是也许可谓是当时在全国同行中首屈一指的各种内部调研报告、资料；而楼下的这个所，"改行"的干部较多，他们过去在实际工作部门待过，对各种"涉外"事务有一定的感性知识和实际经验，但总体来说，理论功底不大深厚（包括我本人）。这种局面，对于一批已经四五十岁的人而言，一时半会儿是很难改变的。只有随着时间的推移，代际交替，自然而然地渐渐变动。同时，这些"老"同志们的理论水平，主要通过他们自己的奋发努力，在后来的那些年月里，也都有了明显的提高，欧洲所长期都由他们支撑着。直到最近几年才开始真正逐渐发生变化。其次我在欧洲所任职期间，深感当所长与副所长大不相同。副所长是所长助手，大主意由别人拿，自己只要按指示去执行就是了，相对"轻松"一些。但当所长不同，在党委领导下，不少大事均须由你决定，且要考虑到方方面面。在这七年中，我特别注意约束自己，力求避免主观武断，尽力做到平等待人，清洁工和院领导在我心目中是同样平等的工作人员。卸任之后，我曾听到过人们的批评，说我"平等有余，威权不足"，对此，我至今并不后悔。因为我当时所追求的就是让全所工作人员——也许做不到百分之百——心情舒畅，团结合作，做好事业。第三在我任职期间，我总是小心翼翼地时刻提醒自己，作为一所之长，绝对不能分外多占小便宜。在做德国阿登纳基金会资助的为期两年的课题时，我决定从每一课题组成员每月 2400 元的收入中提成 1/4 即 600 元，6 人每月合计 3600 元，连续 24 个月，交给所内补贴行政人员，我本人一分不多拿，反而经常从自己的口袋中拿出钱来去处理某些零碎杂务。在做院资助的关于欧盟对华关系的一个课题时，我努力让其他两位成员成就他们个人的第一本较有分量的专著，只署他们各自的名字，最终"分配"时，我拿的也不比他们多。卸任之后，我又曾听到过人们的批评，说我"过于死板"，我理解这个"死板"的含义，欣然接受。我退下来之后的十年里，过得十分坦然，这要感谢在欧洲所任职期间对我的磨炼，更要感谢后任所领导们对我的关心与照顾。

欧洲所 30 年的历史发展进步体现着 时代的变迁与国家的进步

欧洲所 30 年所取得的显著成就有目共睹，这是一系列大大小小、里里外外的因素共同促成的。就宏观而言，它体现着时代的变迁与国家的进步；就微观而言，它饱含着我所前辈同仁们所付出的大量辛勤劳动和历任所领导薪火相传所作出的不断努力。

所谓"时代的变迁"，主要体现在三个方面：技术上，现今的欧洲所，如同其他兄弟所一样，几乎每个房间都密布着电脑，打印机随便用，先进的复印机好几台，这为科研工作提供了极大的方便。遥想欧洲所初创期一段相当长的时间内，全所只有一两台庞大而又笨重的汉字打印机，一台简陋而又低效的蜡纸油印机，一摞摞方格手写大稿纸……而今的年轻人很难真切地体会到前辈们是怎样从这条荆棘的路上走过来的。政治上，和平和发展是当今世界的两个主题，尽管各国矛盾、纷争甚至对抗不断，但国家政府之间、民间人士之间的和平合作大潮势不可挡，这也为世界范围内的学术交流日益深入开展创造了有利条件，这里自然也包括中欧双方。经济上，随着经济全球化的不断深入发展，全球范围内的商品、服务、人员、资本往来规模越来越大，程度越来越深，领域越来越广，这也是世界发展的大势，只要利用得法，学术交流也将从中得益。事实也早已证实了这一点。

国家的进步更不待多言。中国经济 30 年来的迅猛发展，不仅已经初步从根本上改变了国家的面貌，而且还迅速地提高了自己的国际地位与影响力。中国 GDP 在先后超越了欧洲主要国家意大利、英国、法国和德国之后，2010 年又超过了日本，成为世界第二经济大国，全球第一出口大国。没有这一切巨大进步，中国也就不可能受到包括欧洲国家在内的全球各国今天这般的高度重视。这极其有利于我国发展对外关系，包括中欧学术交流。这也极其有力地推进着我国的各项社会主义建设事业，包括为科研工作提供日益丰厚的资金支撑。

从微观角度看，欧洲所 30 年的成就首先要归功于前辈与现辈们的长期辛勤劳动，一摞摞的稿子是他们写就的，一本本的著作是他们出版的，一篇篇的文章是他们发表的，所有这一切日积月累，为欧洲所在全国同行中奠定了良好的信誉和较高的地位。自然，这里也包含着历届所领导的辛勤努力。从西欧所筹备组在文字改革委员会那座小楼里的几间房间里的工作算起，他们都为欧洲所的成长壮大付出了自己的心血。第一任所长徐达琛是我所开山鼻祖之一，他从一台打字机、一架油印机开始艰苦创业，其艰难、其壮观，为我等晚辈所永远敬仰。正是出于这种敬仰，在他去世时，是我抱着他遗体的上半身，与其家人一起，把他送入太平间，让他安详地躺进了长条形的遗体冷冻柜里。第二任所长李琮是国内著名的世界经济学者，在他的领导下，欧洲所的组织机构设置有了明显的改进和提高，他带领全所同志潜心做学问，写出了我所第一本欧洲系研究生教材《西欧经济与政治概论》；是他带领我所的一些学者，在 20 世纪 80 年代中期就开始认真研究西欧社会保障制度，并合作出版了专著；是他大力支持我所先前已经开始的"西欧丛书"大量的翻译工作，使国内同行有机会了解国外的有关研究成果。第三任所长陈乐民是国内外著名的西欧问题专家。他学贯中西，擅长欧洲历史、文化、社会、外交，学识渊博，为所、院内外所称道，所尊敬。他的著述、他的作品，观点独到，文采飞扬，博得众多人士颂扬赞誉。在他周围，有一批才华横溢的我所中青年学者，他们是我所有关学科的骨干。本人是第四任所长，专业重点是欧洲经济。在任上，也做了一些有益的事情。例如，在国内强化了当时我所的西欧国别研究优势，同时也加强了对欧盟整体的研究；发起编写每年出版一本《欧洲发展报告》，在后任的努力下，延续至今已达十五六本；倡议抓紧着手加强与欧盟有关方面的联系，为我所后来积极参与欧盟对中国欧洲研究的两大项目，做了一些先期的铺垫。现任所长周弘，年纪最轻，学位最高，诸项条件最好，任职时间最长，精力最充沛，更是为我所作出了巨大贡献，特别是结合两大欧盟项目，给我所开创了全新的面貌，描绘出一幅灿烂的前景。

欧洲所30年的成绩来之不易。其实，上述的宏观和微观条件只有一件件都落到实处才能真正发挥作用。谁都懂得，研究国际问题，离不开资料，离不开课题，离不开成果的发表、出版，离不开对研究对象的感性了解和对本国国情的把握，离不开所需要的各类人才，当然更离不开必要的经费支持。我的前辈们，即在20世纪50年代、60年代、70年代当所长的人们，曾经面临过上述各个方面的种种困难。直至90年代，时任中共中央政治局委员的李铁映同志兼任中国社会科学院院长之后，我院各所的物质条件才真正有了显著的改善。万元级、十万元级甚至几十万元级的研究课题纷纷出现。随后跟进的还有电脑的日益普及，出版资助的提供，高学位的研究人员源源进入，与国外的交往迅速增加，参与国家机构咨询的机会越来越多……所有这一切都是时代的变迁和国家的进步带给我们的丰硕成果。全国政协副主席、前任院长陈奎元上任以来，这一进程得到了进一步增强，令人欢欣鼓舞。而对欧洲所而言，20世纪90年代下半叶和21世纪初期欧盟对中国欧洲研究事业提供资助，先后配置两个大项目，尤其是第二轮大项目，更是进一步提高了欧洲所的地位，给欧洲所提供了方方面面的机会，意义深远。

（裘元伦，中国社会科学院欧洲研究所研究员）

有关创办《世界经济》杂志的若干问题的回忆

史　敏

1977年11月，世界经济研究所领导决定要创办一本所刊，在国内外公开发行。当时担任常务副所长的孙亚明同志就要我来负责具体筹办。为什么让我来担负这个任务。我想重要的原因是由于我在世经所建所前从1960年起就在世经所的前身——经济所的世界经济研究室从事世界经济研究，也算是干了相当一段时间的业内人士了。而更重要的原因可能是因为我在1976—1977年间，在党中央的《红旗》杂志编辑部当了一年多的编辑，多少有一些编辑工作的经验。当时是在"四人帮"垮台后，党中央决定恢复党刊《红旗》杂志的出版，而杂志社的原编辑还都处在集中学习搞运动的状态，中央决定临时从社科院的前身——中科院哲学社会科学部借调十多个研究人员到《红旗》杂志搞编辑工作，我是其中之一，被分配到经济组负责工业经济那个方面。我在1977年下半年回所后，就面临创办所刊这个任务。我稍加考虑就向所领导表示愿意接受这个新任务。所领导即要我起草一个准备上送给新成立的中国社科院临时党组的关于创办所刊的请示报告。

这时我首先要考虑的就是所刊的办刊方针和刊名问题。作为社科院世经所的所刊，当然与社科院其他研究所的所刊一样，首先应当是本学科的一本高水平的学术刊物，有较强的理论性和学术性。要充分反映世界经济学科国内外的学术动向、研究成果和不同的学术观点。但除了这个基本面以外，社会上还对了解世界经济的现实问题的基础知识、统计数据等有广泛的需求。而当时全国还没有一本涉及世界经济基本知识的刊物，甚至连比较通俗的《世界知识》杂志也还没有恢复出版。因此，我考虑这本世经所所刊的办刊方针应当是：以理论性、学术性为主，兼顾知识性、现实性。当然，期刊上各类文章的比例是可以根据形势的变化尤其是读者的需要和来稿的情况来适当地调整的。在办刊方针基本确定以后，刊名也就好定了。当时考虑刊名主要是在《世界经济研究》和《世界经济》两者之间选哪一个的问题。最后决定还是选用《世界经济》比较好，能够更好地体现办刊的方针，尤其是扩大读者的范围，既包括理论界的学术界人士，也包括普通干部和广大一般读者。

在确定办刊方针的刊名后，紧接着要考虑的就是究竟请哪位领导或学者来题刊名。我和孙亚明副所长首先想到的是最好能请郭沫若同志为我们题这个刊名。郭老既是中国科学院院长，我们的老领导，又是闻名中外的大学者，还写得一手好字，为我院好几本所刊题了刊名。但他年事已高（已近86岁高龄），不知还能不能为我们题刊名。后来我们看"全国科学大会"开会时，会标还是郭老的题字。于是我们就立即决定请郭老为我们题刊名，通过有关同志联系郭老后，郭老还真给面子，答应给题刊名。郭老一下子写了三幅《世界经济》的刊名题字，并告诉我们"因为年老了，写字时手有些发抖"，让我们从三幅题字中挑取比较好的"世界经济"四个字。随后我就从三幅题字的两幅中分别选取了"世界"和"经济"的字样，拼成了《世界经济》的刊名，一直刊用至今。这幅刊名题字，很可能是郭老最后一项为公开出版物的刊名题字，实属难能可贵。

在杂志于1978年5月创刊后，正好遇上国内经济改革开放的大好形势。刊物在为国内经济建设服务方面，除了一般地介绍外国有利于促进我国四个现代化建设的经验与教训一类文章外，还突出地加强报道外国在经济、金融、贸易和企业经营管理体制改革方面的文章，受到广大读者的欢迎。1978年下半年，我随同钱俊瑞所长一起到辽宁、吉林和黑龙江考察和调研。其间，我专门抽时间分别访问了辽宁鞍钢和黑龙江大庆油田的领导，向他们推介《世界经济》杂志和征求他们对办好杂志的意见。鞍钢和大庆油田的领导都对《世界经济》杂志很感兴趣，认为刊登的文章对他们改进企业管理很有参考价值，希望杂志多登些这方面的文章和资料，鞍钢领导一下子就订了100份全年的《世界经济》杂志，大庆油田的领导则当场订了500份全年的杂志。为了办好《世界经济》杂志，我们还根据社科院领导的指示和一些经济部门领导和大专院校及研究机构的学者的建议，实行"开门办刊"的方针，广泛联系作者和读者，经常组织专题学术讨论会和举办一些重要命题的讲习班。如1984年3月《世界经济》编辑部就在京组织了一次题为《新的技术革命世界经济发展趋势》的学术讨论会，有140多位专家、学者参加，收到论文50多篇，其中包括国家级的大专家钱学森和马洪、宦乡、钱俊瑞等领导的论文。编辑部选择其中一些论文在杂志上发表，并在1984年5月将论文汇总出版了一本专辑（内部发行）。1985年1月，《世界经济》编辑部和经济学团体联合会在京联合举办了"经济改革和对外开放高级讲习班"，吸收了全国700多位处级以上的干部参加。在讲习班学习举办的三周中，学员们听了18位中央各经济部门的领导和专家、学者的讲演，并参加了多次相关的专题讨论。讲习班结束后编辑部将所有讲演汇总出版了两部内部发行的专辑。类似的专题学术讨论会和讲习班都对扩大杂志的影响和提高作者的层次及杂志所刊文章的质量起到积极的作用。

在编辑部内部，我们鼓励编辑人员在做好本职工作，保证办好刊物的同时，适当从事一些世界经济的研究工作，以便熟悉世界经济领域的理论和实际问题。这样在处理稿件和参与相关的学术活动时才能做到心明眼亮，有更大的发言权。我本人从1960年开始搞世界经济研究时，主要从事苏联东欧的研究，在1978年主持《世界经济》编辑部工作后，研究领域逐渐扩大到亚太和整个世界经济。在认真办好刊物的同时，我也尽量抽些时间参与研究世界经济的重大和较敏感的问题，写成内部调查研究报告或公开发表的论文。如在1983年我曾写了一份题为《斯大林时期苏联大量引进西方技术的内情》的内部报告（刊于《世界经济调研》1983年第1期）。这份报告上报中央后，当时党中央的总书记胡耀邦同志阅后批示"有计划地阅读和调查一些历史的、国外的重要资料，对指导我国四化建设很有必要"，并指示将该报告作为政治局参考文件发给中央、国务院、人大、军委领导同志和各省省委书记。1984年国庆35周年时，该报告在中国社会科学院被评为内部报告一等奖。1987年10月19日，美国发生股市暴跌的"黑色星期一"，对美国和全球经济产生巨大的冲击。当时社科院领导要世经所尽快提供一份内部报告上报中央。所领导把这个任务交给了我，我当即搜集中外文资料，用三天时间写成了一篇内部报告，院里将之用要报形式上投中央，获得了有关领导的好评。随即我收集有关材料改写成一篇题为《纽约股票市场价格暴跌的原因及其影响》的文章，在《世界经济》杂志 1988 年第 1 期公开发表。在我主持编辑部工作的那段时间，据我了解，几乎所有的编辑都发表过一些专题文章或内部报告，不仅未影响担任的编辑工作，还有助于提高理论和专业水平，促使我们把编辑工作搞得更好。

在贯彻《世界经济》的办刊方针中，除了前后提到的要"以理论性、学术性为主，兼顾知识性和现实性"和配合实际斗争的需要，为外交斗争及经济建设，为改革开放和四个现代化服务以外，还有十分重要的一条就是贯彻"双百"方针。即在坚持马列主义基本原理的同时，明确地执行"百花齐放、百家争鸣"的方针。在有关世界经济的重大理论和学术问题上，要提倡不同观点的讨论与争论，形成活跃和健康的学术空气。坚决反对那种对不同观点乱扣帽子、乱抓辫子的恶劣做法。这一点从杂志创办时在给院临时党组打的申请报告中就已明确提到，而后在办刊过程中也确实做到了这一点。即使在一次上级下达要消除"精神污染"的错误指示时，编辑部集体也进行了适当的抵制，避免了在学术界造成不良的影响。

《世界经济》杂志自 1978 年创刊至今已经历 33 年之久，我开始创办和主管编辑工作的十多年只能说是开了个还算说得过去的好头而已。现在《世界经济》杂志已在全国 78 种世界经济类核心期刊中排名第一，在国内外都有较高的知名度。这都是历届编辑负责人和编辑人员在院、所领导和广大作者、读者支持下辛勤努力的结果。我衷心期望《世界经济》杂志能够越办越好，为世界经济研究和国家的四个现代化建设作出更大贡献。

（史敏，中国社会科学院亚太研究所研究员）

中国世界经济学会伴随成长

邵滨鸿

浦山（中）、余永定和邵滨鸿在学术会议上

前不久，国家民政部社团评估一行 10 人来到我们学会，与我们面对面地交流一天，了解了中国世界经济学会发展的大概面貌，最后的结论是：中国世界经济学会的工作，让他们深受感动，尤其印象深刻的是：每年组织全国同行举办平均每两月一次的世界经济各个主题的学术论坛或研讨会；办有与国际规则接轨的"浦山世界经济优秀学术论文奖"的评选，已经被教育部列为全国高校优秀学术大奖；办有《世界经济》、《国际经济评论》、《中国与世界经济》（英文版）等全国一流的学术期刊。所有这些都是在社会科学界的学术社团中并不多见的。

在 2012 年 4 月公布的 2011 年度全国性行业协会商会、学术类社会团体、基金会、民办非企业单位的评估等级中，中国世界经济学会被评为 3A 等级。根据 2010 年年检结果，国家民政部登记注册共有 1757 家社会团体，2011 年度被评为 3A 等级以上的全国性学术类社会团体为 99 家；在中国社会科学院主管的 107 家社会团体中，3A 等级以上的全国性学术类社会团体为 14 家，中国世界经济学会位列第五。

我解释道，这是因为这个学会的初创者们胸怀远大，30 年前为祖国的进步和开放事业，为这个刚刚诞生的学会奠定了坚实的思想、组织和学术业务基础……

中国世界经济学会成立于 1980 年，与改革开放的中国正好一路同行。2010 年学会成立 30 周年，我和学会秘书处的同事们编辑了近 60 万字的学会编年史，记录反映了学会成长壮大的历史，也从一个侧面反映了我们的共和国 30 年艰难而又奋进的历程。学会从最初六七十人理事的队伍，经过 30 年，今天壮大到已经有近 300 位理事、100 位常务理事、50 多家团体会员、1000 多位个人会员和 7 个专业委员会。几代中国世界经济学者为 30 年来中国的对外开放和经济崛起、为中国的世界经济学科发展贡献了自己的智慧和才华。30 年历程中，学会每次召开常务理事会、会长扩大会、年会以及中青年会议，都紧跟时代的脚步，既遴选和确定出主要的研究课题，又注重该领域学术研究方法的创新，在热烈、自由探讨的氛围里进行学术思想与观点的深度交流，不断推动中国世界经济学界在理论研究和政策制定方面能力与水平的提升，从而为我国的改革开放事业作出了特殊而巨大的贡献。30 年来，中国世界经济学会在老一辈师长言传身教的影响下，面对重重困难和种种诱惑不懈怠、不放弃，为世界经济学研究的发展、为在学界树立良好的学风作出了重要的贡献。

我本人与世界经济学会最早结缘就是在学会初创时期。在 1982 年初，我刚刚从南斯拉夫留学归国，作为改革开放后的国家第一批留学生，毕业的第二周，就乘火车，10 天穿越欧亚大陆，沿着茫茫无际白雪皑皑的西伯利亚，回到阔别 4 年的北京，不久就被社科院外事局叫去为南斯拉夫著名经济学家 Miladin Korac 教授的学术报告会做翻译，18 岁出国留学，学习语言和经济学，整个大学用塞尔维亚语学习，那时仍有很多经济学的专业术语我甚至不知中文的说法。记得我很紧张地走进已经挤满听众的报告厅，组织者告诉我，台下黑压压坐满了的听众都是中国世界经济学会的会员，那是我第一次听说这个学会，从会场上不断地向报告人 Miladin Korac 教授的提问来看，成立不久的世界经济学会的成员思想相当活跃。记得提问最多的关乎南斯拉夫探索实行的工人自治如何改变计划经济的低效率？工人自治如何与市场经济发展相协调？如何评价自治社会主义改革在南斯拉夫的成效？会后 Korac 教授夫妇对我坦率地说，这个学会成员思想的开放程度，超出他们的想象；中国学者的思想意识远比苏联人开放，社会主义改革中国人一定会走在苏联人前面。他认为学会成员关于苏联模式的计划经济弊端已经有了深入认识，预示着中国的经济体制改革会大踏步地迈出一些特色来。我内心很感谢 Korec 教授对中国学者的探索精神的称赞，也借此领教了中国世界经济学会所表现出的整体的国际视野和对中国本国问题研究的水平。作为一个刚刚归国的青年学子，备受鼓舞。不久，我再次为时任中国世界经济学会会长的浦山先生与东欧著名学者 Anton Vratusa 做翻译，浦山先生的学养、谈吐和风度令这位东欧大学者和我本人敬仰。所以当浦山先生在共进晚餐时问我，愿不愿意到世经政所来工作？我当时也未曾预料，对浦山老师学问和人品的尊重和欣赏，就真的成了我日后投身世经政所，而且一干就是 20 多年的重要因缘。在我主持《国际经济评论》编务之后，撰稿的许多作者都是世界经济学会的会员。我从 90 年代初开始参加学会中青年委员会的学术交流活动，到 1997 年担任其负责人，再到 2006 年，接任学会秘书长。

这里，我愿意以回忆学会的几位有代表性的人物的方式，介绍这个优秀学会一路走来的历程。至今，学会有五位学者担任会长：钱俊瑞、浦山、王怀宁、余永定、张宇燕，他们分别代表了学会几个不同的发展时期。

钱俊瑞，学会的创始人。1980 年，时任中国社会科学院世界经济与政治研究所所长，他带领着一批国内从事世界经济研究和政治研究的学者，积极落实了邓小平同志提出的对外开放的思想，也就是要充分利用两个市场（国内市场和国际市场）、两种资源（国内资源和国外资源），实行对外开放，学习国际上一切先进技术和管理经验。钱俊瑞抓的重要工作之一就是组建中国世界经济学会。他强调，时代发展要求世界经济学者加强研究世界经济和政治形势，研究各国社会主义建设的道路和模式，系统地调查研究外国实现现代化的经验和教训，作为我国社会主义现代化建设的借鉴。他还说，我国的世界经济研究工作者要根据马克思主义经典作家的有关教导，在前人劳动成果的基础上，同全世界的马克思主义经济学家一道，来实现创建和发展马克思主义世界经济学这一艰巨而光荣的任务。他邀请了全国著名专家、学者共商世界经济学会的具体事宜，参加的专家有南开大学的滕维藻教授、关梦觉教授，中国人民大学的吴大琨教授、吴纪先教授，北京师范大学的陶大镛教授、宋则行教授，复旦大学的洪文达教授，世界经济与政治研究所的仇启华教授等。这些老前辈都是学贯中西、学术造诣很深、人品高尚的学者，在他们的积极推动和参与下，世界经济学会终于在 1980 年正式成立了。

从学会的文件中看，1980 年代成立的中国世界学会所享有的政治待遇和受重视程度远远高于 30 年后的今天。在成立大会上，时任中共中央书记处书记、国务院副总理的谷牧都到会看望了参加会议的顾问和理事，并进行了亲切的交谈。他对大家说：搞四个现代化，需要加强世界经济的研究，你们现在大有用武之地。他鼓励理论工作者和实际工作者相结合，认真研究国外的经济情况和各种学派的经济理论，结合我国实际情况，对经济工作提出积极建议。

钱俊瑞在学会成立大会上，领导学会修改了这之前起草的《1978—1985 年全国世界经济学科发展规划》（草案）（以下简称《规划》）。《规划》原列有 18 个重点研究课题，根据形势发展的需要，又增加了"科技革命与世界经济"和"世界经济预测"两个课题。会上确定了 20 个课题的牵头单位。他还组织与会者讨论了编写大百科全书《世界经济卷》；研究和讨论了编写《世界经济大学丛书》和《世界经济丛书》。会议讨论和决定了两套丛书的编写方针和要求，成立了编委会，并初步确定了第一批选题，落实了一部分撰稿人。今天世界经济学界还有很多中年人还会谈论起这两套丛书的编辑出版，都认为 80 年代的这些书对于将自己引入研究世界经济，对提高高等学校和研究生院世界经济学科的教学质量，普及世界经济知识都起到了重大的作用。那个年代百废待兴，缺少资料和信息，为了帮助全国同行开展研究工作，会上还讨论和修改了世界经济资料中心的组织章程（草案）。通过资料中心，使各参加单位之间交流各自收集的书刊和其他资料，充分发挥全国各会员单位现有资料的作用。

中国世界经济学会聚集了全国世界经济及相关学科的优秀人才，其成员来自不同的部门和单位。高等学校从事世界经济及相关学科研究和教学的人员是学会重要的组成人员，占学会成员的很大比重。20 世纪 80 年代之前，各个学校的老师之间虽然互有交往，但多为个别和临时行为。中国世界经济学会的成立和一系列活动则为高校从事世界经济教学和研究的学者之间构筑了一个平台，使其交流和共同探讨问题具备了集体和经常的机会。因此，中国世界经济学会对于高等学校世界经济学科建设和教学改革的进展有很大的促进作用。

另一个事例足以说明当时世界经济学者的研究水平之高。早在 1983 年 5 月 22—26 日中国世界经济学会第二次理事会上，就有学者指出，"一方面扩大贸易，争取贸易顺差，另一方面又要充分利用外资，这是个矛盾"（见《中国世界经济学会》，第 159 页）。也就是说，今天被激烈讨论的"双顺差"问题，在学会 80 年代初的研讨会上就已经有学者提出。事隔近 30 年后的今天，我们虽然翻遍了学会档案，尚无法查出这一观点的发表者到底是谁，但学会早期学者的真知灼见，令人充满钦佩。

可见，30 年前成立的学会，从思想上到组织上看，真是一个群贤济济、抱负远大、有目标有追求，集合了全国世界经济学界精英的高水准的学术团体，已经为以后大展宏图打下了坚实的思想组织和业务基础。

1985 年，浦山先生这位令诺贝尔奖得主克莱因教授十分钦佩的人，出任学会第二任会长。

如果说，钱俊瑞先生是我党的一位知识分子老干部，他善于开创庞大组织实现党的方针政策，善于运筹帷幄，将学界政界等各方面力量整合实现组织的目标；那么第二任会长浦山先生的风格则有很大不同，浦山是哈佛大学的经济学博士，师从著名经济学家熊彼特，所有与他交往过的人都会有一种感觉，今天已经不太容易碰上像浦山这样儒雅博学，虔诚信仰共产主义，又翩翩君子风度的大学者了！

中国世界经济学会在浦山先生领导下的 12 年，开启了高水平地与国际经济学术界交往的阶段。浦山曾经作为中国代表团团长领导了中国恢复在世界银行和国际货币基金组织的谈判。他也曾担任过联合国秘书长的特别顾问，在国际舞台上发挥了独特的作用。

早在 20 世纪 50 年代中期，从抗美援朝战场回来的浦山，重返经济理论研究。他致力于把马克思主义政治经济学原理运用于对世界经济形势的研究。写于 1972 年的关于布雷顿森林体系崩溃后国际金融发展新趋势的论文反映了他在这方面的进展。在 70 年代末浦老和世界经济学界的其他一些学者提出了国家垄断资本主义的概念，后来他又对中国经济发展、改革和开放提出了一系列极有见地的看法。

浦山在评论中国向市场社会主义的成功转变时，指出中国采取了渐进的改革方式，并且取得了很大成就，而这么大的成就在极端保守主义思想家如哈耶克和弗里德曼看来是不可能的。渐进方式非常符合中国文化。他认识到了改革中可能出现的问题，如通货膨胀和把各种决策主体在生产、消费和市场出清方面捆绑在一起的不同程度的经济关系，等等。浦山指出了引导中国实现社会主义体系有效率地运行的那些局部的和渐进的步骤。他描述了乡镇企业所发挥的独特作用，是它们在一年的不同季节里把乡村活动与工业经营联系起来。他还形象地展示了中国是如何避免突如其来的通货膨胀，以及作为市场经济特征的商业周期的波动。他认为，中国80年代的改革是局部的和渐进的，但老方法和新方法结合得很好，应该在经济改革的同时实行政治改革。在谈到相当长一段时间中国经济的运行时，浦山有力地捍卫了中国的经济进步。在浦山作出上述评价的10年之后，看到中国在90年代的经济形势，世界上的市场经济国家无不对中国取得的进步感到惊奇，他们都为了自己的利益在试图解释中国的成就。诺贝尔奖得主劳伦斯·克莱因给他们的忠告是，好好读一读浦山的经济分析，密切结合不断演变的中国制度，这个制度变化的方向，与浦山多年前所指出的非常接近。

从20世纪50年代中期开始，浦老师被打成右派，和夫人陈秀煐老师一起，戴上了长达21年的右派帽子。我至今想不明白，他怎么会成了右派，而且曾经脱离岗位20多年后，他仍然不改初衷，依然坚信共产主义事业！据说周恩来总理、张闻天等都说过："浦山怎么可能是右派呢?"我实在是最尊敬有赤子之心的人，何况又是一位满腹经纶的学者。

浦山先生去世之后，陈老师把浦老家族为浦老治病所筹措而未用完的10万元人民币悉数捐给了中国世界经济学会，希望学会能用这些钱做些有用的事情。经过反复考虑，世界经济学会决定把这10万元作为浦山世界经济学优秀论文奖基金的"种子"资金，奖励中国经济学界在世界经济领域的研究，尤其是在国际金融、国际贸易、国际经济学以及中国对外经济关系方面具有原创性的优秀研究论文。

王怀宁，学会的第三任会长，今天中国世界经济学会的骨干遍布全国著名高校和科研院所。他们大都是改革开放后走出校门的世界经济学科的学子。大家每每聚会一起回忆各自学术成长历程时,很多人都会提到王怀宁先生在开放初期写的具有独特风格的《国际金融与贸易》和《世界经济史》对自己的影响,认为王怀宁老师高屋建瓴的综述和令人折服的分析引领自己进入世界经济的研究。大家讲起他的心境似乎是在谈论一位长者,而对他的亲近感又像是一位同辈朋友。因为在王怀宁任会长期间,为了提携后进,他以青年为友,倡议学会成立了由全国世界经济学界的年轻学者组成的中青年委员会。王老师几乎参加了学会中青年委员会在全国组织的每一次学术讨论会,与我们一起到过很多所高校的年轻人中间,他撒播种子、培育新苗,使众多青年学子在世界经济学会的学术交流平台上崭露头角,有机会与全国的同行进行学问切磋,拓展了自己的学问之路。王老师性格开朗、直率、乐于助人、敢于担当。我们很多人至今记得在1989年政治风波中,时任学会秘书长的王怀宁曾经给上海市委写信表示了学会的不同意见。在此后的整党活动时,王怀宁老师主动出面承担其领导责任,保护年轻人不受到政策的牵连和影响。王老师的夫人告诉我们,他患绝症逝世之前参加的最后一次学术活动就是中国世界经济学会中青年委员会的研讨会。

余永定,学会的第四任会长。他1965年毕业于北京四中。"文化大革命"时,到中国科学院北京科技学校学习无线电。技校毕业之后,在北京重型机械制造厂当了十年工人,一边开机床一边思考哲学问题。1994年在牛津大学 Nuffield 学院获得博士学位时,已经46岁。从工人到学子,从自学到牛津博士,他是一个传奇人物。他的主要研究领域是国际金融、世界经济、中国经济增长和中国的宏观经济稳定问题。1981年以来发表学术论文、文章数百篇,专著(含主编、合著)10 余部。代表作是博士论文 Macroeconomic Analysis and the Design of Stabilisation Policy in China。该论文是应用西方现代宏观经济理论方法研究中国的宏观经济稳定的较为全面的尝试;在推导中国的消费函数、总供给函数和中国的经济增长模型等方面都有所创新。他深谙西方现代经济理论,以他强烈的责任感理论联系实际地对中国经济发展提出大量的对策建议。比如,多年来一直呼吁央行减持外汇储备中的美元资产,并因此多次导致国际市场上美元汇率走弱,被海外媒体誉为"美元杀手",对国际资本市场深具影响力。他颇多关于中国经济"失衡"的学术观点,无不令人由衷地钦佩。他是受到政策界、经济界和学术界尊敬的中国经济学家之一,也是中国政府在国际经济政策领域的重要智囊。在 20 世纪 90 年代以后的国际世界经济舞台上余永定一次次发出了中国学者的声音，世经政所的年轻学者们告诉我，国际上最具影响力的《金融时报》，一年里引用余永定作为经济学家的分析观点多达近 100 次，差不多每三天一次。

在他任学会会长的这些年里，每年中国世界经济学会举办年会期间，到会的代表都不舍得错过一个重要的会议内容，那就是秘书处安排的余永定介绍年内世界经济的理论热点问题及世界经济研究中的难点问题。大家希望聆听他夹叙夹议地关于当年世界与中国经济及其政策的分析，也借此确定自己今后的研究重点。他的确引领了中国世界经济学界走进国际化、专业化的发展道路。

余永定治学严谨，正直率真，为人诚恳，是所有熟悉他的人心目中的榜样。作为《国际经济评论》的编辑，每次刊发他的文章，他会一直修改到排版之时。一种观点的表述、一个数据的测算，多少次他在深夜或者国外参会的旅途中发回邮件告知他进一步的研究结论。一次所内集体学习，书记临时决定由余永定跟大家谈谈"讲学习"，他毫无准备，临阵发挥，从青年时代研读康德、黑格尔、费尔巴哈的哲学命题和解读苏俄、英法的文学中历史社会问题意识，到自己工厂里亲历"文化大革命"的磨炼和觉醒，足足讲了两个小时。一个原本往往流于形式的政治学习，被他的对学术的那种孜孜以求的态度和一贯追求不懈的思想人生的精神，给大家留下了实在没听够的感觉，甚至遗憾的是，由于密度过大，想记住那些颇有价值的内容都是十分困难的。

在这一代人中，余永定最了解浦山老师的品格和学问。今天影响已经很大的浦山世界经济优秀论文奖，按照国际严格的评选程序评奖，就是余永定的建议。他设想，通过这个评奖，推动中国世界经济研究发展。他自己几乎每年都将自己的一部分稿费捐给浦山基金。

张宇燕：将读书思考、热爱讨论的种子留在全国各地的现任会长

张宇燕，从年轻时就是国内世界经济研究领域青年人的领袖。他带领着当时的中青年学者走遍了全国各地。在长征过程中，他将读书思考、热爱讨论的种子留在了各地，使我们的同路人越来越多。记得 1996 年在辽河油田召开中青年讨论会，里面开大会，外面开小会。那个时候，在宇燕会长的带领和倡导下，中青年委员会开会，在会议伊始，主持人就会宣布

纪律："主讲者每人讲八分钟，评论人三分钟，自由讨论每人每次两分钟。我看着表，时间一到我就打断，绝不通融。"鉴于时间紧迫，每位发言者都直奔主题，用词直白鲜有虚饰，批评严厉不留情面，出现面红耳赤式争论的场面可谓家常便饭。有工友看见了，特别惊奇地说，快看他们开会真好玩，有人发言，还有人评论。早在 1992 年，宇燕会长完成博士论文《经济发展与制度选择》，当年即被中国人民大学出版社出版，并获中国社会科学院第二届中青年优秀科研成果专著类一等奖。他对制度非中性、美元化方面的研究和观点，都走在同时代的研究者中的前列。

我于 2006 年年底接任学会第九届秘书长，前任是阅历深厚、已担任秘书长 15 年的老秘书长陈沙。那时高校条件没有今天这么好，组织研讨会议很不容易，为了每年的年会，他年年都付出了很多努力。

在我主持《国际经济评论》编务之后，撰稿的许多作者都是世界经济学会的会员，他们给了刊物许多支持。从 90 年代初，我参加学会中青年委员会的学术交流活动，到 1997 年担任其负责人，再到 2006 年，接任学会秘书长开始直接为学会服务，我在工作中对世界经济学会的宗旨、功能、人员和事务有了新的全面认识，它的确如同很多人评价的那样，这是一个姓"学"的学会。

从 20 岁刚出头的桃李年华，30 年来，能够与这样一个优秀的学会一路同行，伴随着她的发展而成长，我心中充满了感激，深感幸运，这也是我的同龄人与我提起世界经济学会时说得最多的一句话。随着中国在世界经济领域中的地位越来越重要，中国新一代的世界经济领域的研究者们更加富有成效和有影响力的研究，中国世界经济学会必将发挥更加出色的作用。

（邵滨鸿，中国社会科学院世界经济与政治研究所编审）

我与拉美所半个世纪的情缘

徐世澄

徐世澄会见墨西哥前总统塞迪略（2004 年）

在北大"代培"

屈指算来，50 年前，我就算是拉美所的人了。1961 年拉美所成立时，我与苏振兴和石瑞元还在北京大学学习西班牙语，但当时我们已是中国科学院哲学社会科学部即"学部"在北大的委托培养的学生，即"代培生"。拉美所成立时，我们被告知，我们将来要到拉美所工作。20 世纪 80 年代在调整工资、计算工龄时，经过社科院有关部门批准，我们这批代培生（共三四十人）的工龄就从 1961 年算起。在北大"代培"期间，我曾同二三十名学部代培生到学部总部即现在社科院所在地参加过几次会，聆听过学部副主任刘导生等人的讲话。记得印象最深的一次是刘导生向我们讲中苏分歧的由来和两国关系。学部领导勉励我们要克服困难，树立信心，好好学习。当时正值我国三年困难时期，开会时，学部还买了一些糖果和点心款待我们。

在北大学习期间，我曾到过拉美所，见到时任拉美所副所长的王箴西和王康。给我的第一印象是，两位所长都十分平易近人，他们资格都很老，但待人很和气，一点架子也没有。王箴西所长是典型的山东大汉，说话山东口音很重，待人热情，常常问寒问暖，这可能与他长期在部队工作有关。到拉美所之前，他是中国人民解放军沈阳军区办公室主任。王康人很消瘦，十分精明，一看就是一个大知识分子和"老革命"，曾在延安"鲁艺"任教，新中国成立后在中宣部、新华社工作过，是一个笔杆子。他十分关心我在北大的学习情况，勉励我要刻苦学习，掌握好西班牙语这门工具，为将来研究拉美打下扎实基础。

留学古巴

1964 年 1 月，我由科学院学部派遣，在哈瓦那大学文学和历史学院进修，对此我感到很幸运，下决心要在古巴好好学习，以便回国后能在拉美所顺利从事对古巴和拉美问题的研究。同年 10 月，王箴西副所长作为中古友好代表团的成员到古巴访问，他还告诉我，拉美所和西亚非所等所一起已于同年 9 月正式脱离科学院学部，直接归中联部领导了。

在古巴进修的 3 年，正是古巴社会主义革命和建设的初期，当时，古巴人民在以卡斯特罗为首的古巴党和政府的领导下，革命和建设的热情都十分高涨。我和其他中国留学生与古巴大学生一起，除在学习上相互切磋外，还手持步枪、站岗放哨；手持砍刀，3 次去农村砍甘蔗；下过兵营，挖过战壕；乘上火车，周游古巴全国各省；我作为翻译，参加了 1966 年年初在哈瓦那举行的亚非拉三大洲会议；在革命广场或在哈瓦那大学，无数次聆听过卡斯特罗、格瓦拉等古巴革命领导人激动人心的演讲。青年时代我在古巴的种种经历，至今仍历历在目，终生难忘。

我在哈瓦那大学上学时的老师和同学，有的后来成为古巴党和国家的领导人，如教我们拉美历史的老师就是现任的古巴全国人大主席、古共中央政治局委员阿拉尔孔，2003 年，我随中国社科院代表团访古时有幸会见他，2008 年他访华期间在北大作报告时，我又见到他。当时我和中国留古学生就读时的文学历史学院院长雷塔马尔现在是古巴国务委员、"美洲之家"主席，1992 年和 1995 年我两次到古巴参加马蒂国际研讨会时，有幸见到他。他在研讨会讲话时，还特地高兴地向与会的各国代表介绍我和毛金里编译的中文版《何塞·马蒂诗文选》。

正式到所

1967 年 2 月，我从古巴回国，当时国内的"文化大革命"已经开始了几个月，我随归国留学生参加了两个多月的运动后，就到拉美所报到，正式成为拉美所的一员。当时赵勇增同志是所办公室主任，他已经被"解放"，主持所里的日常行政工作。老赵同我谈话，向我介绍了所里的情况。我被分配在拉美所编译室工作，与涂光楠、毛相麟、罗捷（后调到人民大学工作）等在一个室。但我的屁股还没有坐稳，所里的业务工作就由于"文化大革命"而停止了。所里贴满了大字报，王篯西和王康两位所长成为所里造反派批斗的对象。印象最深的有一张大字报批判王康在 60 年代初组织所里业务骨干写的一篇内部报告，题目是《卡斯特罗如何转变为马克思主义者的？》。由于 1967 年中古关系已经恶化，国内学术界和媒体对卡斯特罗的评价也发生了变化。除王篯西和王康以外，所里其他领导和骨干（如任重捷、张向毅、沙丁等老同志）也都靠边站了。

同年 8 月，经拉美所同意，我被借到中联部七局，陪同西班牙共产党（马列）一代表团，一借好几个月。送走代表团回所后不久，所里两派已经联合，负责我所的军管小组张守臣同志通知我，为了落实干部政策，"解放"干部，让我与当时在拉美所负责人事工作的淳于相（后任中联部人事局副局长）一起，去外地搞"外调"。我们去了大西北和西南，一去两三个月。12 月初回到北京，由于我们乘的火车半夜才到北京，我的家离城里较远，去郊区的公交车已经停了，我回所里住了一夜。第二天一早，在食堂吃早点时，遇到军管小组张守臣同志，老张对我说："我们接到上级通知，要求 1966 年和 1967 年留学回国的、分配在外交部和中联部的进修生都要到解放军农场锻炼，您抓紧时间把外调材料整理一下，准备好行李，去广东汕头牛田洋 0490 部队农场去锻炼吧！"

几天后，我乘火车先到广州，再乘长途汽车到达汕头蓬洲牛田洋 0490 部队农场。在牛田洋部队农场，我与拉美所的游长安（后改名游长江，留在中联部工作）、后来任外交部长的李肇星等在一个连。我们的主要任务是围海造田和种水稻。

1969 年春，中联部军管小组奉上级指示，宣布解散包括拉美所在内的 4 个研究所，研究所的干部大部分下放到黑龙江肇源国营农场办"五七干校"。拉美所两位副所长王箴西和王康等老同志也与其他同志吃住和劳动在一起。1970 年 1 月，奉上级指示，中联部干校又迁移到河南沈丘。

我在牛田洋一直锻炼到 1970 年 5 月 19 日，当天，部队有关领导指定让我带领 10 多名在部队农场结束锻炼的中联部干部赶赴中联部河南沈丘"五七干校"。当时拉美所是干校"六连"，"六连"是插队的连，插队在大于庄。因此，"六连"的"五七战士"不住在干校校部，而是住在村子里。当时马恩超（后曾任中联部接待局局长）是"六连"连长，苏振兴是连指导员。我被分到了"四班"，班长是毕于洁（后在中联部图书馆工作），我被任命为副班长。同班的有涂光楠、毛相麟、龚宗曦、张玉玲等。我们男同志约七八人一起住在一个马厩里。在沈丘"五七干校"，我先后到漯河火车站搬运过从东北运来的木材、当过泥瓦匠，也曾到果园摘过梨。

在中联部工作

我在干校劳动了半年多时间，1970 年年底，我被借调到中联部政工组参加"一打三反"运动的工作，我的具体工作是与王绍岭（后在社科院外事局工作）等一起负责中联部清仓查账的工作。当时赵勇增同志任中联部政工组副组长，在政工组工作的还有拉美所的赫军、张中春等同志。不久，原拉美所副所长王箴西也被"解放"，被任命为中联部办公室（后改为办公厅）主任。他对我依然十分关心，曾多次到我家里来看我。70 年代初，由于当时拉美所尚未恢复，原拉美所的一些干部有的自谋出路，自找工作；有的被陆续调回中联部各部门工作。

在"一打三反"运动将要结束时，我被正式调到中联部"四局"（即后来的拉美局）工作，先后调回"四局"工作的还有苏振兴、石瑞元、刘培根（后留在中联部，曾任拉美局局长、中国驻古巴大使）等老拉美所的 10 多位同志。我在"四局"工作时间不长，主管过哥伦比亚，期间曾跟蒋光化同志（当时是调研员，后任中联部副部长和中国拉美学会会长）陪同智利革命共产党代表团到韶山、井冈山等地访问。当时薛端同志是"四局"局长。1971 年年底，薛端局长代表组织通知我，部里根据工作需要，将把我作为中联部第一批派往驻外使馆的人员之一，派往中国驻阿尔巴尼亚使馆。苏振兴同志则被派往中国驻阿根廷使馆工作。

在阿尔巴尼亚 4 年

当时阿尔巴尼亚被认为是"欧洲社会主义的一盏明灯"，中阿关系十分密切。而我从来没有学过阿尔巴尼亚文，出国前，我十分担心，去阿尔巴尼亚后，我如何开展工作？1972 年 3 月春节刚过，我怀着忐忑不安的心情从北京，经莫斯科、布达佩斯，飞抵地拉那。我在中国驻阿尔巴尼亚使馆工作了 4 年零 4 个月。时任中国驻阿尔巴尼亚大使的刘振华（后任外交部副部长、北京军区政委）对我十分关心。由于我经常接触来自世界各国的左派外宾，出于工作需要，我在阿尔巴尼亚学习了阿尔巴尼亚语，后基本上能用阿尔巴尼亚语进行日常会话和粗读阿尔巴尼亚的报纸。我还随使馆的同志学习了英语和法语。我注意观察阿尔巴尼亚对华关系和阿尔巴尼亚劳动党与左派党关系的动向，以及左派党朋友反映的阿尔巴尼亚党和政府的一些内部新情况，写了一些调研报告，受到上级的好评。1976 年 7 月下旬，我任期已满，奉命调回国内工作，石瑞元同志去阿尔巴尼亚接替我在使馆的工作。

拉美所的恢复

回国后不久，正遇到 1976 年唐山大地震。地震后，一天，我正与家人在抗震棚里准备午餐，老所长王康来看我，他告诉我，根据中央的决定，拉美所即将正式恢复，薛端同志被任命为拉美所筹备小组组长，他本人和赵勇增同志为副组长，我被任命为筹备小组成员之一。他希望我安排好家里的事情后，尽快到所里上班。

经过半年多时间的筹备，1977 年 4 月 6 日，中联部领导正式批文同意恢复拉美所，并任命薛端同志为恢复后的拉美所所长，王康、赵勇增为副所长。恢复研究所初期，王康同志费了不少力气，调干部、制订科研计划，但没有多久，同年9月，他被调到国家科委工作。他调走后，沙丁继任副所长，主管业务。拉美所恢复后，我和李芸生负责南美组。李芸生同志是在秘鲁出生的老华侨，曾在新华社国际部拉美组工作多年，对拉美情况比较熟悉。不久，苏振兴同志从阿根廷回国，南美组一分为二，苏振兴任南美一组（南端国家）组长，我任南美二组（安第斯国家）组长。后来，组改为室。

根据中联部的指示，在部里工作的原拉美所人员原则上都应回拉美所工作，因此约有四五十名原拉美所的干部回所工作，但也有10多人由于各种原因没有回所工作。为弥补人员不足，所里又陆续从外单位调入一些干部，如白凤森、吴德明、邓立、李学志、杨茂春、王晓燕、曹琳、焦震衡、徐英等，还进了一些大学毕业生和研究生，如杨西、吴国平、江时学、姚新美、孙桂荣、刘纪新、袁东振、蔡同昌等。

恢复拉美所后不久，我和全所研究人员投入了编写《拉丁美洲手册》和《拉丁美洲各国政党》两本书的工作。与此同时，所里恢复编辑出版《拉美情况》和《拉美资料》两种内部刊物。1979年11月，经上级批准，所里创办《拉丁美洲丛刊》（后改名《拉丁美洲研究》）。在创刊过程中，沙丁、沈澄如等同志出了不少力。从此，拉美所有了自己的公开刊物。我在《拉丁美洲丛刊》头几期上发表了《布埃博里托村社见闻》、《安第斯条约组织的发展趋势》、《拉丁美洲的人口问题》等文章。

1977年8月—1978年2月，根据组织的安排，我第三次下放劳动，这一次是在中联部河北廊坊市固安县"五七干校"。原定我们这批下放干部要下去一年，后来中央发文件，撤销所有的"五七干校"，所以我们下放半年后就各自回各自的单位工作了。

1978年2月，我从干校回所，重新投入研究工作。1978年起，所里开始招收第一批研究生，后来担任拉美所副所长的宋晓平是所里招收的第一批8名研究生之一。记得当时沙丁副所长从人民大学请来著名的吴大琨、高放、李春辉等教授给第一批研究生讲课。而现在担任国际关系研究室主任的贺双荣和现任外交部拉美司司长的杨万明也是所里较早的硕士研究生之一。自80年代起，我和所里的研究人员也开始给研究生授课。

1979年4月24日—6月7日，经所里推荐，我作为中国人民对外友协代表团团员（当时中联部拉美所尚未公开）到哥伦比亚、委内瑞拉和墨西哥访问，团长是对外友协副会长侯桐，团员中有社科院世界经济研究所陈立成研究员。这是我第一次访问这三个拉美国家。我们访问哥伦比亚时，哥伦比亚尚未同中国建交，5 月 14 日，哥伦比亚总统图尔瓦伊在总统府接见我们代表团时说，中哥建交不会是遥远的事，他希望中国进口更多的哥伦比亚咖啡。令人高兴的是，在我们回国半年后，1980 年年初，中国与哥伦比亚正式建交。在访问墨西哥时，我们拜会了墨西哥前总统卡德纳斯的夫人阿玛莉亚。在委内瑞拉，我们拜会了委内瑞拉众议院议长卡纳切和执政党民主行动党主席巴里奥斯。他们两人曾访问中国，受到邓小平的接见，对中国很友好。

1980 年 10 月初至 12 月底，所党支部（后改为分党组、党委）决定派我去北京市党校学习 3 个月。这 3 个月的党校学习，我受益匪浅，对改革开放的重要性和新形势下党的任务加深了认识。

拉美所回归社科院

1980 年，根据胡乔木（时任中共中央书记处书记、中国社会科学院院长）的意见，中联部和社科院一起给中央打报告，为加强对国际问题的研究，拟将中联部所属的拉美所、苏联所和西亚非所划归社科院。经中央批准，拉美所等 3 个所自 1981 年 1 月 1 日起隶属中国社科院领导。中国社科院是 1977 年在原中国科学院哲学社会科学部的基础上成立的。

说实在的，我真正坐下来投入拉美问题研究的，是在改革开放之后，特别是在拉美所回归社科院之后。在此前，我与拉美所的其他同志一样，不是投入政治运动（"文化大革命"）就是下放劳动（我曾三次下放），或在中联部从事党的联络工作。

1981 年年初，我被评上助理研究员。同年 8 月，所里研究室进行调整，我被任命为新成立的经济和国际关系研究室主任，副主任是高铦。由于我没有专门学过经济，为更好地从事拉美经济问题的研究，我买了不少有关经济方面的书籍，也借阅了不少有关经济和国际关系的书籍。然而，不到一年后，1982 年，所里按照社科院的要求和规定，设立了科研组织处，我被任命为拉美所首任科研处处长。科研处的工作头绪很多，如协助所领导制订所的科研计划、日常的科研管理、组织科研成果的评定、接待外宾和安排所内人员出国访问的有关事宜、组织学术会议、研究生工作，等等。1984 年拉美学会成立后，科研处还负责学会的管理和年会的组织工作。在我担任科研处处长期间（1982—1985 年），先后担任副处长的有葛玉存、张友民、曹琳等。在此期间，先后在科研处工作的还有贾惠芳、姚新美、蔡同昌、张颖等同志。尽管科研处的各种工作名目繁多，而我们的人手很少，但处里同志互相合作、配合，工作开展得还比较顺利。任内，1983 年我参与了中国拉丁美洲学会的筹备、创建工作，起草了学会成立的请示报告和学会的章程。同年 9 月，院部有关领导正式批准《关于筹建中国拉丁美洲学会的请示报告》。12 月 26 日，在拉美所召开了学会筹备会议。1984 年 5 月 15—21 日，在山东烟台举行了学会成立大会暨拉美民族民主运动学术讨论会。大会通过了学会章程，选举产生了由 39 人组成的首届理事会，学会理事会第一次会议决定聘请原社科院副院长宦乡为学会名誉会长，外交部原驻巴西、古巴大使张德群同志为会长，人民大学教授李春辉、中联部拉美局副局长杨白冰和拉美所副所长苏振兴为副会长，选举我为学会秘书长，现代国际关系研究所（后改为研究院）拉美处处长汪于麟、北京外国语学院（后改为外国语大学）副院长申春生为副秘书长。拉美学会的成立和成立后的各种活动为加强拉美所与中国和外国拉美学界的联系、促进拉美所和我国拉美研究事业的发展起到了积极作用。我作为学会的秘书长，与学会秘书处的其他同志一道做了一些具体的组织和联络工作。

1984 年我去秘鲁、委内瑞拉和智利从事为期 3 个月的考察，在秘鲁，我的落脚点是秘鲁研究所。这是秘鲁一流的研究机构，所长是知名的秘鲁学者马托斯。90 年代，他作为总部设在墨西哥城的美洲印第安研究所所长，曾同他的女儿、泛美地理历史研究所的研究员一同到中国访问。在委内瑞拉，我的落脚点是中央大学发展研究中心，中心主任是已加入委内瑞拉国籍的德国学者松塔克。在智利，我的落脚点是美洲社会科学学院（FLACSO），院长是布鲁诺。布鲁诺在智利"还政于民"后出任文化部长。这 3 个月的考察，使我对这 3 个安第斯国家有了初步了解。回国后，1987 年年初，我与白凤森合著的《秘鲁经济》一书由社科文献出版社出版。

80 年代初，薛端和沙丁离休；1982 年，由赵勇增和苏振兴两位副所长主持工作。1985 年 5 月，赵勇增同志离休，院党组任命苏振兴为所长，我和徐文渊为副所长。我主要分管科研和外事工作。同年年底，我被评为副研究员。

1986 年 4 月 7 日—5 月 6 日，应美国国际新闻署的邀请，经所里和院里批准，我同孙士明同志一起访问美国。我们访问了华盛顿、纽约、旧金山、洛杉矶、匹兹堡、迈阿密、奥斯汀和檀香山等城市，拜访了美国国务院泛美事务局、美洲开发银行、美洲国家组织、外交学会、美洲理事会、外交学院、约翰·霍布金斯大学国际问题研究所等美国 30 多家与拉美有关的政府机构、研究机构和大学。这次访问使我对美国的拉美研究状况和美国对拉美的政策有了不少感性知识。回国后不久，我同张文峰、焦振衡一起完成了《美国和拉丁美洲关系史》的课题，并由社科文献出版社出版。

90 年代初，我被评为研究员。在我担任科研处处长和副所长的 10 多年时间里，所里的科研工作和国内外的学术交流有了显著的进展。在对外学术交流方面，所里前后接待了不少拉美知名政治家和学者，其中包括墨西哥前总统埃切维利亚、委内瑞拉前总统卡尔德拉、哥斯达黎加前总统菲格莱斯、厄瓜多尔前总统博尔哈、美洲开发银行行长伊格莱西亚斯、秘鲁学者后任总统的托莱多、巴西知名学者后任文化部长的富尔塔多、巴西学者多斯·桑托斯、智利学者松凯尔等。1988 年所里首次主办了"跨入 90 年代的拉丁美洲"国际研讨会。

90 年代初，为纪念哥伦布到达美洲 500 周年，我投入了不少精力，与张森根、徐壮飞、涂光楠、苏振兴、高铦、白凤森、刘天潜等所里绝大多数研究人员一起参与编撰了《拉丁美洲历史词典》（1993 年由上海辞书出版社出版）。与此同时，作为主编之一，我参与编写由李春辉、苏振兴和我主编的《拉丁美洲史稿》（第三卷）（1993 年由商务印书馆出版）。参与编写此书的还有曾昭耀、毛相麟、焦震衡、裴培等人。

辞去副所长后我的主要工作（1995—2008 年）

1995 年因我要去墨西哥长期进修，根据院里有关所领导出国时间超过 3 个月必须辞职的规定，我提出了辞职申请，这一申请得到了批准。同年，在等待墨西哥签证期间，我作为《何塞·马蒂诗文选》的编译者之一，应邀去古巴参加了何塞·马蒂的国际研讨会，后又应西班牙外交部的邀请，作为第一位应西班牙外交部邀请的中国拉美问题学者到西班牙考察3个月，完成了《西班牙加入欧共体之后的经济发展》的研究报告。

1996年5月—1997年5月，我由社科院和教育部派遣，作为访问学者到墨西哥国立自治大学经济研究所进修。2000年5月—2001年3月，我应墨西哥外交部国际合作署的邀请，作为墨西哥外交部邀请的第一位中国墨西哥问题专家再次到墨大经济所从事研究。前后将近两年在墨西哥的考察研究，使我近距离地对墨西哥有了比较深刻的了解。我先后写了《一往无前墨西哥人》、《墨西哥》、《墨西哥政治经济改革和模式的转换》、《墨西哥革命制度党的兴衰》这4本有关墨西哥的书。2001年年初离开墨西哥前，用西班牙语写的考察报告也于2003年在墨西哥正式出版。

1996年11月，苏振兴同志因长期出国也辞去所长职务，由李明德同志继任所长至2002年。2002—2004年，拉美所所长位置空缺，主持所里工作的是党委书记兼副所长王秀奎同志；2004年郑秉文从欧洲所调到拉美所任所长至今。期间，先后担任过副所长的有李文举（兼党委书记）、南世昌（兼党委书记）、江时学、宋晓平、吴白乙和王立峰。

我卸任副所长后，被分配在政治研究室，先后在曾昭耀、刘纪新、袁东振3位室主任领导下从事研究，直至退休。期间，我注重对拉美政治制度的研究，并关注90年代后期拉美左派崛起的新动向。在这段时间里，2004年我和袁东振共同完成了社科院重点项目《拉丁美洲国家政治制度研究》（2004年由世界知识出版社出版）；2006年，我编写的中国社会科学院研究生院重点教材《拉丁美洲政治》由中国社会科学出版社出版，这是拉美所编写的第一部研究生教材，也是至今为止我国国内唯一一部有关拉美政治的研究生教材。我还撰写了不少关于拉美左派崛起的文章。

1996年、1997年、2003年、2004年和2005年，我曾五次访问古巴。我先后撰写和出版了《冲撞：卡斯特罗与美国总统》和《古巴》列国志。2005年，根据所里的安排，我和毛金里、白凤森和张金来（外文局翻译）一起将毛相麟同志的专著《古巴社会主义研究》一书，从中文译成西班牙文，我还负责全书译文的校对工作。

自1999年起我开始带博士生，先后带了9名博士生，他们是：袁东振、王松霞、刘维广、方旭飞、李阳、杨万明、郑皓瑜、李紫莹、路燕萍。

同期，我曾先后在北外、北语、经贸大学兼课，曾多次参加经贸大学、北外、北大、南开大学研究生答辩。自 2005 年起，我先后参加历年的中组部党建所的研究课题，并多次获奖。2007 年我有幸应邀到中南海给中央首长做了两次关于拉美政治思潮和拉美文学艺术的讲座。我还多次应邀到国防大学防务学院、外交学院、国家行政学院给拉美和其他国家外宾讲课，讲授关于中拉关系、拉美安全问题、中国国情、中国基本政治制度和科学发展观等专题；90 年代后期，我应邀参加了时任社科院副院长汝信牵头的《世界文明大系》的国家社科基金的重点课题，我和郝名玮合写了《拉丁美洲文明》一书（1999 年由中国社会科学出版社出版）。此后，我应邀到国家图书馆、中华世纪坛、首都博物馆、北师大、北大等处向众多的民众和师生作了有关玛雅文化、拉美古代文明和拉美的世界文化遗址的讲座，受到好评。我还多次接受中央电视台、北京电视台、中央人民广播电台、国际电台等媒体的采访，在一些报纸杂志上撰稿。

从 1995 年我卸任副所长职务至 2008 年年初我退休的 10 多年时间，是我从事拉美研究以来科研成果最多的时期。一共独著、主编、合著、独译或合译了 10 多本书，撰写了数百篇论文、文章和研究报告。可以说，这一时期是我的"丰收"年份。应该说，我取得的一点成果是与国内改革开放创造的"社会科学的春天"大环境密切相关的，是与院所领导的正确领导和指导以及同志们的帮助分不开的。

我的退休生活（2008—　）

2008 年年初我正式退休，但我并未停止我的研究工作。当年 2 月，我同宋晓平、刘承军、毛金里、白凤森等同志一起参与翻译了《卡斯特罗访谈传记：我的一生》，并负责全书的校对。2008 年，我与宋晓平、黄志良和郝名玮一起翻译了《总司令的思考》，并负责全书校对。同年 5 月，我独自撰写的《卡斯特罗评传：从马蒂主义者到马克思主义者》一书，由人民出版社出版，共 53 万字。同年，我和郝名玮合写的《拉丁美洲文明》的修订补充版，由福建教育出版社出版。当年，我还撰写了 40 多篇论文、文章和内部报告。当年 12 月，我有幸随同中联部考察团到玻利维亚和厄瓜多尔考察社会主义思潮，取得了不少收获。

2009 年 1 月，我不幸大病一场，先后住了 10 次医院，进行了 8 次化疗和 1 次手术。所领导和同事们以及我的拉美学界朋友对我十分关心，我终于在死亡线上逃脱出来。病魔并没能摧毁我的意志。我在病床上审读和修改了我的学生李紫莹关于阿根廷正义主义的博士论文。同年 6 月，我撰写的《墨西哥革命制度党的兴衰》一书（共 21.3 万字）由世界知识出版社出版，这是我承担的社科院"后期资助项目"。此书出版后，通过我在北京的墨西哥朋友卡尔沃，转送给该党的领导人，他们表示十分高兴，给我写了一封信，并送给我多本该党出的党刊。2010 年该党下届总统候选人、墨西哥州州长涅托访华时，我有幸在北京会见了他。

2010 年我的身体状况有所好转，我在积极进行治疗疾病的同时，这一年，完成并出版了由我主持的《拉丁美洲现代思潮》一书，这是社科院重点项目，参加此项目的还有袁东振、刘承军和韩琦。此书由当代世界出版社出版，共 46.4 万字，我本人撰写了 25 万字，并负责全书的统稿工作。这一年，我应邀去山东大学、上海复旦大学、上海外国语大学、广西大学、广西民族大学、广西师范学院作有关古巴"更新"社会主义模式和拉美现代思潮的讲座，并参加了第 7 届亚洲西班牙语学会年会、中国世界民族学会、中国拉丁美洲历史学会、首届中拉智库论坛等研讨会，并提交了有关论文。同年，我和宋晓平、张颖还一起翻译出版了《卡斯特罗语录》。

2011 年 4 月，我撰写的《查韦斯传——从玻利瓦尔革命到"21 世纪社会主义"》一书共 50 万字，由人民出版社出版，这部传记是我向拉美所所庆 50 周年的小小的献礼。

拉美所即将迎来建所 50 周年，可以说，拉美所现正处在建所以来最好的发展时期。作为一名拉美所老的研究人员，我高兴地看到，所里的青年研究人员正在茁壮成长，研究人员出国进修和考察的机会也越来越多，所里的研究条件和环境越来越好，所里新的科研成果不断涌现。我衷心祝愿拉美所在新的领导班子的领导下，在今后不断取得更大的成绩！

总结我从事拉美研究几十年的体会是：从事拉美问题研究，需要的是对拉美研究的热忱，对拉美研究魅力的感受和追求。从事拉美研究就像耕种土地一样，谁洒的汗水多，谁的收获也就丰硕。

"春蚕到死丝方尽"，我愿意为我所钟爱的拉美研究事业贡献我的余生！

（徐世澄，中国社会科学院拉丁美洲研究所研究员）

拉美所的初创岁月

陈芝芸

光阴荏苒，岁月流逝，转瞬间我到拉美所工作已半个世纪。在喜迎拉美所成立 50 周年之际，打开尘封的记忆，如烟的往事又浮现在眼前。

1961 年夏，我从苏联莫斯科大学历史系毕业，回到了阔别 6 年、日夜思念的祖国，因在国外学的是拉丁美洲历史专业，所以，被分配到刚成立不久的拉丁美洲研究所工作，一干就是 50 年。

那时，拉美所的条件十分艰苦，缺乏专业人才，缺乏图书资料和必要的物质保障。但是，全所上下热情高涨，一群刚刚跨出校门的年轻人，满怀激情和拳拳报国之心，为落实毛主席的指示、创建崭新的拉美所而奋力拼搏。当时，拉美所在行政上属中国科学院哲学社会科学部（简称"学部"）管辖，业务上归中联部领导。中央对我所提出的任务是"当好党中央的助手"，为中联部等中央单位提供拉美各国的基本情况，为中央决策作参考。当时中苏两党分歧加剧，拉美左派政党与我党也有分歧，所以中央急需了解拉美的基本情况，并提出自己的见解。为落实中央的指示，所领导一再强调，拉美所要"出成果、出人才"，要建立"中国的拉美学派"，以马克思主义和毛泽东思想为指导，研究拉美各国的社会性质、阶级结构、革命任务等重大问题，为党中央当好参谋。面对如此重大的任务，我们备受鼓舞，也深感压力巨大。

我因在校学的是墨西哥历史，所以分配到中美组继续从事墨西哥研究。当时中美组组长暂缺，李锦华是临时负责人，同组的人员还有方幼封、邱醒国、高忠义、陈国锋等人，主要任务就是收集和积累有关国家基本情况的资料，完成上级交办的调研任务。当时所内专业资料十分短缺，但相对来说，有关墨西哥的外文资料还是比较多的，图资室订阅的墨西哥报刊有《对外贸易》、《永久》周刊、《视界》、墨共机关报《呼声报》以及《日报》，等等；俄文、英文书刊中有关墨西哥的资料也较多，如《墨西哥经济地理》、《墨西哥国家制度》、《墨西哥近现代史纲》等俄文书籍对了解墨西哥的基本情况十分重要。当时，我们几个人的家都不在北京，都住在学部大院 8 号楼的集体宿舍，几乎天天晚上大家都在办公室看书，浏览报刊，翻译资料，直到深夜。当时，我们翻译了大量俄文和西文资料，通过这些第一手资料对墨西哥有了更深、更直接的了解，为写书和专题研究打下了良好基础。

　　1962 年，所里决定编写一套《知识丛书》，包括《巴西》、《墨西哥》、《古巴》、《委内瑞拉》4 本列国志。我们中美室负责编写《墨西哥》一书，由副所长王康同志直接分管，有李锦华、方幼封、邱醒国和我 4 人参加。为了使所有同志都得到锻炼，写书采取集体创作的方式，各人分头起草，集体讨论修改，由王康同志最后定稿。王康同志对人对己要求都十分严格，我们起草的稿件每一页都仔细推敲，一丝不苟地修改。后来，按照中联部的要求，决定再写一套更为详细、更有深度、主要供外事部门参考的列国志。于是，我们又重新收集相关资料，对土地问题、社会性质、政党政权性质、民族民主运动等深层次问题开展研究，在此基础上，对全书进行补充修改。此外，我们还收集了《美国对墨西哥的经济控制》、《墨西哥的国家资本主义经济》、《墨西哥的垄断集团》等专题材料，报中央有关部门，并为《世界知识年鉴》写了《墨西哥》和《危地马拉》等条目。就在业务工作顺利开展之际，下乡"四清"和劳动锻炼等任务接踵而来。为了尽快完成写书任务，我们配合王康同志日夜奋战，终于在下乡前完成了书稿的定稿工作。1965 年 10 月王康同志带领我们 19 人奔赴河北黄骅"四清"。1966 年 6 月返京时，得知 4 本列国志已打印成册，分发给有关单位，遗憾的是未能公开出版。此时，"文化大革命"已经开始，正常工作已完全停止。1969 年拉美所被撤销，全所同志都下放到"五七干校"劳动。

　　拉美所这段初创历史虽然短暂，但对于我们这些开拓者来说，却是难以忘怀的，因为正是经历了这段磨砺，我们熟悉了拉美，爱上了拉美，积累了丰富的专业知识，学到了从事研究工作的本领，培养了良好的学风，为以后的工作打下了坚实基础。

（陈芝芸，中国社会科学院拉丁美洲研究所研究员）

《拉丁美洲研究》的创刊

王昭春

1976 年 5 月，拉丁美洲研究所恢复，6 月我提出回拉美所工作的事情，结果被批准了。回所后，我找到王康副所长，要求立即给我安排工作。王康让我在恢复《拉美情况》和《拉美资料》这两份刊物方面做些准备工作。于是，我请办公室的赵淑凡联系印刷厂。由各组提供稿件，由我、张虎生和杨典求三人任编辑，《拉美情况》这份刊物很快就复刊了。与此同时，我也在做恢复《拉美资料》这份刊物的准备工作。我请赵淑凡联系印刷厂，铸造《拉美资料》铅版刊头；由涂光楠、孙士明、徐壮飞和杨衍永担任翻译；我担任中文编辑。1977 年 1 月，《拉美资料》也复刊了。

1979 年，所里决定创办一份研究刊物，具体办刊事务由编译室负责。编译室主任沈澄如要我参加创办工作，并请张佐华担任编辑。他要我准备第 1 期创刊号的稿件。我从各组送来的稿件中挑选一些好的稿件送交张佐华审核，但稿件的数量仍然不够。于是，沈澄如要我从由张文阁等人写的《古巴政治与经济》一书中摘编成《70 年代古巴的政治与经济》一文，这样创刊号的稿件备齐了。同时，沈澄如和我请赵淑凡联系印刷厂。赵淑凡联系了几家印刷厂，但都被拒绝了。最后，沈澄如想到北京第二外语学院印刷厂。此厂虽小，条件差，但总比没有印刷厂好。于是，沈澄如和我去找"二外印刷厂"负责人商量，但遭到拒绝。不过，因沈澄如曾在"二外"西语系当过主任，跟院领导的关系较好。于是我们就去找院领导请求帮助，院领导同意了。不过，印刷厂负责人尽管同意印刷，但提出了条件，要求增加印数。最终我们同意了印刷厂提出的条件。稿件备齐了，印刷厂也有了，于是我就进行排版。1979 年 8 月，我把排版样本和稿件送到印刷厂。9 月，我把校对好的印刷稿件送交印刷厂，并签字付印，《拉丁美洲丛刊》正式创刊面世了。此刊开始为季刊，每期 80 页。开始时，没有设编辑部，主要由沈澄如和我分别负责编辑和发行方面的工作。

1980 年 8 月，《拉丁美洲丛刊》编辑部成立，沈澄如任主任，张虎生任副主任，我任编辑。从此，我只做《拉丁美洲丛刊》的编辑工作和室主任交给我的其他任务。《拉丁美洲丛刊》1982 年由季刊改为双月刊，1986 年更名为《拉丁美洲研究》。

（王昭春，中国社会科学院拉丁美洲研究所副编审）

我与《拉丁美洲研究》

周俊南

18年的戎马生涯在我的内心形成的"军人情结",是无论如何都难以抹去的,为了这份"军人情结",我曾付出了许多。然而,在已届中年的时候,我毅然决然地脱去了军装,去实现考入大学前萦绕心头的从事文字工作的夙愿。

长久以来,这个"弃武从文"的夙愿时常在召唤着我,可我还不敢贸然一试。后来在坦桑尼亚工作时,我在无意中为一位工作人员修改了一篇上报给中国驻坦大使的稿件,受到大使的赞扬,大使说:"我已经好久没有读到这么通顺的文章了。"大使的赞扬增强了我对从事文字工作的信心。

1978年,我在非洲从事两年的翻译工作后回到了原单位,部队首长动员我参加支援拉丁美洲研究所的恢复重建工作。我知道,这是我实现"弃武从文"夙愿的最佳机会。带着满身的仆仆风尘,我和同伴吕银春一起来到作为中央机关的学术研究机构拉丁美洲研究所,当时它归属于中共中央对外联络部。

好像是在做梦,又好像是冥冥之中有什么力量在引导着我,我在一步步地实现着20多年前在脑海里闪过的理想。我是个幸运儿,虽然儿时我曾有过颠沛流离的痛苦经历,但是,我在新中国的阳光下长大,党和人民培育了我,给了我无微不至的关怀和爱护;在我成长的每一个阶段,每到一处我总是遇到护佑我成长的好领导和好同事。他们在让我感受到同志之间的真情和温暖的同时,也都以不同的方式帮助我实现我的梦想。

来到拉美所,面对那些已经对拉美有着相当深入研究的许多老同事,我知道，只有虚心向学、不耻求教，我才能赶上形势发展的需要。我同在拉美研究中已经久负盛名的张佐华老先生、张虎生等同志都有较多接触。进所后不久，在张虎生同志主持编辑部时，我被调到编辑部。

虎生同志以及后来的编辑部各位领导和成员展现给我的是一丝不苟的敬业精神、团结协作的可贵风范，以及人们对编辑知识永无休止的追求。编辑人员一直都在坚持着这些可贵精神，视其为编辑部的传统。在拉美所，一提到《拉丁美洲研究》编辑部，就会不由自主地想到它是一个团结的、有专业实力的、具有统一意志的集体（就像有人说它是"铁板一块"）；也会想到编辑部成员每天坚持坐班（所里不要求编辑部坐班）、准时上下班所表现出来的那种凝聚力和自我约束力。

80 年代末 90 年代初，编辑出版事业的快速发展，要求编辑部在编辑和处理稿件过程中不断进取、创新，采用新技术、新思路；在稿件的编排、处理方面，要充分利用电脑。在从所内争取到两台电脑之后，编辑部开始掀起学电脑的高潮。要求年轻人不仅要学懂，还要会用，还要千方百计地做到娴熟运用。在国际片的几个编辑部中，《拉丁美洲研究》编辑部学习运用电脑最早，热情最高，因而最先结束手抄稿件，实现了纸上改稿与电脑处理相结合，后来又逐步实现了排版电脑化、发稿软盘化的深度转变。

在这个世界上，有的工作是风光耀眼、声名显赫，而有的工作则是默默无闻、无私奉献。应该说，编辑工作就是一种无闻和奉献的职业，而且，有的时候还要受人诟病。摆正个人得失荣辱与事业两者所处的位置，深刻认识和妥善处理编者、作者与读者之间的辩证关系，提倡默默奉献，是编辑人员的必修课，是个人精神境界高低的尺度。从这个意义上讲，编辑人员如同啄木鸟，刊物好似树林。啄木鸟在树林里飞来飞去，在树干上跳上跳下，用自己的辛勤劳动，清除着危害树木机体的害虫，护卫着树林的成长，让小树苗长成参天大树，让树干留下岁月的年轮。

编辑工作是一件充满风险的事业，刊物的质量始终牵动着编辑部所有成员的心，对编辑部的负责人尤其如此。一期刊物的出版，对于作者（撰稿人）来说，是高兴、是丰收、是满足；而对于编辑人员，特别是对负责人来说，是期待，但更多的是紧张、不安。期待的是，它像经过千辛万苦、呕心沥血完成的一件精美的工艺品一样，终于问世了；紧张的是，它要面对来自各方面的读者犀利的目光和实践的严格检验，不知道在哪一个环节上会出纰漏；而只要是出现错误，那就只能是无法补救的终生遗憾。有时可能绷紧神经几个月后，还听不到外界有什么负面反应，悬着的心才算落了地。紧接着，下一期又要出版了，紧张、不安又要开始了。可以说，编辑人员永远处在一种奉献、期待、紧张、不安的复杂矛盾的心态中。

尽管如此，我爱编辑事业，尤其爱《拉丁美洲研究》。18 年的编辑生涯，与此前 18 年的戎马生涯一起，构成了我生命的主体或者全部。我无怨无悔地把自己的后半生献给了编辑事业，献给了《拉丁美洲研究》。

我庆幸自己的选择。

（周俊南，中国社会科学院拉丁美洲研究所研究员）

对拉美所翻译组和第一份所刊的回忆

毛相麟

1961 年拉丁美洲研究所成立时，在业务干部中懂西班牙文的人很少。较多的是学俄语的，其次是学英语的，还有一部分人是学其他专业的。然而，当时作为白手起家的所，最迫切的任务是收集关于拉美的基础资料，这既是为了基本建设，也是为了培养人才。因此，广泛介绍美国、苏联和拉美国家的研究成果和研究动态是当时全所的主要工作之一。研究所在结构设计上，把翻译组作为几个大组之一，与综合、南美、中美、加勒比海和图书资料等各组并列。建所时，在人员的安排上，对翻译组配备了较强的力量。组长吴清友是一等一级俄语翻译、资深学者；副组长张前，毕业于延安抗大俄语大队，是革命老干部；组员中还有万青、高忠义等俄语干部。因此，开始时俄语力量是最强的。其次是英语力量，从外交部调来 3 人，他们是新中国成立之初归国的留美学生涂光楠、曾在地方外事部门工作过的徐壮飞及其夫人朱云瑞。1962 年 2 月，中联部把我从烟台港务局调回北京后，以翻译身份被介绍到所里来，也进了翻译组。同年 11 年，调来了资深英语翻译刘珙。因此，英语力量也不弱。起初，西班牙语翻译是最缺的。涂光楠西语很好，除他外西语干部只有杨衍永和杜忠馨。他们都担负着繁重的对全所业务干部的西班牙语教学任务，这也是翻译组的一项工作。到 1964 年时，苏振兴、石瑞元来组，西语力量才得以加强。同年，孙士明来组，也增加了俄语力量。这时组内俄、英、西各语种的力量便趋于平衡了。

翻译组成立后，首要的工作就是创办一份内部刊物，刊登本所人员（主要是翻译组人员）翻译或编译的有关拉美的文章，刊名为《拉美各国参考资料》（简称《拉美参资》）。作为拉美所的第一份刊物，它的出版和发行，不仅为本所的资料建设和人才培养贡献了力量，而且在国内学术界、教育界和外事部门中扩大了拉美所的影响，为加深人们对拉美地区的了解起了一定的推动作用。然而，令人遗憾的是，经过"文化大革命"，随着岁月的流逝，这样一份重要的刊物竟然散失了。于 2006 年 7 月编印的《拉丁美洲研究所 45 年》一书第 41 页上说，"该刊早已散失，所载文章无从查考，现仅将当时翻译组一位成员记载他翻译的部分文章的题目列出"。的确，该刊已散失，但我后来发现了一份该刊目录的总索引。现将有关情况详述于后。

1977 年研究所恢复时，人们没有注意搜集和保存这份刊物，但在 1977 年 7 月曾编印过一份《〈拉美各国参考资料〉目录总索引（1962—1966）》。然而，到 80 年代中期，该刊连同这份总索引都一起散失了。因此，在 2001 年建所 40 年编写所史时，没有任何这方面的资料。但是，我个人对在该刊登载过的自己的译文题目和所载期数保存了记录，于是我将自己的记录（共 23 篇译文）提供给了所史编写者。这样，便有了上述的"将当时翻译组一位成员记载他翻译的部分文章的题目列出"，即所史的"附录一"：该刊部分文章一览表。

2007 年 3 月 9 日，我在清理自己在办公室存留的业务资料中意外地发现了此刊目录总索引，喜出望外。我当即复印了一份交给图书资料室主任钱去非，自己保留了原件。现在，我准备在建所 50 周年之际，将这份珍贵的文献（原件）呈献给所里保存，使修订所史时能填补这方面的空白。

《〈拉美各国参考资料〉目录总索引（1962—1966）》共 14 页（不含封面），是一份油印本。从这份总索引看，该刊共出了 62 期，1962 年 3 月 30 日出第 1 期，1966 年 4 月出第 62 期，这可能是最后一期。总索引有每期的出版期号、出版时间、译文题目及原文作者。美中不足的是，这份总索引缺总第 50 期（1964 年 8 月号）至总第 52 期（1964 年 10 月号）3 期的目录。只是从我记载的个人译文的目录中得知，在 1964 年 8 月号上有《哥伦比亚试验场》（0.74 万字）和《拉丁美洲的土地改革》（0.7 万字）两篇，其他情况便无从查考了。《拉美参资》在 1962 年出了 24 期，每期刊出一篇译文，其中 21 篇译自苏联的书刊，只有 2 篇半译自美国的材料（另半篇译自苏刊，两者合为 1 篇）。1963 年出了 18 期，从该年的第 10 期（1963 年 6 月 15 日，总第 34 期）起，每期不止一篇文章，有的期数有四五篇或更多，而且英语材料明显增加。1964 年出了 12 期，西班牙语的译文也开始增加。1965 年出了 6 期，语种涵盖英、西、俄，西语的译文大量增加。1966 年出了 2 期。从《拉美参资》5 年中刊载的译文内容看，主要是围绕当时所里的中心任务，做打基础的工作，如拉美的基本政治经济状况、社会性质、阶级结构、土地问题、美国势力的渗透和影响等。译文的内容及其变化清楚地反映了本所的成长和发展的轨迹。值得一提的是，1964 年所领导决定出版《拉丁美洲土地问题论文集》（译文集），这项任务由翻译组的徐壮飞、涂光楠和我三人负责，高忠义参与具体编排工作。我们从已出版的《拉美参资》中挑选出 44 篇有关译文重新校审，共 38.5 万字，经组、所领导审阅后送交出版社，1966 年年初印出二校清样稿。后因"文化大革命"开始，当出版社要求确认是否出版时，所领导未予答复，致使该书未能出版。

《拉美参资》于 1966 年年中因"文化大革命"而停刊。"文化大革命"后恢复拉美所时，重新设立了翻译机构，改名为"编译组"，这时我被调到中美组，接受了新的任务。然而，每当我忆起建所初期在翻译组同其他组员一道为出第一份所刊而紧张工作的峥嵘岁月，总感到非常亲切，十分怀念。

（毛相麟，中国社会科学院拉丁美洲研究所研究员）

亚太所筹建历程回顾

程毕凡

1981 年中央批准中国社会科学院国际片建立 8 个研究所的计划。基本规划是将原有的世界经济研究所同世界政治研究所合并为世界经济与政治研究所，同时成立美国、西欧、苏联东欧、日本、亚太、西亚非洲和拉丁美洲 7 个地区与国别研究所。此外，设在北京大学的南亚研究所是我院同北大合办的。但是，据说院务委员会在讨论落实计划时，有些领导同志认为当时亚太所能集中的人员还太少，主张先建立一个筹备性质的研究室暂放在世界经济与政治所。据此，新建的亚太室由世界政治所主要领导人之一的黄光宇同志担任室主任。黄光宇曾担任过港澳工委宣传部部长和代理书记。他知识渊博，对国际问题尤其是亚太问题的研究已有较深厚的基础。由他挂帅筹建亚太所，当然是很理想的人选。我和李相文同志被指定为研究室副主任协助黄光宇同志工作。1984 年光宇同志离休。李树生同志接任室主任。次年树生同志调任所党委书记，又留下遗缺。由于我不太愿意抓行政工作，浦山所长决定由韩镇涉同志接掌亚太室。我只挂名当个副职并继续担任所学术委员会委员。

按照黄光宇同志的设想并经所领导同意，亚太室以及此后亚太所的研究地理范围应是亚洲的太平洋部分，但包括澳大利亚和新西兰等南太平洋地区，而国别专门研究则不含日本。这一划定，同我院国际片各地区与国别研究所的设置形成合理分工，避免重叠。亚太室的研究，重心在政策性课题，努力为中央的决策提供建议性服务。亚太室成立之后，在研究人员的扩充与培养、重点课题的研究以及对外学术交流等方面进行了紧张的工作，为后来亚太所的建立打下了较好基础。现仅就我个人在亚太所筹建过程中所参加过的一些工作和活动做些回顾。

一　研究人员的配置与培养

亚太室人员来自四个方面：一是从原世政和世经两所中在自愿的基础上抽调；二是北大国政系代培生；三是从本科毕业生中遴选；四是从其他研究单位调入。地区研究所既要研究地区性问题，还要分兵把口，对重点国家进行国别的全面研究。在人员的安排与调配上，必须兼顾这两个方面。到1988年，先后到过亚太室工作的人员多达38人。东盟创始5国和越南、朝鲜半岛以及澳大利亚和新西兰方面都已有专人负责。在日本的对外关系研究方面也已安排合适人选。

作为中国社科院的一个研究所，它必须拥有高素质的研究人员。鉴于多数人员都是刚刚从事国际问题研究，黄光宇同志一开始就强调要重视干部的培养。他主张一方面要放手让这部分同志"干中学"，给他们压任务；另一方面应设法让他们学点以马克思主义为指导的国际关系理论。但可惜的是，当时国内尚未出现这类书籍。我告诉黄老，我做了20多年工作的现代国际关系研究所靠的是《实践论》和《矛盾论》"两论起家"。20世纪五六十年代该所第一代领导人薛樵曾亲自讲过课，还举行过几次学习心得展览。我还对黄老讲，1982年我作为交换学者访问澳大利亚时，曾在悉尼大学见到一位研究国际关系的高级讲师。他令人意外地对我说，他并不是马克思主义者，但他研究过多种方法论后，最后还是认定最好最有活力的方法论是唯物辩证法。我建议黄老给室内讲讲"两论"。因为他此前曾在高级党校任过教，理论基础深厚。但他认为讲课必须结合研究实例，还是由我先讲为好。当时，刚好世经政所浦山所长已提出要在所内整顿学风，所以我同意试试。但主张先找几位年轻人，以谈心得的方式开讲，不开大课。这大概是1984年的事。但讲完一期后便停止了。主要是我担任我国与东盟国家经济关系联合研究项目协调人，工作太忙，怕无暇顾及。令人遗憾的是，我院国际片建立30多年后，不仅仍未见到一部可被学界认可基本符合唯物辩证法的国际关系学著作，也鲜见有人提倡在研究工作中学习和运用"两论"。反倒有不少人热衷于介绍西方形形色色的国际关系学名著。我不反对引进介绍这些著作并借鉴与吸收其中精华部分。但如果将之视为圭臬作为理论指导，那就要迷失方向了。

二　研究活动与成果

1982 年浦山担任世经政所所长后，曾要求各研究室认真思索后提出各自的重点研究课题。

亚太室由我负责拟出了需要安排研究的十大课题，从亚太地区美中苏大三角关系、朝鲜半岛形势走向、日本在亚洲的作用、与东盟关系问题、南海争端、越南侵柬问题到东南亚华侨华人问题，等等。这些课题构成了亚太室此后多年的研究重点。

（一）美中苏大三角关系

国际形势如同其他事物一样，大格局总是影响和支配着小格局的发展与变化。1981 年 1 月我参加了我院与美国布鲁金斯学会共同在美举办的中美主要智囊机构关于东亚形势的威廉斯堡讨论会。会后我特别关注美中苏大三角关系问题。当时内部传达小平同志提出的一个论断，即太平洋和印度洋像是"哑铃"的两头，中间马六甲海峡是"铃把"。美苏争霸，谁控制马六甲海峡谁就能控制两大洋。因此，越南侵略柬埔寨后有可能在苏联的指使下，继续南下直至控制马六甲海峡，使苏联的大战略得以实现。但是，实事求是地说，这一论断很难成立。据我了解，马六甲海峡最窄处只有 37 公里，最浅处只有 23 米，巨轮可行航道最窄处不足两公里。一旦战争爆发，任何国家都不可能做到只许己方舰船顺畅通过。此外，我国军方和学界还普遍过高估计苏联在太平洋的海空实力。具有很大影响力的美欧日三边委员会 1981 年特地在北京举行会议。与会的我国军方领导人首次公开提出关于苏联实行"哑铃战略"论断。这促使我感到很有必要着手准备写一篇有关美苏在西太平洋争霸态势的调研报告。1982 年，我作为交换学者出访澳大利亚两个月。在堪培拉国立大学与澳知名战略问题专家、国防与安全研究中心主任罗伯特·奥尼尔（后来曾任伦敦国际战略问题研究所所长）座谈中，交换了对美苏在太平洋力量对比、战略对峙以及马六甲海峡的作用等问题的看法。我觉得我的基本论点经得起辩论。回国后，我便开始撰写《美苏在西太平洋海上角逐》调研报告，发表于世经政所的《世界经济调研》（第 63 期，1982 年 12 月 13 日）。不久，经过压缩以专论形式发表在《人民日报（国际版）》。此文曾引起美国一些智库的注意。据了解，美国重要智囊人物之一密歇根大学东亚研究所所长惠廷（参加过 1981 年中美威廉斯堡会议），1996 年在英国参加一个有关中国改革开放以来安全战略变化的国际讨论会上，认为 1983 年后在大三角关系问题上中国开始从联美抗苏逐渐转为平衡战略。而我上述那一篇专论是"官方授意放出的一个试探性气球"。

（二）越南侵柬战争

在 20 世纪整个 80 年代，这一直是热点问题之一，也是我们在对外学术交流中谈得最多的问题。1981 年年初的中美智囊机构对话会议中，关于柬埔寨战争问题中方是由我提供论文的。我还代表中国方面应邀参加过在曼谷举行的有柬埔寨四方力量代表出席的国际讨论会。可见亚太所最初主要由我兼顾这一问题的研究。韩锋同志来了后，除主管泰国研究外，也兼管印支形势研究。曾同李树生同志合写过一篇就东盟各国对越南侵柬战争的不同对策进行具体分析的调研报告。到了 1986 年，印支问题专家刘朴调入亚太室，大大加强了我们对柬埔寨战争以及整个印支问题的研究。刘朴当时对印支问题已有 30 多年的研究经验，是现代国际关系研究所印支方面研究的第一把手。刘朴在亚太室期间，就越南的策略、柬四派力量的微妙关系和形势走向以及我们的对策，撰写过几篇相当有分量的论文。此外，赵晨的硕士毕业论文《越战后美国的对东南亚政策》也写得有一定深度，曾全文发表在厦门大学南洋研究所所刊《南洋研究》上，颇受好评。因此，可以说我们在东南亚研究方面，在全国是处于领先地位的。主要表现在：（1）有比较强的研究力量；（2）一开始就把越南侵柬战争放在对美中苏大三角关系有比较正确认识的战略分析中进行研究；（3）我们的研究受到国内外学术界的重视。

（三）有关我国与东盟国家关系

我个人的研究领域比较杂，抓课题总是随需而定。对东盟研究的侧重点本是在政治与安全方面，但在亚太室我对东盟的研究却始于中国与东盟的经济关系。

1. 联合国南南合作大项目下的《中国与东盟国家经济合作关系》调研报告

从 1981 年开始，我国对联合国承诺提交一篇关于中国与东盟国家经济合作关系的调研报告。后来落实到由我院世经政所发展研究室牵头与国际问题研究所和国际贸易研究所合作编写，为期两年半。但是，到了1983年春，初稿写了两次仍未能在所里通过。浦山所长急了，决定改由我撰写。当时离联合国责任机构"联合国训练与研究组织"（United Nation Institute for Trainning and Research，UNITAR）规定的交稿期限只剩3个多月了。我很为难，最初是推脱的。但黄光宇同志坚持要我以大局为重，勇挑重担。我只好同意试试，但要求允许我对原稿推倒重写。因为，原稿对东盟经济的强点明显估计过高，而对我国经济结构中的相对优势和发展前景却又估计不足。

为了弄清联合国机构调研报告的通常写法，我先花了近一个星期时间泡在北京图书馆联合国资料室，阅读有关资料文件。然后用近一个月时间收集必要的资料，接着用20多天赶写出初稿。经所里和协作单位通过后，即送外交部审阅并得到认可。报告译文终于在限期内送达UNITAR。不久，便收到UNITAR相当高的评价，说是"一份极其有价值的报告"（extremely valuable）。

上述任务的圆满完成，使外交部亚洲司和国际司对亚太室和我有了一定的了解。这与外交部后来赞成我参加两项重要对外学术活动显然是有关联的。其一，是当年（1983年）联合国亚太经济与社会理事会首次决定邀请中国学者参加"专家小组"，审评理事会一年一度的《亚太经济与社会发展概览》。院里决定派我去。外交部国际司摆乌龙，误以为是一项长期任务便对人选进行严格审查。通过后，又找我面谈交代诸多"注意事项"。

其二，是1985年参加在夏威夷举行的"东盟在太平洋的作用"讨论会。这是由当时参加亚太议员联盟会议的东盟议会与美国东西方中心共同举办的。会议安排美、中、日三大国代表作本国对东盟政策的论述。本来中国受邀的是副院长宦乡，但宦老因故去不了。院里决定让我替他前往。浦山提醒我可能会遇到不友好甚至带敌意的提问，要做好充分准备。果然会议上印尼的主要发言者优素福·瓦南迪（议员，印尼主要智库战略与国际研究中心主任，华裔，中文名林绵基）做了一次对我国相当不友好的发言。他质疑中国的长远意图，甚至表示不欢迎中国参加太平洋经济合作活动。我在发言中特别强调中国实行的是睦邻友好政策并指出，如果有哪一个国家硬要把中国当敌人，那倒很可能变成"自我实现的目标"，对双方都不利。1987 年我同瓦南迪在香港的一次会议上的争论更加激烈。但俗话说"不打不相识",后来经过互访和几次私下交谈,我们两人竟成了可以谈点内心真实想法的朋友。

2. 中国与东盟国家经济关系国际联合研究项目

1985 年,东盟国家智囊机构在新加坡讨论对华关系问题。它们认为改善对华关系应从经济领域入手并主张双方主要智囊机构就双方经济关系问题进行学术交流。当时,美国也乐见东盟改善同中国关系。于是,在福特基金会的撮合和资助下,东盟方面由新加坡的东南亚研究所,中方则由中国社科院世经政所牵头筹办一个关于中国与东盟国家经济关系的大型国际联合研究项目。而中方的"协调人"角色也就很自然地由我来承担了。东盟方面参加过这一项目的人员包括学者和高级官员。我方则按研究课题从社科院、国际贸易研究所、中央财金学院等北京重要智囊机构挑选最合适的专家学者承担论文的撰写。这一项目从 1986 年到 1992 年分 4 个阶段,前 3 个阶段由我担任协调人,最后 1 个阶段则因我到香港岭南学院亚太研究中心做客座研究,由世经政所当时的副所长罗肇鸿接替。项目的每一阶段都轮流在新加坡和北京举行一次讨论会并由双方协调单位分别出版中英文论文集,由双方协调人联合主编。可以实事求是地说,这 4 本论文集代表了当时有关中国与东盟经济关系研究的最高水平。

这一半官方联合研究项目的实施,为增进双方的相互了解,缓和政治紧张关系以及推进经济合作,起了积极作用。但特别值得提出的一个具体成果,则是它促成了中国提早参加东盟对话国会议。1990 年 10 月,由国务院国际问题研究中心和马来西亚安全与国际研究所(ISIS)联合举办的中马第 4 次会议在北京钓鱼台国宾馆举行。马方与会者规格很高,三军总长、警察总监和外交部副秘书长以及驻京公使都来了。会上,我以联合研究项目中方协调人的身份提出一项建议。我说,我们这个联合研究项目已经进行了 5 年,但实际上至今中国同东盟只有与各个成员国之间的关系,而同东盟作为一个整体尚未建立任何关系。这是不正常的。因此,建议马方推动东盟邀请中国参加东盟对话国会议以适应双方关系的发展。当时,马方召集人马哈蒂尔总理的心腹智囊 ISIS 所长诺尔丁·苏比表示建议很好。会下对我说,他将很快直接向马哈蒂尔汇报。

大约一个多星期后,李鹏总理出访马来西亚。马哈蒂尔在欢迎宴会上,出人意料地主动表示,马来西亚欢迎中国参加东盟对话国会议。李鹏结束访马后不到两个星期，马驻华公使沙拉尼便来我院找我谈中国参加东盟对话国会议问题。我特地找了国际贸易研究所副所长庞荣谦一起会见他。沙拉尼说，马外交部来电指示大使馆，应立即撰写一份报告，说明中国参加对话国会议的必要性和好处。使馆想请我们帮忙写好这份报告。马外交部要以此为参考，说服东盟其他成员赞同马的建议。我和庞荣谦就报告将涉及的几个重点谈了看法。翌年，我国便应邀先以观察员身份出席东盟对话国会议。

3. 参加创建"中国—东南亚对话"论坛

1988年10月在美国福特基金会资助下，由泰国安全与战略研究所（ISIS）和中国现代国际关系研究所牵头，在泰国普吉岛举行东盟与中国智囊机构对话会议。会议开得有点莫名其妙的混乱。首先，现代所管具体组织工作，但从头到尾不指明谁是团长。泰国 ISIS 负责人库苏玛（女）、苏昆潘和东盟智库的领头人印尼的瓦南迪以及与会的福特基金会驻京办事处负责人盖思南（Geithner）只跟我熟悉。于是，我在席次与住房安排方面都被给予团长般的待遇。一直到告别招待会要有人出来致谢词，大家才把国务院国际问题研究中心的万光硬推出来致词。因为现代所挂靠在国际问题研究中心。

1990年秋，在北京召开第二次会议，确定"中国—东盟对话"是长期性论坛，基本上隔一年开一次。但是，到1993年北京第4次会议召开前，瓦南迪便抱怨中方与会者中协调单位现代所占比例太大。他说，"东盟方面要的是东盟与中国之间的对话，而不是东盟与现代国际关系研究所之间的对话"。第4次会议期间，国务院发展研究中心的国际技术经济研究所也有意同东盟智囊人物接触。我这时已退休，受聘担任国际技术经济所特约研究员，便建议技经所在北京饭店宴请瓦南迪等几位主要人物叙谈。我与瓦南迪通了话，说明用意。他非常高兴，答应约泰、新、马几位学者在会议最后一晚招待会露一下面便直奔北京饭店。技经所副所长程玲珠约了外交部陈鲁直大使和吴敬琏教授作陪。席间谈话轻松热烈。瓦南迪大概看到大经济学家吴敬琏也在场，便对我建议说，东盟与中国经济关系项目已结束两年多了，能不能再争取一下福特基金会资助，搞一个后续项目。提议不错，可惜后来没能落实。回过头来想想，如果当初亚太所能够早几年建所，从我们同东盟智囊机构的人脉关系和我院与福特基金会合作的深度来看，我们肯定更有条件担任中国与东盟智囊机构对话会议的协调单位。

4. 华人华侨问题

在研究亚太尤其是东南亚问题中，华人华侨问题具有非常重大意义。20 世纪 80 年代初，东盟国家同中国存在两个突出的摩擦：一是中国支援当地共产党革命活动；二是把华人混同华侨，要他们"为祖国作贡献"，亦即"效忠"中国。1982 年 10 月，我作为同澳大利亚社会科学院的交换学者访澳。考虑到可能会同澳社科院轮值主席王赓武交谈华人问题，为了有所准备，行前我拜访了侨办对外司和外交部领事司，了解他们的看法。从澳大利亚回来后不久，我即着手给院《要报》撰写题为《在宣传东南亚华人中应注意的问题》的调研报告。胡乔木院长以中央书记处名义将之转发全国宣传口各单位。我同东盟创始 5 国主要智囊机构领导人交往中，深深感觉到他们对中国的华人政策十分敏感，常常表示强烈不满。记得由国务院国际问题研究中心和马来西亚安全与国际研究所联合举办的"中马对话"北京第 2 次会议上，马方由斯蒂芬·梁教授谈中国对华人政策问题，足足讲了 40 多分钟。多年后，在吉隆坡，梁教授告诉我，当时他们的所长诺尔丁叮嘱他谈华人问题不要受时间限制，务必要引起中方的重视。东盟智囊机构的领军人物印尼战略与国际研究中心主任优素福·瓦南迪有一次访京约我餐叙。在谈到中国对华人政策时，很激动地说，"你们对待东南亚华人问题必须十分谨慎，如果乱来，我们这些在印尼和马来西亚的人全都会死定了！"如此坦诚表白，对我震动很大。80 年代后期，我们同东盟 5 个创始国的主要智囊机构已都有了较密切的交往，同其主要领导人也建立了不错的私人关系。这 5 个机构的主要领导人大都是华裔。因为有华裔背景，他们至少在公开场合必须拉开同中国的关系，经常对我外交政策提出质疑，甚至发表带攻击性的言论。否则，他们在国内在政治上就会站不住。但是，如果他们的所在国同中国关系恶化，也对他们不利。因为他们的华裔背景会给极右势力找到攻击的借口。印尼的战略与国际研究中心早年就曾被极右翼军方领导人攻击为"华人影响印尼政策的大本营"。这些智囊人物从本质上说，不会主动鼓吹反华政策。他们是我们对东南亚关系的"有利资产"。但如果我们自己在华人政策上犯大错误，也可以变成一项"负资产"。

5. 南海问题

虽然在 1982 年亚太室便已把南海问题列为重点研究课题之一，但真正着手进行研究安排则是在 1987 年之后的事情。1987 年起，我赴港参加了几次由岭南学院亚太研究中心召开的有关东盟的会议。在这期间，我认识了对南海问题有研究的学者：亚太研究中心主任黎凤慧和资深报人陈达维。黎凤慧在 1994 年后曾出任设在曼谷由加拿大国际开发署资助的"东南亚海洋法项目"（Southeastasia Project on Law of Sea，SEAPOL）主任。曾多次主持或参与过有关南海问题的国际研讨会。印尼前外长阿拉塔斯曾当面戏称她是"中国的第五纵队"。陈达维 1994 年后担任《香港之窗》中国版主编时，曾编辑出版过南沙问题专辑和多篇有关南沙问题的文章。这是后话。我和黎、陈曾就南沙问题多次交换看法。我们的基本想法是：（1）我国正式加入联合国海洋法公约后，我们就必须重视与加强对海洋法的研究，要最大限度地利用国际法与海洋法捍卫海权；（2）斗争一定要讲策略，要避免出现南海周边国家形成共同阵线对付和孤立我们的局面，争取与我们争议较少且关系较好的国家如马来西亚先妥善解决争端并尝试共同开发，为此要善于做出必要的妥协；（3）可在香港建立一个南海问题论坛把两岸三地有关学者串联起来，分工合作进行深入探讨。我认为从亚太室的人才状况看，搞法律问题是弱项。亚太室可以发挥较大作用的方面是国内协调同东盟智囊机构的磋商。建立论坛是我们开展工作的关键环节，主要难题是资金来源。黎、陈负责争取香港企业界资助，但一直没有成果。1994 年黎出任 SEAPOL 主任后，我们转而把重点放在争取内地有实力的单位主办论坛。我先是搭桥促成黎来京访问海洋研究所，但没谈出具体结果。到 2001 年，我又推动总参谋部同我们三人在海南博鳌开了一个小会，商议开办论坛问题。对方表示很有兴趣，但会后不久又说"有困难"，只好作罢。我们这个"三人帮"的活动唯一的具体成果，可以说仅是由陈达维出手义务为军事科学院研究员潘石英的专著《南沙群岛·石油政治·国际法》译为英文，在香港出版双语版。这本专著把历史同海洋法和国际法联系起来进行论述，富有说服力。可以说是迄今国内写得最好的一部有关南沙问题的论著。令人怀念和感慨的是，潘石英教授是在肝癌晚期，基本上是单打独斗以燃烧自己的生命为代价，拼搏出这一成果。

6. 撰写《关于处理我国同东盟国家关系问题的建议》

大约是 1985 年 7—8 月间，宦乡同志要我全面考虑一下我国同东盟国家的关系和对策，写一篇调研报告。而且明确说，这是作为他准备提交中央外事小组的建议书的一个附件。这种附件，宦老一向要求非常高，而且时间只有两个星期。这篇调研写得相当辛苦。文章按时交给宦老后，又感到个别地方需要补充修改。第二天整好了修改稿又急忙送去。这是我多年对东盟研究的总结，也吸收了室内其他同志的研究成果。宦老表示满意，说同他的思路还比较合拍。由于是作为附件，国际问题研究中心未将其在内刊中刊出。但浦山所长认为这是世经政所亚太室的成果，又是第一次就地区关系写的对策建议，坚持以"绝密级"在《世界经济调研》增刊（1985 年 11 月 15 日）登出。此外，在对东盟国别研究方面还值得一提的是陈杰论述新加坡外交的硕士论文《新加坡的生存之道》。应该说此文相当有深度。在广州暨南大学东南亚研究所所刊《东南亚研究》发表后，深受同行赞赏，以致该所破格聘请陈杰为特约研究员。

（四）亚太经济合作问题

1980 年 9 月，由有关各国学者、官员和企业家组成的半官方组织"太平洋经济合作会议"（Pacific Economic Cooperation Conference，PECC）在澳大利亚堪培拉成立。第二年春，澳国立大学教授米勒（T. Miller）便来华访问我院，由黄光宇同志和我接待他。米勒是澳参加 PECC 活动的知名学者。他就开展太平洋经济合作，最后建立"太平洋共同体"等问题和我们交换看法。这是我首次接触太平洋经济合作问题。到了 1984 年，设在巴黎的欧洲地缘政治研究所主持召开主题为《太平洋的崛起：对欧洲是威胁还是希望?》的规模庞大的国际会议。我国应邀派团与会，团长是我院副院长赵复三，加上外交部国际司王保流和亚太室的我。中国代表团受到法方特殊优待，例如巴黎市长的小型晚宴，各国代表团只是团长出席，唯独我们是三人都受到邀请。但是，在大会发言中最受瞩目的则是日本前外相大来佐武郎。原因很简单，因为当时正值日本经济崛起大有超美之势。大来意气风发地大讲东亚经济发展的以日本为领头的"雁阵模式"以及"太平洋共同体"的设想。这促使我认真思考我国参加 PECC 活动的利害得失。同年夏，中马第二次对话会议在颐和园举行。宦老指定我就太平洋经济合作问题做个发言。此时，我已认识到 PECC 其实可看成是南北对话的一个平台，而且它只是论坛性质的一个组织，不设强制性的决议。因此我发言的基调是中国应当参与，这个观点同宦老是一致的。

除了我参与的有关太平洋经济合作学术活动，亚太室负责东北亚研究的李相文同志几乎在同一时间，也开展了这方面的研究与学术活动。例如，1982 年 12 月 1—3 日以世经政所名义举办了全国性的关于太平洋共同体的讨论会，有 11 个单位 20 多人与会。1984 年 4 月，李相文和艾奇同志合写了题为《拟议中的太平洋沿岸国家首脑会议》论文，刊登于《内参》等刊物。此外，还由杜伟同志整理编写了《太平洋经济合作大事记》。1984 年年底，韩镇涉同志出版专著《环太平洋合作构想——它的理念与展望》。1985 年夏，为了加强对太平洋经济合作的研究，浦山所长决定建立由亚太室牵头的《太平洋经济合作与东盟问题》跨室大课题组，指定我担任召集人。这个课题组的主要任务是向中央提供对策建议。当时，外交部自部长以下基本上都是不赞成我国参加 PECC 活动的。为了做外交部的工作，浦山邀请了国际司、亚洲司和美大司的六七位处长来所座谈，由我向他们简要介绍 PECC 情况。我着重讲清 PECC 实际上是太平洋南北对话平台，只是论坛性质以及我国参加这一论坛利多弊少。

1985 年夏，我受聘为国务院国际问题研究中心特约研究员。宦老要我赶写一篇说明我国应加入 PECC 的研究报告。宦老对稿子作了审阅后，表示他完全赞同我的论点，建议我不用个人署名而是以研究中心文件的形式，由他带到中央外事小组作为讨论参考资料，我当然求之不得。

到 1986 年初夏，苏联出人意料地宣布它也要申请参加 PECC。不久，亚太室突然接到一个紧急任务，外交部要求在三四个小时内提交一篇精练简要说明 PECC 的组织、运作与作用的报告。大家都感到很高兴。到了这一年的秋天，我们室就接到一项大任务，要在两三个月内为中国参加 PECC 在温哥华举行的第 5 届大会赶写出有关 PECC 的一系列背景材料，包括 PECC 的历史由来与现状、太平洋盆地经济理事会（PBEC）、太平洋贸易发展会议（PAFTAD）等 6 篇材料。中国代表团由宦老任团长。他曾对我表示亚太室写的材料是下了功夫的，他们感到满意。翌年，时任国家经委主任的朱镕基同志要率团赴夏威夷参加有关太平洋经济合作问题的一个国际讨论会。宦老是代表团的顾问，提议让我也随团与会并得到批准。但在代表团名单确定即将成行时，浦山所长告诉我世经政所外汇包干额度已用得差不多了，很难支持我此行，只好遗憾作罢。

1989 年太平洋经济合作发展到一个新的阶段。由澳大利亚发起的 APEC 首次会议 11 月将在堪培拉召开。这时刚刚经历过北京风波的中国不可能派团与会，而澳大利亚又非常想了解中国的看法。同我有较多交往的澳驻华公使何科林便询问我有无可能提供一些有关资料。刚好当年东盟项目的主题是《太平洋合作伙伴》，我与韩镇涉同志联合提交的论文是《世界经济集团化的趋势与太平洋经济合作》，其中已提到对 APEC 的看法。便将之寄给他。何科林喜出望外，当天便全文发给外长埃文斯。一星期后，何科林在住所设家宴答谢我。

（五）台湾问题

1990 年中办下达过一项任务，要我院找台研所之外的学者写一篇有关解决台湾问题的调研报告。最初，院里找了第二外语学院对台湾问题有些研究的一位教授主持这一课题。初稿完成后，科研局找了谷源洋和我对稿子进行评阅。结果我们都感到很不理想。于是科研局决定干脆由我接过重写。台湾问题好像同亚太室最有关联，我推不掉只好上马。我提交了一份题为《中国人经济圈构想与政策建议》的调研。基本思路是：从经济合作入手，逐步解决统一问题。到 1992 年夏，当时主管国际片的郑必坚副院长认为有必要在挂靠我院的台湾研究所之外，另成立一个台湾问题课题组。院科研局建议由亚太室出人负责这一课题组并推荐我当召集人。当我从香港亚太研究中心回来休假时，科研局安排我见了郑副院长详谈。可是到我结束在港的客座研究回京，郑必坚同志已调离我院，此事就随之不了了之。但我对两岸问题的关切从未中断。从 1993 年起，经反复思考，我提出一个设想：两岸应建立体制性的经济合作。根据世贸组织有关规定，两岸可各自用独立关税区亦即独立经济实体的身份，组建自由贸易区并且尽快发展成经济共同体。两岸在经济共同体内享有平等地位；台湾可在共同体名义下，外派使节以满足其拥有国际空间的要求，从而解决两岸之间的政治症结。1993 年在福州举行的一次两岸学者讨论会上，我在提交的题为《中华经济共同体刍议》论文中，对此作过阐述。2001 年我参加香港崇正总会举办两岸智囊闭门会议。在会下我同国民党大陆事务委员会主任张荣恭交换看法时，他对我的上述设想很感兴趣。要我简要地写个书面东西给他。我发了传真给他，但声明只是个人想法。张回信说他个人赞同我的主张并说我的分析"精辟透彻"，他还将我的传真函呈交给萧万长。

（六）提名季羡林为麦格赛赛奖金得主

1992 年 3 月，时任香港大学校长的老熟人王赓武教授在港约见我说，因为我是在社科院研究亚太的，所以他决定推荐我代表大陆参加将在日本举行的"亚洲文化论坛"。我正想去日本看看，就接受了。会上我结识了菲律宾麦格赛赛奖金管理委员会执行主任诺娜·佳维尔。1992 年 9 月，佳维尔来信正式请我担任 1993 年度麦格塞塞奖中"促进国际了解"奖项的中国方面的提名人（推荐人）。根据她提供的资料，我了解到这个奖金的基金是得到美国国会资助的。亚洲地区许多知名人士包括台湾的吴大猷教授、新加坡副总理吴庆瑞和日本前外相大来佐武郎等人都是麦格赛赛奖不同奖项的得主。我国只有达赖在 1959 年被授予"社区服务奖"。我判断，佳维尔之所以想让中国出现一位麦奖得主，同当时菲律宾想改善对华关系的大背景有关。

我一开始便认定北京大学副校长，也是我的老师季羡林是最合适的人选。我把此事和我的想法告诉季老时，季老马上积极回应，表示要尽力争取。有关他老人家在"促进亚洲人民之间的相互了解"方面，所作出的贡献的介绍，则由季老的学生北大王邦维教授进行整理。经过多次交换看法，王教授拟出了初稿。我看后认为写得不够突出，有点过于谦虚。便提了修改意见，请王教授进行修改和补充。季老看过修改稿后表示比较满意，觉得可以了。其实还是差强人意。主要问题仍是与主题扣得不紧，季老的职务、著作写得满满的，但围绕主题，即季老如何为促进亚洲特别是中印两大文明和人民之间的了解所作出的贡献却写得不够。但季老担心，若再改有可能会错过了 1993 年 1 月 15 日的申报最后期限。我只好依此先报上去。到 1994 年 2 月，佳维尔来信说，她 5 月份要来京与我面谈，以便进一步了解季老的贡献。我非常高兴，这是一次好机会。但是，过不多久，佳维尔又来信说，因有他事羁身无法前来，表示歉意。这对我们的申报当然很不利。果然，当年夏天，我收到佳维尔的通知，说非常遗憾，这一奖项的投票结果是由一位日本学者夺得。我很失望，但季老得知后却很大度地说：我早说过"中则大喜，不中也不必大悲"，况且大家都尽力了。

三　无奈的合并

　　综上所述可以看出，亚太室从成立起，就面临一系列繁重的研究任务。原因很简单，因为亚洲太平洋地区是我国所在区域，是我国国家利益和对外关系最集中的地域。对外学术交流（包括使馆官员访谈）几乎每星期不断。在东南亚方向交流相当频繁。连较少单独往来的菲律宾，在1988年我们也与其社会科学理事会建立了交换学者的关系，由周小兵同志前往访问。当然，在东北亚方向我们也同当地主要智囊机构建立了不错的交流关系。1985年，韩镇涉同志曾在日本亚洲研究所的资助下，出版了日文版的《环太平洋合作构想——它的理念与展望》一书。我们以世经政所名义同韩国开发研究院及日本综合开发研究机构共同创立了"中日韩经济合作论坛"（1987—1993年）。1988年韩镇涉、李相文和叶绿茵出版了合写的《亚洲四小龙》专著。我们还承担"七五"期间国家重点社科课题《90年代经济发展趋势和区域合作问题研究》（1988—1991年）。课题成果总报告曾刊载于中央研究室、国务院研究室联合主办的《学习研究参考》、计委的《调查研究建议》、人民日报《内部参阅》等6家内部刊物上。还值得提出的是，为了配合外交需要，韩镇涉同志在1988年和1989年分别撰写了《美朝关系的新变化与中国政策的选择》和《朝鲜半岛形势变化与中国南韩建交的政策建议》两篇调研报告，均交郑必坚副院长上报。

　　在研究人员的配置方面，亚太室先后共进过38人，但人员的流动性也不小。由于出国深造、调离、退休以及病故，经常保持的人数一般不到20人。到与南亚所合并前夕，大约还有15人，但基本骨干力量还是相对稳定的。

　　应该说，根据形势的需要和拥有的研究力量，亚太室早在20世纪80年代中期就已基本具备单独建所条件。我曾分别在1984年、1986年和1988年先后为本室起草过三份要求建所的报告。当时院里主管国际片的副院长李慎之，在1984年的答复是条件还不够成熟；1986年改说他也赞成建所，但关键是没有建制；1988年李则强调建制问题很难解决，他建议利用南亚所建制让它与亚太室合并成立亚太所。李解释说，从广义上讲亚太也可以包括南亚，并说如果你们不同意，那只好一直等下去。李慎之同时还找南亚所所长孙培均做工作。孙告诉我，他们也不同意合并。但是，最后出于无奈和权宜考虑，韩镇涉和我也只好勉强同意了。实事求是地说，南亚与原亚太室的研究课题鲜有交叉。这种结合大有"拉郎配"的味道。

（程毕凡，中国社会科学院亚洲太平洋研究所研究员）

日本研究杂忆:难忘的两次赴日考察

冯昭奎

2013 年冯昭奎在哈尔滨参加学术活动期间所照

　　在 1984 年下半年至 1985 年第一季度，我所在的中国社科院日本研究所经济室主持《新技术革命专刊》（共出了 40 期），在国家有关部门、大学和研究机构乃至媒体界征得了 5000 多订户，我写了其中的十几期。1984 年 12 月 25 日，中共中央办公厅《综合与摘报》121 期转发了我在《专刊》中写的一篇报告"'资源小国'的压力与活力"，并加上一段按语（胡启立同志的批示）："这是中国社会科学院日本研究所冯昭奎同志写的赴日考察观感，有情况有观点，生动流畅，开动脑筋。遵照中央领导同志意见，摘要刊登。此件可翻印发至县、团级。"我在那篇报告中，用很多生动的事例说明，日本是一个自然"资源小国"，却成了世界第二经济大国，并在许多技术领域实现了对欧美的赶超。可以说，正是缺乏自然资源的压力，促使他们更加注意开发头脑资源，大力发展科学技术；拿日本与某些资源丰富的发展中国家相比，充分说明那种能够把缺乏资源的压力转化为发展的动力的机制，远比自然资源本身更宝贵。

在当时全国洋溢着重视科学技术的社会气氛下，随着这篇报告转发至全国县团级文件后，全国有八九家报刊来函要求转载，还有多个省市的干部、学者来我所经济室访问。与此同时，我在《专刊》中写的部分报告被摘载于《人民日报》、《光明日报》、《参考消息》、《解放军报》、《经济日报》、《世界知识》、《现代化》，日本的《朝日新闻》、《日经产业新闻》、《中国研究》等报纸杂志，达30多篇，其中在《人民日报》发表了8篇。

上述这些成果的取得，成为我于1983年6月从一名工程师改行进入社会科学领域的一个良好开端，因为在一年多前调入日本所以来，我曾担心自己从自然科技领域跳槽到社会科学领域，会不习惯不适应，甚至有过自卑感。然而，参加了《新技术革命专刊》活动后，我开始有了自信，感到作为一个"出身于"自然科技专业的人，也可以在社会科学领域有所作为，因为当时从政府到学界到媒体，人们普遍认为，无论对国家发展还是对国际关系而言，科技因素的重要性日益提升；无论是国家战略，还是国际关系研究界，都十分重视科技因素的重要性；围绕很多重大国内国际问题，总是十分重视推动跨越社会科学与自然科技的"学际研究"，甚至强调"倘若缺乏现代科技知识，是研究不好国际问题、国际关系乃至国家战略的"，这种背景使中年改行的本人产生一种"如鱼得水"的感觉。

然而，我能在1984年下半年至1985年第一季度在《专刊》工作上取得一些成绩，更与我在1984年1月下旬至6月下旬赴日考察的收获分不开的：给予我亲切指导和帮助的日本学者、令我大开眼界的参观访问活动以及整个日本社会尊重科学技术的氛围（据了解在日本那种尊重科学技术的社会文化和氛围至今未变），都给我留下了深刻的印象。本文采取引述当时的日记的方法，以便"原汁原味"地回忆20多年前的那次令我终生难忘的出国考察活动，而作者发表本文的目的在于，期待我国去除浮躁、奢华、过度"讲面子"的社会风气，真正形成尊重科学技术、以"拜技主义"文化压倒"拜金主义"文化的社会，特别是期待我们的电视台能够去除"过度娱乐化、低俗化"倾向，多增加一些科技文化含量。

一　异国他乡的良师益友

1984 年 1 月下旬抵达日本，首先拜访的是我的"指导教官"、东京大学教养学部林周二教授。林教授是日本著名经济学者，曾率先倡导发展超级市场等新兴零售业"业态"而被誉为"日本流通革命的旗手"。我在第一次见林教授那天的日记中写道："在林先生那间因放满书架和图书而显得拥挤的办公室，我谈了自己来日本的研究目的、计划等，林教授谈了他对日中比较的看法，并打电话将我介绍给日本著名技术评论家森谷正规，建议我今后与森谷教授多联系。此外又向我介绍另一位著名技术评论家、东京大学工学部的石井威望教授。"

过了两三天："下午一时准时到野村综合研究所，与林教授、森谷正规主任研究员一起商量了我的研究计划，森谷建议我以日本'超大规模集成电路国家计划'的实施情况为中心，由点及面，逐步向应用集成电路的电子产业、机器人产业等扩展我的考察和研究范围。森谷先生思维敏捷，谈兴甚浓，但是到了两点多钟，他戛然而止，因为有其他安排。其后，林教授又约我到附近茶馆饮茶和聊天。

"今天森谷赠我他本人的近著有 4 册：《日米欧技术开发战争》、《日本、中国、韩国产业技术比较》、《日本的先端技术力》、《现代日本产业技术论》。我准备在近日突击读完这几本书，以便下次见他时同他讨论。本来，我可以将这些厚重的著作带回国内慢慢细读，但是出访机会难得，只好辛苦一些，过过紧张日子。"

又过了几天，林周二教授为我单独授课。"今天谈技术进步与经营管理问题。林先生在讲课时常夹带英语，幸亏我在大学毕业后自学过英语（中学六年和大学六年的外语课都学了俄语），对日语中'夹带的英语'还能应付。"

2 月 10 日的日记："关于请石井威望教授联系参观集成电路制造企业之事，至今尚无答复。其实，早在来日本前，林教授就在信里谈到，我在研究计划里提出要考察日本企业的技术管理，这会牵涉到企业的技术秘密问题，'不大好办'。来日本后，林教授本人至今未能介绍我参观企业，他一再强调：'读书、提问、交谈最有好处'。至于他介绍我认识石井教授，主要目的就是石井教授与企业联系很多，想请石井教授帮我联系参观企业。另外，一桥大学的佐久间教授也说，由于我过去是搞电子技术的，因此日本的电子企业对我就会有戒心，有些东西可以给非技术人员看，就是不能让我看。

"林教授在对我授课中说，日本的国有铁路（当时尚未民营化）职员走路的步伐也跟普通民间企业的职员不一样，总是慢腾腾的。这说明缺乏竞争压力的企业往往会缺乏效率。

"我问林教授：'什么是和魂？'，林教授回答说：'和魂'就是 digest（消化），日本人吃了牛肉，就把牛肉消化成自身的肉，而不让自己也变成牛，但日本人会坦承自己是吃了牛肉，比如日本引进了美国人戴明发明的质量管理，就以这位美国人的名字设立了'戴明奖'，重奖在质量管理方面做得突出的优秀企业。我想中国人大概绝不会拿外国人的名字设立重要奖项，也不大愿意明言借鉴外国的管理方式是来自外国，而是会改进一番，然后宣布这是自己的创造。'中国是文明古国，但容易唯我独尊，排斥外来文化。'林教授说。"

"今天向林教授提出我准备写的《新技术革命与日本》一书的提纲，请他提意见。对于我准备写的'和魂汉才'（针对日本人常说的'和魂洋才'，我要强调日本在两千多年漫长历史上主要吸取的是'汉才'，吸取西洋的'洋才'是近几百年的事），林先生十分感兴趣，将在下周讨论。"

"林教授提到中国最早研究和介绍日本的几位杰出的中国人，其中黄遵宪著有《日本国志》共 40 卷，这是一个曾在日本常驻四年的开明人物，主张中国也应像日本那样导入欧美文明，否则将会落伍；另一个人物是戴季陶，其夫人钮有恒是秋瑾的学生，戴主张研究日本不应陷入实用主义，不应只研究表面，而应作深入的研究。"

4 月 12 日的日记："上午在上野车站与林先生会合，一起乘火车去日本著名的信越半导体公司的信越半导体研究所访问，林教授年长我十几岁，已是老年人，居然亲自陪我去远在两小时车程以外的信越半导体研究所参观。该研究所的技术正好与我出身专业对口，能慷慨地接待我前去参观，显然是靠了有很高声望的林教授的介绍，而我猜林教授亲自陪我去也是为了'压阵'。果然，该所所长亲自来车站接，在一家西餐厅款待我们之后，抵达半导体研究所，所长介绍了信越半导体研究所的情况，并陪同我们参观了该所的各研究室。参观结束后，公司方面不仅派车送我们到火车站，而且为我们买好了归程车票，还赠送了礼物。

"在从东京去信越半导体研究所的往返途中，与林教授交谈了近4小时之久。他有一句话给我留下了深刻的印象：'中国搞自力更生（意指闭关锁国）不可怕，可怕的是中国大力引进技术和资本，把十亿人口的廉价劳动力的能量发挥出来。我担心中国发展起来就会成为一个强大的竞争对手，首当其冲的就是比中国早发达的国家（我理解他指自己的祖国日本）。'"

5月31日的日记："下午在东京大学与林周二教授、森谷正规研究员一起商谈我在东京大学做'中国的新产业革命的发展与对策'报告的提纲。然后，听了森谷正规为东京大学学生做的有关日本技术发展的讲座。

"访日期间，当然要努力'吸取'（take），与此同时又不能一味 take，也要给予（give），在相互交流之中学习。从这几个月来我与指导老师林周二教授的关系来看，尽管他对我的 give 远远大于我对他的 give，但是如果没有我对他的适当的 give，我大概不可能从他那里 take 得这么多。所以，前些日子当林教授要我给东京大学的教授等讲一下有关中国的新产业革命问题时，我痛快地答应了，好在我出国之前已经在国内报刊上发表过不少有关新产业革命的文章，当然，作为社科院的普通学者，从来不去接触什么'红头文件'，我讲的只能是自己的看法，而不是政府的政策。"

林教授十分喜欢中国文化，经常"引（中国）经，据（中国）典"，令我这个中国人感到汗颜。林教授也十分关心中国的经济建设，还对中国的发展提出了很多建议，为此，我在6月中旬回国后，写了一篇《东京大学教授林周二谈中国经济建设》，在《参考消息》7月29日至8月1日连载。

二　丰富多彩的参观访问活动

2月21日的日记："去晴海参观1984年日本机电展览，主要内容是机器人、灵活生产系统等各种自动机械。机器人的成长，首先是长力气，接着长智慧，但是'感觉器官'发育滞后，形成一种不平衡，不过这次展览显示机器人的感觉器官的成长正在加快。

"人类正在面临机器人的挑战，机器人鞭策人们去从事更高级、更复杂，也就是目前的机器人所不能做的工作，因为机器人正在一步步地揽下劳动者现在从事的工种，劳动者正在一步一步地去攀登更加高级的工作。为了不被机器人超越，劳动者必须学习，学习，再学习。

"日本电气公司方面来电话，对我要求参观该公司及其工厂表示为难，强调企业竞争十分激烈，怕泄露技术秘密。关于该公司的发展战略，公司方面表示会赠送给我小林董事长所写的两本书，至于我希望他们提供的有关技术和管理的资料，他们也表示为难，说公司不会把有关技术和管理的重要情报编印成资料，因为如果印发内部资料，总会通过各种渠道被泄露出去，这意味着公司为了保密，除去积极印发有关公司的宣传品之外，不会搞含有实质性内容的内部资料和内部刊物之类的东西。

"近年来，美国一再警告说东京是'间谍天国'，'苏联人在秋叶原采购巴黎统筹委员会禁运的电子元器件'。此外，听说去年有一位在日本电气公司（或索尼公司?）进修的中国女进修生在海关被查出其抄写的内部资料。这些情况可能是让日本各大公司对保密问题变得越来越敏感的原因。

"日本企业不仅其管理层很重视技术保密，而且企业员工也很注意不向外界特别是竞争对手泄露技术情报，因为日本企业实行终身雇佣制，强调职工要忠诚于企业。与之对照，美国的科技人员由于流动性大，往往喜欢利用学会的讲台表现自己，显示自己的才干或成果，以便得到大公司、大机关的赏识，为谋求更好的职位创造机会。

"我由此得到一个启示：从科技理论（论文）出来的东西往往是易于移植易于引用的东西；从科技实践出来的东西往往是易于保密难于借用的东西。因此，一个国家要发展科技，应克服'重论文轻实践'的倾向。"

3月15日的日记："访问索尼公司本部，在解说员的引领下，参观了索尼公司最新产品的陈列室。其中有一台电视机，能将图像转180度，据说是索尼公司创始人井深大在理发店理发时，从镜子里看到摆放在背后的电视机的图像是反的，回公司后就指示下面研究人员研制成这种能够将图像随时转180度的电视机，赠送给了那家理发店。这个事例说明一个发明家随时随地都可能迸发出发明的灵感。"

3月21日的日记："乘火车去千叶县，佳能公司派车来车站接我到该公司，先观看了介绍佳能公司的电影，然后参观了公司所属的一家工厂的生产现场。

"今天我参观的工厂有630名职工，每人每年平均提出合理化建议（日本人称之为'提案'）约50件，只要提出一件（不管被采用与否）就可获150日元奖励，被采用的建议则按等级发给奖金，从500日元、1000日元、2000日元直至30万日元不等（工人的工资约十几万日元），每年还要选出一至两名优秀提案者，由公司出钱去美国旅行。据统计，在佳能公司，每年获得30万奖金的职工达100人，提合理化建议最多的工人一年提出的件数达200件之多。

"该厂工人每天上班8小时，上下午的工间休息时间各为7分钟，午餐时间45分钟，如无特殊情况，休息时间以外不得上厕所。

"工厂的生产现场的环境很整洁，生产线旁边放置着一长列皮沙发和花草，办公室也设在生产线旁边。

"工厂的出勤率平均为96%，工人基本上都是多面手（多能工），一有缺勤者，别的岗位的工人可以立即补上来，以免生产线停下来。

"工厂为美国的波音767生产零部件。参加波音767研制工作的美国企业分布在美国的40个州，外国则有日本、意大利等77个国家的1000多家企业为波音767提供零部件。"

除去参观一些大企业，我还参观了不少中小企业，并访问了日本中小企业事业团，观察到日本的中小企业为了在大企业竞争的夹缝中求得生存和发展，就削尖脑袋去"爆冷门"，专搞那些别人尚未搞或大企业腾不出手来搞的特殊产品和技术，磨炼自己独到的专长，从而一跃成为某个狭窄的技术领域的佼佼者。现在日本有许多所谓"世界第一"企业。例如，有的企业制造用于电器的高质量的接线柱，占世界产量的60%；有的企业制造集成电路陶瓷管壳，占世界产量的90%；有的企业制造磁性马达，占世界产量70%；有的企业制造陶瓷滤波器，占世界产量80%；有的企业制造切割硅片用的刀片，占世界产量90%（以上均为20世纪80年代的数据，不过，现在这种现象依然存在）……这些在某一项产品或技术上夺得"世界冠军"的企业，大都不是赫赫有名的大企业，而是一些员工只有十几人、几十人或二三百人的中小企业。日本有学者认为，千千万万身怀绝技的中小企业堪称日本的"国宝"；千千万万终生致力于磨炼与众不同的技术专长的中小企业主或技术专家的奋斗经历堪称"人生教科书"。

三　尊重科学技术的社会氛围

2月29日的日记:"日本的各电视台特别是NHK,除去有专门的教育频道以外,还经常在综合性频道利用'黄金时间'播送有关高技术与经济发展的电视节目,显示出这里的电视虽有很多低俗节目,但总的来说品位较高,科技信息丰富,能适应一个积极向上、进取发展的时代的需要。而对于我来说,观看有关高技术与经济发展的专题节目,也是一个重要的学习途径,因此我除去看新闻节目和一些好的电视剧之外,坚决拒绝其他低俗节目的诱惑,尽量多看这样的好节目。

"今天看的电视节目是'技术文明与人间'(石井威望教授讲)与'超大规模集成电路的生产技术',感到很有收获。前一个节目在谈话之间穿插着很多技术现场的录像和图表资料(可惜我手头没准备好照相机),不亚于参加一次报告会。后一个节目则详细、通俗地介绍了制造集成电路的核心设备——分步重复曝光机的原理、结构、作用及其开发过程,节目制作质量很高,看后感到不亚于参观一次工厂,而且还讲解了为什么有些生产高技术产品的工厂设在机场附近,这是因为高技术产品往往具有'轻薄短小'的特征,这成为考虑这类产品的生产工厂选址的一个重要因素(比如设在机场附近)。一个两吨集装箱可运送价值3亿日元的集成电路,从位于日本的'硅岛'(九州)的大分工厂空运到东京,运费才27万日元,相当于产品价格的0.09%。"

在日本,到处可以感觉到浓厚的尊重科学技术的社会氛围。比如,很多书店的顾客往往比百货店还多得多。各种报刊十分注意并擅长结合新闻报道宣传相关的科技知识。我在日本参观汽车、机器人、食品加工等各种工厂时,常常会碰到一批批前往参观的市民和中学生,日本众多企业都会主动接待各界群众参观工厂或研究机构,向公众宣传科学技术,当然也宣传了自身及其产品。一些很受企业经营者、大学生乃至市民欢迎的经济学家在做经济问题的演讲时,往往结合讲技术问题,而一些十分专业的技术,经他们深入浅出地一讲,不但通俗易懂而且生动有趣,因此只要有这种讲演会,人们就趋之若鹜,座无虚席,很多人只能站着听讲,手里还记着笔记。再比如，日本企业很注意结合产品广告来宣传科技知识，一家全国性报纸《工业新闻》每年都要评选优秀广告，其当选作品大多是以巧妙地解释和普及与产品有关的科技知识取胜，记得有一个宣传太阳能电池的广告，乍一看，广告当中好像画着两片树叶，一片是绿的，一片是黑的，再细看，那片黑的并非树叶，而是无定形硅太阳电池产品，人们熟悉并喜爱绿叶，绿叶"吸收太阳光结出果实"，而太阳能电池则"把太阳光变成电能"，用绿叶来引荐太阳能电池产品真是一个构思巧妙的广告。此外，日本的媒体不仅注意宣传新技术在生产中的用途和效果，而且注意宣传新技术在生活中的用途和效果，从而吸引了广大消费者对新技术的关注，加快了新技术新产品向社会生活的渗透。

再引述日记："在日本，就像身处科技知识的海洋，因此，我要做一块海绵，利用赴日考察的有限时间，努力增加自己的吸收能力和渠道，不仅用头脑，而且要动员视觉、听觉等所有感官来接触异国的文化。"

四 登东京塔

2月11日的日记："下午天气晴朗，与同来日本的老齐、老谭一起登东京塔。只见东京以及在日本工业化发展过程中占有重要地位的关东地区，好像一幅立体的地图铺在脚下。高楼大厦犹如彩色积木，星罗棋布。在第二次世界大战末期，遭受美军轰炸的东京几乎被夷为平地，以致站在市中心的地面上就可以一眼望见东京湾。然而，经过近40年，日本人民在一片废墟上建设起如此宏伟壮丽的都城。面对此情此景，我产生了一种如同面对挑战一般的压力感。

"东京的建设过程就是一个努力扩大城市空间的过程：建高层建筑，向蓝天要空间；建大深度地铁、地下街、地下水系，向地下要空间；建人工岛，向海洋要空间；随着信息化的进展，又一种空间正在急速扩大，这就是信息空间。

"东京的人口密度很高，就如同超大规模集成电路；最近听一位经济学家做报告说：'东京都的人口即将达到超大规模集成电路（一块如同手指甲大小的半导体芯片）所含有的晶体管（就是过去的晶体管收音机使用的晶体管）的数目差不多：1000万！'

"不过，这个城市搞得太拥挤了，楼房挨着楼房，难怪要被人批评为

'过密城市'。我国有美好的江山，广阔的土地，我们应该好好规划，一定要建设更加壮美的都城！

"与同伴你一言我一语之间，我联想到北京的一片片将被拆除的低矮平房区，感到它们犹如一张张白纸，等待我们去描绘更新更美的城市图画。联想到来日本半个多月的经历，我不禁想：'今天我们学习日本，不就是为了明天我们超过日本吗！'

"背倚夕阳残照、华灯初上的美景，一位同伴谈起：不久前，日本广播协会（NHK）的电视节目介绍了一家联邦德国的保险公司，这家公司胆量很大，敢于承担各种充满风险的保险业务。但是，当日本人提出请他们给东京做保险时，这家公司却不敢承担，打退堂鼓了，这是因为该公司想到东京一带是世界屈指可数的大工业区，企业和人口高度密集，并储存着大量石油，一旦发生大地震（日本是一个地震多发国家），其后果是任何人都无法收拾的。这些话，使我不禁陷入沉思，仿佛眼前的灯光变成了日本民族闪亮的眼睛，它既包含着聪慧和乐观，又流露出忧虑和不安。

"1973 年发生石油危机的时候，日本一位著名作家惊呼日本要预防'油断'，一旦来自中东等地区的石油供应中断，灯光通明的东京就会陷入一片黑暗！

"日本民族素来就有危机感，而'资源小国'的压力更使这个民族对海外的各种动向保持高度的敏感，犹如'兔子的耳朵'。反观中国，我们号称'地大物博'，但缺少压力。其实，如果按人口平均看，中国可谓'地不大物不博'；如果与其他大国比，中国'物博'比不上美国，'地大'比不上俄罗斯，而'压力'比不上日本，其实，压力也是一种'资源'。"

五　去九州——"硅岛"考察

6 月 6 日："经过日本经济团体联合会的矢野先生的帮助，访问日本'硅岛'（九州）的计划终于得以实现，下午 3 点多钟在羽田机场第一次登上了日本国内航线的飞机。

"夕阳西下，喷气客机渐渐降低高度，被誉为'太阳与绿之岛'的美丽的日本九州岛清晰地展现在眼前。

"九州从70年代以来迅速成长为日本最大的集成电路生产基地,与美国的'硅谷'、'硅平原'齐名,被誉为'硅岛'。这里是九州日电、东芝大分、三菱电机熊本等生产集成电路大工厂的群集之地,是每两分钟生产约10000块集成电路的新技术产业的'鱼米之乡'(在信息化时代,半导体集成电路取代钢铁,号称'产业之粮')。

"深夜,在福冈市的豪华旅馆里,我凝望着窗外那不亚于东京市区的繁华夜景,回想着九州经济联合会负责人在刚才举行的晚宴上的热情接待和情况介绍,不禁思绪纷然。九州原来是个相对后进的地区,在五六十年代日本经济高速增长时期曾经是个'落伍者'。但是,从60年代末起,位于关东、关西等发达地区的电子大企业纷纷进入九州,采取'母鸡下蛋'式地在这里设分公司分工厂,不到十年,九州就发展成为闻名遐迩的集成电路生产基地。"

6月8日:"中午11点半从福冈市出发前往熊本县,乘坐在高速公共汽车里,欣赏沿途秀丽的自然风光,感到自己就像沉浸在贝多芬《田园交响乐》般的优美旋律之中。

"然而,一踏入位于熊本县的集成电路工厂,田园诗的悠闲情趣顿然消失,只觉得《热情奏鸣曲》般急促的节奏猛敲心房,工厂负责人说,现在生产线上的设备不仅是整天连轴转,而且是一年到头连轴转,叫作'超全日运转'。

"'超全日运转'是为了满足'超繁忙需求'。集成电路供不应求已经影响到电子厂商的生产。有一家制造复印机的企业因为集成电路缺货,只好在院子里搭帐篷存放越积越多的半成品,急等集成电路以便组装为成品。

"在'超繁忙需求'的刺激下,九州的生产出现了'超高速增长'。从70年代末以来,工业生产的年均增长率达到30%至60%,远远超过日本经济的最高增长速度。

"以上这三个'超',使我切身感受到信息化时代的急促足音和新产业革命的尖锐挑战,与此同时,它还促使我思考另一个问题:是什么力量在支持着这三'超'呢?

"集成电路生产的关键在于提高成品率,少出废品。各国集成电路产业发展的过程都证明,要在200多道工序的集成电路生产中抓住各种可能导致产生废品的危害因素,光靠技术专家和管理人员是不行的,必须依靠全体生产人员的技能、智慧和责任心，也就是说，要有一支素质良好的生产队伍。而九州正拥有能吃苦、朴实，又有相当高的文化素质（这是日本全国不分城乡，长期以来重视普及教育所结出的硕果）的丰富劳动力。

"在'硅岛'，各企业为了竞争和发展，竭力把职工的注意力吸引到新技术革命上来，而只有当广大职工都认识到应该而且能够为新技术革命出力并追求创新和技术进步的时候，一个企业以至一个国家的新技术革命才能获得迅速发展。

"从九州看全国，这半年的考察使我深深感到：第一，整个日本就是一个企业竞争的竞技运动场，这个'运动'就是我日日夜夜梦魂萦绕的'日本的新技术革命'。其中，尤其是中小制造企业是日本技术实力和底气之所在，如果中国不能培育出若干个由千千万万家数十年不间断地锤炼一技之长，个个身怀绝技的中小企业组成的产业集聚地，中国的技术水平就可能永远无法赶上日本。

"第二，日本在具体技术上很擅长模仿，但在整个国家的技术发展路线上却拒绝模仿，走出了一条比较符合本国国情的技术发展路线。比如日本在集成电路产业领域，就走了一条与美国很不相同的路线。这正是我要好好研究一番的具体案例。

"第三，我们看一个社会或一个国家的经济发展的时候，不应当只看它已经取得的成果，应该看人民大众是如何努力、如何奋斗、如何参加和分享这个发展过程的。

"第四，从技术文明来讲，中国现在是一个技术水平较低的'盆地'，日本是距离（包括地理、文化、发展阶段的距离）中国最近的、技术水平很高的'高原'，如果中国能够承接来自日本乃至欧美的技术文明，将会形成一个规模比日本大得多的'中国技术高原'。因此，中国应该抓住这个大好时机加强与日本的经济技术交流，加速技术文明从日本高原向中国盆地的流动，这应该成为我们发展中日关系的基本理念。我们需要一种精神结构的'盆地'，虚怀若谷。

"第五，发展科技的策略尽管有千条万条，却没有一条可以取代本国的、全民规模的勤奋努力；没有一条可以把缺乏恒心、诚信、敬业和苦干精神的人们'扶'上先进技术的峰巅；国家的技术进步是由千千万万民间企业追求技术进步的奋发努力组成的，没有千千万万民间企业追求技术进步的奋发努力就没有国家整体技术水平的提高；日本企业的竞争机制中，似乎存在着一道无形的拦洪坝，把企业竞争的洪流引导、'拦截'到发展技术这股泄洪道去了。以上，恐怕是战后日本技术发展给予人们的十分重要的启示。"

（冯昭奎，中国社会科学院日本研究所研究员）

对50年前西班牙语突击教学的点滴回顾

涂光楠

岁月如梭，斗转星移。在所庆即将来临之际，勾起了我对50年前从事西班牙语突击教学的一段美好回忆。

1961年5月，我由国际关系研究所拉美组调到科学院哲学社会科学部拉美所工作。此前，深受"极左思潮"之害的我，当然很高兴走上一个新的工作岗位。来所报到后不久，主持业务工作的王康所长约我谈话，大意是说，拉美所急需西班牙语人才，希望我能开一个班，通过较短时间学习，使同志们能较快掌握西语，为今后开展拉美研究打下基础。他还指出，办所方针是"边学边干"。我接着问，是否搞突击教学？王康所长说："对了。"听完所领导的一席话，我感到很惊喜，也是我始料不及的。因为在来拉美所之前的11年，我先后在外交部欧洲司和国际关系研究所拉美组分别从事西班牙语国情和拉美地区的研究，对教学工作是陌生的。但经过短暂考虑，我愉快地接受了所领导的重托，我要白手起家，但相信我能胜任这一教学工作。随后，王康所长让我起草一个西语教学大纲，内容包括重点教什么、学多长时间，等等。

在草拟教学大纲之前，我对全所业务干部的情况摸了摸底。据了解，在我来所之前，李锦华和王育明两位同志曾开过西班牙语慢班。外语大学刘晓梅老师曾给所里同志上过西班牙语发音课。此外，有很多同志是学俄语专业的，会英语和西班牙语的寥寥无几。有些同志是学政治经济和哲学的，但他们在中学或大学也都学过一点外语。这就增强了我办突击教学班的信心，因为学过一门外语，再学另一门外语，相对就容易一些。

根据所了解的情况，我草拟的教学大纲明确提出，为迅速解决阅读和翻译问题，教学重点应放在讲授语法和大量西语政治经济词汇的讲解上。发音和口语教学就免了。因为时间紧迫，我提出了如下看法：一是可缩短备课时间，力争早日开班，可边讲课边备课；二是解决教材问题，外语学院有现成的教材，厚厚一摞，但我无力顾及。我以张雄武编的《西班牙语法》作为教学的重要参考书，并参阅了我四五十年代留学美国时的西语教材；三是在教学大纲中提出，通过三四个月的突击班学习，学员借助西汉字典，能阅读、翻译西语刊物上的政治经济性文章。

在征得所领导同意后，西班牙语突击班于 1961 年 7 月初开班，10 月中旬结束。参加突击班的学员都是经过王康所长批准同意的。学员约 10 人，他们是徐瑞康（班长）、陈舜英、陈作彬、高忠义、邱醒国、方幼封、凌祖鑫等。随后，还有两位所外同志来突击班听课，他们是学部法学所的王存学同志和北大研究生院的曾昭耀同志。

开办后，王康所长十分重视突击班的教学进展，他常来突击班并认真听课。在那食不果腹的年代，每周还上六天的课，学员们都勤奋地学，坚持到底。作为老师的我，除上午讲三小时课（中间休息 15 分钟），下午和晚上还得备课。10 月中旬学习班结业。经与班长徐瑞康同志商议后，写了学习班总结给所领导。我们认为，通过学习，学员们能初步阅读并翻译一般性西语政治经济文章，学习达到了预期效果。

为贯彻"边学边干"的办所方针，西语突击班学员陆续回到各自所在的地区组、综合组和翻译组。我调到翻译组，主要任务之一是校审学员翻译的稿件，再送翻译组组长吴青友同志审定签发，刊登在所刊《拉美资料》上。令我感到欣慰的是，学员不仅为《拉美资料》提供稿件，有些学员用所学过的西语，编写一些短文投寄《光明日报》等报刊上发表。王存学同志翻译了数篇西语的法律文献，由我校审后，在法学所内部刊物上发表。

西语突击班教学任务完成后，在那以后的几十年，培养西语人才的重担就落在有丰富教学经验的杨衍永老师身上了。

（涂光楠，中国社会科学院拉丁美洲研究所译审）

以学会活动促进学科建设[①]

陶文钊

  我 1964 年年中到中国科学院哲学社会科学部近代史研究所工作，1994 年年初调到美国所，任副所长，但在正式到美国所工作前与美国所已经有了工作上的联系。这主要是中美关系史丛书的编写工作。

  1982 年，在近代史所所长刘大年同志的亲自倡导下，在院领导的支持下，近代史所中外关系史研究室开始进行中美关系史丛书编辑委员会的酝酿和筹备工作，试图通过组织力量，编辑一套中美关系史丛书，以便造成风气，待条件成熟，再扩大到中外关系历史的其他领域。具体的联络组织工作部分是我做的。当时担任社科院副院长的宦乡同志亲自为丛书撰写了序言。他当时住在报房胡同外交部宿舍，就在近代史所所在的东厂胡同斜对过。我是到他家里去取这篇序言的。也就是在这时我认识了资中筠同志。当时她尚在国际问题研究所工作。我们读到了她的文章《历史的考验——新中国诞生前后美国的对台政策》，都非常赞赏。这是在《国际问题研究》1982 年第 2 期上最先刊登，并在《人民日报》上以两个整版的篇幅转载的，学术论文占据《人民日报》这么大的篇幅是很罕见的。该所当时还在展览馆路外交学院里头，我头一次见她就是在那里。我向她说明了来意。她痛快地表示愿意撰写一部关于第三次国内革命战争时期的中美关系的专著，这就是后来的《美国对华政策的缘起和发展：1945—1950》(重庆出版社 1987 年版)。这是中美关系史丛书的第一本专著，也是为新时期的中美关系史研究奠定基础的一本重要著作。

[①] 本文写作过程中得到资中筠同志的指正,特此致谢。

我 1982 年 10 月赴美国进修，袁鸿林同志继续担任丛书的组织和联络工作。1983 年 3 月，近代史所邀请了全国各地部分专业工作者和出版部门的同志，在北京举行了丛书编写工作座谈会。会上确定，组织全国力量，编写一套包括政治、经济、文化等方面专著的中美关系史丛书，涉及的历史限于 1949 年中华人民共和国成立以前；成立由丁名楠（近代史所研究员）、乔明顺（河北大学历史系教授）、罗荣渠（北京大学教授）、邓蜀生（人民出版社编审）、张振鲲（近代史所研究员）组成的丛书编委会，袁鸿林任秘书。1984 年 10 月我回国后不久，袁鸿林就离开了近代史所，秘书一职又由我继任。1987 年后，编委会扩大，资中筠同志也担任了编委，我担任编委兼秘书；1988 年后，高士华担任秘书。此后数年中，编委会出版了三本论文集（《中美关系史论文集》1，重庆出版社 1985 年版；《中美关系史论文集》2，重庆出版社 1988 年版；《新的视野——中美关系史论文集》3，南京大学出版社 1991 年版）；三种专著（《美国对华政策的缘起和发展》；项立岭：《转折的一年——赫尔利使华与美国对华政策》，重庆出版社 1988 年版；乔明顺：《中美关系第一页——〈望厦条约〉签订的前前后后》，社科文献出版社 1991 年版）。

丛书编委会做的另一件事情是组织全国性的学术讨论会。1984 年冬（或 1985 年春）我奉派去了一次上海，目的是与复旦大学历史系商讨共同组织一次中美关系史研讨会的事情。复旦大学历史系的陈绛、杨立强、陈匡时等老师等非常支持这个想法。复旦大学美国研究中心成立不久，也表示愿意共同作为发起单位。每个单位出两三千元钱把会议办起来。当时大家的工资水平和生活水平都还很低，我记得很清楚，我们住在复旦大学招待所，双人间每晚每个床位是 4 元钱。1985 年 11 月 14 日至 19 日，中美关系史学术讨论会在复旦大学举行。这是改革开放以后国内举行的第一次全国性的关于中美关系史的学术讨论会，来自全国各地的大专院校、研究机构和新闻出版单位的 70 多位学者与会，既有德高望重的老一辈专家，如李慎之、丁名楠、罗荣渠、汪熙等同志，也有不少正在攻读硕士、博士学位的年轻学子。多年来没有这样的学术活动了，同行相聚在一起，大家备感亲切，讨论的热情也特别高。与会者对中美关系史上的一些重要问题，如美国的门户开放政策、抗日战争和解放战争时期的中美关系进行了认真、热烈的讨论，各抒己见，畅所欲言。与会者还呼吁开放历史档案。如果我们继续主要根据《美国外交文件》和美方的资料来研究中美关系历史，久而久之，会在学术上处于被动地位。特别是有的外国学者来华通过特殊关系可以看到中国学者看不到的档案，大家对此深感不平。会后资中筠同志受委托综合了大家的意见，给胡乔木同志写了一个报告。会议期间，复旦大学谢希德校长（兼美国研究中心主任）还亲自出面宴请了一些老同志。这次讨论会为以后的中美关系史研讨会开了一个很好的头。会后出版了论文集《中美关系史论文集》2。这次会上我也第一次接触李慎之同志。我当时还在近代史所工作，但对国际关系有兴趣，便乘机向他请教了一些有关问题。其中之一是，我们现在对联合国的说法与以前不同了，这是真正看法的变化，还是一种策略？他很肯定地回答，我们的看法真的变了。

1988 年 7 月 25—29 日，由中美关系史丛书编委会和南京大学—约翰斯·霍普金斯大学中美文化研究中心联合主办的又一次学术讨论会在中心举行。鉴于当时学术界的兴趣主要在从 30 年代到新中国成立初的中美关系，这次会议就以此作为主题。会议的成果反映在《新的视野——中美关系史论文集》3 中。

早在复旦大学举行第一次中美关系史研讨会的时候，就有学者提出了成立一个全国性的组织的建议。1988 年在南京举行第二次研讨会时，与会者又一次进行了酝酿。中美关系史研究在 1989 年北京"政治风波"后曾经凉了一段时间。但 80 年代学科发展已经有了一定的势头，成果已经不少，队伍也已经基本形成了，成立全国性的学会已经成为一种普遍的要求。1993 年夏季的某一天，资中筠同志约我去她家里。她说，现在她已经从美国所所长的岗位上正式退了下来，也许可以多有一些时间来从事中美关系史的研究和组织工作了。我们商量，在全国中美关系史研究有几个重要的点，北京当然是一个，再就是上海、广州。南京中美文化中心是当时国内唯一的中美联合的教育和研究机构，南京大学也有一定的力量，也应该算一个。我们又考虑，如果正式成立一个全国性的学会，要得到社科院批准，要到民政部门备案，手续比较烦琐。而且当时民政部冻结成立全国性的学会。现有的中华美国学会规模比较庞大，包括与美国有关的各个学科，活动一次很不容易。不如将中美关系史学会作为中华美国学会的二级学会，成立可以省去许多手续，以后开展活动也比较方便。我随即与上海、南京、广州等有关各方进行联系，并得到各方的热烈响应。这样，中美关系史专业研究委员会（以下简称"中美关系史研究会"或"研究会"）作为中华美国学会的分支机构于 1993 年秋正式成立，以资中筠为会长，汪熙（复旦大学教授）、蒋相泽（中山大学教授）、王志刚（南京大学中美文化中心中方主任）为副会长，陶文钊为秘书长。

学会成立总得有个仪式，但要把全国各地的学者集合到一起并非容易的事情。资中筠同志于是提出，1994 年 3 月在北京举行学术讨论会，专门回顾改革开放以来 15 年间的中美关系史研究，也可以称作"对研究的研究"，来检阅一下已有的成果，看看还存在什么不足，以便明确以后的努力方向。会议如期举行了，当时我刚刚调到美国所。在经过了一次中美关系的曲折以后，在同行的学术活动中断了五年之后，中美关系史专业研究委员会的成立和这次讨论会的举行给中美关系史研究注入了新的动力。在会议筹备过程中，资中筠同志提出要打破搞历史研究与从事现状研究的学者老死不相往来的状况，我们注意到邀请了研究中华人民共和国史的学者参加，中央党史研究室和中央文献研究室的学者是第一次参加讨论会。在会上，她又提出，搞历史研究的学者要关心现实的中美关系，搞现状研究、政策研究的学者要有历史知识，有历史感的主张，得到大家的认同。这是一个重要的进展。以后，在历次研讨会中都有从事历史研究和现状研究的学者，实际上我们已经很难将他们区分开来。对历史的研究已经延伸到最近的历史。一些先前从事历史研究的学者（如笔者本人）越来越多地从事现实中美关系的研究。此次讨论会还得到了黄华同志的支持，我们事先向他进行了请示，他本人亲临招待会并致辞，还为会议的论文集《架起理解的桥梁——中美关系史研究回顾与展望》（资中筠、陶文钊主编，安徽大学出版社 1996 年版）题写了书名。

当时制约学会活动的另一个问题是经费的缺乏。社会科学界那时还没有普遍实行课题制，参加各种学术会议都要从本单位的办公经费中报销差旅费，而各单位的差旅费又非常有限，一般只允许每人每年参加一次学术会议。在中美关系史讨论会前，我常常要打电话去动员一些学者与会。他们不是不愿意与会，而是没有经费。有的同志说，我今年已经参加过一次会议了，没有报销指标了。有的则只能向本单位去借用明年的指标。一些会议论文集的出版也常常因为出版补贴的问题而一再拖延，如《新的视野》和《架起理解的桥梁》便都是这样，我们也常常要为出版补贴的问题与出版社讨价还价，或者找一个出版补贴少一点的出版社来出书。在这一方面，现在的情况应该说好多了。

1995 年 11 月 15—17 日，"美国与中国现代化"学术讨论会在广州中山大学永芳堂举行。当时的永芳堂是各大学历史系中最好的建筑之一，楼前面有开阔的草地，草地两旁中国近代史上英雄人物的塑像令人肃然而起敬意。李慎之和罗荣渠同志也到广州去共襄盛举，这也是他们最后一次参加中美关系史的学术讨论会。中山大学历史系负责人陈胜麟同志组织与会者去参观了虎门炮台，令大家印象深刻。可惜他不久就因病去世了。这次会议的成果集中反映在论文集《美国与近现代中国》（陶文钊、梁碧莹主编，中国社会科学出版社 1996 年版）。

1993 年院里换届，我从近代史所调到美国所，担任副所长，协助王缉思所长工作，并兼任中华美国学会秘书长，分管学会工作。1997 年资中筠同志提出，根据中美关系史研究会章程，三年该换届。他们几位岁数都比较大了，应该由年轻的同志来接替学会工作。现在我分管学会工作，正好担任中美关系史研究会的会长职务。我们与各地的同志广泛联系，征求意见，最后通过通讯方式，研究会实行换届，改选陶文钊为会长，陈永祥（南京大学中美文化中心主任）、梁碧莹（中山大学教授）、吴心伯（复旦大学美国研究中心教授）为副会长，牛军（美国所研究员）为秘书长；2001 年 4 月，研究会再次换届，上述各位皆获连任。

换届以后，我们以老一代学者的奉献精神为榜样，继续努力推动学科的发展。1997 年 5 月与复旦大学美国研究中心、历史系联合举办了中美经贸关系研讨会。提交给此次研讨会的论文时间跨度大（从最早的中美贸易，到美国沃尔玛在深圳开业），内容涉及广。与会者不但考察了两国经济关系的各个领域，而且考察了经济与文化、经济与政治的关系。不少论文有特色，也有相当的深度。此次研讨会的论文选录在《鉴往知来：百年来中美经济关系的回顾与前瞻》（顾云深、石源华、金光耀主编，复旦大学出版社 1999 年版。此书是汪熙教授主编的《中美关系研究丛书》之一）。

1998 年 7 月，研究会与南京大学中美文化中心合作，在南京再次举办了中美文化关系研讨会。文化关系是中美关系中的一个重要方面，但以往研究相对薄弱，提交给研讨会的 30 篇论文对中美关系中的政治文化、思想文化、社会文化、文学艺术等均有涉猎，有不少论文探讨的是全新的问题。此次研讨会的论文选录在《中美文化交流论集》（陶文钊、陈永祥主编，中国社会科学出版社 2001 年版）。

　　1999 年 10 月，研究会与洛阳解放军外国语学院合作举行了题为"中美关系 100 年"的研讨会，系统回顾 20 世纪的两国关系。这是第一次与部队院校合作举办讨论会。部队院校与地方之间的合作以前并不很多，这次会议是一个良好的开端。研讨会的与会人数和论文数都超过了历次会议，研究新中国成立以后中美关系的论文第一次超过了前半个世纪为主题的论文。此次研讨会的论文选录在《中美关系 100 年》（陶文钊、仲掌生主编，中国社会科学出版社 2001 年版）。

　　2001 年 4 月，研究会与西安外国语学院合作举办了"冷战与中美关系"研讨会。与会者广泛探讨了舆论与冷战的起源、解放战争时期的中美关系、朝鲜战争与越南战争对中美关系的影响、60 年代到 70 年代初美国对华政策及中国对美政策的调整、肯尼迪和尼克松政府的对华政策、中美关系中的苏联因素、中美关系中的台湾因素等问题。2002 年 10 月下旬，研究会又与厦门大学美国史研究中心合作，举办了"东亚国际关系中的中美关系"讨论会。这两次会议的成果反映在《中美关系与东亚国际格局》中（陶文钊、杜瑞清、王旭主编，中国社会科学出版社 2003 年版）。

　　此后，学会还分别举办了"美国与 20 世纪亚洲的冲突和战争"（2004 年 1 月，哈尔滨，与哈尔滨工业大学社会科学院合作，见论文集《美国与 20 世纪亚洲的冲突和战争》，重庆出版社 2006 年版）、"中美关系中的人物"（2005 年 5 月，成都，与四川省《社会科学研究》杂志社、四川大学历史文化学院合作）、"美国对华政策与美国国内政治"（2007 年 3 月，杭州，与浙江工业大学外语学院、北京第二外国语学院合作）、"中美关系与国际格局"（2008 年 6 月，烟台，与鲁东大学外语学院合作）讨论会。在成都讨论会期间，学会再次举行换届，陶文钊续任会长，吴心伯续任副会长，蔡佳禾（南京大学中美文化中心中方副主任）、朱卫斌（中山大学教授）增选为副会长。

　　2009 年 10 月在上海再次举行讨论会时（主题为"中美关系 30 年"，因为从两国建交算起正好 30 年了），汪熙教授已经 89 岁高寿。与会者在开幕式上回顾了汪熙教授为中美关系史研究作出的贡献，老教授勇于探索、勇于进取、生命不止、笔耕不辍的精神使与会的年轻学者备受教育。

　　最近的一次讨论会是在 2011 年 3 月下旬在广州举行的，由学会与中山大学、北京第二外国语学院合办，以"中国与美国：相互认知与双边关系"为主题。此次会议与会者和提交的论文都超过了以往会议。在会议闭幕式上，梁碧莹教授深情地谈起，已故蒋相泽教授在临终之前还谆谆嘱托她，"研究中美关系史的队伍不能垮在你的手里"，令与会者深为感动。

从 1985 年第一次中美关系史研讨会算起，同类研讨会已经举办了 14 次，其中 12 次是在中美关系史研究会成立以后举行的。在兄弟学会中，中美关系史研讨会是举行得比较密集的，这本身就表明了这个学科的优势，学术界对它的重视。由于从 40 年代以来，美国是影响中国历史发展的最重要的国家，由于美国是对中国的现代化事业和祖国统一大业影响最大的外部因素，中美关系是中国外交的重中之重，学术界和普通民众都对中美关系表示了极大的关注。同时，研究会的活动，经常性的学术讨论会也对促进学科发展起到了一定的作用。每次讨论会都有一个主题，因此论文相对集中，可以就某一方面的问题进行比较集中和深入的讨论。实际上，中美关系史上的一些重要问题都在历次学术讨论会上成为学者们争论和研讨的话题，在这种讨论的过程中，学术界对中美关系历史的整体把握和认识逐渐趋于深入。研讨会的参与者既有"基本群众"，每次也都有新面孔，一些正在就读的硕士生和博士生，他们阅读了先辈学者的专著和论文，现在可以不分辈分地坐在一起，互相切磋，这对年轻学子无疑是一个极好的学习机会，也是一个鼓舞和鞭策。参加研讨会使他们开阔了视野，打开了他们面前的学术天地，对于中美关系研究这个学科来说，也起到了培养新人的作用。许多现在在各大专院校成为学术带头人的中年学者在 80 年代和 90 年代还在攻读硕士和博士学位。他们是与学会一起成长起来的。

这些年来，学会成了同行学者们的共同的园地，发挥了联系和团结同行学者的纽带作用。这对于一些地方院校尤其如此。这些单位处于"非主流"的地位，如果没有相应的组织形式，他们参加全国性学术讨论的机会可能就比较少。现在有了这样的学会，经常性举行讨论会，他们就可以融入到学术研究的大潮里，既了解了当前学术界的状况，不会感到自外于学术界，也可以根据自己的情况开展学术研究，发挥自己的作用。

从 1994 年的讨论会以来，中美关系史研讨会一直都是研讨历史和现实问题相结合的，这使研究历史与现状的学者可以互相学习，取长补短，相得益彰。实际上中美关系中的许多问题都不是现在才产生的，如台湾问题，不了解从开罗会议以来的台湾问题的历史，要把握和了解现在的台湾问题是很难的。而了解了这个问题的现状，对于研究它的过去也多了一个参照。实际上一些原本研究历史的学者越来越多地从事研究现状，他们正是以历史的积淀作为自己研究的出发点的。

20多年来，在研究会的活动中，在中美关系史学术讨论会的历史上，新老学者薪火相传，一代一代地传递着学术的接力棒。老一辈的学者，如丁名楠、蒋相泽、罗荣渠同志已经作古，汪熙、资中筠、张振鲲同志也年事已高，梁碧莹和我也都已经退休。但这个研究学科是要继续存在，并进一步发展的。不论以后谁来接任研究会的工作，希望都能为它继续奉献，把推动这个学科的发展当作自己的事业，使这个学术园地永远生气勃勃，繁花似锦。

（陶文钊，中国社会科学院美国研究所研究员）

有朋自远方来　不亦乐乎

——忆 20 世纪 80 年代和 90 年代初一些重要外宾对拉美所的访问

徐世澄

拉美所老领导薛端、沙丁
会见外宾（1984 年）

拉美所学者访问苏联科学院拉美所
（1990 年）

在我担任拉美所科研处处长（1982—1985）和主管科研和外事的副所长（1985—1995）期间，拉美所先后接待了多位来自拉美、美国和其他一些国家的重要外宾，他们与拉美所结下了深厚友谊。真可谓"有朋自远方来，不亦乐乎！"

一 联合国拉美经委会执行秘书、乌拉圭经济学家恩里克·伊格莱西亚斯

伊格莱西亚斯曾任联合国拉美经委会执行秘书（1972—1985）、乌拉圭外长（1985—1988）、美洲开发银行行长（1988—2005），现任伊比利亚美洲首脑会议秘书长（2005年至今）。他是著名的经济学家、乌拉圭政府和国际机构的重要官员。

1983年4月6日，在出席于北京举行的"南南会议：发展战略、谈判和合作讨论会"期间，时任联合国拉美经委会执行秘书的伊格莱西亚斯在时任拉美所副所长、出席上述研讨会的中方代表苏振兴同志陪同下，访问了拉美所，并作了有关拉美经济形势的报告。这是联合国拉美经委会高级官员首次访问拉美所。

伊格莱西亚斯说，第二次世界大战后，拉美经济发展一直比较快，其动力主要是进口替代工业化。60年代拉美开始经济一体化进程，并开始执行对外开放政策。70年代拉美经济发展迅速，但主要是靠大量举借外债。因此，70年代末80年代初发生的世界经济危机使拉美经济遭受沉重打击。80年代初，自墨西哥开始，不少拉美国家爆发了债务危机和经济危机。拉美债务危机既有外因，又有内因。主要外因是：国际贸易条件恶化，发达国家的保护主义，高利率和可支配的新的资金的减少，等等。主要内因是：经济结构不合理，经济政策方面的失误，国际关系处理不当，等等。拉美国家应该处理好对外经济关系；改进国有企业的管理，提高经济效益；注意社会结构的变化，重视农村的发展，控制人口增长，解决好就业问题。

在伊格莱西亚斯报告结束后，拉美所徐英向他提出了"乌拉圭什么时候能同中国建交"的问题。伊格莱西亚斯回答说，如果中国能够大量购买乌拉圭生产的羊毛等产品，两国建交的日子就为期不远了。

我们高兴地看到，在伊格莱西亚斯出任乌拉圭外长期间，1988年2月3日，乌拉圭同我国正式建交。而中国很快就成为乌拉圭羊毛的最大买主。

2005年4月，伊格莱西亚斯以美洲开发银行行长的身份再次访问拉美所，就拉美经济形势和中拉经贸关系发表演讲。在演讲开头，他对再次

到拉美所访问感到十分高兴。他演讲完之后，我向他提出一个问题：中国什么时候才能加入美洲开发银行，目前主要障碍是什么？他回答说：主要障碍在于美国。但他表示，中国加入美洲开发银行的日子已经不远了。他还告诉大家，他不久将辞去美洲开发银行行长的职务，出任伊比利亚美洲首脑会议秘书处的秘书长。果然在 3 年后，2008 年 10 月，中国被批准正式加入美洲开发银行，成为该行的第 48 个成员。

二　巴西著名的经济学家塞尔索·福尔塔多(Celso Furtado)

福尔塔多是巴西著名的经济学家和社会学家、依附论的主要倡导者之一。第二次世界大战期间，曾赴意大利参加反法西斯的斗争。1948 年获巴黎大学经济学博士学位。20 世纪五六十年代同阿根廷经济学家普雷维什一道在联合国拉美经委会工作，曾任发展部主任，是发展主义和依附论的主要倡导者之一。曾任巴西东北部开发署署长和主管计划的主管部长、文化部长、巴西驻欧共体（欧盟）大使等职。曾在巴黎大学、美国耶鲁大学、哥伦比亚大学、英国剑桥大学等名牌大学讲学。他著述甚多。1981年，我与拉美所苏振兴、徐文渊和陈舜英一道翻译出版了由福尔塔多撰写的《拉丁美洲经济的发展：从西班牙征服到古巴革命》一书。

1983 年 4 月 6 日，在出席于北京举行的"南南会议：发展战略、谈判和合作讨论会"期间，时任巴黎大学教授的福尔塔多访问了拉美所，并作了有关巴西经济形势的报告。

福尔塔多认为，第二次世界大战后至 20 世纪 70 年代末，巴西经济一直发展很迅速，年均增长 7%。这一时期，巴西发展经济的资金主要依靠国内积累，国内市场不断扩大。自 70 年代后期起，巴西经济更加对外开放，生产面向出口，外贸发展迅速，但对外依赖加重。

福尔塔多认为，经济发展既是一个经济问题，也是一个政治问题。研究巴西经济必须注意研究其政治问题。在谈到巴西出现的债务危机时，他认为，70 年代巴西大量举借外债，由于 1979 年以后国际市场利率大幅度上升，导致巴西爆发债务危机；但巴西债务危机也有深刻的内因：收入过于集中，分配不均，贫富差异悬殊，发展成果被少数人享受，而广大人民群众的生活没有多大改善。

福尔塔多报告后，我送给他一本由我们翻译、由他撰写的《拉丁美洲经济的发展：从西班牙征服到古巴革命》中文版，并请他在另外一本书上签字，他感到十分高兴。

1991 年 10 月 29 日，在访问巴西期间，我专程到福尔塔多在里约热内卢的住所拜访了他。福尔塔多首先问我：拉美所近况如何？中国经济改革进行得怎样？中国如何看苏联东欧形势的变化？我做了简要的回答。接着，他向我介绍了巴西经济的近况。他依然认为，巴西经济形势不好，主要问题是外债问题。国际资本市场上利率的上升和石油价格的上涨使巴西债务危机加剧。他还向我介绍了巴西私有化的情况。福尔塔多送给我一本刚出版的他的新著《世界的天空》，书中有一章谈到了他 1985 年访华的感想，包括对拉美所的访问。

2004 年 11 月 20 日，福尔塔多因病在里约热内卢逝世，享年 84 岁。为了缅怀这位著名的巴西经济学家，我专门撰写了《巴西著名经济学家福尔塔多》一文。

三　智利著名经济学家奥斯瓦尔多·松凯尔

松凯尔是智利著名经济学家，依附论、结构主义论和新结构主义论的倡导者之一。毕业于智利大学经济管理系，后攻读联合国拉美经委会和伦敦经济学院的硕士和博士学位。1952—1975 年在联合国拉美经委会工作和在智利大学任教。曾任联合国拉美经委会环境与发展研究部主任、经济和社会计划研究所所长。1975—1986 年在英国苏塞克斯大学发展研究所工作，1987 年起在智利发展研究社工作，1991 年任该社社长。现为联合国拉美经委会执行秘书顾问。

1983 年 4 月 9 日，在出席于北京举行的"南南会议：发展战略、谈判和合作讨论会"期间，时任联合国拉美经委会环境与发展研究部主任的松凯尔教授访问了拉美所，并作了有关依附论的报告。

松凯尔认为，依附论是同"现代化论"相对立的。"现代化论"认为，拉美国家资本主义发展的结果将同英、美等国一样，成为发达的资本主义国家；而依附论则认为，除个别国家外，拉美国家资本主义的发展是畸形的、依附性的。

他说，在拉美并没有就依附论开展争论，争论主要是在英、美报刊上进行的。要了解拉美依附论学者的观点，最好直接阅读他们写的文章，而不要只读英、美国家报刊的评论文章。

松凯尔认为，拉美国家七八十年代大量举借外债的经济发展战略是错误的，应该进行深刻的改革。发展中国家要摆脱自己的依附地位，必须加强相互之间的合作，即南南合作。

四　墨西哥前总统路易斯·埃切维利亚

墨西哥前总统埃切维利亚是中国人民熟知的老朋友，在他任总统期间（1970—1976），1971年10月5日，他在联合国大会宣布，承认中华人民共和国是中国唯一的合法政府，支持恢复我国在联合国的合法地位。1972年2月14日，两国正式签署建交公报。

1984年10月23日，时任墨西哥第三世界经济和社会研究中心主任的埃切维利亚访问拉美所，并同拉美所研究人员进行了座谈。埃切维利亚对我们说，要研究拉美，了解今日拉美所遇到的各种问题和展望未来，必须了解它的过去。拉丁美洲有着灿烂的古代印第安文明，遭受过西班牙、葡萄牙等国的殖民统治。在经过艰苦战争获得独立后，拉美国家正在为巩固政治独立、发展民族经济和摆脱经济上过分依赖美国而斗争。拉美各国正在加强团结，促进地区一体化，发展经济，改善本国人民的生活。同时，拉美各国也在加强同世界其他各大洲国家的关系，使对外关系多边化。他说，他感到十分高兴，在他任总统期间，墨西哥与中国正式建交。1973年他首次访华，会见了毛泽东主席和周恩来总理，受到了中国政府和人民的热情欢迎。

埃切维利亚认为，美洲人最早起源于亚洲。真正"发现"美洲的，不是哥伦布，而是亚洲人。无论是玛雅文化还是印卡文化，都同中国的古代文化有着许多相似之处。中拉关系源远流长。

埃切维利亚委托墨西哥驻华使馆送给拉美所一批珍贵的图书，其中包括在墨西哥刚刚出版的《墨西哥大百科全书》。

2001年6月，应中国人民对外友好协会邀请，埃切维利亚率领其20多名家属和亲戚对中国进行第六次访问。6月21日，埃切维利亚一行到社科院院部与我院有关人员座谈。我有幸与拉美所几位研究人员出席了座谈会。借此机会，我把刚刚出版的、由我撰写的《墨西哥》一书赠送给他，并请他在另一本书上题词。他在我的《墨西哥》一书上写道："向徐世澄教授表示敬意，您在这本书中为墨西哥作出了宝贵的努力。"后来，埃切维利亚还专门给我写了一封感谢信，委托对外友协美大部的官员转给我。

五　哥斯达黎加前总统何塞·菲格雷斯

菲格雷斯曾三次任哥斯达黎加总统（1948—1949、1953—1958、1970—1974），1951 年创建哥斯达黎加民族解放党并长期任该党主席。1985 年 9 月 28 日，时任哥斯达黎加民族解放党主席的菲格雷斯访问拉美所。当天，中国社会科学院第三世界研究中心正在拉美所举行"第三世界发展问题"研讨会，79 岁高龄的菲格雷斯在会上向与会者作了有关中美洲形势的报告。

他在报告中简要回顾了中美洲各国的历史、中美洲危机以及美国与尼加拉瓜桑地诺政府的关系问题。他认为，美国的共和党政府正在从经济上、政治上和军事上反对尼加拉瓜桑地诺政府，甚至企图对尼加拉瓜进行军事入侵，推翻桑地诺政府。但是，美国的这一意图遭到尼加拉瓜和美国本国民众的反对。他表示支持孔塔多拉集团和美洲国家组织为解决中美洲危机所提出的建议，希望尼加拉瓜和中美洲危机能通过对话得到解决。

菲格雷斯访问中国时，中哥两国尚未建交。在谈到两国关系时，他希望哥中两国能加强交流，消除两国之间的各种障碍，争取早日建立外交关系。

2007 年 6 月 1 日，哥斯达黎加与中国正式建交，菲格雷斯前总统的心愿得以实现。迄今为止，哥斯达黎加是唯一与我国建交的中美洲国家。

六　美国左翼学者吉姆斯·弗兰克·佩得拉什

应拉美所邀请，美国著名左翼学者、拉美问题专家、纽约州立大学教授佩得拉什于 1987 年 5 月 14—23 日访问中国。佩得拉什在 20 世纪 50 年代后期在加州大学伯克利分校社会学系上学时，是学生运动领导人。获加州大学哲学博士学位。1960—1973 年在智利等拉美国家从事研究和教学。曾与智利阿连德政府合作。1973 年智利发生军事政变后，曾任罗素国际法庭拉美独裁政府镇压行为调查小组成员。七八十年代积极参加反对拉美独裁政府和争取人权的运动，为多家左翼杂志（如《外交世界》、《每月评论》、《新左派杂志》等）撰稿。90 年代至今，他积极为《美洲社会学》杂志、《纽约时报》、西班牙《起义报》、墨西哥《每日报》、西班牙《世界报》等报刊和网站撰稿。他出版了 62 本专著，他的专著和文章已译成 29 种文字出版。他自称是"反帝的革命者"。

在北京，佩得拉什在拉美所给拉美所及其他单位的研究人员和研究生共作了 11 场讲座。可以说，他是迄今为止拉美所接待的外国学者中作报告次数最多的学者。佩得拉什 11 场讲座的题目是：《现代化论和依附论》、《拉美的资本积累》、《美国对拉美的政策》、《古巴革命和古美关系》、《尼加拉瓜革命和尼美关系》、《1946—1986 年的阿根廷》、《50 年代以来的巴西》、《1968—1986 年的秘鲁》、《国际货币基金组织和拉美经济》、《拉美民主化进程和中美洲问题》等。佩得拉什讲座的特点是条理清楚，立场鲜明。他认为，"现代化论"作为一种发展理论，试图通过分析第三世界陷于欠发达的原因，为其发展指出一条道路。但是，这种理论存在明显缺陷。"现代化论"与马克思主义的观点是截然相反的。他认为，"依附论"虽然指出了第三世界陷于欠发达的根源，但它忽视了第三世界内部的自身变革、不同国家之间的差异性以及阶级斗争对于依附论的影响。它未能从历史的角度分析依附性和自主性在时空概念上的变化。佩得拉什能熟练地用西班牙语发表演讲。

佩得拉什在北京时，一天晚上，时任研究生导师的拉美所已故的徐壮飞译审和他的夫人、在拉美所图书馆工作的朱云瑞，在他们位于紫竹院的家里设家宴招待佩得拉什。徐壮飞家并不大，只有两间房，我有幸陪同佩得拉什教授一起出席了徐壮飞夫妇的家宴。出席家宴的有 20 多位拉美所的研究人员和研究生。徐壮飞夫妇为家宴做了精心准备。佩得拉什感到十分满意。

结束在北京的访问和讲学后，我陪同佩得拉什教授访问上海，上海复旦大学副校长庄锡昌教授会见并宴请了佩得拉什。佩得拉什与复旦大学拉美研究中心的学者进行了座谈。佩得拉什向我提出，希望参观上海一个工人的家庭。我征得父母的同意，并请他们做些准备，邀请佩得拉什教授到我家参观。我家在南市区，当时南市区仍有不少老的平房，是上海中下层居民居住比较集中的地区。我父亲是上海大中华橡胶厂的职工，我家地方不大，家里有一个阁楼，必须弯腰才能进去。佩得拉什兴致勃勃地参观了我在上海的老家，并与我的父母进行了交谈。这是我在上海的老家第一次接待外宾。

七 秘鲁经济学家阿历杭德罗·托莱多

经中国驻秘鲁使馆向社科院推荐，1987 年 2 月，拉美所接待了秘鲁经济学家阿历杭德罗·托莱多。托莱多是印欧混血种人，出身贫苦。1970 年毕业于美国旧金山大学经济和企业管理系，1971 年获该大学经济和人力资源硕士学位。1987 年 2 月 3 日，托莱多到拉美所作关于秘鲁形势的报告，由我当翻译。托莱多认为，秘鲁加西亚政府奉行非正统的经济政策，通过刺激消费来恢复生产以振兴经济，增加工资以提高实际购买力，对外拒绝国际货币基金组织的调整方案等做法，虽然取得了一定成效，但是，增加了财政赤字，引发了通货膨胀，政府贷款无门，经济潜伏着危机。托莱多还到外贸部作了一场报告。托莱多在北京访问期间，2 月 4 日，我陪同托莱多参观了长城。那天，天气很冷，下着小雪，但托莱多还兴致勃勃地走上了八达岭长城的顶峰。

1988 年，我所白凤森访问秘鲁时，托莱多热情接待了他，还给他安排了访问日程。1993 年，托莱多获得了美国斯坦福大学人力资源经济学博士学位。1994 年，他创建"秘鲁可能党"，1995 年首次参加大选失败。2001 年再次参加大选获胜，当选总统，2001—2006 年任总统。任内，托莱多以总统身份于 2005 年 6 月访问中国。访华期间，会见了胡锦涛主席和温家宝总理等中国国家领导人，并代表秘鲁与中国签署了多项合作协议。6 月 3 日，托莱多访问北京大学，并就秘鲁和拉美经济形势作了精彩演讲。北大授予他荣誉博士称号。我有幸应邀参加他的演讲会，并会见托莱多总统。他在我和白凤森合写的《秘鲁经济》一书上题词：感谢徐世澄教授，您使我首次了解中国。6 月 4 日，我还应邀到天坛剧场观看随托莱多总统访华的秘鲁民间艺术剧团的表演，并参加了演出后在剧场宴会厅举行的招待会。在招待会上，我再次与托莱多总统会见。

2011 年，托莱多将再次作为"秘鲁可能党"的候选人参加于 4 月 10 日举行的第一轮大选，但没能获胜。

八　苏联科学院拉美研究所所长
维克托·沃尔斯基

1990 年 5 月，我与拉美所科研处副处长曹琳应苏联科学院拉美研究所的邀请，访问了苏联。5 月 22 日，我们到苏联拉美所，拜访了所长沃尔斯基和副所长贝加雷维奇，受到该所领导和研究人员的热情接待和欢迎。5 月 24 日，我应邀到苏联拉美所，在该所会议室，用西班牙语作了《中拉关系与中国对拉美研究》的报告。沃尔斯基所长亲自主持了报告会。该所四五十人出席了报告会。当时正在苏联留学的我所科研处姚新美同志也陪同我们参加了一些学术活动。我很高兴地在会场遇到了 60 年代与我同在哈瓦那大学留学的两位苏联留学生，他们现在是该所的研究人员。

应中国社会科学院的邀请，沃尔斯基所长于 1991 年 3 月下旬访华。沃尔斯基不仅是一位苏联著名的拉美问题专家、苏联科学院通讯院士，而且还是一位苏联卫国战争的英雄。我所一些留学苏联的老同志，早在 50 年代曾在莫斯科大学听他讲授过有关拉美的课程。3 月 25 日，沃尔斯基所长在拉美所做了"苏拉关系和苏联对拉美的研究"的报告，报告引起了与会者的广泛兴趣。

沃尔斯基说，十月革命胜利后，直到 1924 年苏联才与墨西哥建交。随后，又与阿根廷、乌拉圭、巴西建交。到 1946 年，苏联已与 14 个拉美国家建交。但由于美国等西方国家在第二次世界大战后不久对苏联奉行"冷战"政策，一些拉美国家迫于美国的压力，陆续与苏联断交，到 50 年代末，只剩下墨西哥、阿根廷和乌拉圭同苏联保持着外交关系。20 世纪六七十年代，拉美形势发生变化，拉美国家外交独立性增强，到 70 年代末，同苏联建交的拉美国家增加到 17 个。到 1991 年，又增加到 21 个。苏联与拉美的经贸关系从数额来看，不是很大。但从 80 年代以来，发展比较快。在苏联改革后，苏拉经贸关系进入了一个新的阶段。

沃尔斯基说，苏联拉美所成立于 1961 年 4 月，现共有 250 人，其中研究人员 160 人。共分经济、政治社会、国际关系和情报四个研究室。所刊是《拉丁美洲》月刊，用俄语和西班牙语出版。每年苏联拉美所出版 20—25 本专著。

3月28日晚，时任社科院副院长郑必坚会见并宴请沃尔斯基所长。沃尔斯基向郑必坚副院长讲述了他参加苏联卫国战争的经历。他作为苏联红军炮兵战士，曾参加了解放捷克斯洛伐克和罗马尼亚的战役。

2007年9月，我和所里一些同事在澳门参加第13届国际拉美及加勒比研究联盟大会时遇到俄罗斯科学院拉美所所长达维多夫。达维多夫告诉我，自1991年年底苏联解体后，原苏联拉美所成为俄罗斯科学院拉美所，所规模一度大大缩小，直到最近几年，才有所恢复。他还告诉我，沃尔斯基自1993年起，已不再任所长，前不久，已因病去世。我对沃尔斯基的逝世向达维多夫所长表示哀悼。

九　委内瑞拉前总统拉斐尔·卡尔德拉 （Rafael Caldera）

卡尔德拉是委内瑞拉主要政党基督教社会党的创始人和领导人。早年就读于委内瑞拉中央大学，获社会学和法学博士学位。50年代末因参加反对希门尼斯独裁统治的斗争而被捕入狱。1969—1974年首次任总统。

1992年1月20日，时任委内瑞拉参议员的卡尔德拉访问拉美所，并会见了拉美所所长苏振兴。当时卡尔德拉正准备再次竞选下一届总统，所以陪同他的人员中有好几位记者和摄影师。苏振兴所长向卡尔德拉简要介绍了拉美所的基本情况。随后，卡尔德拉又饶有兴趣地参观了拉美所的图书馆和阅览室。参观后，卡尔德拉承诺将送给拉美所一批图书。

回国后不久，卡尔德拉脱离了基督教社会党，另成立全国汇合组织，作为这一新组织的候选人，参加了1993年12月的大选，第二次当选总统，并于1994年2月2日就任。他就任总统后不久，就兑现了他访问拉美所时许下的诺言，他委托中国驻委内瑞拉使馆赠送给拉美所一批珍贵的书籍，共248册，其中包括安德烈斯·贝略全集（29册）和阿亚库乔图书丛书（156卷），等等。

1994年5月16日，拉美所举行隆重的受书仪式。委内瑞拉驻华大使索托、中国外交部拉美司的代表和拉美所的数十位研究人员，出席了仪式；索托大使和苏振兴所长分别讲了话。索托大使说，卡尔德拉博士曾于1992年访问拉美所，在访问中，他曾承诺赠送给拉美所一批图书。如今，这批书籍已运抵北京，这一捐赠已经完成。卡尔德拉总统希望他捐赠的这批书籍能够丰富拉美所图书馆的藏书。苏振兴所长代表拉美所宣读了给卡尔德拉总统的感谢信。信中说："总统阁下，您馈赠给我所的图书已全部收到，这批书不仅对我们了解和研究委内瑞拉及整个拉丁美洲的历史文化具有极高的参考价值，也是中委友好关系不断发展的新的象征，我谨代表拉美所并以我个人名义向您表示衷心感谢和崇高敬意。"

卡尔德拉于 1999 年 2 月 2 日卸任第二任总统，于 2009 年 12 月 24 日因病逝世。但是，他赠送给拉美所的珍贵书籍依然永远地留在拉美所图书馆，为两国的文化和学术交流发挥着作用。

十　厄瓜多尔前总统罗德里戈·博尔哈

博尔哈是厄瓜多尔前总统（1988—1992）、厄瓜多尔民主左派党领袖和社会党国际名誉主席之一。他毕业于厄瓜多尔中央大学社会科学和政治学系，获法学博士学位。曾任厄瓜多尔《商报》记者、厄瓜多尔中央大学政治学教授。1968 年创建厄瓜多尔民主左派党，并一直担任该党领袖。他还是厄瓜多尔语言科学院院士。

1994 年 10 月 12 日，博尔哈率领厄瓜多尔民主左派党代表团访问拉美所。博尔哈向拉美所研究人员作了题为"世界格局的变化对拉美的影响"的报告。

博尔哈说，柏林墙的倒塌和苏联的解体是当代历史上划时代的重大事件。这个新时代的特点是：在政治上，是更加民主，人民参政的程度增加；在经济上，是经济集团化、一体化和全球化趋势加强和市场的开放；在国际上，是缓和和寻求和平；在军事上，是华约瓦解和北约的扩大。但是，冷战的结束并没有给人们带来期待的和平和团结。东西方冲突结束后，南北矛盾更加突出，南北之间差距扩大。

博尔哈认为，世界格局的变化对拉美国家也产生了深刻影响。近些年来，新自由主义之风从北方向南方刮来，不少拉美国家的领导人没能挡住这股风，致使新自由主义在拉美盛行。在拉美各国，几乎所有部门都实现私有化，社会不公现象突出，贫富差异悬殊，收入分配不合理。世界格局的变化对社会党国际产生重大影响。不少欧洲社会党发生危机，在大选中失利。社会国际的拉美成员党也受到冲击，但近年来，拉美的社会党开始复苏，正在东山再起。拉美各国情况各异，但目前拉美形势的共同特点是：不平均、边缘化、财富过于集中，贫富差异正在扩大；不大可能再发生军事政变；经济对外开放；右翼势力正在加强和巩固，但中左力量将会增强。

2008年12月11日，我随中联部调研考察组到厄瓜多尔访问时，有幸再次见到博尔哈。博尔哈对考察组说，他曾三次访华，使他受益匪浅。在1994年访华时，胡锦涛同志曾会见并宴请过他，给他留下深刻和良好的印象。通过1994年他对中国的访问，使他了解了中国的改革开放和社会主义市场经济。博尔哈说，他现在主要投入学术活动，从事《政治百科全书》的编辑工作。他主编的《政治百科全书》把中国的改革开放和社会主义市场经济作为条目编入书中，全书共7300页，已由墨西哥经济基金出版社出版。博尔哈认为，近年来，进口替代模式和新自由主义模式都先后失败了，中国把这两种模式结合起来，取得了成功。

（徐世澄，中国社会科学院拉丁美洲研究所研究员）

研究促进友谊　友谊促进研究

——小记我与国际学者们的交往

高　铦

在 20 世纪 70 年代"十年浩劫"尚未结束时，我调入了拉丁美洲研究所。当时正是第三世界国家日益关注发展战略、发展模式、发展道路、发展思潮和发展理论的时期，拉丁美洲在这方面十分活跃，堪称发展问题研究的主要地区，以及这一领域在全球学术研究中的对象地区。因此我选择了这一研究方向。

在工作中，当然大量依靠书报资料和研究刊物以及研究学者的论著与分析观点，同时涉猎相关领域和相关背景。在这过程中，我与这方面的一些机构和学者逐步建立联系、交往，乃至友谊，促进了学术研讨、切磋、比较和深入。本文简要回顾这方面的一些片段经历与事例。

德裔学者安德烈·冈德·弗兰克（Andre Gunder Frank）是依附论的主要奠基人之一，世界体系论的重要学者，在拉丁美洲研究、发展理论研究、第三世界研究、资本主义研究和国际政治经济研究中，都有突出建树。他的观点鲜明，富有创见，经常对西方统治提出尖锐批判。他提出"不发达的发展"论点，鞭挞西方世界误导第三世界国家的发展道路，好让后者追随西方模式，指出这种"发展"不是真正的发展，实为"不发达状态"扭曲的发展，并使之愈陷愈深。这一论点在发展理论中影响深远，因此弗兰克被尊为"不发达的发展之父"。我在研究发展理论过程中，一开始关注联合国拉美经委会的发展主义和中心—外围论点。后来在涉及依附论时，就接触到弗兰克的观点、主张和一系列富有特色的著述。

在国内外几次会议上相识以后，我和弗兰克建立了长期的学术交往和友谊。他的若干篇有关依附论的文章以及《依附性积累与不发达》一书先后由我译成中文。1987 年，社科院和拉美所安排我去荷兰作讲学访问时，弗兰克当时是阿姆斯特丹大学社会经济发展研究所（ISSED）所长，他建议我去以发展研究为主的海牙"社会研究所"（ISS）而不必去他的研究所。我到海牙时因飞机运的行李迟到，弗兰克闻讯即热情招待我到他家留宿，与他彻夜长谈，他吐露了学术界内部倾轧和西方国家钳制左翼学者的一些情况（弗兰克曾多年被列入美国司法部的黑名单，禁止其入境）。他对中国很有感情，让他的儿子在美国哈佛大学攻读和研究中国历史。从 20 世纪 90 年代起，弗兰克更多地从事对资本主义危机、全球化和世界体系论的研究。1993 年他与吉尔斯合作编著了《世界体系：500 年还是 5000 年？》一书；1998 年发表了《重新面向东方》一书（中译本题为《白银资本》），对世界体系提出了独到的看法和挑战，对中国的崛起与东亚的复兴给予高度评价，批判了欧美中心论，在学术界产生了很大反响。《世界体系：500 年还是 5000 年？》一书，弗兰克来华时委托我组织翻译，并为此撰写了"中文版序"。

弗兰克对于我在研究工作中拓宽思路、扩大视野、参阅更多资料、深入再思常规定论等方面，有很大帮助。2005 年，他因患癌症不幸逝世，直到临终他仍在病床上撰写《重新面向东方》一书的续编。

在第三世界发展理论与世界体系论的两大研究领域与弗兰克密切联系的，有美国的伊曼纽尔·沃勒斯坦（Immanuel Wallestein）、埃及的萨米尔·阿明（Samir Amin）和美国的乔瓦尼·阿里奇（Giovani Arrighi）三位左翼学者；他们的观点不尽相同，且常有论战，但互动合作很多，学术界戏称他们为"四人帮"。他们都与我交往熟识。尤其是阿明与我相识多年，他是总部设在塞内加尔首都达卡尔的"第三世界论坛"（TWF）的创始人和主席，在第三世界发展问题上曾提出过"脱钩论"等令人注目的论点。由他撰写的、在国际学术界产生很大影响的《不平等的发展》一书是由我译成中文的。

特奥托尼奥·多斯·桑托斯（Theotonio Dos Santos）是巴西著名社会学家和经济学家，是依附论的主要创始人之一。对于桑托斯的著作与论点，我在对第三世界发展理论、拉丁美洲经济思潮和依附论等研究工作中就有所了解。与他本人及其夫人、秘鲁学者莫尼卡·布鲁克曼（Monica

Bruckmann）的相识和友谊，则开始于 20 世纪 80 年代我院第三世界研究中心成立以后的多次国际会议等场合。90 年代后半期，联合国教科文组织与联合国大学领导下的"全球经济与可持续发展网络"（REGGEN）在桑托斯主持下成立并担任主席，他的研究领域扩大到全球化、南北差距、资本主义危机等问题，与我关注的领域相吻合。我被聘为"网络"成员并多次应邀出席国际研讨会。我参与主编了"霸权与反霸权：全球化的局限与地区化进程"国际研讨会论文集（2003），中文版出版于 2005 年。

马格纳斯·莫纳（Magnus Morner）是瑞典资深史学家、瑞典和北欧的拉美研究先行者之一。由于他的帮助，我加深了对这一地区拉美研究机构、刊物和学者的了解与联系，并拓宽到整个第三世界研究的领域，结识了瑞典学者、北欧亚洲研究所所长汤米·史文森（Thommy Svensson），建立了持久的友谊，史文森邀我去该所及哥德堡大学讲学访问。

美国《拉丁美洲透视》杂志（*Laitn American Perspectives*）的创始人及主要领导人罗纳德·奇尔科特（Ronald Chilcote）是我在拉美研究领域较早结识的一位学者。该杂志是美国 60 年代激进组织"学生争取民主社会"（SDS）的一些成员创办的拉美研究刊物。该刊从创刊号起一连若干期集中介绍和分析依附论的渊源、派系、主张、代表性人物等内容。1982 年，我出席美国拉丁美洲研究协会（LASA）在首都华盛顿举行的年会时，结识了奇尔科特及夫人，从此建立了密切的联系和交谊，在研究资料上和课题研讨上受益匪浅。我曾应邀参加《拉丁美洲透视》杂志的编辑与审稿会议，并在 1991 年去奇尔科特所在的加州大学河滨分校任教一学期。奇尔科特的重要著作《比较政治学理论》和《比较政治经济学理论》这两本书是由我先后译成中文出版的。

1988—1990 年，我应聘去美国圣母大学凯洛格国际研究所工作，该所以拉丁美洲作为研究重点，执行副所长为研究拉美民主化与独裁主义的著名阿根廷学者吉列尔莫·奥唐奈尔（Guillermo O'Donnell）。两年工作期间，收集了研究资料，建立了学术联系，并结识了许多专家学者。其中如经济系的查尔斯·威尔伯（Charles Wilber）教授，由他主编的《发达与不发达问题的政治经济学》一书早在几年前即由涂光楠、徐壮飞、世经所的黄苏和我译介给中国读者。这里我要特别提到的是圣母大学的一位法裔学者德尼·古莱（Denis Goulet）。他是凯洛格研究所和该校和平研究所的研究员、经济系与社会学系的讲座教授，在发展理论研究方面十分活跃。他是创建"发展伦理学"的先驱。这一理论对传统的发展理论与方向提出重大质疑与批评，对真正的发展应有的目标、原则、选择、道路等方面，作了深刻的分析和论证。他在这方面有一系列重要著述，如《发展伦理学：理论与实践指南》（1995）和《残酷的选择：发展理论的新概念》（1985），这两本书是由我译成中文的；《靠不住的诺言》一书也已翻译出版。国际发展伦理学会尊他为"发展伦理学之父"，并设立了"德尼·古莱奖"，2006年古莱去世后，改名为"德尼·古莱纪念奖"。古莱与我交往密切，使我在发展研究的思路开拓上得到不少有益的启发。我在圣母大学两年的工作成果，及过去调研与资料积累的基础上，写了《第三世界发展理论探讨》一书，1992年由社会科学文献出版社出版。

随着发展问题研究的深入，越来越多的学者不再单纯地追求经济增长的片面发展观，开始更多地关注可持续发展和均衡发展。文化和社会因素的重要性在发展中日益突出。总部设在克罗地亚的一个由联合国领导的"国际文化发展研究与合作网络"（Culturelink）在这方面起了突出的推动作用，它的领导人和主要研究学者与我建立了长期、密切的交往和友谊，并吸收我作为该网络的成员。我应邀参加了它的年会，在它的学术刊物和论文集上多次发表文章，并通过它结识了一批国际文化学者，如加拿大"世界文化组织"（WCP）主席保罗·谢弗（Paul Schafer）就是长期潜心研究文化发展的一位资深学者。他与我不时探讨文化与发展的问题。他的一些有价值的著作，如《文化引导未来》和《经济革命还是文化复兴》这两本书，都是由我介绍并组织在我国翻译出版的，反应较好。

（高铦，中国社会科学院拉丁美洲研究所研究员）

从两个岛国的国名说起

张森根

　　2010 年 10 月 13 日，我和老伴赶在上海世博会闭幕之前参观了世博会，出于对专业的关注，专程看了拉丁美洲的展馆。

　　世博会为 33 个拉美国家走向中国提供了舞台，它同时也成了中国人了解拉美的窗口。3 个拉美大国（巴西、墨西哥和阿根廷）、4 个中等国家（智利、哥伦比亚、委内瑞拉和秘鲁）及古巴都设有独立的展馆，中美洲、加勒比和其他南美洲国家等 25 国则分在两个联合馆内设有自己的展位。在加勒比共同体 15 个成员国的联合展馆中，我的目光曾凝视在多米尼克和巴哈马的展位上，乃至于勾起了我对一段往事的回忆。因为这两个岛国国名的重新认定还有一段小故事。

　　1994 年之前，于 1973 年和 1978 年独立的这两个操英语的国家的正式名称分别为多米尼加联邦（the Commonwealth of Dominica）和巴哈马联邦（the Commonwealth of the Bahamas）。这样别扭的名称，在我国的正式出版物和官方文书中一直采用了许多年。大家好像也默认了，并不认为有什么不妥。然而我的恩师、复旦大学教授程博洪先生却多次向我指出，这两个官方译名是误译，必须尽早予以更正，并要我设法向有关方面反映。1984 年在烟台举行中国拉美学会成立大会期间和后来同我五六封通信中，他不厌其烦地跟我说，英文 "commonwealth" 这个多义词被国人误解，除了上述脱离英国而独立的这两个西印度群岛中的微型国家，还有所谓的波多黎各 "自由联邦"（the Commonwealth of Puerto）和北马里安纳 "自由联邦"（the Commonwealth of the Northern Marianas）。前两个政治客体是单一制国家而不是联邦制国家，把 "联邦" 的帽子扣在它们的国名上，简直是笑话；后二者是在美国联邦制度支配下行使部分内部自治职能，其本身委实无邦可联，只可指称为联系邦。此外，对"英联邦"和"不列颠联邦"中的"commonwealth"，也不应机械地加以理解。因为它是个多义术语，表明它是一个国家联合体，眼下由 48 个独立成员国组成，十分松散。这些成员国有的奉行联邦制，有的奉行单一制。总而言之，以上 5 个名称中的"commonwealth"有不同的含义，我们不应该把 5 个根本不施行联邦制的政治客体一概误称为"联邦"。

我十分赞同程先生的看法，后来还把他的主张写成《程博洪教授吁请不再滥用"联邦"称谓》一文，分别登在中国社会科学院内刊《学术动态》（1991 年 4 月 17 日）和《拉丁美洲研究》（1991 年第 3 期）上。程先生的见解得到外语界前辈程镇球先生的赞赏，并把上述文章转载在《中国翻译》。尽管在此前后我曾不断地在同行中或在学术讨论会上播扬程先生的主张，但国名误译的事仍未解决，直到 1994 年年初才有了转机。

1993 年 11 月，我国领导人出访拉美之前，我所主管外事的徐世澄副所长布置我就中拉关系中的一些问题写成专文向高层呈递。在那篇策论中，我大胆建议我国政府应及时同美洲发展银行和美洲国家组织等多边机构建立关系，同时还写道："要解决好政府领导部门与研究部门之间的信息沟通的问题。据报道，10 月 7 日江主席接见了多米尼加联邦总统。实际上，'多米尼加联邦'国名本身就是明显的误译。上海复旦大学教授程博洪早在 1984 年就指出，不能把英文'commonwealth'这个多义词译成'联邦'并加以滥用。所谓的'多米尼加联邦'，根本无邦可联，采用与联邦制迥异的单一制国家结构。他建议把这个独立于 1978 年、以操英语为主的微型国家，译成'多米尼加国'，以区别于 1844 年独立、以西班牙语为主的多米尼加共和国。……但程的意见迄今无人答理。一个译名况且如此，别的什么看法要真正反映上去，着实不易。"也许这一段话起了作用。不久，有关部门让我把中国社科院内刊《学术动态》、《拉丁美洲研究》和《中国翻译》上刊载的文章送去。程先生 10 来年前的主张，这一次总算有了回应。1994 年 1 月 14 日，外交部办公厅正式发文下达《关于更改多米尼加联邦、巴哈马联邦和波多黎各自由联邦译名的通知》。文件指出，"根据有关专家的意见"，将上述 3 种名称分别改译为"多米尼克国"、"巴哈马国"和"波多黎各"。由于程先生的意见引起高层的重视，我的那篇策论被评为中国社科院 1994 年好信息，与顾颉刚等其他 4

位学者一起荣获一等奖。这个奖名义上发给我，实际上是授予程先生的，我只是个"二传手"。

这段往事记录了老一辈学者做学问的执着精神。程先生是复旦拉美室的创建人，也是我国拉美研究事业最早的开拓者之一。1961—1964 年期间，我有幸被他选为拉美史研究生，并为他给本科生开的《世界近代史》和《拉丁美洲史》课程充当助教。程先生对我的恳切教诲、耳提面命、言传身教，令我终身获益。他的人品与文品，更让我铭记不忘。他对工作极端负责，尽心竭力而不务空名，这在复旦历史系是人所共知的。他把时间与精力都耗尽在教学、培养研究生（前后共 9 名）和组织拉美室的集体攻关项目上。拉美室一度有 20 人之多，每个人的工作和课题他都安排得井然有序。拉美室出版的 10 多部书和 20 多期刊物，从选题、审稿、编排到发稿，他都恪尽职守，力求做到精益求精。他为集体为他人的科研作品和翻译成果，倾筐倒箧而在所不惜。他本人学术底蕴厚实，讨论问题时，常常是点石成金、一语中的、精当不易。

20 世纪 40 年代下半期，他曾是名噪一时的《时与文》杂志的发行人和主笔，下笔成章，是一位笔锋犀利、严气正性的政论家。他的文章体大思精，每每令读者茅塞顿开。但自 20 世纪 60 年代初承担拉美史教学与研究任务以后，他几乎没有以个人名义发表过科研作品。这一情况，我分析有两方面的原因。一则是因为他全身心地投入教学与科研组织工作，甘心为他人作嫁衣，雪中送炭，自己却淡泊名利。二则是他治学严谨，对研究文章的要求和标准近于苛刻。他时常告诫我们，要多读书、多积累，千万不要匆忙写文章。在他看来，我们与其耗时费力写一大堆没有多大价值的文章，倒不如潜下心来，多读书、多充实、多思考。对待学问，他总是一丝不苟、百锻千炼而不求闻达。20 世纪 80 年代初，他要求大家搞好马克思主义和历史唯物主义方面的学习。他写道：这一点，当前比"文化大革命"以前有显著退步，而且还读不太懂马恩著作或误解其意，有的甚至"随意解释这些著作，用实用主义态度去对待，妄图一遂自己的需要，故意曲解……我有时简直为此失望和愤慨"。研究现状问题时，他认为热点的存在应不妨碍冷门的研究，谁知今日冷门会不会在明日转化为热点，因而要"冷热互不干扰，或说冷门热门并行不悖"。他还要求我们学会利用外国著作的本领。他说：我们研究外国，不可能占有很多的或够多的原始的、二手的材料，但通过必要的比较和对照，只要善于使用，照样可以从西方著作中找到可用的东西。对照程先生的这些教诲以及他的人品与文品，我深感自己做得很不够，心中十分惭愧。

拉美所迎来建所50周年喜庆。50年来，我国拉美研究事业取得了重大进展，作为拉美所的老人，我对此感到十分欣慰。但是学科建设要靠几代人不懈的努力。迄今为止，中国人虽然对拉美的了解远胜于拉美人对中国的了解。但总体上说，我们对这个地区的了解，依然是"抽象的概念多于具体的知识，模糊的印象多于确切的体验"。中国人要真正了解并走进拉丁美洲可能还需要几代人连续不断的奋斗。当下，上级要求我们以研究重大现实问题为主攻方向，并充当好"智囊团"和"思想库"的角色，步入"最高学术殿堂"去构建具有中国特色、中国风格、中国气派的理论创新体系。面对如此神圣的使命和庄严的要求，我们一定要发扬老一辈学者求真求实的科学精神，在日常的研究工作中努力处理好政治性、现实性与科学性、学术性之间的关系，处理好为当前政治任务与实事求是之间的关系。如果做不到这一点，若干年后，今日之成果兴许将化成他日之次品或废品。

这是我从两个岛国的正名、对恩师的缅怀再联想到对本所未来研究工作的愿景，也是我的肺腑之言。

（张森根，中国社会科学院拉丁美洲研究所研究员）

奠基者·开拓者篇

陈翰笙与国际问题研究

任雪芳

陈翰笙是我国国际问题研究的老前辈、著名的国际活动家和国际问题研究的奠基者之一。陈翰笙 1897 年生于无锡，从小受到良好的母教和中小学教育。1915 年，为探索救国之路，赴美国读书，在芝加哥大学获硕士学位；又赴德国，在柏林大学获博士学位。1924 年到北京大学任教授，在李大钊同志影响下，结交苏联友人，研读《资本论》，逐步接受马克思主义。经李大钊介绍 1925 年加入国民党，1935 年转入中国共产党。陈翰笙 2004 年去世，享年 107 岁。

国际问题研究与革命工作完美结合

陈翰笙一生从事国际问题研究和国际事务，兢兢业业，对党对人民忠心耿耿，不为名，不为利，甘当铺路石。在自己取得辉煌成就的同时，还培养出了大量人才，诸如：王寅生、钱俊瑞、张锡昌、张稼夫、孙冶芳、姜君辰、薛暮桥、秦柳方、石凯福等一大批有能力、有气魄、热心于社会科学研究的理论人才，他的学生许多都成为我们国际问题研究工作者的楷模。

1927 年之前，陈翰笙先后在美国波莫纳大学、芝加哥大学和德国柏林大学留学。获芝加哥大学学士学位和柏林大学博士学位。1922—1924 年，陈翰笙进柏林大学东欧史地研究所边学习边工作。他一边听世界经济讲座，一边写博士论文。1924 年，他用德文写成题为《1911 年瓜分阿尔巴尼亚的伦敦使节会议》的论文。这是陈翰笙利用档案材料揭露帝国主义阴谋的全部历史——18世纪末20世纪初，阿尔巴尼亚宣布独立。欧洲六国群起争夺巴尔干。为此英国召开六国大使会议制止阿尔巴尼亚独立，夺取阿尔巴尼亚国土。十月革命后，苏维埃政府公布沙俄参与伦敦大使会议时所有秘密文件。1919年，英、法、美操纵意、希、塞达成瓜分阿尔巴尼亚的协议。1920年，阿尔巴尼亚农民起义成功，国家独立，民族解放。土耳其帝国衰落。教授认为陈翰笙的论文写得很好，授予他博士学位。

1926年经李大钊介绍，陈翰笙与苏联大使加拉罕认识。加拉罕又将他带回大使馆，介绍给文化参赞加托诺维奇。后来，他又认识了俄专教师格里涅维奇。格里涅维奇拿马克思的《资本论》给他看。陈翰笙如获至宝，看得十分认真，甚至连哪一章、哪一节、哪一页讲什么都背下来了。他还常常晚上去找格里涅维奇请教、讨论问题。通过学习、讨论，陈翰笙懂得了人类社会发展的自然规律，了解了一些马克思主义的基本理论。他说："我过去在欧美所学的哪里是历史呀，不过都是史料、事实的堆砌。《资本论》才是真正的历史！"后来，他在回忆这段经历时说："这个苏联人是第一个影响我思想的人。"

陈翰笙还从加托诺维奇那里了解到苏联十月社会主义革命的详细情况，并开始为共产国际做些工作。共产国际有个机关刊物叫《国际通讯》，它刊载共产国际的文献和世界各地共产主义运动的情况，以及各国经济述评。在加托诺维奇的建议下，陈翰笙开始为《国际通讯》供稿，就最近发生的一些事件，如五卅运动、"三一八"惨案、北伐战争、"四一二"反革命政变等重大问题写了几十篇稿子送给《国际通讯》。共产国际当时对中国问题的一些看法和了解，都是从陈翰笙的稿子中分析来的。

在这年，经李大钊和加拉罕介绍，陈翰笙正式为第三国际工作。李大钊建议陈翰笙经常在《现代评论》上发表文章，不要脱离那些欧美派教授。因而，陈翰笙将给《国际通讯》写的文章，都先投给《现代评论》。从1925年年底到1927年2月，陈翰笙给《现代评论》写了53篇关于国际形势和苏联情况的稿子，然后又改成英文稿交给《国际通讯》。利用反革命刊物发表革命政论，扩大读者的政治视野，不能不说是个奇迹！

在这年，太平洋学会要在美国出版季刊《太平洋事务》，由美国人欧文·拉铁摩尔做总编辑。他希望苏联分会派人帮助他，苏联就派了一时不便回国的陈翰笙前去。《太平洋事务》工作不多，陈翰笙将主要精力放在帮助饶漱石办好《华侨日报》上，因为这是党交给他的任务。通过这份报纸，联络海外华侨，为革命出力。《华侨日报》是由华侨"衣馆联合会"资助的，直接宣传中国共产党的抗日主张，并发动捐款，购买医药、救护车等，赠送给抗战的中国八路军。陈翰笙经常为报纸写文章，并多次将稿费捐献给战时难民委员会。当时在海外从事进步事业的中国人很多，陈翰笙经常与之联系的有《大公报》著名记者杨刚、办英文报纸的冀朝鼎、《华侨日报》的徐永瑛，等等。陈翰笙不仅自己写文章，还为斯诺、史沫特莱、斯特朗提供写作素材。陈翰笙在美国知识分子中很有影响，需要什么材料，出去转一圈、打几个电话，就可以达到目的了。

陈翰笙对国际问题的研究，是从国际农村调查开始的。1927 年，陈翰笙前往苏联，在共产国际创办的国际农村经济问题研究所任研究员，开始关注中国农民问题。1929 年任国立中央研究院社会科学研究所主任，组织大批有志青年对中国农村社会进行调查，用大量调查报告和论文，说明农村问题是中国经济的主要问题，论证了改革封建制度的必要性，有力地支持了共产党领导的土地革命，并培养了我国一批著名的经济学家。

1932 年，陈翰笙参与宋庆龄、蔡元培等人组织的"中国民权保障同盟"活动，多方营救被捕的革命同志和爱国人士，同国民党反动派进行针锋相对的斗争。1935 年，陈翰笙为了躲避国民党特务追捕，先去日本，再赴苏联。1936 年根据党的指示，前往美国纽约，任《太平洋事务》季刊编辑，同时为党创办的《华侨日报》工作，宣传党的主张，号召爱国侨胞抗日，争取美国政府支持中国的抗日战争。1939 年抵达香港，协助宋庆龄开展"工业合作运动"，任"工合国际委员会"秘书长，接收国外人士和海外侨胞捐款，支持党领导的抗日战争；主编英文半月刊《远东通讯》，首先向全世界公布了"皖南事变"的真相。1946 年，根据周恩来指示再赴美国，在旧金山、芝加哥、纽约等地发表演讲，揭露蒋介石政权的黑暗统治和发动内战的阴谋。

1933 年，当时的太平洋国际学会打算出版一套研究生活水平的书，用意在于了解国际资本对各国生活的影响。陈翰笙决定研究烟草地区烟民的生活。这年，他去安徽、山东、河南烟草区作了调查。不久他有事离开，烟草区的调查由王寅生、张锡昌在 1935 年完成，并整理出大批的第一手资料。1939 年，陈翰笙在美国又收集了大量的有关材料，写成《工业资本与中国农民》，副题是《中国烟民研究》。本书通过烟草这个最典型的商品作物，表现出国际垄断资本，同中国的中央政府到地方政权，从军阀官僚到土豪劣绅，直到买办、高利贷者互相勾结，剥削压迫农民的全幅画面，很有说服力。一般人认为商品作物的推广会有助于资本主义农业的发展，可是，事实证明不是这样。在半封建半殖民地的中国，种植美国良种烟的，大多数是下中农和贫农，而富农和上中农不依靠借贷，不热心种烟。这是烟草区调查的新发现。这本英文著作，是陈翰笙年富力强时的杰作之一。

1930—1933 年，国民党反动派对苏区进行大规模的五次"围剿"。第四次反"围剿"持续约 10 个月（1932 年 6 月—1933 年 3 月），规模比前三次都大。在这次反"围剿"中，国民党政府出于它的外交需要，全国经济委员会聘请了国际联盟的经济学专家、意大利教授德拉贡尼来华考察农村经济，提供土地政策方案。这位专家到湖北农村视察，亲眼看到国民党军队和恶霸地主大肆烧杀所造成的惨状。他在《关于中国农业政策的报告》（1933 年 3 月）中指出，如果继续保持旧的土地制度，将来非但会重蹈覆辙，而且会每况愈下，愈演愈烈。为今之计，应当竭力防止富人掠夺穷人的土地。陈翰笙完全了解这次反革命"围剿"的国际背景，他一看到德拉贡尼的《报告》，立即感到一个外国学者既然可以提出土地政策方案，那么懂得本国历史、经济、文化，研究本国农村经济多年的学者，就更有资格提出自己的观点。他应该乘着这个不可多得的时机，把中国的具体事实公之于世。陈翰笙立即运用现有的全部资料，用通俗易懂的英文，写出了中国土地分配不公、地主残酷剥削农民的事实。单行本题名《中国当前的土地问题》，形式上是一篇经济学论文，实质上是一篇反"围剿"的檄文。他非常巧妙地把德拉贡尼的意见引用在正文之前，而且加上醒目的边框，适应中国官方崇洋媚外人士和西方资产阶级学者的观感，却从根本上阐明了中国土地革命的事实根据。这篇文章很有说服力，之所以如此，是由于他没有依靠马克思主义的革命辞藻，而是运用通俗易懂的生动事实来说明问题。在国民党第四次"围剿"惨败不久，陈翰笙将它交给了上海太平洋学会，作为中国代表出席 8 月在加拿大举行的第五届太平洋国际学会双周年会上的论文。上海太平洋学会负责人立即印刷，在开会前广泛散发。加拿大开会时，陈翰笙在会议上宣读论文和纵谈中国土地问题的时候，正是第五次反革命"围剿"的前夕。论著从两个方面陈述了中国土地问题的真实情况：（1）贫农耕地不足，土地分配不均，耕地分散；（2）地主占有大量土地，致使农业破产；地主、富农残酷剥削农民，农业生产力低下。从此，他被国际学术界公认为中国土地问题的权威学者。这是陈翰笙革命工作与学术研究完美结合的一个实例。

1937 年，日本发动"七七"卢沟桥事变后，陈翰笙在《华侨日报》上连续发表文章，号召爱国华侨积极声援国内的抗日战争；陈翰笙、顾淑型还和美国朋友一起成立了救济战时难民委员会，宣传动员爱国侨胞和美国朋友为战争中的孤儿募捐。1938 年年初，陈翰笙应太平洋学会加拿大分会的邀请，去加拿大报告"西安事变"经过和意义。在两个月的时间内，他从东到西，走了七八个大城市，进行演讲，影响较大。

1940 年，陈翰笙还受太平洋国际学会的委托，在云南西双版纳进行傣族土地制度的调查。他们深入到傣寨，了解傣族人的生活状况、土地制度等，得出的结论是，傣族人仍属于原始农村公社土地所有制。1946 年陈翰笙在美国写成题为《西双版纳土地制度》的调查报告。这是一部分析傣族社会形态的著作。它既是社会史的调查研究，也通过它揭露了国民党政权依靠最落后的社会制度进行剥削和统治的反动民族政策。

对印度和巴基斯坦经济的研究

1939 年 5 月，陈翰笙夫妇离开美国，赴香港参加抗日工作。原来，"七七"事变后，一些在华的外国朋友，如斯诺夫妇、路易·艾黎等倡议开展工业合作运动，广泛建立工业合作社，生产前线急需的武器和工业产品，支援抗日战争。可是，国民党政府的一些人，不但不支持工合运动，还截留国外捐款。在这种情况下，艾黎建议在香港筹办国际工合委员会，接收国外捐款，直接送往延安。陈翰笙到香港后，被推荐给国际工合委员会当秘书。委员会主席是香港英国主教何明华，名誉主席是宋庆龄。陈翰笙的主要工作，就是接收国外捐款，并设法将它汇往解放区。那时，许多国家支持中国的抗日战争，在伦敦、纽约、马尼拉都成立了工合推进委员会。国际工合委员会在香港成立两年多，共收到捐款 2000 多万元。陈翰笙将这些捐款都通过廖承志的关系，由上海银行陆续寄到延安去。收到李富春同志那一张张签收的回条，陈翰笙感到特别高兴，为了党的事业，再苦再累他也心甘情愿!

1942 年 11 月,桂林召开苏联十月革命纪念大会,陈翰笙邀请英国驻两广总领事班以安到会,报告了英国反法西斯主义的运动。此事传到重庆,引起国民党当局的注意。第二年 3 月,陈此生告诉陈翰笙,军委会桂林办公厅接到重庆军委会密电,要逮捕他。李济深厅长让陈此生立即通知陈翰笙夫妇离开桂林。陈翰笙闻讯,马上让他们在重庆交通部工作的亲戚,用假名字办了两张去印度的护照。陈翰笙得到外国朋友的照应,乘英军服务处的军车先到昆明,后乘英国军用飞机去了印度。

陈翰笙夫妇到新德里后,进了英国情报部在新德里设立的远东情报局。具体工作是用英文编写新闻材料和电台讲稿,供对外宣传用。第二次世界大战结束后,陈翰笙到印度史学会工作。陈翰笙看到,印度和中国一样,也是个落后的农业国,那么印度的农业经济如何呢?在国内作过多年农村经济调查的陈翰笙,利用在史学会工作的便利条件,开始对印度经济区域进行考察工作。他的足迹北到阿富汗边境的信德,南至印度洋海岸,东到加尔各答,西至孟买,积累了大量第一手材料。经过调查,陈翰笙对印度的经济地理、社会状况、种姓制度、宗教迷信等都有了比较透彻的认识。

陈翰笙还认真阅读了 1927—1928 年出版的《英国皇家印度农村调查团证词》(14 巨册),自己制定出划分印巴经济区域的 5 个标准:第一是地形,山谷和平原在生产和生产关系上显然有些不同的地方;第二是水利,包括雨量和灌溉,半沙漠地带和河流三角洲地带有很大的差别;第三是耕作方法和农作制度。这比前两项更为重要,因为棉花、烟草、黄麻等经济作物和小麦、水稻、杂粮等产粮区是大不相同的;第四是土地制度,这是区域化的一个关键。土地制度的差别表现在田赋制度、租佃制度和雇农制度等,因此,种植园多的阿萨姆区就和佃户多的孔坎区不同;第五是当地一般经济发展的情况。有的地区近代工业相当发达,有的就没有什么工矿企业,因此经济情况就有明显的差别。陈翰笙根据这 5 项标准将印巴划分为 21 个经济区,用英文写成长达 300 多页的《南亚农业区域》;后来国内商务印书馆出版了中文版《印度和巴基斯坦经济区域》。

第二次世界大战结束后,陈翰笙于 1946 年 4 月和顾淑型离开印度,到美国西海岸,在华盛顿州立大学做特约教授,讲授印度史。当时,正值蒋介石发动内战，陈翰笙自觉地在美国进行公开演讲，以唤起国外朋友的同情和支持。他从华盛顿，到旧金山、芝加哥、纽约，到处演讲。他不用讲稿，上台用英文就讲，很有说服力。他说美国政府如果援蒋反共，就是走进了死胡同，就是与全中国人民为敌。他的讲话又被斯特朗、斯诺等外国朋友引用，造成了较大的影响。

生命不息，奋斗不止

1950 年回国，拒绝周恩来总理要他担任外交部副部长、北京大学副校长的安排，出任《中国建设》编委会副主任，为这一英文刊物费尽了心血。50 年代先后任外交部顾问、外交学会副会长、中印友好协会副会长等，是第一、第二届全国人大代表，第二、第五届全国政协委员。粉碎"四人帮"后，他以惊人的毅力和过人的精力继续领导和从事各种学术研究工作。他学识渊博，研究工作覆盖历史学、经济学、社会学、政治学、法学和国际关系学等，撰写专著和论文 400 余种。

1951 年，应周恩来总理之邀，陈翰笙夫妇回到了北京。周恩来总理说，他兼任外交部长，工作很忙，要陈翰笙帮他的忙，出任外交部副部长。陈翰笙无意做官，他对周总理说："总理啊，吃中餐要用筷子，吃西餐要用刀叉，我是个筷子料，请不要把我当刀叉使。还是让我做点研究工作吧。"陆定一推荐他去北京大学当副校长，也被拒绝了。3 月底，陈翰笙去看宋庆龄，周总理也去了。原来周总理曾对宋庆龄说要办一个对外宣传的英文杂志，请她推荐个合适的人。宋庆龄说："陈友仁本来要找陈翰笙办报的，就用他好了。"从 1952 年《中国建设》创刊，到"文化大革命"前为止，陈翰笙用英文发表了 26 篇文章，以史学家的文笔，反映出中国社会主义建设的各个方面，如《新兴的工业》、《中国经济的道路》、《走向农业集体化》、《渔业合作社》、《中国的理财法》等。他的这些文章内容真实，文笔优美，在国外很受欢迎。例如，1956 年陈翰笙去山东渔村访问，了解已成为渔业合作社成员的渔民，然后写成《渔业合作社》；国外反应强烈，英国《世界》杂志立即转载。

这期间，虽然陈翰笙谢绝了出任外交部副部长、北京大学副校长、农业大学副校长，但由于党的信任和人民的委托，还是先后担任外交部顾问、外交学会副会长、中印友好协会副会长、国际关系研究所副所长等职。50 年代，他随文化代表团访问保加利亚、民主德国、印度；参加在莫斯科召开的国际经济会议和在民主德国、芬兰、瑞士召开的世界和平理事会。1950 年随宋庆龄访问印度、巴基斯坦和缅甸；1958 年随人大代表团又访问了东欧各国。工作虽然繁忙，陈翰笙也没有停止研究工作。他的研究涉及世界历史、国内外经济和国际关系，虽不曾有长篇巨著问世，却对这些方面的研究工作给予有效的指导，对社会科学研究工作作出了贡献。

"十年动乱"中，陈翰笙备受折磨，1968 年并肩战斗了近半个世纪的老伴去世，竟没有让他送最后一程！在动乱的年月，有人劝他去找周总理，他相信周总理一定会帮助他，但从电视上看到周总理日渐消瘦的面庞，他不忍心为了个人的事去打扰他。也有人让他去找骄横一时的康生，他鄙夷地远远躲开。老人在逆境中挣扎、奋斗……

1971 年，陈翰笙从干校回到了北京，但无所事事，他哀叹"尔今幽居东华门，岂可长期成闲散?"家人陪他去杭州散心，他却发出："映月三潭悲闲散，观鱼花港寸心摧"的感叹。1972 年 1 月，75 岁的陈翰笙在胞妹的陪同下，将爱妻的骨灰撒到富春江中，实践了她生前的约言；并写下一首《七绝》："浩荡窄溪送骨灰，凄凄江上我徘徊；何时物化应做伴，携手夜台笑语陪。"在"四人帮"横行的日子里，科研工作受到严重干扰和破坏，要做点工作，都要冒着很大风险。在这种险恶的环境中，陈翰笙给自己找了两件事情做：编写"华工出国史料"和教书。

陈翰笙对华侨史的关注起源于 30 年代的广东农村经济调查。广东是侨乡，由于帝国主义的渗透和封建地主阶级的剥削，许多男性农民不得不流亡海外，生产靠女劳力，造成农业生产退化，要靠海外亲朋的海外汇款维持生活。侨乡的苦难强烈地刺痛了陈翰笙忧国忧民的心，决心把华侨史当作中国社会经济史的重要内容来研究。繁忙的革命工作，使他一直没有把其排上日程。在"四人帮"横行的年代，华侨因"海外关系"，政治上惨遭迫害。这种倒行逆施根本违背了我党统一战线政策，在国内外造成极坏影响。看到这些，陈翰笙毅然决定再现华工和华侨形成和发展的历史。

《华工出国史料汇编》是 1972 年开始编纂的，共 10 辑。第一辑《中国官文书选辑》主要由中国第一历史档案馆的同志从《钦定总理各国事务衙门清档》等资料中辑录出来的有关华工出国的官方文件，这是研究华工和华侨史最珍贵也是富有权威性的史料。第二辑《英国议会文件选译》和第三辑《美国官方文件选译》，主要是从被称作"蓝皮书"、"白皮书"的英美文献中辑录出来的档案资料。上述三辑官方文件相互印证，为我们全面了解和研究中外反动势力贩卖我国人口的罪行，提供了可靠的资料。第四辑《关于华工出国的中外综合性著作》，选录了宜垕、张荫桓、崔国因等日记中有关华工、华侨的内容。他们都是清廷派出的驻外使节，日记中对华工的苦难和华工对侨居地的贡献，都有可信的记载。同一辑还节录了李长傅的《中国殖民史》、坎贝尔的《中国苦力移民》等较有影响的专著，进行了节录并选择了部分国外报刊中有关华工的报道。通过这部分著述可以了解到不同国家、不同时代和不同立场的著者对于华工问题所持的观点。这样便于史学工作者客观地、多侧面和多层次地研究华工问题。由于华工分布区域广泛、不同侨居地历史背景和社会现实各有特点，因而华侨社会的演变过程各有所异，所以第5—10辑，主编对有关东南亚、拉丁美洲、美国和加拿大、大洋洲、非洲和欧洲的华工史料，按地区进行分类，各成一辑。

《汇编》实际上是一项史料的系统工程，每一辑有它独特的选题范围，但这10辑又是相互关联的一个有机整体。这部《汇编》无论在收入资料的广泛性方面，还是在资料本身所具有的研究价值方面都取得了重大的进展。从学术研究的角度看，《汇编》有如一座界碑，它的出版表明华工和华侨史的研究工作已经进入了繁荣发展时期。

而教书，则一直坚持开办免费英语班，到百岁之后。将有专节介绍。

1976年，粉碎"四人帮"以后，陈翰笙又焕发了青春，逢人便说："谁说我82岁，我还只有28岁，年轻着呢！"于是人们戏称他为"28岁不老翁"。

陈翰笙有一本工作日程记事本，16开，一周一页，划为七横格，三纵格，每天上午、下午、晚上干什么，分别提前一周安排好。有人记录了一下：社会科学院党组扩大会——因为他是社会科学院顾问；商务印书馆两位编辑来谈稿件——因为他是商务印书馆《外国历史小丛书》主编；《中国建设》编辑来约稿——他是用七种文字向海外发行的《中国建设》杂志的筹办人；世界历史研究所所长刘思慕来商谈工作——因为他是这个所学术委员会的委员；美国友人斯蒂夫·麦金农来访，这位研究史沫特莱的作家常来请教陈翰笙——因为陈翰笙是史沫特莱的好朋友……陈翰笙工作每天安排三段，达八九个小时，90 岁高龄时仍用两个半天给英语学习班的学生上课，主编商务印书馆的《外国历史小丛书》，带北京大学和南亚研究所的两名研究生，不少于三天的读书、读报时间……工作量不下于一个年富力强的人！

作为编委会主任，陈翰笙对《外国历史小丛书》的出版极为负责，说："我现在就是编撰这些书（他指着眼前的小丛书《林肯》、《古罗马帝制的奠基者恺撒》、《500 年的西欧制度》等），是为了给年轻人看的。历史是一面镜子，通过历史知识的传播，可以使青年们了解过去，懂得今天，预见未来！"他不仅帮助小丛书确定选题、组稿，每周拿出半天时间审定书稿，而且看到小丛书的发行量不大，十分着急。他于 1963 年 7 月给总书记胡耀邦写信，反映这个问题。胡耀邦很是重视，当即批复："凡属广大群众需要阅读的政治书籍和知识书籍，大概每年也不过百种，像这样的书，不是印几万册、几十万册，而是几百万册，这是出版界的一个很重要的群众观点。"陈翰笙之所以重视历史教育，是他看到了历史教育对人生观的积极作用。他认为"面向世界，必须了解世界"，提出"通过学习外国历史，可以使广大青少年……掌握社会发展的普遍规律，从而确立马克思主义的唯物史观和正确的人生观。"

一次，陈翰笙从上海出发，经过十几个小时的长途颠簸，终于到达历史上以逃荒闻名的安徽凤阳。第二天，他不顾路途的困顿，便四处参观，开座谈会，还冒雨访问一个远离县城的生产队。道路泥泞，汽车无法走，他就下车步行，双腿溅满了泥浆，他连续访问了好几户人家。原来，陈翰笙的这次皖东之行，是为了收集资料，准备用英文写一个调查报告，把党的三中全会以后农村经济形势的巨变向国外进行报道。

陈翰笙身兼数职，工作繁忙，各种活动很多，但是，他对同志来访，后进求教，从不拒之门外。每有来客，他总是热情接待，认真而耐心地解答来访者提出的问题。他说话风趣幽默，词汇丰富，征引广泛，又没有一点架子和自为人师的口气。这些都令人敬佩。

鲁迅先生说过："我吃进去的是草，挤出来的是牛奶。"这句话用来形容陈翰笙是十分贴切的。陈翰笙住了几十年的东华门的房子是几间既破又旧的小屋，看不到一件像样的家具，除两把旧藤椅外，那张坐下去摇摇晃晃的沙发还是陈翰笙夫妇 23 年前从旧货店里买的，一张写字台也是 20 多年前买的，这哪像一个知名学者的家呀！而陈翰笙冬天穿的丝绵袄已经破烂得像蜘蛛网，但陈翰笙一直舍不得扔掉，这当中既包含对亡妻的深情和哀思，却也体现了一丝一缕恒念物力为艰的简朴习惯。他冬天穿的一件呢大衣，还是 40 年前在国外买的"老古董"。他的内衣内裤总是补了又补，他总对家里人说："我们要与人比贡献，比生活享受没意思，我是为了活着干革命而吃饭，而不是为了吃好而活着。"他从不用公家的信封、信纸写私信，看见别人这样做，他就要严厉批评。他把旧信封翻过来，再糊好，这就是他给别人写信时常用的信封。而他给青年回信解答问题时，却往往用挂号寄走，唯恐对方收不到。这样一位高级干部，按理说，早就可以离休安度晚年了，但他却给自己安排了如此繁忙紧张的工作日程。有人问他："您的人生观是什么？"他回答说："我没什么抽象的生活哲学，我的信条就是帮助别人。我乐于助人，这在我是一种习惯！"陈翰笙一生的收入，大半都用于自费搞学术研究、帮助亲友、接济有困难的同志。作为一位党的高级干部，陈翰笙出门总是坐公共汽车，家中也没有厨师、勤务员，他却"乐在其中"。这与古人"一箪食，一瓢饮，居陋巷，人不堪其忧，而回也不改其乐"的生活苦乐观很相似，但陈翰笙的精神境界要比古人高得多，因为他的苦乐观是与振兴中华的雄心大志连在一起的。

终生的教育情结

《群言》杂志约我写一篇访谈录，我专程去造访陈翰笙，说明来意，陈翰笙想了一下，认真地说："让我说，我还是谈教育，因为教育是一切的基础，没有教育就没有经济的发展、政治的进步、文化的繁荣！"

陈翰笙从小就受到良好的母教和中小学教育。他母亲虽然目不识丁，却个性刚强，乐于助人，好抱打不平，对做人的道理十分明白。她常说："宁吃开眉的粥，也不吃愁眉的饭。""人是穷的，心是铜的。"意思是说，我们虽然穷，但是骨头硬。又讲："不要见了大佛就得拜，见了小佛拿脚端。"教育他做人要正派，不要长双势利眼。还用格言教育他，要以诚待人，又要敢于坚持真理："做人总不要做到诸人远避。""有礼堂前打太公。"陈翰笙常对人说："我这个人的脾气、性格、道德观念都是从母亲那里来的。"到古稀之年还写下"念母诗"："教我为人不爱钱，处事应须穷且坚，勤俭之风宜培养，见义勇为担铁肩！"

陈翰笙的开蒙是在无锡东林小学。小学的前身是东林书院，是明代东林党人讲学、集会的地方。"依庸堂"上那副著名的对联赫然在目：风声、雨声、读书声，声声入耳；家事、国事、天下事，事事关心。校长顾卓如、修身教员黄淡如给小学生讲岳飞、文天祥、史可法等民族英雄的故事，教育学生要牢记自己是炎黄子孙，要热爱养育我们的华夏大地。他们还教育学生养成良好的生活习惯，走路不可东张西望，不要进茶馆，以免染上恶习和遇上坏人……这些与智力开发一道进行的修身教育，对学生长大后成为什么样的人起了很大的作用。

陈翰笙的中学是在湖南长沙明德中学上的。在这里他遇到了终生难忘的恩师傅熊湘先生。他是中国同盟会会员，南社诗人。他上历史课观点鲜明，活灵活现。他慷慨陈述清政府的腐败卖国、列强的欺凌压迫，使国家沉沦、人民遭殃。讲到伤心处他不禁声泪俱下："四万万人齐下泪，天涯何处是神州？"他给学生们讲鸦片战争中林则徐虎门销烟、三元里抗英的故事，唤起学生们强烈的爱国主义思想。明德中学还聚集了一批有资产阶级革命思想的老师，如黄兴、苏玄瑛、柳亚子等，他们通过教课，深入浅出地宣传资产阶级革命思想。可以说，陈翰笙成为一个堂堂正正的中国人，为国家做了一些有益的工作，是得益于良好的母教和中小学教育。

陈翰笙说："小到一个人的成长，大到一个国家的兴亡，都可以体现出一个国家的教育的重要性。教育是立国之本，这话一点都不错，第二次世界大战后日本的振兴就是个很好的证明。"他介绍，第二次世界大战后日本城市到处断壁残垣，灰土瓦砾；200 多万青壮年战死，1800 多万人无家可归；全国通货膨胀，日用品奇缺；日本经济倒退 25 年，达到崩溃的边缘。这时日本有识之士明确地认识到："要使日本复兴，除教育外别无他途。"相信"只有教育才是重建日本的原动力"。日本《东京新闻》曾经有过一篇述评中说："资源小国的我国，经历了许多考验，得以在短期内建成今日之日本，其原因在于国民教育水平和教育普及的高度。"一些经济比较发达的资本主义国家无不重视教育，也正是由于重视教育，培养了大批科技人才，这些国家的经济才发展起来。

联合国《教科文组织法》上说："社会靠教育才能改变，社会靠教育才能实现新的项目，靠教育才能发展未来！"陈翰笙以一位老经济学家的敏感预测到，今后世界的经济竞争会越来越激烈，那么对就业者的素质要求也就越来越高，可以说，将来市场之争也就是人才之争。因而，中国要想持久地发展，就应该牢牢抓住教育这个关键，开发我国得天独厚的人脑资源，这是世界上任何其他国家都无法比拟的。陈翰笙谈到，要抓教育有几件事应该去做：第一，造成一种全社会尊重知识、尊重人才的氛围，稳住国内人才，召回海外学子。第二，教育要靠全民办，八仙过海，各显其能。第三，除正规的教育外，还应倡导职业教育。

陈翰笙抓教育身体力行，他从干校回来后，闲居在家，严重的青光眼、白内障，已经使右眼几乎失明，左眼仅剩 0.02 的视力，他解嘲地说："嘿嘿，青光眼加白内障，现在我是一清二白！"他闲居在家，看见一些年轻人无书可读，整天东转西逛，无所事事，心想，这样下去，岂不毁了这一代人！于是，他就在自己家中办起了英文学习班，教年轻人英语和德语。好心人劝他，在动乱的年月多一事不如少一事，他说："我本来是个教授，教书是我的本分。"很快许多人登门求教，刘少奇、王炳南、万里等"走资派"的子女也都来了。这可急坏了陈翰笙的一些亲友，纷纷上门劝说，晓以利害。果然，陈翰笙所在单位的支部书记找到他，"听说你那里许多人学英语，你开个单子，把他们的姓名、父母的姓名单位都写清楚。"陈翰笙坦然而认真地开了单子交上去，仍然日复一日地教他的英语。他说："我陈翰笙是中华人民共和国公民，免费收学生总不犯法吧，刘少奇就是有问题，他的子女是无罪的，他们可以到工厂当工人，为什么不可以到我这里学习呢？我们是共产党国家，难道还搞封建株连，罪及妻孥那一套吗？"这样他先后收下十几名"黑帮"子弟，在他们父母遭难的最困难时刻，给他们以温暖，教他们成才，所以王光美出狱后的第一件事，就是登门拜谢陈翰笙。开免费英文班十几年来，他教授的学生有 300多人，这中间有大中学生、研究生、过了不惑之年的副教授、著名演员，也有工人、厂长。他教过的学生现在有 100 多人在美国、日本、欧洲学习和工作。

在外语教学中，陈翰笙利用造句的方式怒斥横行的"四人帮"。第一句说"几千年的历史证明，人民历史总是向前发展的"，接下一句"即使某一个国家在历史上出现逆流，也是暂时的"，最后说"漫天的乌云遮不住太阳，当权的奸贼总要走向历史的审判台，被钉在耻辱柱上"。

著名演员资华筠写了一篇《在陈翰笙教授那里学习》，详细地讲述了她在陈翰笙那里学习的情况。1981 年，组织上要派资华筠赴美国交流、考察一年，却没有翻译同行。朋友推荐她去陈翰笙那里学习。一见面，陈翰笙随手拿起一本外文杂志，说"你读一下"。刚读了一段，陈翰笙就打断说："可以了，你的发音很不错，和外国人对起话来，让人家听得懂是不成问题的……"然后就问了她一串问题：什么时候学的英文、学过几年、丢了多少年、现在怎样自学、什么时候出国，等等。问过后，陈翰笙说："这样吧，我们今天就以访问美国为题，我临时给你编几个简单的句子，你当场译出，我给你修改，怎么样？"经过反复口述修改，资华筠终于弄懂了，理顺了，准备誊写时，陈翰笙却说："你再仔细读一读，如果哪个地方不满意，可以提出不同译法，我们来讨论。"半年后，资华筠的英文进步很大，陈翰笙开始给她出题做短文。他出的题大多与资华筠的实际生活紧密相关，比如"我的简历和日常活动"、"中国舞蹈浅谈"、"北海公园一游"、"给友人的一封信"……陈翰笙外出期间，还不忘将资华筠安排到美国专家那里练习会话。

　　为了督促资华筠进一步学好英文，陈翰笙将她编入固定的英语班。同班的同学大都是大学毕业后，带着各自的任务在这里进修的研究生、大学教师和干部；教材也是多方面的，开始学译陈翰笙编写的时文200篇（后来由商务印书馆以《欧美时文选》的名字出版），内容涉及天文、地理、政治、经济、医学、宗教以及找保姆、离婚、优生……几乎包罗万象。资华筠感到了差距，不甘落后的她只好急起直追。资华筠说："更重要的是在我眼前打开了一个新世界"，"从这些普通人的高尚追求和不懈的奋斗中，看到了我们时代的缩影。每当我被世俗的矛盾、人为的不公，困扰得无精打采时，总能在这里获得勇气和希望——觉得一切丑陋的东西均不在话下。"对于年轻人的帮助，陈翰笙是无私的，用他自己的话说："我以帮助青年为乐，使60年前的朝气，不因年老而消失。"

　　一位记者1987年在《新观察》上发表一篇文章《羡慕你——陈翰笙的学生》，详细地记述了陈翰笙上课的情况：课程的第一项是批改作业。作业分背和写。大多数学生都流利地背出来，只有一个十分紧张，脸涨得通红，陈翰笙体谅地说："你最近太忙了，厂里来外宾，听说你接待得很好。"陈翰笙竟然这么了解他的学生！下面是学生念自己的作文。每个学生念作文，陈翰笙都眯着眼睛细听，一些看来"过得去"的句子，被他批评为"中国文法加英语词汇"。学生搬出《中国日报》、《北京周报》上类似的句子来争辩，陈翰笙语重心长地对学生说："每一种语言都有它自己的调子，还有一个语言文字的习惯问题，要养成好习惯，要多读、多背、多写、多改、多听、多讲，把这六个方面结合起来。"英语会话开始了，陈翰笙依次用英语与每个学生就近期遇到的或听到的事情进行对话。内容由学生自己选择，时事、政治、学习、生活无所不及，陈翰笙时而紧皱双眉，时而开怀大笑，气氛轻松、愉快。通过这种交流，陈翰笙了解学生们学习、思想、生活的每一个侧面。最后是布置作业，陈翰笙将事先准备好的剪报发给大家，这天的题目是《从"公仆与市民"说开去》。学生们离去后，陈翰笙对记者说："我喜欢爱争论的学生，在辩论中我也可以学到一些东西，教学相长嘛。"

一位在美国进修的学生牟瀛来信说："我到这里后，凡是和我谈过话的教授都知道您，或是读过您的书……相形之下，我更感到自己是幸福的，十几年来从未离开过您的指导和帮助。您既是老师又是朋友，既像父亲又像平辈，事无巨细地从各个方面教给我们如何做'人'。"

除了英语学习班，陈翰笙对于上门求教的人也从不拒绝。1979 年 10 月一个叫郭景勋的房管所青年工人，贸然给陈翰笙写信，并附有他自己编写的《社会学原理》四章，要求陈翰笙指教。这个青年钻研社会科学的志趣可嘉，但是由于文化基础和理论水平较低，其研究"成果"很可怜。按一般学者，根本不予理睬。可是，陈翰笙不仅立即给这位社会科学爱好者回信，还约他面谈。并把他吸收到英语补习班学习。一次，陈翰笙到上海，一个叫丁利刚的大学历史学学生写了一篇学术论文，托人转送他审阅。他逐字逐句地审读了这篇文章，把稿子中欠妥之处逐一勾出，并亲自写了一封回信，对论文的标题、内容、引用的史料提出了 12 条意见。同时邀请他当面谈谈。初次见面，陈翰笙就毫无保留地将自己掌握的有关史料作了详尽介绍，讲述了应该如何进行修改的意见。临别时，他鼓励小丁，要把改好的论文交他带回北京，推荐给一家理论刊物发表。

在十一届三中全会以后，随着各种学术活动的恢复和发展，陈翰笙像年轻人一样投入各项工作，他担任了中国社科院顾问、中国社科院农业经济等四个研究所的学术委员和北京大学、外交学院兼职教授并带博士生、中国大百科全书外国历史卷编委会主任、商务印书馆外国历史小丛书编委会主任……真是日理万机。但是，不管多忙，陈翰笙的免费英文学习班都长年开办。他的所有节假日，都奉献给了他的学生，哪怕一个人来学，他照样讲课！百岁以后，陈翰笙除视力不好外，身体基本健康。对年轻时的事情记忆犹新，说起来滔滔不绝；对近年的事情记不太清楚了；但有一点是刻骨铭心、魂牵梦绕的，那就是要教人学英文！每当有人去看望他，陈翰笙都会用充满期望的声音清清楚楚地说："你要给我介绍学生来啊，我还可以教英文！"

　　陈翰笙同志在学术上是一代宗师，在品德上是一代师表。

（任雪芳，商务印书馆编审）

宦乡关于国际问题研究的思路与国际片的创建

孙叔林

在现今的中国社会科学院研究单位序列中，国际研究学部乃六大学部之一，下辖 8 个研究所，即世界经济与政治研究所、俄罗斯东欧中亚研究所、欧洲研究所、西亚非洲研究所、拉丁美洲研究所、亚洲太平洋研究所、美国研究所、日本研究所。而在 2006 年 8 月国际研究学部成立前的 25 年间，大家习惯于把这些研究所统称为国际学科片。说到国际片的由来，就不能不追溯其主要源头之一——世界政治研究所（简称"世政所"）。

世界政治研究所的筹建

据有关文献记载，世政所开始筹建于 1978 年上半年。当年年初，院党组拟定的《8 年内拟新建的研究所（草案）》中，仅国际问题研究方面就拟新增 13 个研究所：日本研究所、东南亚与澳新研究所、南亚研究所、西亚研究所、苏联研究所、东欧研究所、西欧研究所、非洲研究所、美国与加拿大研究所、拉丁美洲研究所、四大洋与两极研究所、世界政治研究所（包括国际关系史、现代各种国际性的组织、三个世界的相互关系和内部关系、第三次大战的军事政治经济准备，主要作为国际问题文章的写作班子）、人类学与世界民族研究所。[①] 其中专门就世政所的任务与

---

① 《8 年内拟新建的研究所（草案）》，中国社会科学院院史研究室编《中国社会科学院文献汇编》第 2 卷，第 805 页。

定位加括号作出说明，颇为引人注目。这年 1 月 11 日，胡乔木院长在制订科研计划和规划动员会上的讲话中提出，"现在社会科学院对世界各国研究的机构很少，我们要努力想法子把这方面的研究工作继续起来"；"尽管中央其他部门也在进行这方面工作，但是，社会科学院作为社会科学研究机关，它的工作任务、工作方法、工作对象是不一样的，所以我们还需要这些研究所，如亚洲、非洲、拉丁美洲、欧洲、日本、苏联、美国，以及其他地区的研究所建立起来。以上所说的不过是些例子，实际需要成立的研究所恐怕比这还要多。当然，这也不是短时间所能建立的。"①

1978 年 5 月，邓力群副院长在一次传达邓小平同志谈话精神的会议上说，"院党组已经决定，在拟于今年新成立的各研究所中，首先成立世界政治研究所"②。在 6 月 12 日报送李先念副主席的《中国社会科学院关于增设新所和拟增编 200 人的请示》说："我们准备即行成立或积极筹建下列 6 个新的研究所：……6. 世界政治研究所"；"关于国际方面的研究，只有世界经济、世界历史、世界宗教 3 个研究所，而没有研究世界政治的机构。因此，我们认为，这 6 个研究所的筹建，必须积极进行"；"世界政治研究所拟由外交部、中联部等有关单位待分配干部中选择少数人着手筹建，今年计划吸收 30 人（待将来若干年内有人力条件时，再陆续分别成立苏联、美国、日本、东南亚、西南亚、东欧、西欧、非洲、拉丁美洲等研究所）。"③

由此可见，1978 年上半年开始筹建世政所时，院党组最初的设想是把它建成为一个综合性的国际问题研究所，以适应当时国际政治经济形势和国际关系的发展变化以及我国对外战略和外交工作的需要。至于成立地区和国别研究所则要待"将来若干年内有人力条件时"，况且"也不是短时间所能建立的"。据卫林等老同志回忆，世政所的实际筹建工作于 1978 年上半年已经开始紧锣密鼓地进行。

首先是院党组任命石峰（来自原对外文委）、黄光宇（来自新华社）、卫林（来自原《思想战线》）三人组成建所筹备领导小组④，但没有发

---

① 《胡乔木在制订科研计划和规划动员会上的讲话》，《中国社会科学院文献汇编》第 2 卷，第 4 页。

② 《邓力群传达邓小平同志讲话精神》，同上书，第 2 卷，第 154 页。

③ 《中国社会科学院关于增设新所和拟增编 200 人的请示》，同上书，第 2 卷，第 312 页。

④ 1979 年，石峰同志病重，不久逝世，院党组从外交部调来施谷同志接任。

任命文件，而是由政治部赵烽同志与这三位同志谈话宣布的。

　　紧接着便由王戈、陆学林等组成世政所办公室，王戈负责人事工作，陆学林负责行政后勤。1979 年李树生来所后负责科研工作。最初的办公地点是在南小街 51 号文改会大楼内。这里本来是原对外文委留守处的办公用房，而王戈等部分同志来自原对外文委，所以临时借用了几间房①。

　　接下来的工作主要是招兵买马，即搜罗和调集科研人员和科研辅助人员。这项工作一直延续到 1981 年。当时选拔人员除了政治素质外，比较注重外语条件。所以入所人员多为从事过外交工作或国际问题研究与教学者，其中包括来自外交部、中联部、原对外文委等中央或国家机关工作人员，来自北京市机关和高校的干部、教师，以及其他地区或机构的工作人员。我记得，迄至世政所撤销前调入的人员当中，有著名的苏联问题专家、曾任毛泽东主席俄文翻译的师哲，长期从事苏联问题研究的俄文专家朱瑞真、王一飞、赵漪莲、王器等；有著名的美国问题专家李道揆、朱传一、张静宜等；有著名的欧洲问题专家李芳春、杨祖功、冉隆勃、吴国庆、顾俊礼等；有著名的日本和亚洲问题专家徐省吾、艾琪、程毕凡等。当时适逢"文化大革命"后"业务归队"热潮初期，我就是在这个时候（1978 年 11 月）通过外语考试来到世政所的。卫林同志与我进行入所谈话时提出的一个问题是："《北京文艺》（现《北京文学》）编辑部是一个很好的单位，你为什么要到我们这里来？"我的回答是："我的专业是国际政治，在那里当编辑实际上是滥竽充数，来这里也许能发挥点作用。"他听了表示理解。

　　我来到世政所的时候，所的机构设置是：科研方面设国际关系史、苏联、美国、日本、西欧 5 个研究组；科研辅助方面有图书室和资料组，后者以编译为主，以弥补大多数科研人员仅掌握一门外语的不足；另设办公室，具体负责人事、行政、科研、外事等各项工作。

宦乡关于国际问题研究的思路

　　就在世政所按照上述方针筹办的过程中，情况逐渐发生了变化，这与

---

　　①　筹建中的世政所始终没有解决正式办公用房问题，所以随着人员的增多，大部分科研人员不得不先后在全总干校以及金鱼胡同等地租房办公。

宦乡副院长的到来及由他分管国际问题研究直接相关。众所周知，宦乡同志是我国享誉海内外的国际问题专家、杰出的外交家和社会活动家。1978年3月，他从我驻比利时大使兼驻卢森堡大使及驻欧洲共同体使团团长的职位上卸任回国。同年9月9日，他以接近70岁的高龄被中央任命为中国社会科学院党组成员、副院长。根据院领导的分工，他主管国际方面的科研和对外学术交流工作。宦乡到任后，对我院国际问题研究机构及科研工作现状进行了较长时间、深入细致的调查研究，提出了加强我院国际问题研究的新的思路。1979年下半年，他多次向胡乔木院长及院党组谈了自己的一些想法，逐渐得到了原则同意。在经过比较充分的酝酿之后，宦乡于1980年7月12日向胡乔木并院党委①呈送了《关于调整和增设国际问题研究机构的报告》（以下简称《报告》）。

《报告》说："我们认为，关于国际问题的研究，是全国学术工作中极为薄弱的环节，也是社会科学院工作中极为薄弱的环节，远远不能适应现代化建设的需要，在发展对外关系和进行国际斗争上无法做好党和国家的得力助手。现在，全国还没有一个对国际问题进行比较系统和全面研究的机构，这和我们国家的地位也是很不相称的。如果不及早抓起，就不但改变不了目前的落后状态，而且势必加大同客观需要和国外的差距。由于缺乏相应的机构，国际问题研究人员的培养和资料的积累就无从做起；一些有一定基础和兴趣的人员本可商调或招收，但也投奔无门。在对外关系方面，美、欧、日和不少第三世界国家都很重视我们的国际问题研究工作。日本就曾经有人著文，说我们发展对日关系只是一时权宜之计，并无长远打算，证明就是我们不注意研究日本问题，没有专设机构。所以当我们表示准备建立日本研究所后，日方朝野都引起了很大的反响。美国方面也对中国至今没有一个美国研究所感到惊讶。现在的情况使我们在有关国际问题的对外学术交流上非常被动，不能吸取国外的已有成就，甚至外国的某些机构和学术团体赠送资料和提高援助，都找不到相应的渠道或窗口。总之，设置机构的问题已属刻不容缓，必须在现有基础上积极创造条件，而不能等待一切条件完全具备后才去解决。"

《报告》就调整和增设国际问题研究机构提出设想："以现有的世经和世政两所为基础，先成立6个研究所，立即搭起架子，开始工作。在人

---

① 1980年5月，中共中央批准我院改行党委领导体制。

员配备上力求精干，逐渐增加，宁缺毋滥。房子和设备如能在现为文字改革委员会占据的大楼内分给一层办公，自属最好；否则也可先因陋就简，分设在几个地方，等办公大楼建成后再搬到一处，形成一个研究国际问题的片和中心。"《报告》拟定的具体方案是："（1）成立世界经济与政治研究所，由世经和世政两所的有关室、组合并而成，地址仍在沙滩北街15号，以综合研究为主，如国际政治、经济力量对比的变化、资本主义世界经济危机、国际经济新秩序、能源问题，等等。骨干人员有钱俊瑞、李琮、仇启华、罗元铮、卫林等；钱俊瑞仍任所长。编制包括《世界经济》等两个杂志在内共150人。（2）苏联东欧研究所，人员由世经、世政两所有关室、组和个别从其他单位调配的人组成（以下各所同此，不再重复）。主要骨干有赵洵、师哲、林莉、王守海、梅文彬等；赵洵任所长。编制暂定50名（已有30名），主要是业务骨干，但也包括少数党政干部和勤杂人员。地址分别在沙滩北街15号和南小街5号。（3）美国研究所，主要人员有李慎之、周砚、郑德芳、罗承熙、栗思提、曹德谦等；李慎之任所长。地址为前门西大街109号。编制暂定30名（已有18名）。（4）日本研究所，主要人员有何方、戴有震、凌星光、何情等；何方任所长。地址在金鱼胡同5号。编制暂定为30名（已有10名）。（5）西欧研究所，人员有陈适五、张朋浩、刘振邦、裴元伦、黄光宇等；陈适五任所长。地址也在前门西大街109号。编制暂定为30名（已有12名）。（6）东南亚研究所，人员有施谷、朱传一等，施谷任所长。地址也在前门西大街109号。编制暂定为30名。""以上6个所，加上现有我院与北大合办的南亚研究所，共7个研究所。另外，立即着手筹建国际问题的图书资料情报中心，暂由世界经济与政治研究所代管，地址在沙滩北街15号。"《报告》建议"由以上7个研究所组成中国社会科学院国际问题研究中心，由一位副院长分工专主其事，设国际问题学科委员会，统一领导各研究所工作。但不设专门机构，具体事务由世界经济与政治研究所负责。""除以上7个所外，2至5年内再根据需要和可能，在国际问题研究中心下逐步和分别增设以下5个研究所：（1）西亚北非研究所（西欧所成立后可视条件暂设一个研究中东问题的小组，时机成熟时再另定建所）；（2）拉丁美洲研究所（可先在北美所内调配人员进行研究和筹备建所）；（3）非洲研究所；（4）国际法研究所（成立前，有关国际法的研究以及人才的招收和培训，暂时设在法学研究所内）。""另外还有图书资料中心，这样在国际问题研究中心下共有 12 个单位"。①

这个《报告》得到了胡乔木和院党组的支持。同年 8 月 11 日，以"中国社会科学院"的名义向国务院上报了《关于调整和增设国际问题研究机构的报告》。《报告》在强调了我国当前对国际问题的研究"无论从哪一方面来看，都远远不能适应现代化建设的需要，不能适应国际反霸斗争、发展对外关系的需要"后提出："经我们反复研究，从当前的实际情况出发，拟在世界经济研究所、世界政治研究所的基础上，调整为 6 个研究所，即：世界经济与政治研究所、苏联东欧研究所、美国研究所、日本研究所、西欧研究所、亚洲太平洋地区研究所。另外，拟即着手筹建国际问题图书资料情报中心。"② 当年 11 月 28 日，国家编制委员会向我院发出《关于成立世界经济与政治研究所及苏联东欧研究所等 6 个研究所增加编制问题的通知》："经国务院批准，同意撤销世界经济研究所、世界政治研究所，成立世界经济与政治研究所、苏联东欧研究所、美国研究所、日本研究所、西欧研究所、亚洲太平洋地区研究所。编制要严格控制，要求增加的 120 人，先在你院编制空额中调剂，明年需要增加人员时，再研究解决。"③

与此同时，宦乡在胡乔木的支持下，与中联部的领导同志经过磋商，达成了将该部所属的三个研究所，即苏联研究所、西亚非洲研究所、拉丁美洲研究所整建制划归我院的协议。1980 年 12 月 19 日，我院和中联部共同向中央报送了《关于中联部三个研究所划归社会科学院建制的报告》。《报告》说："根据乔木同志的意见，为了加强对国际问题研究工作的统一领导和集中管理，便于对外进行学术交流，拟将中联部所属的苏联研究所、拉丁美洲研究所、西亚非洲研究所划归中国社会科学院。"上述三所"自 1981 年 1 月 1 日起，全建制（包括业务、人事和行政管理）划归中国社会科学院"。"上述三个研究所原计划编制 500 人（苏联所 200

---

① 《宦乡关于调整和增设国际问题研究机构的报告》，《中国社会科学院文献汇编》第 4 卷，第 369—371 页。

② 《关于调整和增设国际问题研究机构的报告》，《中国社会科学院文献汇编》第 4 卷，第 374 页。

③ 《国家编制委员会关于成立世界经济与政治研究所及苏联东欧研究所等 6 个研究所增加编制问题的通知》，同上书，第 4 卷，第 379 页。

人，拉美、西亚非所各 150 人），目前共有 370 人。"① 中央很快批准了这个《报告》，从而为我院筹建中的国际学科片增加了一支强大的有生力量。

国际片的创立

就在我院国际问题研究学科建设筹备工作紧张而有序地推进时，党中央于 1981 年年初相继发出了一号和二号文件，其中包含了国民经济调整紧缩的精神。在学习中央一号、二号文件过程中，院内有的同志对国际问题研究新设研究所提出了不同意见。为此，宦乡同志于 1981 年 2 月 16 日给（胡）乔木、（邓）力群并梅（益）、马（洪）、彭（达彰）同志写了一封关于尽快建立国际关系研究各所的长信。在这封信中，他首先报告了筹备工作进程："关于在社会科学院建立国际关系学科问题，按照去年国务院批示，筹备工作本已接近完成，各所负责人选均已确定，待报党委批准后上报中宣部任命。"接着，他明确表示"不能同意""无限期推迟甚至根本无设立必要"的意见，强调了"今年上半年在社科院内建立起国际关系研究各所的必要性和迫切性"。"从国内看，我们要为中央及国务院当好助手，国际问题研究是一个重要方面，其重要性不下于经济问题研究。""根据经验，我认为社科院若不积极参加这项研究工作，将是严重失职；要参加这项工作，而不尽快建立起自己的国际问题研究基地，只当皮包公司、当掮客，那就解决不了协调各方调研工作、提出有分量的意见和建议的任务，达不到中央负责同志的要求。""从国际看，目前社会科学院对外学术交流工作中，各国对我院在国际问题研究方面的活动及提出的学术论文，给予相当高的评价，并越来越加重视。""根据上述情况，无论从国内、国际哪方面看，在今年上半年，尽快把我院的美、日、西欧所建立起来，同时加强苏东所和世界经济与政治所，都是十分迫切和必要的。研究所规模不求大，但形成一个完整的国际关系研究体系，是战略性的一步，绝对不能再推迟了。"

宦乡在这封信的最后提出了当前需要做的几项工作："（1）目前苏东所、西亚非洲所、拉美所在制订今年研究计划。世界政治所与世界经济所

---

① 《关于中联部三个研究所划归社会科学院建制的报告》，同上书，第 4 卷，第 269 页。

调整合并，已与钱俊瑞、施谷同志交换意见，方案已经成熟，但这也涉及美、日、西欧三所要赶快建立，否则，有一部分同志将挂空，使合并工作无法完成。因此，目前关键是美、日、西欧三所要及早建立。（2）三所建立后，党的工作可以成立联合党委会（或党总支），有的行政工作可以联合起来，原有各所党政体制维持不动。编制方面，在三两年内维持原定的 30 人的计划，绝不超编。行政人员尽量少进。所进行政人员须经严格审查，宁缺毋滥。住房问题请行政部门大力协助解决。（3）三所所长人选，考虑以何方同志为日本所所长，李慎之同志为美国所所长，施谷同志为西欧所所长。这三位同志都曾经从事外事工作和国际研究工作多年，知识广，经验多，可以胜任。其中何方同志虽然对日文只是粗通，但对日本问题却很精通，而且受党的教育多年，组织能力很强，掌握党的原则较稳，可以弥补日文不精通的缺点。如蒙同意，拟即报党委常委，请求上报正式任免。（4）国际研究各所，最近三两年内的方针，应摆在学科建设上，着重在树立良好学风，提出能为中央起助手作用的研究课题，建立规章制度，积累必要资料，有计划地培养干部等工作。（5）国际研究各所可以联合成为一个'国际关系片'。它不是行政上的一级组织，而是由各所党员所长、党内资深学者共同组成，其任务是：经常分析国际形势和当前迫切的国际问题，结合研究我外交方针政策；注视国外的国际研究动向；确定各所研究方向和重大研究题目；研究如何接受并较好完成中央各有关机构交办的任务；与中央各单位的对外研究机构协作。（6）目前社科院有许多外事文件看不到，拟请中央批准发给各种外事文件，以便国际关系各所能体会中央精神，具体了解情况，便于开展研究工作。"① 胡乔木和院党委采纳了宦乡的意见。1981 年 5 月，世界经济研究所与原世界政治研究所的国际关系史组等合并组成世界经济与政治研究所，以原世界政治研究所的美国组、日本组、西欧组为基础分别组建了美国研究所、日本研究所、西欧研究所，原世界政治研究所的苏联组并入从中联部划来的苏联所，并改称苏联东欧研究所。至于国务院业已批准建立的亚洲太平洋地区研究所，由于当时主客观条件的限制，没有能够与美、日、西欧研究所同时组建，而只是在新建成的世界经济与政治研究所内设立了一个亚太

---

① 《宦乡关于尽快建立国际关系研究各所的建议》，《中国社会科学院文献汇编》第 5 卷，第 307 页。

研究室，直到 1988 年它才与从北大划归我院的南亚研究所合并组成亚洲太平洋研究所。

1981 年 6 月 4 日，宦乡同志主持召开第一次国际学科片全体工作人员大会，并作国内外形势报告。这个会标志着我院国际学科片的基本建成。当时的国际学科片下辖 7 个研究所，即：世界经济与政治所、苏联东欧所、西亚非所、拉美所、美国所、日本所、西欧所，共 800 余人。

20 世纪 90 年代前的世界政治研究

由上可见，自宦乡来院并筹建国际学科片始，世政所的宗旨发生了变化，即由原定的建设一个综合性的国际问题研究所，改变成为筹建国际学科片有关研究所做组织准备。因此，自 1978 年开始筹建到 1981 年撤销，院党组始终没有行文正式建立世界政治研究所，亦没有任命过所长、副所长。但关于世界政治的研究工作，却已经初步展开。

作为一个研究所，其首要任务当然是科研工作，出成果、出人才。但筹建中的世政所尚不具备一个正规研究所所必备的人力和物力等条件。所以，院领导对它的要求主要是开展资料工作等基本建设。在 1978 年 11 月 22 日举行的院党组和各研究所联系会议第 11 次会议上，院领导听取了世政所的工作汇报，明确指出："世界政治研究所系新建所，当前首先要把资料工作抓起来。还应搞大事记，第二次世界大战后，材料很多。"[1] 根据这一精神，世政所在筹建过程中十分强调基础资料工作。以我所在的国际关系史组为例，大家的主要精力集中于编写战后国际关系大事记。这项工作由卫林负责，启动于 1979 年年初，目的是为下一步研究和编写第二次世界大战后国际关系史打下基础。参与该工作的，以国际关系史组的我和耿殿忠、许志新、高中琏、吴弦、徐省吾、程毕凡为主，外组的赵乃斌和薛厉廉也参加了部分工作。搜集资料耗费了大量时间。资料来源主要是国内外有关史学著作、时政报刊等。大家从一张张卡片做起，积少成多，逐渐形成了相当的规模。在此基础上，经过反复讨论，决定设置"中国"、"亚洲太平洋地区"、"西亚非洲"、"苏联东欧"、"西欧"、"美

①　《院党组和各所联系会议第 11 次会议纪要》，《中国社会科学院文献汇编》第 2 卷，第 353 页。

洲"、"国际组织和国际会议"七个栏目，书名定为《第二次世界大战后国际关系大事记》，内容时限为1945—1979年。我和耿殿忠、许志新等承担了编写任务。全书由我拿出初稿，交卫林审改定稿。卫林为此花费了大量时间和精力，极其认真地反复推敲修改，并增补了许多重要内容，至1981年年底基本定稿。这时，世政所已经撤销，我们国际关系史组也已成为新组建的世界经济与政治研究所（以下简称"世经政所"）的世界政治研究室的一个组成部分，编写《第二次世界大战后国际关系大事记》的任务随我们一道带入世经政所。该书在世经政所得到所长钱俊瑞和继任所长浦山的重视和支持，钱俊瑞欣然应允题写书名，浦山亲自出面为该书向外交部研究室送审"架桥"。

　　说到此，似乎有必要交代一下为什么此书要送审的事。编写这本大事记，原打算自编自用，但在编写过程中，受到了国际关系研究和教学单位的高度关注，纷纷鼓励我们把它公开出版，供大家分享。考虑到经过"文化大革命"的摧残和破坏，国际关系研究、教学单位乃至外事工作部门确实严重缺乏此类工具书，经与中国社会科学出版社联络，得到后者的大力支持。他们安排资深编审刘颖出任该书的责任编辑。刘颖在审稿过程中提出了许多中肯而宝贵的意见。他还建议，为保证该书的高质量，增强其权威性，应送交外交部有关部门审阅。世经政所领导采纳了这一建议。于是，我在浦山所长的安排下，将书稿送往外交部，通过时任外交部部长助理的周南交由政策研究室审阅。通过审阅后，《第二次世界大战后国际关系大事记》（1945—1979）于1983年年底由中国社会科学出版社公开出版发行。由于该书深受欢迎，刘颖建议我们续编下去，过几年再出增订版。卫林同意刘颖的意见，安排我们在完成其他科研任务的同时，抓紧续编1980—1986年的内容。1987年年底基本编成，1988年定稿。1991年1月《第二次世界大战后国际关系大事记》（1945—1986）增订本正式出版。该书得到时任国务委员兼外交部长钱其琛的肯定，认为它把第二次世界大战后国际关系的死材料变成了活材料，是外交工作人员必备的案头书。

　　与此同时，世政所国际关系史组参与了中国国际关系史研究会的筹建及其组织编写的十卷本《国际关系史》的工作。那是1979年暑假期间，卫林派我去兰州大学出席中国国际关系史研究会筹备会议。在此次会议上，世政所和北京大学、外交学院、兰州大学、南京大学、中山大学等单位被推举为中国国际关系史研究会筹委会成员，卫林被推选为筹委会主要负责人之一。在翌年 12 月于广州中山大学举行的研究会成立大会上,南京大学的王绳祖教授当选为会长,卫林当选为副会长之一。这次会议作出决定,由研究会组织编写 10 卷本《国际关系史》,其中第九卷(20 世纪 60 年代的国际关系)由卫林负责。会后以通讯方式推举组成了 10 卷本《国际关系史》总编委会,卫林和我入选。此后,世政所国际关系史组(1981 年 5 月之后系世经政所世界政治研究室)便承担起组织编写《国际关系史》第九卷的任务。具体担任写作任务的,既有我们本组(室)的科研人员,也有组(室)外甚至所外的研究人员。由于种种原因,10 卷本《国际关系史》编写工作总体上进展比较缓慢,直到 90 年代上半期才陆续出齐,但我们第九卷(由卫林和我以及国防大学的俞源主编)的编写工作抓得较紧,1987 年年底已基本完稿,属于最早完成任务的分卷之一。10 卷本《国际关系史》是我国国际关系史学界通力合作的重大成果,具有开创意义,于 1996 年荣获国家图书奖。

国际关系史组(室)的研究人员还承担过一些临时性应急任务。例如,1980 年后半年,波兰爆发了"团结工会"运动,引起了广泛关注。所领导黄光宇要我追踪研究这个问题。我接受了这项任务,前后花了七八年的时间,直到 1989 年东欧形势剧变,波兰"团结工会"头头瓦文萨上台为止。在此期间,先是在所的内部刊物《世界政治参考资料》1980 年"增刊"上发表《波兰工人大罢工大事记(1980 年 7 月 1 日—10 月 8 日)》,后经长期积累,最终写成研究报告《波兰团结工会及其教训》,并据此在北京市总工会举办的"坚持四项基本原则与工人阶级"专题系列讲座上作了专题发言。

世政所时期承担的另一项重大课题任务是组织编著"外国政府机构"系列丛书。据李树生回忆,这项工作起始于他来所不久的 1979 年。为抓好这一工作,所里专门成立了一个编辑领导小组,由黄光宇牵头,李树生和谭健参加。原本主要是组织编写苏联东欧国家的政府机构情况,后来扩展到美、日等少数发达国家。为了保证丛书的高质量,编辑组广泛发动我驻外使领馆的外交工作人员,其中甚至包括大使、参赞,积极投入丛书的资料提供或书稿写作。经过几年的努力,总计 12 卷的"外国政府机构"系列丛书陆续完成,并送交中央有关部门。这套丛书获得了胡乔木同志的肯定。他曾亲自致信丛书编辑领导小组,赞扬该丛书为我国的政府机构改革提供了宝贵的参考资料,并对参与编写和组织的人员表示感谢。

筹建中的世政所办有内部刊物《世界政治参考资料》，不定期出版，主要发表所内科研人员的重要成果和译介国外世界政治学界重大科研成果或学术资料。当时所里组织编写的外国政府机构丛书中的部分精彩章节，曾经在该刊上陆续刊载。编译组同志译介的某些国外学术论文或资料亦曾不断出现在刊物上。1981 年 5 月世经政所成立后，新组建的世界政治研究室继续编印这个刊物。我的手头现在还留有一份 1985 年 4 月 1 日的《世界政治参考资料》第 25 期，因为这一期上刊载了由我翻译的苏联理论家尼·卡普琴柯的论文《研究国际关系和对外政策的马克思列宁主义方法论》。至于该刊何时停办，现在已无从查考。

1981 年 5 月世界经济与政治研究所成立后，原世界政治研究所人员组成了两个研究室，即世界政治研究室（卫林①为主任，我和王书中任副主任）和亚太研究室（黄光宇为主任，程毕凡任副主任），卫林成为所分党组成员，李树生先任科研处长，1985 年以后任副所长。亚太研究室于 1988 年年底从世界经济与政治研究所析出，与原南亚所合并组建为亚洲太平洋研究所。

在世政所基础上新组建的世界政治研究室最初曾把战后国际关系史、国际关系理论、世界政治现实问题作为三个主要研究方向。战后国际关系史仍由卫林挂帅，我和原国际关系史组的同志从事实际研究工作；国际关系理论由卫林牵头，集中于世界政治概论的研究和写作，他的研究生协助；现实问题则由王书中牵头，主要研究人员有郗润昌、高恒、周立可等。

据我未必准确的记忆，20 世纪 80 年代前期和中期，战后国际关系史方向的主要成果，除 10 卷本《国际关系史》第九卷、《第二次世界大战后国际关系大事记》外，还编写了《战后国际关系史纲要》和《战后国际关系简史》，并据此为国际学科片的研究生开设了两个学期的"战后国际关系史"课程。国际关系理论方向主要是卫林的世界政治概论研究，其本意是与钱俊瑞所长所从事的世界经济概论的研究和写作相呼应。据卫林回忆，这一研究当时已经取得了很大进展，基本形成了初稿。但由于他工作繁忙，尚未来得及定稿。恰好此时关于世界政治理论的研究在某些研究单位和高校的青年学者中已经成为热门，而且不少人慕名前来向卫林讨教，于是卫林便无私地把自己的成果传授给了他们，最终放弃了自己出书

---

① 1985 年卫林离休，胡毓鼎接任。

的计划。现实问题研究方向先后出了不少成果，其中比较有代表性的是
《美苏争霸战略问题》和《星球大战》两部著作。以《美苏争霸战略问
题》为例。该书以世界政治研究室从事现实问题研究的人员为主组织和
撰写，编委会由主编王书中、副主编胡毓鼎、郗润昌和编委高恒、周立可
五人组成。同时广泛吸收院内外有关专家参加撰稿。他们分别来自国务院
国际问题研究中心、军事科学院、国防大学、总参二部、总参三部、现代
国际关系研究所、中央党校、《人民日报》、新华社以及我院的苏东所、
拉美所、日本所、美国所、西亚非所、西欧所。经过大家数年的努力，加
之所长浦山的亲切指导，该书终于在 1987 年上半年完成。同年 5 月，我
国著名的军事家和外交家、时任北京国际战略问题学会会长伍修权为该书
题写了书名。6 月 20 日，时任国务院国际问题研究中心总干事的宦乡亲
自为该书写了序言，称其为"国内比较全面地研究美苏争霸这个重大国
际问题的第一本书。因为是第一本，尽管它存在许多不足之处，但它的出
版还是很有意义的"。1988 年 6 月，该书由国防大学出版社出版（内部发
行），在社会上产生了较大的影响。

　　从世政所筹备到组建世经政所世界政治研究室初期的近 10 年间，可
以说是我院世界政治学科的初创阶段。这一阶段，就科研成果而论，并非
多么辉煌，但它突出的几个特点却给我留下了深刻印象。其一，经历了
"文化大革命"十年浩劫的广大科研人员和其他工作人员都格外珍惜改革
开放的新形势，全身心地投入恢复和创建世界政治学科的工作，特别是许
多老同志几乎是废寝忘食，力图挽回蹉跎岁月令人揪心的种种损失。其
二，尽管来自五湖四海，但大家为了学科的恢复和发展，没有人讲条件和
待遇，人人都全力以赴，学术氛围空前浓厚，团结合作之风盛吹，人际关
系、群众和领导的关系和谐融洽，科研和各项工作的效率之高让人怀念。
其三，创业难。这不仅体现在办公用房和生活设施的奇缺上，更体现在高
端科研人才的不足和科研图书资料的缺乏等诸多方面。一个学科的兴衰，
领军人物或曰学科带头人是关键。就世界政治学科而言，虽然当时的院所
两级领导作出了很大的努力，但实际情况却没有太大的改观。尽管如此，
这一阶段无论在人才培养还是资料建设上，都为世界政治学科的繁荣和发
展奠定了良好基础。

（孙叔林，中国社会科学院日本研究所研究员）

钱俊瑞与中国的国际问题研究

林水源

钱俊瑞（1908—1985）是我国著名的经济学家、教育家和社会活动家，同时也是我国国际问题研究的积极倡导者和践行者。这里仅就他作为国际问题研究的学者和组织者的贡献作一简略的介绍。

一 具有强烈国际观的青年社会科学研究者

钱俊瑞于 1908 年 9 月出生于江苏省无锡县东乡鸿声里镇的一个农民家庭。少年时代就读于鸿声小学和江苏省立第三师范学校附属小学。1922 年高小毕业时，钱俊瑞以优异的成绩被保送到江苏省第三师范学校。在校期间，他勤奋好学，博览群书，并已开始研读一些西方的哲学名著，年仅 17 岁就写出了一篇评论法国著名哲学家柏格森的"形而上学导言"的文章。钱俊瑞青年时期就已形成的这种开阔的国际视野，无疑对他日后的学术生涯产生了重大的影响；特别是他努力学习外语（青年时期就掌握了英、俄两门外语），更为他以后的研究工作（特别是国际问题研究）打下了坚实的基础。

1929 年，钱俊瑞参加中央研究院社会科学研究所农村组负责人陈翰笙所领导的全国性的农村经济调查，随后转入社会科学研究所工作。当时，他主要从事中国经济（特别是农村经济）的研究。他参与创建了中国农村经济研究会，以及创办了作为该会会刊的《中国农村》月刊。在此期间，钱俊瑞（或以陶直夫、周彬等笔名）在《中国农村》月刊和其他一些报刊上发表了一系列文章，涉及中国农村经济的研究对象、中国农村的社会性质、中国的土地问题和地租问题等广泛内容。此外，他对中国的金融货币制度也有诸多论述；在抗战时期，他还出版了有关国防经济的专著。但应当指出的是，由于钱俊瑞具有几乎是与生俱来的国际视野，他从未放弃对国际问题的关注；在他对中国经济问题的研究中，处处渗透出对世界历史和世界经济的深刻了解和渊博学识，因而他总是把中国问题研究与国际问题研究紧密地结合起来。这里略举若干例证。

关于中国农村的社会性质问题，是在 20 世纪 30 年代初的中国社会史论战中提出并成为当时论战的中心的。1933 年《新中华》半月刊又发动了对这个问题的讨论。1934 年《中国农村》杂志再次发动了对这一问题的讨论。在这个决定当时中国的农业改造运动、关系到中国的前途和命运的论战中，当时主要流行着两种观点：一是认为"今日中国的农村经济，已是商品经济"，因而也是资本主义经济；二是认为，中国整个处于帝国主义资本的支配之下，所以中国已经是资本主义社会。正是在对西方资本主义国家经济和世界经济发展史进行深入、细致的研究的基础上，钱俊瑞有力地驳斥了上述错误观点。

针对第一种观点，钱俊瑞从制度层面上指出，商品经济发展的第一阶段是简单商品经济；只有在劳动力也变成商品的时候，商品经济才完成其成熟的形态，即资本主义商品经济。在潜心分析世界经济史后，钱俊瑞明确指出，"古罗马曾经有过高度发展的商品经济，可是那时所有的不是资本主义经济，而是奴隶经济。在 18 世纪的俄罗斯，商品经济已经相当地发展，可是那时所有的也不是资本主义，而是'古典的'农奴经济"①。

针对第二种观点，钱俊瑞在《中国农村经济现阶段性质的研究》② 一文的开头就明确指出：资本主义在完成其对国民经济的统治时，所采取的是两条迥然不同的途径：一条是自由的顺畅的康庄大道，另一条是迂回的惨黯的羊肠小径。一个国家到底采用何种途径，要由当时世界资本主义一般的发展程度和国内固有的经济结构来决定。资本主义在英国和美国的发展采取了第一种途径；而在英国统治下的印度和帝俄铁蹄下的中亚细亚，资本主义的发展则采取第二种途径。这两种不同的情况表现于农村经济

① 钱俊瑞：《中国农村经济性质问题的讨论》，见《中国农村》第一卷第九期，1935 年 6 月 1 日。

② 原载于《新中华》杂志第一卷第二十三期。（见《钱俊瑞集》，中国社会科学出版社 2002 年版）。

中，一方面是"圈地"（英国）和政府收买土地（美国）的雷厉风行，以及租佃企业家（英国）和资本主义农场（美国）的迅速发展；而另一方面则是商业高利贷地主束缚的加深，小农经营日益占据优势和半封建佃农、无地雇农的形成（如印度和中亚细亚）。从 19 世纪下半期起，中国农村便为资本主义浪潮所激荡，自然经济逐渐遭到瓦解和破坏。但正如钱俊瑞在《中国农村社会性质与农业改造问题》①一文中所指出的，中国农村中的半封建关系恰恰是国际资本支配的主要附着点；这种附着点因外资及其助手（买办资本）的援助非但未被消灭，反而得到加强。因此，中国的地主和富农主要以出租土地或兼营商业和高利贷攫取下层农民的剩余生产物，而非从事资本主义农场经营；而广大农民群众则多数沦为佃农和雇农，维持分散的小农经营；正是这种占支配形态的小农经营构成了中国半封建关系的最深厚的基础。

在关于中国的土地问题上，钱俊瑞同样进行了深入的国际比较研究。由于有人认为"中国的农村经济，已是商品经济，而且资本主义已占优势"，因而他们断言，当今中国的农业问题已"不是土地问题"。对此，钱俊瑞明确指出，"资本主义的矛盾还没有变成中国农村中一切矛盾的支配形态，而榨取剩余生产物的基础，主要的还是土地所有。"②土地的集中是资本主义经济发展的前提之一。但在当时的中国，由于农业生产力极度低下，而且尚未形成农业资本主义经营的制度环境，因此，地主（甚至富农）、商人、高利贷者和官吏所占有的大量土地，主要都被出租给分散的小农耕种，以攫取农业剩余生产物。正因如此，中国"土地所有的集中，并没有产生大规模的资本主义经营（不论是类似东普鲁士的那种地主经营，或是类似英国的那种租佃企业家），而只为经营和技术异常低劣的零细田场安排了最坚实的基础"③。钱俊瑞认为，中国土地所有的集中而引起的土地所有与农田使用的脱离，造成了农田使用的分散，并进而导致农业生产力的极度落后，这就是中国土地问题的基本内容。为了说明中国土地问题的现实存在，钱俊瑞大量研究了国外的相关文献（如《俄国的农民问题与土地政纲》等）。在对土地所有者、农业劳动者的经济地

---

① 见《钱俊瑞集》，中国社会科学出版社 1998 年版，第 131—146 页。

② 同上书，第 142 页。

③ 钱俊瑞：《中国现阶段的土地问题》，《中山文化教育馆季刊》1934 年冬季号，第 625 页。

位进行国内外的分类对比的基础上，钱俊瑞明确指出，在农业资本主义日益发展但还没有充分发展的时候，在资本主义的发展主要采取普鲁士式的途径的时候，或在小资产阶级性的农民为求得自由通畅地发展其资本主义而保全其自身利益的时候，都需要进行土地革命。钱俊瑞还特别提到 19 世纪末 20 世纪初的俄国，指出尽管当时它已是"落后的帝国主义国家"，城乡资本主义都在迅速发展，但那时的农民革命还是以争取土地、反对封建残余为其主要任务。① 在 20 世纪 30 年代初的中国，土地分配不均是造成农业恐慌的基本原因（巨额的封建地租严重削弱了农业生产力；以土地所有为轮轴的商业高利贷资本的猖獗进一步加强了对农民的盘剥；至于军阀和官吏的活动，也与对农村土地和农民的掠夺密切相关），因此，钱俊瑞指出，解决土地问题"是把握中国农业问题的钥匙，同时也是研究整个国民经济问题的关键"。②

在关于中国的地租问题上，钱俊瑞首先也是从世界经济史的角度进行研究和分析的。它明确指出"地租"是一个社会历史范畴，并在此基础上区分了封建地租和资本主义地租。世界经济史表明，典型的封建经济是建筑在自给自足的基础上的，同时也以农民隶属于土地和地主对农民的超经济强制为特征的。因此，最先出现的地租形态是劳役地租。但随着商品经济的发展，地租形态实现了从劳役地租、实物地租向货币地租的转变。但货币地租并不像某些人认为的那样，已是资本主义地租。货币地租的出现固然使农民与土地所有者的传统关系演变为一种"法律的契约的纯粹货币的关系"，从而有利于农民脱离封建束缚，转变为自由人；并推动农村的阶级分化。然而，只有当农村形成农业工资劳动者和农业企业家的阶层之后，封建地租才会转变为资本主义地租。这时，与作为"剩余劳动或剩余价值的唯一形态"的封建地租不同，资本主义地租只是资本平均利润以上的超额部分。也就是说，土地经营只有在支付地租后还能与其他生产部门一样获得资本的平均利润时，租佃企业家才会产生；也只有这时的地租，才是真正的资本主义地租。而在当时的中国农村，封建关系并未被清除，地主、官僚、买办对土地的集中和垄断导致了地租的极度高涨。

---

① 参阅《钱俊瑞集》，中国社会科学出版社 1998 年版，第 143 页。
② 钱俊瑞：《中国现阶段的土地问题》，《中山文化教育馆季刊》1934 年冬季号，第 615 页。

钱俊瑞在《中国地租的本质》①一文中，根据各地的翔实调查资料，对中国的租佃制和农户经济状况进行详细的、深入的分析。统计资料表明，中国当时通行的分租和物租的租额一般占全部生产量的半数以上，至于钱租则多超过地价的 1/10。为说明中国地租额的高度，钱俊瑞把中国的地租额与西方国家的地租额作了比较研究。研究的结果表明：英国在 19 世纪末年工业革命时期中，"购买年"②为 20—25；俾斯麦时代普鲁士地方的"购买年"为 28—32。而在中国，即使在商品经济较为活跃、实行货币地租的区域，平均"购买年"也在 10 年以下；至于陕西、四川、福建、云南、吉林、绥远等省，"购买年"甚至在 5 年以下。也就是说，中国农民在 5—10 年缴付的地租，就相当于购买土地的地价。正因如此，钱俊瑞断言："中国这种存在于小农制下的高额地租，无疑已是直接生产者剩余价值的支配形态，换言之，它已攫取了（如按照资本主义范畴来说）地租和利润的全部，甚至还包括一部分的工资。"③

在 20 世纪 30 年代初的中国农村经济大讨论中，钱俊瑞参加了遍及大江南北的中国农村经济调查；他所发表的一系列著作充满了各类翔实的调查资料；他对中国农村经济的分析可谓细致入微（如他在文章中把中国经济区域分为畜牧区域和农耕区域，又把农耕区域分为垦殖区域、黄土区域和水田区域，并对各区域的差异和特征分别作了分析）。总之，当时钱俊瑞主要投身于中国经济问题的研究。但即使在这一时期，他也从来都没有离开过对国际问题的研究。由于钱俊瑞具有强烈的国际观和独到的国际视野，总能把中国问题放在国际大背景下予以研究，并进行深入、细致的国际比较，因此，他在大讨论中所发表的文章往往都能一针见血地揭示争议问题的本质，具有强烈的解释力和影响力。可以说，钱俊瑞是当时我国把中国问题研究与国际问题研究紧密相结合的典范。限于篇幅，以上列举的例证仅是他这种研究的极其有限的一部分。

---

① 参阅《钱俊瑞集》，中国社会科学出版社 2002 年版，第 44—67 页。
② 国际上通常依据年地租额占地价的百分比，算出多少年的地租总额与地价相等，这一年数为"购买年"（Yeay Puychase）。
③ 见《钱俊瑞集》，中国社会科学出版社 2002 年版，第 64 页。

二　中国早期国际问题研究的倡导者和践行者

如上所述，即使在主要从事中国问题研究的过程中，钱俊瑞也从未减少对国际问题的关注。然而，把钱俊瑞推上国际问题研究第一线的直接原因乃是国际形势重大和急剧的变化。20 世纪 30 年代中期以后，法西斯主义势力在欧洲已日渐猖獗，日本军国主义也在东方加紧了侵华战争的步伐，整个世界充满了火药味，世界大战已迫在眉睫。世界时局的突变不仅直接影响了中国的政治经济形势，而且也大大增强了中国国际问题研究的紧迫性，并使之具有新的内容。而在此时，钱俊瑞的工作变动则为他直接从事国际问题研究提供了条件。

1933 年，钱俊瑞离开中央研究院社会科学研究所到塔斯社上海分社工作。当时，他加入了"苏联之友"社和社会科学研究会，开始与邹韬奋、胡愈之、金仲华、张仲实、艾思奇等人接触或共事，并在"苏联之友"社的基础上，创办了《世界知识》杂志（先后由钱亦石、张仲实、金仲华、钱俊瑞任主编）。该刊是我国国际问题研究的专门性刊物，重点介绍和分析世界经济与政治问题①。1936 年，在邹韬奋主编的《大众生活》周刊被迫停刊后，钱俊瑞等人又相继创办了《永生》周刊和《现世界》（钱俊瑞曾任这两个刊物的主编）。这两个刊物继承了《大众生活》的战斗传统，并成为当时我国参与国际反法西斯斗争的重要舆论阵地。与此同时，钱俊瑞当时还广泛参与了世界反法西斯斗争的一系列活动。1936年 9 月初，钱俊瑞与陶行知、陆璀一道，以中国代表的身份参加了在布鲁塞尔召开的世界和平大会；接着，他又代表宋庆龄出席了在巴黎召开的国际反法西斯委员会扩大会议；此后，他还参加了全欧华侨救国大会和援助西班牙共和国反对佛朗哥的运动。

总之，在国际形势发展，特别是在国际反法西斯斗争的推动下，钱俊瑞通过参与创办刊物等活动，倡导并大大推动了中国的国际问题研究。而在此过程中，他本人也在个人研究的基础上发表了一系列有关国际问题的论著。可以说，早在 20 世纪 30—40 年代，钱俊瑞已是我国国际问题研究的重要倡导者和践行者。下面，我们将着重就他个人对当时国际问题研究

---

① 作为具有影响力的刊物，该刊直至新中国成立后仍继续出版发行。

的主要贡献作一简略的介绍。

1. 对 20 世纪 30 年代资本主义世界经济形势的评述

资本主义世界在经历了 1929—1933 年的经济大危机之后，经济开始逐步回升。于是，全世界的资本家们都在喝彩恐慌已成为过去，新的"景气"已经到来；一些学者也在为这种"景气"祝福，认为资本主义国家已经"胜利地用人为的办法把恐慌克服了"。对此，钱俊瑞持怀疑和批判的态度。在这一时期，钱俊瑞（或以笔名钱泽夫）发表的一些文章，揭示了这种虚假"景气"背后的另一种危机：国民经济军事化及战争的临近。

在《火药气下的世界景气》一文中，钱俊瑞首先指出了国际资本巨头在克服经济危机恐慌的挣扎中所惯用的三种主要办法：一是积极准备战争，加速国民经济军事化；二是厉行通货膨胀；三是加紧对工农群众的榨取。文中着重就第一种办法作了分析。钱俊瑞指出，由于战争可以为资本家带来巨额利润，因此，帝国主义国家正在"拼命地拉着世界向战争的路上迈进"[①]。为了说明这一点，他列举了 20 世纪 20 年代末 30 年代初在世界贸易总额下降的情况下军火贸易却不断上升的统计数字，援引了各国军火企业获得巨额红利的大量资料，并指出了各国政府为发展军事工业而采取的种种措施，从而揭露了帝国主义国家国民经济军事化的实质。与此同时，他还以丰富的统计资料说明了当时帝国主义国家的经济膨胀与国民经济军事化的密切关系。第一，与军需品制造密切相关的重工业，如五金工业、汽车工业和化学工业等都获得了迅速的发展。第二，大量军需品的储存促进了军需品生产的扩大。而军需原料的储存和竞争还酿成原料市场的景气。第三，公用事业的发展有很大一部分（如铁路、公路、运河、要塞的修建等）是具有明显的军事目的的。第四，普遍实行的强制劳动不仅在劳动力的使用方面适应了战备需要，同时也造成了失业人数减少的假象。基于以上经济分析，钱俊瑞明确指出：这种战前"景气"的前途必然是"恐慌的加深和战争的爆发"。

20 世纪 30 年代中期以后，某些经济学家对世界经济"景气"所持有的乐观情绪进一步高涨，甚至认为经济恐慌已成为历史上的陈迹。针对这

---

① 见钱泽夫《火药气下的世界景气》，《世界知识》第 1 卷第 2 号（1934 年 10 月 1 日），第 57 页。

一情况，钱俊瑞于 1936 年年底发表了《1937 年资本主义世界经济的展望》一文，对 1937 年世界经济形势发展的两种可能作了预测：其一，如果世界大战爆发，"资本主义各国的正常经济生活将完全破坏，通货膨胀将在更大的规模上推进……广大的人民大众将不是到战场上去当炮灰，便是在后方活活地冻死饿死。最后在他们的骸骼上，一方面可能缔建起一个新的表面上冠冕堂皇的金融资本的王国，同时最大的可能却是诞生一个朴素的甚至最初是破烂的新世界"①。其二，如果世界大战在 1937 年一时尚未爆发，则资本主义世界经济的发展将呈现如下趋势：一部分资本主义国家的经济将继续上升，但那些最后放弃金本位因而在国际竞争中处于不利地位的国家的经济发展则会较慢，有的国家甚至会继续倒退。同时，国民经济军事化的进程将加剧，各国的战备经济将很快过渡到战时经济。至于处在列强瓜分中的殖民地、半殖民地国家（如中国），所遭受的经济侵略将以空前的规模加紧进行。

以上预测的两种可能的共同点在于：各帝国主义国家的经济都在急剧地向战时经济过渡，而这种战备经济的加强必将导致世界大战的爆发，即使全面爆发的时点不一定在 1937 年。事实上，局部战争在当时已陆续发生，如日本已武装侵入中国，意大利已吞并阿比西尼亚。总之，由于正确把握了世界经济发展的趋向，并从理论上论证了战争的经济基础和经济必然性，钱俊瑞对世界大战即将爆发的预测很快被历史证实。

2. 对帝国主义国家市场争霸战的分析

对于帝国主义列强的市场争霸战，在钱俊瑞的许多有关世界经济的文章中都曾涉及。例如，在他的有关国际货币战和有关殖民地经济的论著中，都在很大程度上涉及市场争霸的内容。但他以钱泽夫的笔名发表的《太平洋市场的争霸战》一文，则是他有关世界市场问题的专论。

在该文中，钱俊瑞首先分析了爆发太平洋市场争霸战的原因。其中包括：（1）20 世纪 30 年代中期，国际资本所遇到的最迫切的问题，就是如何为过剩产品寻找销路的问题，换言之，也就是资本主义世界的市场问题。（2）当资本主义发展到较高阶段时，国内市场相对饱和，其生命就更加建筑在国外市场的开拓上，也就是说，列强的市场问题主要的就是一

---

① 钱俊瑞：《1937 年资本主义世界经济的展望》，《世界知识》第 5 卷第 1 号（1936 年 12月 16 日），第 410 页。

个国外市场的问题。（3）殖民地、半殖民地国家由于生产技术和管理水平落后，整个经济生活都在帝国主义者的掌握之中，甚至无法竖起自己的关税壁垒，没有抵御外国商品倾销的手段，因此，列强之间的市场争霸战必然主要表现为对殖民地、半殖民地市场的争夺。被帝国主义列强"视为生死问题的国外市场问题，归根结底，只是殖民地和半殖民地市场的争夺问题罢了"①。（4）在 20 世纪，由于世界政治的重心已转移到太平洋，因此，列强对太平洋市场的争夺也变得格外剧烈。太平洋市场争霸战在很大程度上反映了列强在整个世界范围内的市场争霸战。

在分析了太平洋市场争霸战的原因之后，钱俊瑞详细叙述了列强争夺太平洋市场的种种表现，指出其中的最主要表现是英、美、日三国之间的剧烈角逐。

英国是处于衰落中的老牌帝国主义国家，而美国当时则是新兴的帝国主义大国。因此，两国对商品市场和投资场所的争夺遍及全世界，其中尤以环太平洋的南美、中国，以及英国原有的殖民地和自治领地为主要舞台。在世界贸易中，英国所占的统治地位早已被美国所取代。在英国原有的殖民地和自治领地中，美国资本也早已把大英帝国的殖民藩篱打得粉碎。然而，在 20 世纪 30 年代初的经济大危机中，英国于 1931 年放弃金本位，导致英镑贬值，使美国商品在南美市场上遭到严重打击。作为对英国的反击，美国于 1933 年放弃金本位，力图夺回在南美失去的阵地。1932 年，英国在加拿大召开的渥太华会议缔结了一个在其殖民地"巩固藩篱"的协定。这虽然使美国对加拿大的贸易急剧减少，但它也并未削弱加拿大对英国的离心倾向。因此，英美两国在加拿大的争夺进一步加剧。

关于美国与日本在太平洋市场上的争夺，正如钱俊瑞所说，"是两个近代最积极的、最具攻势的帝国主义，为获得太平洋上全部的支配权而起的狂热的斗争"②。这主要表现在：美国资本已打开了日本的殖民地——朝鲜的门户；而日本的廉价商品则冲破了美国的殖民地——菲律宾的藩篱；此外，在中南美和中国，美日之间的争夺也很剧烈。

---

① 钱泽夫：《太平洋市场的争霸战》，《世界知识》第 2 卷第 6 号（1935 年 6 月 16 日），第 242 页。

② 钱泽夫：《太平洋市场的争夺战》，《世界知识》第 2 卷第 5 号（1935 年 5 月 16 日），第 245 页。

　　至于英国与日本的关系，尽管长期以来两国在对抗美国和镇压远东革命方面结成了共同战线，但垄断资本追逐高额垄断利润的动机却使两国之间发生了尖锐的利害冲突。钱俊瑞以丰富的统计资料，说明了当时日本的棉布在世界棉布出口总量中所占的比重已超过英国（特别是对英国的传统殖民地——印度的出口更是如此）；并指出日本的商品不仅夺取了英国在东亚和印度的市场，而且已打入英国的本土市场，从而使两国的市场争霸战大大超出太平洋市场的范围。

　　为了进一步揭露列强太平洋市场争霸战的本质及各国所采取的不同策略，钱俊瑞还专门论述了英、美、日三国对中国市场的争夺。他指出，当时，美国资本不仅在中国若干重要贸易部门与英国资本进行剧烈的竞争，而且还力求夺取对中国政治、经济的支配权；而英国虽然早就取得了在中国的优势地位，但在第一次世界大战后，这种优势已被美国和日本夺去，因此，它竭力组织向日、美的反攻，以图恢复原有的地位；至于日本，则公然实行以夺取中国领土为目标的大陆政策，积极向中国扩张，企图取得对中国全部原料的独占和整个市场的支配。

　　钱俊瑞对 20 世纪 30 年代列强市场争霸战的精辟论述，充分展现了当时国际经济关系中错综复杂的现实情况，从一个重要侧面深刻揭露了列强之间为争夺殖民地（特别是殖民地市场）而产生的尖锐矛盾。这实际上也是对第二次世界大战的必将爆发作了经济层面上的揭示。

　　3. 关于殖民地经济的理论

　　1935—1936 年，钱俊瑞相继发表了《英国在非洲的殖民地》、《土耳其论》等文章，较系统地论述了殖民地经济问题，并在这一领域取得了理论上的突破。

　　正如钱俊瑞所指出的，帝国主义往往以武力征服殖民地，如 1914 年，当英国的军队"剿平"埃及的一切独立运动后，便以武力占领了整个埃及，并宣布其为英国的保护国。但为了维持对殖民地的统治，帝国主义者还须采取一系列其他政治、经济的殖民统治手段，以便实现对殖民地的长期占领。

　　在《英国在非洲的殖民地》一文中，钱俊瑞系统地分析了帝国主义殖民统治的方式。其中主要包括：

　　（1）维护殖民地原有的封建统治阶级和其他一切反动的政治势力，以建立听命于帝国主义者的傀儡政权。钱俊瑞指出，埃及尽管在 1922 年已成为名义上的独立国家，但英国的军队还占领着埃及，其内政、外交完全在英国的掌控之中，埃及国王实际上是英国统治者的傀儡和工具。在英国的西非殖民地，英皇派定的长官的统治是通过各地的氏族首领体现出来的；在英国大量占夺土地的地区，政权则完全在白人农场主和总督手里。

（2）在经济上尽量保持殖民地的前资本主义剥削形式。钱俊瑞指出，在埃及，耕地多半集中在地主手里，而且大部分地主并不自己经营农业，而是把土地租给小农耕种；农民在分租制和工偿制下受尽地主的剥削，封建的和半封建的榨取关系普遍存在。在西部非洲，农民自有土地的制度仅是一种假象；氏族首领实际上就是大地主，他们以"族费"的名义向族员收取地租。而帝国主义者对当地的封建法律和家长制的习俗非但不加以摧毁，反而竭力维持。

（3）扼杀殖民地民族经济的发展，促使殖民地民族资本买办化。外国资本的入侵，客观上会瓦解殖民地的古旧生产方式，导致新型地主和资本家的产生。对此，殖民当局往往一方面竭力维持封建阶级的统治，另一方面又千方百计促使殖民地民族资本买办化，使之成为外国资本的附庸。钱俊瑞在论述英国对埃及的殖民统治时曾指出，英国当局一面在埃及民族主义政党与国王的斗争中帮助国王；一面又认为埃及民族主义政党在群众反英情绪高涨的情况下仍有利用的余地，令国王对该党的镇压"勿为已甚"。这种两面手法实际上就是要软化埃及的民族资产阶级，使之臣服于英国的殖民统治。至于西部非洲，钱俊瑞指出，那里"已有土著的资本家和买办产生"，各殖民地的总督甚至还遴选当地的"地主和商人的代表，组织所谓参议会"[1]，但这些人实际上是在经济上和政治上更加依附于帝国主义的买办。

（4）在殖民地大量占夺土地，直接经营种植园和资本主义企业。钱俊瑞指出，在埃及，大型资本主义农业企业都掌握在外国资本手里；在西非，整个经济生活都"在帝国主义棕榄油和椰子托拉斯的掌握之中，这些独占组织对于当地椰子和棕榄油的价格有绝对垄断的权力"[2]；在东非，英国殖民主义者大量驱逐当地土人，毫不掩饰地抢占大批土地，组建大规

---

[1] 钱泽夫：《英国在非洲的殖民地》，《世界知识》第 1 卷第 10 号（1935 年 2 月 1 日），第 452 页。

[2] 同上。

模的种植场。

　　钱俊瑞以大英帝国的一个典型部分为对象，分析了帝国主义国家对殖民地的统治方式，这在理论上具有很高的普遍意义。这种分析深刻地揭露了帝国主义国家与殖民地之间的压迫与被压迫、剥削与被剥削的关系，并充分揭示了殖民地国家之所以长期保持前资本主义生产方式占统治地位的社会经济结构的根源。

　　外国资本的入侵固然使殖民地的前资本主义生产方式遭到某些破坏，但帝国主义者对殖民地的压迫和剥削主要是通过当地的旧势力来实现的，他们竭力维护殖民地的前资本主义生产方式，从而使这些国家的民族资本主义经济的发展受到严重的阻滞。这就很自然地提出了殖民地、半殖民地国家民族经济的发展道路问题。

　　当时，我国社会上存在着这样一种观点：认为在帝国主义时代，殖民地、半殖民地国家不可能发展为独立自主的资本主义国家。因为，帝国主义国家不允许它们成长为自己的竞争对手；而殖民地、半殖民地国家的民族资产阶级又具有天生的软弱性。钱俊瑞在分析殖民地经济，特别是在论述亚细亚生产方式时，对帝国主义者扼杀殖民地、半殖民地民族经济的状况作了详尽的分析，但他的研究并没有止步于此。他没有否定殖民地、半殖民地国家发展为独立自主的资本主义国家的可能性；在从制度因素入手的分析中，他在这一问题上获得了理论上的突破。

　　1936年年初，钱俊瑞发表了《土耳其论》一文，较系统地论述了殖民地、半殖民地国家民族经济发展的道路问题。

　　土耳其在1923年革命以前是一个半封建半殖民地国家，情况与当时的中国相仿。但在第一次世界大战期间，由于参战国对土耳其的商品倾销几乎停止，土耳其的民族工业开始发展起来。当时，在以凯末尔为首的资产阶级政党的领导下，土耳其建立了全国的反帝反封建统一战线，开展了民族解放和摧毁封建专制统治的战争，并于1923年取得了革命的胜利。此后，土耳其政府坚决进行了反帝反封建的民主改革，在经济建设中取得了巨大成就。钱俊瑞认为，土耳其之所以能够在发展独立的民族经济方面取得较显著的成就，其主要原因是：（1）土耳其的政权是一个由真正的资产阶级民族主义政党所掌握的政权，它能够坚决维护国家的独立和主权。（2）在经济上推行促进民族经济发展的一系列措施，包括在重要经济领域建立国有企业、注重重工业的建设和农业生产的发展、重视提高人民的教育水平和妇女的解放，等等。（3）在国际上坚决推行独立、平等、和平的外交政策。当然，钱俊瑞也指出了土耳其在发展民族经济中的不足之处，其中主要是如下两个方面：一是土地问题没有得到解决；二是工人、农民的待遇没有得到相应的改善。不过，在总体上钱俊瑞还是充分肯定了土耳其民族经济发展的道路的。正如他所说的，"凯末尔的经济建设，在土耳其资本主义的发展上是有巨大的贡献的"①。

钱俊瑞对土耳其民族经济发展道路的分析，为读者树立了一个殖民地半殖民地国家发展为独立的资本主义国家的典范。其理论要点是：（1）殖民地半殖民地国家为了使本国的民族经济获得发展，首先必须建立一个革命的民主政府；（2）这一政府必须坚决执行反帝反封建的民主革命的任务；（3）政府必须采取包括发展国家资本主义在内的一系列发展民族经济的措施；（4）政府还必须推行维护民族独立但又不是闭关锁国的对外政策，等等。钱俊瑞认为，只要真正做到上述诸点，即使是殖民地半殖民地国家，也有可能走上发展独立民族资本主义经济的道路。

在对亚细亚生产方式进行深入研究的基础上，钱俊瑞曾明确指出，相关殖民地半殖民地国家（包括印度、中国等）土地所有权的集中而引起的土地所有与土地使用的脱离，造成了农田使用的分散，并导致农业生产力的极度衰落，这是严重阻碍这些国家经济发展的桎梏。因此，要推动这些国家农村经济乃至整个国民经济的发展，首先必须进行制度改革，特别是土地制度的变革。1938 年，钱俊瑞在《中国国防经济建设》②一书中，不仅提出了建立国防经济的理论和方针，论述了国防经济建设的任务及其各项具体措施；而且提出了殖民地半殖民地国家发展独立民族经济的任务，并把它作为殖民地半殖民地国家获得政治独立的经济基础来加以论述。在该书中，钱俊瑞特别强调，为了发展独立的民族经济，殖民地半殖民地国家必须采取如下两项极其重要的措施：（1）为了抵抗外国资本的侵略和消灭割据性的地方经济，必须以集中统一的国家政权建立起巨大的国家资本主义经济，这是小农经济占优势的国家实现从落后的小生产向社会化大生产过渡的中间环节；（2）为了发展独立的民族经济，特别是建立有利于民族经济发展的国家资本主义，必须建立一个革命的民主政权，

---

① 钱俊瑞：《土耳其论》，《世界知识》第 3 卷第 11 号（1936 年 2 月 16 日），第 597 页。

② 详见钱俊瑞《中国国防经济建设》，上海黑白丛书社 1938 年版。

因为离开了人民民主政治，独立的民族经济的发展是绝无可能的。很显然，以上两点的实质就在于政治、经济制度的全面变革。

正因为充分肯定了制度因素的重要性，钱俊瑞在一些论述其他问题的文章中曾提及一些前殖民地国家（如美国、加拿大等），由于"封建关系稀薄"，因而在获得民族独立后能够"顺畅"地发展为发达的资本主义国家。相反，在某些资本主义制度已经确立的国家，由于封建制度的残余严重存在，则仍有可能发生动乱和变革。在20世纪30年代，当西班牙爆发了震撼世界的内战时，为了解释这一连绵不断的变乱的社会经济根源，钱俊瑞曾写了一篇题为《西班牙的土地问题和民族问题》的文章。该文揭示了西班牙土地关系和民族矛盾与其当时的社会动乱的内在联系；说明了即使在资本主义已经确立的国家，封建制度的严重残余以及与这种制度相联系的尖锐的民族矛盾，也必然会在政治生活中表现出来。

总之，在20世纪30年代，钱俊瑞已较完整地确立了关于殖民地、半殖民地国家民族经济发展道路的理论。这一理论不仅在当时已有相当的实践依据，而且为第二次世界大战后殖民地、半殖民地国家的纷纷独立和走上发展民族经济的道路所证实；进一步说，这一理论对当前发展中国家和转型国家的经济发展和经济改革，以及一系列新兴国家的崛起，也仍然具有重大的理论意义和实践意义。

还应指出的是，以上仅是钱俊瑞20世纪30年代在世界经济研究中的几个主要方面，而实际上他的研究领域比这要宽广得多。比如，在国际金融，特别是国际货币战方面，他也有深入的研究，并发表了一系列的专著和文章。

三　改革开放时期我国世界经济研究步入繁荣的重要推手

新中国成立初期，钱俊瑞在教育部、文化部担任领导职务。"文化大革命"期间，他遭到"四人帮"的残酷迫害，被关押了八年，直至1975年5月才获自由。

1978年，钱俊瑞被任命为中国社会科学院世界经济研究所（世界经济与政治研究所的前身）所长，从此，他步入了其学术生涯的第二个春天。此时，钱俊瑞已年逾古稀。但他不仅以极高的热情投身于世界经济的研究工作，就当时的热点问题带头撰写文章；而且还以其在学界的巨大影响力，积极组织和推动全国的世界经济研究工作。

上任伊始，钱俊瑞就发表了题为《认真学习外国，加速实现我国四个现代化》①的文章，系统论述了认真学习外国，加强世界经济研究的重要性，并确定了世界经济研究的中心任务。该文指出，为了适应我国把工作重点转移到社会主义现代化建设上来这个历史性的伟大转变，应加强对外国经济的研究，学习各国的长处，为加速实现我国的四个现代化而努力奋斗。该文还就当前学习外国的主要内容（也是世界经济所应着重研究的方面）作了论述，并强调首先要研究建设社会主义的途径和方法、路线和政策，尤其要研究各社会主义国家的经验（其中主要包括按经济规律办事的经验、改革经济管理体制的经验、改进企业经营管理的经验、引进技术和资金的经验，等等）。

上任世界经济研究所所长后，钱俊瑞参与并具体主持制定了《1978—1985年全国世界经济学科发展规划（草案）》。1979年7月，在全国世界经济学科规划会议的开幕式和闭幕式的讲话中，钱俊瑞进一步强调"必须把为四个现代化服务放在世界经济研究工作的首位，明确地把它规定为我们整个世界经济研究工作的中心任务"。根据这一中心任务，钱俊瑞提出了今后7年（规划涵盖的期限）的重点研究课题：（1）各国实现经济现代化的道路、方法和特点；（2）从一个部门、一个方面、一个问题的角度，研究各国实现经济现代化的经验和教训，作为我们的借鉴；（3）加强对未来国际政治经济形势的发展和变化的研究和预测。与此同时，为了配合当时我国正在实施的对国民经济进行调整、改革、整顿、提高的方针，钱俊瑞还提出了如下相应的研究课题：关于国民经济调整、改革、整顿、提高的理论和方法方面的问题；经济体制问题；经济结构问题；对外经济政策问题（包括技术引进、利用外资、增加出口和外汇收入等方面的问题）。

1980年4月21日，钱俊瑞在中国世界经济学会成立大会上的讲话中，总结了三年来世界经济研究工作的成绩，并进一步指出：在新的历史时期里，我国世界经济研究工作的首要任务，应当是洋为中用，为实现我国社会主义现代化服务；同时也为维护世界和平、促进人类进步事业服

---

① 见《世界经济》1979年第1期。

务。讲话进一步拓宽了世界经济研究的范围，提出了更加深入和全面的研究课题：（1）鉴于我国实现四个现代化迫切要求一个和平的国际环境，因此应加强对世界经济和政治形势的研究，并在此基础上对世界政治经济形势的发展和变化作出科学的预测和展望。（2）我们搞的是社会主义现代化，因此首先要对社会主义建设的不同道路和模式进行周密的科学研究。不仅要研究各社会主义国家的具体做法，而且要把这些做法置于一定的历史条件和历史环境中加以研究；不仅要研究具体做法本身，而且要研究它们的理论观点和理论依据。（3）凡是现代化生产，不管它属于哪种社会性质，总有共同的特点和要求，可供我们借鉴。因此，我们要系统地调查研究三种不同类型的国家（发达资本主义国家、社会主义国家和发展中国家）实现现代化的经验和教训，并对它们作具体的分析，有批判地加以吸收。（4）在为四个现代化服务，为世界和人类进步事业服务的过程中，我们要把对世界经济实际情况进行调查研究得到的材料进行系统的分析，并提到应有的理论高度，以此来建设和发展马克思主义世界经济学。

在此，钱俊瑞已把对世界经济研究的方针和任务的论述提到了学科建设的高度。然而，提出世界经济研究工作的正确方针和任务，以及确定相关的研究课题，仅仅是把世界经济研究引入正轨的第一步；对于当时的世界经济研究者来说，各种由旧的体制因素带来的障碍有待冲破，一系列学科建设的艰苦工作尚须务实面对。

大家知道，在"文化大革命"期间，由于遭到林彪、"四人帮"的干扰和破坏，我国与外部世界几乎处于一种完全隔绝的状态，许多国际问题研究机构被解散，大批研究人员被下放，研究工作几乎全部停顿。其中，作为重灾区的世界经济研究领域，则濒临毁灭的境地。在此情况下，如果没有思想上、组织上和业务上的一系列重大建设，是绝无可能推动世界经济研究步入正轨并走向繁荣的。而在这些方面，钱俊瑞不仅运用其在学界的影响力，倡导推行诸多行之有效的改革措施；而且往往亲力亲为，从事一系列艰苦卓绝的学科建设工作。

首先，在思想建设方面，钱俊瑞倡导必须以实事求是的科学态度对待世界经济研究，解放思想，破除各种迷信和"禁区"。20 世纪 70 年代末80 年代初，在一系列有关世界经济学科规划和学会建设的讲话和文章中，钱俊瑞一再强调，为了更好地为我国的改革开放和四个现代化建设服务，世界经济研究必须坚持实事求是，理论联系实际，一切从实际出发的原则。他明确指出，科学与迷信是根本不相容的，科学无禁区。因此，作为一个研究者，"不能把马克思主义的个别原理或词句，以及我们党的某些政策，作为我们研究工作的出发点。我们的出发点只能有一个，就是实践，就是客观存在的实际"。也就是说，我们"既不'唯上'，也不'唯书'，而只'唯实'"①。钱俊瑞始终坚持实践是检验真理的唯一标准的观点，认为不断发展变化的世界经济的实际，才是世界经济研究的出发点和世界经济学科发展的客观基础。在改革开放初期，钱俊瑞的上述言论无疑起到了振聋发聩的作用，大大推动了世界经济研究领域的思想解放，从而促进了世界经济研究工作的顺利开展。

在组织建设方面，钱俊瑞通过推动全国世界经济学科发展规划的落实，开展了一系列卓有成效的工作。其中主要包括：

（1）积极推动世界经济研究机构的调整和充实，广泛吸收社会科研人才，促使世界经济科研队伍迅速扩大。针对科研机构涣散、科研人才奇缺的情况，钱俊瑞强调要团结各方人士，充分调动各种积极因素，并明确提出要尽力把社会上在世界经济或外语方面有一技之长的人才吸引到世界经济研究队伍中来。这一指导思想促使世界经济研究队伍在 20 世纪 70 年代末 80 年代初得到迅速扩大，同时也使世界经济研究机构得到相应的调整和加强。例如，在当时，上海社会科学院成立了世界经济研究所，复旦大学所属的资本主义国家经济研究所扩建为世界经济研究所；与此同时，我国还新建、改建或扩建了一批研究国别或地区经济、政治的研究机构，如由中国社会科学院与北京大学合办的南亚研究所、由新疆社会科学院筹建的中亚研究所、由西北大学伊斯兰研究所改建的西北大学中东研究所、由四川大学印度研究室扩建的四川大学南亚研究所，等等；此外，为了加强对世界经济某些重要专业领域的研究，我国当时还陆续建立了一些相应的研究机构，如中国人民大学筹建了外国经济管理研究所、中国人民银行筹建了国际金融研究所、外经贸部筹建了国际经济合作研究所、上海师范大学筹建了侧重于研究国际金融的世界经济研究室、大连外国语学院成立了国际问题研究所，等等。

---

① 钱俊瑞：《当前世界经济研究的根本任务》（1979 年 7 月 22 日在全国世界经济学科规划会议开幕式上的讲话）。

（2）在世界经济研究步入正轨，研究工作顺利展开之后，钱俊瑞便积极推动甚至亲自参与组建有关世界经济的研究会或学会。正因如此，当时世界经济研究领域的各种研究会或学会纷纷成立。其中主要有：朝鲜经济研究会、罗马尼亚经济研究会、南斯拉夫经济研究会、美国经济研究会、西欧经济研究会、日本经济研究会、大洋洲经济研究会、苏联经济研究会、国际经济关系研究会，等等；此后，在这些研究会的基础上又成立了中国世界经济学会（上述研究会后来都成为中国世界经济学会的团体会员），并推选钱俊瑞为第一任会长。这些研究会或学会出版书刊，在国内外举行大量学术研讨会，并与国外有关学术团体建立联系，进行广泛的学术交流。

（3）为了提高研究工作的科学性，推动全国世界经济研究工作顺利开展，钱俊瑞积极倡导在北京等地建立世界经济资料中心，并把其写入全国世界经济学科规划中。为了及时反映世界经济研究领域的动态，交流研究人员的科研成果，钱俊瑞还参与创建了《世界经济导报》，并被任命为该报社社长。

在业务建设方面，为了克服以往世界经济研究工作基本处于分散、零碎、无系统的状态，《1978—1985年全国世界经济学科发展规划（草案）》根据我国现代化建设的需要，确定了一批重点研究课题，并落实到相关研究单位，这就大大促进了各研究单位的分工与合作，有利于全国性世界经济研究体系的形成，进而推动了我国世界经济研究工作的深入展开。与此同时，钱俊瑞在到任世界经济研究所所长后，便以综合性研究所的要求，从事各项组织建设工作。如对研究所的处、室设置进行调整和扩充，并把世界经济研究所扩建为世界经济与政治研究所；广泛吸纳社会人才，充实科研队伍；创办《世界经济》、《世界经济与政治》等杂志；创办并出版《世界经济年鉴》，等等。在较完备的组织建设的基础上，一系列业务建设的工作迅速展开。为了提高科研水平，钱俊瑞十分重视科研人员的培养和科研队伍的学风建设。他主张在个人研究的基础上实行个人研究与集体协作、集体讨论相结合，规划科研项目与个人的专业方向和专长相结合；强调要排除各种干扰，保证科研人员有足够的科研时间；并大力提倡学术民主，积极营造"百家争鸣"的学术氛围。在钱俊瑞任内，世界经济与政治研究所的面貌发生了显著的变化，各项科研事业均取得重大进展；特别是新创办的几个面向全国的刊物，成了我国国际问题研究成果的重要展示平台，对我国的国际问题研究工作起到了重要的促进作用。

在 20 世纪 70 年代末 80 年代初，我国世界经济学界实现了顺利的转型，世界经济研究总体上已步入初步繁荣的阶段。据相关人士估计，自 1978 年至 1980 年中，我国共计写出 1000 多篇有关世界经济的文章、资料和研究报告；其中，仅在《世界经济》杂志上发表的文章就达 300 余篇。正因如此，1980 年 4 月 21 日，钱俊瑞在中国世界经济学会成立大会上的讲话中满怀信心地指出，"我国世界经济研究历史上新的一页已经揭开"，世界经济研究工作的繁荣昌盛和大发展时期已经到来。我国世界经济研究之所以较快步入初步繁荣阶段，这固然是业界人士共同努力的结果，但它与钱俊瑞的开拓性工作，以及他作为这一事业的重要推手所起的作用也是密不可分的。

在改革开放时期，钱俊瑞不仅为推动我国世界经济研究的顺利转型进行了艰苦卓绝的工作，而且在其个人的学术研究方面也作出了重要贡献。在这一时期，他的著作内容广泛，其中主要包括如下方面：（1）有关世界经济的论述。其中包括美国经济、欧洲经济、日本经济、发展中国家经济、国际经济关系、国际经济新秩序、世界经济形势评述，等等。（2）对我国的经济改革和对外开放的论述。其中包括计划经济体制的改革、对外开放的理论与实践、经济特区的创建及战略构想、"一国两制"构想在香港的实践，等等。（3）对创建世界经济学的论述。在上述诸方面的论著中，由他主编的《世界经济概论》（人民出版社于 1983 年和 1985 年分上、下两册出版）一书曾被确定为高等学校教材，并获"吴玉章奖金"世界经济学特别奖。对于钱俊瑞这一时期的论著，难以作一一介绍，这里仅着重谈谈他在创建世界经济学方面的构想和论述。

早在 1979 年 7 月召开的全国世界经济学科规划会议上的讲话中，钱俊瑞就已提出了建立世界经济学的任务，并对其主要研究内容作了初步的说明。他说："马克思主义的世界经济学是研究世界范围经济生活运动和发展规律的学科，应当对各国经济和国际经济关系中的重大问题（诸如世界市场的形成和发展、帝国主义经济发展的不平衡态势、社会主义国家与资本主义国家之间的经济关系、三个世界之间的经济关系、资本国际化及其新的发展、世界货币体系的形成和发展、发展中国家为建立新的国际经济秩序的斗争及其前景、社会主义经济发展的不同模式和具体道路、民族主义发展中国家发展民族经济的道路、经济一体化和集团经济的形成及其发展、资本主义再生产周期和经济危机、战后国家垄断资本主义的发展、技术革命对世界经济发展的影响等），进行综合的比较研究，以探索其发生、发展和变化的规律。"此次会议制定的世界经济学科规划还把编著《世界经济学原理》确定为重点课题，并拟订了集中组织力量完成此一任务的计划和步骤。实际上，集中我国大批教授和专家从 1980 年开始编写的《世界经济概论》，就是为编著《世界经济学原理》做准备的第一步。此后，钱俊瑞又组织力量或个人完成了一系列相关著作，如《资本主义与社会主义纵横谈》（世界知识出版社 1983 年版）、《世界经济与世界经济学》（中国社会科学出版社 1984 年版）、《世界经济与中国经济》（人民出版社 1984 年版）、《当代世界经济发展规律探索》（经济科学出版社 1984 年版），等等。

　　一门学科能否创立，从客观方面看，主要是该学科是否存在相对独立的研究对象。钱俊瑞上述著作论题宽泛，但其最主要的内容就在于对世界经济学的研究对象和研究方法的论述，以及对世界经济学作为一门独立学科的理论体系的构想。

　　在上述著作中，钱俊瑞明确指出，世界经济是一个历史现象，在观念形态上，它反映为一个历史范畴。它是人类社会历史发展的必然结果。更确切地说，它是资本主义生产方式的产物。钱俊瑞认为，在原始社会、奴隶社会，乃至封建社会的漫长年代里，还不存在真正的世界市场，因此更不存在科学意义上的世界经济。即使到了 14—15 世纪，虽已有了资本主义的萌芽，但由于国际分工还只处于初期的萌芽阶段，国际交换还没有形成确定的体系，因而近代的世界经济也还没有真正形成。18 世纪 60 年代至 19 世纪 60 年代，发生了以蒸汽机为代表的第一次科学技术革命，结果，人类从封建社会进入了资本主义社会，形成了国际分工、世界市场和世界货币，使交换国际化，世界经济开始产生。世界经济的这个初级阶段或萌芽阶段的主要特征是商品输出；它是与资本主义的自由竞争阶段相适应的。19 世纪 70 年代至第一次世界大战前，发生了以电气工业为代表的第二次科学技术革命，结果，自由的资本主义过渡到垄断的资本主义，形成了金融资本、国际垄断组织和帝国主义殖民体系。这时，资本主义生产方式进一步国际化了，真正的近代世界经济最终形成了。这个资本主义世界经济的成熟阶段的主要特征是资本输出；它是和资本主义的垄断阶段相适应的。钱俊瑞的结论是：所谓近代世界经济，实际上"就是资本主义生产方式下，在国际分工、世界市场、世界货币和世界资本的基础上逐步形成的，全世界范围的生产关系及与它相适应的交换关系的体系；也就是全世界范围的资本主义经济体系"①。钱俊瑞还认为，即使在第二次世界大战后出现两大阵营并存的情况下，世界经济的基本特点仍然是：在生产国际化和资本国际化的基础上，国际经济关系有了空前的发展。总之，钱俊瑞认为，世界经济作为一个统一的客观实体，有它自己形成和发展的历史，有它自己的特殊矛盾和特殊运动规律；它不是各国国民经济简单的总和，它的运动规律也不是各国国民经济运动规律的简单延伸。因此，人们需要建立一门独立的学科来分析研究它的特殊矛盾和特殊规律。这门学科就是世界经济学。

那么，世界经济学的研究对象是什么呢？钱俊瑞认为，世界经济学的对象是研究从世界经济形成以来，世界范围内生产方式的总体，兼及有关的上层建筑，而重点则是研究国际生产关系。为了说明世界经济学研究对象的特殊性，钱俊瑞还分析了世界经济学与政治经济学、国别经济研究、部门经济学、国际经济学之间的关系，比较了它们之间的异同点。

钱俊瑞是在晚年时期才开始从事世界经济学的创建工作的。作为一位严肃的学者，他深知一门学科的建立难以在短时间内完成。在 20 世纪 70 年代末至 80 年代中期的短短几年中，尽管他笔耕不辍，相继发表了一系列有关世界经济学的著作，并对世界经济学作为一门独立学科的确立提出了较完整的理论构想，但他对自己的研究成果并不自我满足，也不认为自己的观点已臻成熟。正如他在去世前一年（1984）出版的《当代世界经济发展规律探索》一书的序言中所说的，"我们把这些观点写出来，目的之一是抛砖引玉，我们迫切期望得到国内外同行和广大读者的补充、修正以至反对的意见，以使我们的观点更加符合实际。"钱俊瑞生前毕竟没有看到苏联的瓦解和东欧的巨变，也没有看到近年来一系列新兴国家的崛起，更没有看到当前的世界金融危机及其对全球经济的影响，因此，他的理论观点不可能不带有某些由当时历史条件决定的时代局限性。此外，在改革开放初期，尽管经过了必要的思想解放过程，但社会上传统的意识形态氛围依然浓重，这对理论界不可能不带来一定的影响。即使在钱俊瑞这种思想一向解放的学者的著作中，我们仍然会读到一些今天看来是多余的

---

① 见《钱俊瑞集》，中国社会科学出版社 1998 年版，第 566 页。

意识形态语言。

　　实际上，当市场经济超越国界而发展为世界经济体系后，市场经济规律就不可避免地会在世界范围内发挥某种作用。尽管由于民族国家限界的影响，其作用形式会有所变化。任何国家（不管其社会制度如何）要融入世界经济体系，都必须在某种程度上接受世界市场经济体系运行规则的支配。因此，在考察世界经济时，我们关注的并不是各国的社会制度及其意识形态，而是世界市场经济体系在全球中的运行。基于此，当去除某些不必要的意识形态语言后，我们就会发现钱俊瑞有关世界经济学的论述的合理、科学的内核。而这正是它的理论价值之所在。

　　世界市场经济体系的运行，本质上就是生产要素在世界范围内的流动和优化组合的过程。这一过程固然会受到民族国家限界的制约，并使其运行模式（与一国范围内的运行模式相比）发生某种程度的变异，但其总体发展趋势却没有任何力量可以改变。世界贸易组织的诞生、跨国公司的出现和发展、区域经济一体化的扩展，等等，都是世界市场经济体系运行的结果和经济全球化的重要表现。随着经济全球化的发展，各民族国家在全球市场经济运行中的作用也相应凸显出来。除了跨国企业和各国的涉外企业（其实，在经济全球化的条件下，各国的企业几乎都与世界市场发生某种关系）外，各民族国家本身也越来越扮演着世界市场主体的角色。国家主权基金、国家债务、国家破产等经济现象的出现，就是这种情况的体现。2008 年爆发的世界金融危机反映出世界经济发展的严重失衡；欧债危机的一个重要原因则是欧盟财政一体化与金融一体化的不相匹配。世界经济发展正面临着新的拐点。在新的形势下，改革旧的国际经济体制，建立新的国际经济协调机制的任务已逐渐提上议事日程。

　　世界经济发展的新时代呼唤着世界经济学的出现。钱俊瑞虽然未能在生前完成他创建世界经济学的宏愿，但他对世界经济学作为一门独立学科所进行的有益探索，以及他所提出的初步理论构想，无疑为我们留下一份珍贵的学术遗产。当前，学界有人提出建立和研究国际政治经济学的建议。我想，这或许只是学科名称的差异，只要根据特定的研究对象建立相应的学科，名称问题并不重要。

　　　　　　　　　　（林水源，中国社会科学院世界经济与政治研究所研究员）

樊亢与世界经济史研究

李　毅

对本文写作的一个小小说明

　　斗转星移、时光流逝，随着研究人员的退休、补充，一代接着一代，关于研究所最早建立的几个研究室之一的经济史研究室的历史（故事），知道的人已经不多了。我们这些经历过些许历史的"年轻人"，确有责任和义务把自己所知道的这段非同寻常的历程，哪怕是最简单地记录下来，把自己的心得感受最直白地讲出来，也是有意义的。这样想的理由很简单：就是要使经济史前辈和老一代学者为学科建设呕心沥血、甘于奉献的事迹广为人知，简言之为了纪念，这是写这篇小文的理由之一。理由之二，用院荣誉学部委员樊亢先生的话说，是"为了有一个更深入、更好的外经史研究"。因为，经济理论与经济史恰似经济学研究的两个车轮，随着经济理论研究的不断深入，以及现实的世界经济发展日趋错综复杂，人们需要一把透彻认识问题的历史钥匙。

　　然而，记录历史是一门大学问，眼下的这篇小文，还仅仅是坐在桌前，由着我的记忆信手写来，也就是说，以我的所见、所感，对历史的片段述说一二。

一　我眼中的经济史研究的学术殿堂

不经意间跨进了经济史研究的大门

20 世纪 80 年代中期，硕士研究生毕业后，我进入所里的世界经济史研究室工作。时至今日，我仍然清晰地记得，跨入中国社科院大门那一刻，自己所怀有的深深的敬畏之心。不必说院里国宝级大师们所折射的光芒，仅是能够与那些过去只是在书中照面，在论文写作中所引文章的作者在同一个屋檐下工作，就已经令人兴奋不已。当听到胡绳院长在院部礼堂对各所新进入的年轻人提到"优胜劣汰"的规则要求，更不免有些紧张。怀着这样一种复杂的心情，我走进了世界经济史研究室。实际上是不经意间跨进了经济史研究的大门，尽管在今天看来我是非常幸运的。虽然毕业分配时我曾固执地认为，世界经济专业毕业选择世经政所工作是"门当户对"（专业对口），但当时对经济史研究脑子里几乎没有什么概念。可能是我在学校的外经史课程成绩不错，系主任池元吉教授和我的指导老师向研究室推荐了我。而我对经济史研究的认识，正是从了解这个研究室开始的。

一个学问厚重、务实而又精干的研究群体

那么，这是一个什么样的研究室呢？怀着兴奋又好奇的心情，我见到了现在的院荣誉学部委员樊亢先生所领导的这个研究群体。樊亢先生是我国著名的外经史学专家，我国外经史研究的主要奠基者。作为新中国最早派遣的访问学者，从苏联进修回国后，60 年代她同我国著名的外经史专家，被她称之为挚友的辽宁大学的宋则行先生、吉林大学的池元吉教授和武汉大学的郭吴新教授等人一道，出版了《外国经济史（近代现代）》这部我国外经史的奠基之作。40 多年里，这部里程碑式的著作影响了一代又一代学者。时至今日，她的学生乃至学生的学生仍在用这部书来指导教学与研究。而当时我去所里报到时，却并未见到她的身影，因为她正在外地领导课题组编著一套全新面貌的《世界经济史》著作。后来这部著作出版后在 21 世纪获再版发行。接纳我报到的室主任王树桐老师，是从中国科学院哲学社会科学部经济所时代走过来的老一代学者。留学苏联，精通俄语的他，有许多苏联经济史的论文及相关的经济史著作。治学严谨、工作认真、待人诚恳，是其最为人称道之处。后任室主任、后来的所党委书记戎殿新老师，那时刚刚从发达国家经济研究室调到经济史室。意大利的留学经历助他出版了《意大利工业化之路》等多部经济史专著。据说他的聪慧头脑、流畅的文笔，还有勤奋精神最为樊亢先生所欣赏。曾作为清华大学的高才生被派往波兰留学的钱亚军老师、作为

调干学者曾前往法国留学的张朋浩老师，都分别在波兰和东欧以及法国和西欧经济史研究领域，留有颇多著述。倘若你在成果的橱窗前驻足，映入眼帘的是综合性的经济史研究巨作，国别经济史研究、部门经济史研究，成果琳琅满目。我惊异于研究室不大的房间、精干的研究团队，却成就了如此丰厚的学科建树。要知道那时的中国，刚刚开启改革开放大门几年的时间，国人对外部的世界还知之甚少，即便是社科院的学者，主要的资料来源还多要借助内部大参考。经济史研究成果的价值，相比之下弥足珍贵，其背后的艰辛劳作则是显而易见的。而且后来我又逐步了解到，作为我国唯一的外经史国家级研究机构，研究室的作用还不止于取得自己的这些成果。在樊亢先生的带领下，以课题和著书的形式组织国内高校的学者共同推进外经史的研究，是它在国内学术界发挥影响力的最主要形式。

一个名副其实的青年学者进步的摇篮

那个时期，作为年轻人进入经济史研究室，就如同融进一个春风拂面的温馨集体，进入一个被上了发条的在职学习的课堂。老一代学者们言传身教、循循善诱地带领年轻人做学问，很快就打消了我的担心和顾虑。如果有问题或有困惑，可以随时得到解疑，并且室里的学者们常常会以他们切身的工作体会，毫无保留地向你传授治学的经验。身边人人都如你的导师般关心着你的工作和学习的进步。你写论文的思路可以随时与室里的学者讨论，你的文章在投稿和发表之前总会得到许多有益的指点。你的进步会得到经济史前辈和室里同志的及时鼓励，而你在研究中存在的问题，同样会有人在第一时间给你明确地指出来绝不含糊。这种对年轻人的爱护，视年轻人为研究室未来的态度，还表现在对青年学者生活条件的关心上。20 世纪 80 年代，虽然仍然执行分配住房制度，但以社科院窘迫的生活条件，尚无法给外地分配来的年轻人解决家庭住房问题。因此，一时间我的住房问题成了室里学者工作之外关注的中心。大家群策群力开动脑筋想了许多办法，尽管因条件所限未能如愿，但来自研究室老一代学者的这份关爱，不仅深深印在我的心中，而且成了鞭策我努力工作的一个强大动力。研究室就像一块有着巨大吸引力的强磁场，吸引着年轻学者加入其中。在我的记忆中，平等的学术见解发表环境，民主的意见讨论氛围，不只是发生在特定的课题研讨中，而是研究室日常活动的一部分。这对年轻学者进步的影响作用是巨大的，甚至有其他室的同事，在无人组织的情况下自动前来参与问题的讨论。今天的一些知名学者，有的就是当年参与讨论的一员。当时室里的几位年轻人更是干劲十足，在学术前辈的带领下，完成社科基金项目——美国农业社会化服务体系，撰写世界合作社运动史，在科研实践中不断增长才干。出版有英文专著《1848 年以来的中国和全球经济》的留美博士、如今所里的资深研究员路爱国，就是其中的一个代表。拥有多项经济史成果，后在美国做过访问的年轻学者，也是从这里走向院里的研究部门，而后到国家机构任职。研究室当时的指导思想就是，培养年轻人就要通过放手让他们工作来得到锻炼。事实果真如此。记得那时我们常常为了一些经济史问题的讨论忘记了下班的时间，于是一干人等摸着楼梯的扶手，深一脚浅一脚地走下 15 层楼梯。作为干中学的年轻人由于有长者领路，脚下的路虽然是黑的，心里却是亮堂堂的。

二　经济史研究：治学和做人的学问

近来我常常会想，这一生中最庆幸的一件事，莫过于当初选择进社科院从事经济史的研究工作。虽然研究之路是艰辛曲折的，但得到的那份磨炼与收益却可谓受益终生。在跟随樊亢先生这位经济史前辈和老一代学者工作的日子里，我于点滴之间慢慢地懂得了一个道理：经济史研究它是一门治学与做人的学问。

经济史研究：力戒浮躁才能见收获

进入经济史室当初，印象最深的一件事是我的一篇待发表论文的修改。那是根据我的学位论文研究写成的一篇关于日本的小农经营形式与农业现代化的论文。文章成稿后，我在室里同志的意见和建议下做了些修改，就准备投稿给编辑部了。但是我被戎殿新老师拦住了，他建议我就一些问题再做修改，做到精益求精，于是我重审文章又做了修改。可令我没想到的是，同一篇文章根据戎老师的意见我竟修改了四五遍之多。嘴上虽然没说什么，但我心里早就犯起了嘀咕：有这个必要吗？我的学位论文答辩前，日本东京大学的农业问题专家曾经审阅过，而且根据论文、结合形势写的文章处女作，在我离开学校前就由中国农科院的

《农业经济问题研究》杂志发表了，并在随后的农业问题研究综述中，被作为中国农村第二步改革如何走的一种观点着力阐述。现在为了一篇简要的内部报告，还要改来改去的，真的！而当修改的文章发表后我拿来与原来的草稿一一对照时，却清晰地看到了自己的问题：不同用途的文章对写作的要求是不同的。由此方才知道，作为一个科研工作的新兵，我需要向老同志学习的地方还多着呢！这件事在我的脑海中留下了深深的印记，成了要踏踏实实做学问的一个警示。"做研究要力戒浮躁"，这是樊亢先生经常对室里同志说的话，她要求我们首先要刻苦钻研经济史知识，不要满足于一知半解，同时要求我们研究不能跟风，要在自己的专业领域里深入下去，才能取得真正有价值的而且对社会有用的成果。20世纪90年代她带领我们完成美国农业社会化服务体系的社科基金项目，就是这样率先示范的。先生利用出国讲学和考察的机会收集的美国农业部等机构的资料、书籍，就装有好几个纸箱，成了研究方面极其丰富的第一手资料。这些珍贵的史料至今还摆放在我的办公桌旁，它时常提示着我牢记先生严谨治学的教诲，摒弃浮躁的不实之风。

经济史研究：始于奉献才有学问春秋

经济史学科的研究特点，决定了从事研究的学者要能耐得住寂寞。从我进入研究室的那天起，就不断被室里的老同志叮咛，要能坐得住冷板凳，肯于奉献而不为名所累。不过那时的我还不太解其中之意。随着工作逐步深入和对学科研究性质的逐步了解，比如要查找史料，研读历史，又要关注现实，提供历史的钥匙，我切身体会到了工作的那份耗时和艰辛程度。但对奉献精神的深刻理解，还是从前辈学者榜样的力量中所感受到的。我曾在院里机关党委召开的组织工作会议上汇报支部工作时，讲述了第二任室主任王树桐老师兢兢业业从事经济史工作的例子，大到主持世界合作社运动史课题，小到修改大型工具书中的经济史词条，认认真真、一丝不苟。由于赴外地出版社做书稿的最终修订工作过度劳累，回京后查出胃癌不幸逝世，就这样把自己一生的大部分时光都给了他所挚爱的经济史研究。这样的事迹还不止王老师一人，第三任研究室主任、后来的所党委书记兼副所长戎殿新老师，更是以他在经济史尤其是意大利经济史研究上的卓越成就，而获意大利政府颁发的学术奖章。不论是在研究室主任还是在所领导的岗位上，他都在完成行政工作的同时，坚持为经济史的学科建设著书立说、辛勤耕耘，直至病逝在工作岗位上。当他离世后人们去慰问他的家人时，看到的是不大的卧室兼书房里堆放满满的经济史史料、书籍和研究手稿。樊亢先生在她的亲笔悼词中，对这种奉献精神作出了高度的赞扬，而先生自己的行动更是对这种精神的深刻诠释。作为我国著名的外经史专家，她不仅在社科院亲手创建了经济史这块学科阵地，直接领导了重要的学科建设工作和诸多重大成果的问世，就是在离休之后还亲自动手选择对学科建设有重大意义的国际上的经济史优秀著作，组织其翻译和出版工作。直到 86 岁高龄的今天，先生仍然在关心着这种奉献精神的传承。正是前辈学者的这种奉献精神的影响，使我放弃了国外学者的邀请和本来可以得到的待遇比较优厚的访学项目申请，在经济史的研究领域里坚持了下来。

经济史研究：淡泊名利方成就学术大家

淡泊名利、专心致志，乃学术研究的最高境界。然而，在今天中国经济处于转型时期的浮躁环境中，对于学者尤其对于青年学者要实践这一点不是一件容易的事情。名誉、地位、权力、金钱，外面的世界诱惑太多太多，在这一切都能和切身利益挂靠在一起，并且很可能改变一个人人生轨迹的情况下，要想拒绝和远离它极其不易。但是，樊亢先生——新中国世界经济史学科的主要奠基者，则用她的行动为我们模范地践行了这一点，凡是在经济史室工作过的人都感同身受。虽是著名学者，但樊亢先生一向为人平和低调，几乎不谈自己。从 20 世纪 80 年代进所至今，我与樊亢先生接触快有 25 个年头了，但直到 2007 年院里组织撰写学部委员访谈录，在收集整理资料过程中我才第一次知道，这位许多学生都是最早从经济史的教科书上认识的樊亢老师，不仅是著名学者，而且有着在学生时代就积极投身抗日救亡和反独裁运动，被地下党送入解放区并在那里光荣加入党组织的革命经历。也是在那时才知晓，樊亢先生在新中国成立后不久的 50 年代，就被高教部派往苏联莫斯科大学，师从著名的经济史学家波梁斯基研修外国经济史，回国后曾先后主持中国人民大学经济史学科的教学与苏联东欧经济的科研工作，任职北京出版社总编辑，并多次被欧美国家邀请赴其名校报告与讲学。但是，就是这样一位学养精深、学贯中西的著名学者，20 世纪 80 年代之初调入世经政所，面对所长钱俊瑞先生让其自由选择研究单位时，她毅然放弃了当时比较热门的苏联东欧和发达国家经济研究，而选择了算先生在内只有三个人的经济史研究室，从这里一直工作到离休。先生曾对我们说，是国家需要学科建设的那份责任，以及经济史研究在经济学研究中的重要性使然。我还听室里的老同志说起过，为了这份责任，为了保证有充沛的精力和充裕的时间，从事外经史这门在我国发展较晚的后起学科的研究，樊亢先生曾婉拒了要她出任研究所领导职务的邀请。正是由于她的坚持与努力，才有了后来我国国家研究机构中这块唯一的外经史专门研究的阵地。

由她担任第一主编的《外国经济史（近代现代）》（人民出版社1965、1990年版），由她领衔撰写、被译成几国文字的《主要资本主义国家经济简史》（人民出版社1973、1997年版），被原中央党校校长高扬在《光明日报》上发文推荐，被全国总工会列为全国职工《振兴中华》读书活动读物的《资本主义兴衰史》（北京出版社1984、1992年版），与宋则行先生共同主编、总计百万字以上的三卷本巨著《世界经济史》（经济科学出版社1991、1998年版），还有由先生主编、全国80多位专家和专业人士从事撰写的《经济大辞典·外国经济史卷》（上海辞书出版社1996年版），等等，这些可以称作里程碑式的著作，或者在国内外产生巨大反响的经济史读物，生动再现的是先生在推动我国外经史学科创建与发展中所发挥的重大作用。由于樊亢先生在学术上的卓越成就，1986年被评为"首都三八红旗手标兵"，1987年获得"首都五一劳动奖章"。但是，令人意想不到的是，这样一位著作等身的学术大家，在先前被院里邀请接受访谈、参与编撰学部委员访谈录时，曾再三推辞，表示自己没做什么。最终同意接受访谈时，却与我们严格约定："只谈工作，不谈个人。"就是在访谈录最终成稿后，先生又亲自提笔，将文中"著名学者"字样一处不落地改成了"知名"。这种心中只装有学科建设，视名利为身外之物的学者风范，给予我们的是一次次强烈的心灵震撼。我常常私下里揣摩，也许就是这种淡泊名利的平常心，构成了成就学术大家的最基本条件。可谓治学与做人道理是相通的，这一点在经济史研究上得到了完美的统一。在樊亢先生的榜样力量面前，作为晚辈学者，我们在任何情况下都没有理由把个人得失放在前，而将经济史研究弃之后。也许这样才能够把前辈学者奠基与开创的外经史研究，作为一项事业延续下去。

　　我期望以后有一天，有个较为充裕的时间时，能够像做学问（课题）那样，把樊亢先生创办的世界经济史研究室的历史及其新生，完整地、充分地记录下来，而不是像现在这样只写出了它的片段。

　　　　　　　　（李毅，中国社会科学院世界经济与政治研究所研究员）

黄心川与"印度哲学与宗教"学科的创立与发展

朱明忠

　　1978 年是新中国历史上最不平凡的一年。当年 3 月召开的全国科学大会，吹响了向科学进军的号角，迎来了中国人盼望已久的"科学的春天"。11 月召开的党的十一届三中全会，开启了中国改革开放的新时代。就是在这一年，我有幸考进了中国社会科学院研究生院南亚系，从师于黄心川教授，跨上了我学习和研究印度哲学与宗教的人生之路。从此，我也被卷入了中国人向科学大进军的洪流之中。

　　考上研究生以后，我上学的地点不是社会科学院，而是在北京大学。这是因为我读书的所谓"南亚系"，就是当时的中国社科院南亚研究所，这个研究所是由中国社会科学院与北京大学合办的，其办公地点就设在北京大学的六院。它于 1978 年正式建立，其全称为"中国社会科学院、北京大学南亚研究所"，大牌子就挂在北大六院的正门口。这个由中国两个最高学术单位合办的研究所，当时在全国，乃至世界都是相当有名气的。所长由我国著名的梵文和印度学专家季羡林先生担任（还兼任北京大学副校长），副所长则由著名印度哲学史专家黄心川先生担任（兼任社科院宗教研究所副所长）。所内云集了一大批"文化大革命"期间分散于各个单位从事过南亚研究的中老年学者。当时，研究所设立了五个研究室：印度政治经济研究室、印度历史研究室、印度哲学宗教研究室、巴基斯坦孟加拉研究室、尼泊尔斯里兰卡研究室。

　　在这些研究室中，我最熟悉的是印度哲学宗教研究室。该研究室主任由我的导师黄心川副所长兼任，室内有大名鼎鼎的印度哲学专家金克木先生、佛学专家童玮先生和印度哲学学者宫静教授等。在念研究生期间，由于我读的是"印度哲学"专业，故与该研究室来往密切，他们的一些学术讨论会允许我们研究生旁听，我们也经常向几位老先生质询求教。记得我当年曾多次到金克木家中（家住北大朗润园）请教问题。金先生个子不高、头脑敏捷、思路清晰、语速很快，至今回忆起来，他那滔滔不绝的言谈和精辟至深的见解，仍然令我记忆犹新。三年的研究生生活，使我与这个研究室结下了深厚的情谊。毕业以后，我又分配到社科院南亚所印度哲学与宗教研究室工作，专门从事印度哲学的研究，从此便与这个研究室结下了不解之缘。

在我国社会科学领域中，"印度哲学与宗教"学科的真正创立，应当说，就是从 1978 年南亚研究所设立印度哲学与宗教研究室才开始的。为什么这么说呢？

虽然我国对印度哲学的学习和研究有很长的历史，但是以前的研究都是零星的、分散的，并不具有现代科学研究的意义。在古代，我国的佛教高僧曾翻译或注释过不少的印度哲学文献，但大都是从教派斗争或批驳异教思想的角度出发的。到了现代，伴随中印文化的交流，在我国的一些大学哲学系也陆续开设了印度哲学的课程。例如，1916 年，北京大学哲学系首先开设了印度哲学专业，由许季上先生讲授。1917—1924 年，梁漱溟先生在北大讲授印度哲学。1922 年，汤用彤先生从美国留学归来，先后在南京东南大学、天津南开大学和北京大学讲授印度哲学史、中国佛教史等课程。1946 年，金克木先生在武汉大学开设印度哲学史课程，1948年金克木到北京大学继续讲授印度哲学史。金克木走后，武汉大学的印度哲学史，由石俊先生讲授。尽管当时我国有几所著名大学开设了印度哲学的课程，但是这些课程大都是选修课，其目的也只是加强学生对东方哲学的了解，以抵制欧洲中心论的影响，尚不具备对印度哲学进行系统研究的学术环境和物质条件。

在"印度哲学与宗教"学科的初创和发展阶段中，身兼南亚所副所长、印度哲学与宗教研究室主任的黄心川教授，作出了突出的不可磨灭的贡献。

我从 1978 年作为黄先生的研究生，开始研读印度哲学与宗教，后来参加工作，又在他的领导下从事这一学科的研究，至今已有 33 个春秋，我们之间已结下了深厚的师生情谊。黄心川先生不同于一般的学院式学者，即从大学校门直接走进科学院所的学者。他是一位既有革命战斗经历，又有学术研究历程的学者。1948 年，他是浙江著名教会学校——之江大学文学院三年级的学生，主修英国文学，由于参加中共地下党领导的爱国民主运动，而遭到国民党迫害，故被地下党送到新四军苏北靖江根据地，参加游击队活动。1950 年，抗美援朝战争爆发，由于急缺英文翻译，他应征参加中国人民志愿军，在朝鲜任志愿军第三兵团英文参谋，在第五次战役不幸负伤致残。伤愈之后，参加地方工作，曾任江苏省高等法院审判员、冶金工业监察局驻鞍山钢铁公司国家监察员等职。1954 年，国家号召青年干部踊跃上大学学习科技知识，黄心川考上北京大学副博士研究生，从师于哲学系任华教授，以及北大副校长、印度哲学与佛学专家汤用彤教授，开始研修印度哲学和佛学专业。毕业之后，他在北大哲学系任教。1964 年，在毛泽东主席的建议下，中国科学院组建世界宗教研究所，北大哲学系著名教授任继愈先生调任所长。在任继愈带领下，黄心川和北大哲学系一些研究宗教的同志，来到世界宗教研究所。从此，黄心川开始专门从事印度哲学与宗教的研究。

"印度哲学与宗教"学科在初创时期遇到许多困难。无论是科研资料，还是研究人员，都相当匮乏。当时，身为南亚研究所副所长并兼任印度哲学宗教研究室室主任的黄心川先生，为了解决这些困难做了大量的工作。

首先，他为这个学科的建立收集和购买了大量的科研资料。

当时南亚研究所的科研经费是很紧张的，其中有一部分是外汇，可以从国外购买图书资料。黄心川先生精打细算，尽量利用这有限的外汇，从国外购买一些有学术价值的图书。他的原则是，首先要购买那些能奠定学科研究基础的文献，如印度哲学各流派的经典、重要哲学家的名著等，其次才是进口一些评论性的著作。为此，每年年底填写购书订单的时候，他都要亲自挑选，亲自审查，以保证进口图书的质量。另外，他还主张从国内收集一些有利于学科研究的佛教文献，以及我国历代思想家对印度哲学的评述性著作。大约经过十年的积累，到了 20 世纪 80 年代末，南亚研究所图书馆内有关印度哲学与宗教的图书资料，在全国来说，可谓是数一数二的。我记得那个时候，许多北京或外地的研究人员或研究生，都经常来南亚所查找有关印度哲学的资料。

除了购买学术资料之外，黄心川还要求研究室的科研人员一定要收集和整理学术资料，为今后的学术研究打好基础。他一直主张，搞科研，首先要从收集和积累资料做起。在 80 年代初期，他就与商务印书馆哲学编辑室的武维琴先生商定，计划在商务印书馆出版一套有关印度哲学的资料选集，具体的选编工作由南亚所完成。他计划先编写三本书：《印度古代六派哲学资料选集》、《印度佛教哲学资料选集》和《印度近现代哲学资料选集》，并把此项任务分别交给他的三位已毕业的研究生。我是其中的一个，我负责编写《印度近现代哲学资料选集》，姚卫群和方广锠负责编写其他两本书。完成此项任务并不容易，尤其是近现代印度哲学家特别多，每位哲学家又都有几部或几十部重要的学术著作，光是选择其中的精华，也要浏览几十部英文著作，况且有许多著作在国内也找不到。记得我大约花费了几年时间，终于编出了一本大约 50 万—60 万字的《印度近现代哲学资料集》，送到商务印书馆审查，商务印书馆仍然不满意，至今一直留在商务印书馆，未能出版。在这三本书中，只有姚卫群编译的《印度古代六派哲学资料选》，于 2003 年由商务印书馆出版，更名为《故印度六派哲学经典》。此书是把古代印度教六大哲学流派的基本经典翻译成中文，内容集中而重要，对以后开展印度哲学研究有重要的参考价值。

在积累科研资料、夯实科研基础方面，黄心川先生还做了一项重要工作，即编纂《南亚大辞典》。他认为，有关印度和南亚的知识或词语，大量涉及梵文、印地文、孟加拉文或其他语种，即使你在英文字典中也查不到这些词汇，因此国内急需一本有关印度和南亚的辞典，以供科研人员使用，也可为外交、外贸人员查阅。因此，他以副所长的身份，动员全所人员共同投入编写《南亚大辞典》的工作。此项工作从 80 年代中期开始，历经坎坷，几起几落，最终于 1998 年由四川人民出版社出版，题为《南亚大辞典》，200 余万字。此书包括南亚各国政治、经济、历史、文化、宗教、哲学各个方面的词汇和知识，它不仅是研究印度哲学宗教人员必备的工具书，也是一切对南亚问题感兴趣的人的重要参考书籍。应当说，这部《南亚大辞典》的出版凝聚着黄心川先生的良苦用心和卓识远见。

其次，在培养研究生方面，黄心川也作出了突出的贡献。

我是 1978 年南亚所招收的第一批研究生，这批研究生共 20 人，分学不同的专业。其中，学习印度哲学与宗教专业的有三人，包括姚卫群、方广锠和我，由黄心川教授作导师。黄先生根据我们的学习基础和个人意愿，分别给我们三人定下了三个专业方向：姚卫群主攻"古代印度哲学"，我主攻"近现代印度哲学"，方广锠主攻"印度佛教哲学"。虽然专业方向不同，但基础课是共同的，大家一起上课。记得当时每个星期，黄先生都在他的办公室给我们三人讲一次课，题目是"印度哲学通史"，即从印度哲学的起源、古代各哲学流派、佛教与耆那教哲学，一直讲到近现代哲学。他授课十分认真，每讲一个段落，允许我们提问题，他来回答，有时甚至展开讨论，形式非常活泼。这种讲课方式，对我们这些初学者相当有益，30多年过去了，至今印象犹深。三年研究生生活转眼而逝，毕业后，我和方广锠留在社科院南亚所工作，继续从事印度哲学与宗教的研究，而姚卫群被分配到北大哲学系，从事印度哲学的教学。大约十几年后，我们三人都成为"印度哲学与宗教"这个领域的中坚力量，当老一代学者退下去以后，我们确实接起了这个学科的大旗，继续前行。我们能够跨入这个学科以及后来的学术成果，都蕴含着当年黄先生的辛勤指导和耐心教诲。

为"印度哲学与宗教"学科培养后继人才，一直是黄先生的最大的心愿。1982年，在我们毕业之后，黄先生又招收了第二批硕士研究生，共三人。据我了解，在这三人中，康绍邦毕业后分配到中共中央党校，从事国际问题研究；江亦丽分到商务印书馆，从事印度哲学和佛教的编辑和出版工作；另一位去美国深造。到了90年代，黄心川先生开始招收印度哲学专业的博士生，他的第一批博士生也是三个。在这三人中，李建欣毕业后分到社科院世界宗教研究所，从事印度哲学和佛教的研究；许绍强分配到中国藏学研究中心，专门从事藏传佛教的研究。黄先生的第二批博士，仅一人，名为程建华，毕业后分配到社科院哲学所东方哲学研究室工作，专攻佛教哲学。

毫无疑问，从以上研究生所从事的工作来看，黄心川先生确实为我国"印度哲学与宗教"学科的发展培养了一批人才。

再次，召开各种学术会议，大力促进中印学者的学术交流。

在"印度哲学与宗教"学科的初创时期，面临许多困难，除了积累学术资料、培养科研人才之外，还有一个如何开展中外学术交流的问题。在这方面，黄心川先生煞费苦心，请来了不少国外著名印度学学者来华讲学，组织了一些国际学术会议，大大地增强了我国学者与国外学术界交流。在我的记忆中，20世纪80年代，当时的南亚所请来了印度现代著名哲学家S.穆蒂来华讲学。穆蒂在印度非常有名，他担任印度哲学界最权威的组织——"印度哲学大会"的执行主席，多次到欧美各国讲学。穆蒂首次来到中国，受到我国学术界的热烈欢迎。他在北京大学做了一次演讲，题为"印度吠檀多哲学观"，来聆听这次演讲的不仅有社科院和北京大学的学者，还有北京其他高校和学术界的朋友。

在80年代，南亚所还请来了一位著名学者、印度历史学家罗米拉·塔帕教授（女）。罗米拉·塔帕在印度历史学界颇有名气，她写的《印度历史》一书在印度和欧美受到一致好评。由于她对有悠久历史文化的中国非常向往，因此这次中国之行也使她十分高兴。我记得，她曾在北大做了多次有关印度历史的讲座。

在80年代有两次重要的学术会议，给我留下了深刻的印象。一次是1982年在西安召开的"中印佛教国际讨论会"。这次会议由中国社科院、北京大学南亚所与陕西省社科院历史所联合举办，与会者不仅有中国各地的佛学研究者，而且还有许多外国学者，如印度、尼泊尔、日本、韩国的学者。在这些外国学者中，最有名的是日本著名印度学专家中村元先生，他所著的《印度思想》和《东方人的思维方式》在世界享有很高的声誉。此次会议首先在西安开三天的学术讨论会，然后到甘肃敦煌的佛教石窟，参观古代中国的佛教艺术。

另一次会议，是1988年在江苏常熟市召开的"印度宗教与中国佛教"讨论会。常熟市是黄先生的故乡，会议在这里召开，备受当地政府的支持。这次会议由南亚所和北大哲学系主办，与会的学者来自全国各地社科院和高校，大约有40多人。会议开了三天，大家发言踊跃，讨论的内容广泛。在会议上，学者发表论文的题目有："印度哲学中的'直觉'认识方式"、"论印度哲学中的'天人合一'学说与中国哲学中'天人合一'学说的异同"、"论印度教与印度佛教的共性"、"中国密教的印度渊源"、"佛教思想与中国文化"，等等。这次会议反映出当时中国对印度哲学与宗教研究的最高学术水平。会后，还专门出版了一本论文集，以纪念这次会议的召开。

最后，协助各地社科院和高等院校，建立印度哲学专业。

黄先生一直认为，要使我国的"印度哲学与宗教"学科蓬勃发展，光靠中国社会科学院南亚所一家之力是不行的，因此他主张，凡有条件的高等院校哲学系，都应当设立"印度哲学"专业，以利于印度哲学知识的普及和后继人才的培养。在他积极倡导和推动下，国内的许多高等院校都建立起"印度宗教哲学"或"宗教哲学"专业。最典型的例子，就是80年代山东大学哲学系想建立东方哲学专业，而缺乏印度哲学的教师。为此，山东大学派来一位硕士研究生，请黄先生替他们代培，黄先生欣然接受，并为她解决在北京的吃住问题。这位研究生名为梁晓洁，在北京学习三年，后回山东大学工作。

从80年代以后，在南亚研究所的带动和影响下，许多社科单位和高校都陆续建立起"东方哲学"和"宗教学"的专业。例如，北京大学哲学系，建立了东方哲学研究室，聘请佛学专家楼宇烈任主任，我的同学姚卫群担任印度哲学的教学工作。中国社科院哲学所，也成立了东方哲学研究室，聘请早年留学印度的佛学和梵文专家巫白慧任主任。中国人民大学哲学系，成立了宗教研究室，聘请佛学专家方立天任主任。南京大学、山东大学都先后建立起宗教学专业。这些学术机构的相继建立，不仅大大加强了我国对印度宗教与哲学的研究，而且还培养出一大批硕士和博士研究生，解决了这个领域后继乏人的问题。

从1978年我国"印度哲学与宗教"学科创立，到80年代后期，大约经过十年的时间，我国学者在这个领域的科研成果就开始不断涌现。在这些成果中，不仅有大量的翻译作品，而且还有许多我国学者撰写的有关印度哲学的学术专著。

（朱明忠，中国社会科学院亚洲太平洋研究所研究员）

葛佶与西亚非所的非洲研究发展

李智彪

　　葛佶，中国著名非洲学家，1929 年 3 月出生，浙江平湖人。1952 年 7 月毕业于南京金陵女子文理学院外文系，同年 9 月参加工作，先后在外交部礼宾司外交人员服务处和国际关系研究所供职。1961 年调入西亚非洲研究所工作。1963 年晋升助理研究员。"文化大革命"爆发后，一度下放到中联部"五七干校"。1978 年加入中国共产党。1981 年晋升副研究员，1987 年晋升研究员。历任中国社会科学院西亚非洲研究所南非研究室副主任和主任、非洲研究室副主任和主任、西亚非洲研究所所长、西亚非洲研究所学术委员会主任、《西亚非洲》杂志主编、中国社会科学院研究生院西亚非洲研究系主任、中国非洲史研究会顾问、中国亚非学会副会长、中国非洲人民友好协会副会长等职。1992 年获国务院突出贡献特殊津贴奖励。2006 年当选中国社会科学院首批荣誉学部委员，同年荣获中非友协"首届中非友好贡献奖——感动非洲的十位中国人"的称号。

一　葛佶与西亚非所非洲研究学科的初创

　　1961 年 4 月 27 日，毛泽东主席在同非洲外宾谈话时指出："我们对于非洲的情况，就我来说，不太清楚。应该搞个非洲研究所，研究非洲历史、地理、社会经济情况。所以很需要出一本简单明了的书，不要太厚，有一两百页就好，可以请非洲的朋友帮助，在一两年内就出书。内容要有帝国主义怎么来的，怎样压迫人民，怎样遇到人民的抵抗，抵抗如何失败了，现在又怎么起来了。"① 在毛主席的指示和党中央的领导下，西亚非洲研究所②于 1961 年 7 月 4 日正式成立，同年，葛佶从外交部国际关系研究所调入西亚非洲研究所，开始了她 40 余年的非洲研究生涯。

西亚非洲研究所创立初期的指导方针是：以马克思列宁主义、毛泽东思想为指导，搜集和掌握大量材料，有计划、有重点、系统地调查研究亚非国家的革命运动及其有关问题，着重调查研究亚非各国的基本情况，培养具有较好理论基础、较高政策水平和较强外语实力的业务干部。③ 当时国内对非洲的了解基本上属于空白，相关资料和信息严重缺乏，更没有这方面的专家。为此，西亚非洲研究所的非洲研究工作主要从以下几个方面入手：一是译介国外的非洲研究文献；二是编写马恩等经典作家论述非洲问题的小册子；三是编写《非洲手册》和《列国志》等介绍非洲国家基本情况的书籍。葛佶的非洲研究起步工作也基本上围绕这三个方面的内容展开。她先后参与了《非洲——风暴的根源》和《古老非洲的再发现》等书的翻译工作，参与了《马克思、恩格斯、列宁、斯大林论民族解放运动》和《毛泽东同志论殖民地、半殖民地革命运动》等小册子的编写工作，参与了《非洲手册》的编写工作。其中《非洲手册》是根据毛主席的指示立项的课题，是当时西亚非洲研究所最重大的研究项目，葛佶承担了该手册中《殖民主义入侵前的非洲》和《殖民主义者侵入非洲和非洲人民的反侵略斗争》等章节的撰写任务。

在参与研究所集体科研项目的过程中，葛老师逐渐找到了自己的研究兴趣点，确立了非洲历史、中非关系和南非问题三个研究方向。不幸的是，"文化大革命"的爆发打乱了中国各部门、各系统的正常运行，西亚非洲研究所也受到冲击，葛佶与全所研究人员一起被下放到中联部"五七干校"，中断研究工作达数年之久，直到 1971 年因工作需要重返研究岗位。1978 年 "文化大革命" 结束后，西亚非洲研究所走上新的发展道路，

① 转引自西亚非所《所史》编写组：《西亚非洲研究所 40 年（1961—2001 年）》（征求意见稿），西亚非洲研究所 2001 年版，第 6—7 页。

② 西亚非洲研究所成立时的名称为亚非研究所，受中共中央对外联络部和中国科学院哲学社会科学部双重领导。1964 年亚非研究所一分为二，分成西亚非洲研究所和东南亚研究所。"文革"期间西亚非洲研究所的工作基本停止。1978 年西亚非洲研究所恢复工作。1981 年 1 月 1 日，西亚非洲研究所划归中国社会科学院。参见西亚非所《所史》编写组：前引书，第 6—13 页。

③ 参见西亚非所《所史》编写组：前引书，第 8 页。

中国的非洲研究事业也进入繁荣发展时期，葛佶伴随西亚非洲研究所和中国非洲研究事业的发展壮大而逐渐成为知名的非洲学家，尤其是在南非研究领域卓有建树。

二　葛佶与西亚非所非洲研究学科的辉煌

在西亚非所 50 年的学科发展史上，《非洲手册》、《非洲概况》、《非洲经济》系列丛书、联合国教科文组织八卷本《非洲通史》译著和《简明非洲百科全书》等，均是对中国的非洲研究学科建设具有重大意义的里程碑式的著作，葛佶是这些著作的主要参与者或主持人。其中《简明非洲百科全书》是葛佶退休后投入很大心血的一部力作。这部大部头的百科全书从启动到出版经历了长达 6 年的时间，最终于 2000 年由中国社会科学出版社作为《简明国际百科全书》[①] 的分卷之一出版。这是中国编纂出版的第一部全面、系统阐述撒哈拉以南非洲地区各个领域、各个国家历史和现状以及未来发展的重要科学著作和工具书。这本书名为百科，但它完全不同于一般的百科全书，它没有采用一般百科全书的条目阐释形式，而是按相互关联的专题自成系统地分成编、章和节，邀请国内相关领域的专家、学者按学术文章的体例撰写，因此各章各节更像是一篇篇既相互衔接又相对独立的学术论文。这本书可以称得上是中国 40 年非洲问题研究的一次全面总结，为今后进一步更深入地研究非洲问题奠定了良好基础。

西亚非所的南非研究长期领先于国内非洲学界，也与葛佶个人对南非问题的深入研究密不可分。众所周知，南非是非洲最大的经济体，这个位于非洲大陆南端的国家曾因实行世界上绝无仅有的种族隔离制度而长期受国际社会关注，更成为全球非洲学界研究的焦点国家。葛佶在入所之初就敏锐地选择南非作为自己研究非洲问题的切入点和兴趣点，并四十多年如一日始终关注南非、跟踪南非、研究南非，发表了大量研究南非问题的学术论文、研究报告和学术专著，从而奠定了她在国内南非研究领域的顶尖

---

① 《简明国际百科全书》是国家新闻出版署批准的"八五"、"九五"计划期间国家《重点图书选题、出版计划》和中国社会科学院重点研究项目，全套书共 10 卷，均由中国社会科学出版社出版。

地位，在国外非洲学界也享有很高知名度。正是由于有以葛佶为学科带头人的一支南非研究团队，南非研究学科逐渐成为西亚非所的优势学科，这在该所的机构设置上也有所体现。例如，1978 年西亚非所恢复工作，当时的研究室按地域划分，葛佶曾任南部非洲研究室负责人。1982 年西亚非所进行研究室整合，非洲所有学科划入非洲研究室。1988 年非洲研究室再次划分为非洲政治、非洲经济和非洲地区 3 个研究室，其中非洲地区研究室的研究重点是南非及南部非洲地区。1994 年新南非成立后，非洲地区研究室又调整为南非研究中心。

三　葛佶与西亚非所非洲学科队伍的建设

葛佶在 1985—1992 年间任西亚非洲研究所所长。任所长期间，她最注重三点：一是出成果；二是出人才；三是提高研究所的知名度。为了实现这三个目标，她着力抓了以下几项工作。

一是制度建设。葛佶担任所长之初曾明确宣布，要以法治所，绝不以个人好恶处理问题。她组织所里制定出台了 18 项规章制度，并把这些制度装订成册，发给各研究室。为了使所定制度不成一纸空文，葛佶身体力行，带头按制定的各项规章制度行事，以为全所人作出表率。以法治所的结果是大大减少了所内的各种内耗，全所大多数人的注意力集中到了业务工作上面。

二是努力提升研究人员的业务素质，尤其是培养年轻人。葛佶担任所长之后认识到，所里从事非洲问题研究的研究人员大多存在一个缺陷，即他们很少有机会去对象国调研，甚至有些长期研究非洲的专家从未出过国，因而存在着实际情况掌握少而以空泛的理论去套的倾向，也有照搬照抄西方学者的材料与观点的现象。葛佶认为，要克服这种倾向必须走出去，其中出国进修是提高业务能力的一种很好的手段。但是，葛佶担任所长期间，西亚非所每年的外事经费不够买两张国际往返机票，经费问题成为制约研究人员走出去的障碍。为此葛佶花费了不少心思和精力。她凭借自己在国外的关系和影响，为所里数十名研究人员争取到长期或短期出国进修或考察的机会，从而大大提高了研究人员的业务素质，进而也提升了整个研究所的研究水平。葛佶对年轻人的培养特别注重德才兼备，对于业务水平较高的年轻研究人员，对他们在政治上的要求更加严格。她还认为，科研工作中也有较强的政治，一个人的政治水平从他的科研成果的观点和治学态度中也可以反映出来。

三是对外学术交流。葛佶在中国非洲学界的影响和她娴熟的英语交流能力，为她担任所长之后加强西亚非所的对外学术交流提供了便利。西亚非所与美欧等国非洲学界的交流活动在 20 世纪 80 年代中后期呈现出繁荣发展的局面，其中 1985 年启动的中美非洲学界的机制化交流尤为引人注目。1985 年 9 月，在美国伊利诺伊大学华裔非洲学家于子桥教授的努力下，在福特基金会专项资金的资助下，西亚非洲研究所与美国几所非洲研究力量比较雄厚的大学联合成立的美中非洲研究交流委员会，开启了中美间有关非洲问题的国际学术交流，内容包括中美学者互访、双方举办国际研讨会、美方资助中国学者到美国进修和到非洲考察。这一交流项目从 1985 年延续至 1996 年，成为西亚非所建所以来规模最大、延续时间最长的国际交流项目，今日西亚非所许多研究非洲问题的学者都曾参与这一交流项目。

（李智彪，中国社会科学院西亚非洲研究所研究员）

何方独立思考的日本研究

——荣誉学部委员、著名国际问题专家何方先生访谈

林　昶

1979 年何方在国防大学作报告

编者按：何方先生是中国社会科学院荣誉学部委员，日本研究所首任所长、著名国际问题专家。以下是《日本学刊》副主编林昶对何方先生的人生经历、学术观点、治学之道以及对青年学者期望的访谈记录要点。

一　主要工作和学术经历

林昶（以下简称"林"）：据我所知，您是 1938 年参加革命的老学者。请简要谈谈您的人生经历。

何：我是被抗日救亡的浪潮卷进革命队伍的。1938 年 15 岁奔赴延安，一住就是七年多。大约一半时间参加整风抢救和生产劳动，一半时间从事学习和工作。我在国统区只上过一年初中，没有多少文化，后来主要是靠抓紧业余时间补充知识和提高文化水平的。所以，我把"曾三颜四，禹寸陶分"①，当作了一辈子的座右铭。1945 年在延安外语学院俄文系毕业后，赴东北，先后任辽阳县委宣传部长、辽东省青委副书记等职。到东北做地方工作，主要是搞宣传、写文章。1950 年随张闻天进外交部，在他的指导下做国际问题研究工作，这一工作一直继续到现在。1959 年被定为外交部反党宗派主要成员，受到错误处理。1979 年平反后恢复工作，参加中央国际问题写作小组。1981 年出任社科院日本研究所所长。1988 年任中国国际问题研究中心副总干事。在此期间，被评为政府特殊津贴领取者、研究员，还受聘为北京大学和南开大学等校兼职教授、俄罗斯科学院远东研究所名誉博士和一些学术团体的顾问等社会职务。当了两届政协委员，担任过中苏（后来是中俄）友好协会副会长。1999 年离休，并开始研究中共党史，写出了一些有个人特色的文稿。

林：您是我国著名的国际问题专家，从事国际问题和对外关系研究 50 年。请简要介绍一下这方面的情况。

何：我研究国际问题的 50 年，回顾起来大致可分为三个时期，即 20 世纪 50 年代任驻苏联大使馆研究室主任和外交部办公厅副主任的十年、1959 年受张闻天株连被打倒的 20 年和 1978 年平反昭雪后又研究了 20 年的国际问题。

头十年，我在张闻天的直接指导下研究国际关系和对外政策，写了许多内部研究报告，为外交工作和中央决策提供参考。例如 1951 年关于朝

---

① 清代著名诗人和书法家郑板桥苏州题联。"曾"是孔子的学生曾参，"三"是指曾参的名句"吾日三省吾身"，"颜"是指孔子的另一个学生颜回，"四"指颜回的名句"非礼勿视，非礼勿听，非礼勿言，非礼勿动"，意在劝导人们要注重品德修养。《晋书·陶侃传》："禹圣者，乃惜寸阴，至于众人，当惜分阴。"

鲜停战和谈的报告、日内瓦会议期间关于在远东要求维持现状和划界而治的文章、1954 年关于苏联批判个人崇拜的反映等，都受到中央领导的重视。登在 1955 年一期《外事研究》上的《关于美国外交策略的新变化》，还受到毛泽东主席的赞扬。50 年代下半期的研究更是直接为外交服务，除写研究报告外，还起草各种内部文件和外交文书，主编《外交通报》、《外事动态》、《外事研究》、《业务研究》等内部刊物。此外，也参与过一些中央文件如多次的政府工作报告（还有中共八大的政治报告）的国际形势与对外关系部分，以及某些领导同志的讲话等的起草工作。这一时期正值年富力强，又得益于新中国国际问题研究的开拓者张闻天同志的指导和熏陶，因此，是我的研究成果最多、写作量最大的十年。

1959 年以后，虽然长期下放农村，但仍关注国际形势，特别是利用时间阅读了大量理论书籍和国际问题资料，有机会时也还写点有关国际问题的文稿。例如在干校期间，1972 年以后劳动已很少，大部分时间可用来读书和研究问题。因深感中国经济在国际比较中的日益落后，我有一阵曾对日本战后经济高速发展的原因作过系统研究，写了数万字的材料，并给外交部的宦乡（后来的我院副院长）等一些同志看过。这也许与我后来受命筹办社科院日本研究所有关。

林：那就请您详细谈谈来社科院以后工作的情况。

何：我这一生遇到不少出乎意料的事，离开外交部来社科院筹办和主持日本所，算是其中的一桩。我既没有专门研究过日本（上面所说的研究经历当然属业余性质），又不懂日本话，竟当了八年多的日本所所长，还被一些人叫成日本问题专家，也被日本人列为所谓"知日派"，现在想来连自己都觉得有点可笑。事实上这也确实出于偶然。

社科院原来要我筹建苏联东欧研究所，后来由于从中联部成建制地接收了一个完整的所，原先的设想自然也就告吹了。但是，宦乡仍然要把我留在他主管的国际片。1980 年 1 月去美国同布鲁金斯学会进行学术交流，他在介绍中国社科院国际问题研究情况时，竟然说出还要成立两个国别研究所，并当场介绍我是日本研究所的所长。对于成立日本所，以及他提出的人选，后来党组讨论时也都完全同意。同年我们以中国社科院代表团名义访问日本时，宦乡又多次向日方介绍我是日本所所长。回国后我也只好赶鸭子上架，硬着头皮筹办起了日本所来。[①]

　　在筹办和主持日本所后，曾就日本问题和中日关系写过数十篇论文。20 世纪 80 年代上半期，我还担任过全国日本学科规划组长，对全国的日本研究进行协调，还首先提出研究日本必须去日本进行实地考察和学习，并组织全国日本研究机构的领导人访日，又在本院日本所成立了日本文化研究室，填补了中国的日本研究中缺少日本文化这一学科分支的空白。不过，我的主攻方向仍然是国际问题和对外关系，特别是一些带理论性和战略性的问题。1979 年调到国务院国际问题研究中心后，研究成果以内部调研报告为多，还增加了一项政策建议的内容。

二　主要学术观点

　　林：请着重谈谈您在国际问题研究方面代表性的学术观点，因为现在再回头看就更清楚了。

　　何：远的不必讲了，只谈来社科院后这 20 年的几个主要看法。20 世纪 80 年代前我对国际形势和对外政策就有些与中央不同的看法，但无处表达。恢复工作后，和一些熟人、老领导经常议论，看法也相同，于是等机会成熟时，就参与了他们给中央报告的起草工作。我的看法就反映到他们的报告中去了。这里面包括这样几个问题：一是不同意联美反苏的"一条线"战略，因此以宦乡名义给中央写了一份建议拉开与美国的距离、缓和对苏关系的报告；二是认为中央肯定世界大战不可避免值得考虑，提出有避免的可能；三是认为毛主席关于"三个世界"划分的理论站不住，建议不再对外讲了。后两条包含在李一氓给中央的报告中。他们两人的意见（李一氓还有改变对南斯拉夫看法，同各国兄弟党以至社会党恢复和建立党际关系的建议，但与我无关），先后为中央完全采纳。

　　另外再谈这个时期的几个观点：

　　第一，关于时代问题。我在 1986 年提出，从第二次世界大战后十多年民族民主革命高潮开始低落起，世界即已进入"和平与发展时代"。可

---

　　① 《人民日报》1980 年 8 月 26 日刊登新华社消息，中国社会科学院新近成立了日本研究所，所长为日本问题专家何方。1981 年 4 月 27 日日本研究所举行成立大会，5 月 1 日定为建所纪念日。

是我们却仍然坚持战争与革命时代的观点，制造紧张，准备打仗，耽误了30年千载难逢的发展机遇期，使周边不少国家和地区都跑到了我们的前面，我们再努力也还要好几十年才能赶上人家。今后和平与发展时代还会持续几十年，如果按"资本主义向社会主义过渡时代"的认识办事，还会丧失不少机会。

第二，苏联解体后我提出，世界战略格局已开始了一个从两极向多极过渡的时期。由于是和平过渡，时间会拖得很长。在此期间，国际形势会不时出现动荡和局部冲突，但总体上仍然是趋向缓和。在发展不平衡规律导致的大国实力均衡化和发展中国家崛起两大因素推动下，多极化已成为必然趋势。美国将始终是较强的一极。不能把多极化看成同时存在若干力量相等的强国才算。因为在国际关系中，不平衡一直是绝对的。无论如何，美国的力量和影响总是在相对下降，在相当长的时期也打不起世界大战来。世界革命形势更看不到边。因此，应在经济、安全等问题上，注意和各国特别是大国搞好关系，避免对抗。不宜再提反帝反霸、国际主义和世界革命的口号，更不宜从事这类活动，而应集中力量把自己的事办好。

第三，关于南北差距。我认为第二次世界大战后除少数几个年头外，大部分时间都是在缩小。近年来南方经济发展更快，特别是中、印、巴西和东盟等一批新兴市场国家的发展，这已引起发达国家的极大关注。上世纪我曾在《人民日报》、《解放日报》、《世界知识》先后写过好几篇文章，指出南北差距已在缩小。

林：关于和平与发展时代问题，还想再了解一些。据我所知，您是我国关于时代理论的重要学者，您关于当今是和平与发展时代的观点，在国内有广泛影响，也曾引起一些激烈的争论。2000年您出版了《论和平与发展时代》①，书中全面反映了您有关时代问题的主要观点。可以请您再谈谈这方面的情况吗？

何：其实，时间并不遥远。在海湾战争和科索沃事件时，舆论界有些人曾随之摇摆，谈论战争的文章和畅销书纷纷出笼，认为国际形势发生转折，不能再多谈和平与发展了，似乎又要准备打仗。我就遇到过出租汽车司机问"会不会打仗"。所以，尽管我在过去十多年曾经反复谈论过不少，但由于在这个问题上出现了上述新情况，我又连续著文（如长文

① 　何方：《论和平与发展时代》，世界知识出版社2000年版。

《再论和平与发展时代》① ） 指出，形势并未发生根本变化，特别提出在观察国际问题上，不能轻易动摇和改变一些基本观点和估计，更不能随意改变政策。

三　对日本和中日关系看法

林：您曾担任日本研究所首任所长八年。您对日本的基本看法是怎样的？

何：关于日本，大家谈论很多，也比较熟悉。它现在还是世界经济大国。虽然 20 世纪 50 年代，它的经济总量只有我国的一半，但后来有段时间我们曾不到人家的一半。邓小平说，1960 年，我国还和日本处在同一条起跑线上，但后来被人家超过了。我当日本所所长的时候常常对日本人说，我们要在人均产值上赶上日本恐怕得个百八十年，日本人大可不必怕中国强大。

另外，我们也要以平常心看待日本，把它看作国际大家庭中平等的一员，不可总是以战败国相待，别国可以做的事它却不能做。我认为，日本军国主义永远也复活不了。因为旧军国主义的标志是对内实行法西斯和经济统制，对外进行军事侵略。这几条，日本都恢复不了，连统治集团也不想恢复。日本要做"世界性军事大国"也很难，它是个岛国，缺乏战略纵深，还没有进攻性战略武器。所以日本统治集团也比较现实，并无此意向。它只是想做所谓"正常国家"，就是主权独立，和其他大国平等，如有权修改宪法，可以集体自卫，可以有国防部和军队，等等。

关于日本的侵略历史，日本统治集团和国民的主流意识是以"村山谈话"② 画上了句号，再要求提高些已不可能，别国说多了他还反感，以致影响民族情绪。德国是反纳粹力量上台执政至今，盟国对纳粹也清算得彻底。日本的统治势力几乎没变，特别是后来又得到美国的包庇扶持，使日本的战争罪没有得到彻底清算，所以总会有些人经常冒出旧的思想和

---

① 何方：《关于时代问题讨论的回顾——再论和平与发展时代》，载《何方集》，中国社会科学出版社 2001 年版。

② 1995 年 8 月 15 日，日本首相村山富市发表了关于战后 50 周年的谈话。其中谈到：日本过去不远的一段时期，国策错误，走上了战争道路。由于进行殖民统治和侵略，给许多国家特别是亚洲各国人民带来极大损害和痛苦。在此再次表示沉痛的反省和由衷的歉意。

言论。

林：早在十多年前，您就在《环球时报》上发表《我们能同日本友好下去吗？》①的文章。当时国内很少有人知道，因为没有今天互联网这样发达，而我正好在日本，新华社记者说这篇文章在日本产生了"爆炸效应"。这被后来人们称为"开启对日关系新思维的先导"。您对中日关系是怎样看的？

何：我在任日本所所长期间，中日关系很好。中国学习、借鉴日本发展经济的经验，引进日本的技术，得到日本的帮助。中国对日本也是不念旧恶，友好相待。邓小平等领导人一直强调要向前看，每次领导人访日都会掀起一场"旋风"，"世代友好"成了两国的主要民族情绪。那一高潮一直继续到我离开日本所以后。

此后不久，我就感到中日关系出现转折，开始走下坡路。一方面，日本政治右倾，对中国的发展强大感到不安；另一方面，中国领导人和舆论开始强调历史问题，甚至说成是中日关系的基础，中日世代友好倒不大提了。日本人却对老提历史问题感到厌烦，我们提得越多，他们越反感，这就形成了一种恶性循环。我因看不下去，就应约写了那篇对双方都有批评和劝解的文章。因为按照邓小平指示，"考虑国与国之间的关系主要应该从国家自身的战略利益出发。着眼于自身长远的战略利益，同时也尊重对方的利益，而不去计较历史的恩怨，不去计较社会制度和意识形态的差别，并且国家不分大小强弱都相互尊重，平等对待。这样，什么问题都可以妥善解决。"②我的文章就是阐述这个思想的，因此提出中日关系不应提以历史问题为基础，而应以友好合作、平等互惠为主轴。

林：中日关系还是要"以史为鉴"。

何：即使谈"以史为鉴"，我们也应扩大范围来谈。不仅要以日本侵华50年的历史为鉴，也要拿两千年的友好来往，特别是战后60年（也就是当代史）为鉴，吸取正反两面的经验教训。在中日友好的80年代，日本的资金、技术、经验就对我们的建设起到了很大作用，我们许多家电生产线就是从日本引进的。这里，还可举一个人们多已忘记的例子，就是50年代中期，日本众议员帆足计等"三勇士"访华，签署中日民间贸易

---

① 《环球时报》1997年5月11日。

② 《邓小平文选》第3卷，人民出版社1993年版，第330页。

协定，并且一再出现中日友好高潮。但一个不大的"长崎国旗事件"①，就断绝同日本的一切贸易和人员往来，结果对我们造成不小损失，多少年都弥补和修复不过来。再有，就是舆论上有时把整个日本和个别日本人的行为相混淆，动不动就是日本如何，而不加区别。而对于日本走和平发展路线，帮助中国现代化建设等，又宣传不够，使日本人普遍感到不满。温总理访日在日本国会讲演中讲了日本援助问题，日本朝野都表示满意。总之，我认为，对中日关系上的许多问题，都需要进行认真的研究。当然，我们固然不能苛求学者的每一个观点都精确无误，但是舆论导向却不能含糊，一旦煽起民族情绪，就可不是短时间能解决的了。

历史问题，这是大国之间特别是邻国之间很难避免的，应当逐渐淡化，而不应受个人情绪和民族主义情绪的影响。这既与双方的政策有关，两国媒体也起着很大作用。中日关系友好的时候，什么东海问题、钓鱼岛问题，都没有成为妨碍两国关系的大事。后来国家关系不怎么好了，这些问题就都突出了起来。所以关键是两国关系的主要倾向决定其他具体问题。还可以中苏关系为例，当中苏友好时，很少在传媒上看到双方出现了什么问题，后来一反修，就每天都有发生苏联反对我们的事情的消息。

上引邓小平所说考虑国与国之间的关系不要去计较历史恩怨，也就是要淡化历史问题。在这方面，法德之间对历史问题的处理就很值得我们借鉴。法德之间的世仇既远且深。德国曾两次打败法国，割去了法国的领土阿尔萨斯。法国作家都德写了一篇《最后一课》的小说，收在小学课本里，很感人，但它也是在青少年中传播对德国的敌对情绪。这是第一次世界大战后的情况：当时美、英、法等组成的协约国，出于对德国侵略的怨恨，对战败的德国实施了苛刻的惩罚和严格的限制，被德国人视为奇耻大辱和难以忍受的束缚。希特勒正是在这种民族情绪下登上政治舞台并发动了第二次世界大战。结果德国又一次被打败。苏、美、英等组成的同盟国，接受一战后的教训，除采取在德国割让的领土上迁出德国原居民的措施外，在对德国的惩罚和约束上也比较宽松，不但不严格限制它的经济发

———————————

　　① 长崎国旗事件：1958 年 5 月 2 日，在长崎中国邮票和剪纸展览会上，两名日本青年扯下了会场上悬挂的中国国旗。事后，中国政府提出抗议，并决定断绝同日本的一切进出口贸易，对已签合同停发信用证，未签合同一律停签；停止延长渔业协定；召回访日中国代表团，除根据需要酌情邀请日本进步人士和友好人士来华外，中断中日之间人员往来。

展，还给予一定的扶植和帮助（如马歇尔计划）。法国在收回马尔萨斯地区后，也不但不在民众中进行仇德教育，如从小学课本中删除了《最后一课》，而且还主动倡导同德国的经济合作，提出成为后来欧洲联合最早雏形的"煤钢联营"。法德能在"一笑泯恩仇"之后，很长时间起到欧洲合作与联合中的轴心作用。中日两个大国也可以用加强相互间的友好合作，积极参加和推动亚太地区的合作与发展。这也是两国应该承担的国际责任。

值得庆幸的是，中日关系在走了十多年下坡路后，现在双方已开始认识到必须改变。如果双方都能从这段历史中汲取教训，经过共同努力，中日的世代友好关系还是能够逐步恢复起来并长期坚持下去的。

林：那么，您对中国的日本研究的看法是怎样的？

何：社科院建院 30 多年了，作为参与日本所及国际片筹建的一员，虽然做了些开创性的工作，但实在有限得很。

至于中国对日本整个的研究，无论广度和深度都是 30 年前不能比的。但是，要对日本研究得透一些，那可就不容易了。记得 20 多年前，夏衍担任中华日本学会名誉会长，在学会成立大会讲话时，他给我们谈了一段话，说他和日本打了几十年交道，到了晚年，仍感到日本是一个"谜"。这也说明日本这一研究对象的复杂、难以捉摸，所以必须要下定坐冷板凳的决心，把它看成是一项长期而艰巨的任务。

再就是，感到我们的日本研究欠缺一定的独立思考精神，很容易受一时政策的左右和舆论情绪的支配。而科研必须有个人的学术特色和根本看法，形成自己的一套，才能成为专家学者。日本研究工作，可以对增进中日人民间的相互了解、友好合作和推动两国关系的发展起到积极作用，但也可能带来消极影响。这从中日复交以来特别是中日两国综合国力变化的历史演变中就看得出来。

林：的确，随着近些年来中国综合国力和国际地位的提高，中日两国经济、政治关系发生了结构性的微妙变化，那么，在对日关系和日本研究上怎样才是正确的选择？

何：为了维护和推进中日友好，有一个值得注意的问题，就是防止滋长骄傲情绪。在改革开放初期的 20 世纪 80 年代，中国有一股学习日本发展经济经验的热情。日本问题研究界最多的课题和成果也主要表现在这一方面，这无疑对推进两国关系起了积极作用。后来，随着中国经济的快速发展和两国关系的下滑，借鉴日本经验的劲头就冷了下来。特别是在中国国内生产总值总量上超过日本之后，在对日关系上更容易产生傲慢情绪，觉得日本已经没有什么可学的了，甚至尽挑日本的毛病，过分强调两国关系中的矛盾。如果仅以这种态度从事日本问题和中日关系研究，一定会误导舆论，对中日友好起促退作用，不但有损于两国人民的根本利益，也违背我们国家的外交理念。因为我们一直强调，国家不论大小，都有各自的长处，都要相互学习，更何况中日两国都是大国，又是一衣带水的近邻。例如，就当前来说，日本就在表现贫富差距的基尼系数上比我国低，说明它的分配相对合理一些，因此，社会比较成熟、比较稳定。这就值得我们借鉴，也是日本研究的应有课题。

四　关于党史和张闻天研究

林：您离休后，除国际问题外，还开始了张闻天和中共党史的研究，对张闻天在总书记岗位上的重大贡献和开拓新中国国际问题研究等问题上有深入的分析。请简要介绍一下这方面的情况。

何：我以耄耋之年改学中共党史，一则是为了改正自己历史上的错误，即违心批判张闻天，因此想以研究张闻天为自己赎罪补过；二则党史上自己经历过的事，由于宣传舆论的造神造假，自己的思想也被搞乱了，所以想理理清楚。以第一件事为例，对张闻天作了点研究，还原了一些历史真面目，驳倒了一些不实之词。如证实了邓小平在张闻天悼词①中所说，他在遵义会议上当选为党中央总书记，而不是现在普遍讲他只是在遵义会议后中央分工中"负总责"。同时也根据研究结果，恢复了他以前被埋没和抹杀的重大的历史贡献。如1935年主持瓦窑堡会议，制定抗日民族统一战线战略（毛泽东、周恩来在前线指挥打仗，所以没能参加制定，只是事后表示"完全同意"），实现了中国从内战到抗日的伟大战略转变。又如西安事变后大家都主张"审蒋"、"除蒋"（还发表了以毛泽东带头的红军将领公开通电），张闻天则主张承认南京"正统"，和平解决西安事变，变局部（只西北）统一战线为全国统一战线。和平解决西安事变，实现国共合作和全民抗战，不但拯救了中国党和中国革命，也拯救了

---

① 《人民日报》1979年8月26日。

整个中国和中华民族。

我和张闻天一起进外交部，我的国际问题研究是在张闻天的指导下开始起步的。张闻天是中国外交工作的开拓者。他在任期间，建立了我国外交部和各驻外使馆的经常性调研工作，建立了中国第一个国际问题研究所、出版社和学校（即外交学院），还从各个方面推动全国的国际问题研究。他也是国际问题研究的楷模，值得我们大家学习。

五　寄语青年学者

林：您做人、做事的原则是什么？

何：我认为，应把做人放在第一位，首先要做一个独立、正直和有道德的人，才能做好各种事情，包括做学问。

林：那您觉得现在青年人做学问有些什么不足？

何：我觉得现在有些青年人学习不够勤奋，做学问有点浮躁，不够专心致志。

林：怎样弥补呢？记得 20 多年前，您就在《名人谈自学》[1] 一书中，勉励青年学者抓紧时光、勤奋学习。您对今天的青年学者有何忠告？

何：我在日本研究所等单位，曾把《回忆马克思恩格斯》定为进门必读书，其用意就是希望年轻人学习马克思做人做学问的榜样。要抓紧一切时间多读书，不但要专，而且要博。要养成独立思考的习惯，逐渐形成自己一套看问题的方法和一些主要观点。没有新意的文章不要写，绝不人云亦云。注重学风，鄙视名利。

时代不同了，我的一些意见不一定对。不过在学习上，仍然愿与青年学者共勉。下面谈点个人的经验，供参考。

第一，要有强烈的求知欲，要有"敏而好学"的劲头儿。尽量多读书，多积累知识，以提高自己的文化理论水平。我那时对重要的马列著作和其他人文社会科学书籍以至中外文学名著，只要能找到书和挤出时间，就一定要读。而且在学习上还有点好面子，不甘落后。例如在延安人们说，不看《红楼梦》就难以了解中国社会。于是我也设法借到这部书，在劳动间隙阅读，连抬粪也拿着，路好走就看一段，路难走就默诵。先后

---

① 《名人谈自学》，兰州大学出版社 1988 年版。

读了好些遍，以至书中回目和大部分诗词至今仍能背下来。

第二，要有广泛的兴趣。青年时期是一个人打基础、长知识的时期，应该争分夺秒，打好基础。即便后来从事一定专业，也需要博学，太狭窄了专业也搞不好。为此，在学习上一开始就应该注意培养广泛的兴趣。达尔文讲到他在学校养成的习惯和性格时曾说："对我后来发生影响的，就是我有强烈而多样的兴趣，沉溺于自己感兴趣的东西，喜欢了解任何复杂的问题和事物。"

第三，要有"挤"和"钻"的精神。所谓"挤"，就是在生活中挤出学习时间。所谓"钻"，就是读书要钻进去，弄懂。例如，我在东北工作时有一阵打游击，白天住下来，没敌情，就读《西洋哲学史》、《美国十大家族》之类的书；平常行军途中则看点名人传记或小说，一天也可看一个中篇。在利用零散时间上，我笃信古人欧阳修的"马上、厕上、枕上"之说。但也有缺点，不讲卫生就是一项。吃饭看书不利消化，乘车看书有伤眼睛。我没注意这些，幸好还不曾酿成什么大毛病。

第四，要联系实际，学用结合。这是尽人皆知的马克思主义常识。我在这里只是想谈有关的两点：一是读书要通过消化加以吸收；二是学习要和研究写作结合。我的体会是，读书不但要钻进去，弄懂，更重要的还在于能把读过的东西贯穿在一起，形成自己的知识系统，有自己的观点和看法。这样，学习才算开了窍。以学习国际问题为例，如果只是每天读书看报，材料积累不少，一些问题的细节也都了解，可就是互相联系不起来，那仍然只是一堆杂乱无章、零碎片断的情节或素材，不能形成系统的知识，更遑论自己的看法。因此，谈联系实际，就要强调"多思"、独立思考。对于读书看报，不能只满足于懂得和记住，而要结合实际和自己原有的知识，进行分析比较、多思考，然后才能消化吸收，纳入自己的知识系统，印证自己对问题的看法。这本身就是个研究过程，就是学习和研究的结合。

这几点，既不完全，也没什么特别。关键的问题还在于个人认识到学习的重要，下定决心，坚持下去。在学习的过程中，各人都可以不断总结出好的经验，采取适合于自己的办法。别人的经验也要参考，特别是应当以革命导师作为榜样。他们的学习精神和学习方法，也都值得我们借鉴，读一点他们的传记和介绍他们事迹的书，也是很有帮助的。不过归根结底，学习还得靠自己去实践；至于成就大小，主要取决于自己的努力。

林：2010 年，在日本所为您举办的 88 岁米寿庆祝会上，您对年轻研究人员提出了"多读、多想、多写"的三点期望，给我留下深刻印象。

何：我可以说舞文弄墨了一辈子，成就不大，但经验教训总还是有一些。生日会上所谈，可命曰"三多主义"。

一是多读。要做好研究工作，就必须下定决心并真正做到阅读大量书籍，包括有关的报刊和其他资料。为此，就要有嗜书如命的精神，养成手不释卷的习惯。读书不但要专，还要尽量博。就是说，除专业书籍外，也应尽可能涉猎广一些，如读点中外古籍，像外国的《希腊神话》、《圣经》，中国的古文诗词，以及近代的人文社会科学书籍。读书要读懂、记住，就得养成记笔记的习惯。除记自己的心得和看法外，也记些了解情况和观察问题的基本材料与重要数据，还要不断温习，做到用时会自然涌出，不必临时查找甚至一问三不知。只有多读书，也才能写好文章。所以杜甫说："读书破万卷，下笔如有神。"

二要多思，也就是多想。就是无论读书看报，还是实际考察或开会，对问题都要多想一想，做到丰富知识，思想常新，使自己的认识不断提高，以至迸出新的思想火花，写出有新意的文章。多思是韩愈早就提倡的。我们讲的多思还要强调独立思考，就是要敢于突破旧框框，不随波逐流，不人云亦云。做研究工作的一个主要要求，就是要提出新看法和新论据。如果只看上面的眼色行事，吃别人嚼过的馒头，这样的研究工作就实在没有存在的必要了。

三是多写。这本来就是多读和多想的实践和目标。多写指的是多动笔，多出产品。这也是研究工作成绩的主要表现。如果只限于读和想，一年到头没有作品，那就等于长期休假、没干活。我当所长时，院部规定研究员每年要至少写出五万字的成果。至多呢，没有限制。例如日本所已故著名学者叶渭渠，在不少年份著书作文都在 50 万字以上。我就没能写那么多。现在不知道是怎么规定的。反正做研究工作，著书立说应当是天经地义。而这"立说"，指的就是创新。我一直主张和提倡"没有新意的文章不要写"。只靠拼凑材料成文，那不是创作。创作是要在阅读大量材料或长期实践的基础上，经过深思熟虑，得出自己观点新颖、论据充足的独特看法。

后记：记得是 1987 年，日本所举办国庆联欢会，有一项内容是书画摄影比赛，何老送来二尺条幅，上书："板凳须坐十年冷，文章不著一字空——学习范文澜同志的治学精神"。这幅弥足珍贵的墨宝，我珍藏至今。转瞬20多年过去了，面对当今喧嚣纷繁的社会和浮躁之风，独立思考、务实求真，这正是何老一生治学的真实写照！

（林昶，《日本学刊》副主编）

孙培钧先生与南亚政治经济学科

孙士海

　　我国对南亚国家政治、经济的研究是从 20 世纪 80 年代以后逐渐发展起来的。1978 年，中国社会科学院与北京大学合办了南亚研究所。当年，四川大学的印度研究室也扩建为南亚研究所。此后，我国对南亚国家的政治、经济研究才开始了学科建设的初创时期。中国社会科学院·北京大学南亚研究所曾按国别设有印度—巴基斯坦研究室、孟加拉国—尼泊尔—斯里兰卡研究室，主要从事这些国家的政治、经济和国际关系研究。孙培钧先生曾任印巴研究室主任。不久，南亚所又按学科划分出南亚政治经济研究室，孙培钧先生任该室主任。

　　孙先生担任室主任期间，不仅很好地团结了室内的同事，而且还能联合外单位有关人员进行合作研究。1984 年，由孙培钧、华碧云、张敏秋、高鲲四位先生合作的《印度垄断财团》一书由时事出版社出版。该书十章，陈翰笙先生作序，后附资料三篇。书中对印度垄断财团的形成与发展作了回顾与分析；详细介绍和分析了印度主要财团，如塔塔财团、比尔拉财团，以及地方财团的实力、现状、前景及其在印度经济中的地位和影响等。这是我国第一部对印度财团进行深入研究的专著，对印度经济和政治研究具有重要价值。

　　1979 年，中国南亚学会和南亚研究所创办了学术刊物《南亚研究》，创建了图书资料室。此外，南亚研究所 1978 年开始招收研究生，先后培养了多名南亚政治、经济专业的硕士研究生。80 年代初，这些研究生毕业后大都从事了专业研究工作，在孙先生等老一辈研究人员的带领下，一些中青年研究力量逐渐成长。到 90 年代，一些中年研究人员已经成为重要的科研骨干和学科带头人。

令人遗憾的是，中国社会科学院·北京大学南亚研究所在积累了大量图书资料，取得多种研究成果以及培养了数十名均学有所成的研究生和年轻学者之后，于 1985 年被分成中国社会科学院南亚研究所和北京大学南亚研究所。而且更为不幸的是，这两个南亚所分别在 20 世纪 80 年代末和 90 年代初被撤销和兼并。

1985 年分所之后，孙培钧先生任社科院南亚东南亚研究所所长。在此期间，他一如既往地团结各方面研究力量，开展印度政治经济研究。1991 年，由他主编，黄德一、沈若愚、花碧云、张敏秋等人撰稿的《中印经济发展比较研究》一书由北京大学出版社出版。它出版于 1991 年，是第六个五年计划期间国家社会科学研究的重点课题，也是国内第一部全面系统进行中印经济对比的专著。当时印度的经济改革刚刚起步，而孙先生等人则在 80 年代中期就已经立项，并开始着手此项研究了。可见，孙先生在这方面的远见卓识。该书获中国社会科学院首届优秀科研成果奖，也获韩素音—陆文星中印友谊奖。2007 年被收入中国社会科学院文库。

1988 年之前，中国社会科学院南亚与东南亚研究所（在南亚研究所基础上扩建）在南亚国家政治、经济和国际关系研究领域里具有较强优势。1988 年南亚研究所被合并到亚太研究所之后，南亚研究逐渐被边缘化，研究力量遭到削弱。随着孙先生等一批研究人员的相继退休，该学科的发展在我院并没有处于停顿状态。而孙先生退休后仍然坚持研究，为后学者做出了榜样。

1990 年，孙培钧先生主编的《南亚国家经济发展战略研究》一书由北京大学出版社出版。2001 年，孙先生和华碧云的《印度国情与综合国力》一书由中国城市出版社出版。此书分 12 章，从资源、国民生产、工农业、基础设施、对外经济、科学技术、教育、国内政治、国际影响、军事实力等方面综合考察和分析了印度的国力，对全面了解印度现状、进行中印对比、开展中印合作，以及制定我国的发展战略，都有重要的参考价值。

孙培钧先生为人和善可亲，毫无架子。在提携学生和晚辈方面，也是尽其所能。1996 年，孙士海、孙培钧联合主编的《转型中的印度经济》一书由鹭江出版社出版。2000 年，孙士海主编，他参与撰稿的《印度的发展及其对外战略》一书由中国社会科学出版社出版，该书是国内第一部研究印度崛起和印度对外政策的学术著作，荣获中国社会科学院优秀成果三等奖，列入中国社会科学院文库。

当前，国内在此研究领域具有较强优势的学术机构主要有四川大学南亚研究所和云南社科院南亚研究所。从 1978 年国内研究机构设立南亚国家政治、经济和国际关系学科至今已经有 30 多年。随着南亚大国印度的崛起，国内的印度研究渐成显学。一些地方社科院和大专院校设立了研究所或研究中心，如云南社科院 2000 年成立了南亚研究所，北京大学和上海复旦大学都设有印度研究中心和巴基斯坦研究中心。从全国范围来看，南亚政治、经济领域的研究人员队伍不断壮大，不少优秀的研究成果也陆续问世。

除了孙培钧先生的著作以外，在南亚国家政治、经济和国际关系的研究领域较有影响的学术专著还有：

《喜马拉雅山情结：中印关系研究》。该书为中国社会科学基金项目，1997 年藏学出版社出版。作者是中国社会科学院亚太所的王宏纬教授。这是中国学者系统研究中印边界问题以及中印边界战争的第一部著作。该书 1999 年荣获首届国家社会科学基金项目优秀成果三等奖。

文富德著的《印度经济全球化研究》，巴蜀书社 2008 年版。

沈开艳等著的《经济发展方式比较研究：中国与印度经济发展比较》，上海社会科学院出版社 2008 年版。

张敏秋、高锟等著的《南亚政治经济发展研究》，北京大学出版社 1995 年版。

林良光主编的《印度政治制度研究》，北京大学出版社 1995 年版。

孙士海主编的《南亚的政治、国际关系及安全》，中国社会科学出版社 1998 年版。

孙士海主编的《二战后南亚国家的对外关系研究》，方志出版社 2007 年版（该书列入中国社会科学院文库）。

张贵洪著的《冷战后的美国南亚安全战略》，浙江大学出版社 2007 年版。

（孙士海，中国社会科学院亚洲太平洋研究所研究员）

舒吉昌等人与拉美所图书馆

王宽成

我于 1961 年 9 月到所，转眼半个世纪过去了。回想往事，舒吉昌等共事多年的老同事的青春笑貌，一件件往事，蓦然涌上心头，宛如昨日，不时在脑际萦绕。

老舒于 1961 年 8 月来所，出任图资室主任。万事开头难。建所伊始，书无一本，报无一张，所领导把搜集图书资料列为"三年练兵"时期的头等重要任务。老舒原任中央党校资料室副主任，富有工作经验和领导才能，不畏困难，迎难而上，勇于承担重任，领导全室同志在持续进行大规模搜集、整理和采购图书资料的同时，编制了《拉美所图书分类法》、《拉美所图书著录规则》、《剪报资料分类表》等，制定了一系列规章制度。由于他们精心策划、组织和全室同志的努力，在 1966 年"文化大革命"开始前，拉美所图书馆藏书已达 1.1 万册，中、外文报刊 1000 多种，馆藏建设已初具规模。

为了更好地为科研服务，老舒还组织大家编写了《北京十大图书馆拉美专业藏书目录》、《拉丁美洲大事记》、《拉美专业外文参考书目》等，供研究人员查阅。此外，为配合所里的专题研究，还编发了《中美关系大事记》、《土地问题图书、论文索引》等，受到所领导和研究人员的好评。

无论是图书资料的搜集整理和规章条例的制定，还是文献资料的编制，老舒都费尽心血，事无巨细，事必躬亲。特别值得提及的是图书馆四次大搬家。图书馆搬家非同寻常，搬一次家要花两三个月的时间，耗时又费力。最后一次搬家，老舒已过而立之年，但仍同年轻人一样干活，不惜体力，不辞辛苦，令人钦佩！

1976 年拉美所恢复后，1979—1985 年老舒继任图书馆馆长。我作为副手配合他的工作，耳提面命，受益匪浅。他勤奋、执着、严谨、缜密的工作态度和作风，50 年风风雨雨后，仍记忆犹新。

老舒为人和善，平易近人，朴素踏实，不事张扬。他虽是领导，但更像老大哥，室里的气氛和谐温馨。平时，问寒问暖，谁有困难，无私关爱。每逢年节，不回去探亲的，他都请回家里过年。他爱人栗淑芳大姐的热情招待，使人感到像回到自己家里一样温暖。20 世纪 60 年代初，正是半饥半饱、凭票供应的年代，我们几个年轻人每到月底粮食紧张，只好到学部对面小羊毛胡同买豆渣充饥。有一次，他慨然送给我五斤粮票。真是雪中送炭，终生难忘。

老舒喜欢文体活动。擅长摄影，他教我学会了照相。他还有一手绝活——"变戏法"，是所里逢年过节联欢会上必不可少的节目。表演的"仙人摘豆"，精彩绝伦，令人拍案叫绝。

老舒对拉美所图书馆的创建恢复功不可没！

拉美所图书馆另外两位老同事祝文驰、刘天潜，他们在所图书馆创建与恢复工作中，同样作出过不可磨灭的贡献。

文驰兄 1960 年到所，比老舒还早，是拉美所真正的"元老"之一。他不仅是参加过抗美援朝战争，"扛过枪"、"过过江"的所里最年轻的离休干部，更是一位"旷世奇才"。文驰兄毕业于黑龙江大学俄语专业，俄语自不必说，难得的是西班牙文、英文也行，葡文、法文也能对付，素有"八国联军"的美誉。没有他，图书馆编译的上百万字的《拉美专业外文参考书目》、《西文期刊索引》等，是不可能完成的。毫不夸张地说，在图书馆创建中，搜集、整理、订购的每本外文书刊，甚至每一张外文卡片的制作和每条外文资料的编发，都无不浸透着他的心血。文驰兄在 1976 年拉美所恢复后，调到政治室任政治室主任之后，对图书馆的建设仍十分关心，遇难题向他请教，仍一如既往，无私奉献。

我到所后与文驰兄同住一个集体宿舍，朝夕相处；他那废寝忘食、手不释卷、笃志于学的精神，令人仰慕。文驰兄善交际，性情开朗，乐观常在。不管老的、年轻的都同他合得来。聚会有他，妙趣横生，欢乐无穷。他写得一手好字，论书法当时在所内数一数二。喜欢文体活动，乒乓球、篮球、象棋……几乎无所不爱。

　　刘天潜毕业于中山大学历史系，原在东南亚所工作，东南亚所撤销后调到我所工作，曾任图书馆副主任，直至 1992 年因病去世。天潜老弟和我一起工作多年，配合默契。他热爱自己的工作，忠于职守，在图书馆多项业务的恢复、拓展、馆藏建设、书刊采购、交换和二次文献的开发上都作出了应有的贡献。在我俩共同编制的《1492 年哥伦布发现新大陆文献索引》中，他竭尽全力，曾多次代表图书馆参加拉美学会举办的各项活动。天潜老弟多年在图书馆工作，总是早到晚归，从不迟到早退，这一点特别突出，堪称楷模。天潜老弟为人豁达，坦荡率真，惹人喜爱。他也同样喜爱多项文体活动。他是篮球队的铁杆中锋。唱起歌来也别具一格。用广东话唱起电视剧《霍元甲》的主题歌来，惟妙惟肖，有滋有味。唯一遗憾的是，天潜老弟英年早逝，令人叹惋！临终前仍念念不忘室里的工作，不禁使人潸然泪下。

　　1997 年我退休前，先后共有 30 多位同志为所图书馆的建设默默无闻地作出过贡献，其中有四位已过世的老大姐难以忘怀，她们是姜梅仪（中国人民大学政治经济学系毕业）、朱云瑞、王育明和钱野莉，均为所筹建时从外单位调来的骨干。四位大姐各有所长，各有千秋，共同特点是干工作踏踏实实，勤勤恳恳，无私奉献，值得尊敬。

　　听说国际片图书分馆即将成立，所图书馆单独存在的历史即将结束，有感于此，写上几句。如今，老舒、文驰兄均已是耄耋之年，衷心祝愿老舒长寿！文驰兄青春常驻。

　　　　　　　　　　　　（王宽成，中国社会科学院拉丁美洲研究所研究员）

怀念创建拉美所的老领导

张虎生　陈舜英

值此建所 50 周年之际，我们这些年逾古稀的拉美所"老兵"，在为中国拉美学派几代人收获的丰硕成果感到由衷欣喜的同时，深切怀念创建时期引领一批年轻拓荒者开辟草莽的老领导。他们是一个风清气正、甘当人梯、勇于开拓、严谨求实的坚强集体。忠实记录这个团队为催生我国哲学社会科学领域一个新学科所付出的心血和作出的奠基性贡献，既是对他们的最好缅怀，更是盛世修史、资政育人的鲜活教材。

一

1961 年金秋 9 月，120 多名应届大学毕业生从四面八方会聚到首都建国门内"中国科学院哲学社会科学部"大院里。每个热血青年都满怀着走上工作岗位的激情和憧憬，然而谁都不晓得将要从事何种具体工作。当时负责安排我们学习、生活的程宏宇同志虽然每天都来被大伙戏称"大车厢"的集体宿舍，跟年轻人围坐在课桌拼成的长桌旁促膝谈心，但当有些性子急的人不止一次地问起未来的工作安排时，这位老是穿一身洗得干干净净褪色军装的老同志总是略显迟疑地回答："咋说呢，还是我说的那句话，大家要充分做好战前准备，准备打一场向科学进军的持久硬仗。"及至当年年底，才正式获知，我们 38 人被分配到即将成立的拉丁美洲研究所，其他人则分到亚非所或学部别的老所。而严守秘密的宏宇同志，正是着手筹建拉美所的第一位铺路人。

主管业务的副所长王康于翌年 2 月到职，上任伊始便同筹备组全体同志见面。他微笑着环视周围这群朝气蓬勃的青年，以多年做领导工作特有的严谨和持重"交底"说：大家都等得着急了吧。就遥远而陌生的拉丁美洲而言，我和你们都是小学生。现在我们这些小学生将要担负起一项大任务。这项大任务是毛主席、党中央交给我们的，相信通过大家长期的艰苦努力，一定能完成好。我们共同奋斗的目标就是出成果、出人才，创建中国的拉美学派。短短一席话，顿时让屏息聆听的年轻人豁然开朗，备受鼓舞。

随后到任的副所长王篯西负责全面工作。这位在解放战争期间从胶东半岛转战东北战场的指挥员，身材魁梧却温文尔雅，处事爽快果断但待人敦厚可亲。到职视事后，面对百事待举的纷繁局面，他接连主持各种会议，与王康等同志一道讨论拟定各种文件。他的办公室的门从早到晚都半敞着，大热天只见胸前还挎着用毛巾缝制的肚兜，后来才知道他患有胃寒病。稍有闲暇，他就到各个办公室转转，关切地询问大家有什么困难和问题。篯西同志操着浓重的胶东口音告诉大家：所里的方针任务很快就会和同志们见面，贯彻落实这些方针任务主要靠你们年轻人。我们志愿给你们当人梯，护卫你们去攀登拉美研究的新高地。

就在这年盛夏时节，所领导隆重召开全体人员大会，传达业经中联部和中宣部批准并联合发出的关于成立拉美所的《通知》以及学部分党组关于批准拉美所工作方针任务的请示报告。文件明确指出，拉美所以马克思列宁主义、毛泽东思想为指导，搜集和掌握大量资料，有计划有重点地、系统地调研拉美革命运动及其有关问题，着重调研拉美各国的社会基本情况、阶级关系、群众斗争、革命运动，提供有根据有分析的科学的资料和论著，作为党中央掌握这个地区革命运动情况和制定有关政策的参考。通过工作培养一批研究拉美问题、能在这方面胜任党的助手的、有利于建立中国自己关于拉美问题学派的又红又专的干部。作为创建时期的见证者和实践者，我们始终认为，在当时特定的时代背景和历史条件下，这一方针任务的政治方向、理论方向和科研方向是正确的，篯西、王康同志在创建时期一直领导我们朝着这个方向一步一个脚印地前进。

《通知》的发出，标志着拉美所的正式成立。由于《通知》发出的时间是 1961 年 7 月 4 日，这一天便成为拉美所的建所纪念日。

二

根据《通知》规定的方针任务，从初创时期所里的实际情况出发，以箴西、王康同志为核心的领导集体迅速作出三年（1961—1963）"练兵"的重要决策。回顾难忘的三年"练兵"历程，所领导紧紧抓住抓干部、抓学习、抓工作三件大事不放，取得了显著成效。而我们则在紧张的"练兵"岁月里如饥似渴地"补课"、"充电"，为后来全身心地投入工作打下比较扎实的基础。

箴西同志当时率直地说过：我和王康同志分兵把口、统一指挥，王康同志主抓学习和工作，我主抓干部。这叫分工负责、民主集中。"练兵"的目的在于培养干部。由于这批干部肩负着为中央外事工作服务的重任，特别强调要政治可靠。箴西同志亲自挂帅，对业务干部逐一进行缜密政审，29 名业务干部最终留下 18 名。与此同时，他还严格把关，在三年"练兵"期间陆续调入 19 名留学生和大学生。以上 37 名业务干部，后来大多成为中国拉美学派的中坚力量。在从所外选调领导骨干和业务骨干方面，箴西同志更是慧眼独具、颇费心力，他曾讲每一个干部都"是一个一个地好不容易挖来的"。从最高人民检察院"挖"来的任重捷是一位资深的"老延安"，热情健谈，熟悉编译工作，到所后相继任学术秘书、南美组组长。从中国人民银行调进的吴清友是一位精通俄语的翻译家，到所后任翻译组组长。来自新华社的李芸生是一位秘鲁归侨、"三八式"的老同志，质朴无华但对工作要求近乎严苛，到所后任综合组组长。从人民大学调入的张向毅曾任华侨大学教务长，为人谦和、学养深厚，到所后接任学术秘书兼中美组组长。这样一批领导骨干的调入，使各业务组有了得力的带头人，推动了学习和业务工作的有效开展。在"练兵"阶段，箴西同志还相继选调曹柯、沙丁、陈芝芸、王育明、刘培根、方铭迪、涂光楠、张佐华、舒吉昌、徐壮飞、朱云瑞、毛相麟、张前、杨衍永等业务骨干和外语骨干来所工作，研究队伍和翻译队伍快速壮大，学习和工作都呈现出充满生机和活力的新气象。曹柯、舒吉昌不久分别担任南美组、图书资料组负责人，曾任人民大学世界史教研室副主任的沙丁在 20 世纪 70 年代中期拉美所恢复后担任副所长。到三年"练兵"临近结束时，全所正式职工增至 69 人，人员综合素质显见提升。大政方针确定以后，人的因素第一。自建所伊始，箴西同志锲而不舍地抓干部工作无疑是建设拉美新学科的富有远见卓识的根本。三年"练兵"以后，箴西同志仍采取"引进来"、"派出去"等多种途径，大力延揽和培养人才。1964年到所任党组书记的赵勇增同志，就是从解放军某师党委委员、坦克团政委的位置上选调来的。他的坚强党性、刚正品格和严于律己的思想作风，很快赢得了大家的信赖和尊重。在此前后选调来的苏振兴、徐世澄同志后来脱颖而出，先后担任过正、副所长。刘培根同志后调到中联部，先后任局长、我国驻古巴大使。

如果说箴西同志是三年"练兵"统筹全局的主要决策者，那么原中国驻阿根廷、委内瑞拉等国大使、时任外交部国际问题研究所所长郑为之同志、王康同志则是主抓学习和业务工作的"总指挥"。由于长期从事组织人事工作，深谙人才成长规律，他亲手拟定的业务"练兵"方案全面、系统、科学，采取的措施也有力有效。他后来回忆说："三年'练兵'那阵子，我真是'恨铁不成钢'啊。我是把五个手指紧紧攒成拳头，攒得你们苦了点。""老兵"们都明白，他讲的"五个手指"是：抓政治理论学习、抓业务知识学习、抓外语学习、抓图书资料积累、抓学风文风建设。三年"练兵"至今已50年，但当时的情景依然历历在目。政治理论学习在"练兵"中被列在"纲"的位置。王康同志强调："辩证唯物主义和历史唯物主义，是观察和研究拉美各国的社会、阶级状况和革命问题的显微镜和放大镜。不夯实理论功底，日后研究工作就没有罗盘和后劲，学习要理论联系实际，培养好的学风。"一次，我们在讨论斯大林关于"民族"定义中的五要素时发生了激烈争论。他素来提倡要营造各抒己见、相互切磋的学术讨论氛围。一直坐在旁边静静听着的他，最后字斟句酌地发表"个人看法"说：拉丁美洲有"人种的大熔炉"之称，民族问题比较突出，弄清这个问题很重要。关于民族的定义，马克思、恩格斯和列宁在论述民族理论和民族问题的文章中，都或多或少地涉及民族定义的某些内容，但始终没有形成一个准确、统一的严格定义。斯大林的功绩在于把民族的定义系统化、科学化、完善化。当然，这个定义是不是尽善尽美了，还要在历史和社会的实践中检验。到目前为止，争议比较多的是关于共同心理素质的科学性问题，但斯大林关于民族的定义从总体上还从来没有被否定过。王康同志的精当、辩证的阐释，使大家十分信服。"练兵"期间，他一再强调，调查研究是科研人员的基本功和必修课，谁占有资料谁就有发言权。我们每周都要抽出一定时间到图书馆、报社、大学、机关、学术机构去"淘宝"。尽管当时各单位收藏的有关拉美的图书资料少得如凤毛麟角，可大家还是像考古工作者那样仔细寻觅、认真登录。每次"淘宝"归来，他都要一一过目验收，清癯的脸颊上露出满意的笑容。王康同志还倡导和推动"活的调研"。先后请宦乡、梅益、申健、侯外庐、廖盖隆、吴大琨、何干之、王唯真、金仲华等专家学者来所作国际问题、拉美情况和治学之道的报告，引导年轻一代尽快踏上科研道路。研究国际问题必须懂外语，特别是对象国的语言。而当时我们中懂西班牙语的业务人员屈指可数，培训西语干部就成为"练兵"的一项急务。所里决定开办西语培训班，王康同志自告奋勇当上"班长"。他和大家一起上课，练发音、记单词、答考卷。盛夏时节，二三十个人挤在一个连一台电扇都没有的大房间里上课。看着"班长"汗流浃背的样子，谁还能再叫苦。有时下课后，他还要把担任老师的杨衍永招呼到身边补课。为加快培训步伐，后来开办速成班，并从各业务组抽调一人去新华社外训班脱产学习，后又特聘智利专家辅导他们，还选派方铭迪、张宝宇到澳门学习葡语。三年"练兵"为拉美研究工作的顺利起步打下坚实基础。追忆在"麦苗拔节关"那些使我们终生受益的日子，怎能忘记王康同志殚精竭虑的慷慨付出。

三

三年"练兵"甫告结束，一幅"十年规划"的蓝图展现在大家面前：1963—1972 年 10 年间，前 5 年以资料的搜集、翻译、整理为中心，后 5 年以开展研究为中心，而贯穿起步阶段始终的则是夯实研究基础，提高研究水平。在讨论这份凝聚着筬西、王康等所领导集体深谋远虑的规划时，共同的深切感受，一是他们出于对党的事业的忠诚和挚爱，一以贯之地对人才成长的重视和关怀；二是他们矢志创建中国拉美学派的气魄、胆识和远见；三是他们坚持实事求是、尚真崇实的科学精神。按照规划要求，全体科研人员意气风发地投入实战。《巴西》、《墨西哥》、《委内瑞拉》、《古巴》等列国志陆续编写完成；《拉丁美洲大庄园制和土地问题》、《拉丁美洲的土地问题论文集》等先后付梓印刷；拉美各国经济、政治简况的编写也着手进行；以编译为主的内刊《拉美各国参考资料》越办越好，馆藏图书达到 5800 多册。这时，王康同志已转而担任科研工作的总策划人、总把关人。他对业务工作的"高标准、严要求"以及严谨的学风文风，至今为"老兵"们所称道。凡是以所的名义打印的文稿，尽管都经各业务组负责人认真修改过，他还是反复审改定稿。有些资料来源不确切、论述语焉不详的地方，很难逃过他的眼睛。他凭借早年从事党的新闻工作练就的老辣文笔，把一篇篇肤浅稚嫩的文字改得言简意赅、规范工整。正因如此，每个人在交稿前都得再三推敲、校订，送进他的办公室时又总是惴惴不安。2007 年夏，意外得到王康的一批尘封资料，仔细翻检时，意外地发现王康同志 1963 年为纪念第二个哈瓦那宣言发表两周年亲自修改的长达 13 页的《拉丁美洲人民解放的道路》一文的定稿。展读遗篇，更深刻地了解到这位指导拉美业务的副所长对业务的深入钻研和深厚功力。

不能不浓重着墨书写的是，箴西、勇增、宏宇和团支部书记王文郁等同志在保证拉美研究的政治、理论、科研的正确方向方面，所做的强大的、润物细无声的思想政治工作。创建时期，拉美所的党、团组织是学部公认的很强的战斗堡垒。他们切实贯彻思想政治工作是一切工作生命线的教导，一以贯之地抓党组织、团组织一班人的表率作用，真正做到时时处处以身作则、吃苦在前、享受在后，好处让给别人，困难留给自己。当时所里每年都有几个去外地休养的名额，他们都主动让给党外群众去；在调整工资名额有限的情况下，他们都主动让出。每逢年节，箴西、王康、勇增等所领导都会邀请不回乡探亲的同志到家中欢聚。党、团组织的关心、爱护，增强了全所人员的凝聚力，有力地保证了各项业务工作的完成。党支部还把学习政治理论和党的方针政策作为开展思想政治工作的要务。记得在学习《科学十四条》时，所里坚决落实保证科研人员有 5/6 的时间用于科研的规定，进一步确立科研机构的根本任务是出成果、出人才的方针。在积极组织全所同志参加劳动和社会实践中，箴西、王康等老领导都率先垂范，分别带队到甘肃张掖、河北黄骅等地参加社会实践。在拉美所创建和起步时期，党组织是火车头，思想政治工作是业务工作和其他各项工作的生命线，是我们亲见亲历的客观实际，也是难以忘却的无声的政治课。

痛心的是，1966 年"文化大革命"爆发，研究工作被迫中断，"十年规划"不幸夭折。1969 年拉美所被宣布"撤销"，绝大多数人员下放

"五七干校"劳动,直到1974年干校撤销后才全部返回。

20世纪80年代后,我们或留所或调离,但总有一种"情结"难以割舍:期盼中国"拉美学派"日益壮大。2011年7月4日,拉美所迎来50周年纪念日,我们这些"老兵"抚今追昔,感慨良多。从当初只能编辑打印内部刊物《拉美各国参考资料》到如今向国内外公开发行《拉丁美洲研究》综合学术刊物;从最初没有一名助理研究员到如今拥有上百名具有高、中级职称的专业人才;从当初只能编写资料性《列国志》到如今大量出版专著、译著;从当初手抄图书、资料卡片到如今科研、办公实现自动化……这些跨越式的变化传递出一个明晰信号:中国的"拉美学派"正站在开创新局面的新起点。遍览累累硕果,我们油然想到:在每一项研究成果和建设成就的背后,都站立着一批曾经为拉美所呕心沥血的老领导,而在此后中国"拉美学派"的每一步跨越中,都会感受到最早的创建者团队深远影响的存在。让我们真诚地向仙逝的老领导献上心香一瓣,向健在的老领导送去美好的祝福。

（张虎生,1980年曾任《拉丁美洲研究》编辑部副主任,后任《人民日报》海外版总编辑、《人民日报》副总编辑;陈舜英,1985—1990年任《拉丁美洲研究》编辑部主任）

铭记历史　续写辉煌

薛　端

2011 年 7 月 4 日，是拉丁美洲研究所成立 50 周年的纪念日。

拉美所成立于 1961 年。历经几代人的共同努力和艰苦奋斗，50 年来，拉美所在科研人才培养及其他各方面的工作，都取得了辉煌成就。

在庆祝拉美所成立 50 周年之际，我们深切怀念为拉美研究事业作出过重大贡献的奠基者。

50 年里，24 位同志为了拉美所的创立和建设竭尽毕生精力，先后逝世。其中 18 位同志是建所初期调来的，包括王康、王箴西、林之原、沙丁 4 位副所长；最早来所负责筹建工作的程宏宇同志；第一位从新华社调来的专业干部、原任拉美组组长的李芸生同志等，他们都是拉美所的奠基者。

纪念拉美所成立 50 周年，我们深切缅怀逝去的战友，特别是王康同志。

王康同志是最早来所任职的副所长，他和王箴西同志一起创建了拉美所。他的成就卓著。与此同时，他又是最大冤假错案的受害者，一直受到不公正待遇。

王康同志原任中宣部干部处副处长。1959 年庐山会议后，在反对右倾机会主义的斗争中，受到批判和处分；1961 年 2 月，他被分配到拉美所工作。在"十年浩劫"中，他又受到批斗，被迫停止工作，下放到"五七干校"参加劳动。恢复工作后，1977 年 3 月，我建议中联部任命他担任新恢复的拉美所所长，当即遭到部领导的拒绝，说他在中宣部曾受到严重处分。实际上，对他的处分早在 1962 年就已被撤销。15 年后，他被任命为拉美所的副所长；半年后，他就被调走了，担任国家科委政治部负责人、办公室主任。

关于王康同志在反右派斗争中的问题和入党问题，经过中宣部和中联部的认真复查，结论认为均属冤假错案，过去的批判、结论和处分都是完全错误的，应该给予平反。这就完全洗净了过去历次运动中泼在他身上的污泥浊水，还了一个优秀共产党员的真面目。在"左"的思想泛滥、个人迷信盛行的年代，王康同志刚直不阿，以非凡胆识甘冒巨大政治风险，敢于实事求是，坚持真理，讲真话，提出一些正确意见，极其难能可贵。

在历次政治运动中，王康同志受到暴风骤雨的冲击。在强大压力下，他没有被压倒，虽处于逆境，但从不屈服，从不消沉。在拉美所工作的日子里，无论是对创建工作还是对"文化大革命"后的恢复工作，他都兢兢业业，努力工作；他关心爱护干部，注意大力培养干部，受到广大干部的敬佩和爱戴。

王康同志于1977年9月调离拉美所，2006年9月逝世。遗德永在，风貌长存。

王康、王箴西等同志崇高的道德品格，给我们留下了宝贵的精神财富。一切逝去的战友，为拉美所所倾注的汗水、所创造的业绩，将永远载入史册。

再接再厉　续写辉煌

50年过去了。50年的岁月，50年的巨大成就，使拉美所的历史发展迈入了一个新时期。

目前，摆在我们面前的新课题和新任务，就是站在新的起点上，鼓足干劲，力争上游，再接再厉，续写辉煌。

在2009年换届选举大会上，拉美所党委向全体党员提出，争先创优，努力为建设一流研究所而奋斗。这是历史发展新的需求，也是全所同志共同强烈的愿望。

我们热烈庆祝拉美所成立50周年。我认为，如何建设一流研究所尤为重要。什么是一流研究所？它必须具备哪些标志？这的确是值得我们探讨的问题。

我认为，要把拉美所建成一流研究所，应具备下列4个条件。

其一，拉美所的科研水平，在社会科学院乃至国内社会科学领域，应该是一流的。研究的选题和立项应立足全局，客观反映拉美政治、经济、历史、文化、社会、国际关系等方面最重要、最急切的情况；围绕这些选题所发表的论文、专著和学术文章，其学术水平应是一流的。

其二，应当好院党组、党中央在拉美问题上的参谋和助手。当前两个问题尤其值得关注，一是拉美地区、国家的新的政策动向；二是针对我国实施"十二五"规划中的主要问题，应对有关拉美国家进行对比性的政策研究，发现问题，汲取经验，及时提出建议，供中央决策参考。

其三，应大力培养一流的科研人才。应采取切实有效的措施，大大提高科研人员的理论水平和科研水平。特别应加强对年轻干部的培养。要不断改善科研人员的工作条件和生活条件。没有一流的科研队伍，就不能创出一流的科研成果。

其四，应建设一个坚强有力的领导班子。50年积累的经验，坚实的工作基础，为实现上述目标创造了良好条件。特别是目前已经拥有一个好的领导班子。

我相信，只要全体同志更加团结，努力拼搏，认真贯彻院党组提出的科研、人才、管理强院的战略思想，勇于创新，坚持改革，努力学习，善于学习兄弟院、所的先进经验，在院党组的领导下，我们就能展翅腾飞，迎来更加光辉灿烂的明天，建成一流研究所的伟大目标就能早日实现。

（薛端，中国社会科学院拉丁美洲研究所研究员）

忆李芸生老主任

陈舜英

捧读拉丁美洲研究所45周年纪念文集，回忆半个世纪在拉美所走过的漫长道路，一个脸颊清癯、刚正朴素的身影打开了我记忆的闸门。他就是老主任李芸生同志。

李芸生1962年来到拉美所，一直担任南美室主任。他是从新华社调来的1938年参加工作的老革命、老记者，还是秘鲁归侨、懂西班牙语。这么丰富的阅历不能不让我们这些刚毕业的大学生肃然起敬。然而，他却没有一点老干部的架子，总是身穿一身旧衣服，每天骑自行车从黄亭子新华社宿舍来所上班，风雨无阻。工间操时还拿起球拍，同年轻小伙子在乒乓球台前拼杀，有时会为一个球争得面红耳赤。

然而，在工作上他对下级的要求却格外严格，有时甚至不讲情面。"文化大革命"以后，恢复拉美所。我被安排在南美室，在他直接领导下工作，亲身体验到他一丝不苟的工作作风。我们写的稿子交给他，一般总要打回来，不止一次地修改才能通过。记得在一次全室业务会上，他在谈到室内普遍存在的写作水平不高的问题时，就以我和另一女同志为例，对我俩说："你们都该念念中文系！"这句话让在座的同志们面面相觑，但我们只学过外语，心悦诚服地接受。老李直言不讳的老八路作风让我们清醒地认识到自己在研究工作上的短处，从此一直默默努力，力求补上这一课。

有一次，随老李陪外宾到南昌、井冈山革命圣地参观学习。在参观博物馆做口头翻译时，我碰到一个四位数字的解说词，一紧张"卡壳"了。老李一把拿过我手中的指示棒指着那组数字替我解了围。事后他面带愠色地对我说：那数字在展板上标着，你指给他不就行了？言下之意，你脑子怎么这么死？我无言以对，接受了这个批评。

老李尽管对下级相当严厉，但他十分关心干部。在拉美所撤销后，70年代初，绝大部分干部下放到河南沈丘"五七干校"。我被研究所选派培训后，成为当时建制为六连的赤脚医生。记得初冬的一天，李芸生的老胃病犯了。天气寒冷，连队的大锅饭难以适应。老李只能卧床休息。那天下午，我去他的住处，推开房门，眼前是一间四面透风阴暗的小屋。这还是照顾老干部和病号的单间草房，其他同志都是睡大通铺的。老李躺在迎门横放的床上，身上盖着一床旧被子，脸色黄黄的，看样子病得不轻。我询问了病情，把仅有的一种能轻微解除胃痛的颠茄片递给了他。在嘱咐过注意事项后，正准备往外走时，他叫住了我。只见他右手从上衣口袋中掏出几块水果糖，有气无力地对我说，拿去给你小孩吃。我一看，这是从北京带来的糖果，他自己有病舍不得吃，却给我孩子，连忙推辞说，你身体不好留着自己吃吧。他带着几分命令的口吻说，小孩在这没什么吃的，你拿去。我无法推却一个病中老同志对我带到沈丘的孩子的关爱和善意，双手接过糖果后走出房门。回家的路上我一直在想：下放前我和老李不在一个研究室，彼此并不熟悉，可他为什么竟然那样关心我们的儿子呢？恐怕他关心的不仅是我们连队里唯一随父母下到干校的小孩，而是祖国的下一代和未来吧。

李芸生同志还是一个严于律己、乐观豁达的人。1979年他被查出患鼻咽癌，要立即做手术。为彻底消除病灶，必须割掉半边颧骨，仅保留下眼眶，并在左腮部留下一个永远不能闭合的洞，吃东西也要偏着头，以免食物从洞中漏出。术后他在左面颊戴一个小口罩保持卫生，防止污染。做了这么大的手术之后，老李仍想来所上班，但为了避免往返长途劳顿，后来他转到了中联部。日后我们去他家看望他时，见他的住房面积较小，只有两居，家具也很普通。但他谈笑自如，还关心地询问所里的情况。当他夫人谈起希望申请调换一套大些的房子以让儿子过来照顾他时，他当即严肃地驳了回去。他说房子能住够用就行了，不要伸手。就这样，李芸生在这套房子里又住了十多年，直到最后平静地走完了他的人生之路。

李芸生，这样一位老同志、老革命悄无声息地去了。他曾经怎样用他火热的青春书写的革命人生、怎样突破重重困难回国投身抗战，他没有留下一个字，统统带走了。然而，他留下的是一个老党员的高贵品德和高尚人格，留给我们的是对他的深深的怀念和见贤思齐的榜样力量。

（陈舜英，中国社会科学院拉丁美洲研究所研究员）